D1666215

Recht international

Chinesisches Zivil- und Wirtschaftsrecht

Herausgegeben von

Dr. Jörg Binding

Rechtsanwalt, Deutsche Gesellschaft für Internationale Zusammenarbeit (GIZ) GmbH, Frankfurt a.M./Beijing

Priv.-Doz. Dr. iur. Knut Benjamin Pißler, M.A. (Sinologie)

Max-Planck-Institut für ausländisches und internationales Privatrecht, Hamburg

Professor Lan Xu, LL.M.

China-Universität für Politik- und Rechtswissenschaft, Beijing

Mit Beiträgen von

Dr. Jörg BINDING; Prof. Dr. Dr. Weizuo CHEN, LL.M.; Dr. Mario FEUERSTEIN, MBA; Dr. Jing JIN, LL.M.; Dr. Benjamin KROYMANN; Prof. Dr. Sebastian LOHSSE; Priv.-Doz. Dr. Knut Benjamin PISSLER, M.A. (Sinologie); Dr. Nils SEIBERT; Dr. Yuan SHEN, LL.M.; Thomas WEIDLICH, LL.M.; Dr. Wenfang WU; Prof. Lan XU, LL.M.; Xiaohui YIN; Dr. Hang ZHANG; Prof. Dr. Qingyu ZHU

Fachmedien Recht und Wirtschaft | dfv Mediengruppe | Frankfurt am Main

Bibliografische Information der Deutschen Nationalbibliothek

Die Deutsche Nationalbibliothek verzeichnet diese Publikation in der Deutschen Nationalbibliothek; detaillierte bibliografische Daten sind im Internet über

http://dnb.de abrufbar.

ISBN: 978-3-8005-1585-1

© 2015 Deutscher Fachverlag GmbH, Fachmedien Recht und Wirtschaft, Frankfurt am Main

Satzkonvertierung: Lichtsatz Michael Glaese GmbH, 69502 Hemsbach

Druck und Verarbeitung: Appel & Klinger Druck und Medien GmbH, 96277 Schneckenlohe

Printed in Germany

Geleitwort

Die außerordentlich dynamische Entwicklung der chinesischen Volkswirtschaft hat China während der vergangenen drei Jahrzehnte zu einer der größten Handelsnationen der Welt werden lassen. Im Jahre 2013 exportierte das Land mehr Güter als irgendein anderer Staat und stand bei den Importen auf Platz 2 hinter den USA. Für Deutschland, in diesen WTO-Statistiken bei Ein- und Ausfuhren jeweils auf Platz 3, war China im Bereich der Exporte der fünftgrößte Abnehmer und sogar der zweitgrößte Lieferant. Zu dem immensen Wachstum des Außenhandels tritt eine entsprechende Vermehrung der Direktinvestitionen hinzu, dies alles begleitet von einer Intensivierung der Verkehrsverbindungen und Steigerung der Mobilität, wie man sie vor einer Generation für unmöglich gehalten hätte.

Die marktwirtschaftliche Öffnung Chinas ist von der kommunistischen Partei in Gang gesetzt und von ihr maßgeblich gefördert worden. Marktwirtschaftlicher Erfolg setzt freilich stets auch private Initiative voraus, die ihrerseits von dem Vertrauen der Geschäftsleute in die Regelhaftigkeit staatlichen und privaten Verhaltens abhängt. Um dieses Vertrauen zu fördern, hat China sich seit den 80er Jahren der Herkulesaufgabe verschrieben, eine Rechtsordnung fast aus dem Nichts neu zu schaffen. Für die Funktionsfähigkeit des Marktes sind dabei von besonderer Bedeutung die Institutionen des Privat- und Wirtschaftsrechts. Wer heute auf das chinesische Rechtsleben schaut, findet eine große Zahl von Kodifikationen vor, die das Land nicht etwa schlicht aus dem Ausland rezipiert, sondern oft nach umfassenden rechtsvergleichenden Vorarbeiten und Untersuchungen geschaffen hat. Eine große Zahl von Juristischen Fakultäten im ganzen Land bereitet seit Langem neue Generationen chinesischer Juristen darauf vor, diese Gesetzbücher mit Leben zu erfüllen und sie in der Rechtswirklichkeit als kalkulierbare Grundlage der Ordnung wirtschaftlicher und gesellschaftlicher Konflikte zu nutzen.

Für die ausländischen Partner Chinas ist die Information über das chinesische Recht, seine Anwendung und Fortentwicklung von zentraler Bedeutung im Hinblick auf den weiteren Ausbau der internationalen Wirtschaftsbeziehungen. Dem von Binding, Pißler und Xu herausgegebenen Handbuch zum chinesischen Zivil- und Wirtschaftsrecht kommt insofern für den deutschen Sprachraum eine Schlüsselrolle zu. Das Buch präsentiert die zentralen Gebiete des chinesischen Zivilrechts einschließlich des internationalen Privatrechts, jeweils mit umfassenden Nachweisen, auch zu Literatur in anderen westlichen Sprachen. Mit Vertragsrecht, Deliktsrecht, Eigentumsrecht und Sicherungsrechten werden Kernbereiche des privaten Wirtschaftsrechts erläutert; ein zweiter Band ist für das übrige Wirtschaftsrecht geplant.

Die Information von Lesern eines Rechtskreises über die rechtlichen Regeln und Zusammenhänge einer ganz anderen Rechtsordnung wirft regelmäßig schwierige Probleme auf. Wer über sein eigenes Recht berichtet, unterstellt häufig, ohne sich dessen bewusst zu werden, ähnliche Vorverständnisse bei seinen Lesern, wie er sie selbst aufgrund seiner juristischen Ausbildung mitbringt; Missverständnisse der Leser sind gleichsam vorprogrammiert. Wer umgekehrt über fremdes Recht schreibt, kennt zwar die Erwartungen und Vorverständnisse der eigenen Leser, erliegt aber vielleicht der Gefahr, in die fremden Rechtsnormen Regelungen hineinzuinterpretieren, die in dem fremden Land nicht intendiert waren. Um diesen Gefahren zu begegnen, haben die Herausgeber ein besonders aufwändiges Verfahren konzipiert: Sie haben für jedes Kapitel einen chinesischen und einen deutschen Autor gewonnen, die bestrebt waren, durch die Abstimmung der Texte Missverständnissen vorzubeugen und ihnen auszuweichen. Immer wieder werden dabei auch die originalen chinesischen Schriftzeichen verwendet, damit der Kenner sich sein eigenes Urteil bilden kann. Herausgebern und Autoren gebührt Dank für die investierte Mühe, die ganz verschiedenen Lesergruppen nutzen wird.

Die allerbesten Wünsche begleiten dieses Buch, das einem hohen Ziel gewidmet ist und in unserem Sprachraum nicht seinesgleichen hat.

Prof. Dr. Dr. h.c. mult. Jürgen Basedow, LL.M. (Harvard Univ.)

Direktor, Max-Planck-Institut für ausländisches und internationales Privatrecht

Associé, Institut de droit international

Vorwort

Vor fast genau 100 Jahren wurden acht Hefte (1911 bis 1913) einer „Deutsch-chinesischen Rechtszeitung" von der Abteilung für Rechts- und Staatswissenschaften der Deutsch-Chinesischen Hochschule Tsingtau herausgegeben. Einerseits wird Tsingtau (in der heute üblichen Pinyin-Umschrift: Qingdao, Provinz Shandong) in China noch heute gerne als ehemalige deutsche Musterkolonie (1898–1914) präsentiert. Anderseits gibt die damalige Gründung einer Rechtsabteilung an der Hochschule in Tsingtau und das Erscheinen dieser Zeitschrift Zeugnis ab von den langjährigen und engen Beziehungen zwischen chinesischen und deutschen Juristen. Das Interesse chinesischer Juristen am deutschen Recht hält seit dieser Zeit an.

Die Verbindung mit Deutschland zeigt sich gerade beim Wandel im Rechtswesen der Volksrepublik China, der sich mit der Einführung der Politik der Reform und Öffnung nach 1978 vollzogen hat. Mit Nachdruck versucht China, sich eine neue Rechtsordnung zu geben, die den Erfordernissen einer modernen Wirtschaft entspricht. Bereitwillig wird dabei auf die Erfahrungen ausländischer Rechtsordnungen zurückgegriffen. Dass gerade das deutsche Recht oftmals als Vorbild für die Schaffung eigener Gesetze genommen wird, ist auch durch den hohen Grad der Systematisierung des deutschen Rechts zu erklären, die eine Rezeption vereinfacht.

Dieser Öffnung der Volksrepublik China steht ein wachsendes Interesse deutscher Juristen an der sich wandelnden chinesischen Rechtsordnung gegenüber. Das belegt bereits ein Blick auf die beeindruckende Zahl der deutschsprachigen Publikationen zum chinesischen Recht. Hervorzuheben ist in diesem Zusammenhang die „Zeitschrift für Chinesisches Recht", die seit über 20 Jahren erscheint und sich seit 2015 im Open Journal System in einem neuen und zeitgemäßen Gewand präsentiert (www.ZChinR.de).

Gleichwohl fehlte eine aktuelle systematische Gesamtdarstellung des chinesischen Zivil- und Wirtschaftsrechts als Grundlegung in deutscher Sprache, um einen Einstieg in diese vielschichtige und spannende Rechtsordnung zu ermöglichen. Vor diesem Hintergrund ist Ziel der Herausgeber, eine umfassende Analyse der zentralen Gebiete des chinesischen Zivilrechts einschließlich des internationalen Privatrechts vorzulegen und dabei mit bewährter wissenschaftlicher Methodik des deutschen Rechts den chinesischen Rechtsdiskurs aufzuarbeiten und systematisch darzustellen.

Zugleich war den Herausgebern ein Anliegen, ein Werk mit klarer Orientierung auf die Rechtspraxis zu schaffen. Die einzelnen Kapitel dieses Buches wurden daher von chinesisch-deutschen Autorenteams verfasst, die mehrjährige Erfahrungen in der Forschung und/oder Praxis zum chinesischen Recht mitbringen.

Als systematische Grundlegung und praktischer Leitfaden richtet sich das Werk sowohl an deutsche Unternehmen und Wirtschaftskanzleien, die auf dem chinesischen Markt aktiv sind oder verstärkt Fuß fassen wollen, als auch an Studenten und Wissenschaftler der Rechts- und Wirtschaftswissenschaften. Das Handbuch kann natürlich eine Beratung vor Ort ebenso wenig ersetzen wie die für ein vertieftes Studium unerlässliche Lektüre der chinesischen Originalquellen. Auf die Quellen wird deswegen durchgängig in einer Form verwiesen, die es dem Leser mit Chinesischkenntnissen ermöglicht, diese problemlos zu finden.

Herzlicher Dank gebührt den Autoren des Werkes, die als namenhafte Rechtswissenschaftler oder erfahrene Praktiker in den jeweiligen Rechtsgebieten ihren Beitrag zu dieser umfassenden Darstellung des chinesischen Zivilrechts geleistet haben.

Die Fertigstellung dieses Handbuchs wäre ohne die Mitwirkung vieler engagierter Beteiligter nicht möglich gewesen. Dank gebührt insbesondere den Mitarbeitern des „Deutsch-chinesischen Programms Rechtskooperation" der Deutschen Gesellschaft für Internationale Zusammenarbeit (GIZ) GmbH in Beijing, die in unterschiedlicher Weise zur Realisierung beigetragen haben. Namentlich ist ihnen für die Erstellung des Abkürzungsverzeichnisses herzlich zu danken.

Die Beiträge sind durchweg auf dem Stand vom 1. Januar 2015, bei einigen konnten sämtliche Änderungen bis Mai 2015 berücksichtigt werden.

Für Korrekturanregungen oder Verbesserungsvorschläge zu diesem Werk sind die Herausgeber jederzeit dankbar.

Jörg Binding   *Knut Benjamin Pißler*   *Lan Xu*

Autorenverzeichnis

Jörg BINDING

Dr., ist Rechtsanwalt und Leiter des Sektors „Recht, Finanzen und Qualitäts-
infrastruktur" mit Zuständigkeit u.a. für die deutsch-chinesischen Programme
„Rechtskooperation", „Richteraustausch", „Kundendatenschutz mit Schwellen-
ländern", „Qualitätsinfrastruktur" sowie „Finanzsektorreform", die die Deutsche
Gesellschaft für Internationale Zusammenarbeit (GIZ) GmbH im Auftrag der
Bundesregierung in China umsetzt.

Weizuo CHEN

Professor Dr. Dr., LL.M. (Saarland). Direktor des Forschungszentrums für internationales Privatrecht und Rechtsvergleichung an der Tsinghua University School
of Law, Beijing. Gastprofessor an der Hague Academy of International Law 2012
(Special Course). Seit 2003 Gastprofessor an der Faculté internationale de droit
comparé de Strasbourg. Humboldt Research Fellow am Max-Planck-Institut für
ausländisches und internationales Privatrecht in Hamburg (2012–2014).

Mario FEUERSTEIN

Dr., MBA, ist Partner der Rechtsanwaltskanzlei Schulz Noack Bärwinkel und seit
2005 in Shanghai tätig. Er hat über ein Thema im chinesischen Recht promoviert
(summa cum laude). Seine anwaltliche Tätigkeit umfasst die Beratung in den Bereichen des chinesischen Gesellschafts-, Kartell-, Handels-, Steuer- und Arbeits-
rechts sowie des Allgemeinen Zivilrechts.

Jing JIN

Dr. iur., LL.M., Juniorprofessorin an der rechtswissenschaftlichen Fakultät der
China Youth University of Political Studies. 2006–2009 Masterstudium der
Rechtsvergleichung am Chinesisch-Deutschen Institut für Rechtswissenschaft
der China-Universität für Politik- und Rechtswissenschaft in Beijing. 2008–2009
LL.M.-Studium für deutsches Recht an der Ludwig-Maximilians-Universität
München. 2010–2013 Promotion am Centrum für Europäisches Privatrecht der
rechtswissenschaftlichen Fakultät der Westfälischen Wilhelms-Universität Müns-
ter.

Benjamin KROYMANN

Dr., E.M.L.E. (Madrid), ist Rechtsanwalt und Partner der internationalen Sozie-
tät Squire Patton Boggs (US) LLP. Vor seinem Wechsel nach Shanghai vor sechs
Jahren, leitete er den China Desk einer anderen internationalen Kanzlei in Berlin. Er studierte unter anderem in Berlin, Madrid, New York und Shanghai und
schrieb seine Dissertation zu einem Thema des chinesischen Gesellschaftsrechts.

Autorenverzeichnis

Sebastian Lohsse

Prof. Dr. iur., Inhaber des Lehrstuhls für Römisches Recht und Vergleichende Rechtsgeschichte, Bürgerliches Recht und Europäisches Privatrecht an der Westfälischen Wilhelms-Universität Münster. Direktor am Institut für Rechtsgeschichte und Geschäftsführender Direktor des Centrums für Europäisches Privatrecht der Westfälischen Wilhelms-Universität Münster. 2006/07 Stellvertretender Direktor des Deutsch-Chinesischen Instituts für Rechtswissenschaft, Universität Nanjing, VR China.

Knut Benjamin Pissler

Priv.-Doz. Dr. iur., M.A. (Sinologie), Leiter des China-Referats des Max-Planck-Instituts für ausländisches und internationales Privatrecht in Hamburg. Seit 2007 Lehrbeauftragter der Universität Göttingen. Seit 2011 Lehrbeauftragter der Universität zu Köln. 2013 Habilitation an der Universität Göttingen. Gastprofessur für das Fachgebiet Sinologie an der Freien Universität Berlin (2014/2015).

Nils Seibert

Dr., Rechtsanwalt und seit 2013 Leiter der Abteilung Recht & Investitionen der German Industry & Commerce (AHK) in Beijing, u. a. zuständig für deutsche Investitionen in Nordchina. Davor Berater mit arbeitsrechtlichem Schwerpunkt in Kanzleien in Frankfurt und Shanghai.

Yuan Shen

Dr., LL.M. (Köln), ist Legal Consultant und Associate der Luther Rechtsanwaltsgesellschaft mbH. Sie studierte Rechtswissenschaften in Chongqing, Beijing und Köln. Qualifikation zur Ausübung juristischer Berufe in China im Jahr 2005. Seit 2010 im Kölner Büro/China-Desk von Luther tätig. Seit 2013 Lehrbeauftragte der Universität zu Köln.

Thomas Weidlich

LL.M. (Hull), ist Rechtsanwalt und Partner sowie Leiter des China-Desk der Luther Rechtsanwaltsgesellschaft mbH. Er gehört der Kanzlei seit 1996 an und leitete zwischen 2000 und 2005 das Büro der Kanzlei in Singapur. Seit 2005 leitet er ein Corporate M&A-Team im Kölner Büro, welches für die rechtliche Beratung im gesamten Asien-Pazifik-Raum, mit Schwerpunkt auf China und Indien, verantwortlich ist.

Wenfang Wu

Dr., Associate Professor an der Rechtsfakultät der Shanghai Universität für Finanzen und Wirtschaft. Assistentin des Dekans, Direktorin der Chinesischen Sozialrechtsvereinigung, Direktorin der Shanghaier Arbeitsrechtsvereinigung und Rechtsanwältin.

Lan Xu

LL.M. (Tübingen), Professorin für Rechtsvergleichung, Juristisches Deutsch an der China-Universität für Politik- und Rechtswissenschaft und dort Leiterin des Forschungszentrums für Deutschlandstudien.

Xiaohui Yɪɴ

Doktorandin an der Fudan Universität in Shanghai. Sie ist Lektorin an der Shanghai Universität für politische Wissenschaften und Recht. Ihre Forschungsgebiete sind das Allgemeine Zivilrecht, Umwelt- und Energierecht.

Hang Zʜᴀɴɢ

Dr., ist Rechtsberater im Deutsch-Chinesischen Programm Rechtskooperation der Deutschen Gesellschaft für Internationale Zusammenarbeit (GIZ) GmbH mit Schwerpunkt im Bereich Zivil- und Wirtschaftsrecht, 2013 Promotion an der Universität Göttingen.

Qingyu Zʜᴜ

Prof. Dr. iur., Guanghua Rechtsfakultät der Zhejiang Universität in Hangzhou für Zivil- und Handelsrecht. 2008/09 Forschungsaufenthalt am Max-Planck-Institut für ausländisches und internationales Privatrecht in Hamburg.

Inhaltsverzeichnis

Inhaltsverzeichnis

Abkürzungsverzeichnis

AdoptionsG	Adoptionsgesetz der VR China
AGB	Allgemeine Geschäftsbedingungen
AGZ	Allgemeine Grundsätze des Zivilrechts der VR China
AT	Allgemeiner Teil
AWVG	Außenwirtschaftsgesetz der VR China
Bestimmungen zum Schutz von Internetnutzern	Bestimmungen zum Schutz privater Daten von Telekommunikations- und Internetnutzern
BGB	Bürgerliches Gesetzbuch
CASS	Chinesische Akademie für Sozialwissenschaften
CCAA	China Center for Adoption Affairs
CISG	United Nations Convention on Contracts for the International Sale of Goods
CJV	Contractual Joint Ventures
Dienstleistungs- informations- systemrichtlinie	Informationssicherheitstechnologie – Richtlinie zum Schutz privater Daten in öffentlichen und gewerblichen Dienstleistungsinformationssystemen
EheG	Ehegesetz des VR China
EheregisterV	Eheregisterverordnung
EnteignungsVO	Verordnung über die Enteignung und Entschädigung von Gebäuden auf staatseigenem Land vom 19.1.2011 (Enteignungsverordnung)
Entscheidung zum Schutz von Netz- werkinformationen	Entscheidung des Ständigen Ausschusses des Nationalen Volkskongresses zur Stärkung des Schutzes von Netzwerkinformationen
Entwurf zum Daten- schutz von Post- sendungen	Entwurf für die Verwaltungsvorschriften zur Sicherheit privater Daten von Postsendungsnutzern
ErbG	Erbgesetz der VR China
GbR	Gesellschaft bürgerlichen Rechts
GdH	Gesetz der VR China über die deliktische Haftung
GebäuderegisterVO	Gebäuderegisterverordnung
GeU	Gesetz über elektronische Unterzeichnungen der VR China

OVG-Interpretation Kaufrecht	Interpretation des Obersten Volksgerichts zu Fragen der Rechtsanwendung bei der Behandlung von Streitfällen bei Kaufverträgen vom 31.3.2012
OVG-Interpretation Mietrecht	Erläuterungen des Obersten Volksgerichts zu einigen Fragen der Rechtsanwendung bei Streitfällen zu Mietverträgen über Räumlichkeiten in Städten und Kleinstädten vom 30.7.2009
OVG-Interpretation zu seelischen Schäden	Interpretation des Obersten Volksgerichtes zu mehreren Fragen betreffend der Feststellung der Haftung für seelische Schäden in Fällen ziviler Rechtsverletzungen vom 8.3.2001
OVG-Interpretation ZPG	Interpretation des OVG zu einigen Fragen bei Anwendung des Zivilprozessgesetzes der VR China
PICC	Principles for International Commercial Contracts
Produktqualitäts-gesetz	Produktqualitätsgesetz der VR China
PUAG	Partnerschaftsunternehmensgesetz der VR China
RabelsZ	Rabels Zeitschrift für ausländisches und internationales Privatrecht
RIW	Recht der Internationalen Wirtschaft
RJDC	Reports of Judicial Decisions in China
Rn.	Randnummer
SRG	Sachenrechtsgesetz der VR China
SiG	Sicherheitengesetz der VR China
TVG	Technologievertragsgesetz der VR China
UN	United Nations
UNIDROIT	International Institute for the Unification of Private Law
VerjV	Ansichten des OVG zur Anwendung des Systems der Verjährung im Zivilprozess vom 11.8.2008
VG	Vertragsgesetz der VR China
VGOG	Volksgerichtsorganisationsgesetz der VR China
VR	Volksrepublik
VSG	Verbraucherschutzgesetz der VR China
WTO	World Trade Organisation
WVG	Wirtschaftsvertragsgesetz der VR China
ZChinR	Zeitschrift für Chinesisches Recht

ZfBR	Zeitschrift für deutsches und internationales Bau- und Vergaberecht
ZPG	Zivilprozessgesetz der VR China
ZVglRWiss	Zeitschrift für Vergleichende Rechtswissenschaft

1. Kapitel

Grundlagen

Literatur: AHL, Björn, Neue Maßnahmen zur Vereinheitlichung der Rechtsprechung in China, ZChinR 2012, 1 ff.; BINDING, Jörg, Das Gesetz der VR China über die deliktische Haftung, Berlin, 2012; BINDING, Jörg/RADJUK, Anna, Die Rangordnung der Rechtsnormen in der VR China, Recht der Internationalen Wirtschaft (RIW), 2009; BINDING, Jörg/EISENBERG, Claudius, Produkthaftung in der VR China, Recht der Internationalen Wirtschaft, 2010; BU, Yuanshi, Einführung in das Recht Chinas, München, 2009; CABESTAN, Jean-Pierre, Administrative Law-Making in the People's Republic of China, in: OTTO, Jan Michiel/POLAK, Maurice/CHEN, Jianfu/LI, Yuwen, Law-Making in the People's Republic of China, Den Haag, 2000; CHEN, Albert H.Y., Socialist Law, Civil Law, Common Law, And the Classification of Contemporary Chinese Law, in: OTTO, Jan Michiel/POLAK, Maurice/CHEN, Jianfu/LI, Yuwen: Law-Making in the People's Republic of China, Den Haag, 2000; CHEN, Jianfu, Coming Full Circle: Law-Making in the PRC from a Historical Perspective, in: OTTO, Jan Michiel/POLAK, Maurice/CHEN, Jianfu/LI, Yuwen: Law-Making in the People's Republic of China, Den Haag, 2000; CHEN, Jianfu, Chinese Law: Towards an Understanding of Chinese Law, Its Nature and Developments, Den Haag, 1999; CHEN, Huabin [陈华彬], Allgemeine Theorie des Zivilrechts [民法总论], Peking, 2011; CORNE, Peter Howard, Creation and Application of Law in the PRC, The American Journal of Comparative Law, Vol. 50, No. 2, 2002; CORNE, Peter Howard, Foreign Investment in China: The Administrative Legal System, Hong Kong, 1997; CORNE, Peter Howard, Lateral Movements: Legal Flexibility and Foreign Investment Regulation in China, 27 Case Western Reserve Journal of International Law, 1995; DEISSNER, Susanne, Interregionales Privatrecht in China, Tübingen, 2012; GLÜCK, Ulrike, Das Dian: Ein traditionelles chinesisches Rechtsinstitut in Gegenwart und Vergangenheit, Berlin, 1999; HEUSER, Robert, Beginn eines Jahrhundertprojekts: Die Rechtsreform unter der Späten Qing-Dynastie (1903–1911), Zeitschrift für Chinesisches Recht, 2008; HEUSER, Robert, Grundriss der Geschichte und Modernisierung des chinesischen Rechts, Baden-Baden, 2013; HEUSER, Robert, Einführung in die chinesische Rechtskultur, Hamburg, 1999; JIANG, Ping [江平], Allgemeine Überlegungen zum Entwerfen eines chinesischen Zivilgesetzbuchs [中国民法典制定的宏观思考], Rechtswissenschaft [法学], 2002; LI, Buyun, Explanation on the Proposed Law on Law-Making, in: OTTO, Jan Michiel/POLAK, Maurice/CHEN, Jianfu/LI, Yuwen, Law-Making in the People's Republic of China, Den Haag, 2000; LIANG, Huixing [梁慧星], Die Rezeption ausländischen Zivilrechts in China, Zeitschrift für Chinesisches Recht, 2003; LIANG, Huixing [梁慧星], Allgemeine Einführung in das Zivilrecht [民法总论], Peking, 2007; LIANG, Huixing [梁慧星], Der gegenwärtige Zustand des chinesischen Zivilrechts, in: HEUSER, Robert, Beiträge zum chinesischen Zivil- und Wirtschaftsrecht, Hamburg, 2005; Lɪ, Kaiguo [李开国], Zum System und zur Struktur des Entwurfs für ein Zivilgesetzbuch [评民法草案的体系结构], Moderne Rechtswissenschaft [现代法学], 2003; Luo, Wei, Chinese Law and Legal Research, Chinese Law Series, Band 8, Buffalo, 2005; Lɪ, Yongjun [李永军], Allgemeine Einführung in das Zivilrecht [民法总论], Peking, 2008; Mᴀ, Junju [马俊驹], Rede zu Entwicklungen im Bereich des Zivilrechts und der Kodifizierung des chinesischen Zivilrechts [漫谈民法走势和我国民法典的制定], Tsinghua Law Journal [清华法学], 2003; Mᴀɴᴛʜᴇ, Ulrich, Bürgerliches Recht und bürgerliches Gesetzbuch in der Volksrepublik China, in: Jahrbuch für Ostrecht, Band 28 (1987); Pɪssʟᴇʀ, Knut Benjamin, Gläubigeranfechtung in China: eine rechtshistorisch-rechtsvergleichende Untersuchung zur Rechtstransplantation, Tübingen, 2008; Pɪssʟᴇʀ, Knut Benjamin, Der Dienstleistungsvertrag im chinesischen Vertragsgesetz, in: Zɪᴍᴍᴇʀᴍᴀɴɴ, Reinhard, Service Contracts, Tübingen, 2010; Sᴄʜᴡᴀʙ, Dieter/Lᴏ̈ʜɴɪɢ, Martin, Einführung in das Zivilrecht, Heidelberg, 2012; Sᴇɴɢᴇʀ, Harro v., Einführung in das chinesische Recht, München, 1994; Sʜᴀᴏ, Jiandong [邵建东], Die Rezeption des deutschen Zivilrechts im alten China, Juristenzeitung, 1999; Sʜᴀᴏ, Shixing [邵世星], Es müssen die Faktoren beachtet werden, welche die Kodifizierung einschränken [应当重视我国民法法典化的制约性因素], in: Zʜᴀɴɢ, Lihong [张礼洪]/Gᴀᴏ, Fuping [高富平], Dekodifizierung, Entkodifizierung and Anti-Kodifizierung des Zivilrechts [民法法典化、解法典化和反法典化], Peking, 2008; Sʜᴇɴ, Weixing [申卫星], Zivilrecht [民法学], Peking, 2007; Sɪᴍᴏɴ, Oliver, Pandektensystematik oder Code Civil? Eine Abhandlung aus dem Jahre 1907 „Über die zukünftige Kodifikation eines Zivilrechts in China" von Qɪɴ Lianyuan, Zeitschrift für Chinesisches Recht, 2007; Tᴀʏ, Alice Erh-Soon, Introducing China's Business Laws and Practice, in: CCH Asia Pte Limited (Hrsg.), China Laws For Foreign Business (Loseblattsammlung), Band 1, Singapore, ab 1985; Tᴜ, Yongqian [涂永前]/Kᴀɴɢ, Na [康娜], Die Verabschiedung des chinesischen Zivilgesetzbuches sollte verschoben werden [中华人民共和国民法典的制定应该缓行], in: Zʜᴀɴɢ, Lihong [张礼洪]/Gᴀᴏ, Fuping [高富平], Dekodifizierung, Entkodifizierung and Anti-Kodifizierung des Zivilrechts [民法法典化、解法典化和反法典化], Peking, 2008; Wᴀɴɢ, Liming [王利明]/Yᴀɴɢ, Lixin [杨立新]/Wᴀɴɢ, Yi [王轶]/Cʜᴇɴɢ, Xiao [程啸], Zivilrecht [现代民法学], Peking, 2008; Wᴀɴɢ, Liming [王利明], Zur Struktur des chinesischen Zivilgesetzbuches [试论我国民法典体系], Forum Politikwissenschaft/Zeitschrift der China-Universität für Politik- und Rechtswissenschaft [政法论坛/中国政法大学学报], 2003, 23 f.; Wᴀɴɢ, Liming, Entwurf eines Zivilgesetzbuchs nach der Vollendung des Rechtssystems [法律体系形成后的民法典制定], Social Sciences in Guangdong, 2012; Wᴀɴɢ, Qiang, Eine rechtslinguistische, -terminologische und funktional-inhaltliche Analyse des auf dem BGB basierenden Zivilgesetzbuch-Entwurfs der späten Qing-Zeit, Zeitschrift für Chinesisches Recht, 2013; Wᴀɴɢ, Zejian [王泽鉴], Allgemeine Grundsätze des Zivilrechts [民法总则], 2009; WᴇɢGᴇʟ, Oskar, „Rechtshändel unbedingt vermeiden" – China zwischen Tradition und Rezeption: Einführung in chinesische Rechtstraditionen, in: Ranft, Michael-Florian/Schewe, Christoph, Chinesisches Wirtschaftsrecht: Einführung für Unternehmer und deren Rechtsberater, Baden-Baden, 2006; Xie, Huaishi [谢怀栻], Ausgewählte rechtliche Werke [谢怀栻法学文选], Peking, 2002; Xu, Donggen [徐冬根], Internationales Privatrecht [国际私法], Peking, 2009; Xu, Guodong [徐国栋], Die grundlegende Struktur des Entwurfs des Zivilgesetzbuchs [民法典草案的基本结构], in: Xu, Guodong [徐国栋], Der Ideenstreit zum chinesischen Zivilgesetzbuch-Entwurf [中国民法典起草思路论战], Peking, 2001; Xu, Lan, Die Rezeption deutschen Zivilrechts in China am Beispiel des Deliktsrechts, in: Berger, Klaus Peter/Borges, Georg/Herrmann, Harald/Schlüter, Andreas/Wackerbarth, Ulrich, Zivil- und Wirtschaftsrecht im Europäischen und Globalen Kontext, Festschrift für Norbert Horn zum 70. Geburtstag, Berlin, 2006; Xu, Xuelu [徐学鹿]/Liang, Peng [梁鹏], Zur Nichtkodifizierung [时代潮流-非法典化], in: Zhang, Lihong [张礼洪]/Gao, Fuping [高富平], Dekodifizierung, Entkodifizierung and Anti-Kodifizierung des Zivilrechts [民法法典化、解法典化和反法典化], Peking, 2008; Zhang, Lihong, The Latest Developments in the Codification of Chinese Civil Law, Tulane Law Review 83, No. 4 (2009); Zheng, Hui, Chapter I, Overview, in: Bu, Yuanshi, Chinese Civil Law, Oxford, 2013; Zheng, Yubo [郑玉波], Allgemeine Grundlagen des Zivilrechts [民法总则], Peking, 2003; Zweigert, Konrad/Kötz, Hein, Einführung in die Rechtsvergleichung auf dem Gebiete des Privatrechts, Tübingen, 1996.

Übersicht

A. Historische Entwicklung des chinesischen Zivilrechts

I. Frühphase

1   Das chinesische Zivilrecht trat bis zum Ende der Qing-Dynastie nicht als eigenständig geregelter Bereich in Erscheinung. Die untergeordnete Stellung zivilrechtlicher Regelungen stand dabei im Einklang mit der seinerzeit vorherrschen-
den offiziellen Ansicht, nach der das staatliche Recht vornehmlich den Machtha-
benden als Herrschaftsinstrument dienen und nicht dem Einzelnen individuelle
Rechte vermitteln sollte.[1]

2   Bis zum Beginn der ersten Kodifizierungsarbeiten für ein Zivilgesetzbuch Anfang des 20. Jahrhunderts waren Rechtsverhältnisse zivilrechtlicher Natur lediglich durch das Strafrecht und die konfuzianischen Sittenregeln, die sogenannten
Li[2], ausgestaltet.[3] Als ethische Verhaltensregeln bestimmten die Li bis Anfang des
20. Jahrhunderts einen Großteil der zivilrechtlichen Rechtsverhältnisse.[4] Regeln
für das Zustandekommen von Verträgen, die Übertragung von Grundeigentum
etc. bestimmten sich im Wesentlichen nach den Li.[5] Hingegen waren für die Verletzung zivilrechtlicher Pflichten in dem bis zu jener Zeit geltenden Qing-Kodex[6]
zumeist strafrechtliche Sanktionen vorgesehen. Eine Unterscheidung zwischen
Zivilrecht und Strafrecht existierte mithin in der Rechtspraxis nicht.

II. Qing-Dynastie

3   Zu Beginn des 20. Jahrhunderts sah sich die Qing-Dynastie erheblichem Druck
aus dem In- und Ausland gegenüber, ein modernes Rechtssystem zu erschaffen.
Auf westlicher Seite sah man die fehlende Rechtskodifikation vor allem als Hindernis und Erschwernis für die eigenen Handelsgeschäfte in China – geschriebene Gesetzbücher nach europäischem Vorbild sollten hier die erforderliche Rechtssicherheit herstellen. So forderten etwa in den Jahren 1902 und 1903 Großbri-
tannien, die Vereinigten Staaten und Japan die Einführung eines Rechtssystems
nach europäischem Muster als Vorbedingung für die Aufgabe ihrer exterritorialen
Rechte.[7]

4   Auch innenpolitisch stand die chinesische Regierung unter wachsendem Druck
– die revolutionäre Bewegung um Sun Yatsen organisierte regelmäßig lokale
Volksaufstände und rief zum Sturz der Regierung auf.[8] Mit dem Inaussichtstel-

---

1   Oliver Simon, 27 f.
2   Chin. „礼".
3   Huaishi Xie, 369; Oliver Simon, 27 f.; Liming Wang/Lixin Yang/Yi Wang/Xiao Cheng, 30.
4   Liming Wang/Lixin Yang/Yi Wang/Xiao Cheng, 30.
5   Robert Heuser, 193 f.
6   Chin. „大清律例".
7   Ulrich Manthe, 11, 13.
8   Oliver Simon, 27 f.

len einer neuen Verfassung und Rechtsordnung sollte die Dynamik dieser Bewegung gebremst werden. Unabhängig von diesen Faktoren reifte in der chinesischen Oberschicht aber auch die Einsicht, dass das bestehende Rechtssystem einer grundlegenden Reform bedurfte.[9]

Im Jahre 1902 erließ Kaiser Guang Xu[10] ein Edikt, wonach „in Anbetracht der aktuellen Verhältnisse die Gesetze nach dem Vorbild ausländischer Rechtsordnungen zu überarbeiten" seien.[11] Mit dieser Aufgabe betraute er Shen Jiaben[12] und Wu Tingfang[13], die als Direktoren des 1907 gegründeten „Amts für die Revision und Zusammenstellung von Gesetzen"[14] fungierten.[15] Die Arbeiten an dem Entwurf eines Zivilgesetzbuches wurden im selben Jahr im Auftrag des Kaisers Guang Xu aufgenommen. Damit begannen erstmals in der Geschichte Chinas konkrete Entwurfsarbeiten für ein gesondertes und einheitliches Zivilrechtsgesetzbuch.[16] Das Ergebnis, das Zivilgesetzbuch der Qing-Dynastie[17] (im Folgenden „Qing-Zivilgesetzbuch"), wurde sodann in den Jahren 1911 bis 1916 schrittweise veröffentlicht.[18] Der Sturz des Kaiserreichs im Jahre 1911 verhinderte jedoch, dass das Qing-Zivilgesetzbuch offiziell verabschiedet wurde und in Kraft trat.[19]

Das Qing-Zivilgesetzbuch setzte sich aus den Büchern Allgemeiner Teil, Schuldrecht, Sachenrecht, Familienrecht und Erbrecht zusammen und umfasste 1.569 Paragraphen. Bereits diese Struktur offenbart die inhaltliche Nähe des Qing-Zivilgesetzbuches zum deutschen Bürgerlichen Gesetzbuch (BGB), aber auch zum japanischen Zivilgesetzbuch, welches seinerseits maßgeblich vom deutschen BGB beeinflusst war.[20] Die Nähe zum deutschen BGB ist dabei umso bemerkenswerter, als an den Kodifizierungsarbeiten keine deutschen Wissenschaftler betei-

5

6

---

9 Robert HEUSER, 130.
10 Chin. „光绪".
11 Huixing LIANG, 68.
12 Jianben SHEN [沈家本] 1840–1913, war ein chinesischer Jurist, der unter anderem für die Abschaffung grausamer Bestrafungstechniken, wie der Zerstückelung [凌迟] eintrat. Zum Zeitpunkt seiner Beauftragung durch Kaiser Guang Xu war er unterer Vize-Präsident der Bestrafungskammer (Jianfu CHEN, 19, 20 f.).
13 Tingfang WU [伍廷芳], 1842–1922, war chinesischer Diplomat und unter anderem vorübergehend als chinesischer Gesandter in den USA tätig (Jianfu CHEN, a. a. O.). In Singapur geboren und in Hongkong aufgewachsen, studierte er in London Rechtswissenschaft und erwarb als erster Chinese die Qualifikation eines *Barrister*; nach seiner Rückkehr nach Hongkong, wurde er dort der erste chinesische Rechtsanwalt (Robert HEUSER, 134).
14 Chin. „修订法律馆".
15 Robert HEUSER, 134.
16 Jianfu CHEN, 219.
17 Chin. „大清民律草案".
18 Lan XU, 207, 211.
19 Huixing LIANG, 68 f.
20 Huixing LIANG, 68 f.; Jianfu CHEN, 19, 23.

ligt waren.[21] Maßgeblich in die Kodifizierung eingebunden waren vor allem japanische Rechtswissenschaftler.[22]

7   Neben den kulturellen und linguistischen Ähnlichkeiten bot sich Japan für China bei den Arbeiten am Entwurf des Qing-Zivilgesetzbuches vor allem insofern als Vorbild an, als es die erfolgreiche Rezeption westlicher Gesetze in einem asiatischen Land bereits vorgelebt hatte.[23] Daneben spielten auch Praktikabilitätserwägungen eine Rolle: Da viele der in der japanischen Sprache genutzten Schriftzeichen der chinesischen Sprache entstammen, konnten zahlreiche Rechtsbegriffe direkt in den Entwurf des Qing-Zivilgesetzbuches übernommen werden.[24]

8   Mit der maßgeblichen Ausrichtung des Qing-Zivilgesetzbuches am deutschen BGB und am japanischen Zivilgesetzbuch entschied man sich für das kontinentaleuropäische Civil Law und gegen das Common Law, wobei die Alternative eines Common-Law-Ansatzes offenbar nicht ernsthaft diskutiert oder in Erwägung gezogen wurde.[25] Ausführlich erörtert wurde lediglich die Wahl zwischen dem Vorbild des französischen Code Civil, dessen Rezeption im 19. Jahrhundert stark verbreitet war, und dem neueren deutschen BGB.

9   Die Anlehnung an das deutsche BGB bedeutete gleichzeitig eine Übernahme des Trennungssystems zwischen Zivil- und Handelsgesetzbuch. Während etwa in der Schweiz oder Ungarn handelsrechtliche Bestimmungen in das Zivilgesetzbuch aufgenommen wurden, hatte man sich in anderen Ländern, wie Frankreich und Deutschland, für eine Trennung der beiden Bereiche in separaten Gesetzbüchern entschieden – diesem Weg folgte man nun mit dem Entwurf des Qing-Zivilgesetzbuches.

III. Republik

1. Entwurf von 1925

10   Auch nach der Gründung der Republik China im Jahre 1912 wurden die Kodifizierungsarbeiten für ein Zivilgesetzbuch fortgesetzt, mit denen eine neu gegründete Kommission betraut war. Neben japanischen Wissenschaftlern gehörten der Kommission in den Folgejahren auch zwei französische Berater[26] an.[27] Bei den Kodifizierungsarbeiten setzte die Kommission im Wesentlichen auf dem Entwurf des Qing-Zivilgesetzbuchs auf.

---

21 Jiandong SHAO, 80 f.
22 Knut Benjamin PISSLER, 9 m. w. N.
23 Jianfu CHEN, 19, 22 f. m. w. N.
24 Yuanshi BU, 79 Rn. 7.
25 Jianfu CHEN, 27, 31 f. m. w. N.
26 Georges PADOUX und Jean ESCARRA.
27 Knut Benjamin PISSLER, 11 m. w. N.

Der fertig gestellte Entwurf wurde im Jahre 1925 veröffentlicht. Inhalt und Struktur orientierten sich eng am Qing-Zivilgesetzbuch, aus dem viele Vorschriften unverändert übernommen wurden. Änderungen wies vor allem das Buch zum Schuldrecht auf, in welchem ein deutlicher Einfluss des Schweizerischen Obligationsrechts erkennbar war.[28] Der Entwurf enthielt 1.745 Paragraphen und war, wie das Qing-Zivilgesetzbuch, in fünf Bücher unterteilt. **11**

Auch dieser Entwurf eines Zivilgesetzbuches trat allerdings nicht in Kraft. Hauptgrund hierfür waren die wachsenden innenpolitischen Auseinandersetzungen, die unter anderem zur Auflösung des Parlaments führten.[29] Da das damalige Justizministerium den chinesischen Gerichten jedoch in einem Runderlass gestattete, den Gesetzesentwurf in ihren Entscheidungen zu zitieren, entfaltete dieser Entwurf des Zivilgesetzbuches zumindest mittelbare Wirkung.[30] **12**

2.   Zivilgesetz der Republik

Unter der 1927 gegründeten Nationalregierung in Nanjing wurden die Arbeiten an dem Gesetzesentwurf fortgesetzt. Eine dem Gesetzgebungshof[31] unterstellte Kommission für Zivilgesetzgebung übernahm die Kodifizierungsarbeiten und stellte den Entwurf im Jahre 1929 fertig.[32] Als ausländischer Berater wirkte bei den Entwurfsarbeiten erneut der Franzose Georges Padoux mit.[33] Die einzelnen Bücher des Entwurfs wurden in den Jahren 1929 und 1930 schrittweise verkündet und in Kraft gesetzt.[34] **13**

Das Zivilgesetz der Republik[35] (im Folgenden „Zivilgesetz") fußte im Wesentlichen auf dem 1925 veröffentlichten Entwurf sowie auf dem Entwurf des Qing-Zivilgesetzbuches. Wie Letztere setzte sich das Zivilgesetz aus den fünf Büchern Allgemeiner Teil, Schuldrecht, Sachenrecht, Familienrecht und Erbrecht zusammen. In Abkehr von den beiden vorangegangenen Entwürfen folgte das Zivilgesetz der Einheitslösung, indem erstmals handelsrechtliche Vorschriften in das Gesetz integriert wurden. Das Zivilgesetz umfasste 1.225 Paragraphen. **14**

Inhaltlich war vor allem der Einfluss des deutschen, japanischen und schweizerischen Zivilrechts deutlich erkennbar.[36] **15**

Als erstes Zivilgesetzbuch in der Geschichte Chinas markierte das Zivilgesetz einen bedeutenden rechtsgeschichtlichen Einschnitt. In der Praxis kam das Gesetz jedoch kaum zur Anwendung. Besonders in den ländlichen Gebieten vertraute die **16**

---

28 Huixing LIANG, 68 f.
29 Vgl. Jiandong SHAO, 80 f.
30 Huixing LIANG, 68 f.
31 Chin. „立法院".
32 Jiandong SHAO, 80 f.
33 Knut Benjamin PISSLER, 12.
34 Huixing LIANG, 68 f., Fn. 8.
35 Chin. „中华民国民法".
36 Ulrich MANTHE, 14.

Bevölkerung bei zivilrechtlichen Streitigkeiten weiter eher auf eine Schlichtung durch Dorfobmänner oder die Familie und mied die Zivilgerichte.[37] Insgesamt gelangte daher nur ein geringer Teil der zivilrechtlichen Streitigkeiten vor die staatlichen Gerichte.[38]

17 Die Ursachen für die mangelnde Umsetzung des Zivilgesetzes waren vielfältig: Das dem Zivilgesetz zugrunde liegende mitteleuropäische Wertegerüst stand mit der gesellschaftlichen und kulturellen Realität in China nur sehr begrenzt im Einklang. Ein gewachsenes Bürgertum und eine entwickelte Marktwirtschaft waren in China nicht vorhanden; ebenso fehlten der für eine effektive Umsetzung notwendige unabhängige und gut ausgebildete Juristenstand sowie eine entwickelte Rechtswissenschaft.[39] Zudem konnte sich die Nationalregierung aufgrund der fortlaufenden inneren und äußeren Konflikte nicht in ausreichendem Maße der Aufgabe widmen, eine flächendeckende und einheitliche Anwendung der Gesetze zu gewährleisten.[40]

18 Kurz vor der Gründung der Volksrepublik China im Jahre 1949 wurde das Zivilgesetz außer Kraft gesetzt.[41] Es gilt jedoch bis heute in Taiwan fort und wurde dort im Laufe der Jahrzehnte durch Rechtsprechung und Lehre weiterentwickelt.[42] Trotz der niedrigen praktischen Relevanz des Zivilgesetzes während seiner Geltungszeit in Festlandchina kommt dem Zivilgesetz insofern eine wichtige Bedeutung zu, als es erstmals eine moderne Zivilrechtsterminologie in China etablierte und die spätere Gesetzgebung Chinas im Bereich des Zivilrechts maßgeblich beeinflusste.[43]

IV. Volksrepublik China

1. 1949–1978

a)   Entwurf von 1956

19 Nach der Gründung der Volksrepublik führte der Erlass der Verfassung im Jahre 1954 erstmals wieder zu verstärkten Kodifikationsbemühungen. Bis Ende 1956 wurde ein neuer Entwurf eines Zivilgesetzes erarbeitet, der deutliche Parallelen zum sowjetischen Zivilgesetzbuch von 1922 aufwies.[44] Der Entwurf war in die Bücher Allgemeiner Teil, Eigentumsrecht, Schuldrecht und Erbrecht unterteilt.

---

37 Ulrich MANTHE, 15.
38 Konrad ZWEIGERT/Hein KÖTZ, 285.
39 Jiandong SHAO, 80, 85.
40 Vgl. Jiandong SHAO, a. a. O.
41 Siehe hierzu ausführlich Robert HEUSER, 184 f.
42 Zejian WANG, 15; vgl. auch Knut Benjamin PISSLER, 193, 195.
43 Qiang WANG, 13.
44 Hui ZHENG, 1.

Aufgrund der diversen politischen Kampagnen wurde der Entwurf von 1956 je-   **20**
doch nicht in Kraft gesetzt. Besonders nachteilig wirkte sich hierbei die sogenannte „Rechtsabweichlerkampagne"[45] (1957–1959) aus, infolge derer der Juristenstand ausgeschaltet und die bestehende Rechtsordnung faktisch aufgehoben
wurden; Laienrichter, Ad-hoc-Gesetzgebung und Volkstribunale traten bis zum
Ende der 1970er-Jahre an die Stelle des bisherigen Rechtssystems.[46] Orientierung
bot in dieser Zeit lediglich ein 1958 veröffentlichtes Lehrbuch des Zivilrechts, das
der einheitlichen Ausbildung des Justizpersonals dienen sollte und die Funktion
einer inoffiziellen Kodifikation einnahm.[47]

b)   *Entwurf von 1964*

Nach dem Scheitern der „Großer Sprung nach vorn"-Kampagne[48] begann man   **21**
im Zuge der Rückbesinnung auf die Produktion von Handelsgütern und den Wa-
renhandel im Jahre 1962 erneut, den Entwurf eines Zivilgesetzbuches vorzubereiten.[49] Der im Jahre 1964 fertiggestellte Entwurf war in die Bücher Allgemeiner
Teil, Vermögenseigentum und Vermögensumlauf gegliedert. Der Entwurf wies
keine erkennbaren Parallelen zu kontinentaleuropäischen oder sowjetischen Vor-
lagen auf, sondern bezog sich auf ein vollständig verstaatlichtes Wirtschaftssys-
tem unter Verwischung der Grenzen zwischen Zivil-, Wirtschafts- und Planungs-
recht sowie Politikpropaganda.[50]

Als Folge der von Mao Zedong[51] kurz zuvor initiierten Kampagne der „Vier Säu-   **22**
berungen"[52] gelangte dieser Entwurf eines Zivilgesetzbuches indes nicht über die
ersten Beratungsstufen hinaus.[53]

2.   1978 bis heute

a)   *Entwurf von 1982*

Im Zuge der im Jahre 1978 eingeleiteten Politik der Reform und Öffnung wurde   **23**
der Entwurf eines Zivilgesetzbuches wieder auf die Tagesordnung gesetzt. Zwischen 1979 und 1982 stellte eine Arbeitsgruppe einen neuen Entwurf eines Zivilgesetzbuches fertig. Der Entwurf gliederte sich in die Bücher Aufgaben und
Grundprinzipien des Zivilrechts, Zivilrechtssubjekte, Eigentumsrecht, Vertragsrecht, Recht am geistigen Eigentum, Erbrecht, Zivilrechtliche Haftung und Er-

---

45   Chin. „反右运动".
46   Oskar WEGGEL, 11, 11 f.
47   Ulrich MANTHE, 16.
48   Chin. „大跃进".
49   Huixing LIANG, 68, 71.
50   Robert HEUSER, 195.
51   Chin. „毛泽东".
52   Chin. „四清运动".
53   Huixing LIANG, 68, 71 und Fn. 16; vgl. auch Robert HEUSER, 195.

gänzende Regeln.[54] Inhaltlich ließ der Entwurf einen deutlichen Einfluss des sowjetischen Zivilgesetzbuches von 1961 und des ungarischen Zivilgesetzbuches von 1959 erkennen,[55] wies aber auch Parallelen zum deutschen BGB auf.[56]

24 Die chinesische Regierung löste die mit den Entwurfsarbeiten befasste Arbeitsgruppe jedoch schließlich im Jahre 1982 auf, da sie die Schaffung eines umfassenden Zivilgesetzbuches zu diesem frühen Zeitpunkt der neuen Reform- und Öffnungspolitik für zu ambitioniert hielt.[57] Ein wesentlicher Beweggrund für die Aufgabe des Kodifizierungsvorhabens dürfte daneben aber auch die Einschätzung der Regierung gewesen sein, dass die Rückkehr zu einem sowjetisch geprägten Modell eines Zivilgesetzbuches mit den sich neu entwickelnden marktwirtschaftlichen Strukturen unvereinbar gewesen wäre.[58] In der kontrovers geführten Debatte zu diesem Thema obsiegte letztlich der von Deng Xiaoping[59] favorisierte pragmatische Ansatz, statt eines umfassenden Zivilgesetzbuches schrittweise zivilrechtliche Einzelgesetze einzuführen.[60]

b) Entwurf von 2002

25 Vor dem Hintergrund der unübersichtlichen und teilweise in sich widersprüchlichen Regelungen im Bereich des Zivilrechts und der uneinheitlichen Auslegung derselben durch das Oberste Volksgericht benannte der Ständige Ausschuss des Nationalen Volkskongresses (NVK)[61] im Jahre 1998 über seine Rechtskommission eine neue Arbeitsgruppe mit neun chinesischen Rechtswissenschaftlern und -praktikern[62].[63] Die Arbeitsgruppe sollte bis zum Jahre 2010 ein neues und umfassendes Zivilgesetzbuch erarbeiten, wobei in einem ersten Schritt Einzelgesetze erlassen werden sollten.

26 Vor dem Hintergrund des WTO-Beitritts Chinas drängte der Ständige Ausschuss des NVK allerdings in der Folgezeit auf eine schnellere Bearbeitung.[64] Daher legte die Rechtskommission dem NVK bereits Ende 2002 einen ersten Entwurf des Zivilgesetzbuches vor. Der Entwurf gliederte sich in die neun Bücher Allgemeiner Teil, Sachenrecht, Vertragsrecht, Persönlichkeitsrecht, Familienrecht, Adoptionsrecht, Erbrecht, Deliktsrecht und Internationales Privatrecht.

---

54 Huixing LIANG, 68, 72.
55 Robert HEUSER, 197 m. w. N.
56 Jianfu CHEN, 334.
57 Huixing LIANG, 22; vgl. auch Lan XU, 207, 220.
58 Robert HEUSER, 198.
59 Chin. „邓小平".
60 Jianfu CHEN, 999, 1001.
61 Chin. „全国人民代表大会".
62 Liming WANG [王利明] (Leiter der Entwurfskommission) Ping JIANG [江平], Jiafu WANG [王家福], Zhenying WEI [魏振瀛], Baoshu WANG [王保树], Huixing LIANG [梁慧星], Xun XIAO [肖峋], Yaorong WEI [魏耀荣], Zongyi FEI [费宗祎] (Jörg BINDING, 2 Fn. 11).
63 Yuanshi BU, 79 Rn. 8.
64 Huixing LIANG, 68, 73.

Die Struktur des Entwurfs von 2002 unterschied sich von den vorangegangenen 27
Entwürfen zunächst insofern, als es sich in weiten Teilen um eine Zusammenstellung bereits bestehender Gesetze handelte. So wurden die Allgemeinen Grundsätze des Zivilrechts[65], das Vertragsgesetz[66], das Ehegesetz[67], das Adoptionsgesetz[68] und das Erbrechtsgesetz[69] in nur leicht angepasster Form als eigenständige Bücher in den Entwurf aufgenommen; dementsprechend fehlt es auch an entsprechenden Querverweisen zwischen den einzelnen Büchern.[70] Der Entwurf verband zivilrechtliche und handelsrechtliche Vorschriften und basierte mithin auf dem sogenannten Einheitsprinzip.

Struktur und Inhalt ließen auch keine eindeutige Zuordnung zu einem der internationalen Vorbilder, wie dem deutschen BGB oder dem französischen Code Civil, 28
zu.[71] Des Weiteren enthielt der Entwurf zahlreiche Elemente und Rechtsbegriffe aus dem Bereich des Common Law, obgleich grundsätzlich dem kontinentaleuropäischen Modell eines Zivilgesetzbuches gefolgt wurde.[72] Auch die Regelung des Persönlichkeitsrechts in einem eigenen Buch als Teil des Zivilgesetzbuches stellte eine Besonderheit dar, die den Entwurf von 2002 von den Zivilgesetzbüchern anderer Länder unterschied.[73]

Anders als frühere chinesische Entwürfe des Zivilgesetzbuches war der Entwurf 29
von 2002 eher als Arbeitspapier und Rohentwurf denn als tatsächlicher Gesetzesentwurf einzustufen.[74] Angesichts der Komplexität der Materie und der in der rechtswissenschaftlichen Debatte vertretenen uneinheitlichen Ansichten zum geeigneten Kodifizierungsmodell für das Zivilgesetzbuch, fand dieser Rohentwurf letztlich nicht Eingang in ein finales und umfassendes Zivilgesetzbuch.[75] Es wurde in den Folgejahren vielmehr der Ansatz einer schrittweisen Verabschiedung zivilrechtlicher Einzelgesetze fortgeführt.

---

65 Chin. „中华人民共和国民法通则", in Kraft getreten am 1. Januar 1987, zuletzt geändert am 27. August 2009; deutsch mit Quellenangabe in: Frank MÜNZEL (Hrsg.), Chinas Recht, 12.4.86/1.

66 Chin. „中华人民共和国合同法", in Kraft getreten am 1. Oktober 1999; deutsch mit Quellenangabe in: Frank MÜNZEL (Hrsg.), Chinas Recht, 15.3.99/1.

67 Chin. „中华人民共和国婚姻法", in Kraft getreten am 1. Januar 1981, zuletzt geändert am 28. April 2001; deutsch mit Quellenangabe in: Frank MÜNZEL (Hrsg.), Chinas Recht, 10.9.80/1.

68 Chin. „中华人民共和国收养法", in Kraft getreten am 1. April 1992, zuletzt geändert am 4. November 1998; deutsch mit Quellenangabe in: Frank MÜNZEL (Hrsg.), Chinas Recht, 4.11.98/1.

69 Chin. „中华人民共和国继承法", in Kraft getreten am 1. Oktober 1985; deutsch mit Quellenangabe in: Frank MÜNZEL (Hrsg.), Chinas Recht, 10.4.85/1.

70 Lihong ZHANG, 999, 1011.

71 Yuanshi BU, 80 Rn. 12.

72 Lihong ZHANG, 999, 1012.

73 Für einen Überblick über die diesbezügliche rechtswissenschaftliche Debatte siehe Lihong ZHANG, 999, 1013 ff.

74 Lihong ZHANG, 999, 1010.

75 Vgl. Jörg BINDING, 3.

c)   Einzelgesetze

30   Zu den seit 1982 verabschiedeten Einzelgesetzen auf dem Gebiet des Zivilrechts sind zunächst die Allgemeinen Grundsätze des Zivilrechts[76] zu nennen, die im Jahre 1987 in Kraft traten und auf dem Entwurf des Zivilgesetzbuchs von 1982 basieren.[77] Im Bereich des Vertragsrechts gilt seit 1999 das Vertragsgesetz[78]. Dieses ersetzte die drei bis dahin geltenden Einzelgesetze zum Vertragsrecht: das Wirtschaftsvertragsgesetz von 1981, das Außenwirtschaftsvertragsgesetz von 1985 und das Technologievertragsgesetz von 1987.

31   Ebenfalls von zentraler Bedeutung sind das Sachenrechtsgesetz[79] von 2007 und das 2010 in Kraft getretene Gesetz über die deliktische Haftung.[80] Zu nennen sind schließlich noch das Ehegesetz[81], das Erbrechtsgesetz[82] und das Adoptionsgesetz[83].

d)   Aktueller Stand

32   Die rechtswissenschaftliche Debatte zu Struktur und Inhalt eines zukünftigen chinesischen Zivilgesetzbuches in den letzten Jahren lässt zahlreiche unterschiedliche Positionen erkennen. Weitgehende Einigkeit besteht zunächst darüber, dass der gegenwärtige Zustand mit einer Vielzahl von Einzelgesetzen aufgrund der komplizierten Struktur und der fehlenden inhaltlichen Abstimmung die Rechtssicherheit im Bereich des Zivilrechts einschränkt und insofern nur eine Übergangslösung darstellt.[84]

33   Grundsätzlich lassen sich drei unterschiedliche Kodifizierungsmodelle unterscheiden. Vereinfacht ausgedrückt, richten sich zwei Positionen jeweils maßgeblich an Struktur und Inhalt des deutschen BGB[85] bzw. des französischen Code Civil[86] als Vorbildern aus. Die dritte Ansicht befürwortet hingegen eine lose Sammlung und Zusammenstellung voneinander weitgehend unabhängiger Ein-

---

76   Chin. „中华人民共和国民法通则", in Kraft getreten am 1. Januar 1987, zuletzt geändert am 27. August 2009; deutsch mit Quellenangabe in: Frank MÜNZEL (Hrsg.), Chinas Recht, 12.4.86/1.
77   Huixing LIANG, 68, 72.
78   Chin. „中华人民共和国合同法", in Kraft getreten am 1. Oktober 1999; deutsch mit Quellenangabe in: Frank MÜNZEL (Hrsg.), Chinas Recht, 15.3.99/1.
79   Chin. „中华人民共和国物权法", in Kraft getreten am 1. Oktober 2007; deutsch mit Quellenangabe in: Frank MÜNZEL (Hrsg.), Chinas Recht, 16.3.07/1.
80   Chin. „中华人民共和国侵权责任法", in Kraft getreten am 1. Juli 2010; deutsch mit Quellenangabe in: Frank MÜNZEL (Hrsg.), Chinas Recht, 26.12.09/1.
81   Chin. „中华人民共和国婚姻法", in Kraft getreten am 1. Januar 1981, zuletzt geändert am 28. April 2001; deutsch mit Quellenangabe in: Frank MÜNZEL (Hrsg.), Chinas Recht, 10.9.80/1.
82   Chin. „中华人民共和国继承法", in Kraft getreten am 1. Oktober 1985; deutsch mit Quellenangabe in: Frank MÜNZEL (Hrsg.), Chinas Recht, 10.4.85/1.
83   Chin. „中华人民共和国收养法", in Kraft getreten am 1. April 1992, zuletzt geändert am 4. November 1998; deutsch mit Quellenangabe in: Frank MÜNZEL (Hrsg.), Chinas Recht, 4.11.98/1.
84   Vgl. Lan XU, 207, 223.
85   So etwa Huixing LIANG, 14, 24; Liming WANG, 23.
86   So etwa Guodong XU, 60, 61.

zelbücher, wie sie im Entwurf des Zivilgesetzbuches von 2002 umgesetzt wurde. Das Modell einer Sammlung von Einzelgesetzen unter Einbeziehung von Elementen aus dem Bereich des Common Law scheint dabei von der überwiegenden Ansicht im Schrifttum favorisiert zu werden.[87]

Im Einzelnen werden indes noch sehr unterschiedliche Positionen vertreten. Teilweise wird die Notwendigkeit eines einheitlichen Zivilgesetzbuches grundsätzlich in Frage gestellt;[88] verwiesen wird insoweit auf den starken Einfluss des Common Law auf das aktuelle chinesische Zivilrecht, die wachsende Bedeutung juristischer Auslegung und den vergleichsweise niedrigen Entwicklungsgrad der chinesischen Forschung im Bereich des Zivilrechts.[89] Einzelne Autoren erachten eine Kodifizierung im Bereich des Zivilrechts grundsätzlich für unnötig und fordern den Übergang zu einem fallbezogenen System im Sinne des Common Law.[90] Uneinigkeit besteht unter anderem auch in Bezug auf die Wahl zwischen Einheits- und Trennungsprinzip für zivil- und handelsrechtliche Vorschriften, das Voranstellen eines Allgemeinen Teils sowie das Einfügen eigener Bücher für Persönlichkeitsrechte, Rechte am geistigen Eigentum und internationales Privatrecht.[91]   **34**

Die Veröffentlichung eines einheitlichen und umfassenden chinesischen Zivilgesetzbuches steht bis zum heutigen Tage aus. Zuletzt wurde auf der vierten Plenarsitzung des 18. Zentralkomitees der Kommunistischen Partei Chinas (KPCh) im Oktober 2014 erneut das offizielle Ziel der Erarbeitung und Veröffentlichung eines Zivilgesetzbuches bekräftigt.[92] Ein konkreter Zeitplan für die Veröffentlichung des Zivilgesetzbuches wurde allerdings weder im Rahmen der Plenarsitzung noch in sonstigen offiziellen Dokumenten der jüngsten Zeit genannt.   **35**

B.   Quellen des chinesischen Zivilrechts

I.   Einordnung des chinesischen Zivilrechts

Die Bestimmung der relevanten Rechtsquellen hängt maßgeblich von der Einordnung des betroffenen Rechtsgebiets bzw. der dieses enthaltenden Rechtsordnung ab. So dient für das Zivilrecht in kontinentaleuropäischen Rechtsordnungen grundsätzlich das geschriebene Recht als Rechtsquelle, also die von den   **36**

---

87 Vgl. Lihong ZHANG, 999, 1015.
88 Siehe Ping JIANG, 41.
89 Junju MA, 367, 369; Kaiguo LI, 19 ff.; Yongqian TU/Na KANG, 585 ff.; Shixing SHAO, 616 ff.
90 Vgl. Xuelu XU/Peng LIANG, 574 ff.
91 Siehe hierzu ausführlich Huixing LIANG, 68, 73 ff.; Lihong ZHANG, 999, 1008 ff.
92 Genannt in „CCP Central Committee Decision concerning Several Major Issues in Comprehensively Advancing Governance According to Law" [中共中央关于全面推进依法治国若干重大问题的决定] vom 23. Oktober 2014.

verfassungsmäßigen Gesetzgebungsorganen in einem vorgeschriebenen Gesetzgebungsverfahren erlassenen Gesetze.[93]

37 Wie oben ausgeführt,[94] wurde das chinesische Zivilrecht seit dem Beginn der Kodifizierung Anfang des 20. Jahrhunderts im Wesentlichen nach dem Vorbild kontinentaleuropäischer Zivilrechtsbücher geformt. Eine Neuausrichtung an Common-Law-Rechtsordnungen wurde erst in der jüngeren Diskussion ins Spiel gebracht.[95] Dennoch sehen einige Autoren inzwischen einen wachsenden Einfluss des Common Law auf das chinesische Zivilrecht und verweisen insoweit auf die Ausbildung einer immer größeren Zahl chinesischer Studenten an US-amerikanischen Universitäten, die dominante Marktposition US-amerikanischer Großkanzleien und die Integration Hongkongs als Common-Law-Rechtsordnung in die Volksrepublik China.[96]

38 Ein Beleg für den wachsenden Einfluss des Common Law auf das chinesische Zivilrecht wird darin gesehen, dass in der chinesischen Zivilprozesspraxis ein Rückgang inquisitorischer Elemente zugunsten gleichgeordneter, gegnerischer Elemente zu verzeichnen ist.[97] Als Hinweis auf die wachsende Übernahme von Common-Law-Elementen kann zudem die teilweise anzutreffende Praxis chinesischer Zivilgerichte angeführt werden, im Falle uneindeutiger Normen in ihren Entscheidungen statt der betreffenden Normen Präzedenzfälle in Bezug zu nehmen, obgleich Präzedenzfälle im chinesischen Recht formal nicht als Rechtsquellen anerkannt sind.[98]

39 Vor diesem Hintergrund lässt sich das chinesische Recht mithin nicht eindeutig dem kontinentaleuropäischen Rechtskreis zuordnen, es stellt vielmehr eine Sonderform dar, die zusätzlich sowohl Einflüsse des Common Law als auch weiterhin Elemente der sowjetischen Rechtsordnung aufweist.[99] Während es im Detail unterschiedliche Kategorisierungsansätze gibt, wird die grundsätzliche Sonderstellung des chinesischen Rechts mehrheitlich anerkannt.[100]

40 Im Einklang mit der gesonderten Stellung des chinesischen Rechts im internationalen Vergleich sind die Quellen des chinesischen Zivilrechts nicht auf das geschriebene Recht beschränkt, sondern umfassen darüber hinaus weitere Rechtsquellen, die der besonderen Beschaffenheit des chinesischen Rechts als Mischform Rechnung tragen.

---

93 Dieter Schwab/Martin Löhnig, 11 Rn. 23.
94 Siehe oben Rn. 34.
95 Wie oben ausgeführt, wird vereinzelt die Aufgabe der Kodifizierung im Bereich des Zivilrechts zugunsten einer Einführung des Common Law gefordert, s. Rn. 34.
96 Albert H.Y. Chen, 55, 66.
97 Albert H.Y. Chen, a.a.O.
98 Vgl. Wei Luo, 105; Huixing Liang, 14, 16.
99 Albert H.Y. Chen, 55.
100 So die herrschende Meinung, siehe etwa Zongling Shen, 52 f.; Albert H.Y. Chen, 55; Konrad Zweigert/Hein Kötz, 72.

II. Kategorisierung der Rechtsquellen

Im Hinblick auf ihre Kategorisierung und Rangfolge lassen sich Rechtsquellen   **41**
zunächst im Hinblick auf ihr Zustandekommen unterteilen. Hier sind zum einen all jene Normen zu nennen, die im Rahmen eines vorgegebenen Rechtset-
zungsverfahrens zustande kommen. Hierunter fallen die Verfassung, sogenannte grundlegende Gesetze[101], einfache Gesetze[102], Verwaltungsrechtsnormen[103],
lokale Rechtsbestimmungen[104] und Verwaltungsvorschriften[105].[106] In eine zweite
Gruppe fallen hingegen die nicht in einem Rechtsetzungsverfahren zustande ge-
kommenen Normen, wie Politische Richtlinien[107] und sogenannte „Normativdo-
kumente"[108].[109]

Die erste Gruppe von Normen lässt sich wiederum in zwei weitere Untergruppen   **42**
unterteilen: zum einen in Normen, die von gesetzgebenden Körperschaften[110], wie
dem NVK, dem Ständigen Ausschuss des NVK und den lokalen Volkskongressen, erlassen werden, und zum anderen in Normen, die durch Exekutivorgane[111],
wie den Staatsrat und die lokalen Volksregierungen, erlassen werden.[112]

Gemäß dieser Grobeinteilung erfolgt die Darstellung der Rechtsquellen in die-   **43**
sem Kapitel in folgender Reihenfolge: Begonnen wird mit der ersten Untergruppe
(1. Verfassung, 2. Gesetze), gefolgt von der zweiten Untergruppe (3. Verwaltungsrechtsnormen), gefolgt von der justiziellen Auslegung (4. Justizielle Auslegung). Abschließend werden auch noch die folgenden Rechtsquellen beleuchtet:
Internationale Abkommen (5.), Gewohnheitsrecht (6.) und Urteile (7.).

Während die Auswahl der hier dargestellten Rechtsquellen der mehrheitlichen   **44**
Darstellung im chinesischen Schrifttum entspricht, variiert die Reihenfolge der
einzelnen Quellen in den Publikationen der chinesischen Literatur.[113] Die hier gewählte Darstellung orientiert sich insofern an der oben erläuterten Rangfolge der
verschiedenen Normgeber und der allgemeinen Normenhierarchie.[114]

---

101 Chin. „基本法律".
102 Chin. „法律".
103 Chin. „行政法规".
104 Chin. „地方性法规".
105 Chin. „规章".
106 Robert Heuser, 187.
107 Chin. „政策".
108 Chin. „规范性文件".
109 Robert Heuser, 187.
110 Chin. „国家权力机关".
111 Chin. „行政机关".
112 Vgl., Peter Howard Corne, 369, 370.
113 Siehe etwa Yubo Zheng, 20 ff.; Zongling Shen, 31; Liming Wang/Lixin Yang/Yi Wang/Xiao
     Cheng, 16 f; Huabin Chen, 71 ff.; Weixing Shen, 15 ff.
114 Siehe hierzu ausführlich Jörg Binding/Anna Radjuk, 785 ff.

III. Einzelne Rechtsquellen

1. Verfassung

45   Das chinesische Schrifttum führt die chinesische Verfassung[115] mehrheitlich gesondert als Quelle des chinesischen Zivilrechts auf.[116] Artikel mit zivilrechtlichen
Bezügen finden sich in der chinesischen Verfassung an verschiedenen Stellen.
Beispielhaft seien an dieser Stelle folgende Verfassungsartikel mit Zivilrechtsbe-
zug genannt:

- – Art. 13 Abs. 1: Das gesetzmäßige private Eigentum der Bürger ist unverletz-
lich.
- – Art. 13 Abs. 2: Der Staat schützt die Rechte der Bürger in Bezug auf das Eigen-
tum und das Erbe im Einklang mit den Gesetzen.
- – Art. 37 Abs. 1: Die persönliche Freiheit der Bürger der Volksrepublik China
ist unantastbar.
- – Art. 38 S. 1: Die Menschenwürde der Bürger der Volksrepublik China ist un-
antastbar.
- – Art. 40 S. 1: Freiheit und Vertraulichkeit der Kommunikation von Bürgern der
Volksrepublik China sind gesetzlich geschützt.

46   Die Artikel der Verfassung sind aber nicht unmittelbar anwendbar. Dies ergibt
sich bereits aus §§ 3 bis 5 der Bestimmungen des Obersten Volksgerichts über das
Zitieren von normierenden Rechtsschriftstücken, wie Gesetzen und Rechtsnormen, in Entscheidungsurkunden[117], in denen die Verfassung nicht als Rechtsquelle angeführt ist und entspricht auch der bisherigen herrschenden Lehre in China.[118] Eine Durchbrechung dieses Grundsatzes vollzog das Oberste Volksgericht
zwar im Jahre 2001 in der Rechtssache Qi Yuling, indem es in einer Antwort[119]
die unmittelbare Anwendung eines Artikels der chinesischen Verfassung bezüglich des Grundrechts auf Bildung erlaubte. Diese Antwort wurde aber im Jahre
2008 wieder aufgehoben.[120]

---

115 Chin. „中华人民共和国宪法", in Kraft getreten am 4. Dezember 1982, zuletzt geändert am 14.
März 2004.
116 Siehe etwa Liming WANG/Lixin YANG/Yi WANG/Xiao CHENG, 16 f.; Huabin CHEN, 71 ff.; Weixing
SHEN, 15 ff.; nicht als Rechtsquelle des Zivilrechts genannt wird die chinesische Verfassung unter
anderem von Hui ZHENG, 1, 2 ff.; Dekuan LIU, 15 ff.
117 Chin. „最高人民法院关于裁判文书引用法律、法规等规范性法律文件的规定", in Kraft ge-
treten am 4. November 2009. Deutsche Übersetzung abgedruckt in ZChinR 2012, 31 ff.
118 Björn AHL, 9.
119 Chin. „批复".
120 Björn AHL, 9.

2. Gesetze und Bestimmungen

a) Grundformen

Als Rechtsquelle dienen auf nationaler Ebene sogenannte grundlegende Gesetze, einfache Gesetze und Verordnungen. Grundlegende Gesetze werden vom NVK verabschiedet[121] und dienen als Grundgerüst für einen bestimmten Rechtsbereich, den sie gewissermaßen als Rahmengesetz regeln.[122] Die vom Ständigen Ausschuss des NVK erlassenen einfachen Gesetze und die üblicherweise vom Staatsrat erlassenen Verordnungen entfalten grundsätzlich die gleiche Rechtswirkung.[123] In der Praxis bedient sich der Ständige Ausschuss des NVK der Form des einfachen Gesetzes regelmäßig dann, wenn der Regelungsgegenstand als grundsätzlich geklärt und „regelungsreif" gilt.[124] Verordnungen kommen hingegen üblicherweise zum Einsatz, um einen weniger umfangreichen Sachverhalt zu regeln und werden häufig für Testläufe in neuen Regelungsmaterien genutzt.

47

Daneben kann jedoch auch der Staatsrat Rechtsnormen erlassen. Gemäß den Bestimmungen über den Prozess der Ausfertigung von Verwaltungsverordnungen sollen Verwaltungsverordnungen, die vom Staatsrat verabschiedet werden, regelmäßig als Vorschriften ergehen.[125] Verwaltungsverordnungen stützten sich auf die Verfassung und die Gesetze,[126] während den vom Ständigen Ausschuss des NVK erlassenen Rechtsnormen die Wirkung von Gesetzen zukommt.[127] Mithin ist die Geltungswirkung der vom Ständigen Ausschuss des NVK erlassenen Rechtsnormen stärker als die der vom Staatsrat erlassenen Rechtsnormen. Unterschiede bestehen darüber hinaus in Bezug auf den jeweiligen Regelungsbereich und im Hinblick auf das Normgebungsverfahren für den Erlass der Rechtsnormen.[128]

48

Gem. Art. 67 der Verfassung ist der Ständige Ausschuss des NVK zur Legislativauslegung[129] befugt, d.h. er kann Beschlüsse[130] und andere Dokumente erlassen,

49

---

121 Art. 62 Verfassung. § 7 Abs. 2 Gesetzgebungsgesetz, chin. „中华人民共和国立法法", in Kraft getreten am 1. Juli 2000; deutsch mit Quellenangabe in: Frank MÜNZEL (Hrsg.), Chinas Recht, 15.3.00/2.
122 Jörg BINDING/Anna RADJUK, 785 f.; vgl. auch Yahong LI, 131.
123 Peter Howard CORNE, 378; Peter Howard CORNE, 60.
124 Robert HEUSER, 187.
125 § 4 Bestimmungen über den Prozess der Ausfertigung von Verwaltungsverordnungen; chin. „行政法规制定条例", in Kraft getreten am 1. Januar 2001; deutsch mit Quellenangabe in: Frank MÜNZEL (Hrsg.), Chinas Recht, 16.11.01.
126 § 56 Gesetzgebungsgesetz; deutsch mit Quellenangabe in: Frank MÜNZEL (Hrsg.), Chinas Recht, 15.3.00/2.
127 §§ 8 und 9 Gesetzgebungsgesetz.
128 Siehe oben Rn. 45.
129 Chin. „立法解释".
130 Chin. „决议".

die zumeist der Auslegung, Ergänzung oder Änderung von grundlegenden und einfachen Gesetzen dienen.[131]

50   Auf lokaler Ebene sind folgende Normen relevant: die durch die Volkskongresse der Provinzen erlassenen lokalen Rechtsnormen[132] und die von den Volkskongressen der autonomen Regionen verabschiedeten Autonomieverordnungen[133]. Als Rechtsgrundlage für den Erlass letzterer Normen dient neben den genannten Verfassungsartikeln vor allem das Gesetz der lokalen Volkskongresse und Volksregierungen[134].

b)   Zivilrecht

51   Ein einheitliches Zivilgesetzbuch zu verabschieden, ist in China seit Langem erklärtes Ziel, sein Erlass steht jedoch weiterhin aus.[135] Als maßgebliche Rechtsquellen im Bereich des chinesischen Zivilrechts dienen daher auch heute noch die verschiedenen zivilrechtlichen Einzelgesetze.

52   Zu den zentralen zivilrechtlichen Einzelgesetzen zählen die Allgemeinen Grundsätze des Zivilrechts, das Vertragsgesetz, das Sachenrechtsgesetz, das Gesetz über die deliktische Haftung, das Ehegesetz, das Erbrechtsgesetz und das Adoptionsgesetz. Ebenfalls von hervorgehobener Bedeutung im Bereich des Zivilrechts sind das Gesetz zur Verwaltung von Grund und Boden[136], das Gesetz zur Verwaltung von Immobilien im städtischen Bereich[137], das Gesellschaftsgesetz[138], das Wertpapiergesetz[139], das Wechselgesetz[140], das Versicherungsgesetz[141], das Sec-

---

131 Peter Howard CORNE, 378.
132 Chin. „地方性法规", Art. 100 Verfassung, § 63 Abs. 1 Gesetzgebungsgesetz.
133 Chin. „自治条例", Art. 116 Verfassung, § 63 Abs. 1 Gesetzgebungsgesetz.
134 Chin. „中华人民共和国地方各级人民代表大会和地方各级人民政府组织法", in Kraft getreten am 1. Januar 1980, zuletzt geändert am 27. Oktober 2004.
135 Ausführlich zu den Hintergründen oben Rn. 25 ff.
136 Chin. „中华人民共和国土地管理法", in Kraft getreten am 1. Januar 1999, zuletzt geändert am 28. August 2004; deutsch mit Quellenangabe in: Frank MÜNZEL (Hrsg.), Chinas Recht, 29.8.98/1.
137 Chin. „中华人民共和国城市房地产管理法", in Kraft getreten am 1. Oktober 1995, zuletzt geändert am 30. August 2007; deutsch mit Quellenangabe in: Frank MÜNZEL (Hrsg.), Chinas Recht, 5.7.94/1.
138 Chin. „中华人民共和国公司法", in Kraft getreten am 1. Juli 1994, zuletzt geändert am 28. Dezember 2013; deutsch mit Quellenangabe in: Frank MÜNZEL (Hrsg.), Chinas Recht, 27.10.05/1.
139 Chin. „中华人民共和国证券法", in Kraft getreten am 1. Juli 1999, zuletzt geändert am 31. August 2004; deutsch mit Quellenangabe in: Frank MÜNZEL (Hrsg.), Chinas Recht, 29.12.98/1.
140 Chin. „中华人民共和国票据法", in Kraft getreten am 1. Januar 1996, zuletzt geändert am 28. August 2004; deutsch mit Quellenangabe in: Frank MÜNZEL (Hrsg.), Chinas Recht, 10.5.95/1.
141 Chin. „中华人民共和国保险法", in Kraft getreten am 1. Oktober 1995, zuletzt geändert am 31. August 2014; deutsch mit Quellenangabe in: Frank MÜNZEL (Hrsg.), Chinas Recht, 28.2.09/1.

gesetz[142], das Patentgesetz[143], das Markengesetz[144] und das Urhebergesetz[145]. Beispiele für Bestimmungen auf lokaler Ebene sind die Vorschriften der Shanghaier Stadtverwaltung über den Schutz der Verbraucherrechte und -interessen[146] und die Vorschriften der Pekinger Stadtverwaltung über den Schutz und die Förderung von Patenten[147].

3. Verwaltungsrechtsnormen

a) Grundformen

Gem. Art. 85 der Verfassung ist der Staatsrat oberstes Verwaltungsorgan der Volksrepublik China. Die Exekutivgesetzgebung kann der Staatsrat mittels Verwaltungsrechtsnormen, Beschlüssen und Erlassen[148] ausüben[149], wobei Verwaltungsrechtsnormen die Form von Vorschriften[150] und Maßnahmen[151] sowie von Verordnungen[152] annehmen können.[153] Verwaltungsrechtsnormen können grundsätzlich dann erlassen werden, wenn sie zur Ausübung von Gesetzen oder zur Ausübung der Pflichten des Staatsrats als Exekutivorgan erforderlich sind.[154] In der Praxis dienen sie vornehmlich dem Zweck, die allgemein gehaltenen Regelungen in Gesetzen durch detaillierte Bestimmungen zu ergänzen.[155] Dem Staatsrat steht in diesem Bereich somit eine originäre Rechtsetzungsbefugnis zu, die eine Durchbrechung des Gewaltenteilungsprinzips darstellt.[156] Diese Vermischung von Legislativ- und Exekutivkompetenzen wird im Schrifttum unter Hinweis auf die Sonderstellung und die besondere Beschaffenheit des chinesischen Rechts im Vergleich zu westlichen Rechtsordnungen gerechtfertigt.[157]

53

---

142 Chin. „中华人民共和国海商法", in Kraft getreten am 1. Juli 1993; deutsch mit Quellenangabe in: Frank Münzel (Hrsg.), Chinas Recht, 7.11.92/1.

143 Chin. „中华人民共和国专利法", in Kraft getreten am 1. April 1985, zuletzt geändert am 27. Dezember 2008; deutsch mit Quellenangabe in: Frank Münzel (Hrsg.), Chinas Recht, 27.12.08/1.

144 Chin. „中华人民共和国商标法", in Kraft getreten am 1. März 1983, zuletzt geändert am 30. August 2013; deutsch mit Quellenangabe in: Frank Münzel (Hrsg.), Chinas Recht, 23.8.82/1.

145 Chin. „中华人民共和国著作权法", in Kraft getreten am 1. Juni 1991, zuletzt geändert am 26. Februar 2010; deutsch mit Quellenangabe in: Frank Münzel (Hrsg.), Chinas Recht, 27.10.01/1.

146 Chin. „上海市消费者权益保护条例", in Kraft getreten am 1. Januar 2003.

147 Chin. „北京市专利保护和促进条例", in Kraft getreten am 1. März 2014.

148 Chin. „命令".

149 Art. 89 (1) Verfassung.

150 Chin. „规定".

151 Chin. „办法".

152 Chin. „条例".

153 § 4 S. 1 Vorschrift des Staatsrates über das Verfahren zur Aufstellung von Verwaltungsregeln [行政法规制定程序条例], in Kraft getreten am 1. Januar 2002; deutsch mit Quellenangabe in: Frank Münzel (Hrsg.), Chinas Recht, 16.11.01.

154 § 56 Abs. 2 Gesetzgebungsgesetz.

155 Peter Howard Corne, 247, 254; Peter Howard Corne, 375.

156 Jörg Binding/Anna Radjuk, 785, 787.

157 Siehe etwa Buyun Li, 157, 170.

54   Eine Verlagerung von Rechtsetzungskompetenzen auf den Staatsrat als Exekutivorgan ist auch im Bereich der vorläufigen Bestimmungen[158] und vorläufigen Verordnungen[159] festzustellen. Mittels mehrerer Entscheidungen übertrug der NVK
in der Vergangenheit hier Legislativbefugnisse auf den Staatsrat, so z. B. mit einer
Entscheidung des NVK aus dem Jahre 1985, in welcher der Staatsrat im Bereich
des Wirtschaftsrechts generell zum Erlass vorläufiger Bestimmungen und Verordnungen ermächtigt wurde, die zur Umsetzung der Politik der „wirtschaftsstruktu-
rellen Reform und Öffnung" erforderlich sind.[160] Auf lokaler Ebene sind in diesem Zusammenhang schließlich noch die von den Lokalregierungen erlassenen
Regeln[161] zu nennen.[162]

b)   Zivilrecht

55   Zu den relevanten Verwaltungsrechtsnormen im Bereich des Zivilrechts zählen
unter anderem die Verordnungen über die Registrierung und Verwaltung von Gesellschaften als juristische Personen[163], die Übergangsverordnungen zur Registrierung und Verwaltung von Institutionseinheiten[164], die Verordnung zur Eintragung und Verwaltung von Vereinen[165], die vorläufige Verordnung zur Verwaltung
der Registrierung von nicht-kommerziellen Einheiten, die von Bürgern errichtet
werden[166], die Verordnungen zur Verwaltung von Stiftungen[167], die Ausführungsbestimmungen zur Regelung der Registrierung von Gesellschaften mit Rechtspersönlichkeit[168], die Ausführungsvorschriften zum Urheberrechtsgesetz[169], die

---

158 Chin. „暂行规定".
159 Chin. „暂行条例".
160 Chin. „中华人民共和国第六届全国人民代表大会第三次会议关于授权国务院在经济体制改
     革和对外开放方面可以制定暂行的规定或者条例的决定", erlassen vom NVK am 4. Oktober
     1985.
161 Chin. „规章".
162 § 60 Abs. 1 S. 1 des Gesetzes der lokalen Volkskongresse und Volksregierungen.
163 Chin. „中华人民共和国企业法人登记管理条例", in Kraft getreten am 1. Juli 1988, zuletzt ge-
     ändert am 19. Februar 2014; deutsch mit Quellenangabe in: Frank MÜNZEL (Hrsg.), Chinas Recht,
     3.6.88/1.
164 Chin. „中华人民共和国事业单位登记管理暂行条例", in Kraft getreten am 25. Oktober 1998,
     zuletzt geändert am 27. Juni 2014.
165 Chin. „中华人民共和国社会团体登记管理条例", in Kraft getreten am 25. Oktober 1998; chi-
     nesisch-deutsch in: ZChinR 2008, 257 ff.
166 Chin. „中华人民共和国民办非企业单位登记管理暂行条例", in Kraft getreten am 25. Oktober
     1998; chinesisch-deutsch in: ZChinR 2012, 222 ff.
167 Chin. „中华人民共和国基金会管理条例", in Kraft getreten am 1. Juni 2004; chinesisch–
     deutsch in: ZChinR 2004, 393 ff.
168 Chin. „中华人民共和国企业法人登记管理条例施行细则", in Kraft getreten am 1. Dezem-
     ber 1988, zuletzt geändert am 20. Februar 2014; deutsch mit Quellenangabe in: Frank MÜNZEL
     (Hrsg.), Chinas Recht, 7.4.98/1.
169 Chin. „中华人民共和国著作权法实施条例", in Kraft getreten am 30. Mai 1991, zuletzt geän-
     dert am 30. Januar 2013; deutsch mit Quellenangabe in: Frank MÜNZEL (Hrsg.), Chinas Recht,
     2.8.02/1.

Ausführungsbestimmungen zum Gesetz über 100%ige Tochtergesellschaften mit ausländischer Beteiligung[170] und die Ausführungsregeln zum Markengesetz[171].

4. Justizielle Auslegung

Im Bereich der Auslegung ist im chinesischen Recht zunächst zwischen der offiziellen Auslegung durch staatliche Organe und der inoffiziellen akademischen Auslegung zu unterscheiden. Die offizielle Auslegung lässt sich wiederum in die drei Teilbereiche der Legislativauslegung[172], der Verwaltungsauslegung[173] und der justiziellen Auslegung[174] unterteilen.[175] Um eine ausreichende Kontrolle über die offizielle Auslegung der einzelnen chinesischen Normen sicherzustellen, veröffentlichte der Ständige Ausschuss des NVK im Jahre 1982 den Beschluss des Ständigen Ausschusses des NVK über die Stärkung der Gesetzesinterpretation[176], der seither als rechtliche Grundlage für die offizielle Auslegung durch staatliche Organe dient. **56**

Eine der Besonderheiten der chinesischen Rechtsordnung liegt darin begründet, dass das Oberste Volksgericht als höchstes Organ der Judikative über das Institut der justiziellen Auslegung Legislativfunktionen wahrnimmt. Das Oberste Volksgericht bedient sich der justiziellen Auslegung zur Konkretisierung und Erläuterung einzelner Normen.[177] Hierdurch sollen zumeist Lücken oder Mängel in bereits erlassenen Regelwerken behoben werden.[178] **57**

Die Befugnis des Obersten Volksgerichts zur justiziellen Auslegung folgt aus § 32 des Volksgerichtsorganisationsgesetzes der Volksrepublik China, welches 1980 in Kraft trat.[179] Allerdings hatte das Oberste Volksgericht schon vor dem Erlass dieser Rechtsgrundlage regelmäßig Gesetzesinterpretationen aus eigener Initiative vorgenommen.[180] Zum Zwecke der justiziellen Auslegung kann sich das Oberste Volksgericht gem. § 6 der Bestimmungen des Obersten Volksgerichts **58**

---

170 Chin. „中华人民共和国外资企业法实施细则", in Kraft getreten am 25. Dezember 1996, zuletzt geändert am 20. Februar 2013.
171 Chin. „中华人民共和国商标法实施条例", in Kraft getreten am 15. September 2002, zuletzt geändert am 1. Mai 2014; deutsch mit Quellenangabe in: Frank MÜNZEL (Hrsg.), Chinas Recht, 23.8.82/2.
172 Chin. „立法解释".
173 Chin. „行政解释".
174 Chin. „司法解释".
175 Harro v. SENGER, 179 f.
176 Chin. „全国人民代表大会常务委员会关于加强法律解释工作的决议", veröffentlicht am 10. Juni 1981.
177 Vgl. Robert HEUSER, 189 f.
178 Harro v. SENGER, 180.
179 Chin. „中华人民共和国人民法院组织法", in Kraft getreten am 1. Januar 1980, zuletzt geändert am 31. Oktober 2006; chinesisch-deutsch in: ZChinR 2012, 52 ff.
180 Jörg BINDING/Anna RADJUK, 785, 790.

über die Justizauslegung[181] vier verschiedener Formen bedienen: Auslegungen[182], Bestimmungen[183], Antworten[184] und Beschlüssen. Während sich Auslegungen auf bestimmte Gesetze und Bestimmungen auf noch nicht im Einzelnen gesetzlich geregelte Bereiche beziehen, nehmen Antworten auf Anfragen bestimmter nachgeordneter Gerichte Bezug; Beschlüsse beziehen sich auf die Änderung oder Aufhebung justizieller Auslegungen des Obersten Volksgerichts.[185]

59   Für die chinesischen Gerichte ist die justizielle Auslegung des Obersten Volksgerichts als Gesetzesrecht im weiteren Sinne verbindlich.[186] Die Auslegungen des Obersten Volksgerichts sind für die Rechtsanwendung durch die Gerichte in der Praxis von hoher Bedeutung und gehen oftmals über reine Konkretisierungen hinaus.[187] Als „zweiter Gesetzgeber"[188] übt das Oberste Volksgericht über das Instrument der justiziellen Auslegung einen erheblichen Einfluss auf die Gesetzesanwendung aus und schafft selbst Recht.[189]

60   Der Umstand, dass es sich bei der justiziellen Auslegung grundsätzlich um eine Durchbrechung der Gewaltenteilung und eine Vermischung der Kompetenzen handelt, wird im Schrifttum zwar erkannt, aber als notwendiges Mittel für eine korrekte Anwendung der in Frage stehenden Normen erachtet.[190] Mit dem Hinweis auf das lückenhafte chinesische Regelungsumfeld wird der justiziellen Auslegung dabei eine wichtige Ergänzungsfunktion zugebilligt.[191]

61   In der Praxis legt das Oberste Volksgericht Gesetze teilweise entgegen des Wortlauts aus. So legte das Oberste Volksgericht etwa in § 31 der Auslegung zu verschiedenen Fragen der Anwendung des Sicherheitsgesetzes[192] die Berechnung einer Bürgschaftsfrist erkennbar gegen den Wortlaut des § 25 Abs. 2 S. 2 des

---

181 Chin. „最高人民法院关于司法解释工作的规定", veröffentlicht am 23. März 2007; chinesisch-deutsch in: ZChinR 2007, 322 ff.,

182 Chin. „解释".

183 Chin. „规定".

184 Chin. „批复".

185 § 6 Abs. 2–5 Bestimmungen des Obersten Volksgerichts zur justiziellen Auslegung.

186 Vgl. § 5 Bestimmungen des Obersten Volksgerichts zur justiziellen Auslegung; siehe auch Harro v. Senger, 181; a.A. Hui Zheng, 3 Rn. 8 und Simon Werthwein, 17, die lediglich eine faktische Bindungswirkung in der Praxis bejahen.

187 Jörg Binding/Anna Radjuk, 785, 790.

188 So Yuanshi Bu, 20 Rn. 3.

189 Jean-Pierre Cabestan, 175, 182.

190 Siehe Buyun Li, 157, 171.

191 Siehe Susanne Deissner, 15 f. Rn. 33.

192 Chin. „最高人民法院关于适用<中华人民共和国担保法>若干问题的解释", in Kraft getreten am 13. Dezember 2000.

Sicherheitsgesetzes aus.[193] Das chinesische Schrifttum sieht solche Auslegungen contra legem kritisch[194] und spricht dem Obersten Volksgericht die rechtliche Befugnis zum Erlass dahingehender Auslegungen ab.[195]

Für den Bereich des Zivilrechts sind unter anderem folgende justizielle Auslegungen relevant: Die Ansichten über verschiedene Fragen im Zusammenhang mit der Umsetzung der Allgemeinen Grundsätze des Zivilrechts[196], die Regeln des Obersten Volksgerichts zu verschiedenen Fragen im Zusammenhang mit der Umsetzung einer Verjährungsfrist im Zivilprozess[197], die Ansichten des Obersten Volksgerichts zu bestimmten Fragen im Zusammenhang mit der Umsetzung des Zivilprozessrechts[198], die Auslegung des Obersten Volksgerichts zu verschiedenen Fragen im Zusammenhang mit der Anwendung des Vertragsgesetzes (Teil 1)[199], die Auslegung des Obersten Volksgerichts zu verschiedenen Fragen im Zusammenhang mit der Anwendung des Vertragsgesetzes (Teil 2)[200], die Auslegung des Obersten Volksgerichts zu verschiedenen Fragen im Zusammenhang mit der Anwendung des Sicherheitsgesetzes, die Auslegung des Obersten Volksgerichts zu verschiedenen Fragen im Zusammenhang mit der Rechtsanwendung bei Streitigkeiten zu Immobilienkaufverträgen[201], die Auslegung des Obersten Volksgerichts zu verschiedenen Fragen im Zusammenhang mit der Rechtsanwendung bei Streitigkeiten zu Bauverträgen[202] und die Auslegung des Obersten Volksgerichts

62

---

193 § 25 Abs. 2 S. 2 Sicherheitsgesetz lautet: „Wenn der Gläubiger eine Klage erhoben oder ein Schiedsverfahren beantragt hat, werden auf die Bürgschaftsfrist die Vorschriften über die Unterbrechung der Klageverjährung angewandt". Hingegen schreibt § 31 der Auslegung zur Anwendung des Sicherheitsgesetzes vor, dass die Bürgschaftsfrist aus keinem Grund unterbrochen, gehemmt oder verlängert wird.

194 Yuanshi BU, 20 Rn. 4.

195 Yongjun LI, 19.

196 Chin. „最高人民法院关于贯彻执行<中华人民共和国民法通则>若干问题的意见（试行）", in Kraft getreten am 2. April 1988; deutsch mit Quellenangabe in: Frank MÜNZEL (Hrsg.), Chinas Recht, 2.4.88.

197 Chin. „最高人民法院关于审理民事案件适用诉讼时效制度若干问题的规定", in Kraft getreten am 1. September 2008; chinesisch-deutsch in: ZChinR 2009, 37 ff.

198 Chin. „最高人民法院关于适用<中华人民共和国民事诉讼法>若干问题的意见", in Kraft getreten am 14. Juli 1992.

199 Chin. „最高人民法院关于适用<中华人民共和国合同法>若干问题的解释（一）", in Kraft getreten am 29. Dezember 1999; deutsch mit Quellenangabe in: Frank MÜNZEL (Hrsg.), Chinas Recht, 15.3.99/1.

200 Chin. „最高人民法院关于适用<中华人民共和国合同法>若干问题的解释（二）", in Kraft getreten am 13. Mai 2009; chinesisch-deutsch in: ZChinR 2009, 288 ff.

201 Chin. „最高人民法院关于审理商品房买卖合同纠纷案件适用法律若干问题的解释", in Kraft getreten am 1. Juni 2003; deutsch mit Quellenangabe in: Frank MÜNZEL (Hrsg.), Chinas Recht, 28.4.03/1; chinesisch-deutsch in: ZChinR 2011, 131 ff.

202 Chin. „最高人民法院关于审理建设工程施工合同纠纷案件适用法律问题的解释", in Kraft getreten am 1. Januar 2005; deutsch mit Quellenangabe in: Frank MÜNZEL (Hrsg.), Chinas Recht, 8.8.83/1, 2.

zu verschiedenen Fragen im Zusammenhang mit der Rechtsanwendung bei Streitigkeiten zu Landnutzungsrechtsverträgen[203].

5. Internationale Abkommen

63   Gem. § 142 der Allgemeinen Grundsätze des Zivilrechts[204] kommt Regelungen aus völkerrechtlichen Abkommen gegenüber inländischen Rechtsquellen Vorrang zu, sofern die Volksrepublik China keinen Vorbehalt erklärt hat. Daneben können auch internationale Gebräuche zur Anwendung kommen, sofern sich beide Parteien mit der Geltung derselben einverstanden erklärt haben.[205] Völkerrechtliche Abkommen werden als Rechtsquellen des chinesischen Zivilrechts qualifiziert.[206]

64   Beispiele für Abkommen mit zivilrechtlicher Relevanz sind das Übereinkommen der Vereinten Nationen über Verträge über den internationalen Warenkauf[207] und das New Yorker Übereinkommen über die Anerkennung und Vollstreckung ausländischer Schiedssprüche[208].

6. Gewohnheitsrecht

65   In der Bevölkerung verbreitete Gebräuche können durch gerichtliche Anerkennung zu Gewohnheitsrecht werden.[209] Ein Beispiel ist das chinesische Dianrecht, ein seit alters her in der chinesischen Gesellschaft bestehendes Institut.[210] Seit 1989 hat das Oberste Volksgericht die Geltung des Dianrechts mehrfach bestätigt. Infolgedessen wird das Dianrecht als gewohnheitsrechtlicher Bestandteil des chinesischen Zivilrechts eingestuft.[211]

66   Im Bereich des durch Einzelgesetze geregelten Zivilrechts greifen die chinesischen Zivilgerichte traditionell auf Gewohnheitsrecht zurück, sofern Vorschriften für die Regelung eines bestimmten Bereichs fehlen.[212] So veröffentlichte z. B. das Oberste Volksgericht im Jahre 1951 auf eine Anfrage zu einem Fall aus der Provinz Yunnan eine Antwort, nach der ein Schwiegersohn im Einklang mit dem lokalen Gewohnheitsrecht einer nationalen Minderheit in der Provinz Yunnan das Eigentum seiner Schwiegereltern erben kann, obwohl dies im chinesischen Recht grundsätzlich nicht vorgesehen ist.[213]

---

203 Chin. „最高人民法院关于审理涉及国有土地使用权合同纠纷案件适用法律问题的解释", in Kraft getreten am 1. August 2005.
204 Siehe auch § 95 Abs. 1 Wechselgesetz und § 268 Abs. 1 Seegesetz.
205 Donggen Xu, 19; vgl. auch § 142 Abs. 3 AGZ.
206 Siehe Wei Luo, 135.
207 In Kraft getreten am 1. Januar 1988.
208 In Kraft getreten am 7. Juni 1959.
209 Huixing Liang, 14 f.
210 Ausführlich zum Dianrecht Ulrike Glück.
211 Huixing Liang, 14, 15 f.
212 Vgl. Ulrich Manthe, 22.
213 Siehe hierzu ausführlich Huixing Liang, 28.

Dass es sich bei lokalem Gewohnheitsrecht um eine Rechtsquelle des Zivilrechts   67
handelt, wird schließlich auch mit § 85 des Sachenrechtsgesetzes begründet.[214]
Danach sind die Nachbarschaftsbeziehungen zwischen aneinander grenzenden
Grundstücken bei Fehlen ausdrücklicher Bestimmungen gemäß den lokalen Ge-
bräuchen zu handhaben.

Insgesamt ist jedoch zu beobachten, dass die Bedeutung des lokalen Gewohn-   68
heitsrechts als Rechtsquelle aufgrund des steigenden Entwicklungsstands des chinesischen Zivilrechts stetig abnimmt.[215]

7. Urteile

Trotz des wachsenden Einflusses des Common Law auf das chinesische Zivil-   69
recht, erkennt die chinesische Zivilrechtstheorie vor dem Hintergrund der vorwiegend kontinentaleuropäischen Prägung des chinesischen Zivilrechts grundsätzlich weder Fallrecht noch Präzedenzfälle an.[216]

Entscheidungen chinesischer Gerichte wurden vor 2014 entweder gar nicht oder   70
nur unvollständig veröffentlicht.[217] Inzwischen werden ausgewählte Entscheidungen veröffentlicht, sofern sie als bedeutend oder vorbildlich eingestuft werden.[218] Dabei werden jedoch häufig nur Teile der Entscheidungen veröffentlicht,
so dass die Aussagekraft gering ist.[219] Erst durch die Bestimmung des OVG über
die Veröffentlichung der Entscheidungen des Volksgerichts im Internet[220] wurden
die Volksgerichte gezwungen, ihre Entscheidungen ab 1. Januar 2014 im Internet
zu veröffentlichen. Um die Rechtsprechung in China zu vereinheitlichen, wurde
2011 auch ein Leitentscheidungssystem vom OVG eingeführt.[221]

Das Schrifttum schreibt zumindest den im Amtsblatt des Obersten Volksgerichts   71
veröffentlichten Entscheidungen eine faktische Bindungswirkung zu; den übrigen veröffentlichten Entscheidungen wird lediglich eine gewisse Leitwirkung zu-
erkannt.[222]

---

214 Siehe Hui ZHENG, 1, 4 Rn. 11.
215 Yongjun LI, 14.
216 Vgl. Wei LUO, 132; Huixing LIANG, 14, 16.
217 Jörg BINDING/Claudius EISENBERG, 1.
218 Siehe hierzu ausführlich Simon WERTHWEIN, 11 ff.
219 Wei LUO, 134.
220 Chin. „最高人民法院关于人民法院在互联网公布裁判文书的规定" vom 21.11.2013.
221 Bestimmungen des Obersten Volksgerichts über die Arbeit der Anleitung mit Fällen (chin. „最高
    人民法院关于案例指导工作的规定") vom 26.11.2010; chinesisch-deutsch in: ZChinR 2012,
    33. Siehe auch Björn AHL, 1 ff.
222 Siehe Simon WERTHWEIN, 12 m. w. N.

2. Kapitel

Die Allgemeinen Grundsätze des Zivilrechts

Literatur: Heinz G. BAMBERGER/Herbert ROTH (Hrsg.), Beck'scher Online-Kommentar BGB, 31. Edition 2014; Herbert BERNSTEIN, The PRC´s General Principles From A German Perspective, in: Law and Contemporary Problems (52) 1989, 118; Jörg BINDING, Das Gesetz der VR China über die deliktische Haftung, 1. Aufl., 2012; Jörg BINDING, Das Gerichtssystem der VR China, ZVglRWiss 2010, 153; Jörg BINDING/Anna RADJUK, Die Rangordnung der Rechtsnormen in der VR China, RIW 2009, 785; Yuanshi BU, Einführung in das Recht Chinas, 1. Aufl., 2009; Jianfu CHEN, Chinese Law: Context and Transformation, 1. Aufl., 2008; Lei CHEN/C.H. VAN RHEE (Hrsg.), Towards a Chinese Civil Code: Comparative and Historical Perspectives, 1. Aufl., 2012; Yongqiang CHEN, 社会公共利益的合同法适用 [Vertragsrechtliche Anwendung der allgemeinen gesellschaftlichen Interessen], Journal of Hangzhou Normal University, 2013. 05, 104; Sebastian CHRIST, Vertragsfreiheit in China – Ein Vergleich zwischen chinesischem und deutschem Recht, 1. Aufl., 2011; Jianyuan CUI, 我国合同效力的制度演变 [Die Entwicklung des chinesischen Regelungswerkes über die Wirksamkeit der Verträge], Journal of Henan Administrative Institute of Politics and Law, 2007. 02, 30; Anne DAENTZER, Das Recht der Stellvertretung in der Volksrepublik China, 2000; Edward J. EPSTEIN, The Theoretical System of Property Rights in China's General Principles of Civil Law: Theoretical Controversy in the Drafting Process and Beyond, Law and Contemporary Problems 1989, 177; Edward J. EPSTEIN, Tortious Liability for Defective Products in the People's Republic of China, Journal of Chinese Law 1988, 285; Junwei FU, Modern European and Chinese Contract Law, 1. Aufl., 2011; Li GUO, 论代理制度的完善 [Zur Verbesserung des Stellvertretungssystems], Journal of Liaoning Teachers College, 2002. 05, 135; Mingrui GUO, 民法 [Bürgerliches Recht], 1. Aufl., 2003; Robert HEUSER (Hrsg.), Beiträge zum chinesischen Zivil- und Wirtschaftsrecht, 1. Aufl., 2005, 28 ff.; Robert HEUSER, Einführung in die chinesische Rechtskultur, 2008; Klaus J. HOPT/Thomas VON HIPPEL (Hrsg.), Comparative Corporate Governance of Non-Profit Organizations, 1. Aufl., 2010; Zhiyong HU, 私法自治与国家强制 [Privatautonomie und Staatszwang], Journal of Chongqing Institute of Technology, 2005. 06, 55; William C. JONES, Some Questions Regarding the Significance of the General Provisions of Civil Law of the People's Republic of China, Harvard International Law Review (28) 1987, 309; Hinrich JULIUS, China auf dem Weg zu einem Zivilgesetzbuch: Zur Nichtverabschiedung des Sachenrechtsgesetzes, ZChinR 2006, 270 ff.; Ran KEPING, 论因第三人欺诈或胁迫而订立合同的效力 [Zur Wirksamkeit von Verträgen bei Täuschung oder Drohung durch Dritte], Legal Forum, 2012. 04, 109; Hans Josef KULLMANN/Bernhard PFISTER (Hrsg.), Produzentenhaftung, 3. Band, 2014; Stephan LEITHERER (Hrsg.), Kasseler Kommentar Sozialversicherungsrecht, Band 1, 2014; Chunlin LEONHARD, A Legal Chameleon: An Examination of the Doctrine of Good Faith In Chinese and American Contract Law, Connecticut Journal of International Law 2010, 305; Kaiguo LI,《民法通则》的历史功绩与历史局限 [Historische Errungenschaften und Einschränkungen der AGZ], Supsl Law Review, 1997. 04, 4 ff.; Huixing LIANG, 民法解释学[Auslegung des Zivilrechts], 1. Aufl., 1995; Huixing LIANG, 民法学说判例与立法研究（二）[Zivilrechtliche Fall- und Gesetzgebungsstudie], 1. Aufl., 1999; Huixing LIANG, 民法总论 [Allgemeiner Teil des Zivilrechts], 4. Aufl., 2011; Huixing LIANG, 民商法论丛 The Principle of Good Faith and Gap Filling, Civil and Commercial Law Review, Vol. 2, 71; Falk LICHTENSTEIN, Die zivilrechtliche Verjährung nach dem Recht der VR China, RIW 2009, 824; Gang LIN/Yuefang FENG, 论诚实信用原则 [Zum Grundsatz von Treu und Glauben], Modern Law Science, 2000. 08, 62, 62; Bing LING, Contract Law in China, 2002; Bing LING, in: Chenguang WANG/Xianchu ZHANG (Hrsg.), Introduction to Chinese Law, 1. Aufl., 1997, 169 ff.; Weiqiu LONG, 法治进程中的中国民法——纪念《民法通则》施行20周年 [Chinesisches Zivilrecht auf dem Weg zum Rechtsstaat – Zwanzigjähriges Jubiläum der Implementierung der AGZ], Journal of Comparative Law, 2007. 01, 102; Weiqiu LONG, 民法总论 [Allgemeiner Teil des Zivilrechts], 1. Aufl., 2002; Stanley LUBMAN, Bird in a cage: Legal reform in China after Mao, 1. Aufl., 1999; John MO, in: Guigo WANG/John Mo (Hrsg.), Chinese Law, 1. Aufl., 1999, 95 ff.; Knut B. PISSLER, Die neue justizielle Interpretation des OVG zur Verjährung von Ansprüchen: Gläubigerschutz zulasten der Rechtssicherheit?, ZChinR 2009, 7 ff.; Knut B. PISSLER, Das neue chinesische Vertragsrecht im Spiegel des Handbuches von Bing Ling, RabelsZ 2004, 328 ff.; Jörg-Michael SCHEIL, Das neue chinesische Vertragsgesetz, ZChinR 1999, 2; Christoph SCHRÖDER, Der Eigentumsvorbehalt im Kaufvertrag nach dem Recht der VR China, ZChinR 1999, 117 f.; Jiandong SHAO, 论可撤销之法律行为——中德民法比较研究 [Aufhebbare Zivilgeschäfte – rechtsvergleichende Untersuchung zwischen Chinesischem und Deutschem Zivilrecht], Law Science, 1994. 05, 51; Jian SUN, 对代理法中若干问题的探讨 [Zu einigen Fragen im Stellvertretungsrecht], Nankai Journal, 2000. 01, 69; Stefanie TETZ, Abschluß und Wirksamkeit von Verträgen in der Volksrepublik China. Zugleich ein Beitrag zur Entwicklung des chinesischen Vertragsrechts nach 1978, 1. Aufl.,1994; Alexander THEUSNER, Das Konzept von allgemeinem und besonderem Teil im chinesischen Zivilrecht, 1. Aufl., 2005, 110 f.; Rou TONG, The General Principles of Civil Law of the PRC: Its Birth, Characteristics, And Role, Law and Contemporary Problems (52) 1989, 151, 155; Rou TONG, 民法通则——我国民主与法制建设的一个重要里程碑 [AGZ – ein wichtiger Meilenstein im Aufbau der chinesischen Demokratie und des Rechtssystems], Hebei Law Science, 1984. 04, 7 ff.; Harro VON SENGER, Einführung in das chinesische Recht, 1994; Klaus-R. WAGNER, Überlegungen zu §§ 651 Satz 1 BGB, 377, 381 Abs. 2 HGB, ZfBR 2010, 627; Liming WANG, 民法 [Zivilrecht], 5. Aufl., 2010; Liming WANG/Yun YI, 改革开放以来的中国民法 [Das chinesische Zivilrecht seit der Reform- und Öffnungspolitik], Social Sciences in China 2008, 134; Liming WANG (Hrsg.), 合同法

要义与案例解析 [Vertragsrecht und Fallstudie], 140; Andrea Wechsler, Intellectual property law in the People's Republic of China: a powerful economic tool for innovation and development, China-EU Law Journal 2011, 1 ff.; Yehong Xiao, 论债的转移生效原则 [Zu dem wirksamen Prinzip der Übertragung von Schuldverhältnissen], Beijing Radio and Television University, 45, 47; Lixin Yang, 侵权责任法 [Das Deliktsgesetz], 1. Aufl., 2010; Tian Yin, 论显失公平的民事法律行为 [Deutlich ungerechte Zivilgeschäfte], Political Science and Law, 1989. 05, 43; Tian Yin, 论因误解而为的民事法律行为 [Zivilgeschäfte aufgrund von Irrtum], Political Science and Law, 1993. 01, 18; Dapeng Zeng, 论显失公平的构成要件与体系定位 [Tatbestände der deutlichen Ungerechtigkeit sowie deren systematische Positionierung], Legal Science, 2011. 03, 133; Yuanjian Zhai, Chinese Contract Law and the Economic Reform, Transition Studies Review 2009, 429 ff.; Lihong Zhang, The Latest Development in the Codification of Chinese Civil Law, Tulane Law Review 2009, 1000; Mo Zhang, From Public to Private: The Newly Enacted Chinese Property Law and the Protection of Property Rights in China, Berkeley Business Law Journal 2008, 319; Mo Zhang, Chinese Contract Law, 1. Aufl., 2006; Henry R. Zheng, China's New Civil Law, in: The American Journal of Comparative Law (34), 1986, 669; Xianjun Zheng, 权利义务相一致原理的宪法释义 [Verfassungsrechtliche Auslegung zu dem einheitlichen Prinzip von Rechten und Pflichten], Journal of Capital Normal University (Social Science Edition), 2007. 05, 41; Huibin Zhou, „天价乌木案"凸显《物权法》适用之惑 [Unklare Anwendung des Sachenrechtsgesetzes im Falle vom Ebenholz mit astronomischem Preis], Present Day Law Science 2013, 17, 22; Konrad Zweigert/Hein Kötz, Einführung in die Rechtsvergleichung, 3. Aufl., 1997.

Übersicht

A. Einleitung*

1 Das chinesische Rechtssystem hat über die letzten drei Jahrzehnte eine rasan-
te Entwicklung erfahren und sich den wirtschaftlichen, sozialen und politischen
Veränderungen des Landes angepasst. Trotz dieser relativ kurzen Entwicklungsphase ist im Bereich des Zivilrechts ein umfassendes und funktionsfähiges
Rechtssystem entstanden, welches in vielen Aspekten dem Vergleich mit westlichen Rechtssystemen standhält. Die am 1. Januar 1987 in Kraft getretenen Allgemeinen Grundsätze des Zivilrechts (AGZ)[1] stellten dabei den Ausganspunkt für

---

*   Die Übersetzungen der chinesischen Gesetze wurden der Gesetzessammlung „Chinas Recht",
     herausgegeben von Frank MÜNZEL unter http://www.chinas-recht.de, entnommen.
1   [中华人民共和国民法通则], chinesisch abrufbar unter: www.npc.gov.cn [中国人大网], http://
     www.npc.gov.cn/npc/lfzt/rlys/2014-10/28/content_1883354.htm.

diesen Prozess dar und enthalten auch heute noch die grundlegenden Vorschriften für das Verständnis des chinesischen Zivilrechts. Folglich werden die AGZ als „Meilenstein"[2] der Zivilgesetzgebung seit Beginn der Reform- und Öffnungspolitik im Jahr 1978 bewertet und teilweise sogar als das „chinesische Zivilgesetzbuch" bezeichnet.[3] Dies mag aus Sicht eines deutschen Rechtswissenschaftlers verwundern, beinhalten die insgesamt 156 Paragraphen doch gerade keine umfassende Regelung sämtlicher zivilrechtlicher Fragestellungen. Aber dieser erste Eindruck darf nicht darüber hinwegtäuschen, dass die AGZ bis heute das einzige Gesetz der Volksrepublik (VR) China darstellen, das allgemeingültige Grundsätze im Hinblick auf die zivilrechtlichen Beziehungen zwischen den verschiedenen Rechtssubjekten aufstellt.[4]

Dabei waren die AGZ im Zeitpunkt ihrer Verabschiedung lediglich das Ergebnis eines Kompromisses. Die chinesische Regierung unter Deng Xiaoping musste einsehen, dass das ursprünglich verfolgte Ziel, die Ausarbeitung eines umfassenden und einheitlichen Zivilgesetzbuches, vergleichbar dem französischen Code Civil oder dem deutschen Bürgerlichen Gesetzbuch (BGB), nicht kurzfristig zu realisieren war. Da aber eine gesetzliche Regelung der wichtigen Kerngebiete des Zivilrechts dringend notwendig erschien, entschied sie sich alternativ dazu, diese fragmentarisch in Einzelgesetzen zu kodifizieren. In der Folge entstand ein weitreichendes Gesetzesgeflecht, welches jedoch vielfach eine klare Abgrenzung der Anwendungsbereiche sowie Mechanismen zur Auflösung von Gesetzeskonflikten vermissen lässt, was die Rechtsanwendung in der Praxis erheblich erschwert. **2**

Zur Anpassung an die gesellschaftlichen Entwicklungen und an den Transformprozess hin zu einer sozialistischen Marktwirtschaft wurde die AGZ am 27.8.2009 revidiert.[5] Die Revision betraf § 7 und § 58 Abs. 1 Nr. 6 AGZ. Mit der Aufhebung der in § 7 AGZ enthaltenen Maßgabe, dass Zivilgeschäfte nicht den staatlichen Wirtschaftsplänen zuwiderlaufen dürfen, trennte sich der Gesetzgeber von einem Relikt der Planwirtschaft. In der Konsequenz wurde dann auch § 58 Abs. 1 Nr. 6 AGZ abgeschafft, der einen Unwirksamkeitsgrund für entsprechende Zivilgeschäfte aufstellte. **3**

Nachfolgend werden in diesem Kapitel zunächst der Aufbau und Inhalt der AGZ beleuchtet, wobei auch die Interpretationen des Obersten Volksgerichts zu eini- **4**

---

2 Liming WANG, in: Lei CHEN/Cornelis H. VAN RHEE, 22; Rou TONG, Hebei Law Science 1984. 04, 7 ff.; Weiqiu LONG, Journal of Comparative Law 2007, 102; Bing LING, in: Chenguang WANG/ Xianchu ZHANG, 172.

3 Henry R. ZHENG, The American Journal of Comparative Law 1986, 669 ff.; John MO, in: Guigo WANG/John MO, 96; Junwei FU, 17.

4 Jianfu CHEN, 338; Kaiguo LI, Supsl Law Review 1997. 04, 5.

5 [全国人民大表大会常务委员会关于修改部分法律的决定], chinesisch abgedruckt im: Amtsblatt des Ständigen Ausschusses des Nationalen Volkskongresses der VR China [全国人民代表大会常务委员会公报] 2009, Nr. 6, 553.

gen Fragen der Anwendung der AGZ (OVG-Interpretation AGZ)[6] in die Betrachtung einfließen. Überdies wird das Verhältnis der AGZ zu nachträglich erlassenen Spezialgesetzen dargestellt und erörtert.

B.   Die Regelungsinhalte der AGZ

5   Der grundlegende Sinn und Zweck der AGZ wird in deren § 1 festgehalten. Demzufolge wurden die AGZ verabschiedet, „um die legalen zivilen Rechte und Interessen der Bürger und juristischen Personen zu gewährleisten und um die Zivilbeziehungen korrekt zu regeln (…)".[7] Erfolgen soll dies unter Berücksichtigung der „Erfordernisse der Entwicklung des Aufbaus der sozialistischen Modernisierung aufgrund der Verfassung und der tatsächlichen Verhältnisse unseres Landes". Die AGZ fügen sich somit ein in das verfassungsrechtlich festgelegte „sozialistische System" (Art. 1 Abs. 2 Verfassung[8]) unter dem Primat der Kommunistischen Partei.

6   Eine weitere entscheidende Funktion besteht in der Einführung und Festlegung abstrakter Rechtsbegriffe, wie beispielsweise den der juristischen und natürlichen Person oder den der Eigentums- bzw. Personenbeziehung und der Vormundschaft.[9]

7   Die AGZ unterteilen sich in der Tradition eines kontinentaleuropäischen Zivilgesetzbuches in neun Kapitel und umfassen insgesamt 156 Paragraphen. Die Kapitel treffen im Einzelnen Regelungen zu: Grundprinzipien (Kapitel 1), Bürger (Kapitel 2), juristische Personen (Kapitel 3), Zivilrechtsgeschäfte und Stellvertretung (Kapitel 4), zivile („subjektive") Rechte (Kapitel 5), Haftungsrecht (Kapitel 6), Verjährung (Kapitel 7), Internationales Privatrecht (Kapitel 8) sowie ergänzende Bestimmungen (Kapitel 9).

8   Grundsätzlich erstreckt sich ihr Anwendungsbereich auf das gesamte Zivil- und Wirtschaftsrecht. Bei Kollisionen mit Vorschriften aus spezielleren gesetzlichen Regelwerken sind die AGZ prinzipiell subsidiär.[10]

---

6   [最高人民法院关于贯彻执行《中华人民共和国民法通则》若干问题的意见], chinesisch abgedruckt im: Amtsblatt des Obersten Volksgerichts der VR China [中华人民共和国最高人民法院公报] 1988, Nr. 2, 16 ff. In der englischen und deutschen Übersetzung des AGZ-Gesetzestextes werden die OVG-Interpretationen mitaufgeführt.

7   Robert HEUSER, 2008, 259.

8   [中华人民共和国宪法], chinesisch abgedruckt im: Amtsblatt des Staatsrats der VR China [中华人民共和国国务院公报] 2004, Nr. 13, 5 ff.

9   Alexander THEUSNER, 191.

10   Liming WANG, in: Lei CHEN/Cornelis H. VAN RHEE, 22; Lihong ZHANG, Tulane Law Review, 2009, 1000, 1001.

I. Auslegung

Mit Blick auf die Auslegung der einzelnen Vorschriften der AGZ ist zwischen autoritativen Interpretationsquellen einerseits und akademischer Auslegungsmethodik andererseits zu differenzieren.

9

1. Die OVG-Interpretationen

Als autoritative, d. h. rechtsverbindliche Auslegungsquelle kommen in China die offiziellen Interpretationen des Gesetzgebers und hoher Verwaltungsorgane sowie Erläuterungen durch das OVG in Betracht.[11] Von besonderer Bedeutung für die Auslegung der AGZ sind die am 26. 1. 1988 ergangenen OVG-Interpretationen AGZ. Diese gehen nicht nur ihrem Umfang nach über die Zahl der Paragraphen der AGZ hinaus, sondern enthalten auch inhaltlich detaillierte Ergänzungen des Gesetzestextes. Ursprünglich von der Auslegungskompetenz des Nationalen Volkskongresses abgeleitet, weist § 33 Volksgerichtsorganisationsgesetz (VGOG)[12] dem OVG nun ausdrücklich die Kompetenz zur eigenständigen Interpretation von Gesetzen zu.[13] Nach § 4 VGOG haben die Interpretationen des OVG bloß richterrechtlichen Charakter. In der Praxis fungieren sie hingegen teilweise im Rang eines Gesetzes.[14] Der gesetzgeberische Charakter zeigt sich an Überschreitungen des Gesetzeswortlauts wie etwa in Nr. 6 OVG-Interpretation AGZ. Hiernach können geschäftsunfähige und beschränkt geschäftsfähige Personen solche Geschäfte wirksam vornehmen, die für sie selbst rechtlich lediglich vorteilhaft sind. Dementgegen legt § 58 Nr. 1 und 2 AGZ ausdrücklich fest, dass ein von einer nicht oder beschränkt geschäftsfähigen Person getätigtes Rechtsgeschäft unwirksam ist und differenziert gerade nicht nach der rechtlichen Vorteilhaftigkeit des Geschäftes.[15]

10

2. Auslegungsmethodik

Bei der akademischen bzw. inoffiziellen Auslegung sind die in der chinesischen Zivilrechtsdogmatik allgemein anerkannten Kategorien zugrunde zu legen. Diese umfassen die grammatikalische, die logische, die systematische sowie die historische Interpretation unter Berücksichtigung des gesetzgeberischen Willens.[16] Bezüglich des Verständnisses einzelner Worte wird zwischen der wörtlichen, der restriktiven und der extensiven Auslegung unterschieden.[17]

11

---

11 Harro von Senger, 178 ff.; Robert Heuser, 203.
12 [中华人民共和国法院组织法], chinesisch abgedruckt im: Amtsblatt des ständigen Ausschusses vom Volkskongress der VR China [全国人民代表大会常务委员会公报] 2006, Nr. 8, 691 ff.
13 Jörg Binding, ZVglRWiss 2010, 160 f.; Zhengbao Jin in: Lei Chen/Cornelis H. van Rhee, 32 ff.
14 Jörg Binding, ZVglRWiss 2010, 253, 260; Lihong Zhang, Tulane Law Review, 2009, 1000, 1005 f.; Robert Heuser, 205; Chenguang Wang, in: Chenguang Wang/Xianchu Zhang, 21.
15 Huixing Liang, 211.
16 Huixing Liang, 213 f.
17 Robert Heuser, 205 f.; weitere Differenzierungen erläuternd, Harro von Senger, 182 ff.

12   Nicht abschließend geklärt ist die Frage, ob und inwieweit bei der Auslegung der
      AGZ deren Orientierung an anderen Rechtssystemen Berücksichtigung findet.
      Uneinigkeit besteht bereits darüber, welchem Rechtssystem das chinesische Zi-
      vilrecht zuzuordnen ist.[18] Fest steht jedoch, dass das deutsche Zivilrecht als wich-
      tiger Orientierungspunkt bei der Entwicklung diente,[19] weshalb sich unter ande-
      rem auch in den AGZ inhaltlich diverse Parallelen zum deutschen BGB finden.
      Ebenso sind die vier maßgeblichen Auslegungsmethoden der deutschen Rechts-
      wissenschaft (Wortlaut, Systematik, gesetzgeberischer Wille und Gesetzeszweck)
      – wie bereits erwähnt – in ähnlicher Form auch in der chinesischen Rechtswis-
      senschaft anerkannt.[20] Eine Übertragung des deutschen Verständnisses zivilrecht-
      licher Auslegungsmethoden ist allerdings nicht ohne Einschränkungen möglich.
      So ist das BGB das Ergebnis eines jahrzehntelangen wissenschaftlichen Diskur-
      ses, welcher zudem in einer Zeit der politischen und wirtschaftlichen Stabilität
      erfolgte.[21] Die Verabschiedung der AGZ wurde dagegen aufgrund pragmatischer
      Bedürfnisse schnell vorangetrieben, ohne dass viel Zeit für Detailfragen bezüg-
      lich der Gesetzgebungsdogmatik oder der sprachlichen Ausgestaltung der Vor-
      schriften aufgewendet werden konnte.[22] Die Wortlautgrenze ist daher im Rahmen
      der Auslegung schnell erreicht.[23] In einem solchen Fall kann in Deutschland auf
      die systematische Auslegung zurückgegriffen werden. Diese führt im Rahmen
      der AGZ jedoch auch zu keinen weiteren Erkenntnissen, da ihnen sowohl inner-
      halb ihrer einzelnen Regelungen als auch im Verhältnis zu anderen Gesetzen eine
      kohärente Systematik fehlt.[24] Eine weitere Schwierigkeit besteht darin, dass ein
      Großteil der Rechtsmaterie der AGZ mittlerweile in anderen Gesetzen präzisiert
      und abgeändert wurde, woraus diverse Anwendungskonflikte resultieren. Dazu
      kommen allgemeine Schwierigkeiten bei der Anwendung eines ausländischen
      Rechtssystems, wie die fehlende Präzision der Übersetzung und die schwer nach-
      vollziehbare Einordnung der Begriffe in ihren kulturellen und sozial-politischen
      Hintergrund.[25]

13   Ein Beispiel für diese Problematik stellt die kürzlich ergangene Entscheidung
      eines chinesischen Gerichts dar, in der der Richter – wohl aus Ergebnisorientie-
      rung – die Rügeobliegenheit im Werkvertragsrecht direkt aus § 4 AGZ, also dem

---

18   Konrad Zweigert/Hein Kötz, 281 f.
19   So William C. Jones, Harvard International Law Review 1987, 310 f. („The Chinese General Pro-
     visions follows the German model exactly."); vgl. auch Harro von Senger, 12 ff.; Herbert Bern-
     stein, Law and Contemporary Problems 1989, 118, 118; demgegenüber betont Rou Tong, Law
     and Contemporary Problems 1989, 151, 156 ff. den besonderen chinesischen Charakter der AGZ.
20   Robert Heuser, 2008, 205 f., z.T. andere Differenzierung; dazu ausführlich: Harro von Senger,
     182 ff.
21   Herbert Bernstein, Law and Contemporary Problems 1989, 118, 119.
22   Herbert Bernstein, Law and Contemporary Problems 1989, 118, 120.
23   Demgegenüber weist Robert Heuser auf die global einheitliche juristische Fachsprache hin.
24   Herbert Bernstein, Law and Contemporary Problems 1989, 118, 124; grundsätzlich zur Rangord-
     nung der Normen: Jörg Binding/Anna Radjuk, RIW 2009, 785, 790.
25   Zur Auslegung chinesischer Gesetze im Ausland: Harro von Senger, 192 ff.

Grundsatz der Vertragsfreiheit, ableitete.[26] Im deutschen Recht würde in diesem Fall hingegen streng am Gesetz gearbeitet und eine Rügeobliegenheit nur dann als gegeben erachtet, wenn das Geschäft als Werklieferungsvertrag, § 651 S. 1 BGB, und für beide Seiten als Handelskauf, §§ 377, 381 Abs. 2 HGB, einzuordnen ist.[27]

II. Das Konzept von allgemeinem und besonderem Teil

Der Aufbau des chinesischen Zivilrechts entspricht systematisch dem deutschen Konzept eines allgemeinen und eines besonderen Teils. Der allgemeine Teil enthält dabei die aus dem besonderen Teil ausgeklammerten und auf das gesamte Zivilrecht anwendbaren Vorschriften. Der umgekehrte Fall, die Anwendung des besonderen auf den allgemeinen Teil, ist nach dieser Systematik hingegen ausgeschlossen.[28]

14

Entsprechend der gesetzgeberischen Konzeption wurde dieser allgemeine Teil des Zivilrechts durch die Verabschiedung der AGZ eingeführt. Durch deren Ausgestaltung als generelle Prinzipien wurde zum einen die allgemeingültige und einheitliche Anwendbarkeit auf Spezialgesetze wie das Wirtschaftsvertragsgesetz (WVG)[29] oder das Außenwirtschaftsvertragsgesetz (AWVG)[30] sichergestellt. Zum anderen eröffnet diese Vorgehensweise dem chinesischen Gesetzgeber die Möglichkeit, auf Änderungen der gesellschaftlichen und politischen Rahmenbedingungen flexibel durch Spezialgesetze reagieren zu können. Die Umsetzung dieser Zielvorgaben zeigt sich bereits in Kapitel 1, in dem allgemeingültige Grundprinzipien aufgestellt werden, deren Anwendungsbereich sich gerade nicht auf die AGZ beschränkt, sondern dem gesamten Zivilrecht zugrunde liegt. Darüber hinaus findet sich der Gedanke der allgemeingültigen und einheitlichen Anwendbarkeit auch in den Abschnitten über die Rechts- und Geschäftsfähigkeit sowie in den Kapiteln über die juristischen Personen, über die Stellvertretung und über die zivilrechtliche Haftung wieder. Alle diese Rechtsinstitute sind zentral in den AGZ geregelt, finden aber auf das gesamte Zivil- und Wirtschaftsrecht Anwendung.

15

Allerdings wurde bereits in der Phase der Ausarbeitung deutlich, dass der Inhalt der AGZ sich nicht durchgehend auf das Aufstellen allgemeiner Grundsätze beschränken würde.[31] Insbesondere die Kapitel 5 und 6, die sich mit vertraglichen und deliktischen Haftungsfragen sowie Eigentumsrechten beschäftigen, entsprechen nicht dem deutschen Verständnis eines allgemeinen Teils.[32] Denn auch wenn

16

---

26 Urteil vom 26.10.2012, Aktenzeichen: (2012) Leqiao Minchuzi Nr. 166, [(2012) 乐乔民初字第 166号].

27 Klaus-R. WAGNER, ZfBR 2010, 627.

28 Alexander THEUSNER, 110 f.

29 [中华人民共和国经济合同法], chinesisch abrufbar unter: www.npc.gov.cn [中国人大网].

30 [中华人民共和国涉外经济合同法], chinesisch abgedruckt im: Amtsblatt des Staatsrats der VR China [中华人民共和国国务院公报] 1985, Nr. 09, 217 ff.

31 Henry R. ZHENG, The American Journal of Comparative Law 1986, 669, 672 f.

32 Herbert BERNSTEIN, Law and Contemporary Problems 1989, 118, 119; Sebastian CHRIST, 55.

diese Kapitel die Themen nur einführend und keineswegs erschöpfend regeln, so handelt es sich dabei doch nicht mehr um Grundsätze mit Klammerwirkung, sondern um Materien, die nach deutscher Systematik in einem besonderen Teil eines Zivilgesetzbuches enthalten wären.[33]

17   Abgesehen von diesen einzelnen Ausnahmen ist die Unterscheidung zwischen allgemeinem und besonderem Teil jedoch tragende Grundstruktur des chinesischen Zivilrechts und gilt nicht nur gesetzesübergreifend (äußere Systematik), sondern findet sich auch innerhalb der einzelnen Kapitel des AGZ wieder (innere Systematik). So enthält z.B. Kapitel 3 über die juristischen Personen im 1. Abschnitt zunächst fünf Paragraphen (§§ 36–40) als „Allgemeine Bestimmungen". Darin werden die Rechts- und Geschäftsfähigkeit, die Entstehungsvoraussetzungen, die gesetzliche Vertretung sowie die Bestimmung des Geschäftssitzes geregelt. Zugleich wird das Erfordernis einer rechtlichen Abwicklung im Falle der Auflösung der juristischen Person vorgegeben. Ebenso enthält Kapitel 6 einen 1. Abschnitt mit vorangestellten, generellen Vorschriften. § 106 AGZ fungiert hierin als haftungsrechtliche Generalnorm, die Grundsätze des Haftungsrechts aufstellt, welche sodann in den spezielleren Teilen konkretisiert bzw. eingeschränkt werden.[34]

18   Entsprechend der Systematik eines allgemeinen Teils im deutschen Recht enthalten einige Vorschriften der AGZ Verweise auf speziellere Vorschriften. So setzt beispielsweise § 37 AGZ für die Entstehung einer juristischen Person eine „dem Recht gemäße" Errichtung voraus. § 38 AGZ erklärt denjenigen zum gesetzlichen Repräsentanten (organschaftlichen Vertreter[35]) einer juristischen Person, der die Amtsgewalt „gemäß dem Gesetz" (oder gemäß der Organisationssatzung der juristischen Person) ausübt.[36] Die Verweise sind in diesen Fällen erst unter Heranziehung der entsprechenden Spezialgesetze verständlich. Mit Blick auf den Verweis in § 37 AGZ regelt dementsprechend das Gesellschaftsgesetz der VR China[37] in den §§ 23–36 die Errichtung der Gesellschaft mit beschränkter Haftung und in den §§ 77–98 die Errichtung der Aktiengesellschaft. Auch für den Verweis aus § 38 AGZ findet sich mit § 13 Gesellschaftsgesetz der VR China ein entsprechendes Spezialgesetz. Damit ist, jedenfalls zum heutigen Zeitpunkt, die Behauptung, dass diese Verweise ins Leere gingen und die entsprechenden Vorschriften in der Praxis unanwendbar seien,[38] nicht mehr haltbar.

---

33 Herbert BERNSTEIN, Law and Contemporary Problems 1989, 118, 119.
34 Alexander THEUSNER, 191.
35 Chinesisch „法定代表人".
36 Ähnliche Formulierungen finden sich in §§ 26, 27, 42, 50 AGZ.
37 [中华人民共和国公司法], chinesisch abgedruckt im: Amtsblatt des Ständigen Ausschusses des Nationalen Volkskongresses der VR China [全国人民代表大会常务委员会公报] 2014, Nr. 1, 53 ff.
38 William C. JONES, Harvard International Law Review 1987, 309, 312.

III. Die Grundprinzipien

Innerhalb des allgemeinen Teils der AGZ bilden die §§ 2 bis 8 AGZ die soge-   **19**
nannten Grundprinzipien, die ihrem Charakter nach grundlegende Regelungen
für die Zivilrechtsbeziehungen zwischen den einzelnen Rechtssubjekten treffen
und für die praktische Arbeit der gesetzgebenden Organe, der Verwaltung, aber
auch für die Gesetzesauslegung und -anwendung durch die Gerichte von Bedeutung sind.[39] Ausgangspunkt ist dabei die in § 2 AGZ enthaltene Definition des Zivilrechts, welche durch die nachfolgenden Grundprinzipien weiter ausgestaltet
wird. § 4 AGZ zählt vier Grundprinzipien auf: die Grundsätze der Freiwilligkeit,
der Gerechtigkeit, das Äquivalenzprinzip und den Grundsatz von Treu und Glauben. Daneben gilt der Grundsatz der Gleichberechtigung der an Zivilgeschäften
beteiligten Personen (§ 3 AGZ), der Grundsatz der Gesetzmäßigkeit (§ 6 AGZ)
und der Grundsatz, dass Zivilgeschäfte der allgemeinen gesellschaftlichen Moral
entsprechen müssen (§ 7 AGZ). Schließlich werden in § 5 AGZ alle legalen zivilen Rechte und Interessen unter den Schutz des Gesetzes gestellt. Insgesamt soll
durch eine ausgewogene Anwendung aller Grundsätze nebeneinander ein umfassender Schutz der am Zivilrechtsverkehr beteiligten Personen gewährleistet
werden.[40]

Die praktische Bedeutung der Grundprinzipien ist weiterhin sehr hoch, da sie   **20**
stets dann zur Anwendung kommen, wenn die bestehenden rechtlichen Regelungen nicht weiterführen oder das durch diese erzielte Ergebnis unbillig erscheint.[41]
Folglich werden sie in einigen Fällen entgegen dem lex specialis-Grundsatz[42] sogar in Bereichen herangezogen, in denen bereits Spezialgesetze existieren.[43]

1. Gleichberechtigung

§ 3 AGZ beinhaltet mit dem Grundsatz der Gleichberechtigung aller Subjekte im   **21**
Zivilrechtsverkehr eines der essenziellen Grundprinzipien für zivilrechtliche Beziehungen.[44] In einer Gesellschaft, in der traditionell mit einer bestimmten sozialen Stellung auch rechtliche Privilegien verknüpft waren, spiegelt diese Regelung
keine Selbstverständlichkeit wider.[45] Vielmehr stellt deren Aufnahme in die AGZ

---

39 Bing Ling, in: Chenguang Wang/Xianchu Zhang, 173; Bing Ling, 39; Rou Tong, Law and Contemporary Problems 1989, 151, 160; Liming Wang, 25; Huixing Liang, 44.

40 John Mo, in: Guigo Wang/John Mo, 99.

41 Mit Verweisen auf eine Reihe von Rechtsprechungsfällen: Bing Ling, 39 Fn. 121 ff. Außerdem
kritische Auseinandersetzung der Gefährdung der Rechtssicherheit durch die extensive Anwendung der Grundprinzipien.

42 Vgl. zur Lösung von Normkonflikten: Jörg Binding/Anna Radjuk, RIW 2009, 785, 790.

43 Huixing Liang, Civil and Commercial Law Review 2, 71, weist darauf hin, dass dem Grundsatz
von Treu und Glauben in einem Konflikt mit speziellerem Recht grundsätzlich Vorrang einzuräumen ist.

44 Bing Ling, in: Chenguang Wang/Xianchu Zhang, 173; Rou Tong, Law and Contemporary Problems 1989, 151, 160; Huixing Liang, 46.

45 John Mo, in: Guigo Wang/John Mo, 98.

ein deutliches Signal in Richtung einer horizontalen Wirtschaftsstruktur dar.[46] Inhaltlich wurde der Grundsatz der Gleichberechtigung auf verschiedenen Ebenen eingeführt. Zunächst wurde festgelegt, dass im Zivilrecht weder die Einordnung eines Rechtssubjekts als privat oder öffentlich-rechtlich noch seine wirtschaftliche Stellung zu einer unterschiedlichen Behandlung führen darf.[47] Gleichzeitig werden alle Rechtssubjekte vom Gesetz in der Weise geschützt, dass ihnen bei der Vornahme von Zivilrechtsgeschäften die gleichen Rechte und Pflichten zustehen.[48] Gemäß § 8 AGZ gilt die Gleichberechtigung nicht nur für insondern auch für ausländische Personen.

22   Des Weiteren verbietet § 3 AGZ jegliche Diskriminierung aufgrund von Nationalität, Geschlecht, Alter, Glauben, sozialem Hintergrund oder geistigen Fähigkeiten.[49] Beispielsweise hat das Changsha Volksgericht der Provinz Hunan 2013 im Zusammenhang mit Ansprüchen von Mitgliedern einer kollektiven Wirtschaftsorganisation entschieden, dass Frauen bei gleichen Bedingungen ein Anspruch auf Lohnzahlung in derselben Höhe wie ihren männlichen Kollegen zusteht.[50]

2.   Freiwilligkeit

23   Der Grundsatz der Freiwilligkeit von Zivilgeschäften aus § 4 AGZ ist die logische Folge des Grundsatzes der Gleichberechtigung.[51] Denn zwei Parteien sind nur dann auch gleichberechtigte Partner cincs Zivilgeschäfts, wenn ihre Entscheidungen zum Geschäftsabschluss auf einem jeweils frei gefassten Willensentschluss beruhen.[52] Der Gleichheitsgrundsatz stellt aber auch eine Prämisse des Freiwilligkeitsgrundsatzes dar, da sich Freiwilligkeit regelmäßig nur unter Gleichberechtigten verwirklichen lässt.[53] Folgerichtig wird in § 58 AGZ geregelt, dass Zivilhandlungen, die durch Täuschung oder Drohung von der anderen Seite veranlasst wurden, unwirksam sind. Der Grundsatz eröffnet hingegen nicht die Möglichkeit, sich von einer eingegangenen Verbindlichkeit zu lösen, nur weil diese nachträglich nicht mehr gewünscht wird.[54] Vielmehr soll ein Ausgleich zwischen der Wahrung der Freiwilligkeit und dem Schutz der Rechtssicherheit geschaffen werden.[55]

24   Die besondere Bedeutung des Grundsatzes der Freiwilligkeit ergibt sich auch hier vor allem in Anbetracht des historischen Hintergrunds. So war es in Zeiten der

---

46   Rou TONG, Law and Contemporary Problems 1989, 151, 160; Bing LING, 41.
47   Rou TONG, Law and Contemporary Problems 1989, 151, 160.
48   Rou TONG, Law and Contemporary Problems 1989, 151, 160f; Stefanie TETZ, 80; Huixing LIANG, 46.
49   Rou TONG, Law and Contemporary Problems 1989, 151, 160f.
50   Urteil des Volksgerichts Changsha vom 28.8.2013, Aktenzeichen: (2013) Changxian Minchuzi Nr. 1915 [(2013)长县民初字第1915号].
51   Bing LING, in: Chenguang WANG/Xianchu ZHANG, 173.
52   Bing LING, in: Chenguang WANG/Xianchu ZHANG, 173.
53   Vgl. auch Bing LING, 42.
54   John MO, in: Guigo WANG/John MO, 98.
55   John MO, in: Guigo WANG/John MO, 98.

Planwirtschaft gängige Praxis, dass Unternehmen vom Staat angewiesen wurden, bestimmte Verträge mit anderen Unternehmen abzuschließen.[56] Nach den AGZ darf nunmehr jedes Rechtssubjekt frei darüber entscheiden, ob, mit wem und in welcher Form es zivilrechtliche Handlungen vornehmen möchte.[57] Die AGZ schreiben damit die Reduzierung staatlicher Interventionen in den privaten Geschäftsbetrieb gesetzlich fest und stellen folglich ein weiteres Signal für den politischen Wandel zur sozialistischen Marktwirtschaft dar.[58]

Ob der Grundsatz der Freiwilligkeit mit dem in westlichen Rechtsordnungen verankerten Prinzip der Privatautonomie vergleichbar ist, wird uneinheitlich beurteilt.[59] Insbesondere hinsichtlich des Abschlusses von Verträgen wird in der chinesischen Rechtswissenschaft Wert darauf gelegt, dass das Prinzip der Freiwilligkeit nicht mit dem „kapitalistischen Prinzip der Laisser-Faire" gleichgesetzt wird.[60] Denn der Vertrag selbst orientiert sich in China inhaltlich nach wie vor an Gesetzen, Richtlinien und Plänen.[61] Den Beteiligten steht es lediglich frei, „entsprechend dem eigenen Willen an Zivilhandlungen teilzunehmen".[62] Für eine Differenzierung spricht wohl auch die Wahl eines zurückhaltenden Begriffes der Freiwilligkeit. Letztlich ist jedoch davon auszugehen, dass mit sinkender Abhängigkeit der Verträge von Plänen eine zunehmende Annäherung der Begriffe eintreten wird.[63]

Der Grundsatz wird ergänzt durch § 5 AGZ, wonach legale zivile Rechte und Interessen von Rechtssubjekten weder durch private oder staatliche Organisationen noch durch den Einzelnen verletzt werden dürfen. Damit werden rechtmäßig zustande gekommene Rechtsgeschäfte vor gesetzeswidrigen Eingriffen Dritter geschützt.[64] Gestützt auf diesen Grundsatz entschied das Xuhui Volksgericht der

25

26

---

56 Yuanshi Bu, 81.
57 Bing Ling, in: Chenguang Wang/Xianchu Zhang, 173 f.; Rou Tong, Law and Contemporary Problems 1989, 151, 161.
58 Kaiguo Li, Supsl Law Review 1997. 04, 5.
59 Eine Ähnlichkeit befürwortend: Bing Ling, in: Chenguang Wang/Xianchu Zhang, 173 f. In Bing Ling, 43, bezeichnet er das Freiwilligkeitsprinzip als „verwässerte Version der Vertragsfreiheit"; a.A.: Stefanie Tetz, 80; Robert Heuser, 2008, 352, spricht vom Prinzip der beschränkten Vertragsfreiheit.
60 Huixing Liang, 48.
61 Grundsätzlich unterliegt das Prinzip der Vertragsfreiheit allerdings auch in den westlichen Rechtsordnungen gesetzlichen Schranken.
62 Stefanie Tetz, 82.
63 Stefanie Tetz, 279.
64 Bing Ling, 44, verweist beispielhaft auf den Fall: Zheng Jinbing vs. Huangyan Housing Development Co. (Zhejiang Taizhou Luqiao District People's Court, 1995), SCPC (1992–1996 Collection) sowie im Zusammenhang mit dem Gesetz gegen unlauteren Wettbewerb auf den Fall: Hainan Sanya Sales Department of Xiangtan Electrical Machinerz Factorz Switchgear Plant v. Sanya Economical and Practical Housing Development Co. (Sanya Intermediate People's Court and Hainan High People's Court, 1996), Reports of Judicial Decisions in China (RJDC), 1997, Economic and Administrative Cases Volume.

Stadt Shanghai, dass ein Mieter Ersatz eines Schadens verlangen konnte, der ihm an seiner Wohnung durch die vom Eigentümer der darüber gelegenen Wohnung durchgeführten Renovierungsarbeiten entstanden war. Obwohl eine entsprechende spezialgesetzliche Regelung im Gesetz der VR China über die deliktische Haftung (GdH)[65] existiert, wendete der Richter unmittelbar §§ 5, 6 und 117 AGZ an, um eine deliktische Handlung und den darauf beruhenden Schadensersatzanspruch zu begründen.[66]

27   Bei der Bestimmung der Reichweite des Grundsatzes der Freiwilligkeit muss jedoch auch dem Umstand Rechnung getragen werden, dass Freiheit in der VR China traditionell weniger als ein jedem Individuum inhärentes Recht, sondern vielmehr als ein durch die staatliche Führung gewährtes Privileg verstanden wird, welches folglich auch durch diese wieder beschränkt und sogar vollständig entzogen werden kann.[67] Dementsprechend bleibt das von Stanley Lubman geprägte Bild vom „Vogel im Käfig"[68] auch für den Grundsatz der Freiwilligkeit die passende Metapher, da dieser tatsächlich weiterhin weitreichenden Einschränkungen unterliegt. Bereits die anderen in §§ 4 und 6 AGZ genannten Grundsätze der Gerechtigkeit, der wertgemäßen Entgeltlichkeit, der Gesetzlichkeit sowie von Treu und Glauben sind entsprechend ihrem Wortlaut geeignet, den Grundsatz der Freiwilligkeit zu relativieren.[69]

3.   Gerechtigkeit und Äquivalenzprinzip

28   Der Grundsatz der Gerechtigkeit von Zivilrechtsgeschäften und das Äquivalenzprinzip, welches wörtlich in § 4 AGZ als wertgemäße Entgeltlichkeit bezeichnet wird, sind eng miteinander verknüpft. Der Grundsatz der Gerechtigkeit zielt darauf ab, Zivilrechtsgeschäfte sowie die Lösung zivilrechtlicher Streitigkeiten durch die Gerichte in Einklang mit den gesellschaftlichen Standards und Moralvorstellungen zu bringen.[70] Ausgangspunkt hierfür ist die im chinesischen Recht verankerte Vorstellung, dass die Verleihung von Rechten immer auch mit

---

65   [中华人民共和国侵权责任法], chinesisch abgedruckt im: Amtsblatt des Ständigen Ausschusses des Nationalen Volkskongresses der VR China [全国人民代表大会常务委员会公报] 2010, Nr. 1, 4 ff.

66   Urteil vom 11.9.2013, Aktenzeichen: (2013) Xuminsi (Min) chuzi Nr. 759 [(2013) 徐民四(民)初字第759号].

67   Mo ZHANG, 55; vgl. auch Bing LING, 48 f.

68   Stanley LUBMAN.

69   Bing LING, in: Chenguang WANG/Xianchu ZHANG, 174; Jianfu CHEN, 456 f.; in Bezug auf die Vertragsfreiheit nach dem Vertragsgesetz betont Bing LING, 43, dass diese nicht durch äußere soziale und moralische Überlegungen begrenzt werde. Er verweist dazu auf den Fall Deng Jie v. Shanghua Yaohua Pilkington Glass Ltd. (Shanghai Pudong New District People's Court and Shanghai Intermediate People's Court, 1994), RJDC, 1995.

70   Rou TONG, Law and Contemporary Problems 1989, 151, 161; vgl. auch Bing LING, in: Chenguang WANG/Xianchu ZHANG, 239, der die Begriffe Vernunft und Billigkeit als Synonyme für Gerechtigkeit nennt; laut Bing LING, 50, leitet sich der Gerechtigkeitsgrundsatz aus dem Prinzip von Treu und Glauben ab.

der Übertragung von Pflichten einhergeht.[71] Diese Rechte und Pflichten müssen nach dem Grundsatz der Gleichheit auf alle am Geschäftsabschluss beteiligten Personen aufgeteilt und in einen gerechten wirtschaftlichen Ausgleich gebracht werden.[72] Dieser „Austausch von Gleichwertigem" vollzieht sich dadurch, dass jede Partei der Gegenseite für die Einräumung von Rechten einen äquivalenten Ausgleich leisten muss.[73] Aus dem Grundsatz der Gerechtigkeit wird zudem abgeleitet, dass sich die persönliche Haftung immer am Grad des persönlichen Verschuldens orientieren soll.[74] Anhand dieser Formel wurde beispielsweise ein Fall entschieden, in dem ein Ehepaar nach seiner Scheidung vereinbarte, dass die Ehefrau die gemeinsame Wohnung behalten könne, wenn sie im Gegenzug an den Ehemann 60.000 RMB zahle. Die Ehefrau machte dann ihren Übereignungsanspruch gerichtlich geltend, obwohl sie ihrer Zahlungsverpflichtung nicht nachgekommen war. Das dritte Mittlere Volksgericht der Stadt Chongqing wies den Anspruch unter anderem unter Verweis auf den Grundsatz der Gerechtigkeit zurück, da die Ehefrau ihr Recht auf Übereignung nur dann durchsetzen könne, wenn sie ihrer Zahlungsverpflichtung nachkomme.[75]

Gemäß Nr. 72 der OVG-Interpretation AGZ ist von einer „deutlich ungerechten"   **29** Zivilhandlung auszugehen, wenn „eine Seite ihre Übermacht oder die mangelnde Erfahrung der anderen Seite benutzt, um zu erreichen, dass die Rechte und Pflichten beider Seiten deutlich gegen die Grundsätze der Gerechtigkeit und der wertgemäßen Entgeltlichkeit verstoßen". Damit schränkt der Grundsatz der Gerechtigkeit auch den Grundsatz der Freiwilligkeit ein. Denn nach dem Grundsatz der Gerechtigkeit ist auch ein Geschäft, welches freiwillig eingegangen wurde, aufhebbar, wenn es unfair ist oder gegen die herrschenden Moralvorstellungen der Gesellschaft verstößt.[76] Als Rechtsfolge einer deutlichen Ungerechtigkeit des Rechtsgeschäfts ordnet § 59 Nr. 2 AGZ dessen Aufhebbarkeit an.

Bezüglich der Frage, wann von einem ungerechten Geschäft auszugehen ist, kann   **30** in wirtschaftlicher Hinsicht auf das Äquivalenzprinzip zurückgegriffen werden. Diesem liegt der Gedanke zugrunde, dass für jede Leistung eine gleichwertige Gegenleistung zu erbringen ist, folglich wirtschaftliche Gerechtigkeit hergestellt

---

71 Xianjun ZHENG, 权利义务相一致原理的宪法释义 [Verfassungsrechtliche Auslegung zum einheitlichen Prinzip von Rechten und Pflichten], Journal of Capital Normal University (Social Science Edition), 2007. 05, 41, 41 f.

72 Rou TONG, Law and Contemporary Problems 1989, 151, 161.

73 Bing LING, in: Chenguang WANG/Xianchu ZHANG, 174.

74 Bing LING, in: Chenguang WANG/Xianchu ZHANG, 174; Rou TONG, Law and Contemporary Problems 1989, 151, 161.

75 Urteil vom 12.9.2013, Aktenzeichen: (2013) Yusanzhong Faminchuzi Nr. 00782 [(2013) 渝三中法民终字第00782号].

76 John MO, in: Guigo WANG/John MO, 98; Laut Bing LING, 51, ergibt sich aus § 59 Abs. 2, 3 AGZ, dass der Gerechtigkeitsgrundsatz nur in Fällen besonders gewissenlosen Handelns (Frage der Zumutbarkeit) zur Einschränkung des Freiwilligkeitsgrundsatzes herangezogen werden dürfe.

werden soll.[77] Obwohl man anhand der systematischen Stellung dieses Prinzips in den AGZ vermuten könnte, dass es für alle Zivilgeschäfte Geltung hat, ist es nur auf zweiseitig verpflichtende Rechtsgeschäfte anwendbar. Mithin ist es beispielsweise nicht bei unentgeltlichen Verträgen wie Schenkung und Leihe zu beachten.[78]

31   Die Frage der Äquivalenz bestimmt sich im Rahmen der gesetzlichen Grenzen anhand der von den Parteien ausgehandelten Bedingungen.[79] Zum Teil wird daher auch eine Abweichung vom Äquivalenzprinzip kraft Parteivereinbarung oder aufgrund besonderer gesetzlicher Regelungen befürwortet.[80] Vereinzelt wird das Äquivalenzprinzip entsprechend der Tradition einer Zentralverwaltungswirtschaft durch staatliche Preisrichtlinien konkretisiert. Jedoch ging die Entwicklung der vergangenen Jahrzehnte immer weiter dahin, die Gestaltung der Preise dem Wettbewerb und damit der subjektiven Beurteilung der Parteien zu überlassen.[81]

32   Für personenbezogene Geschäfte wie etwa die Eheschließung, bei der es keinen messbaren Geldwert gibt, ist auf die gesellschaftliche Moralvorstellung zur Bestimmung des Werts zurückzugreifen.[82] Der Verhandlungsfreiheit ist dadurch eine Grenze gesetzt, dass keine Bedingungen ausgehandelt werden dürfen, die nach den Vorstellungen der Gesellschaft als unfair zu bewerten sind. In der Praxis füllen die Gerichte diesen Grundsatz in erster Linie durch eine Überprüfung der Risikoverteilung oder durch einen Vergleich der Verteilung von Rechten und Pflichten aus.[83] Zudem wird in bestimmten Bereichen auch auf einen Vergleich mit staatlichen Musterverträgen zurückgegriffen.[84]

33   Der Anwendung des Äquivalenzprinzips aus § 4 AGZ stehen oftmals vorrangige, speziellere Regelungen entgegen. So wurde das Äquivalenzprinzip etwa schon nicht in das Außenwirtschaftsvertragsgesetz der VR China (AWVG)[85] aufgenom-

---

77 Sebastian CHRIST, 79; Bing LING, in: Chenguang WANG/Xianchu ZHANG, 174, 239. Das Äquivalenzprinzip der AGZ ist vergleichbar mit der im romanischen Rechtsraum bekannten Figur der laesio enormis.

78 Stefanie TETZ, 83; Bing LING, in Chenguang WANG/Xianchu ZHANG, 239.

79 Rou TONG, Law and Contemporary Problems 1989, 151, 161.

80 Bing LING, in: Chenguang WANG/Xianchu ZHANG, 174.

81 Siehe hierzu und zum vorherigen Zustand: Stefanie TETZ, 83.

82 John MO, in: Guigo WANG/John MO, 98 f.

83 Mo ZHANG, 75; Sebastian CHRIST, 79. Als Beispiel vgl. das Urteil des Mittleren Volksgerichts in Kaifeng, Henan Provinz vom 13.4.2010, Aktenzeichen: Bianmin Zhongzi Nr. 54 (2010) [汴民终字第54号 (2010)]: Das Gericht wies die Klage auf Rückzahlung einer im Rahmen der Verlobung geleisteten Anzahlung in Höhe von 2.000 RMB mit der Begründung zurück, dass die Summe gering ist, keinen bedeutenden Einfluss auf den Kläger nimmt und nach der lokalen Gewohnheit eine solche Zahlung üblich ist.

84 Sebastian CHRIST, 79.

85 [中华人民共和国涉外经济合同法], chinesisch abgedruckt im: Amtsblatt des Staatsrats der VR China [中华人民共和国国务院公报] 1985, Nr. 09, 217 ff.

men. [86] Dies erscheint insoweit konsequent, als dass das Äquivalenzprinzip gerade durch staatliche Preisrichtlinien konkretisiert wurde, die Regeln der sozialistischen Wirtschaft Chinas auf Außenwirtschaftsverträge jedoch nur in begrenztem Umfang Anwendung finden. Auch im innerchinesischen Vertragsrecht wird die unbedingte Anwendbarkeit des Äquivalenzprinzips zum Teil in Frage gestellt. So wurde beispielsweise in § 4 des Technologievertragsgesetzes der VR China (TVG)[87] lediglich der Grundsatz der Entgeltlichkeit ohne den Zusatz „wertgemäß" geregelt.[88] Beide Gesetze wurden durch das Vertragsgesetz (VG) vom 1. Oktober 1999[89] abgelöst, in welchem in § 5 ebenfalls nur der Gerechtigkeitsgrundsatz geregelt wird.

Der Grundsatz der Gerechtigkeit wird von den Gerichten regelmäßig herangezogen, wenn es um die Bemessung von Entschädigungen oder Wertersatz geht. Das Yongchuan Volksgericht der Stadt Chongqing entschied beispielsweise in einer arbeitsrechtlichen Streitigkeit, in der ein Arbeitgeber die Arbeitsentgeltzahlungen verzögerte, dass dem betreffenden Arbeitnehmer neben dem ausstehenden Arbeitsentgelt zusätzlich noch eine Entschädigung aufgrund der Verzögerung zustünde. Die Höhe dieser Entschädigung bestimmte das Gericht dabei unter Berufung auf den Grundsatz der Gerechtigkeit aus § 4 AGZ.[90]   34

Mit der Aufnahme des Gerechtigkeitsgrundsatzes in die AGZ unterstrich der chinesische Gesetzgeber zudem die Abkehr von der Praxis der landwirtschaftlichen Kollektivierung durch die zwangsweise Einrichtung von Volkskommunen, welche sowohl auf einer entschädigungslosen Umverteilung von Grund und Boden als auch auf der Verpflichtung der Kollektivmitglieder zu Arbeitsleistungen ohne wertgemäße Lohnzahlungen beruhte. Damit stellt auch dieser Grundsatz einen weiteren Schritt in Richtung einer horizontalen Wirtschaftsstruktur im Sinne der angestrebten sozialistischen Marktwirtschaft dar.[91]   35

4. Gesetzlichkeit

Eine noch weitgehendere Einschränkung erfährt der Grundsatz der Freiwilligkeit durch den Grundsatz der Gesetzlichkeit aus § 6 AGZ. Hiernach haben sich Zivilgeschäfte „an das Gesetz zu halten; soweit das Gesetz keine Bestimmungen trifft, müssen sie sich an die staatlichen Richtlinien halten". Ein Verstoß gegen diesen Grundsatz führt, unabhängig von der Freiwilligkeit und dem Fehlen eines subjek-   36

---

86 Stefanie Tetz, 83 f.
87 [中华人民共和国技术合同法], chinesisch abgedruckt im: Amtsblatt des Staatsrats der VR China [中华人民共和国国务院公报] 1987, Nr. 15, 515 ff.
88 Siehe hierzu Stefanie Tetz, 84.
89 [中华人民共和国合同法], chinesisch abgedruckt im: Amtsblatt des Staatsrats der VR China [中华人民共和国国务院公报] 1999, Nr. 11, 388 ff.
90 Urteil vom 6.8.2013, Aktenzeichen (2013) Yongfamin Chuzi Nr. 04245 [(2013) 永法民初字第04245号].
91 Rou Tong, Law and Contemporary Problems 1989, 151, 161 f.

tiven Tatbestandsmerkmals, gemäß § 58 Nr. 5 AGZ zur Nichtigkeit des jeweiligen Geschäfts.[92] Bei Vorliegen eines Verschuldens ergibt sich zudem aus § 61 AGZ eine Schadensersatzpflicht.

37   Der Grundsatz der Gesetzlichkeit spielte für ein Urteil des Xuhui Volksgerichts der Stadt Shanghai eine entscheidende Rolle.[93] In diesem Fall hatte ein Grundstücksbesitzer sein Haus ohne die entsprechende Genehmigung der zuständigen Behörde erweitert und dadurch das Nachbargrundstück hinsichtlich Luft- und Lichtzufuhr beeinträchtigt. Der Grundstücksnachbar nahm dies zwar zunächst ohne Einwände hin, nach zehn Jahren verlangte er jedoch den Abriss der baulichen Erweiterung. Das Gericht entschied daraufhin, dass der Beseitigungsanspruch aufgrund der langen Dauer zwar verwirkt, der Nachbar aber dennoch auf Grundlage der §§ 6, 83 und 117 AGZ zum Abriss verpflichtet sei, da die Errichtung rechtswidrig erfolgte und auch die Duldung der Erweiterung über zehn Jahre hinweg nicht deren Rechtmäßigkeit begründete.

38   Der Grundsatz der Gesetzlichkeit umfasst die Einhaltung aller zwingenden rechtlichen Regelungen, die Vertragsinhalt, Vertragsabschluss und Form des Vertrages betreffen.[94] Unter den Begriff des Gesetzes i. S. v. § 58 Abs. 1 Nr. 5 AGZ fallen Verfassungsnormen und alle übrigen Gesetze im formellen Sinn, folglich die vom Nationalen Volkskongress und dem Ständigen Ausschuss des Nationalen Volkskongresses erlassenen Vorschriften. Darüber hinaus werden hierunter die vom Staatsrat und den Ministerien verabschiedeten Erlasse, Regeln und Durchführungsbestimmungen verstanden (Gesetze im materiellen Sinne).[95] Durch das weite Verständnis des Gesetzesbegriffes wird gleichzeitig auch ein umfangreicher Schutz des in § 58 Abs. 1 Nr. 5 AGZ genannten öffentlichen Interesses garantiert. Soweit keine gesetzlichen Bestimmungen existieren, müssen sich die Geschäfte nach § 6 AGZ auch an die staatlichen Richtlinien halten.[96] Diese werden definiert als „diejenigen Verhaltensregeln und Grundlagen für die Ordnung jeglicher gesellschaftlicher Beziehungen, die der Staat oder die Partei innerhalb eines lang-, mittel-, oder kurzfristigen Zeitraums festlegt, um bestimmte politische und wirtschaftliche Aufgaben zu verwirklichen".[97] Lange Zeit waren Richtlinien die vorrangige Form der Herrschaftskommunikation. Durch diese Art von schnell und ohne größeren Aufwand zu erlassenden und abänderbaren Normen, welche nur Grundsätzliches regelten und einen weiten Auslegungsspielraum zuließen, konnten politische Vorstellungen zügig und effektiv in die Rechtspraxis

---

92 John Mo, in: Guigo Wang/John Mo, 100.
93 Urteil vom 26.12.2012, Aktenzeichen: (2012) Xuminsi Minchuzi Nr. 3689 [(2012) 徐民四(民)初字第 3689 号].
94 Stefanie Tetz, 77; zur Frage, welchen Vorschriften des VG zwingender Charakter zukommt, siehe Bing Ling, 57.
95 Stefanie Tetz, 199.
96 Robert Heuser, 2008, 206 f.
97 Stefanie Tetz, 78.

umgesetzt werden.[98] Der unmissverständliche Wortlaut des § 6 AGZ hat jedoch nunmehr klargestellt, dass den Gesetzen ein eindeutiger Vorrang vor politischen Richtlinien einzuräumen ist und deren Bedeutung daher zunehmend schwächer wird.[99] Auch in der Gerichtspraxis werden politische Richtlinien selten als Entscheidungsgrundlage herangezogen.[100]

5. Allgemeine gesellschaftliche Interessen und Moralvorstellungen

Gemäß § 7 AGZ müssen Zivilgeschäfte außerdem die „allgemeine gesellschaftliche Moral"[101] wahren und dürfen weder die „sozioökonomische Ordnung"[102] stören, noch die „allgemeinen gesellschaftlichen Interessen"[103] schädigen. Dadurch soll ein positiver Effekt zivilrechtlicher Handlungen auf die chinesische Wirtschaft und die Gesellschaft gewährleistet werden.[104] Dieser Grundsatz geht deutlich weiter als § 6 AGZ und ermöglicht – bei Ausschöpfung seines weiten Auslegungsspielraums – eine nahezu grenzenlose Einschränkung des Grundsatzes der Freiwilligkeit. Ein Verstoß gegen die allgemeinen gesellschaftlichen Interessen führt gem. § 58 Nr. 5 AGZ ebenfalls zur Nichtigkeit des Rechtsgeschäfts bzw. kann nach § 49 Nr. 6 AGZ für juristische Personen und deren gesetzliche Vertreter sowohl eine zivilrechtliche als auch verwaltungs- oder strafrechtliche Haftung auslösen.[105] Der unbestimmte Rechtsbegriff „allgemeines gesellschaftliches Interesse" wird nach herrschender Meinung definiert als der Grundsatz, die Bedingungen, das Umfeld, die Ordnung und der Zweck, welche für ein funktionierendes gesellschaftliches Leben notwendig sind.[106] Inhaltlich wird darunter unter anderem die Verletzung der Wirtschaftsordnung, der Grundrechte, des Staatseigentums, der öffentlichen Sicherheit sowie der rechtlichen Ordnung verstanden.[107] Jedenfalls muss eine Verletzung der Interessen von Staat, Kollektiven und Bürgern vorliegen, wobei die Verletzung der Interessen von Bürgern allein nicht ausreicht.[108] Hierin unterscheidet sich der Begriff auch vom Grundsatz von Treu und Glauben, der sich im Gegensatz zum allgemeinen gesellschaftlichen

---

98 Sebastian Christ, 80; Robert Heuser, 206.

99 So wurde in § 7 VG vollständig auf die z.T. nicht öffentlich zugänglichen Richtlinien verzichtet, um ein höheres Maß an Rechtssicherheit zu gewährleisten. Vgl. zu Vor- und Nachteilen der Einbeziehung von Richtlinien: Mo Zhang, 61, 81 f.

100 Robert Heuser, 2008, 207.

101 Chinesisch „社会公德".

102 Chinesisch „社会经济秩序".

103 Chinesisch „社会公共利益".

104 John Mo, in: Guigo Wang/John Mo, 100.

105 Bing Ling, in: Chenguang Wang/Xianchu Zhang, 175 f.; die Anwendung des Grundsatzes ist nicht unumstritten, so Mo Zhang, 82.

106 Huixing Liang, 民法学说判例与立法研究（二）[Zivilrechtliche Fall- und Gesetzgebungsstudie II], 7.

107 Yongqiang Chen, 社会公共利益的合同法适用 [Vertragsrechtliche Anwendung der allgemeinen gesellschaftlichen Interessen], Journal of Hangzhou Normal University, 2013. 05, 104, 107 f.

108 Stefanie Tetz, 200 f.

Interesse allein auf die Einhaltung solcher moralischer Vorschriften bezieht, die das Verhältnis der Parteien untereinander (inter partes) betreffen.[109] Anhand der sehr weit gefassten Definition der „allgemeinen gesellschaftlichen Moral" wird schließlich auch deutlich, dass der Begriff nicht mit dem Konzept der Sittenwidrigkeit aus § 138 BGB gleichzusetzen ist, sondern inhaltlich weit über dieses hinausgeht.[110]

40 Ein Beispiel, in dem ein Verstoß gegen die allgemeinen gesellschaftlichen Interessen bejaht wurde, bildet ein sehr bekannter Fall zum Erbrechtsgesetz der VR China (ErbG).[111] Ein Ehemann hatte nach § 16 ErbG[112] ein Testament errichtet, um einen Teil seines Vermögens nach seinem Tod an seine Geliebte zu übertragen. Das Testament war gemäß § 17 ErbG notariell beurkundet und erfüllte auch sonst alle für seine Wirksamkeit erforderlichen formellen Bedingungen. Nach dem Tod des Ehemanns verlangte die Geliebte den im Testament für sie vorgesehenen Erbanteil von der Ehefrau, die die Herausgabe verweigerte. Das Mittlere Volksgericht der Stadt Luzhou (Provinz Sichuan) wies die daraufhin erhobene Klage mit der Begründung ab, dass das Testament aufgrund eines Verstoßes gegen die allgemeinen gesellschaftlichen Interessen und Moralvorstellungen materiell unwirksam sei. Das gesetzliche Erbrecht der Ehefrau stellte im Vergleich zum gewillkürten Erbrecht der Geliebten das vorrangige Recht dar. Interessant an diesem Fall ist, dass der Richter versuchte, die allgemeinen gesellschaftlichen Interessen und Moralvorstellungen näher zu definieren und Kriterien für deren Anwendung aufzustellen. Nach seiner Definition spiegelt der Grundsatz die grundlegenden Interessen und Anforderungen des Staates, des Volkes und der Gesellschaft sowie den in der heutigen Gesellschaft herrschenden moralischen Standard wider.[113] Aber nicht alle unmoralischen Rechtsgeschäfte verstießen automatisch gegen § 7 AGZ. Erforderlich sei vielmehr ein qualifizierter Verstoß gegen gesetzliche Verbotsnormen, die der Aufrechterhaltung der grundlegenden gesellschaftlichen Ordnung dienen.[114] Durch seine Beziehung zu der Geliebten hatte der Ehemann seine Treuepflicht aus § 3 und § 4 des Ehegesetzes des VR China (EheG)[115] verletzt, was wiederum die Unvereinbarkeit des Testaments mit § 7 AGZ nach sich zog.

---

109 Vgl. dazu Bing LING, 58.
110 Stefanie TETZ, 201.
111 Urteil vom 28.12.2001, Aktenzeichen (2001) Lumin Yizizhongzi Nr. 621 [(2001) 泸民一终字第 621号].
112 [中华人民共和国继承法], chinesisch abgedruckt im: Amtsblatt des Staatsrats der VR China [中华人民共和国国务院公报] 1985, Nr. 12, 339 ff.
113 Urteil vom 28.12.2001, Aktenzeichen: (2001) Lumin Yizizhongzi Nr. 621 [(2001) 泸民一终字第 621号].
114 Urteil vom 28.12.2001, Aktenzeichen: (2001) Lumin Yizizhongzi Nr. 621 [(2001) 泸民一终字第 621号].
115 [中华人民共和国婚姻法], chinesisch abgedruckt im: Amtsblatt des Staatsrats der VR China [中华人民共和国国务院公报] 2001, Nr. 21, 11 ff.

6. Treu und Glauben

Der Grundsatz von Treu und Glauben wurde in China erstmals durch die AGZ ko- **41**
difiziert.[116] Er entspricht begrifflich und inhaltlich weitgehend dem in §§ 157 und
242 BGB benannten Grundsatz von Treu und Glauben, wobei § 157 BGB neben
anderen Vorschriften gar als Vorlage für § 4 AGZ diente.[117]

Der chinesische Terminus für Treu und Glauben ist „chengshi xinyong",[118] wo- **42**
bei „chengshi" für Redlichkeit und Aufrichtigkeit steht. Hiernach soll der eigene
Wille wahrheitsgemäß zum Ausdruck gebracht werden und die Parteien ehrlich
und offen miteinander umgehen.[119] „Xinyong" steht für Zuverlässigkeit und wird
in dem Sinne verstanden, dass den Worten auch Taten folgen sollen.[120] Ein bloß
wörtliches Verständnis des Begriffs von Treu und Glauben wird im Schrifttum
aber als zu eng betrachtet.[121] Vielmehr geht es um einen Interessenausgleich inter
partes, aber auch zwischen den Parteien und der Gesellschaft, bis hin zu einer gegenseitigen Hilfeleistung im Wirtschaftsleben.[122] Jede Partei hat auf die vernünf-
tigen Erwartungen der jeweils anderen Seite Rücksicht zu nehmen.[123] Darüber
hinaus sind aber auch Schutzinteressen beteiligter Dritter zu berücksichtigen.[124]

Der Grundsatz von Treu und Glauben findet Anwendung, wenn spezifische ge- **43**
setzliche Regelungen zur Herstellung des Interessenausgleichs fehlen oder bestehende Vorschriften im konkreten Einzelfall zu einem unbilligen Ergebnis führen würden. Ein Beispiel, in dem § 4 AGZ zum Zwecke der Einzelfallgerechtig-
keit angewandt wurde, bietet ein Urteil des Obersten Volksgerichts aus dem Jahr
2001. In diesem bejahte das Gericht einen aus einem Bauvertrag resultierenden
Vergütungsanspruch des Klägers unter Verweis auf den Grundsatz von Treu und
Glauben. Die Vergütung war zuvor von der Beklagten unter Berufung auf die Unwirksamkeit des Bauvertrags nach § 52 Nr. 5 VG in Verbindung mit der bauge-
setzlichen Verbotsvorschrift des § 26 Abs. 2 Baugesetzbuch[125] aufgrund mangelnder Qualifikation des Bauunternehmers verweigert worden.[126]

---

116 Yuanshi Bu, 81.
117 Stefanie Tetz, 75.
118 Chinesisch „诚实信用".
119 Gang Lin/Yuefang Feng, Modern Law Science, 2000. 08, 62, 62.
120 Stefanie Tetz, 75; zu verschiedenen Interpretationsansätzen: Bing Ling, 52 f.
121 Weiqiu Long, 民法总论 [Allgemeiner Teil des Zivilrechts], 1. Aufl., 2002, 58 f.
122 Hieran wird die Einbettung des Begriffes im sozialistischen System besonders deutlich. Vgl. Se-
    bastian Christ, 84; Rou Tong, Law and Contemporary Problems (52) 1989, 151, 162; Stefanie
    Tetz, 76. Siehe auch Chunlin Leonhard, Connecticut Journal of International Law 2010, 305,
    311.
123 Bing Ling, 53 f., erläutert, anhand welcher Kriterien ein Interessenausgleich stattfinden soll.
124 John Mo, in: Guigo Wang/John Mo, 99.
125 [中华人民共和国建筑法], chinesisch abgedruckt im: Amtsblatt des Ständigen Ausschusses des
    Nationalen Volkskongresses der VR China [全国人民代表大会常务委员会公报] 2011, Nr. 4,
    407 ff.
126 Urteil vom 31.12.2001, Aktenzeichen: (2001) Minyi Zhongzi Nr. 101 [(2001) 民一终字第101
    号]; Bing Ling, 54 ff. m. w. Rechtsprechungsnachweisen.

44   In der Literatur wird ein Rückgriff auf Treu und Glauben kritisch gesehen, wenn
      an sich speziellere Vorschriften einschlägig wären.[127] Von den Gerichten wird der
      Grundsatz jedoch auch in diesen Fällen zur Vermeidung unbilliger Ergebnisse im
      Einzelfall angewandt. So berief sich das zweite Mittlere Volksgericht Shanghai
      in einem Fall, in dem der Verkäufer die noch herzustellende Kaufsache erkennbar
      vertragswidrig anderweitig veräußert hatte, anstatt sie dem Käufer zum Weiter-
      verkauf zu überlassen, auf den Grundsatz von Treu und Glauben und entschied
      zugunsten des Käufers.[128]

45   Im Vertragsrecht ist der Grundsatz von Treu und Glauben insbesondere bei der
      Auslegung von einzelnen Vertragsbestimmungen von Bedeutung.[129] Er findet
      hauptsächlich hinsichtlich der Erfüllung von Verträgen Anwendung. Beim Ver-
      tragsabschluss selbst wird er in der Regel nur dann herangezogen, wenn eine
      Vertragsergänzung wegen unvollständiger oder unpräziser vertraglicher Verein-
      barungen notwendig ist.[130] Auch im Rahmen der Vertragsanbahnung werden aus
      dem Grundsatz von Treu und Glauben bestimmte Verhaltenspflichten abgeleitet.
      Insbesondere Übertreibungen und das wissentliche Verschweigen von Mängeln
      einer Kaufsache stellen einen Verstoß dar, dessen Rechtsfolgen sich von einer
      Schadensersatzpflicht bis hin zur gänzlichen Unwirksamkeit des Vertrages erstre-
      cken. Darüber hinaus wird alternativ die Ermächtigung der anderen Partei zur Auf-
      hebung oder Anpassung des Vertrages erwogen.[131] Dies entspricht wohl dem im
      deutschen Recht seit der Schuldrechtsreform im Jahr 2002 in § 311 Abs. 2 BGB
      niedergelegten Rechtsinstitut der culpa in contrahendo.[132]

7.   Weiterentwicklung der Grundprinzipien der AGZ durch das VG

46   Entsprechend der Konzeption der AGZ als allgemeiner Teil war von Beginn an
      vorgesehen, diese durch Spezialgesetze zu konkretisieren und weiterzuentwi-
      ckeln. Das VG aus dem Jahre 1999 greift in den allgemeinen Bestimmungen sei-
      nes ersten Kapitels zahlreiche Grundprinzipien aus den AGZ wieder auf, führt
      aber, wie beispielsweise mit der Festlegung der Vertragsfreiheit in § 4 VG, darü-
      ber hinaus auch neue Rechtsinstitute des Zivilrechts ein.

47   Der Begriff der Vertragsfreiheit war bis zu diesem Zeitpunkt weder in den AGZ
      noch in den durch das VG abgelösten drei speziellen Vertragsgesetzen[133] zu fin-

---

127 Bing LING, 55.

128 Chongqing v. Shanghai City Jin Xuan Da Ri Real Estate Project Development Company Contract
    Dispute, Shanghai City No. 2 Interm. People's Ct., 19.10.2007; aus Chunlin LEONHARD, Connecti-
    cut Journal of International Law 2010, 305, 317, m. w. Rechtsprechungsnachweisen.

129 Bing LING, 55 f.; Chunlin LEONHARD, Connecticut Journal of International Law 2010, 305, 311.

130 Stefanie TETZ, 76; Bing LING, 55 f.

131 Stefanie TETZ, 76.

132 Das inzwischen in §§ 42, 43 VG geregelte Rechtsinstitut der culpa in contrahendo gleicht in sei-
    nen Voraussetzungen und der Rechtsfolge stark dem deutschen Recht.

133 [中华人民共和国涉外经济合同法], chinesisch abgedruckt im: Amtsblatt des Staatsrats der VR
    China [中华人民共和国国务院公报] 1985, Nr. 09, 217 ff. [中华人民共和国技术合同法], chi-

den. Allerdings enthielten alle vier Regelwerke dem Konzept der Vertragsfreiheit ähnelnde und vorgelagerte Rechtsinstitute. So war beispielsweise in § 5 Wirtschaftsvertragsgesetz (WVG) und § 3 AWVG das Prinzip der Verhandlungen als Grundlage des Vertragsabschlusses geregelt, wobei betont wurde, dass dies gerade nicht mit dem kapitalistischen Prinzip des Laisser-Faire zu verwechseln sei.[134] § 4 TVG hatte – wie nachfolgend § 4 AGZ – das Prinzip der Freiwilligkeit zum Regelungsgegenstand. Inwieweit dieses jedoch als Grundlage für das Prinzip der Privatautonomie und folglich auch der Vertragsfreiheit herangezogen werden kann, wird – wie bereits oben erörtert[135] – uneinheitlich beurteilt.[136]

Daneben greift das VG den in den AGZ niedergelegten Grundsatz der Gerechtigkeit wieder auf. § 5 VG verlangt dementsprechend eine gerechte Verteilung von Rechten und Pflichten unter den Vertragsparteien. Aber auch in speziellere Vorschriften des VG fand der Gerechtigkeitsgrundsatz Eingang, so in Bezug auf die Zulässigkeit Allgemeiner Geschäftsbedingungen nach § 39 Abs. 1 VG oder Vertragsstrafen nach § 114 Abs. 2 VG.[137] **48**

Der Grundsatz der Gleichberechtigung findet sich in § 3 VG wieder, erfährt allerdings durch die §§ 52 und 54 Abs. 2 VG eine Einschränkung. Nach § 52 VG ist ein Vertrag, der unter Täuschung oder Drohung durch eine Seite zustande gekommen ist und staatliche Interessen schädigt, ipso iure unwirksam, selbst wenn beide Parteien am Vertrag festhalten wollen. Davon erfasst werden vornehmlich Verträge mit staatlichen Unternehmen, da diese stets das staatliche Interesse betreffen. Verträge zwischen Privaten, die unter Täuschung oder Drohung durch eine Seite zustande kamen und die andere Seite schädigen, sind dagegen nach § 54 Abs. 2 VG nicht schon von Gesetzes wegen unwirksam, sondern unterliegen lediglich der Änderung oder dem Widerruf vor dem Volksgericht. Anhand dieser Differenzierung der Rechtsfolgen wird deutlich, dass der durch die AGZ festgelegte Grundsatz der Gleichstellung von staatlichen und zivilen Rechtssubjekten nicht uneingeschränkt gilt.[138] **49**

Besonders unterstrichen wurde im VG die Bedeutung des Grundsatzes von Treu und Glauben. Dieser kommt sowohl bei Vertragsabschluss als auch bei der Erfüllung zum Tragen. In § 42 VG finden sich zwei explizite Beispiele, die den Anwendungsbereich dieses Grundsatzes verdeutlichen. Danach gilt der Anwendungsbereich beim Abschluss eines Vertrages als verletzt, wenn die Errichtung des Vertrages als Vorwand genutzt wird, um böswillig zu verhandeln, oder vorsätzlich in Bezug auf die Vertragserrichtung wichtige Tatsachen verheimlicht oder **50**

---

nesisch abgedruckt im: Amtsblatt des Staatsrats der VR China [中华人民共和国国务院公报] 1987, Nr. 15, 515 ff. [中华人民共和国经济合同法], chinesisch abgedruckt im: Amtsblatt des Staatsrats der VR China [中华人民共和国国务院公报] 1993, Nr. 21, 970 ff.
134 Huixing LIANG, 48.
135 Vgl. hierzu Rn. 24 f.
136 Vgl. Bing LING, 42 ff.
137 Vgl. Bing LING, 50 ff.
138 Liming WANG/Yun YI, Social Sciences in China 2008, 134, 142.

zu bestimmten Umständen falsche Angaben gemacht werden. Daneben wurden auch in der Lehre einige Fallgruppen hinsichtlich des Grundsatzes von Treu und Glauben entwickelt: Erstens müssen die Vertragsparteien während der Verhandlungen ehrlich sein und zusammen auf den Abschluss eines Vertrages hinarbeiten. Zweitens sollen sie alles Erforderliche tun, um die Erfüllung des Vertrages vorzubereiten. Drittens sollen sie die gegenseitige Erfüllung des Vertrages unterstützen und fördern. Viertens sind die Parteien nach Vertragsabschluss verpflichtet, offengelegte Geschäftsgeheimnisse der anderen Seite geheim zu halten. Schließlich sollen etwaige Streitigkeiten aufgrund der vertraglichen Regelungen durch eine gerechte Auslegung gelöst werden.[139] Dass der Grundsatz von Treu und Glauben nicht nur bei Vertragsschluss, sondern auch für die Durchführung des Vertrags ein tragendes Prinzip ist, wird anhand der §§ 6, 60 VG deutlich. Danach müssen sich die Parteien bei der Ausübung von Rechten und bei der Erfüllung von Pflichten an den Grundsatz von Treu und Glauben halten und entsprechend der Vereinbarung ihre Pflichten in vollem Umfang erfüllen. In Abhängigkeit von der Natur und des Ziels des Vertrags sowie der Verkehrssitte können dies Pflichten zur Offenlegung, zur gegenseitigen Unterstützung und zur Geheimhaltung sein. Als spezielle Ausprägung von Treu und Glauben wird in § 8 VG der Grundsatz pacta sunt servanda ausdrücklich benannt.[140]

51   Schließlich ging auch der Grundsatz der Gesetzlichkeit in den Inhalt des VG ein. Nach § 7 VG müssen die Parteien beim Abschluss und der Erfüllung von Verträgen die Gesetze und die verwaltungsrechtlichen Bestimmungen einhalten, was sich aber nicht auf den jeweiligen Regelungsbereich des Vertrages beschränkt, sondern die gesamte Rechtsordnung umfasst. Im Gegensatz zu § 6 und § 7 der AGZ wird im VG nicht die Einhaltung staatlicher Richtlinien gefordert. Das VG orientiert sich in diesem Punkt deutlich stärker an geschriebenen Rechtssätzen.[141] Darüber hinaus sind Zivilgeschäfte nach § 52 Nr. 5 VG nur unwirksam, sofern sie gegen zwingende Gesetzesvorschriften und Verordnungen des Staatsrats verstoßen.[142]

52   Nicht wiederaufgegriffen wurde der in den AGZ enthaltene Grundsatz der Äquivalenz. Auch wenn die staatlichen Preisrichtlinien, die als Grundlage für die Beurteilung der Äquivalenz herangezogen wurden, an Bedeutung verloren haben, findet der Grundsatz über § 4 AGZ dennoch Anwendung auf das chinesische Vertragsrecht. Allein aus dem Umstand, dass er nicht in das VG aufgenommen wurde, lassen sich keine Schlüsse auf dessen Nichtanwendbarkeit auf das Vertragsrecht ziehen. Mit dem Verzicht auf das Äquivalenzprinzip wird der Existenz von bloß einseitig verpflichtenden Verträgen wie z. B. Schenkungen entsprochen. In der Literatur wird zum Teil vertreten, dass das Äquivalenzprinzip die Vertrags-

---

139 Mo ZHANG, 77; Bing LING, 49 ff.; Chunlin LEONHARD, Connecticut Journal of International Law 2010, 305, 310.
140 Hierzu ausführlich Bing LING, 45 f.
141 Mo ZHANG, 82; Bing LING 57 f.
142 Zhiyong HU, Journal of Chongqing Institute of Technology, 2005. 06, 55.

freiheit nicht übermäßig einschränken solle, solange ein Vertrag auf einer freiwilligen Entscheidung der Parteien beruht.[143]

IV. Rechtssubjekte

Die AGZ unterscheiden, wie das deutsche Recht auch, grundsätzlich zwischen   53
zwei Arten zivilrechtlicher Rechtspersönlichkeiten: den natürlichen und den juristischen Personen. Ebenfalls in Parallele zum deutschen Recht werden im Folgenden sowohl deren Rechts- als auch Geschäftsfähigkeit beleuchtet.

1. Rechtsfähigkeit

Rechtsfähigkeit ist definiert als die Fähigkeit, grundsätzlich Träger von Rechten   54
und Pflichten zu sein.[144]

a) Natürliche Personen

Natürliche Personen sind gemäß §§ 9, 10 AGZ vom Zeitpunkt ihrer Geburt bis   55
zum Eintritt des Todes rechtsfähig. Als Zeitpunkt der Geburt gelten die vollständige körperliche Trennung des Kindes von der Mutter und das Einsetzen der selbstständigen Atmung.[145] Nach Nr. 1 OVG-Interpretation AGZ ist dies der im Haushaltsregister eingetragene Zeitpunkt. In Ermangelung eines solchen wird nach Nr. 1 OVG-Interpretation AGZ auf den vom Krankenhaus ausgestellten Geburtsnachweis abgestellt. Falls dieser ebenfalls nicht existiert, wird der Zeitpunkt unter Heranziehung anderer einschlägiger Beweise bestimmt. Der Zeitpunkt des Todes ist demgegenüber nicht gesetzlich definiert und auch im Schrifttum umstritten.[146] Im Wesentlichen wird jedoch auf das Erlöschen der Hirnströme und auf das Aussetzen von Herzschlag und Atmung abgestellt.[147]

Kapitel 2 der AGZ spricht ausnahmslos von „Bürger" und beschränkt damit die   56
Rechtsfähigkeit natürlicher Personen auf chinesische Staatsangehörige.[148] Soweit keine anderen Bestimmungen entgegenstehen, finden gemäß § 8 AGZ die Vorschriften der AGZ aber auch auf Ausländer und Staatenlose im Gebiet der VR China Anwendung.

---

143 Bing LING, 51.
144 Liming WANG, 民法 [Zivilrecht], 45; Huixing LIANG, 民法总论 [Allgemeiner Teil des Zivilrechts], 88.
145 Bing LING, in: Chenguang WANG/Xianchu ZHANG, 177; Jörg BINDING, 13; dem Fötus wird keine Rechtsfähigkeit zugestanden, Jianfu CHEN, 346 f.
146 John MO, in: Guigo WANG/John MO, 101.
147 Ausführlich zum Meinungsstand Lixin YANG, 387; Jörg BINDING, 14.
148 Jianfu CHEN, 343 ff. grenzt zum Konzept der natürlichen Person in anderen Rechtssystemen ab und stellt verschiedene Ansichten zum Verständnis des „Bürger"-Begriffs dar.

b)   *Einzelgewerbetreibende, dörfliche Übernahmebetreiber und*
       Partnerschaften natürlicher Personen

57   Einzelgewerbetreibende, dörfliche Übernahmebetreiber und Partnerschaften natürlicher Personen unterfallen den rechtlichen Vorschriften der AGZ über natürliche Personen (§§ 26 ff. AGZ).[149] Ihre besondere Stellung im chinesischen Wirtschaftsleben gründet sich darauf, dass sie den Gewinn aus ihren Betätigungen
zum persönlichen Eigentum erwerben.[150]

58   Ihre Einordnung in eine der Kategorien der natürlichen und der juristischen Personen fällt aufgrund ihrer Zwischenstellung schwierig. Zwar können sie als selbstständige Wirtschaftseinheiten am Rechtsverkehr teilnehmen, mangels eigenständiger Rechtspersönlichkeit (§§ 29 und 34 f. AGZ) kommen als Haftungssubjekte
jedoch immer nur die dahinter stehenden Einzelpersonen in Frage.[151] Die Haftung
der Einzelgewerbetreibenden und der dörflichen Übernahmebetreiber beschränkt
sich dabei nach § 29 AGZ auf das Vermögen der betreibenden Personen. Spätestens mit der Einführung der Ein-Personen-Gesellschaft im Jahr 2005 haben diese
Rechtsinstitute jedoch an Bedeutung verloren.[152]

59   Im Rahmen der Partnerschaft natürlicher Personen gilt grundsätzlich das Prinzip
der Gesamtgeschäftsführungsbefugnis aller Partner (§ 34 AGZ). Sie haften daher
nach außen regelmäßig gesamtschuldnerisch entsprechend der im Gesellschaftsvertrag vereinbarten Anteile (§ 35 AGZ). Die Haftungsverteilung im Innenverhältnis bemisst sich hingegen am vereinbarten Anteil der Schuldübernahme oder
an der Höhe der Investitionen (Nr. 47 OVG-Interpretation AGZ).

aa)   Einzelgewerbetreibende

60   Bei den Einzelgewerbetreibenden handelt es sich um natürliche Personen, die
durch Registrierung beim staatlichen Verwaltungsamt für Industrie und Handel
(State Administry for Industry and Commerce/SAIC) bei hinreichender materieller Absicherung und entsprechenden gewerblichen Fähigkeiten zum Betrieb eines Industrie- oder Handelsgewerbes ermächtigt werden (§ 26 AGZ). Durch ihre
Stellung zwischen einem Unternehmen und einer Partnerschaft stellen sie eine
besondere Rechtsform dar. Regelmäßig werden sie unter Beteiligung mehrerer
Personen als Familienbetrieb betrieben.[153] Die Haftung ist dabei davon abhängig,
unter wessen Namen das Gewerbe angemeldet wurde. Bei Registrierung unter
dem Namen einer Person haftet diese, bei Festlegung einer Familie als Einzel-

---

149 Wobei die Partnerschaftsunternehmen, welche in eigenem Namen am Rechtsverkehr teilnehmen,
     in Abgrenzung zu Bürgern, dörflichen Pachtbetreibern und Einzelgewerbetreibenden genau ge-
     nommen als „andere Organisationen" zu bezeichnen sind. So auch Yuanshi Bu, 81. Bzw. die rich-
     tige Überschrift des 2. Kapitels lautet auch Bürger und gerade nicht natürliche Personen.
150 Stefanie Tetz, 169; Yuanshi Bu, 81.
151 Jianfu Chen, 467 m. w. N.
152 Jianfu Chen, 467 f.
153 Jianfu Chen, 466 f.

gewerbetreibende ist das gesamte Familienvermögen Haftungsgegenstand (Nr. 42 OVG-Interpretation AGZ). Auch jedes gerichtliche Vorgehen betreffend das Gewerbe muss von dem oder den jeweiligen Gewerbetreibenden vorgenommen werden.[154]

bb) Dörfliche Übernahmebetreiber

Dörfliche Übernahmebetreiber erhalten im Rahmen eines Pachtvertrages Produktionsmittel von ihrer zugehörigen kollektiven Wirtschaftsorganisation[155] und betreiben im Anschluss entsprechend der vertraglichen Vorgaben Warenwirtschaft (§ 27 AGZ).[156] Sie werden daher auch weniger als wirtschaftende Einheit, sondern vielmehr als vertragliche Vereinbarung betrachtet.[157] Da der bewirtschaftete Grund und Boden[158] im Eigentum der kollektiven Wirtschaftsorganisationen verbleibt, denen die Landwirte als Mitglieder angehören, werden diese nur als „quasi-private" Betriebe eingeordnet.[159] Die rechtlichen Interessen des Pächters werden gemäß § 28 AGZ durch das Gesetz[160] geschützt, was insbesondere mit Blick auf die vom Pächter vorzunehmenden Aufwendungen notwendig erscheint. Als Beteiligte kommen wiederum sowohl Einzelpersonen als auch ganze Familien in Betracht, wobei auch hier das jeweilige Vermögen zum Haftungsgegenstand wird.[161]

61

cc) Partnerschaft von Einzelpersonen

Die Partnerschaft von Einzelpersonen nach den §§ 30 ff. AGZ ähnelt demgegenüber der Konstruktion der Gesellschaft des bürgerlichen Rechts (GbR) im deutschen Recht. Ihre Entstehung vollzieht sich durch einen Gesellschaftsvertrag zwischen natürlichen Personen (§ 30 f. AGZ), in dem der Wille zur gemeinschaftlichen Verfolgung eines gemeinsamen Zwecks festgehalten wird.[162] Die-

62

---

154 John Mo, in: Guigo Wang/John Mo, 114 f.
155 Das Institut der kollektiven Wirtschaftsorganisation geht historisch auf die Volkskommune zurück. Diese war ein Zusammenschluss der bäuerlichen Bevölkerung zum Zweck der gemeinschaftlichen landwirtschaftlichen und industriellen Produktion sowie Dienstleistungserbringung. Im Laufe der Zeit übernahmen die Volkskommunen auch politische Funktionen, was jedoch heute bei den kollektiven Wirtschaftsorganisationen nicht mehr der Fall ist.
156 Yuanshi Bu, 81.
157 Jianfu Chen, 466, grenzt Einzelgewerbetreibende und dörfliche Pachtübernehmer sehr klar voneinander ab.
158 Das Konzept ist ebenso auf Binnengewässer anwendbar, die im Kollektiveigentum stehen, vgl. auch John Mo, in: Guigo Wang/John Mo, 116.
159 Henry R. Zheng, The American Journal of Comparative Law, 1986, 669, 684.
160 Etwa durch das Dorflandbewirtschaftungsgesetz [中华人民共和国土地承包经营法], chinesisch abgedruckt im: Amtsblatt des Staatsrats der VR China [中华人民共和国土地承包经营法 中华人民共和国国务院公报] 2002, Nr. 28, 20 ff.
161 John Mo, in: Guigo Wang/John Mo, 116.
162 Ausführlich zum Inhalt von Partnerschaftsverträgen: Bing Ling, in: Chenguang Wang/Xianchu Zhang, 186.

se Vertragsform steht neben chinesischen Staatsangehörigen auch den in China ansässigen Ausländern oder Staatenlosen offen (vgl. § 8 AGZ). Voraussetzung für die rechtliche Handlungsfähigkeit der Partnerschaft ist die Registrierung bei der SAIC, in deren Rahmen der Umfang der Geschäftstätigkeiten festgelegt wird (§ 3). Die Partner entscheiden grundsätzlich gemeinsam über die im Namen der Partnerschaft betriebenen Geschäfte und haben jeweils das Recht zur Durchführung und Überwachung dieser Geschäfte. Es besteht darüber hinaus aber auch die Möglichkeit, einen Verantwortlichen für die Geschäfte der Gesellschaft zu bestimmen, wobei die übrigen Partner für dessen Handlungen als Gesamtschuldner haften (§ 34 AGZ).[163] Im Zivilprozess wird die Firma als Prozesspartei, der gewählte Verantwortliche als Prozessrepräsentant behandelt. Sofern keine Firma existiert, sind die Partner Streitgenossen, können aber wiederum einen Prozessvertreter bestimmen (Nr. 45 f. OVG-Interpretation AGZ).[164]

63   Nach § 30 AGZ muss jeder Partner sowohl Bar-/Sacheinlagen (Kapital, Sachen oder Technik) als auch die gemeinsame Arbeitsleistung für den partnerschaftlichen Betrieb zur Verfügung stellen. Das OVG hat diese Vorschrift in Nr. 46 OVG-Interpretation AGZ jedoch revidiert und klargestellt, dass auch diejenigen Personen als Partner angesehen werden, die nur Kapital bereitstellen und keine Arbeitsleistungen erbringen. Konstitutiv für die Anerkennung als Partner ist weder Art oder Höhe der Einlage noch die Teilnahme am Betrieb, sondern vielmehr die Teilhabe am erwirtschafteten Überschuss in gleicher Weise wie die anderen beteiligten Personen. Wichtig ist zudem, dass die Partner unabhängig von der internen Haftungsverteilung im Außenverhältnis gesamtschuldnerisch und persönlich haften (§ 35 AGZ). Die Möglichkeit zur Begrenzung der gesamtschuldnerischen Haftung nach außen ist gerade nicht vorgesehen. Ebensowenig ergibt sich aus dem bei der Registrierung festgelegten Geschäftsumfang eine Limitierung des Haftungsvolumens. Für den Fall, dass ein Partner über die Höhe seines im Gesellschaftsvertrag vereinbarten Anteils hinaus eine Verbindlichkeit nach außen erfüllt, steht ihm aber ein Rückgriffsanspruch gegenüber den anderen Partnern zu (§ 35 Abs. 2 AGZ). Unter Umständen können die Partner auch entsprechend dem Gesellschaftsvertrag dazu verpflichtet sein, untereinander Haftung zu übernehmen. Vermögen, welches während der Partnerschaft erwirtschaftet wird, geht gemäß § 32 Abs. 2 AGZ in Miteigentum aller Partner über.[165]

64   Grundsätzlich bedarf die Errichtung einer Partnerschaft einer schriftlichen Vereinbarung und der Genehmigung durch die SAIC. In Nr. 50 OVG-Interpretation

---

163 In den AGZ wird nicht zwischen Geschäftsführungs- und Vertretungsbefugnis differenziert. Speziellere Regelungen finden sich erst im Partnerschaftsunternehmensgesetz von 1997.

164 John Mo, in: Guigo Wang/John Mo, 118.

165 John Mo, in: Guigo Wang/John Mo, 118 f. Die ausdrückliche Zuweisung gemeinsam erworbenen Vermögens in das Miteigentum der Partner gem. § 32 Abs. 2 AGZ lässt darauf schließen, dass als Sacheinlage eingebrachtes Vermögen im Eigentum des jeweils Einbringenden bleibt, die anderen Partner aber eine Verwaltungsbefugnis erlangen. Vgl. dazu Bing Ling, in: Chenguang Wang/Xianchu Zhang, 187.

AGZ ist jedoch festgelegt, dass bei Vorliegen aller faktischen Voraussetzungen und dem Zeugnis von mindestens zwei nichtbeteiligten Personen über eine entsprechende mündliche Partnerschaftsvereinbarung von einer Partnerschaftsbeziehung auszugehen ist. Ausnahmsweise wurde, wie im Fall vierer natürlicher Personen, die gemeinsam mehrere LKW erworben und damit ein Transportgeschäft betrieben haben, bereits ein bloß tatsächliches Zusammenwirken für die Begründung einer Partnerschaft von Gerichten für ausreichend erachtet.[166] Die Anerkennung einer de facto-Partnerschaft kann einerseits die Kontinuität von Handelsgeschäften fördern, andererseits durch den rechtlichen Schwebezustand aber auch zu Beeinträchtigungen für die übrigen Rechtsbeziehungen der Partnerschaft führen.[167]

Aufgelöst wird die Partnerschaft durch entsprechende Vereinbarung der Beteiligten. Jedem Partner soll grundsätzlich der eingebrachte Anteil zurückerstattet werden. Die Aufteilung des während der Partnerschaft erwirtschafteten Vermögens oder des entstandenen Verlustbetrags erfolgt entsprechend der hierzu getroffenen schriftlichen Vereinbarung (Nr. 55 OVG-Interpretation AGZ). Falls eine solche nicht getroffen wurde und diesbezüglich auch im Übrigen kein Konsens zu erzielen ist, entscheidet die Mehrheit der Partner. Falls deren Investitionen nicht einander entsprechen, ist die Ansicht derjenigen Partner ausschlaggebend, die die Mehrheit der Einlagen ausmachen. Auch die Gerichte sind angehalten, sich an der Mehrheitsmeinung zu orientieren, wobei jedoch auch die Interessen der übrigen Partner Berücksichtigung finden sollen.[168]   **65**

Die Partnerschaft nach den AGZ darf allerdings nicht mit dem Partnerschaftsunternehmen nach dem Partnerschaftsunternehmensgesetz der VR China (PUAG) von 1997[169] verwechselt werden.[170] Bei diesem handelt es sich um ein Unternehmen, dessen Partner wiederum auch juristische Unternehmen sein können (§ 2 Abs. 1 PUAG). Die Errichtung der Partnerschaft nach dem PUAG ist nur durch schriftlichen Vertrag möglich und im Handelsregister einzutragen (§§ 4, 9 PUAG). Eine analoge Anwendung der Vorschriften des PUAG auf die Partnerschaft der natürlichen Personen, wodurch die AGZ verdrängt werden würden, ist wohl nicht möglich.[171] Aktuell kommt der Partnerschaft nach den AGZ im Vergleich zum Partnerschaftsunternehmen nach dem PUAG nur noch eine geringe praktische Bedeutung zu, was insbesondere auf die nachteiligen Haftungsregeln zurückzuführen sein mag. Während nämlich bei der Partnerschaft nach dem PUAG eine vorrangige Befriedigung aus dem Vermögen der Partnerschaft   **66**

---

166 http://www.66law.cn/topic2010/grhhqyfalfx/39431.shtml, Stand: 8.5.2015.
167 John Mo, in: Guigo WANG/John Mo, 117.
168 John Mo, in: Guigo WANG/John Mo, 119.
169 [中华人民共和国合伙企业法], chinesisch abgedruckt im: Amtsblatt des Staatsrats der VR China [中华人民共和国国务院公报] 2006, Nr. 29, 20 ff.
170 Yuanshi BU, 81.
171 Ablehnend: Zhiyong HU, Journal of Law Application 2012, 76, 76 f.; noch offen: Yuanshi BU, 161.

vorgesehen ist (§ 38 PUAG), können die Gläubiger einer Partnerschaft nach den AGZ direkt auf das Vermögen der Partner zugreifen (§ 35 AGZ). Zudem sieht das PUAG eine der deutschen Kommanditgesellschaft ähnelnden Partnerschaftsform vor, bei der die Haftung einzelner Partner auf die Höhe ihrer Einlagen beschränkt wird (§ 2 PUAG).

c)   Juristische Personen

67   Juristische Personen sind eigenständige Träger von Rechten und Pflichten und folglich rechts- und geschäftsfähige Organisationen (§ 36 AGZ). Aufgrund ihrer eigenen Rechtspersönlichkeit übernimmt allein die juristische Person die Haftung im Außenverhältnis, während die einzelnen Mitglieder regelmäßig keine direkte Verantwortung für die Verbindlichkeiten trifft.[172]

68   Die AGZ differenzieren zwischen juristischen Unternehmenspersonen einerseits (§§ 41 bis 49 AGZ) und Behörden, Institutionseinheiten, gesellschaftlichen Körperschaften (§ 50 AGZ) und verbundenen Betrieben andererseits (§§ 51 bis 53 AGZ). Der Unterschied besteht darin, dass juristische Unternehmenspersonen gewinnorientiert arbeiten, wohingegen Behörden, Institutionseinheiten und gesellschaftliche Körperschaften gemeinnützig tätig sind und häufig vom Staat finanziert werden.[173]

aa)   Allgemeine Regelungen

69   Im Anschluss an die Definition des Begriffs der juristischen Person in § 36 AGZ werden in § 37 AGZ die Voraussetzungen für deren Entstehung festgelegt. Dazu zählen (1) die Rechtmäßigkeit der Errichtung, (2) das Vorhandensein ausreichender Vermögenseinlagen, (3) eine eigene Bezeichnung, eine Betriebsstätte sowie eigene Organe und (4) die Fähigkeit, eigenständig zivilrechtliche Haftung zu übernehmen.

70   Notwendige Organe der juristischen Person sind: (1) Ein Organ für Entscheidungen im Innen- und Außenverhältnis sowie zugleich als gesetzlicher Vertreter im Außenverhältnis, (2) ein weiteres für die interne Verwaltung sowie die Durchführung der Beschlüsse des Entscheidungsorgans sowie (3) ein Organ für die Vertretung der Arbeiter und die demokratische Verwaltung und Kontrolle der juristischen Person.[174]

71   Erst ab dem Zeitpunkt der gesetzmäßigen Errichtung, also in der Regel mit der behördlichen Registrierung, erlangt die juristische Person Rechts- und Geschäftsfähigkeit. Die Anforderungen an die Registrierung variieren dabei je nach Typ der juristischen Person. Während für selbstständige Unternehmen bei der Registrie-

---

172 Bing Ling, in: Chenguang Wang/Xianchu Zhang, Rn. 6.06, 181; John Mo, in: Guigo Wang/John Mo, 119.
173 Bing Ling, in: Chenguang Wang/Xianchu Zhang, Rn. 6.06, 181.
174 Stefanie Tetz, 171.

rung durch die SAIC der Nachweis der gesetzlichen Voraussetzungen erforderlich ist, reicht für die wirksame Errichtung staatlicher Institutionen eine einfache öffentliche Genehmigung aus.[175]

Außerdem gilt entsprechend der ultra vires-Doktrin im angloamerikanischen Recht der Grundsatz, dass juristische Personen in ihrem Tätigkeitsfeld auf ihren jeweiligen Geschäftsbereich beschränkt sind. Für die juristischen Unternehmenspersonen ist dies explizit festgelegt in § 42 AGZ.[176] Allerdings wurde der Grundsatz durch Nr. 10 OVG-Interpretation I VG [177] insoweit aufgeweicht, als dass derartige Geschäfte nicht mehr zwangsläufig unwirksam sind.[178] Eine derartige Überschreitung stellt eine Ordnungswidrigkeit[179] dar und kann zudem gemäß § 49 Nr. 1 AGZ Haftungsfolgen für die juristische Person sowie deren gesetzlichen Vertreter nach sich ziehen.

72

§ 38 AGZ legt die gesetzliche Vertretung der juristischen Personen fest. Hiernach ist derjenige gesetzliche Vertreter, der gemäß der Satzung der Organisation oder dem Gesetz dazu berufen ist. Ob das rechtliche Handeln des gesetzlichen Vertreters die juristische Person auch im Innenverhältnis bindet, richtet sich nach den einschlägigen Stellvertretungsregeln.[180] Gemäß § 39 AGZ richtet sich der Sitz einer Gesellschaft stets nach dem Ort ihrer Geschäftsleitung. § 40 AGZ regelt die Abwicklung der juristischen Person nach Beendigung ihrer Tätigkeit. Der genaue Zeitpunkt des Untergangs und des damit verbundenen Verlusts der Rechtsfähigkeit ist gesetzlich nicht festgeschrieben. Spätestens tritt dieser jedoch mit der Löschung der Registrierung durch die zuständige Stelle ein. Dieser Vorgang ist nicht mit dem Entzug des Gewerbescheins zu verwechseln, welcher zwar dazu führt, dass die juristische Person nicht mehr wirksam in ihrem Unternehmensbereich

73

---

175 Stefanie Tetz, 170; Yuanshi Bu, 83; Hui Zheng, in: Yuanshi Bu, 11; mit Rechtsprechungsnachweisen Bing Ling, 131 ff.

176 Bing Ling, in: Chenguang Wang/Xianchu Zhang, 183.

177 [最高人民法院关于适用《中华人民共和国合同法》若干问题的解释(一)], chinesisch abgedruckt im: Amtsblatt vom Obersten Volksgericht der VR China [中华人民共和国最高人民法院公报], 2000, Nr. 1, 53 ff.

178 Yuanshi Bu, 83; Hui Zheng, in: Yuanshi Bu, 11; zur rechtlichen Ausgangslage und zur Literaturmeinung siehe Stefanie Tetz, 173 ff.; ausführlich zum Streitstand in der Literatur und mit Rechtsprechungshinweisen, Bing Ling, 136 ff.

179 Vgl. § 30 Abs. 1 Nr. 2 der Verwaltungsverordnung der VR China über die Registrierung von juristischen Unternehmenspersonen, verabschiedet am 3.6.1988, in Kraft getreten am 1.7.1988, zuletzt geändert am 8.1.2011 ([中华人民共和国企业法人登记管理条例], chinesisch abrufbar unter: www.gov.cn [中国政府网], http://www.gov.cn/gongbao/content/2011/content_1860819. htm.) und § 63 Abs. 1 Nr. 4 Durchführungsverordnung der VR China zur Verwaltungsverordnung über die Registrierung von juristischen Unternehmenspersonen, verabschiedet am 3.11.1988, in Kraft getreten am 3.11.1988, zuletzt geändert am 20.2.2014 ([中华人民共和国企业法人登记管理条例实施细则], chinesisch abrufbar unter: www.gov.cn [中国政府网站], http://qyj.saic.gov. cn/djfg/gz/201402/t20140227_142235.html.).

180 Bing Ling, in: Chenguang Wang/Xianchu Zhang, 184. Die AGZ-Vorschriften zur juristischen Person kennen die Differenzierung zwischen Geschäftsführungs- und Vertretungsbefugnis nicht, diese findet sich erst in spezielleren Gesetzen wie dem Gesellschaftsgesetz von 1999.

tätig sein kann, die Fähigkeit, als Prozesspartei an einem Gerichtsverfahren teilzunehmen, bleibt ihr jedoch zunächst erhalten.[181] Allerdings ist in diesem Zusammenhang auch die gegenläufige Auffassung zu nennen, nach der bereits der Entzug des Gewerbescheins den Untergang der Gesellschaft zur Folge hat.[182]

bb)   Selbstständige Unternehmen („juristische Unternehmensperson")

74   Die juristische Unternehmensperson stellt nach dem Verständnis der AGZ die Grundform der juristischen Person dar. Sie erlangt nach § 41 Abs. 1 AGZ ihre Rechtsfähigkeit nach der behördlichen Genehmigung durch die Eintragung des Unternehmens in das Unternehmensregister.[183] In Ausnahmefällen und nur in begrenztem Umfang kann ein Unternehmen bereits vor diesem Zeitpunkt Rechtsfähigkeit erlangen. So kann bei einer Gründungsdauer von mehr als einem Jahr eine auf die zur Gründung notwendigen Geschäfte beschränkte Übergangserlaubnis erteilt werden (§ 36 Abs. 1 Nr. 2 der Verwaltungsverordnung der VR China über die Registrierung von juristischen Unternehmenspersonen).[184]

75   Nach § 41 Abs. 2 AGZ können juristische Unternehmenspersonen auch mit ausländischer Beteiligung (als sogenannte Equity Joint Venture, Cooperative Joint Venture oder als Wholly Foreign Owned Entreprise) betrieben werden. Die AGZ erkannten hiermit erstmals Unternehmen mit ausländischer Beteiligung offiziell an,[185] was die Attraktivität Chinas für ausländische Investoren erhöhte und sich somit in die Öffnungspolitik des Landes einfügte.

76   Der Großteil der die Unternehmensperson betreffenden Regelungen der AGZ, insbesondere bezüglich Fragen der Auflösung und der Haftung, werden inzwischen durch das differenziertere Unternehmenskonkursgesetz der VR China von 2006[186] überlagert; insoweit kommt die Kollisionsnorm des § 83 Gesetzgebungsgesetzes (GGG)[187] zur Anwendung.[188] Für die Rechtspraxis bleiben die Regelungen der AGZ allerdings weiterhin für die Fälle relevant, z.B. §§ 51, 52 und 53 AGZ für den verbundenen Betrieb, in denen sich keine einschlägigen Einzelsetze finden.

---

181 Yuanshi Bu, 83; Hui Zheng, in: Yuanshi Bu, 2013, 11.
182 Stefanie Tetz, 172.
183 Zu den genauen Voraussetzungen der Genehmigung siehe Rn. 70 f.
184 Stefanie Tetz, 171 f.
185 Henry R. Zheng, The American Journal of Comparative Law 1986, 669, 679.
186 [中华人民共和国企业破产法], chinesisch abgedruckt im: Amtsblatt des Ständigen Ausschusses des Volkskongresses der VR China [全国人民代表大会常务委员会公报] 2006, Nr. 7, 561 ff.
187 [中华人民共和国立法法], chinesisch abgedruckt im: Amtsblatt des Staatsrats der VR China [中华人民共和国国务院公报] 2000, Nr. 13, 7 ff.
188 Neue Gesetze enthalten üblicherweise keine Kollisionsbestimmungen im Hinblick auf bestehende Vorschriften. Gleichzeitig werden widersprechende Vorschriften nicht aufgehoben, um Regelungslücken zu vermeiden. Normenkonflikte können daher nur auf der Grundlage des GGG gelöst werden. Nach § 83 Hs. 2 GGG gilt der Rechtsgrundsatz lex posterior derogat legi priori.

Die wesentliche Intention bei der Entwicklung der Rechtsform der juristischen   77
Unternehmensperson war die Trennung zwischen staatlichen Verbindlichkeiten
und solchen staatlich beherrschter Unternehmen, wodurch wiederum das Haf-
tungsrisiko des Staates bei Klagen ausländischer Parteien gegen staatliche Unternehmen reduziert werden sollte. Die Haftung ist allerdings für jegliche juristische
Unternehmensperson, unabhängig von ihrer Qualifizierung als öffentlich oder
privat, auf das Gesellschaftsvermögen beschränkt.[189] § 43 AGZ legt insoweit ausdrücklich fest, dass die juristische Unternehmensperson die zivilrechtliche Haftung für die Geschäftstätigkeit ihrer gesetzlichen Vertreter und ihrer Mitarbeiter
übernimmt. Eine Ausnahme erfährt dieser Grundsatz jedoch in den Fällen rechts-
missbräuchlichen Verhaltens des gesetzlichen Vertreters. So definiert § 49 AGZ
zusätzliche Haftungstatbestände, bei deren Vorliegen nach Nr. 61 OVG-Interpretation AGZ auch der gesetzliche Vertreter zur Verantwortung gezogen werden
kann. Diesem gegenüber kommen Verwaltungsmaßnahmen, Geldbußen und gegebenenfalls eine strafrechtliche Verfolgung in Betracht. Die Verwendung des
Wortes „kann" macht deutlich, dass sowohl das Ergreifen einer Maßnahme als
auch die Auswahl der Maßnahme im Ermessen des Richters stehen.

cc)   Behörden, öffentliche Institutionen (Institutionseinheiten) und
      gesellschaftliche Körperschaften

§ 50 AGZ führt Behörden, öffentliche Institutionen und gesellschaftliche Körper-   78
schaften als juristische Personen in das chinesische Zivilrechtssystem ein. Behörden unterliegen keiner Registrierungspflicht, während dies für öffentliche Institutionen und gesellschaftliche Körperschaften unter Umständen rechtlich vorgesehen sein kann, § 50 Abs. 2 AGZ.

Der Begriff „Institutionseinheit"[190] bezieht sich auf administrative Einrichtungen,   79
welche vom Staat gegründet und finanziert werden und der Erfüllung von öffentlichen Aufgaben für die Allgemeinheit dienen, wie z. B. öffentliche Bibliotheken,
Schulen und Krankenhäuser.[191] Gesellschaftliche Körperschaften sind Organisationen, die von Bürgern und juristischen Personen gegründet werden und deren
Aufgabe in der Durchführung gemeinnütziger Aktivitäten zu sozialen, kulturellen
und Bildungszwecken besteht. Sie werden oftmals ebenfalls staatlich finanziert.
Beispiele hierfür sind Gewerkschaften und Kirchen.[192]

Die rechtsdogmatische Frage, ob durch diese Vorschriften in der Theorie die   80
Rechtsform der juristischen Personen des öffentlichen Rechts geschaffen wur-

---

189 John Mo, in: Guigo Wang/John Mo, 121 f.
190 Chinesisch „事业单位".
191 Bing Ling, in: Chenguang Wang/Xianchu Zhang, 181.
192 Bing Ling, in: Chenguang Wang/Xianchu Zhang, Rn. 181; im Allgemeinen zu gemeinnützigen
    Organisationen in China siehe: Thomas von Hippel/Knut B. Pissler, in: Klaus J. Hopt/Thomas
    von Hippel, 428 ff.

de,[193] ist praktisch von geringer Relevanz, da die privatrechtliche Handlungsfähigkeit öffentlicher Institutionen in der VR China allgemein anerkannt ist.[194]

dd)   Verbundene Betriebe

81   Der verbundene Betrieb nimmt eine Sonderstellung ein. Bei der Frage der Einordnung als juristische Person muss nach der ihn konstituierenden Vereinbarung differenziert werden. Zum einen können nach § 51 AGZ zwei Unternehmen bzw. ein Unternehmen und eine öffentliche Institution per Vertrag zu einem neuen Gemeinschaftsunternehmen fusionieren und nach entsprechender behördlicher Registrierung als juristische Unternehmensperson am Wirtschaftsleben teilnehmen. In diesem Fall erlangt der verbundene Betrieb eigene Rechtspersönlichkeit nach den dargelegten Regelungen der AGZ über juristische Personen.[195] Zum anderen können sich zwei Unternehmen oder öffentliche Institutionen nach § 52 AGZ vertraglich zu einem bestimmten Zweck zusammenschließen, wodurch eine Art Partnerschaft[196] ohne eigene Rechtspersönlichkeit gebildet wird. Die Parteien können in diesem Fall eine anteilige oder gesamtschuldnerische Haftung vereinbaren (§ 52 AGZ). Für den Fall, dass der verbundene Betrieb von jeder Seite unabhängig geführt wird, ist auch eine Haftung der Parteien nur für eigene Verbindlichkeiten denkbar (§ 53 AGZ).[197]

82   Durch die systematische Einordnung dieser Regelung in den Abschnitt über die juristischen Personen machte der Gesetzgeber deutlich, dass es sich um mehr als eine bloß vertragliche Vereinbarung handelt.[198] Im Gegensatz zur Partnerschaft nach den §§ 30 ff. AGZ können sich Einzelkaufleute oder Privatpersonen dieser Unternehmensform nicht bedienen.[199]

ee)   Bewertung

83   Die Regelungen der AGZ bezüglich juristischer Personen erscheinen aufgrund ihrer allgemein gehaltenen Formulierungen und des recht unübersichtlichen Systems an Verweisen als wenig praxistauglich. Sie liefern weder eine klare Definition und Umgrenzung des Begriffs der juristischen Person noch eindeutige Abgrenzungsmöglichkeiten zwischen den einzelnen Erscheinungsformen. Der

---

193 Siehe Yuanshi BU, 83.
194 Yuanshi BU, 83.
195 John MO, in: Guigo WANG/John MO, 123 f.
196 Dies ist nach dem deutschen Verständnis vergleichbar mit der Arbeitsgemeinschaft (ARGE). Hierbei handelt es sich um einen Zusammenschluss mehrerer natürlicher oder juristischer Personen (des Zivilrechts und des öffentlichen Rechts) zur gemeinsamen Wahrnehmung von Aufgaben in der Form einer Gesellschaft bürgerlichen Rechts. Häufig finden sich solche Arbeitsgemeinschaften in der Bauwirtschaft und im Sozialrecht. Siehe hierzu: Torsten SCHÖNE, in: BAMBERGER/ROTH, § 705 Rn. 168; Otfried SEEWALD, in: Stephan LEITHERER, § 94 SGB X, Rn. 23.
197 John MO, in: Guigo WANG/John MO, 123 f.
198 Henry R. ZHENG, The American Journal of Comparative Law 1986, 669, 681.
199 Henry R. ZHENG, The American Journal of Comparative Law 1986, 669.

Gesellschaft nach den AGZ kommt heute nur noch eine geringe praktische Bedeutung zu, was insbesondere auf die Verabschiedung von Sondergesetzen zurückzuführen ist.[200] Durch diese führte der Gesetzgeber ein differenziertes System von Gesellschaftstypen ein, welches den komplexen wirtschaftlichen Kooperationsformen in der Realität eher gerecht wird.[201]

2. Geschäftsfähigkeit

Geschäftsfähigkeit wird definiert als die Befähigung zur selbstständigen Vornahme von Rechtsgeschäften und wirksamen Ausübung von Rechten und Pflichten.[202] Einschränkungen dieser Befähigung können sich – in Parallele zum deutschen Recht – aufgrund des Alters oder des Geisteszustands ergeben. Bei juristischen Personen geht die Geschäftsfähigkeit folglich zwangsläufig mit der Rechtsfähigkeit einher und bedarf keiner weiteren Ausführungen.   **84**

a)   Fehlende Geschäftsfähigkeit

Nach § 12 Abs. 2 AGZ werden Minderjährige bis zur Vollendung des zehnten Lebensjahres als nicht geschäftsfähig angesehen. Ebensowenig geschäftsfähig sind psychisch Kranke, denen die Einsichtsfähigkeit in ihre Handlungen fehlt (§ 13 Abs. 1 AGZ).   **85**

Bei Nichtgeschäftsfähigen übernimmt gemäß § 14 AGZ der Vormund die gesetzliche Vertretung.[203] Zur genauen Bestimmung einer Person legt § 17 AGZ die Rangfolge der Verwandten fest, die die Vormundschaft übernehmen. Im Rahmen der gesetzlichen Vertretung ist der Vormund zum Schutz des Vermögens, der Person sowie sonstiger legaler Rechte und Interessen des Nichtgeschäftsfähigen verpflichtet (§ 18 AGZ). Zudem haftet er für Schäden, die auf der Verletzung seiner Amtspflichten beruhen. Speziellere Regelungen zur Haftung des Vormunds für eigene Aufsichtspflichtverletzungen und für schädigendes Verhalten des Mündels finden sich in den § 9 Abs. 2 bzw. § 32 Abs. 1 S. 1 GdH.[204]   **86**

---

200 Zu nennen sind in diesem Zusammenhang insbesondere das Gesellschaftsgesetz von 1994 (reformiert 2006 und 2008), das Einzelpersonenunternehmensgesetz von 2000 und das Partnerschaftsunternehmensgesetz von 1997 (reformiert 2006).

201 Jianfu CHEN, 349.

202 Bing LING, in: Chenguang WANG/Xianchu ZHANG, 177; Liming WANG, 民法 [Zivilrecht], 48; Huixing LIANG, 民法总论 [Allgemeiner Teil des Zivilrechts], 104.

203 Siehe auch Rn. 121 zur gesetzlichen Stellvertretung. Ausführlich zur Vormundschaft bei Minderjährigen und psychisch Kranken: John MO, in: Guigo WANG/John MO, 104 ff.

204 Zu beachten ist, dass der Vormund nach § 32 Abs. 1 S. 1 GdH anders als im deutschen Recht verschuldensunabhängig haftet. Siehe dazu: Jörg BINDING, 73.

b)   Beschränkte Geschäftsfähigkeit

87   Mit Vollendung des zehnten Lebensjahres erlangen Minderjährige nach § 12 Abs. 1 AGZ beschränkte Geschäftsfähigkeit.[205] In einer Zusammenschau mit § 11 Abs. 1 AGZ ergibt sich, dass diese zeitlich bis zur Erlangung der vollen Geschäftsfähigkeit mit Vollendung des 18. Lebensjahres andauert.

88   Beschränkt geschäftsfähige Minderjährige können wirksam solche Verträge abschließen, die ihrem Alter und ihrem Kenntnisstand entsprechen. Alle übrigen Zivilrechtsgeschäfte bedürfen des Einverständnisses des gesetzlichen Vertreters. Als wirksam erachtet werden folglich Verträge über Gegenstände und Dienstleistungen des täglichen Bedarfs. Entscheidendes Kriterium für die Wirksamkeit des Geschäfts ist aber stets der individuelle Entwicklungsstand des Minderjährigen.[206] Zur Beurteilung hierfür wird gemäß Nr. 3 OVG-Interpretation AGZ auf den Zusammenhang des Geschäfts mit dem täglichen Leben des Minderjährigen, dessen individuelle Fähigkeit zum Verständnis seiner Handlungen und der Rechtsfolgen sowie den finanziellen Umfang des Geschäfts abgestellt. Das Konstrukt der schwebenden Unwirksamkeit, vergleichbar mit § 108 BGB, ist in den AGZ zwar nicht explizit geregelt, wird inzwischen jedoch von der herrschenden Literaturmeinung anerkannt.[207]

89   Als zweite Gruppe von Personen mit beschränkter Geschäftsfähigkeit benennt § 13 Abs. 2 AGZ psychisch Kranke, denen die Einsichtsfähigkeit in ihre Handlungen nur zum Teil fehlt.[208] Entscheidendes Merkmal für die Beurteilung der Wirksamkeit des Rechtsgeschäftes ist auch hier die Fähigkeit zum Verständnis der Handlungen und der damit verbundenen Rechtsfolgen, wobei auf dieselben Kriterien wie im Fall der Minderjährigkeit zurückgegriffen wird (Nr. 4 OVG-Interpretation AGZ). Der Übergang in die volle Geschäftsfähigkeit bedarf einer gerichtlichen Entscheidung (§ 19 AGZ) und erfolgt auf Basis forensisch-psychiatrischer Begutachtung oder ärztlicher Diagnose. Stehen fachliche Untersuchungsergebnisse nicht zur Verfügung, so hat das Gericht entsprechend Nr. 7 OVG-Interpretation AGZ auf die allgemeine Einschätzung des geistigen Zustands des Betroffenen durch die Personen in seinem Umfeld abzustellen, sofern kein Widerspruch interessierter Parteien vorliegt.[209]

---

205 Laut Hui ZHENG, in: Yuanshi BU, 8 m. w. N., wurde z. T. vertreten, die Altersgrenze auf das Grundschuleintrittsalter von 7 Jahren herabzusetzen.

206 Stefanie TETZ, 165; John MO, in: Guigo WANG/John MO, 102 f. mit Rechtsprechungsbeispiel.

207 Jianyuan CUI, Journal of Henan Administrative Institute of Politics and Law, 2007. 02, 30; Huixing LIANG, 民法总论 [Allgemeiner Teil des Zivilrechts], 211.

208 Teilweise wird vertreten, auch Personen, die an einer Suchterkrankung (Drogen, Alkohol, Spielsucht) leiden, in diese Gruppe einzuordnen. Auf diese Ansicht verweist Hui ZHENG, in: Yuanshi BU, 9.

209 Stefanie TETZ, 165 f.

Hinsichtlich der gesetzlichen Vertretung gelten in beiden Fallgruppen die bereits   90
bei der fehlenden Geschäftsfähigkeit ausgeführten Grundsätze.[210]

c)   Lediglich vorteilhafte Geschäfte

Über die genannten Bestimmungen hinaus gilt der Grundsatz, dass Geschäftsun-   91
fähige und beschränkt Geschäftsfähige solche Rechtsgeschäfte wirksam abschließen können, die für sie lediglich vorteilhaft sind. Das OVG hat in seinen Interpretationen zu den AGZ die Wirksamkeit lediglich vorteilhafter Rechtsgeschäfte
unter anderem bei Schenkungen sowie dem Erhalt von Entgelt und Belohnungen
festgelegt (siehe Nr. 6 OVG-Interpretation AGZ).[211] Für den Fall der beschränkten Geschäftsfähigkeit findet sich zudem eine entsprechende gesetzliche Regelung in § 47 VG.

In der Literatur wird die Auffassung vertreten, dass das Geschäft rechtlich ledig-   92
lich Vorteile und keinerlei Verpflichtungen mit sich bringen darf. Diese Ansicht
dürfte sich insoweit mit der des Obersten Volksgerichts decken, als dass nicht
schon jeder wirtschaftliche Vorteil für die Wirksamkeit des Rechtsgeschäfts ausreicht. Im Gegensatz zum deutschen Recht wird jedoch die Entgegennahme von
Entgelt als lediglich rechtlich vorteilhaft angesehen. Dem dürfte zugrundeliegen,
dass diese die rechtsgeschäftliche Forderung des Minderjährigen nicht zum Erlöschen bringt und damit auch keinen rechtlichen Nachteil beinhaltet.[212]

d)   Unbeschränkte Geschäftsfähigkeit

Natürliche Personen sind grundsätzlich ab Vollendung des 18. Lebensjahres voll   93
geschäftsfähig (§ 11 Abs. 1 AGZ).

Ausnahmsweise besteht unbeschränkte Geschäftsfähigkeit bereits ab Vollendung   94
des 16. Lebensjahres, sofern die Person ihren Lebensunterhalt im Wesentlichen
aus dem eigenen Arbeitseinkommen bestreitet (§ 11 Abs. 2 AGZ). Wirksam sind
dabei nicht bloß die Geschäfte, die der Erzielung des Arbeitseinkommens dienen,
sondern ausnahmslos alle Rechtsgeschäfte. Im Gegenzug übernimmt der Minderjährige auch die alleinige Verantwortung und Haftung für die zivilrechtlichen
Folgen seines Handelns. Ein Rückgriff auf seine Familienangehörigen ist nicht
ohne Weiteres zulässig. Die unbeschränkte Geschäftsfähigkeit des Minderjährigen folgt unmittelbar aus dem tatsächlichen Vorliegen des ausreichenden Einkommens[213] und geht daher auch mit Entfallen des Einkommens wieder verloren.[214] Hintergrund dieser Regelung ist zum einen die erleichterte Teilnahme des
wirtschaftlich selbstständigen Jugendlichen am Wirtschaftsleben, zum anderen

---

210 Siehe oben Rn. 87 f.
211 Stefanie Tetz, 166.
212 Siehe hierzu und zum Problem des Insichgeschäfts bei einer Schenkung des gesetzlichen Vertre-
    ters an den Minderjährigen Stefanie Tetz, 166.
213 Bing Ling, 125.
214 Bing Ling, in: Chenguang Wang/Xianchu Zhang, 178.

eine erhöhte Rechtssicherheit für dessen Geschäftspartner. Einschränkende Voraussetzungen für die frühzeitige volle Geschäftsfähigkeit nach § 11 Abs. 2 AGZ sind die Rechtmäßigkeit der Tätigkeit, aus der das Einkommen herrührt, sowie die Fähigkeit, mit dem erzielten Lohn den durchschnittlichen regionalen Lebensstandard aufrechterhalten zu können. Ob letztere Regelung allerdings tatsächlich mehr Rechtssicherheit mit sich bringt, erscheint zweifelhaft. Denn letztlich verbleiben die Fehleinschätzung der Verhältnisse und eine hieraus folgende Unwirksamkeit des Rechtsgeschäfts im Risikobereich des Vertragspartners.[215]

95   § 11 Abs. 2 AGZ unterscheidet sich insofern von den Regelungen der §§ 112, 113 BGB, als dass im deutschen Recht die Geschäftsfähigkeit von der Ermächtigung des gesetzlichen Vertreters abhängt und eine familiengerichtliche Genehmigung erforderlich ist. Zudem bezieht sie sich ausschließlich auf die zum Arbeitsbereich des Minderjährigen zugehörigen Geschäfte.

96   Die unbeschränkte Geschäftsfähigkeit natürlicher Personen bleibt grundsätzlich bis zu deren Tode bestehen, es sei denn, zuvor wird per Gerichtsbeschluss die beschränkte oder gänzlich fehlende Geschäftsfähigkeit festgestellt. Antragsberechtigt für diese Feststellung sind Verwandte und andere Interessierte (§ 19 Abs. 1 AGZ, Art. 187 Zivilprozessgesetz der VR China [ZPG][216]). Der Antragssteller hat die Möglichkeit, einen Gutachter zu beauftragen, dessen Meinung vom Gericht bei seiner Entscheidung zu berücksichtigen ist (Art. 188 ZPG). Sofern weder Gutachten noch Diagnose eines Arztes vorhanden sind, kann nach Nr. 7 OVG-Interpretation AGZ als Kriterium für den Geisteszustand auch die allgemeine Ansicht der Bevölkerung herangezogen werden. Im Falle der Feststellung der beschränkten oder gänzlich fehlenden Geschäftsfähigkeit bestellt das Gericht für die betroffene Person einen Vormund (Art. 188 ZPG).[217]

e)   *Bewertung*

97   Anders als die Regelungen zu den juristischen Personen sind die Vorschriften zur Rechts- und Geschäftsfähigkeit durchaus praxistauglich. Es handelt sich hierbei um ein differenziertes Regelungssystem, das eigentlich keiner weiteren Ausfüllung durch Spezialgesetze bedarf. Dennoch führen teilweise abweichende Bestimmungen in anderen Gesetzen zu Widersprüchen. Als Beispiel seien hier die Regelungen zur beschränkten Geschäftsfähigkeit im VG genannt. Nach § 47 Abs. 1 VG kann ein mit einem beschränkt Geschäftsfähigen abgeschlossener Vertrag auch noch nachträglich durch den gesetzlichen Vertreter genehmigt werden. Diese Möglichkeit sieht § 12 AGZ gerade nicht vor. Zudem wird dem Vertragspartner nach § 47 Abs. 2 VG das Recht eingeräumt, den gesetzlichen Vertreter zur Genehmigung binnen eines Monats aufzufordern und, sofern er im

---

215 Stefanie Tetz, 167 f; Bing Ling, in: Chenguang Wang/Xianchu Zhang, 177 f.
216 [中华人民共和国民事诉讼法], chinesisch abrufbar unter: www.npc.gov.cn [中国人大网], http://www.npc.gov.cn/wxzl/gongbao/2012-11/12/content_1745518.htm.
217 Stefanie Tetz, 168.

Hinblick auf die Geschäftsfähigkeit gutgläubig war, den Vertrag bis zur Genehmigungserteilung zu widerrufen.

V.   Zivilrechtsgeschäfte und Stellvertretung

Das vierte Kapitel der AGZ ist den Zivilrechtsgeschäften (vergleichbar der deutschen Rechtsgeschäftslehre) und der Stellvertretung gewidmet.   98

1.   Zivilrechtsgeschäfte

Die Zivilrechtsgeschäfte werden unterteilt in zivilrechtliche Rechtsgeschäfte und   99
sonstige Rechtsgeschäfte,[218] wobei diese begriffliche Trennung selbst innerhalb der AGZ nicht konsequent eingehalten wird und auch in der Lehre die Grenzen inzwischen verschwimmen.[219] Als zivilrechtliche Rechtsgeschäfte sind nach § 54 AGZ ausschließlich rechtmäßige Handlungen anzusehen, mit denen natürliche bzw. juristische Personen Rechte und Pflichten begründen, ändern und beenden. Dagegen fallen nichtige oder anfechtbare Rechtsgeschäfte sowie deliktische Handlungen und Realakte unter die Kategorie der sonstigen zivilen Geschäfte.[220] Dabei wählte der Gesetzgeber den Zusatz „Zivil"-Rechtsgeschäft, um diese deutlich von Verwaltungs- und Prozesshandlungen abzugrenzen.[221]

§ 55 AGZ bestimmt drei Voraussetzungen für die Wirksamkeit eines Zivilrechts-   100
geschäfts. Neben der Geschäftsfähigkeit bedarf es einer Willenserklärung, die den wahren Willen zum Ausdruck bringt sowie der Einhaltung der Gesetze und der allgemeinen gesellschaftlichen Interessen dient. „Wahr" im Sinne dieser Vorschrift ist eine Willenserklärung, bei der innerer und äußerer Erklärungstatbestand übereinstimmen.[222] Übertragen auf das deutsche Recht bedeutet dies, dass kein Erklärungsirrtum im Sinne des § 119 Abs. 1 Var. 2 BGB vorliegt. Dies ist von grundlegender Bedeutung für die chinesische Rechtsgeschäftslehre, da eine unwahre Willenserklärung unwirksam und für die Parteien dementsprechend nicht bindend ist. Anders als im deutschen Recht wird bei einem Auseinanderfallen von Erklärtem und Gewolltem im chinesischen Recht nur der Erklärende geschützt. Nach § 119 BGB wäre die Willenserklärung nämlich zunächst wirksam, aber anfechtbar, und somit grundsätzlich der Erklärungsempfänger in seinem Vertrauen auf den Bestand der Willenserklärung geschützt. § 55 Abs. 2 AGZ legt hingegen im Falle eines Erklärungsirrtums die Nichtigkeit des Rechtsgeschäfts fest. Hieran wird deutlich, dass der Entschließungsfreiheit einer Person im chinesischen Zivilrecht eine große Bedeutung beigemessen wird.[223]

---

218 Chinesisch „民事行为".
219 Yuanshi Bu, 84.
220 Yuanshi Bu, 84; John Mo, in: Guigo Wang/John Mo, 124.
221 Bing Ling, in: Chenguang Wang/Xianchu Zhang, 188.
222 Bing Ling, 116.
223 Stefanie Tetz, 89 f.

101 In § 56 AGZ ist geregelt, dass Zivilrechtsgeschäfte bis auf die gesetzlich vorgesehenen Fälle keinem Formzwang unterliegen.[224] § 57 AGZ unterstreicht die Bedeutung der Bindungswirkung von Zivilrechtshandlungen. Grundsätzlich ist eine einseitige Rücknahme oder Änderung der rechtlichen Wirkung eines einmal vorgenommenen Zivilrechtsgeschäfts – mit Ausnahme der gesetzlich festgelegten Tatbestände – dementsprechend auch nicht vorgesehen. Bei Teilbarkeit des Zivilrechtsgeschäfts ist nur der unwirksame Teil nichtig (§ 60 AGZ). Außerdem kann gemäß § 62 AGZ ein Zivilrechtsgeschäft unter eine Bedingung gestellt werden. Dem Gesetzeswortlaut entsprechend werden hiervon nur die aufschiebenden Bedingungen erfasst, wonach mit Eintritt der Bedingung das Rechtsgeschäft wirksam wird. Als Bedingung ist entsprechend dem deutschen Zivilrecht ein künftiges Ereignis anzusehen, dessen Eintritt noch unbestimmt ist.[225] Ein Verstoß der Bedingung gegen die gesetzlichen Bestimmungen oder der Nichteintritt der Bedingung führt zur Unwirksamkeit des Zivilrechtsgeschäfts. Die Möglichkeit einer Befristung eines Rechtsgeschäfts sieht Nr. 76 OVG-Interpretation AGZ vor, der sowohl die aufschiebende als auch die auflösende Alternative nennt.

102 Daneben bestehen weitere und zum Teil weit gefasste Unwirksamkeitsgründe für Rechtsgeschäfte.[226] Hieran wird erneut deutlich, dass der Gesetzgeber mit den AGZ zwar erste Schritte in Richtung Vertragsfreiheit einleitete, sich dabei jedoch einen großen Spielraum für Einschränkungen vorbehielt.[227] Dabei kann unterschieden werden zwischen der ipso iure eintretenden Unwirksamkeit, welche in der chinesischen Rechtsliteratur als absolute Unwirksamkeit bezeichnet wird (§ 58 AGZ) und der Unwirksamkeit kraft gerichtlicher Aufhebung nach § 59 AGZ (relative Unwirksamkeit).[228]

a) Unwirksamkeit von Zivilrechtsgeschäften ipso iure

103 § 58 AGZ legt die Tatbestände fest, die von Gesetzes wegen die Unwirksamkeit des Rechtsgeschäfts zur Folge haben. Hiernach tritt absolute Unwirksamkeit bei (1.) fehlender Geschäftsfähigkeit, bei (2.) Handlungen beschränkt Geschäftsfähiger, die sie nach dem Recht nicht unabhängig ausführen können, bei (3.) Täuschung, Drohung oder Ausnutzen einer Notlage, bei (4.) Schädigung der Interessen des Staates, von Kollektiven oder Dritten durch kollusives Zusammenwirken, bei (5.) Widersprüchen zum Gesetz oder den allgemeinen gesellschaftlichen Interessen oder bei (6.) Verbergen rechtswidriger Zwecke unter einem legalen Deckmantel ein.

---

224 Eine beispielhafte Aufzählung formbedürftiger Verträge findet sich bei Bing Ling, 97.
225 Klaus Rövekamp, in: Bamberger/Roth, § 158 Rn. 3.
226 Z. B. § 44 Abs. 2 VG oder Nr. 78 OVG-Interpretation AGZ.
227 Yuanshi Bu, 84.
228 Stefanie Tetz, 160.

Zivilrechtsgeschäfte eines Nichtgeschäftsfähigen oder eines beschränkt Ge-   **104**
schäftsfähigen, bei denen die Grenzen der § 12 Abs. 1 und § 13 Abs. 2 AGZ[229]
überschritten werden, sind nach § 58 Abs. 1 Nr. 1 und 2 AGZ unwirksam. Ausgenommen hiervon sind – wie bereits erwähnt – lediglich vorteilhafte Geschäfte.[230]

Die Varianten Täuschung, Zwang und Ausnutzen einer Notlage unterscheiden   **105**
sich insoweit vom Tatbestand des § 123 Abs. 1 BGB, als dass bei diesen – im
Gegensatz zur bloßen Anfechtbarkeit – die Unwirksamkeit des Rechtsgeschäfts
von Gesetzes wegen eintritt. Für den Fall der Täuschung oder des Zwangs durch
Dritte sehen die AGZ keine ausdrückliche Regelung vor. In der Literatur wird
– ähnlich der Regelung des § 123 Abs. 2 BGB – vertreten, dass die Einflussnahme durch Dritte nur dann zur Unwirksamkeit des Rechtsgeschäfts führe, wenn
der andere Vertragspartner davon Kenntnis hatte oder hätte haben müssen. Anderenfalls bliebe der Vertrag aus Gründen des Vertrauensschutzes wirksam, den
Dritten treffe aber eine Schadensersatzpflicht.[231] In der Rechtsprechung wurde
in einigen Fällen aber auch unabhängig von dieser Wissenszurechnung die Unwirksamkeit des Rechtsgeschäfts ausgesprochen.[232] Täuschung wird definiert
als vorsätzliche Irrtumserregung, um den Getäuschten zur Abgabe einer irrigen
Willenserklärung zu verleiten (Nr. 68 OVG-Interpretation AGZ).[233] Unter Zwang
wird die Erzeugung psychischen Drucks zur Abgabe einer dem wahren Willen
widersprechenden Willenserklärung verstanden (Nr. 69 OVG-Interpretation AG-
Z).[234] Dies gilt allerdings nicht, wenn weder der Zweck noch das Mittel als widerrechtlich anzusehen sind.[235] Umstritten ist auch, ob physischer Druck zur Abgabe einer Erklärung den Tatbestand des Zwangs erfüllt. Das Oberste Volksgericht
legt den Begriff „Zwangsausübung" jedenfalls im Sinne einer gedanklich wir-
kenden Drohung aus und sieht körperlichen Zwang nicht als Unwirksamkeitsgrund nach § 58 Abs. 1 Nr. 3 AGZ an. Letztlich ist der Meinungsstreit aber auch
eher theoretischer Natur, da sich die Unwirksamkeit in den Fällen physischen
Drucks bereits daraus ergibt, dass keine rechtsgeschäftliche Handlung im Sinne
von §§ 54, 55 AGZ vorliegt. Das Ausnutzen einer Notlage als weitere Variante
des § 58 AGZ wird als gegeben erachtet, wenn eine Partei auf wirtschaftliche oder
materielle Hilfe durch Dritte angewiesen ist und die andere Partei in Kenntnis
dieser Lage unangemessene und unter normalen Umständen nicht durchsetzbare
Bedingungen stellt, die nur aufgrund der Zwangslage akzeptiert werden.[236]

---

229 Hierzu oben Rn. 89.
230 Hierzu oben Rn. 93 f.
231 Keping RAN, Legal Forum, 2012. 04, 109, 114; Bing LING, 178.
232 Vgl. Zhejiang Lingdong Lanxi Textile Factory v. Zhejiang Xinchang Grains/Oil Conglomerate
    Building and Another (Shanghai Bezirk Minhang Volksgericht, 1992, RJDC, 1993), aus Bing
    LING, 179.
233 Vgl. auch Huixing LIANG, 180.
234 Vgl. auch Huixing LIANG, 181.
235 Huixing LIANG, 182.
236 Stefanie TETZ, 179 ff.; Bing LING, in: Chenguang WANG/Xianchu ZHANG, 192 f.

106   Kollusives Zusammenwirken zum Nachteil des Staates, von Kollektiven oder
Dritten wird definiert als das Zusammenwirken in verwerflicher Absicht, um sich
oder einem Dritten einen – nicht notwendigerweise rechtswidrigen – Vorteil auf
Kosten anderer zu verschaffen.[237] Durch diese allgemein gehaltene Formulierung wird nicht nur der Anwendungsbereich des § 58 AGZ erheblich erweitert,
sondern auch dessen Auslegung und Umsetzung durch die Rechtsprechung sehr
schwer vorhersehbar.[238] Ähnliche Probleme ergeben sich bei dem ebenfalls recht
weit gefassten Begriff der Verletzung der Interessen des Staates, von Kollektiven
und Dritter. Hierunter ist jedwede Schädigung materieller oder immaterieller Vermögenswerte zu verstehen.[239]

107   Auch ein Verstoß gegen das Gesetz oder die allgemeinen gesellschaftlichen Interessen führt zur Unwirksamkeit des Zivilrechtsgeschäfts.[240] Die letzte Variante
des § 58 AGZ, das Verbergen rechtswidriger Zwecke unter einer dem Gesetz entsprechenden Form, ist dogmatisch ebenfalls als Unwirksamkeitsgrund wegen einer Divergenz zwischen wirklichem und geäußertem Willen einzuordnen. Hierfür
sind folgende drei Voraussetzungen erforderlich: (1) Absicht der Beteiligten zur
Umgehung eines chinesischen Gesetzes, (2) Formwirksamkeit des Vertrages und
(3) die Nichtbegründung tatsächlicher Rechte und Pflichten durch den Vertrag.
Diese Regelung ist der zum Scheingeschäft in § 117 BGB ähnlich, da die Parteien sich an das tatsächlich Erklärte nicht gebunden fühlen. Allerdings ist nach
§ 58 Abs. 1 Nr. 7 AGZ das tatsächlich Gewollte wegen eines Gesetzesverstoßes
ebenfalls unwirksam.[241] Im Gegensatz zum deutschen Recht, welches durch die
Wirksamkeit des tatsächlich gewollten Rechtsgeschäfts (§ 117 Abs. 2 BGB) den
Rechtsverkehr begünstigt, wird die Umgehung im chinesischen Recht folglich
mit der vollumfänglichen Nichtigkeit jeglicher Vereinbarung sanktioniert.

108   Die umfassenden Nichtigkeitstatbestände des § 58 AGZ haben mit Einführung
des VG eine Einschränkung erfahren.[242] So sieht § 52 VG einen eigenen Katalog
von Unwirksamkeitstatbeständen vor. Dieser ist zwar teilweise inhaltsgleich, insgesamt aber deutlich enger als der des § 58 AGZ.[243] Ein wichtiger Unterschied
liegt in der bereits genannten Möglichkeit der Genehmigung des Rechtsgeschäfts
durch den gesetzlichen Vertreter bei Geschäftsabschluss durch einen beschränkt
Geschäftsfähigen. Damit führt das VG eine Art schwebende Unwirksamkeit ein,
wie es sie auch in der deutschen Rechtswissenschaft gibt.[244] Die Intention bestand in der Ausdifferenzierung und Flexibilisierung der Unwirksamkeitsgründe

---

237 Liming Wang (Hrsg.), 合同法要义与案例解析 [Vertragsrecht und Fallstudie], 140.
238 Bing Ling, 167.
239 Stefanie Tetz, 182; mit Rechtsprechungsnachweisen Bing Ling, 167 f.
240 Zum Regelungsumfang dieser Begriffe siehe oben Rn. 38 und Rn. 40.
241 Stefanie Tetz, 182 f.; ausführlich Bing Ling, 168 ff.
242 Yuanshi Bu, 84.
243 Yuanshi Bu, 84; Mo Zhang, 168.
244 Mo Zhang, 168.

sowie in der Reduktion der Anzahl unwirksamer Verträge.[245] Da die Regelungen der AGZ nicht aufgehoben wurden, bestand lange Zeit Unsicherheit bezüglich des Anwendungsvorrangs.[246] § 83 GGG bestimmt aber nunmehr, dass bei sich widersprechenden Regelwerken das neuere Gesetz vorrangig zu bewerten ist. Gesetzeskonflikte zwischen AGZ und VG wurden damit zugunsten Letzterer entschieden. Unmittelbar unwirksam ist ein Rechtsgeschäft nach dem VG bei Täuschung, Zwang oder Ausnutzung nur noch dann, wenn gleichzeitig staatliche Interessen beeinträchtigt werden. In allen anderen Fällen muss die Unwirksamkeit des Rechtsgeschäfts gerichtlich beantragt werden.[247]

b)　Unwirksamkeit von Zivilrechtsgeschäften aufgrund gerichtlicher Aufhebung

§ 59 AGZ zählt Fälle auf, in denen das Rechtsgeschäft zwar nicht von Gesetzes wegen unwirksam ist, aber eine Seite binnen eines Jahres beim Volksgericht oder einem Schiedsorgan dessen Aufhebung oder Änderung beantragen und dadurch die rückwirkende Nichtigkeit des Geschäfts bewirken kann. Als Fallgruppen unterschieden wird zum einen das Vorliegen eines schwerwiegenden Irrtums, zum anderen der Abschluss eines deutlich ungerechten Rechtsgeschäfts. **109**

Nr. 71 OVG-Interpretation AGZ konkretisiert den Tatbestand des schwerwiegenden Irrtums sowohl in qualitativer Hinsicht als auch in Bezug auf die persönlichen Folgen für die irrende Vertragspartei. Hinsichtlich der Qualität des Irrtums wird vorausgesetzt, dass der Handelnde über die Natur des Rechtsgeschäfts, über die andere Vertragspartei oder über Art, Qualität, Spezifikation und Menge des Vertragsgegenstands irrt. Als persönliche Folge für den Handelnden ist neben dem Widerspruch des Geschäfts mit seinem Willen der Eintritt eines nicht unbeachtlichen Schadens erforderlich, Nr. 71 OVG-Interpretation AGZ. Der wesentliche Unterschied zu den absoluten Unwirksamkeitstatbeständen besteht hier darin, dass die Fehlvorstellung nicht auf die Einflussnahme einer der Beteiligten zurückzuführen ist und das Rechtsgeschäft grundsätzlich zunächst wirksam wird. **110**

Hiervon sind allerdings nur die Fälle des Inhaltsirrtums erfasst, d.h. die unrichtige Vorstellung über den tatsächlichen Inhalt des Erklärten. Bei einem Auseinanderfallen von innerem und äußerem Erklärungstatbestand (Erklärungsirrtum) liegt bereits keine „wahre" Zivilrechtshandlung im Sinne von § 55 Nr. 2 AGZ vor.[248] Darüber hinaus fällt der Eigenschaftsirrtum unter den Irrtumstatbestand des § 59 Abs. 1 Nr. 1 AGZ, wie aus der OVG-Interpretation AGZ hervorgeht, die in Nr. 71 auch unrichtige Vorstellungen über Art, Qualität, Spezifikation und Anzahl des Vertragsgegenstandes als Irrtümer erwähnt. Ebenso wie im deutschen **111**

---

245 Mo Zhang, 168 f; Yuanjian Zhai, Transition Studies Review 2009, 429, 432.
246 Mo Zhang, 169.
247 Bing Ling, 176 f.
248 Siehe oben Rn. 100.

Recht bleibt der Motivirrtum auch nach der Intention der AGZ in der Regel unberücksichtigt.[249]

112   Für die Charakterisierung des Irrtums als schwerwiegend nimmt das OVG in seinen Interpretationen lediglich Bezug auf die Größe des Schadens, wodurch zumindest gewöhnliche Irrtümer des täglichen Lebens ausgeschlossen werden. Eine genaue Bezugsgröße wird gleichwohl nicht festgelegt. Jedenfalls ein Teil der Literatur sieht Irrtümer über die am Rechtsgeschäft beteiligten Personen sowie die Natur des Rechtsgeschäfts grundsätzlich als schwerwiegend an, wohingegen dies im Übrigen bei Irrtümern mit geringen Abweichungen des Gewollten vom tatsächlich Vereinbarten abgelehnt wird.[250]

113   Ein deutlich ungerechtes Geschäft als die zweite Fallgruppe des § 59 AGZ liegt nach Nr. 72 OVG-Interpretation AGZ vor, wenn eine Seite ihre Übermacht oder die mangelnde Erfahrung der anderen Seite ausnutzt und das abgeschlossene Geschäft dadurch die Grundsätze der Gerechtigkeit und der wertgemäßen Entgeltlichkeit (Äquivalenzprinzip) verletzt.[251] Der Begriff der deutlichen Ungerechtigkeit lässt sich durch die folgenden drei Merkmale definieren: Erstens muss auf einer Seite eine außergewöhnliche Benachteiligung vorliegen. Diese wird nach Auffassung der Literatur ausschließlich an wirtschaftlichen Parametern gemessen, wobei übliche Preisschwankungen außer Acht gelassen werden. Zweitens muss es der benachteiligten Seite nicht möglich gewesen sein, in dem Rechtsgeschäft ihren eigenen Willen zu verwirklichen. Und drittens darf keine gesetzliche Ausnahme vom Verbot der Benachteiligung vorliegen. In diesem Rahmen ist der Gesetzesbegriff sehr weit zu verstehen und umfasst mithin auch staatliche Richtlinien.[252]

114   Sofern keine Gesetze vorliegen, die als Maßstab für das Vorliegen einer deutlichen Ungerechtigkeit dienen könnten, wird die Prüfung entsprechend dem Äquivalenzprinzip anhand folgender Definition vorgenommen: „Auf der Basis der Forderung des Wertgesetzes, äquivalente Werte miteinander auszutauschen, sind solche Entgelte oder Entlohnungen, die nicht die Wertgröße des Handels oder den Arbeitswert reflektieren, diese vielmehr offensichtlich über- oder unterschreiten und dadurch für eine Seite einen wirtschaftlichen Verlust erzeugen, deutlich ungerechte Rechtsgeschäfte."[253]

---

249 Stefanie TETZ, 213 f.; Bing LING, in: Chenguang WANG/Xianchu ZHANG, 194 f.; Bing LING, 189.
250 Stefanie TETZ, 214 f.; Tian YIN, Political Science and Law, 1993, 18; Jiandong SHAO, Law Science, 1994. 05, 51.
251 Yuanshi BU, 85.
252 Stefanie TETZ, 217.
253 Stefanie TETZ, 217; Tian YIN, Political Science and Law, 1989. 05, 43; Dapeng ZENG, Legal Science, 2011. 03, 133.

c)   Rechtsfolgen der Unwirksamkeit oder Aufhebung

Bei Vorliegen einer der Unwirksamkeitsgründe des § 58 AGZ ist das Zivilrechts-   115
geschäft von Anfang an nichtig, ohne dass hierzu die Erklärung einer Partei oder
die gerichtliche Aufhebung notwendig ist. Faktisch wird einer der Beteiligten jedoch oftmals die gerichtliche Bestätigung einfordern.

Relativ unwirksame Zivilrechtsgeschäfte werden entweder aufgehoben oder ab-   116
geändert, was einer Ausschlussfrist von einem Jahr ab Vornahme des Rechtsgeschäfts unterliegt. Die Aufhebung des Rechtsgeschäfts hat ebenfalls dessen Nichtigkeit ex tunc zur Folge, § 59 Abs. 2 AGZ. Im Gegensatz zum deutschen Institut
der Anfechtung ist die Aufhebung grundsätzlich gerichtlich geltend zu machen.
Die Rechtsfolge wird erst hierdurch und nicht bereits durch Erklärung gegenüber der anderen Vertragspartei herbeigeführt. Neben der vollständigen Aufhebung sieht das chinesische Recht im Gegensatz zum „Alles-oder-Nichts-Prinzip"
des deutschen Anfechtungsmodells auch die Abänderung des Rechtsgeschäfts als
Möglichkeit vor. Dies kann im Ergebnis dazu führen, dass dem Vertragspartner
durch die Abänderungsentscheidung des Gerichts ein Rechtsgeschäft aufgezwun-
gen wird, das dieser freiwillig nicht abgeschlossen hätte.[254]

Die Aufhebung oder Unwirksamkeit eines Zivilrechtsgeschäfts haben zudem   117
Auswirkungen auf die rechtlichen Beziehungen der Beteiligten. Hierfür statuiert
§ 61 AGZ drei grundlegende Prinzipien: Erstens soll keine Partei unrechtmäßig
von einem unwirksamen Zivilrechtsgeschäft profitieren. Etwaige erlangte Ver-
mögensposten werden folglich abgeschöpft und der geschädigten Partei zurück-
gewährt. Zweitens trifft die schuldhaft handelnde Partei eine Pflicht zum Ersatz
des der anderen Partei entstandenen Schadens. Im Falle beiderseitigen Verschuldens ist der Schaden entsprechend des Mitverschuldens aufzuteilen. Und drittens
sollen im Falle eines kollusiven Zusammenwirkens zulasten des Staates, eines
Kollektivs oder Dritter die erlangten Vermögensgüter herausgegeben und in das
Eigentum der Geschädigten zurückgeführt werden.[255]

2.   Stellvertretung

Die Regelungen zur Stellvertretung finden sich relativ ausdifferenziert und um-   118
fangreich in den §§ 63 ff. AGZ. Nur vereinzelt werden diese durch Spezialgesetze, wie beispielsweise in §§ 48–50, 402 f VG, ergänzt.

---

254 Yuanshi Bu, 85. Ob das Gericht infolge der Anfechtung die Unwirksamkeit des Rechtsgeschäfts
   erklärt oder dieses lediglich modifiziert, hängt vom Klageantrag des Anfechtenden ab, steht also
   nicht im Ermessen des Gerichts.
255 John Mo, in: Guigo Wang/John Mo, 131; Bing Ling, in: Chenguang Wang/Xianchu Zhang, 196.

a)   Arten der Stellvertretung

119   § 64 AGZ unterscheidet drei Arten der Stellvertretung: den durch Rechtsgeschäft „beauftragten" Vertreter, den „gesetzlichen" Vertreter und den durch das Volksgericht oder eine Behörde „bestimmten" Vertreter.

120   Die Vertretung qua Auftrag wird durch einen Vertrag zwischen Auftraggeber und Auftragnehmer begründet. Die Ausgestaltung des Auftrags- und Vertretungsverhältnisses und die Person des Vertreters können von den Parteien frei bestimmt werden. Die Erteilung der Vertretungsmacht selbst ist allerdings im Gegensatz zu dem zugrundeliegenden Rechtsverhältnis kein Vertrag, sondern eine einseitige Willenserklärung des Vollmachtgebers an den Vertreter.[256] Das Vertretungsverhältnis ist folglich von dem Auftragsverhältnis zu unterscheiden (§ 65 AGZ).[257] Unwirksamkeit oder Aufhebbarkeit des einen haben auch grundsätzlich keinen Einfluss auf den Bestand und die Wirksamkeit des anderen. Eine Ausnahme gilt allerdings für den Fall, dass derselbe Unwirksamkeitsgrund beide Rechtsgeschäfte gleichermaßen betrifft (Abstraktionsprinzip).

121   Die gesetzliche Vertretung betrifft vorwiegend die Fälle der nicht oder beschränkt geschäftsfähigen natürlichen Personen.[258] Gemäß § 14 AGZ ist der Vormund eines nicht oder beschränkt Zivilgeschäftsfähigen dessen gesetzlicher Vertreter.[259] Für Minderjährige sind dies in erster Linie die Eltern gemeinsam (§ 16 Abs. 1 AGZ). Bei Geisteskranken sind die folgenden Personen gemeinsam zur Vormundschaft und damit auch zur gesetzlichen Vertretung berechtigt: die Ehegatten, die Eltern, volljährige Kinder und sonstige nahe Verwandte. In der Praxis soll diejenige Person die Vormundschaft ausüben, welche die Voraussetzungen hierfür am besten erfüllt. Im Streitfall wird gemäß §§ 16 Abs. 3, 17 Abs. 2 AGZ ein Vormund bestimmt. Dabei handelt es sich eigentlich um die dritte Form der Stellvertretung kraft gerichtlicher oder behördlicher Anweisung, welche im chinesischen Recht allerdings als Unterfall der gesetzlichen Vertretung angesehen wird.[260]

122   Organschaftliche Vertreter juristischer Personen werden in der chinesischen Rechtsliteratur bei Wahrnehmung ihrer gesetzlich geregelten Aufgaben nicht als Vertreter kraft Gesetzes angesehen.[261] Dem liegt die vom allgemeinen Verständnis des Vertreterbegriffs abweichende Auffassung zugrunde, dass der organschaftliche Vertreter einen Teil der juristischen Person darstellt und daher nicht als au-

---

256 Bing LING, in: Chenguang WANG/Xianchu ZHANG, 198.

257 Siehe hierzu Stefanie TETZ, 118 f.; ablehnend hinsichtlich dieser Unterscheidung, allerdings unter Berücksichtigung der Regelungen des VG: Knut B. PISSLER, RabelsZ 2004, 328, 334; ausführliche Abgrenzung von Abstraktions- und Mandatsprinzip: Anne DAENTZER, 95 ff.

258 Anne DAENTZER, 206 ff.

259 Hierzu auch bereits Rn. 86.

260 Stefanie TETZ, 119 f.; zwischen rechtsgeschäftlicher Vollmacht und Prozessvertretung differenzierend: Anne DAENTZER, 225 ff.

261 Liming WANG, 130.

ßenstehendes eigenständiges Rechtssubjekt zur Vertretung berufen ist.[262] In der Praxis entfällt dadurch beispielsweise die Pflicht, eine Vollmachtsurkunde vorzuweisen. Die Rechtsfolgen rechtsgeschäftlichen Handelns außerhalb der Vertretungsmacht bestimmen sich allerdings nach dem allgemeinen Vertretungsrecht.[263]

b)   Voraussetzungen einer wirksamen Stellvertretung

Ebenso wie im deutschen Recht muss eine wirksame Stellvertretung die folgenden vier Voraussetzungen erfüllen: (1) Zunächst muss der Vertreter rechtsgeschäftlich tätig werden. Sein Handeln muss folglich zur Begründung, Aufhebung oder Änderung von Rechten und Pflichten zwischen zwei oder mehreren Personen führen. Dieses Kriterium dient der Abgrenzung zu bloßen Realakten. (2) Darüber hinaus muss eine eigene Willenserklärung des Vertreters vorliegen, ihm folglich hinsichtlich des Erklärungsinhalts ein Entscheidungsspielraum verbleiben. Insoweit ist die Stellvertretung von der Botenschaft abzugrenzen, bei der lediglich eine fremde Willenserklärung übermittelt wird. (3) Der Vertreter muss zudem im Namen des Vertretenen handeln (§ 63 Abs. 2 AGZ) und damit die Stellvertretung offenlegen. Sofern dies nicht geschieht, wird grundsätzlich der Vertreter selbst berechtigt und verpflichtet. Falls unklar bleibt, ob eine Vertretung vorliegt, wird die Vertretung dem Dritten gegenüber als Kommissionsgeschäft behandelt und zunächst übernimmt wiederum allein der Vertreter die Rechte und Pflichten aus dem Rechtsgeschäft.[264] Handelt der Vertreter unter Angabe des Namens des Vertretenen, aber ohne Offenlegung der Stellvertretung, wird hingegen der Vertretene berechtigt und verpflichtet.[265] Der Dritte wird dadurch geschützt, dass er hinreichende Kenntnis von seinem Vertragspartner besitzt. (4) Die vierte Voraussetzung einer wirksamen Stellvertretung ist ein Handeln des Vertreters im Rahmen seiner Vertretungsmacht.[266] Diese soll auch dann noch eingehalten sein, wenn der Vertreter bei Abgabe seiner Willenserklärung einem Irrtum unterliegt. Das Recht zur Aufhebung oder Abänderung des Rechtsgeschäfts geht in diesem Falle – wie auch in den Fällen der Täuschung oder des Zwangs – auf den Vertretenen über.[267]

Bei höchstpersönlichen Rechtsgeschäften, wie beispielsweise der Eheschließung, ist eine Stellvertretung unzulässig (§ 63 AGZ). Daneben kann die Stellvertretung

123

124

---

262 Huixing LIANG, 218.
263 Stefanie TETZ, 118 ff.; Anne DAENTZER, 51 ff. und 211.
264 Vgl. Anne DAENTZER, 84 ff., die das Kommissionsgeschäft allerdings nur als Unterfall der mittelbaren Vertretung behandelt.
265 Demgegenüber führt Anne DAENTZER, 86, mit Verweis auf die Erörterung in der chinesischen Literatur aus, dass das sog. „Handeln unter fremdem Namen" nach chinesischem Recht kein Fall der Stellvertretung sei, sondern wegen der Unwahrheit der Willenserklärung gem. § 55 Nr. 2 AGZ schon keine wirksame Zivilrechtshandlung vorliege.
266 Stefanie TETZ, 116 ff.; sehr ausführlich zu den Voraussetzungen der Stellvertretung: Anne DAENTZER, 56 ff.
267 Stefanie TETZ, 118.

aber auch durch Parteivereinbarung ausgeschlossen werden. Rechtsfolge eines Verstoßes ist in allen Fällen die Unwirksamkeit des Rechtsgeschäfts.[268]

125   Eine nicht geschäftsfähige Person kommt aufgrund ihrer mangelnden Fähigkeit zur Abgabe einer eigenen Willenserklärung als Vertreter von vornherein nicht in Betracht. Bezüglich der Vertretung durch einen beschränkt Geschäftsfähigen trifft das Gesetz keine dem § 165 BGB entsprechende Regelung. Abweichend von der Regelung im BGB wird in der chinesischen Lehre jedoch vertreten, dass der Vertreter eine dem von ihm abzuschließenden Rechtsgeschäft entsprechende Geschäftsfähigkeit besitzen muss.[269] Diese Ansicht folgt konsequent der Regelung des § 55 Nr. 1 AGZ, nach der jede wirksame Zivilrechtshandlung die entsprechende Geschäftsfähigkeit voraussetzt. Da der Vertreter eine eigene Willenserklärung abgibt, muss diese Willenserklärung auch die Wirksamkeitsvoraussetzungen einer Zivilrechtshandlung erfüllen.[270]

c)   Rechtsfolgen fehlender Vertretungsmacht

126   Bei Fehlen der Vertretungsmacht unterscheidet § 66 Abs. 1 AGZ zwischen dem Handeln ohne Vertretungsmacht, dem Handeln in Überschreitung der Vertretungsmacht und dem Handeln nach Beendigung der Vertretungsmacht. Alle drei Varianten führen im Falle des Ausbleibens der nachträglichen Genehmigung durch den Vertretenen zur Unwirksamkeit des Rechtsgeschäfts[271] und lösen nach § 66 Abs. 1 S. 2 AGZ verschuldensunabhängig die Eigenhaftung des Vertreters aus.[272] Der Umfang dieser Haftung bleibt nach § 66 AGZ hingegen offen. Nach einhelliger Ansicht trifft den Vertreter die Pflicht zum Schadensersatz sowohl gegenüber dem Dritten als auch gegenüber dem Vertretenen.[273] Bezüglich der Fragen, ob die andere Partei wie im deutschen Zivilrecht zwischen Erfüllung und Schadensersatz wählen darf und ob der Schadensersatz auf das negative Interesse beschränkt ist, besteht hingegen Uneinigkeit.[274] Der Vertreter jedenfalls darf alternativ zum Schadensersatz auch erfüllen.[275] § 66 Abs. 1 S. 3 AGZ schreibt darüber hinaus für den Fall des kollusiven Zusammenwirkens des Vertreters mit einem Dritten deren gesamtschuldnerische Haftung vor. Eine solche wird nach § 67 AGZ auch dann

---

268 Bing LING, in: Chenguang WANG/Xianchu ZHANG, 197; Stefanie TETZ, 116; mit weiteren Beispielen: Anne DAENTZER, 72 ff.

269 Huixing LIANG, 235; Liming WANG, 135.

270 Ausführlich dazu Anne DAENTZER, 125 ff. Sie setzt sich auch mit der Problematik auseinander, inwieweit ein beschränkt Geschäftsfähiger bei fehlender Vertretungsmacht haftet, 182.

271 Bis zur Genehmigung bzw. deren Verweigerung wird das Rechtsgeschäft als schwebend unwirksam betrachtet. Ausführlich dazu: Anne DAENTZER, 169 ff.; Bing LING, 143.

272 Stefanie TETZ, 129; Anne DAENTZER, 177; insoweit anders als im Deutschen, wo eine Unterscheidung stattfindet.

273 Stefanie TETZ, 128 ff.; Huixing LIANG, 236 ff.; Liming WANG, 136 ff.

274 Zum Meinungsstand vgl. Yuanshi BU, 85 m.w.N. und Stefanie TETZ, 194, welche grundsätzlich davon ausgeht, dass das positive Interesse zu ersetzen ist; Anne DAENTZER, 178 f.; Bing LING, 145 m.w.N.

275 Stefanie TETZ, 129.

begründet, wenn sowohl Vertreter als auch Vertretener wissen, dass das Vertretungsgeschäft rechtswidrig ist.

Außerdem ist in § 66 Abs. 1 S. 3 a. E. AGZ geregelt, dass ein Untätigbleiben   127
des Vertretenen, welcher Kenntnis davon hat, dass ein anderer als sein Vertreter auftritt, als Einverständnis in die Vertretung anzusehen ist. Dies dürfte der Duldungsvollmacht im deutschen Recht entsprechen.[276] Problematisch erscheint in diesem Zusammenhang die Regelung des § 49 VG, welcher für eine Rechtsscheinsvollmacht allein darauf abstellt, dass ein Rechtsschein vom Vertretenen erzeugt wurde und der Dritte diesem ohne Sorgfaltsverstoß erliegt. Diese reine Fokussierung auf die Perspektive des Dritten und das Außerachtlassen des Verhaltens des Vertretenen führt zum einen zu der Erkenntnis, dass das VG nicht zwischen Duldungs- und Anscheinsvollmacht unterscheidet und zum anderen zu einer erheblichen Ausweitung des Anwendungsbereiches der Rechtsscheinvollmacht.[277] Grundsätzlich geht das VG als jüngeres und spezielleres Gesetz den AGZ vor (§ 83 GGG), allerdings wurde in diesem Fall innerhalb der chinesischen Rechtswissenschaft der Ruf nach einer Ausnahme laut.[278] Es erscheint plausibel, hier auf die AGZ Regelungen zurückzugreifen und auf ein Verhalten seitens des Vertretenen abzustellen. Allerdings bleibt unklar, ob davon über die Duldungsvollmacht hinaus auch die Anscheinsvollmacht erfasst ist.

Des Weiteren wird an der bestehenden Regelung kritisiert, dass die Wirksamkeit   128
des Rechtsgeschäfts im Falle der Vertretung kraft Duldungsvollmacht im Verhältnis zum Prinzipal gesetzlich festgelegt und nicht wie in jedem anderen Fall fehlender Vertretungsmacht auch in das Ermessen des Vertragspartners gestellt wird.[279]

Der Fall des Insichgeschäfts ist nicht in den AGZ geregelt und wird auch in der   129
chinesischen Rechtswissenschaft uneinheitlich beurteilt. Ein Teil der Literatur geht grundsätzlich von einer Unwirksamkeit dieser Rechtsgeschäfte aus,[280] während andere Stimmen diese Rechtsfolge aufgrund der mangelnden ausdrücklichen Bestimmung im Gesetz ablehnen.[281] Im Ergebnis erscheint diese Ansicht überzeugender, vor allem mit Blick auf das diesbezüglich angeführte Argument, dass im vierten Entwurf des Zivilgesetzbuches eine entsprechende Regelung zum Insich-

---

276 Zu den Voraussetzungen: Anne DAENTZER, 183 ff.
277 Knut B. PISSLER, RabelsZ 2004, 328, 333.
278 Bing LING, 148 f., m. w. N.; so auch Hui ZHENG, in: Yuanshi BU, 16, der zudem darauf verweist, dass bereits im Gesetzgebungsverfahren zum VG über die unterschiedlichen Möglichkeiten zur Ausgestaltung des § 49 VG gestritten wurde. Laut Anne DAENTZER, 201, kommt eine Verpflichtung des Vertretenen nur in Betracht, wenn dieser positive Kenntnis von dem gesetzten Rechtsschein hatte. Damit scheide eine Anwendung des Rechtsinstituts der Anscheinsvollmacht aus.
279 Hui ZHENG, in: Yuanshi BU, 16.
280 Jian SUN, Nankai Journal, 2000. 01, 69; Anne DAENTZER, 142, führt weitere Literaturmeinungen an.
281 Stefanie TETZ, 195.

geschäft vorgesehen war,[282] letztendlich jedoch nicht in die AGZ aufgenommen wurde und folglich auch nicht von einer planwidrigen Regelungslücke ausgegangen werden kann.

d)   Erteilung der Vollmacht

130   Gemäß § 65 AGZ bedarf die Stellvertretung kraft Auftrags grundsätzlich keiner besonderen Form, sofern eine solche nicht ausdrücklich gesetzlich vorgeschrieben ist. Allerdings ist eine formlose Vollmacht de facto nur möglich, wenn sich das Vertretungsverhältnis zwischen zwei natürlichen Personen auf Rechtsgeschäfte von geringer wirtschaftlicher Bedeutung bezieht. Im Übrigen ist die Schriftform entweder gesetzlich vorgesehen oder ergibt sich aus der Natur des Vertretungsverhältnisses.[283] Eine Duldungsvollmacht dürfte daher in diesen Fällen nicht möglich sein.[284] Wird die Vollmacht in schriftlicher Form erteilt, erfolgt dies durch Vollmachtsurkunde. Darin enthalten sein müssen der Name des Vertreters, die Unterschrift des Vertretenen, der Gegenstand, auf den sich die Vertretungsmacht bezieht, sowie sachliche und zeitliche Grenzen der Vertretungsmacht (§ 65 Abs. 2 AGZ). Führen Unklarheiten der Vollmachtsurkunde zu einer Schädigung des Dritten, so haften Vertreter und Vertretener gesamtschuldnerisch für den entstandenen Schaden (§ 65 Abs. 3 AGZ).[285] Hiervon zu unterscheiden ist die Urkunde, aus der sich die Vertretungsmacht kraft Gesetzes ergibt, und die schriftliche Bestätigung der Vertretungsmacht qua behördlicher oder gerichtlicher Anweisung. Zur Erfüllung ihrer Beweisfunktion bedürfen sie in der Regel einer notariellen Beglaubigung.[286] Der Umfang der Vertretungsmacht kraft Gesetzes oder Anweisung bestimmt sich grundsätzlich nach dem zugrundeliegenden Rechtsverhältnis, ist in der Regel jedoch unbeschränkt. Die Vollmacht kraft Auftrags umfasst hingegen prinzipiell nur bestimmte Rechtsgeschäfte (§ 64 Abs. 3 AGZ).[287]

131   Eine Unterbevollmächtigung ist nur im Rahmen der Vollmacht kraft Auftrags gesetzlich geregelt (§ 68 AGZ). Im Übrigen ist dies nicht vorgesehen und daher wohl auch nicht gestattet.[288] Aber auch das Vollmachtsverhältnis kraft Auftrags begründet aus sich heraus noch nicht die Möglichkeit zur Unterbevollmächtigung. Hierfür müssen zusätzlich zwei Voraussetzungen vorliegen: Zum einen muss die Erteilung der Untervollmacht im Interesse des Vertretenen notwendig sein und zum

---

282 Ebenfalls die Literaturmeinung kritisierend, u. a. unter Anführung dieses historischen Arguments, Anne DAENTZER, 143.

283 Vgl. Anne DAENTZER, 105 ff., die einige Rechtsgeschäfte anführt, die aufgrund ihrer besonderen Wichtigkeit einer schriftlichen Vollmachtserteilung bedürfen. Dazu ebenfalls Li GUO, Journal of Liaoning Teachers College, 2002. 05, 135.

284 Stefanie TETZ, 122.

285 Die gesetzliche Lösung problematisierend, mit Verweis auf kritische Literaturmeinungen und Rechtsprechungsbeispiele, Anne DAENTZER, 113 ff.

286 Stefanie TETZ, 123.

287 Stefanie TETZ, 123.

288 Stefanie TETZ, 120; Anne DAENTZER, 145 ff.

anderen entweder dessen Einverständnis vorliegen oder zumindest nachträglich eine diesbezügliche Genehmigung erteilt werden. Liegen diese Voraussetzungen nicht vor, so haftet der Vertreter selbst für das Handeln des Unterbevollmächtigten (§ 68 S. 2 AGZ). Etwas anderes gilt jedoch für den Fall, dass die Unterbevollmächtigung unter dringenden Umständen zum Schutz der Interessen des Vertretenen erteilt wurde (§ 68 S. 2 a. E. AGZ). Dies ist nach Nr. 80 OVG-Interpretation AGZ dann der Fall, wenn der kraft Auftrags bestimmte Vertreter aus besonderen Gründen, beispielsweise wegen akuter Erkrankung oder Unterbrechung der Nachrichtenwege, außerstande ist, die Vertretung selbst wahrzunehmen, sich auch nicht unverzüglich mit dem Vertretenen in Verbindung setzen kann und hieraus ohne die unverzügliche Beauftragung eines anderen Vertreters Schäden für die Interessen des Vertretenen entstehen können.[289] Liegt zwar ein Einverständnis des Vertretenen mit der Untervertretung vor, erfolgen die Übertragung der Vertretungsmacht durch den eigentlichen Stellvertreter auf den Untervertreter oder die Vertretungshandlung des Untervertreters jedoch rechtswidrig, so kann der Vertragspartner gemäß Nr. 81 OVG-Interpretation AGZ seine Schadensersatzansprüche trotzdem gegenüber dem Vertretenen geltend machen. Diesem stehen dann aber wiederum Regressansprüche gegen den Vertreter und den Untervertreter zu.

e)   *Erlöschen der Vertretungsmacht*

Das Erlöschen der Vertretungsmacht wird in den §§ 69, 70 AGZ geregelt, wobei wiederum zwischen den verschiedenen Typen der Stellvertretung unterschieden wird. Die Vertretungsmacht kraft Auftrags erlischt mit Ablauf der dafür vorgesehenen Zeit oder alternativ durch Erfüllung des zugrundeliegenden Zweckes (§ 69 Nr. 1 AGZ). Darüber hinaus ist die einseitige Aufhebung sowohl durch den Vertretenen als auch den Vertreter als Beendigungsgrund vorgesehen (§ 69 Nr. 2 AGZ). Entgegen dem Gesetzeswortlaut, der vom Widerruf bzw. Rückgabe des „Auftrags" spricht, bezieht sich dies allerdings allein auf das Vertretungsverhältnis und lässt die Wirksamkeit des zugrundeliegenden zweiseitigen Auftragsverhältnisses infolge des Abstraktionsprinzips unberührt.[290] Für die Beendigung der Vollmacht ist eine einseitige Erklärung ausreichend, über deren Zugangsbedürftigkeit beim Empfänger jedoch Uneinigkeit besteht.[291] Derjenigen Seite, die das Vertretungsverhältnis beendet, obliegt auch die Mitteilung der Beendigung an Dritte. Anderenfalls ist sie für die Schäden haftbar, die diesen aus

132

---

289 Stefanie Tᴇᴛᴢ, 120 f.; Anne Dᴀᴇɴᴛᴢᴇʀ, 147 f.

290 Anne Dᴀᴇɴᴛᴢᴇʀ, 154 f.

291 Siehe hierzu Stefanie Tᴇᴛᴢ, 125. Sie zieht aufgrund einer in der Literatur wiedergegebenen Ansicht, die besagt, dass es für eine wirksame Aufhebung der Vertretungsmacht unter Umständen keines Zugangs der Aufhebungserklärung bedarf, die Schlussfolgerung, dass im Falle der einseitigen Aufhebung durch den Vertretenen der Vertretene für eventuelle Schäden des Vertreters haftet, welche als Konsequenz des fehlenden Zugangs daraus entstehen können: Der Vertreter ohne Vertretungsmacht und in Unkenntnis dieses Mangels ein Rechtsgeschäft abschließt und von dem Dritten daraufhin in Anspruch genommen wird. Anne Dᴀᴇɴᴛᴢᴇʀ, 154 ff., stellt demgegenüber die Empfangsbedürftigkeit der einseitigen Aufhebung nicht in Frage.

dem Vertrauen auf den Fortbestand der Vollmacht resultieren.[292] Diesbezüglich wird insoweit differenziert, als dass den Vertreter, der die Vollmacht ohne rechtzeitige Kommunikation nach außen aufhebt, eine Schadensersatzpflicht treffe. Im Falle des Vertretenen gelte das Rechtsgeschäft hingegen als wirksam geschlossen und dieser sei zur Erfüllung verpflichtet.[293] Weitere Beendigungsgründe der beauftragten Vertretung sind der Tod und der Verlust der Geschäftsfähigkeit des Vertreters. Als Beendigungsgrund nicht genannt wird der Tod des Vertretenen, wobei Nr. 82 OVG-Interpretation AGZ einzelne Tatbestände aufführt, unter denen das Vertretungsverhältnis in diesem Fall wirksam bestehen bleibt: Der Vertreter handelt in Unkenntnis des Todes des Vertretenen (1), die Erben des Vertretenen erkennen die Vertretungshandlungen an (2), Vertreter und Vertretener haben als Ende der Vertretungsmacht die Zweckerfüllung der Vertretung festgelegt (3), die Vertretungshandlung wurde schon vor dem Tod des Vertretenen begonnen und im Interesse der Erben nach dessen Tod fortgeführt (4). In gleicher Weise ist der Verlust der Geschäftsfähigkeit des Vertretenen einzuordnen, wobei für die Genehmigung der Vertretungshandlung gemäß Nr. 82 (2) OVG-Interpretation AGZ nicht auf die Erben, sondern auf nahe Verwandte oder den Vormund abzustellen ist. Bei Beteiligung einer juristischen Person auf einer der beiden Seiten kommt als Beendigungsgrund der Vertretung ebenso die Auflösung der vertretenen oder der vertretenden juristischen Person in Betracht (§ 69 Nr. 3, 4, 5 AGZ).

133   Die Vertretung kraft Gesetzes oder Anweisung endet ebenfalls mit dem Tod oder dem Verlust der Geschäftsfähigkeit des Vertreters. Ausdrücklich geregelt ist hier darüber hinaus die Beendigung durch den Tod des Vertretenen (§ 70 Nr. 2, 3 AGZ). Weiterhin sind genannt die Erlangung bzw. Wiedererlangung der Geschäftsfähigkeit des Vertretenen (§ 70 Nr. 1 AGZ), der Widerruf der gerichtlichen oder behördlichen Anweisung (§ 70 Nr. 4 AGZ) sowie der Auffangtatbestand der sonstigen Gründe (§ 70 Nr. 5 AGZ).

134   Trotz seiner hohen praktischen Relevanz wurde das Instrument der mittelbaren Stellvertretung nicht in die AGZ aufgenommen. Diesbezügliche Regelungen finden sich aber in speziellen Gesetzen (beispielsweise §§ 402, 403 VG).[294]

VI.   Zivile Rechte

135   Im fünften Kapitel werden vier Gruppen ziviler[295] Rechte geregelt: dingliche Rechte, Schuldrechte, Immaterialgüterrechte und Persönlichkeitsrechte.

---

292 Stefanie Tetz, 125 f.
293 Anne Daentzer, 157 f.
294 Knut B. Pißler, RabelsZ 2004, 328, 334; Anne Daentzer, 84 ff.; Bing Ling, 151 ff.
295 In der Literatur wird zum Teil auch der Begriff der „subjektiven Rechte" [主观权利] verwendet, vgl. Yuanshi Bu, 86 ff.

1. Dingliche Rechte

a) Entstehungsgeschichte

Bei der Entstehung der AGZ entschied sich der chinesische Gesetzgeber aus   **136**
Gründen der leichteren Verständlichkeit für das Volk bewusst gegen die Bezeichnung dieses Abschnitts als „Sachenrecht" und für die Überschrift „Vermögenseigentum und in Bezug stehende Vermögensrechte".[296] Als das Vermögenseigentum wird in § 71 AGZ das Recht des Eigentümers bezeichnet, „in Einklang mit dem geltenden Recht eigenes Vermögensgut zu besitzen, zu gebrauchen, Nutzen daraus zu ziehen und darüber zu verfügen".[297] Insbesondere die Festlegung, Nutzen aus dem Eigentum zu ziehen, galt vor der Öffnung Chinas jahrzehntelang als kapitalistisch und wurde nicht als Recht des Eigentümers anerkannt.[298] Das Privateigentum an Produktionsmitteln (etwa Fabriken, Werkstätten, Landwirtschaft) wurde nach marxistisch-leninistischer Anschauung als ausbeuterisch angesehen und nur in sehr eingeschränktem Maße zugelassen. Vorgesehen war lediglich der Eigentumserwerb an Gegenständen des täglichen Gebrauchs. Mit der Öffnung des Landes hat die politische Führung ihre Haltung jedoch nach und nach relativiert und schließlich den Bürgern den Schutz des Eigentums konstitutionell zugesichert.[299] Art. 13 der Verfassung sieht dementsprechend vor, dass „das rechtmäßige Privateigentum der Bürger unverletzlich ist" und „der Staat gemäß den gesetzlichen Bestimmungen das Recht der Bürger auf Privateigentum und auf Erbschaft von Privatvermögen schützt".

b) Abstufungen des Eigentumsschutzes

Der Schutz des Eigentums vollzieht sich in China aber nicht vollständig ega-   **137**
litär, sondern erfährt eine Abstufung nach der dahinter stehenden Person bzw. Organisation. Dementsprechend unterscheiden die AGZ zwischen dem Eigentum des Staates, kollektiver Organisationen und Privater, wobei ausgehend von den damaligen Erfordernissen einer zentral gesteuerten Ökonomie die potenziell zum Eigentum der jeweiligen Gruppe zugehörigen Sachen enumerativ aufgezählt werden.[300] Staatliches Eigentum umfasst Bodenschätze, Gewässer, Wälder, Berge, Grassteppen, Ödland, Strände (Art. 9 der Verfassung) sowie vergrabene und verborgene Sachen, deren Eigentümer unbekannt sind (§ 79 Abs. 1 AGZ).[301] Im Eigentum der Kollektive können stehen: Land, Wälder, Berge, Wiesen, Ödland, Watte etc. (§ 74 AGZ). Bürgern steht gemäß § 75 AGZ der Erwerb persönli-

---

296 Yuanshi Bu, 86.
297 Dazu ausführlich, Bing Ling, in: Chenguang Wang/Xianchu Zhang, 202 f.
298 John Mo, in: Guigo Wang/John Mo, 138; vgl. auch Edward J. Epstein, Law and Contemporary Problems 1989, 177, 184 f., der ausführlich auf den theoretischen Hintergrund und die Einordnung des Eigentumsrechts der AGZ in sonstige Rechtssysteme eingeht.
299 Yuanshi Bu, 129; Robert Heuser, 2008, 347 f.
300 Hinrich Julius, ZChinR 2006, 270; Bing Ling, in: Chenguang Wang/Xianchu Zhang, 203.
301 Bing Ling, in: Chenguang Wang/Xianchu Zhang, 203.

chen Eigentums an legalem Einkommen, Häusern, Ersparnissen, Gegenständen des täglichen Bedarfs, Wäldern, Kulturgütern, Büchern und Schriften, Vieh und im gesetzlichen Rahmen auch an Produktions- und anderen Vermögensgütern zu. Eine große Bedeutung kommt heute auch der Auffangklausel der „anderen legalen Rechte" zu, welche von Autos, über Einkaufszentren bis hin zu großen Unternehmen eine Vielzahl an Vermögensgütern beinhaltet.[302] Offensichtlich ist es Privaten aber nicht gestattet, Eigentum an Land zu erwerben, geschweige denn, es zu verkaufen, zu verleasen, zu verpfänden oder auf irgendeine andere Art zu übertragen.[303] Das Eigentum an Gebäuden ist daher grundsätzlich immer an die Dauer des Nutzungsrechts des Bodens gebunden (vgl. §§ 20 ff. des Gesetzes der VR China zur Verwaltung städtischer Immobilien).[304] Für Wohngebäude wird diese automatisch verlängert (§ 149 Abs. 1 SRG).

138   An der unterschiedlichen Formulierung des Gesetzestextes ist zu erkennen, dass staatlichem Eigentum der größte Stellenwert zukommt. Gemäß § 73 AGZ ist dieses heilig und unverletzlich und genießt daher den höchsten Schutz, während für das Eigentum der Kollektive, das nach § 74 AGZ „unter dem Schutz des Gesetzes steht", bereits eine abgeschwächte Formulierung gewählt wurde. Für Privateigentum wird dies dahingehend noch weiter eingeschränkt, als dass ausschließlich legales Eigentum dem Schutz durch den Staat unterliegt (§ 75 AGZ). Diese Abstufung entwickelt besondere Relevanz, wenn die drei Eigentumsinteressen in Widerspruch zueinander stehen. In diesen Fällen führt sie zudem zu einem Konflikt mit dem Grundprinzip der Gleichberechtigung (§ 3 AGZ), das privaten und öffentlich-rechtlichen Rechtssubjekten den gleichen Status garantiert.[305]

c)   *Miteigentum*

139   Regelungen zum Eigentum mehrerer natürlicher oder juristischer Personen an einer Sache (Miteigentum) finden sich in § 78 AGZ. Miteigentum kann im chinesischen Recht entweder in der Form von Gesamthands- oder Bruchteilseigentum bestehen. Unter Gesamthandseigentum wird das gemeinschaftliche Eigentum mehrerer an einer Sache verstanden, wobei die Eigentümer ihre Rechte am und Pflichten aus dem Eigentum nur gemeinsam wahrnehmen können. Bruchteilseigentum stellt das Eigentum an einem ideellen Bruchteil der Sache dar. Bei diesem kann jeder Eigentümer über seinen Anteil eigenständig verfügen, wobei im Falle eines Verkaufs den anderen Miteigentümern ein Vorkaufsrecht zusteht (§ 78 Abs. 3 AGZ).[306]

---

302 John Mo, in: Guigo Wang/John Mo, 142.
303 Henry R. Zheng, The American Journal of Comparative Law 1986, 695.
304 [中华人民共和国城市房地产管理法], chinesisch abgedruckt im: Amtsblatt des Staatsrats der VR China [中华人民共和国国务院公报] 2007, Nr. 30, 36 ff.; Robert Heuser, 2008, 349.
305 Henry R. Zheng, The American Journal of Comparative Law, 1986, 695 f.
306 Bing Ling, in: Chenguang Wang/Xianchu Zhang, 204 f.

d)   Aktuelle Bedeutung

Die Bedeutung der dinglichen Rechte in den AGZ liegt weniger in ihren inhaltli-   140
chen Regelungen als vielmehr in der Anerkennung von Eigentumsrechten als solchen. Durch den Erlass diesbezüglicher Sondergesetze, insbesondere dem SRG
aus dem Jahr 2007, kommt den AGZ-Regelungen nunmehr lediglich rechtshisto-
rische Bedeutung zu. Der Eigentumsschutz in den AGZ wird zudem nur kurz und
sehr allgemein abgehandelt. So wird das Eigentum zwar dem Schutz des Gesetzes
unterstellt, konkrete Ansprüche aus dem Eigentum gegen eine Störung des Eigentums, vergleichbar dem nunmehr im GdH und SRG enthaltenen Beseitigungs-
oder dem Unterlassungsanspruch werden hingegen nicht formuliert. Allerdings
wurden erstmals ausdrücklich die möglichen Formen des Eigentumserwerbs festgelegt und in zwei Kategorien aufgeteilt. Zum einen gibt es den rechtsgeschäftlichen Erwerb von Eigentum, zum anderen den originären Erwerb „in anderen legalen Formen". Unter Letzteren fallen Erwerbstatbestände wie etwa der Gewinn
von Früchten, staatliche Konfiszierung, Verbindung, Ersitzung oder der Erwerb
durch Herstellung eines Gegenstandes. Als Zeitpunkt des Eigentumserwerbs wird
in § 72 Abs. 2 AGZ grundsätzlich die Übergabe des Vermögensgegenstands festgelegt, wobei Nr. 84 OVG-Interpretation AGZ auch die Möglichkeit eines Eigentumsvorbehalts vorsieht.

Das SRG löst die Vorschriften der AGZ weitgehend ab, welche aber als Funda-   141
ment des chinesischen Zivilrechts als solchem auch weiterhin für das Sachenrecht
von Bedeutung sind.[307] In Anlehnung an die Verfassungsänderung vom 14.3.2004
war die grundlegende Intention des SRG die Erhöhung der Rechtssicherheit in
Bezug auf Eigentumsrechte. Anders als die AGZ, die rechtspolitisch motiviert
lediglich von persönlichen Eigentumsrechten sprechen, wird hier erstmals der
Begriff Privateigentum verwendet.[308] Damit einher ging ein verstärkter Schutz
des Privateigentums vor staatlichen Eingriffen und die Möglichkeit eines angemessenen Entschädigungsanspruchs für den Fall einer Enteignung.[309] Durch
das SRG wurde ein umfassendes Regelungssystem des Sachenrechts geschaffen
und viele der überkommenen Vorschriften verdrängt. Ein Beispiel ist § 79 AGZ,
wonach das Eigentum an einem Schatzfund bei unklarer Eigentumslage auf den
Staat übergeht. Diese Vorschrift kam aufgrund ihrer als ungerecht empfundenen
Rechtsfolge in der Praxis nicht zur Anwendung. Die § 114 i.V. m. §§ 109 ff. SRG
führten daher ein differenzierteres System ein, welches eine sechsmonatige Frist
zur Ermittlung des rechtmäßigen Eigentümers festlegt, bevor das Eigentum dem
Staat zufällt.[310] Auf dieser Grundlage sprach das Mittlere Volksgericht der Stadt
Huaian in einem Urteil den Klägern die Herausgabe antiker Münzen zu, die bei
städtischen Abbrucharbeiten unter einem Haus gefunden wurden. Die Kläger hat-

---

307 Yuanshi Bu, 87.
308 Mo Zhang, Berkeley Business Law Journal 2008, 319, 336.
309 Yuanshi Bu, 128.
310 Huibin Zhou, Present Day Law Science 2013, 17, 22.

ten das Haus von ihrem Großvater geerbt und ihre Eigentümerstellung nach Beginn der Abbrucharbeiten mehrmals dem Einwohnerkomitee bekannt gegeben.[311]

2. Schuldrechte

142   Obwohl Schuldverhältnisse auch von chinesischen Rechtswissenschaftlern als wesentliche Eckpfeiler des modernen Zivilrechts angesehen werden, sind diese in den AGZ nur am Rande geregelt.[312] Nichtsdestotrotz enthalten sie einige grundlegende allgemeine Bestimmungen, die sich allerdings recht unübersichtlich über verschiedene Abschnitte der Kapitel 5 und 6 verteilen.[313]

143   Die „Schuld" wird in § 84 AGZ als „eine gemäß vertraglichen Vereinbarungen oder gesetzlichen Bestimmungen zwischen den Beteiligten entstandene besonders bestimmte Beziehung von Rechten und Pflichten" definiert.[314] Hiervon erfasst sind sowohl Verträge als auch verschiedene gesetzliche Schuldverhältnisse, wie die unerlaubte Handlung, die ungerechtfertigte Bereicherung und die Geschäftsführung ohne Auftrag.[315]

144   § 85 AGZ enthält eine Legaldefinition des Vertrages: „Der Vertrag ist eine Vereinbarung, mit der die Beteiligten Zivilbeziehungen errichten, ändern oder beenden". Allerdings stehen nur „dem geltenden Recht entsprechende" Verträge unter dem Schutz des Gesetzes. Historisch betrachtet ist diese Definition besonders interessant, da sie sich nicht mehr auf „wirtschaftliche Verträge" beschränkt und sich vom Bezug zu Staatsplänen löst.[316]

145   Die §§ 86, 87 AGZ regeln die Fälle der Personenmehrheiten im Schuldverhältnis, wobei § 86 AGZ auf die Teilschuldner- und Teilgläubigerschaft und § 87 AGZ auf die Gesamtschuldner- und Gesamtgläubigerschaft Bezug nimmt. Im ersten Fall kann jeder Teilgläubiger nur seinen Anteil der Leistung fordern und jeder Teilschuldner ist nur zu seinem Anteil der Leistungspflicht verpflichtet. Im zweiten Fall ist jeder Gesamtgläubiger berechtigt, die ganze Leistung zu fordern und jeder Gesamtschuldner zur gesamten Leistung verpflichtet.[317] Im Innenverhältnis können aber gleichwohl Ausgleichspflichten bestehen.

146   § 88 AGZ enthält allgemeine Bestimmungen zu Vertragsbedingungen, die bei Fehlen einer vertraglichen Vereinbarung eingreifen. Geregelt sind die Art und Güte der Leistung, Erfüllungszeit und -ort sowie der Preis. Für den Fall, dass sich die Bestimmungen auch nicht hilfsweise aus dem Kontext des Vertrages ermit-

---

311 Urteil des Mittleren Volksgerichts der Stadt Huaian vom 16.11.2011; abrufbar unter: http://www.court.gov.cn/qwfb/daya/mss/201312/t20131226_190831.htm, Stand 8.5.2014.
312 Jianfu CHEN, 357.
313 Jianfu CHEN, 357; Edward J. EPSTEIN, Journal of Chinese Law 1988, 285, 294.
314 Dazu ausführend, u. a. mit Rechtsprechungsnachweisen John MO, in: Guigo WANG/John MO, 148 f.
315 Ausführlich, Bing LING, in: Chenguang WANG/Xianchu ZHANG, 212 ff.
316 Shiyuan HAN, in: Lei CHEN/Cornelis H. VAN RHEE, 240.
317 Bing LING, in: Chenguang WANG/Xianchu ZHANG, 214 f.

teln lassen und die Beteiligten auch bei nachträglicher Verhandlung keinen Konsens erzielen, trifft § 88 AGZ folgende Regelungen: Hinsichtlich der Qualität sind staatliche Qualitätsnormen und bei Fehlen solcher allgemein übliche Qualitätsnormen zu erfüllen (§ 88 Nr. 1 AGZ). Bei fehlender Vereinbarung der Leistungszeit kann die Leistung sofort gefordert und erbracht werden (§ 88 Nr. 2 AGZ). Erfüllungsort ist für Geldschulden der Ort des Empfängers, für sonstige Schulden der Ort des Schuldners (§ 88 Nr. 3 AGZ). Bemerkenswert ist zudem, dass nach § 88 Nr. 4 AGZ im Zweifel auch die staatlichen Preise oder alternativ der Marktpreis herangezogen werden, eine Vereinbarung über den Preis dogmatisch also nicht als essenzieller Vertragsbestandteil betrachtet wird.[318]

In § 89 AGZ finden sich einige Sicherungsinstrumente für den Gläubiger einer   **147**
Verbindlichkeit. Im Einzelnen werden genannt: die Bürgschaft, das Pfandrecht, das Festgeld und das Zurückbehaltungsrecht.[319] Die Belastung des Vermögensgegenstandes wird in den AGZ als eine Art Verfügung über das Eigentum anerkannt. In § 89 Nr. 2 AGZ ist geregelt, dass der Schuldner bestimmte Vermögensgüter als Pfand zur Verfügung stellen kann. Durch die Eintragung bei der zuständigen Registerbehörde wird an diesen dann ein Pfandrecht für den Gläubiger begründet.[320] Sofern der Schuldner seine Verbindlichkeiten nicht erfüllt, ist der Gläubiger zur Verwertung des Vermögensgegenstandes berechtigt. Der Streitpunkt, ob sich das Pfandrecht nur auf Mobilien oder auch auf Immobilien bezieht,[321] wurde seitens des chinesischen Gesetzgebers durch die Einführung der §§ 208 ff. SRG dahingehend entschieden, dass allein bewegliche Sachen als Pfandgegenstände in Betracht kommen. Das Festgeld als weiteres Sicherungsinstrument für den Gläubiger wird in der Praxis sehr häufig verwendet und ist wohl am ehesten mit der Kaution im deutschen Recht vergleichbar. Zur Sicherung einer Forderung wird ein bestimmter Geldbetrag gezahlt, welcher im Falle der Nichterfüllung der Verbindlichkeit einbehalten werden kann. Allerdings muss der Gläubiger, wenn er seinerseits die Verbindlichkeit aus einem gegenseitigen Vertrag nicht erfüllt, den doppelten Betrag des Festgeldes zurückzahlen. Die Sicherungsrechte wurden durch das Sicherheitengesetz der VR China[322] von 1995 ergänzt, welches in seinen §§ 33 ff. zusätzlich das Institut der Hypothek einführt.

Im Anschluss an die Sicherungsrechte werden in den OVG-Interpretation AGZ   **148**
einige mietrechtliche Regelungen aufgeführt (Nr. 119 ff.), die in den AGZ selbst jedoch keine Erwähnung finden. Bei diesen handelt es sich allerdings weniger um ein kohärentes Regelwerk als vielmehr um vereinzelte Vorschriften zum Schutz des Mieters von Wohnraum oder Gewerbeimmobilien. Zum einen wird

---

318 Siehe hierzu ausführlich Stefanie TETZ, 93; Bing LING, 90 f.
319 Jianfu CHEN, 358.
320 Robert HEUSER, 2008, 349 f.
321 Zum diesbezüglichen Streitstand in der Literatur Henry R. ZHENG, The American Journal of Comparative Law, 1986, 689.
322 [中华人民共和国担保法], chinesisch abgedruckt im: Amtsblatt des Staatsrats der VR China [中华人民共和国国务院公报] 1995, Nr. 19, 725 ff.

der Grundsatz „Kauf (bzw. sonstiger Eigentumsübergang am gemieteten Objekt) bricht nicht Miete" festgelegt (Nr. 119 Abs. 2 OVG-Interpretation AGZ). Zum anderen wird in Nr. 119 Abs. 1 OVG-Interpretation AGZ für den Fall des Todes des Mieters dessen Familienmitgliedern ein Recht zur Fortführung des Mietvertrages zugestanden.[323]

149   § 90 AGZ befasst sich mit der schuldrechtlichen Beziehung in Form eines Darlehensvertrages. Ursprüngliche Intention war die Einführung eines Wucherverbots, welches jedoch im Wortlaut nicht umgesetzt wurde, so dass § 90 AGZ nun lediglich Selbstverständlichkeiten enthält und rein deklaratorische Bedeutung hat.[324] Das OVG hat diese Vorschrift später durch detailliertere Vorschriften zum Darlehensrecht (Nr. 121 ff. OVG-Interpretation AGZ), zur Leihe (Nr. 126, 127 OVG-Interpretation AGZ) und zum Schenkungsrecht ergänzt (Nr. 128 ff. OVG-Interpretation AGZ).

150   In § 91 AGZ wird die Möglichkeit der Abtretung vertraglicher Rechte und Pflichten eröffnet, wobei durch diese ausdrücklich nicht die Erzielung von Gewinn angestrebt werden darf. Hintergrund dieses Zusatzes war die Sorge vor spekulativen Geschäften und einer Destabilisierung der Wirtschaft. Die rechtliche Wirkung dieser Vorschrift ist hingegen unklar und auch im Schrifttum umstritten, wird doch die Gewinnerzielung als ein legitimes Ziel von Transaktionen im Wirtschaftsverkehr angesehen.[325] Erfasst sein sollen jedenfalls Verträge, die von einer Vertragspartei ausschließlich zum Zweck der Abtretung abgeschlossen werden, die Partei selber also gar nicht zur Erfüllung der übernommenen Pflichten im Stande wäre. In den übrigen Fällen wird – bei Übereinstimmung mit den sonstigen gesetzlichen Vorschriften – die Erwirtschaftung eines angemessenen Gewinns als zulässig erachtet.[326]

151   Die §§ 92 und 93 AGZ regeln schließlich die gesetzlichen Schuldverhältnisse der ungerechtfertigten Bereicherung und der Geschäftsführung ohne Auftrag. Diese unterscheiden sich nicht von den Grundsätzen im deutschen Recht, enthalten jedoch im Gegensatz zu diesen keine Ausnahmen und Differenzierungen.[327]

3.   Rechte am geistigen Eigentum

152   Die AGZ stellen das Urheberrecht, das Patentrecht, das Warenzeichenrecht und ein „Entdeckungsrecht", welches nicht patentierbare Erfindungen erfasst, unter Schutz (§§ 94–97 AGZ). Die Regelungen hatten allerdings von Anfang an nur deklaratorische Bedeutung und gehen nicht über die Aufstellung minimaler

---

323 John Mo, in: Guigo Wang/John Mo, 155.
324 Yuanshi Bu, 87.
325 Yehong Xiao, Beijing Radio and Television University, 45, 47.
326 M. w. N., auch zur Rechtsprechung: Bing Ling, 314; ebenfalls kritisch gegenüber der Einschränkung: John Mo, in: Guigo Wang/John Mo, 156.
327 Jianfu Chen, 358; Henry R. Zheng, The American Journal of Comparative Law, 1986, 685.

Grundprinzipien hinaus.[328] Vor Beginn der Öffnungspolitik spielte das Konzept des geistigen Eigentums – wie auch das Privateigentum allgemein – keine Rolle im Rechtsalltag der VR China[329] und technische Innovationen wurden stets als Gemeinschaftsgut angesehen.[330] Durch die AGZ wurde demnach überhaupt erst die Grundlage für die weitere Entwicklung des Immaterialgüterschutzes geschaffen. Unter stetigem Druck des Westens und angesichts des anstehenden Beitritts Chinas zur WTO wurden dann nach und nach weitere Einzelgesetze erlassen, wobei das Patentgesetz der VR China,[331] das Markengesetz der VR China[332] und das Urhebergesetz der VR China[333] zu den wichtigsten Regelwerken in dieser Rechtsmaterie zählen. Zusätzlich erließen der Ständige Ausschuss des Nationalen Volkskongresses sowie die zuständigen Ministerien zahlreiche Vorschriften, die zwar nicht im Rang eines Gesetzes stehen, aber dennoch zum Immaterialgüterschutz beitragen.[334] Insgesamt erscheint dieses Schutzsystem – trotz der recht kurzen Entwicklungsphase – auf dem Papier sehr fortschrittlich,[335] bleibt in der Praxis allerdings regelmäßig weit hinter diesem zurück.[336]

4.   Persönlichkeitsrechte

Die §§ 98 bis 105 AGZ statuieren diverse Persönlichkeitsrechte,[337] stellen sie unter den Schutz des Gesetzes und bilden zudem die Basis für eine Vielzahl spezialgesetzlicher Regelungen. Geregelt werden unter anderem das Recht der Bürger auf Leben und Gesundheit, das Recht am eigenen Namen, das Recht am eigenen Bild, das Recht auf Schutz des guten Rufs und der Ehre sowie das Recht auf freie Eheschließung.[338] Außerdem umfassen die §§ 98 ff. AGZ die sogenannten Statusrechte, wie das Recht auf Mitgliedschaft in einem Verein oder Rechte aufgrund

153

---

328 Yuanshi Bu, 87; John Mo, in: Guigo Wang/John Mo, 159.

329 John Mo, in: Guigo Wang/John Mo, 500.

330 Jianfu Chen, 565.

331 [中华人民共和国专利法], chinesisch abgedruckt im: Amtsblatt des Ständigen Ausschusses des Nationalen Volkskongresses der VR China [全国人民代表大会常务委员会公报] 2009, Nr. 1, 27 ff.

332 [中华人民共和国商标法], chinesisch abgedruckt im: Amtsblatt des Ständigen Ausschusses des Nationalen Volkskongresses der VR China [全国人民代表大会常务委员会公报] 2013, Nr. 5, 713 ff.

333 [中华人民共和国著作权法], chinesisch abgedruckt im: Amtsblatt des Ständigen Ausschusses des Nationalen Volkskongresses der VR China [全国人民代表大会常务委员会公报] 2010, Nr. 2, 159 ff.

334 John Mo, in: Guigo Wang/John Mo, 499.

335 Ausführlich zur Entwicklung des Rechts am geistigen Eigentum in China: Andrea Wechsler, China-EU Law Journal 2011, 1, 29 ff.

336 Jianfu Chen, 565 f., 656 ff.

337 Zur begrifflichen Unterscheidung zwischen Personenrechten und Persönlichkeitsrechten: René Folle, in: Robert Heuser, 28, 30 f.

338 John Mo, in: Guigo Wang/John Mo, 160 f., mit beispielhaftem Verweis auf Rechtsprechung zu einzelnen Persönlichkeitsrechten.

von Verwandtschaftsverhältnissen.[339] Dadurch bestimmen und konkretisieren die AGZ den verfassungsrechtlich verankerten Schutz der Persönlichkeitsrechte.[340]

154   Das Recht auf Leben und Gesundheit (§ 98 AGZ) erfasst alle Sachverhalte einer Gefährdung des Lebens oder der Gesundheit und eröffnet somit einen umfassenden Schutzbereich. Darunter fallen beispielsweise das Umweltrecht, das Straßenverkehrsrecht, das Produkthaftungsrecht, das Arzthaftungsrecht sowie sämtliche strafrechtlich relevanten Fälle, bei denen eine Person verletzt wird.[341]

155   Für juristische Personen, Einzelgewerbetreibende und Partnerschaften gelten ebenfalls das Recht an der eigenen Bezeichnung sowie der Schutz des guten Rufs und der Ehre. Letzteres wird allerdings wegen des ökonomischen Wertes der Unternehmensreputation von vielen Stimmen in der Literatur eher als Vermögensrecht eingeordnet und daher dessen systematische Stellung innerhalb der Persönlichkeitsrechte kritisiert.[342]

156   Frauen werden gemäß § 105 AGZ explizit die gleichen zivilen Rechte wie Männern eingeräumt. Insgesamt hielt man es nach den Erfahrungen der Kulturrevolution für wichtig, Diffamierungen und Brandmarkungen durch die Verankerung von Persönlichkeitsrechten zu verbieten.

157   Auch das GdH stellt die genannten Persönlichkeitsrechte unter Schutz und erweitert diese noch um das Recht auf Privatsphäre. Dadurch ist der Abschnitt über die Persönlichkeitsrechte in den AGZ jedoch keineswegs gegenstandslos geworden, da das GdH weder deren Inhalt noch deren Umfang bestimmt und insoweit nach wie vor auf die §§ 98–105 AGZ zurückgegriffen werden muss.[343]

VII. Haftung

158   Die AGZ enthalten mit den §§ 106 bis 134 ein eigenes Kapitel zu Fragen der zivilrechtlichen Haftung. Die Haftungstatbestände stellen dabei das Gegenstück zu den im vorherigen Kapitel geregelten zivilen Rechten dar.[344] Im Gegensatz zu den Zivilgesetzbüchern vieler anderer Länder sind sie in den AGZ gerade nicht im gleichen Abschnitt wie die entsprechenden Rechte geregelt, wodurch deren besondere Bedeutung hervorgehoben wird.[345]

---

339 Yuanshi Bu, 87.
340 René Folle, in: Robert Heuser, 28, 29.
341 Im Einzelnen: John Mo, in: Guigo Wang/John Mo, 160.
342 Yuanshi Bu, 88; John Mo, in: Guigo Wang/John Mo, 161.
343 Jörg Binding, 13.
344 John Mo, in: Guigo Wang/John Mo, 138, 164 ff., mit zahlreichen Rechtsprechungsbeispielen.
345 Bing Ling, in: Chenguang Wang/Xianchu Zhang, 219.

1. Allgemeine Haftungsbestimmungen

Die zentrale Haftungsnorm ist § 106 AGZ, der sowohl die vertragliche als auch   159
die deliktische Verantwortlichkeit umfasst. Nach den Grundsätzen der AGZ müssen folgende vier Voraussetzungen erfüllt sein, um eine zivilrechtliche Haftung
zu begründen: Schaden, rechtswidrige Handlung, Kausalität und Verschulden.
§ 106 Abs. 3 AGZ statuiert zudem für die gesetzlich vorgesehenen Fälle eine
verschuldensunabhängige Gefährdungshaftung. Als Rechtfertigungsgründe sehen die AGZ vor: höhere Gewalt (§ 153 AGZ), angemessene Selbstverteidigung
(§ 128 AGZ) und notwendiges Ausweichen vor einer Gefahr (§ 129 AGZ). Zusätzlich wird aus den §§ 131, 123 und 127 AGZ das Institut des Mitverschuldens
abgeleitet.[346]

Inzwischen wurden allerdings im Rahmen des VG und des GdH sowohl bezüg-   160
lich der vertraglichen als auch der gesetzlichen Haftung umfassende Regelungen
erlassen, die die AGZ weitgehend abgelöst haben.

2. Vertragliche Haftung

Die §§ 111 ff. AGZ regeln die zivilrechtliche Haftung für Vertragsverletzungen.   161
Für den Fall der Nicht- oder Schlechterfüllung eines Vertrages kann der vertrags-
treue Partner nach § 111 AGZ wahlweise an der Erfüllung festhalten, Abhilfemaßnahmen fordern oder Schadensersatz verlangen. Dabei gelten – mit Ausnahme des Verschuldenserfordernisses – die allgemeinen Haftungsvoraussetzungen.[347] Ausgeschlossen ist die vertragliche Haftung lediglich für die Fälle höherer
Gewalt.[348]

Die Höhe des Schadensersatzes bemisst sich grundsätzlich an dem tatsächlich   162
entstandenen Schaden (§ 112 AGZ), wobei bei entsprechender Parteivereinbarung alternativ auch eine festgelegte Vertragsstrafe denkbar ist. § 114 AGZ sieht
eine Schadensminderungspflicht vor, nach der der Geschädigte unverzüglich alle
Maßnahmen zur Verhinderung einer Schadensausweitung treffen muss, um einer
Kürzung seines Schadensersatzanspruches in Höhe des vermeidbaren Schadens
zu entgehen.

Die Neuregelungen des VG haben diese Grundsätze übernommen und im Einzel-   163
nen vertieft. So sieht auch das VG weiterhin eine verschuldensunabhängige Haftung für die Nicht- und Schlechterfüllung der Leistungspflicht vor, wobei in der
Lehre allerdings Uneinigkeit darüber besteht, ob nicht über den Wortlaut hinaus-
gehend dennoch ein Verschuldenserfordernis zu verlangen ist.

---

346 Bing Ling, in: Chenguang Wang/Xianchu Zhang, 223.
347 Zur Frage des Verschuldenserfordernisses, Mo Zhang, 290 ff.
348 Bing Ling, in: Chenguang Wang/Xianchu Zhang, 226.

3. Deliktische Haftung

164 Insgesamt folgen die AGZ dem deutschen Vorbild, nach dem nur Verletzungen an bestimmten, gesetzlich anerkannten Rechtsgütern und Interessen eine deliktische Haftung auslösen können (Enumerationsprinzip). Die Grundnorm der deliktischen Haftung ist § 106 Abs. 2 AGZ. In den §§ 118 ff. AGZ werden daneben einzelne spezielle Haftungstatbestände aufgelistet. Hierzu zählen die Verletzung von Immaterialgüterrechten (§ 118 AGZ), der körperlichen Integrität (§ 119 AGZ), des Rechts am eigenen Namen, am eigenen Bild, des guten Rufs und der Ehre (§ 120 AGZ) sowie Verletzungen aufgrund schädigenden Verhaltens staatlicher Behörden oder ihrer Mitarbeiter (§ 121 AGZ). Darüber hinaus sind in den folgenden Normen Tatbestände der Gefährdungshaftung und der Haftung für vermutetes Verschulden enthalten. So ist etwa bei der Produkthaftung (§ 122 AGZ), der Haftung für besonders gefährliches Tun (§ 123 AGZ), der Haftung für Schädigungen aufgrund von Umweltverschmutzungen (§ 124 AGZ) und der Haftung für die Verletzung von Verkehrssicherungspflichten (§ 125 AGZ) kein Verschuldensnachweis erforderlich. Nach den §§ 126 f. AGZ wird bei der Tierhalterhaftung und der Haftung des Gebäudebesitzers das Verschulden widerleglich vermutet.

165 § 132 AGZ legt daneben eine in Form einer Generalklausel ausgestaltete Billigkeitshaftung fest. Dieser subsidiär anwendbare Haftungstatbestand sieht für den Fall des Nichtverschuldens allen Beteiligter die Möglichkeit zur Aufteilung des Schadens vor. In der Rechtspraxis kommt die Vorschrift überwiegend dann zur Anwendung, wenn ein Verschuldensnachweis nicht (mehr) möglich ist, aber eine Schadensaufteilung zwischen allen Beteiligten als „gerecht" erscheint. Dies wird in Fällen besonders schwerer Verletzungen oder großer Vermögensschäden angenommen, so beispielsweise häufig bei Verkehrsunfällen.[349] Das Huairou Volksgericht der Stadt Beijing entschied dementsprechend in einem Fall, in dem eine Beifahrerin von der Fahrerin des Autos infolge eines unverschuldeten Unfalls Schmerzensgeld und Schadensersatz forderte, dass die Fahrerin zwar Schmerzensgeld an die Klägerin zu zahlen habe, nicht aber den Gesamtschaden erstatten müsse.[350] Zur Eingrenzung des offen formulierten Tatbestandes des § 132 AGZ orientiert sich die herrschende Meinung vor allem an der wirtschaftlichen Lage der Beteiligten und an allgemeinen Gerechtigkeitserwägungen.[351] Zudem ist nach Nr. 157 OVG-Interpretation AGZ ein eventueller Nutzen einer der Parteien aus dem schädigenden Ereignis in die Abwägung einzubeziehen.

166 An einigen Stellen lassen die AGZ die Frage nach dem Haftungssubjekt offen. So bleibt beispielsweise bei § 121 AGZ unklar, ob die staatliche Behörde, der schadensverursachende Mitarbeiter oder eventuell beide haften. Ähnliche Probleme

---

349 Jörg BINDING, 72.
350 Unteres Volksgericht Huairou der Stadt Beijing vom 4.11.2013, Aktenzeichen: (2013) Huaimin Chuzi Nr. 03768.
351 Jörg BINDING, 72.

ergeben sich bei den Gefährdungshaftungstatbeständen der §§ 123 (gefährliche Arbeiten) und 125 AGZ (Bau- und Renovierungsarbeiten).[352]

Durch das GdH wurde die außervertragliche Haftung inzwischen neu strukturiert   **167**
und der Individualrechtsschutz deutlich erweitert. Auch wenn das GdH nicht explizit die Vorschriften der AGZ ablöst, so gehen die Vorschriften des GdH gemäß § 83 Hs. 2 GGG als jüngere und speziellere Vorschriften vor. Nur sofern das GdH Lücken aufweist oder die AGZ weitergehende Regelungen enthalten, ist durch Auslegung zu ermitteln, welche Vorschriften Anwendung finden.[353]

4.   Art und Inhalt der Haftung

Die Haftungsausfüllung regelt § 134 AGZ, der zehn verschiedene, auch mitein-   **168**
ander kombinierbare Haftungsarten aufzählt, wobei es sich aufgrund der Formulierung „vor allem" um nicht abschließende Regelbeispiele handelt.[354] Im Vordergrund steht dabei der Ausgleich durch Geldleistung. Nicht ausdrücklich geregelt ist der Schadensersatz für immaterielle Schäden (Schmerzensgeld). Ursprünglich wurde vertreten, dass in diesen Fällen u. a. § 120 AGZ analog als Rechtsgrundlage herangezogen werden könne.[355] Mit den spezialgesetzlichen Vorschriften des GdH hat sich diese Frage in der Praxis allerdings erübrigt.

Darüber hinaus ist das Volksgericht gemäß § 134 Abs. 2 AGZ zur Einziehung des   **169**
für rechtswidrige Handlungen eingesetzten Eigentums und des hierdurch erlangten Einkommens berechtigt. Diese Norm stellt sich unter anderem als Rechtsfolge des § 61 Abs. 2 AGZ dar. Sie hat Strafcharakter für die betroffene Partei und kann daher nicht von einem der Beteiligten im Verfahren beantragt werden. Im Umfang ist die Strafe auf den erlangten Profit begrenzt.[356]

VIII. Verjährung

Das siebte Kapitel der AGZ behandelt die Grundsätze der Verjährung. Die   **170**
§§ 135 ff. AGZ, ergänzt durch die Ansichten des OVG zur Anwendung des Systems der Verjährung im Zivilprozess[357] (VerjV), haben auch heute noch eine zentrale Bedeutung für das Recht der Verjährung. Lediglich in § 129 VG finden sich speziellere Regelungen, die sich allerdings auf den Bereich der internationalen Warenkaufverträge und Verträge über die Ein- oder Ausfuhr von Techniken beschränken.

---

352 Henry R. Zheng, The American Journal of Comparative Law, 1986, 669, 699 f.
353 Jörg Binding, 6 f.
354 Yuanshi Bu, 89.
355 Siehe hierzu Robert Heuser, 354.
356 Stefanie Tetz, 125 f.; Henry R. Zheng, The American Journal of Comparative Law, 1986, 669, 699.
357 [最高人民法院关于审理民事案件适用诉讼时效制度若干问题的规定], chinesisch abgedruckt im: Amtsblatt des Obersten Volksgerichts der VR China [中华人民共和国最高人民法院公报] 2008, Nr. 11, 9 ff.

1. Verjährungsfristen

171   Nach der zentralen Norm des § 135 AGZ beträgt die Regelverjährung zwei Jahre. Hiervon sieht § 136 in Nr. 1 bis 4 AGZ mehrere Ausnahmen vor, für die eine Frist von lediglich einem Jahr gilt. Dazu gehören Schadensersatzansprüche wegen Körperverletzung, wegen verspätet oder nicht gezahlten Mietzinses sowie Ansprüche wegen des Verlustes oder der Beschädigung von in Verwahrung gegebenen Sachen. Nach der Ausnahmeregelung des § 136 Nr. 2 AGZ verjähren durch Sachmängel begründete Ansprüche ebenfalls bereits nach einem Jahr. Nach Nr. 176 OVG-Interpretation AGZ kann diese verkürzte Verjährungsfrist wiederum durch spezialgesetzliche Fristenregelungen modifiziert werden. Verjährungsbeginn ist nach § 137 AGZ der Zeitpunkt, in dem der Anspruchsinhaber von der Verletzung des Rechts erfährt oder hätte erfahren müssen.[358] Für die genaue Bestimmung dieses Zeitpunktes wird nach der Art des Anspruchs differenziert.[359] Während es beispielsweise bei deliktischen Ansprüchen auf den Zeitpunkt der Kenntnis bzw. des Kennenmüssens der Rechtsverletzung ankommt, beginnt die Verjährung bei Ansprüchen wegen Personenschäden regelmäßig unmittelbar nach der Verletzung.[360] Umstritten ist der Beginn der Verjährung bei Ansprüchen aus unwirksamen Verträgen. Nach Ansicht des OVG unterliegt die Geltendmachung der Unwirksamkeit selbst keiner Verjährung. Für die aus dieser eventuell resultierenden Rückabwicklungsansprüche gelten jedoch die regelmäßigen Verjährungsvorschriften. In der Literatur wird aus Gründen der Rechtssicherheit aber auch für die Geltendmachung der Unwirksamkeit eine zeitliche Beschränkung gefordert.[361]

172   § 137 AGZ setzt die maximale Verjährungsdauer auf 20 Jahre fest, die jedoch nach Ermessen der Gerichte unter besonderen Umständen verlängert werden kann.

173   Zu beachten gilt es, dass zahlreiche, nicht als „schuldrechtlich" qualifizierte Ansprüche, wie z. B. die dinglichen Rechte oder Ansprüche wegen der Verletzung von Persönlichkeitsrechten nach § 120 AGZ, keiner Verjährung unterliegen.[362] Weitere Ausnahmen finden sich in § 1 VerjV sowie in Nr. 170 OVG-Interpretation AGZ, welcher sich auf Ansprüche wegen Verletzung staatlichen Vermögens bezieht.

---

358 Auch wenn dem Anspruchsinhaber Name und Adresse des Anspruchsgegners nicht bekannt sind, er also an einer direkten Geltendmachung seines Anspruchs gehindert ist, kommt es auf den Zeitpunkt der Kenntnisnahme an. Dem Berechtigten bleibt noch immer die Möglichkeit, seine Leistungsaufforderung in Form einer öffentlichen Bekanntmachung geltend zu machen, Yuanshi Bu, 2013, 23.
359 Mo Zhang, 368 f.
360 John Mo, in: Guigo Wang/John Mo, 175.
361 Hui Zheng, in: Yuanshi Bu, 24.
362 Knut B. Pißler, ZChinR 2009, 7, 9.

Auch wenn sich hierzu keine ausdrückliche Regelung in den AGZ findet, stellen   **174**
die Vorschriften über die Verjährung nach allgemeiner Auffassung zwingendes
Recht dar. Die Länge der Verjährungsfristen kann folglich nicht durch Parteiver-
einbarung abbedungen werden.[363] Allerdings steht es den Beteiligten frei, nach
Ablauf der gesetzlichen Frist weitere Absprachen bezüglich der Verjährung ihrer
Leistungspflichten zu treffen.[364]

2. Die prozessuale Geltendmachung der Verjährung

Ursprünglich stellte die Verjährung eines Anspruchs eine prozessuale Einwen-   **175**
dung dar, die die Gerichte von Amts wegen zu prüfen hatten. Eine Änderung
dieser Verfahrensweise erfolgte durch die Einführung des § 3 VerjV. Danach sind
nunmehr weder die Prüfung von Amts wegen noch ein gerichtlicher Hinweis an
die Parteien auf den Eintritt der Verjährung zulässig. Die Verjährung erweist sich
damit – jedenfalls im Rahmen schuldrechtlicher Ansprüche – nun auch im chinesischen Recht als von den Parteien geltend zu machende Einrede,[365] was wiederum die allgemeine Entwicklung zu einer passiveren Rolle der chinesischen
Gerichte in Zivilprozessen widerspiegelt.[366] Gemäß § 4 VerjV kann die Verjährungseinrede grundsätzlich nur im Verfahren der ersten Instanz wirksam erhoben
werden. Ausnahmsweise ist auch eine spätere Geltendmachung noch zulässig,
wenn neue Beweise hierfür angeführt werden können.[367]

Dogmatisch betrachtet unterliegt im chinesischen Recht nicht der materielle An-   **176**
spruch, sondern das Recht zur prozessualen Geltendmachung der Verjährung.[368]
Die Verjährungseinrede geht verloren, wenn der Verpflichtete „von sich aus erfüllen will" (vgl. § 138 AGZ). § 22 VerjV stellt klar, dass hierbei die Anzeige der
fortbestehenden Leistungsbereitschaft durch den Schuldner genügt.

3. Neubeginn der Verjährung und Verjährungshemmung

Die Klageerhebung und die der Klageerhebung in § 13 VerjV gleichgestellten   **177**
Rechtshandlungen[369] bewirken im chinesischen Recht nicht die Hemmung der
Verjährung, sondern nach § 140 AGZ deren Neubeginn. Das Gleiche gilt für die

---

363 Liming Wang, 民法 [Zivilrecht], 145.
364 Hui Zheng, in: Yuanshi Bu, 28 f.
365 Falk Lichtenstein, RIW 2009, 824, 830 f.; Knut B. Pissler, ZChinR 2009, 7, 10. Auch wenn von
   Jörg Binding, in Hans J. Kullmann/Bernhard Pfister, 3. Band, 58 und Yuanshi Bu, 94, nur in der
   Fußnote auf die Neuregelung verwiesen wird, ist diese mittlerweile anerkannt. Dem eindeutigen
   Wortlaut des § 3 VerjV kommt Rechtsverbindlichkeit zu. Inwiefern dies allerdings auch von den
   Gerichten in der Praxis eingehalten wird, ist fraglich.
366 Hui Zheng, in: Yuanshi Bu, 19 m. w. N.
367 Hui Zheng, in: Yuanshi Bu, 20 f.
368 Yuanshi Bu, 94.
369 U. a. ein Antrag auf Einleitung eines schiedsrichterlichen Verfahrens, Antrag auf Erlass eines Zah-
   lungsbefehls, Insolvenzantrag etc.

Fälle, in denen der Schuldner den Anspruch anerkennt oder der Gläubiger ihn zur Leistung auffordert. Damit besteht für den Gläubiger die Möglichkeit, den Eintritt der Verjährung durch eine bloße vorprozessuale Mahnung zu verhindern. §§ 10 ff. VerjV konkretisieren die Anforderungen an eine solche außergerichtliche Leistungsaufforderung. Unklar bleibt dabei das Verhältnis von Nr. 173 OVG-Interpretation AGZ und § 10 Abs. 2 VerjV. Nach den AGZ kann die Leistungsaufforderung neben dem Schuldner auch an den Bürgen, den Stellvertreter oder einen Vermögensverwalter übermittelt werden. Dagegen regelt § 10 Abs. 2 VerjV, dass diese bei juristischen Personen gegenüber dem gesetzlichen Repräsentanten, dem Hauptverantwortlichen, der für die Entgegennahme von Briefen zuständigen Abteilung oder einem ermächtigten Subjekt ausgesprochen werden muss. Für natürliche Personen bestimmt § 10 Abs. 2 VerjV, dass die Erklärung an den Schuldner, einen mit diesem zusammenlebenden vollgeschäftsfähigen Verwandten oder ein ermächtigtes Subjekt zu richten ist. Das Verhältnis der beiden Normen zueinander ist nicht abschließend geklärt, so dass von der Empfangsberechtigung aller in den beiden Vorschriften genannten Personen ausgegangen wird.[370]

178   Die Hemmung der Verjährung tritt nach § 139 AGZ nur ein in den Fällen höherer Gewalt und bei sonstigen Hindernissen zur Geltendmachung des Rechts in den letzten sechs Monaten vor Verjährungseintritt. Durch § 20 VerjV werden diese Hindernisse konkretisiert. Sie liegen beispielsweise dann vor, wenn ein Geschäftsunfähiger oder beschränkt Geschäftsfähiger, dessen Rechte verletzt wurden, keinen Vertreter hat oder ein Anspruchsinhaber vom Gläubiger oder einem Dritten unter Druck gesetzt wird und deshalb nicht in der Lage ist, seine Ansprüche geltend zu machen. Die Klageverjährung läuft erst ab dem Tag weiter, an dem das Hindernis entfällt. Dabei ist zu beachten, dass dem Anspruchsinhaber – anders als im deutschen Recht – keine zusätzliche Zeit zur Geltendmachung des Anspruchs gewährt wird.[371]

---

370 Knut B. Pissler, ZChinR 2009, 7, 13.
371 Hui Zheng, in: Yuanshi Bu, 25.

3. Kapitel

Vertragliche Schuldverhältnisse

Literatur: BINDING, Jörg/KURZ, Sophia, Formularklauseln im chinesischen Zivilrecht, Recht der internationalen Wirtschaft 2013, 424 ff.; BINDING, Jörg/JIANG, Long, Mehr Schutz für Konsumenten – Das revidierte chinesische Verbraucherschutzgesetz tritt in Kraft, Zeitschrift für Chinesisches Recht 2014, 63 ff.; BING, Ling, Civil Law, in: WANG, Chenguang/ZHANG, Xianchu (Hrsg.), Introduction to Chinese Law, Hong Kong 1997, 169 ff.; BU, Yuanshi, Einführung in das Recht Chinas, München 2009; CAMMERER, Claus, Die neue Justizinterpretation des Obersten Volksgerichts der VR China zum chinesischen Kaufrecht, Recht der internationalen Wirtschaft 2013, 225 ff.; CHEN, Lihong [陈丽洪], Analyse einiger Probleme bei der gesetzlichen Kündigung des Bauwerkerrichtungsvertrags [建设工程施工合同法定解除的若干问题分析], Journal of Panzhihua University [攀枝花学院学报] 2008, 29 ff.; CHEN, Liuqing [陈柳青], Diskussion über das beliebige Kündigungsrecht des Bestellers eines Werkvertrags [浅议承揽合同定作人之任意解除权], Theoretic Observation [理论观察] 2010, 83 ff.; CHEN, Wanglai [陈望来], Wie soll das jederzeitige Kündigungs- und Zurückbehaltungsrecht beim Werkvertrag bestimmt werden? [承揽合同的随时解除权、留置权如何确定], China Trial [中国审判] 2010, 94 ff.; CUI, Jianyuan [崔建远], Untersuchungen über die Vertragshaftung [合同责任研究], Changchun 1992; CUI, Jianyuan [崔建远], Das Vertragsrecht [合同法], Beijing 2012; CUI, Jianyuan/LONG, Jun [崔建远/龙俊], Das beliebige Kündigungsrecht und dessen Einschränkungen beim Geschäftsbesorgungsvertrag [委托合同的任意解除权及其限制], Chinese Journal of Law [法学研究] 2008, 73 ff.; DENG, Jilian [邓基联] (Hrsg.), Streitigkeiten in Raummietverträgen [房屋租赁合同纠纷], Beijing 2010; DONG, Shulin [董树林]/JIANG, Tingting [姜婷婷], Die Wirksamkeit einer Klausel, die Behandlungsbedingungen des Versicherten beschränkt [限定被保险人就医条件的保险条款的效力], http://www.chinacourt.org/article/detail/2014/06/id/1319585.shtml, (Stand: 22.9.2014); DU, Jun [杜军], in: XI, Xiaoming [奚晓明], Verständnis und Anwendung der Justizinterpretation des Obersten Volksgerichts zu Kaufverträgen [最高人民法院关于买卖合同司法解释理解与适用], Beijing 2012; EBERL-BORGES, Christina/SU, Yingxia, 12 Jahre chinesisches Vertragsgesetz – Zur heutigen Bedeutung der Vertragsfreiheit in China, Zeitschrift für vergleichende Rechtswissenschaft, Bd. 111 (2012), 125 ff.; FANG, Liufang [方流芳], Einige Kommentare über das Entwerfen des Partnerschaftsgesetzes – Auch zur Trennung und Vereinigung von Zivil- und Handelsrecht [关于制定合伙法的几点意见——兼论民商分立与民商合一], Study on China Administration for Industry & Commerce [中国工商管理研究] 1995, 13 ff.; GUO, Jie [郭洁], Untersuchung einiger Rechtsfragen beim Werkvertrag [承揽合同若干法律问题研究], Tribune of Political Science and Law [政法论坛] 2000, 45 ff.; GUO, Mingrui [郭明瑞],

Das Zivilrecht [民法], Beijing 2003; HAN, Qiang [韩强], Kategorisierte Untersuchung über den Grundsatz des Wegfalls der Geschäftsgrundlage [情势变更原则的类型化研究], Chinese Journal of Law [法学研究] 2010, 57 ff.; HAN, Shiyuan [韩世远], Allgemeiner Teil des Vertragsgesetzes [合同法总论], Beijing 2011; HAN, Shiyuan [韩世远], Haftungsausschließende Klauseln [免责条款研究], Zivil- und Handelsrecht [民商法论丛] 1994, 455 ff.; HEUSER, Robert/SPRICK, Daniel, Das rechtliche Umfeld des Wirtschaftens in der VR China, Baden-Baden 2013; HOWLETT, Ashley, Chinese Construction Law – A Guide For Foreign Companies, 2009; HU, Kangsheng [胡康生], Kommentierung zum Vertragsgesetz der VR China [中华人民共和国合同法释义], Beijing 2013; JOOS, Beatrix, Der Werkvertrag im Recht der VR China, Hamburg 2013; LI, Wenge [李文阁], Vertragsgesetz lehnt ungerechtfertigte Formularklauseln ab [合同法拒绝不公平的格式条款], NPC Newsletter [人大工作通讯] 1999, 14 f.; LI, Yongjun [李永军], Rechtsvergleichende Untersuchung des Systems des Eigentumsvorbehalts [所有权保留制度的比较法研究], Legal Forum [法学论坛] 2013, 11 ff.; LIANG, Huixing [梁慧星], Ob das chinesische Recht die dinglichen Verträge anerkennt [我国民法是否承认物权行为], Chinese Journal of Law [法学研究] 1989, 56 ff.; LIANG, Huixing [梁慧星], Allgemeiner Teil des bürgerlichen Rechts [民法总论], Beijing 2011; LIANG, Huixing [梁慧星], Kampf für ein Zivilgesetzbuch Chinas [为中国民法典而斗争], Beijing 2002; LIANG, Huixing [梁慧星], Vertragsauslegungsmethoden und das sog. „finale Auslegungsrecht" [合同解释方法与所谓 "最终解释权"], http://www.civillaw.com.cn/article/default.asp?id=7601 (Stand: 19.9.2014); LICHTENSTEIN, Falk, Neue Auslegungsbestimmungen zum chinesischen Kaufrecht, Internationales Handelsrecht 2013, 98 ff.; LIU, Shengli [刘胜利], Rechtstheoretische Analyse des beliebigen Kündigungsrechts des Bestellers [合同定作人任意解除权的法理分析], People's Tribune [人民论坛] 2010, 88 ff.; LIU, Yanhao [刘言浩], Sammlung der gerichtlichen Ansichten bei Verhandlung von Vertragsfällen [法院审理合同案件观点集成], Beijing 2013; MA, Zhongfa/FENG, Kai [马忠法/冯凯], Schadenersatz nach beliebiger Kündigung des Geschäftsbesorgungsvertrags [委托合同任意解除的赔偿责任], Oriental Law [东方法学] 2009, 102 ff.; MATHESON, John H., Convergence, Culture and Contract Law in China, Minn. J. Int'l L, Bd. 15 (2006), 329 ff.; MI, Jian [米健], Theoretische Untersuchung und praktische Abwägungen zum sachenrechtlichen Abstraktionsprinzip [物权抽象原则的法理探源与现实斟酌], Studies of Comparative Law [比较法研究] 2001, 44 ff.; MÜNZEL, Frank/ZHENG, Xiaoqing, Chinas neues Vertragsrecht – ein Überblick, Recht der internationalen Wirtschaft 1999, 641 ff.; NING, Hongli [宁红丽], Diskussion über die Zusammensetzung der Mängelhaftung des Unternehmers [论承揽人瑕疵责任的构成], Law Science [法学] 2013, 132 ff.; PISSLER, Knut Benjamin, Gläubigeranfechtung, in China – Eine rechtshistorisch-rechtsvergleichende Untersuchung zur Rechtstransplantation, Tübingen 2008; PISSLER, Knut Benjamin, Mietrecht in China nach der justiziellen Interpretation des Obersten Volksgerichts aus dem Jahr 2009, Zeitschrift für Chinesisches Recht 2010, 222 ff.; RIEMENSCHNEIDER, Jakob, Das Darlehensrecht der Volksrepublik China, Berlin

2008; SCHEIL, Jörg-Michael/GARGULLA, Tanja/SCHRÖDER, Christoph/RIEMEN-
SCHNEIDER, Jakob, Vertragsgesetz der Volksrepublik China, Hamburg 1999;
Schreibgruppe des Obersten Volksgerichts [最高人民法院编写组], Antworten
zur Anwendung der Justizinterpretation zu Kaufverträgen [买卖合同司法解释适
用解答], Beijing 2012; SONG, Xiaoming [宋晓明], in: XI, Xiaoming [奚晓明],
Verständnis und Anwendung der Justizinterpretation des Obersten Volksgerichts
zu Kaufverträgen [最高人民法院关于买卖合同司法解释理解与适用], Beijing
2012; SUI, Pengsheng [隋彭生], Die Substanz des Vertragsrechts [合同法要义],
Beijing 2011; SUN, Peng [孙鹏], Research on the hot issues of contract law [合同
法热点问题研究], Beijing 2001; SUN, Xianzhong [孙宪忠], Der Ursprung der
Theorie der dinglichen Verträge und ihre Bedeutung [物权行为理论探源及其意
义], Chinese Journal of Law [法学研究] 1996, 80 ff.; TANG, Jieying [唐杰英],
Rechtsfolgen der Vertretung ohne Vertretungsmacht [狭义无权代理合同法律效
果探析], Enterprise Economy [企业与经济] 2012, 183 ff.; TANG, Yi [唐毅], in:
DENG, Jilian [邓基联] (Hrsg.), Streitigkeiten in Raummietverträgen [房屋租赁合
同纠纷], Beijing 2010; TETZ, Stefanie, Abschluss und Wirksamkeit von Verträgen
in der Volksrepublik China – zugleich ein Beitrag zur Entwicklung des chinesischen Vertragsrechts nach 1978, Hamburg 1994; TIAN, Langliang [田朗亮], Ur-
teilungsregeln und Rechtsprechung bei Streitfällen von Kaufverträgen [买卖合同
纠纷裁判规则与案例适用], 2012; WANG, Chenguang/ZHANG, Xianchu (Hrsg.),
Introduction to Chinese Law, Hong Kong 1997; WANG, Chuang [王闯], in: XI,
Xiaoming [奚晓明], Verständnis und Anwendung der Justizinterpretation des
Obersten Volksgerichts zu Kaufverträgen [最高人民法院关于买卖合同司法解
释理解与适用], Beijing 2012; WANG, Jiafu [王家福], Die zivilrechtlichen
Schuldverhältnisse [中国民法学•民法债权], Beijing 1991; WANG, Liming [王利
明], Kommentare zu Formularklauseln im Vertragsgesetz [对合同法格式条款规
定的评折], Zeitschrift der chinesischen Universität für Politik und Rechtswissenschaften [政法论坛], 1999, 3 ff.; WANG, Liming [王利明] (Hrsg.), Der wesentliche Teil des Vertragsrechts und Fallstudien [合同法要义与案例析解 (总则)], Beijing
2001; WANG, Liming [王利明], Untersuchung über neue Fragestellungen im Vertragsrecht [合同法新问题研究], Beijing 2003; WANG, Liming [王利明], Das
Vertragsrecht [合同法研究], Beijing 2002; WANG, Liming [王利明], Kommentare zu Formularklauseln im Vertragsgesetz [对合同法格式条款规定的评折],
Zeitschrift der chinesischen Universität für Politik und Rechtswissenschaften [政
法论坛], 1999, 3 ff.; WANG, Liming [王利明], Erörterung einiger Fragen des Ei-
gentumsvorbehaltssystems [所有权保留制度若干问题探讨], Law Review [法
学评论] 2014, 176 ff.; WANG, Yu [王禹], Untersuchung von Rechtsfragen beim
Vorvertrag [关于预约合同的相关法律问题研究], Economic Research Gui-
de [经济研究导刊] 2012, 157 ff.; WU, Qingbao [吴庆宝], Juridical Standard
of Contract Dispute [合同纠纷裁判标准规范], Beijing 2009; XI, Xiaoming [奚
晓明], Verständnis und Anwendung der Justizinterpretation des Obersten Volksgerichts über die Behandlung von Streitfällen zu Mietverträgen über Räumlichkeiten in Städten und Kleinstädten [最高人民法院关于关于审理城镇房屋租赁

合同纠纷案件司法解释的理解与适用], Beijing 2009; XI, Xiaoming [奚晓明],
Interpretation und Analyse der Zivilurteile des Obersten Volksgerichts 4: Streitigkeiten über Wohnungskauf und -miete [最高人民法院民事案件解析4：房屋
买卖、租赁纠纷], Beijing 2010; XI, Xiaoming [奚晓明], Verständnis und
Anwendung der Justizinterpretation des Obersten Volksgerichts zu Kaufverträgen
[最高人民法院关于买卖合同司法解释理解与适用], Beijing 2012; XIN, Jian/
MIN, Haifeng/ZHANG, Haojie [辛坚/闵海峰/章豪杰], Der Unterschied zwischen
dem Bauwerkerrichtungsvertrag und dem Werkvertrag [建设工程合同与承揽合
同之区分], People's Judicature [人民司法] 2011, 42 ff.; YANG, Lixin [杨立信],
Der Allgemeine Teil des Vertragsrechts (I) [合同法总则（上）], Beijing 1999; YU,
Yanman/WU, Deqiao [余延满/吴德桥], Das Anfechtungsrecht im Vertrag [合同
撤销权研究], Luo Jia Jurists' Forum [珞珈法学论坛] 2002, 87 ff.; YU, Zhiqiang
[喻志强], Formularklauseln und ihre Einbeziehung im Vertrag [格式条款及其订
入合同], Yunnan Law Science [云南法学] 2000, 46 ff.; ZHANG, Guangxing [张广
兴], Allgemeiner Teil des Schuldrechts [债法总论], Beijing 1997; ZHANG, Jianyong [张勇健], in: XI, Xiaoming [奚晓明], Verständnis und Anwendung der Justizinterpretation des Obersten Volksgerichts zu Kaufverträgen [最高人民法院
关于买卖合同司法解释理解与适用], Beijing 2012; ZHU, Yikun [朱羿锟],
Grundriss des chinesischen Rechts [中国法概论], Beijing 2007; ZHU, Zhenhua
[朱珍华], A further Study of the Principle of Circumstance Alternation in accor-
dance with Article 26 of the Interpretation (2) of the Contract Law [从《合同
法》解释（二）第二十六条再论情势变更原则], Journal of Central South
University of Forestry & Technology (Social Sciences) [中南林业科技大学学
报] 2010, 69 ff.

Übersicht

A. Einführung[*]

1   Die Entwicklung des chinesischen Vertragsrechts bis zum geltenden Vertragsgesetz (VG von 1999)[1] spiegelt die chinesische Wirtschaftsgeschichte seit Beginn
der Reform- und Öffnungspolitik von 1978 wider. Bis 1978 wurden Verträge in
der Volksrepublik (VR) China noch als Zeichen des Kapitalismus abgelehnt und
daher auf Musterverträge zur Ausführung staatlicher Wirtschaftsplanung begrenzt.[2] Mit dem Übergang von der zentralen Planwirtschaft hin zur „sozialistischen Marktwirtschaft" wurden jedoch Regelungen zu Verträgen als zentrales
Instrument des freien Wirtschaftsverkehrs unentbehrlich. Andererseits waren die
Reformen dieser Zeit so zahlreich, dass jedes umfassende Werk zum Vertragsrecht innerhalb kürzester Zeit wieder überholt gewesen wäre.[3] Als erstes größe-

*   Wir bedanken uns herzlich bei den wissenschaftlichen Mitarbeiterinnen und Mitarbeitern unserer
     Kanzlei Claus Cammerer, Tingting Fan, Katharina Klenk, Vivien Montag, Falco Rohrberg, Tim
     Wöffen und Antao Zhao (in alphabetischer Reihenfolge) sowie bei unseren Assistentinnen Julia
     Franck und Katja Kaufhold für ihre Unterstützung bei der Erstellung dieses Kapitels.
1   [中华人民共和国合同法], erlassen am 15.3.1999 und in Kraft getreten am 1.10.1999, deutsch
     in Jörg-Michael SCHEIL/Tanja GARGULLA/Christoph SCHRÖDER/Jakob RIEMENSCHNEIDER, Vertrags-
     gesetz der Volksrepublik China, 1999, 41 ff.
2   Christine EBERL-BORGES/Yingxia SU, 126.
3   Jörg-Michael SCHEIL/Tanja GARGULLA/Christoph SCHRÖDER/Jakob RIEMENSCHNEIDER, 10.

res Regelwerk wurde daher 1981 zunächst das Wirtschaftsvertragsgesetz (WVG)[4] verabschiedet. Die Vorstellung, dass man je nach Zielrichtung des Vertrages zwischen Wirtschaftsverträgen und Zivilverträgen zu unterscheiden hat, stammte hierbei noch aus der Planwirtschaft, wobei Wirtschaftsverträge auf Ziele der Produktion und Verteilung gerichtet waren.[5] Das WVG galt jedoch nur für den innerchinesischen Geschäftsverkehr. Für Verträge mit Auslandsbezug wurde sodann 1985 das Außenwirtschaftsgesetz (AWVG)[6] erlassen. 1987 folgte das Technologievertragsgesetz (TVG),[7] das Verträge über wissenschaftliche und technische Zusammenarbeit regelte. Zusammen mit den Allgemeinen Grundsätzen des Zivilrechts (AGZ) von 1987[8] bildeten diese drei Werke bis 1999 die Grundpfeiler des chinesischen Vertragsrechts.

Erst der Erlass des VG, welches im Zuge der Reformbestrebungen im Hinblick auf den WTO-Beitritt Chinas entstand, beendete diese – zum Teil widersprüchliche – Rechtszersplitterung, indem es die „drei großen Vertragsarten" nunmehr einheitlich und für alle Rechtssubjekte, d.h. chinesische Bürger, Unternehmen wie Ausländer, gleichermaßen regelte.[9] Die drei o.g. Vertragsgesetze traten mit Wirksamwerden des VG gemäß dessen § 428 außer Kraft. Gleichwohl ist das Vertragsrecht der VR China auch heute nicht voll vereinheitlicht. Neben dem VG und seinen Interpretationen durch das OVG gelten im Bereich des Vertragsrechts nach wie vor andere Gesetze, wie die AGZ von 1987, fort.

2

Das VG mit seinen 428 Paragraphen ähnelt in großen Teilen dem 2. Buch des deutschen BGB über das Recht der Schuldverhältnisse. Es folgt der dem deutschen Juristen vertrauten Systematik der Pandekten-Wissenschaft und gliedert sich in einen allgemeinen und einen besonderen Teil.[10] Der allgemeine Teil behandelt in 129 Paragraphen Fragen über den Abschluss, die Wirksamkeit und Erfüllung von Verträgen sowie die Haftung für Vertragsverletzungen. Erstmals wurden hier zentrale Begriffe des Vertragsrechts wie Angebot und Annahme definiert. Im besonderen Teil werden in 299 Paragraphen insgesamt 15 Vertragstypen geregelt, wobei deren Aufzählung nicht abschließend ist. So sind weitere Vertragsty-

3

---

4 [中华人民共和国经济合同法], in Kraft getreten am 1.7.1982 und außer Kraft getreten am 1.10.1999, deutsch in: Regula Simsa, in: Robert Heuser, Wirtschaftsreform und Gesetzgebung. Texte und Kommentare, 1996, 203 ff.
5 Robert Heuser/Daniel Sprick, 104.
6 [中华人民共和国对外经济合同法], in Kraft getreten am 1.7.1985 und außer Kraft am 1.10.1999, deutsch in: Robert Heuser, Das Außenwirtschaftsrecht der VR China. Die wichtigsten Rechtsnormen mit Erläuterungen, 1986, 75 ff.
7 [中华人民共和国技术合同法], in Kraft getreten am 1.11.1987 und außer Kraft getreten am 1.10.1999, deutsch in: Stefanie Tetz, RIW 1988, 856 ff.
8 [中华人民共和国民法通则], erlassen am 12.4.1986 und in Kraft getreten am 1.1.1987, deutsch in: Frank Münzel, China Aktuell 1986, 288 ff.
9 Robert Heuser/Daniel Sprick, 104.
10 Jörg-Michael Scheil/Tanja Gargulla/Christoph Schröder/Jakob Riemenschneider, 11.

pen in speziellen Gesetzen, wie dem Verbraucherschutz-,[11] Versicherungs-,[12] Gesellschafts-[13] oder Sicherheitengesetz[14] („SiG"), geregelt.

4 Auch inhaltlich steht das VG in der Tradition des kontinental-europäischen Zivilrechts.[15] Daneben ist es von den Regeln des UN-Kaufrechts sowie den UNI DROIT-Principles beeinflusst.[16] Die bereits in den AGZ festgelegten Grundsätze des Zivilrechts, nämlich Gleichheit der Parteien, Freiwilligkeit (Vertragsfreiheit), Gerechtigkeit sowie Treu und Glauben, wurden in den §§ 3–6 VG bestätigt. Vor allem der Gedanke der Vertragsfreiheit, der in den AGZ noch hinter der Betonung von Pflichten und Grenzen bei Vertragsschlüssen zurücktrat, bildete den Leitgedanken bei der Ausarbeitung des VG, so dass es zu einer starken Akzentverschiebung hin zur Privatautonomie als kennzeichnendem Element der Marktwirtschaft kam.[17] Zwar sind die Parteien nicht völlig frei von staatlicher Intervention: Gemäß § 38 VG sind sie verpflichtet, behördliche Anordnungen und staatliche Warenbestellpflichten zu erfüllen. Auch haben die zuständigen Behörden noch die Befugnis, Verträge zu überwachen.[18] Gleichwohl zieht sich – wie im Folgenden zu sehen sein wird – der Gedanke der Vertragsfreiheit durch das gesamte VG und ist als besonders bemerkenswert hervorzuheben: So sind die Regelungen im besonderen Teil des VG größtenteils dispositiv und Nichtigkeitstatbestände wurden reduziert. Der Abschluss einer Reihe von Verträgen wurde von einer verwaltungsrechtlichen Bewilligung und Überprüfung freigestellt. Auch können die Parteien nun Form, Sprache und Streitbeilegungsmechanismen frei bestimmen. Schließlich ist eine Rechtswahl bei Verträgen mit Auslandsbezug zulässig.[19]

5 Der Anwendungsbereich des VG betrifft ausschließlich das Recht der Verträge. Als Vertrag wird in § 2 VG eine Übereinkunft zwischen gleichberechtigten Rechtssubjekten zur Begründung, Änderung oder Beendigung eines Verhältnisses zivilrechtlicher Rechte und Pflichten definiert. Explizit hiervon nicht erfasst sind Vereinbarungen im Bereich des Familienrechts, die weiterhin unter das Ehegesetz von 1980 fallen. Regelungen zur ungerechtfertigten Bereicherung existieren nur ansatzweise; solche zu unerlaubten Handlungen fehlen ganz, da diese eben keine vertraglich, d.h. freiwillig übernommen, sondern gesetzlich auferlegte

---

11 [中华人民共和国消费者权益保护法], erlassen am 31.10.1993 und in Kraft getreten am 1.1.1994, zuletzt geändert am 25.10.2013, deutsch in: Alexander GRESBRAND/Madeleine MARTINEK/Thomas ODOM/Nina ROTERMUND/Ronja WILL/Knut Benjamin PISSLER, ZChinR 2014, 69 ff.

12 [中华人民共和国保险法], erlassen am 30.6.1995 und in Kraft getreten am 1.10.1995, zuletzt geändert am 31.8.2014, deutsch in: Frank MÜNZEL, ZChinR 2010, 279 ff.

13 [中华人民共和国公司法], erlassen am 12.4.1986 und in Kraft getreten am 1.1.1987, zuletzt geändert am 28.12.2013, deutsch in: Knut Benjamin PISSLER, ZChinR 2014, 254 ff.

14 [中华人民共和国担保法], erlassen am 30.6.1995 und in Kraft getreten am 1.10.1995, deutsch in: Frank MÜNZEL, Chinas Recht, 30.6.95/2.

15 Jörg-Michael SCHEIL/Tanja GARGULLA/Christoph SCHRÖDER/Jakob RIEMENSCHNEIDER, 12.

16 Yuanshi BU, 104.

17 Jörg-Michael SCHEIL/Tanja GARGULLA/Christoph SCHRÖDER/Jakob RIEMENSCHNEIDER, 13.

18 Yuanshi BU, 103.

19 John H. MATHESON, Minn. J. Int'l L, Bd. 15 (2006), 329, 340.

Pflichten betreffen.[20] Regelungen zur deliktischen Haftung finden sich hauptsächlich in den AGZ sowie im Gesetz der VR China über die deliktische Haftung[21] und dem Produktqualitätsgesetz.[22] Nur § 122 VG streift das Deliktsrecht, indem es das Verhältnis zu diesem regelt: Werden nämlich durch Vertragsverletzungen zugleich Leib, Leben oder Eigentum des anderen Teils verletzt, kommt dem Geschädigten ein Wahlrecht zwischen Ansprüchen aus deliktischer oder vertraglicher Haftung zu.[23]

B. Allgemeiner Teil

Im VG finden sich heute die meisten Regelungen zu vertraglichen Schuldverhältnissen. Allgemeine Grundsätze des chinesischen Zivilrechts, wie Gleichberechtigung, Vertragsfreiheit (Freiwilligkeit), Gerechtigkeit, Treu und Glauben, sowie allgemeine Regelungen zum Rechtsgeschäft (Rechtssubjekte, Geschäftsfähigkeit, Anfechtung und Nichtigkeit von Willenserklärungen) sind bereits in den AGZ geregelt. Diese Grundsätze gelten auch für vertragliche Schuldverhältnisse, soweit keine abweichenden Regelungen vorgeschen sind, und einige allgemeine Grundsätze werden in den §§ 3 ff. VG teilweise wiederholt. Von großer Bedeutung sind neben den AGZ und dem VG auch die Interpretationen des Obersten Volksgerichts (OVG), die für die Gerichte bindend sind und damit in der Praxis wie Rechtsnormen wirken. Das Abstraktionsprinzip kennt das chinesische Recht im Grundsatz nicht, denn es wird nicht zwischen schuldrechtlichen und dinglichen Verträgen unterschieden.[24] Allerdings finden sich teilweise auch sachenrechtliche Bezüge, wie z. B. die Übereignung beim Kaufvertrag in § 133 VG.   **6**

Ist ein Vertragstyp im Besonderen Teil nicht geregelt, finden die Bestimmungen des allgemeinen Teils Anwendung, wobei auch auf die Bestimmungen zum ähnlichsten Vertrag im Besonderen Teil zurückgegriffen werden kann (§ 124 VG). Beim Fehlen von gesetzlichen Bestimmungen zu entgeltlichen Verträgen werden zunächst die Bestimmungen zum Kaufvertrag angewandt (§ 174 VG).   **7**

I. Abschluss von Verträgen

Gemäß § 2 VG ist ein Vertrag eine Vereinbarung zwischen zwei gleichberechtigten Rechtssubjekten, die zivilrechtliche Rechte und Pflichten begründet, ändert oder beendet. Ein Vertrag nach dem VG erfordert somit, wie im deutschen Recht,   **8**

---

20 Yikun ZHU, 103.
21 [中华人民共和国侵权责任法], erlassen am 26.12.2009 und in Kraft getreten am 1.7.2010, deutsch in: Frank MÜNZEL, Chinas Recht, 26.12.09/1.
22 [中华人民共和国产品质量法], erlassen am 22.2.1993 und in Kraft getreten am 1.9.1993, zuletzt geändert am 8.7.2000, deutsch in: Frank MÜNZEL, Chinas Recht, 22.2.93/1.
23 Siehe hierzu ausführlich unter Rn. 94.
24 Huixing LIANG, Dingliche Verträge, 61 f.; Xianzhong SUN, 89; Jian MI, 46 f.

zwei miteinander korrespondierende Willenserklärungen, nämlich Angebot und Annahme (§§ 13 ff. VG).[25]

1. Angebot

9 § 14 VG definiert das Angebot als eine Willenserklärung in der Absicht[26], mit einem anderen einen Vertrag zu schließen. Das Angebot muss bestimmt genug und mit Rechtsbindungswillen abgegeben werden.[27] Bestimmtheit bedeutet, dass der Inhalt der Willenserklärung so konkret ist, dass die darin enthaltenen wesentlichen Vertragspunkte bestimmt sind und durch die Annahme des Angebots der Vertrag zustande kommt. Dabei genügen die Bezeichnung des Vertragsgegenstandes und die Bezugsgröße wie Anzahl oder Menge (§ 1 Abs. 1 Interpretation des OVG zum Vertragsgesetz II[28] [„OVG-Interpretation II VG"]). Rechtsbindungswille liegt vor, wenn der Antragende erkennbar bei Annahme des Angebots unmittelbar rechtlich gebunden sein möchte.

10 Im VG wird zwischen Angebot und der Aufforderung zur Abgabe eines Angebots (invitatio ad offerendum) unterschieden. Gemäß § 15 Abs. 1 S. 1 VG ist eine Aufforderung zur Abgabe eines Angebots eine Willenserklärung mit dem Ziel, dass der Empfänger ein Vertragsangebot macht. Einer Aufforderung fehlt der Rechtsbindungswille. Häufig ist der Inhalt einer Aufforderung nicht bestimmt, es fehlen z. B. der Preis oder die Menge. Außerdem muss das Angebot einer bestimmten Person gegenüber abgegeben werden.[29] Die Aufforderung, ein Angebot abzugeben, kann jedoch auch an einen unbestimmten Personenkreis erfolgen. Zur Aufforderung, ein Angebot abzugeben, zählen übersandte Preislisten, die Bekanntmachung einer Versteigerung oder Ausschreibung, Aktienprospekte und Handelswerbung (§ 15 Abs. 1 S. 2 VG).

a) Zugang

11 Gemäß § 16 S. 1 VG wird das Angebot wirksam, sobald es dem Empfänger zugeht. § 16 S. 1 VG unterscheidet also nicht zwischen dem Zugang unter Anwesenden und Abwesenden. In der Literatur wird die Ansicht vertreten, dass unter Anwesenden die Abgabe eines Angebots mit dessen Zugang grundsätzlich gleichzeitig stattfindet, so dass das Angebot dem Empfänger grundsätzlich sofort zugeht, sobald das Angebot abgegeben worden ist und ein durchschnittlicher Empfänger mit gewöhnlichem Verständnisvermögen die Erklärung verstehen konnte.[30] Unter

---

25 Jian MI, 46 f.
26 § 14 spricht von „der Hoffnung, mit einem anderen einen Vertrag zu errichten…"
27 Anders als in § 145 BGB, aber wie nach Art. 16 Abs. 1 CISG.
28 最高人民法院关于适用《中华人民共和国合同法》若干问题的解释（二）[Interpretation des Obersten Volksgerichts zu einigen Fragen des „Vertragsgesetzes der Volksrepublik China" (Teil 2)], deutsch in: Knut Benjamin PISSLER, ZChinR 2009, 288 ff.
29 Vgl. Yikun ZHU, 106.
30 Shiyuan HAN, Vertragsgesetz AT, 91.

Abwesenden geht das Angebot zu, wenn es in den Machtbereich des Empfängers gelangt, z. B. der Brief in den Briefkasten des Empfängers eingeworfen oder unter der Haustür in die Wohnung geschoben wird.[31] Ob der Empfänger tatsächlich Kenntnis von dem Inhalt des Angebots genommen hat, spielt dabei keine Rolle. Das Versendungsrisiko trägt allerdings der Anbietende.[32]

§ 16 S. 2 VG regelt den Zugang eines elektronisch abgegebenen Angebots, wie etwa mit einer E-Mail; dies wird ferner im Gesetz über elektronische Unterzeichnungen (GeU)[33] im Detail geregelt. Wenn der Empfänger als Empfangsvorrichtung ein besonderes Informationssystem bestimmt hat, gilt der Zeitpunkt, in dem die Datei in das System gelangt, als der Zugang des Angebots (§ 16 S. 1 Alt. 1 VG). Wird kein besonderes System bestimmt, geht das Angebot in dem Zeitpunkt zu, in dem die Datei in irgendein System des Empfängers gelangt (§ 16 S. 1 Alt. 2 VG). Hierbei ist es ebenfalls unerheblich, wann der Empfänger vom Inhalt des Angebots Kenntnis nimmt oder unter normalen Umständen mit der Kenntnisnahme zu rechnen ist.   **12**

b)   *Zurücknahme und Widerruf*

Ein Angebot kann zurückgenommen[34] werden, wenn die Rücknahmeerklärung dem Empfänger vor oder gleichzeitig mit dem Angebot zugeht (§ 17 VG).[35] Für die Rücknahmeerklärung ist kein Grund erforderlich.   **13**

Ein Angebot kann auch widerrufen[36] werden. Die Mitteilung des Widerrufs des Vertragsangebots muss dem Empfänger zugehen, bevor der Empfänger selbst eine Annahmeerklärung abgesandt hat (§ 18 VG). Jedoch ist der Widerruf nicht schrankenlos zulässig. Die Interessen zwischen dem Anbietenden und dem Empfänger müssen abgewogen werden. § 19 VG schließt einen Widerruf daher unter bestimmten Umständen aus. Das Vertrauensinteresse des Empfängers wird danach nicht nur geschützt, wenn das Angebot eine Annahmefrist beinhaltet, sondern auch, wenn es auf andere Weise zum Ausdruck bringt, dass es unwiderruflich ist oder wenn der Empfänger vernünftigerweise darauf vertrauen konnte, dass die   **14**

---

31 Shiyuan HAN, Vertragsgesetz AT, 93.

32 Einem Angebot unter Anwesenden gleichgestellt werden auch Telefonate, Video Chats und andere Situationen, in denen man direkt ein Gespräch führen kann.

33 [中华人民共和国电子签名法], erlassen am 28.8.2004 und in Kraft getreten am 1.4.2005, deutsch in: Simon WERTHWEIN, ZChinR 2005, 142 ff. Das GeU definiert die elektronische Datei [数据电文] als Information, die durch elektronische, optische, magnetische oder ähnliche Mittel generiert, gesendet, empfangen oder gespeichert wird.

34 Chinesisch: 撤回.

35 Zurücknahme im Sinne von § 17 VG ist gleichbedeutend mit dem Widerruf im Sinne von § 130 Abs. 1 S. 2 BGB. Das VG folgt der Terminologie aus dem CISG. Gemäß Art. 15 CISG wird ein Angebot nicht wirksam, wenn dem Empfänger vorher oder gleichzeitig eine Rücknahmeerklärung zugeht. Art. 16 Abs. 1 CISG regelt, dass das Angebot so lange widerrufen werden kann, wie der Empfänger noch keine Annahmeerklärung abgesandt hat.

36 Chinesisch: 撤销.

Annahme unwiderruflich ist und er sich bereits auf die Erfüllung des Vertrags vorbereitet hat.

c)   Erlöschen

15   Das Angebot kann durch Ablehnung durch den Empfänger, den Ablauf einer Frist für die Annahme oder den Widerruf des Anbietenden erlöschen. Eine Annahme des Angebots unter materiellen Änderungen hat das Erlöschen des ursprünglichen Angebots zur Folge, wobei die abändernde Annahme zu einem neuen Angebot wird (§ 30 S. 2 VG). Falls die Veränderung nicht den materiellen Inhalt des Angebots betrifft und der Anbietende nicht ausdrücklich ablehnt, ist die Annahme wirksam und der Vertrag richtet sich nach dem veränderten Inhalt (§ 31 VG).

2.   Annahme

16   Die Annahme ist die Erklärung des Einverständnisses mit dem Angebot seitens des Angebotsempfängers (§ 21 VG). Wie im deutschen Recht ist zwischen empfangsbedürftigen und nicht empfangsbedürftigen Willenserklärungen zu unterscheiden.[37]

a)   Abgabe

17   Im Normalfall ist die Annahme empfangsbedürftig und erfolgt durch ausdrückliche Erklärung gegenüber dem Anbietenden. Ausnahmsweise kann die Annahme auch konkludent erklärt werden, d. h., es wird keine ausdrückliche Erklärung für die Annahme benötigt, wenn sich die Annahme aus der Verkehrssitte ergibt[38] oder der Anbietende im Angebot auf sie verzichtet hat (§ 22 HS 2 VG). Eine empfangsbedürftige Annahme ist unter Anwesenden unverzüglich und unter Abwesenden innerhalb der im Angebot bestimmten Frist abzugeben. Die Annahme ist wirksam, sobald die Erklärung dem Anbietenden zugeht oder die konkludente Handlung getätigt ist (§ 26 S. 1 und S. 2 VG).

b)   Zurücknahme und Erlöschen

18   Die Annahme kann auch zurückgenommen werden, wenn die Mitteilung der Zurücknahme vor oder gleichzeitig mit der Annahme dem Anbietenden zugeht (§ 27 VG). Sie kann jedoch nicht mehr zurückgenommen werden, nachdem sie dem Anbietenden zugegangen ist.

19   Eine verspätete Annahme gilt als neues Angebot, soweit der Anbietende nicht rechtzeitig mitteilt, dass sie wirksam ist (§ 28 VG). Eine Ausnahme gilt, wenn sie aufgrund von ungewöhnlichen Gründen verspätet ist. Dann ist sie wirksam, soweit der Anbietende sie nicht ablehnt (§ 29 VG).

---

37   Shiyuan HAN, Vertragsgesetz AT, 97.

38   Unklar bleibt, ob nur eine allgemeine Verkehrssitte gemeint ist oder auch zwischen den Parteien entstandene Praktiken, vgl. Frank MÜNZEL/Xiaoqing ZHENG, RIW 1999, 641, 641.

3. Form und Ort

Mit der Wirksamkeit der Annahme ist ein Vertrag abgeschlossen. Dabei ist im **20** chinesischen Recht zwischen Abschluss und Wirksamkeit eines Vertrags zu unterscheiden. Der Abschluss eines Vertrags ist also nur der erste Schritt. Wann ein geschlossener Vertrag wirksam wird, hängt davon ab, ob es bestimmte gesetzliche (z.B. behördliche Genehmigungen/Registrierungen) oder vereinbarte Wirksamkeitsvoraussetzungen gibt bzw. wann diese erfüllt sind. Im Normalfall ist ein rechtsgültig geschlossener[39] Vertrag auch gleichzeitig wirksam (§ 44 VG).[40]

a)   Schriftform

Verträge können grundsätzlich ohne eine bestimmte Form abgeschlossen wer- **21** den. Schriftform ist nur für einzelne Vertragstypen vorgeschrieben[41] und wird im Übrigen recht weit definiert; auch der Austausch von E-Mails genügt (§§ 11, 16 Abs. 2 VG). Ist Schriftform gesetzlich vorgesehen oder vereinbart und wird diese nicht eingehalten, wird dieser Formmangel geheilt, wenn eine Partei schon die Hauptpflicht erfüllt und die andere Partei diese angenommen hat (§§ 36 f. VG).

b)   Ort des Vertragsschlusses

Der Ort des Vertragsschlusses ist der Ort, an dem die Annahme wirksam wird **22** (§ 34 S. 1 VG). Wichtig ist der Ort des Vertragsschlusses für die Festlegung der örtlichen Zuständigkeit der Gerichtsbarkeit und die Festlegung des anwendbaren Rechts. Wenn die Parteien sich bei Vertragsschluss für die Form einer Vertragsurkunde entscheiden (oder dies aus Formgründen erforderlich ist), ist der Ort, an dem die Parteien unterschreiben oder stempeln, der Ort des Vertragsschlusses (§ 35 VG). Wenn bei Vertragsabschluss die Form elektronischer Datenschriftstücke benutzt worden ist, ist der Ort des Hauptbetriebs des Empfängers der Ort des Vertragsabschlusses (§ 34 S. 2 VG). Gibt es keinen Ort für den Hauptbetrieb, ist der gewöhnliche Aufenthaltsort entscheidend (§ 34 S. 2 HS 2 VG). Dies gilt allerdings nur dann, wenn die Parteien nichts anderes vereinbart haben (§ 34 S. 3 VG).

II.   Wirksamkeit von Verträgen

Wie bereits dargelegt, unterscheidet das VG zwischen Errichtung (Abschluss) **23** und Wirksamkeit des Vertrages. Das Wirksamwerden eines Vertrags kann der Erfüllung bestimmter (gesetzlicher oder vereinbarter) Voraussetzungen unterliegen, wie etwa die Übergabe des Gegenstandes beim Darlehensvertrag zwischen natürlichen Personen (§ 210 VG).

---

39   Das VG spricht von „nach dem Recht errichteten Verträgen".
40   Näher sogleich unter Rn. 27.
41   Z.B.: §§ 197, 215, 238, 270, 276, 330, 342 VG.

24 Das chinesische Vertragsgesetz hat die Wirksamkeit eines Vertrags nicht gesondert geregelt. Vielmehr wird auf die allgemeinen Wirksamkeitsvoraussetzungen eines Rechtsgeschäfts in § 55 AGZ zurückgegriffen. Danach muss der Handelnde die entsprechende Rechts- und Geschäftsfähigkeit[42] besitzen, die Willenserklärungen müssen dem wahren Willen der Parteien entsprechen und weder das Gesetz noch die Interessen der Allgemeinheit dürfen durch den Vertrag verletzt werden.

1. Rechts- und Geschäftsfähigkeit

25 § 9 S. 1 VG verlangt für den Vertragsabschluss, dass die Parteien rechts- und geschäftsfähig sind. Regelungen zur zivilrechtlichen Rechts- und Geschäftsfähigkeit finden sich in den §§ 9 ff. AGZ. Insofern wird auf die Ausführungen im 2. Kapitel zur Rechts- und Geschäftsfähigkeit verwiesen.[43]

2. Wirksame Willenserklärung

26 Das VG definiert den Begriff der Willenserklärung nicht. Nach allgemeiner Auffassung besteht eine Willenserklärung aus zwei Elementen, nämlich Erklärungshandlung und Rechtsbindungswille.[44] Wie im deutschen Recht hat eine Willenserklärung also einen subjektiven und einen objektiven Tatbestand. Die Erklärungshandlung wird durch ein äußeres Verhalten gezeigt und kann auch konkludent erfolgen. Der Rechtsbindungswille der Handelnden wird aus Sicht eines objektiven Dritten danach beurteilt, ob der Erklärende freiwillig handeln will und bei der Äußerung auf die Herbeiführung einer bestimmten Rechtsfolge abzielt.

3. Anfechtbare und nichtige Verträge

27 Wenn die Willenserklärung dem wahren Willen des Erklärenden nicht entspricht, liegt ein Willensmangel vor. Das Rechtsgeschäft ist dann entweder nichtig oder anfechtbar, wobei die Rechtsfolgen nach AGZ und VG unterschiedlich sind. Nach § 58 AGZ führt ein Willensmangel in bestimmten Fällen dazu, dass ein Rechtsgeschäft von Anfang an nicht zustande gekommen ist. Dieser Grundsatz wird im VG allerdings eingeschränkt, so dass im Ergebnis ähnlich wie im deutschen Recht unwahre Willenserklärungen teilweise erst durch Anfechtung wieder aus der Welt sind.

28 § 52 VG sieht einen Katalog von Nichtigkeitstatbeständen für Verträge vor, der auf § 58 AGZ basiert, zum Teil aber engere Voraussetzungen hat.[45] Allerdings

---

42 Dazu siehe 2. Kapitel unter IV zur Rechtsfähigkeit Rn. 54 ff. und zur Geschäftsfähigkeit Rn. 84 ff.
43 Zur Rechtsfähigkeit s. 2. Kapitel Rn. 54 ff. und zur Geschäftsfähigkeit Rn. 84 ff.; dazu ausführlich siehe 2. Kapitel unter B.IV.
44 Huixing LIANG, 127; Stefanie TETZ, 86.
45 Siehe dazu unter 2. Kapitel unter B.V.1., Rn. 102 ff.

sind durch „Täuschung, Drohung oder Ausnutzung einer Notlage" entstandene Verträge nur dann per se unwirksam, wenn staatliche Interessen geschädigt sind (§ 52 Nr. 1 VG). Andernfalls führt eine Täuschung oder Drohung nur noch zur Anfechtbarkeit, d. h., die betroffene Partei muss gemäß § 54 Abs. 2 VG die Unwirksamkeit des Vertrags (schieds)gerichtlich einklagen. Gleiches gilt für „gesetzeswidrige" Verträge im Sinne von § 58 Nr. 5 AGZ, die gemäß § 52 Nr. 5 VG nur dann nichtig sind, wenn zwingende Bestimmungen in Gesetzen oder Verwaltungsvorschriften verletzt werden. Damit sollen nur noch wesentliche und ausdrücklich beschriebene Rechtsverstöße zur Nichtigkeit führen. Bei fehlenden Genehmigungen oder Registrierungen sind die Verträge nur dann unwirksam, wenn diese per Gesetz als Wirksamkeitsvoraussetzung vorgesehen sind (§ 44 S. 2 VG, § 9 Interpretation des OVG zum Vertragsgesetz I[46] („OVG-Interpretation I VG")). Die in der Praxis häufig im Raum stehende Überschreitung der satzungsmäßigen Kompetenzen des gesetzlichen Vertreters[47] oder des genehmigten Unternehmensgegenstandes[48] einer Gesellschaft führt ebenfalls grundsätzlich nicht zur Nichtigkeit des abgeschlossenen Vertrags (§ 50 VG, Nr. 10 OVG-Interpretation I VG).

Ferner sind Klauseln, die die Haftung einer Partei bei Verletzung von Leben, Körper und Gesundheit ausschließen, oder die Haftung für durch Vorsatz oder grobe Fahrlässigkeit entstandene Vermögensschäden ausschließen, gemäß § 53 VG unwirksam.   **29**

Eine Partei kann wegen eines schwerwiegenden Irrtums die Änderung oder die Aufhebung des Vertrags durch ein (Schieds-)Gericht verlangen (§ 54 Abs. 1 Nr. 1 VG). Dies gilt auch, wenn der Vertrag bei Vertragserrichtung „deutlich ungerecht" ist (§ 54 Abs. 1 Nr. 2 VG) oder durch Täuschung, Drohung oder Ausnutzung einer Notlage zustande kam (§ 54 Abs. 1 S. 2 VG). Anders als nach §§ 119 ff. BGB kann die Partei nicht selbst die Anfechtung erklären, sondern muss die Anfechtung ihrer Willenserklärung binnen eines Jahres vor Gericht oder Schiedsgericht beantragen. Nach h. M. ist die (schieds)gerichtliche Geltendmachung also eine Prozessvoraussetzung für die Ausübung des Anfechtungsrechts.[49]   **30**

4.   Vertreter ohne Vertretungsmacht

Ein ohne oder in Überschreitung der Vertretungsmacht im Namen eines anderen geschlossener Vertrag bindet den Vertretenen nur mit seiner Genehmigung (§ 48   **31**

---

46 [最高人民法院关于适用《中华人民共和国合同法》若干问题的解释(一)], Interpretation des Obersten Volksgerichts zu einigen Fragen der Anwendung des Vertragsgesetzes der VR China (Teil 1), erlassen am 1.12.1999 und in Kraft getreten am 29.12.1999, deutsch in: Frank MÜNZEL, Chinas Recht, 15.3.99/1.

47 Der Vertrag wird dann unwirksam, wenn die Partei die Überschreitung kannte oder kennen musste (§ 50 VG).

48 Der Vertrag wird lediglich beim Betrieb gesetzlich beschränkter oder verbotener Gewerbe als unwirksam angesehen (§ 10 S. 1 OVG-Interpretation I VG).

49 Vgl. Shiyuan HAN, Vertragsgesetz AT, 233; Yuanshi BU, 107.

Abs. 1 VG). Mit Genehmigung gilt das Geschäft als von Anfang an wirksam zwischen dem Vertretenen und dem Vertragspartner geschlossen (§ 51 VG). Genehmigt der Vertretene nicht, haftet der Vertreter selbst (§ 66 Abs. 1 S. 2 AGZ, § 48 Abs. 1 VG). Die Rechtsfolgen im Einzelnen sind umstritten,[50] insbesondere, ob der Vertragspartner wie im deutschen Recht zwischen Erfüllung und Schadenersatz wählen darf.[51] Wie im deutschen Recht steht der anderen Partei gemäß § 48 S. 4 und 5 VG ebenfalls ein Widerrufsrecht zu. Danach ist der gutgläubige Geschäftspartner berechtigt, bis zur Genehmigung des Vertrags diesen zu widerrufen. Die Rückabwicklung eines widerrufenen Vertrages erfolgt nach §§ 58 f. VG.[52]

32 Allerdings kennt auch das chinesische Recht eine Duldungs- und Anscheinsvollmacht, d. h., ein ohne Vertretungsmacht geschlossener Vertrag ist wirksam zwischen dem Vertretenen und dem Vertragspartner geschlossen, wenn der Vertretene entsprechende Kenntnis hatte (§ 66 Abs. 1 S. 3 AGZ) oder die andere Partei auf das Bestehen einer solchen Vollmacht vertrauen durfte (§ 49 VG).[53] Ein solcher Anschein liegt beispielsweise vor, wenn der angebliche Vertreter den Firmenstempel einer Gesellschaft benutzt.[54] Auch gilt bei Überschreitung der internen bzw. satzungsgemäßen Kompetenzen eines gesetzlichen Vertreters einer Gesellschaft der Vertrag nur dann als unwirksam, wenn die gegnerische Partei die Überschreitung kannte oder kennen musste (§ 50 VG).

5. Aufschiebende bzw. auflösende Wirkung

33 Ein Vertrag kann aufschiebende oder auflösende Wirkung haben, wenn Bedingungen oder eine Frist für die Wirksamkeit beziehungsweise Unwirksamkeit eines Vertrags vereinbart sind (§§ 45 ff. VG). Mit dem Eintritt der vereinbarten Bedingungen oder dem Ablauf der Frist wird der Vertrag entsprechend wirksam oder unwirksam. Nicht nur die Errichtung, sondern auch die Wirksamkeit eines Vertrags kann also vom Willen der Parteien abhängen.

---

50 Yuanshi Bu, 85.
51 Nach einer Ansicht gilt der Vertrag als zwischen dem angeblichen Vertreter und dem Geschäftsgegner geschlossen und dieser hat gegen den Vertreter entsprechende Ansprüche aus dem Vertrag. Siehe Lixin Yang, 179; Mingrui Guo, 130; Jianyuan Cui, Das Vertragsrecht, 102. Siehe auch: 倪国强与如皋市搬经镇焦港村村民委员会民间借贷纠纷上诉案, 江苏省南通市中级人民法院民事判决书（2014）通中商终字第 0435 号[Berufungsfall über einen Darlehensstreit zwischen Ni Guoqiang und Rugao Shi Banjing Zhen Jiaogang Cun Cunmin Weiyuanhui, Zivilrechtliches Urteil des Mittleren Volksgerichts der Stadt Nantong der Provinz Jiangsu (2014) Tong Zhong Shang Zhong Zi Nr. 0435]. Andere Ansichten: Jiafu Wang, 615; Jieying Tang, 184.
52 Siehe dazu 2. Kapitel unter B.V.1., Rn. 115 ff.
53 Kritisch siehe 2. Kapitel unter B.V.2.c), Rn. 126 ff.
54 Mingrui Guo (Hrsg.), 131. Illegaler Besitz (z. B. durch Diebstahl) führt nach h. M. nicht zu einer Anscheinsvollmacht, wenn der Vertretene dies beweisen kann.

III. Vertragsauslegung und AGB

Rechtsnormen und Rechtsgeschäfte sind auslegungsfähig.[55] Die Auslegung von   **34**
Verträgen folgt den allgemeinen Regeln der Auslegung von Rechtsgeschäften unter Berücksichtigung der Besonderheiten von Verträgen. Im VG werden erstmals
die wesentlichen Auslegungsgrundsätze in einer Vorschrift aufgeführt.[56.]

1. Auslegungsgrundsätze

Das VG sieht in § 125 S. 1 vor, dass bei einem nicht übereinstimmenden Vertrags-   **35**
verständnis das zwischen den Parteien wirklich Gewollte nach (i) dem Wortlaut
im Vertrag (grammatische Auslegung), (ii) den einschlägigen Klauseln des Vertrags (systematische Auslegung), (iii) dem Vertragszweck (teleologische Auslegung), (iv) der Verkehrssitte sowie (v) Treu und Glauben zu bestimmen ist. Die
darin beschriebene Methodik entspricht im Wesentlichen den Auslegungsmetho-
den von Verträgen im deutschen Recht (§§ 133, 157 BGB). Es kommt also zunächst auf die Ermittlung des einvernehmlichen Willens der am Vertragsschluss
Beteiligten an und erst subsidiär darauf, wie der Vertrag von einem objektiven
Dritten (in der Position des Empfängers) verstanden werden musste. Dies bezweckt den Schutz des Rechtsverkehrs. Obwohl aus der sprachlichen Fassung
des § 125 S. 1 VG kein Vorrang der aufgezählten Methoden hervorgeht, sind beim
Auslegungsverfahren die grammatische und die teleologische Auslegung wohl
vorrangig anzuwenden; vor allem das Ziel des Vertrags wird mehrfach betont.[57]
Lässt sich daraus allerdings kein zufriedenstellendes Ergebnis gewinnen, etwa
wegen der Mehrdeutigkeit des Wortlauts, oder weil gute systematische oder teleologische Argumente für die Gegenauffassung sprechen, werden die anderen Aus-
legungsmaßstäbe einzeln oder zusammen herangezogen. Nach einigen Stimmen
in der Literatur[58] sei jedoch stets vorrangig und endgültig auf die Anforderungen
von Treu und Glauben zurückzugreifen, wenn die anderen Auslegungskriterien
kein sicheres oder eindeutiges Ergebnis zulassen. In keinem Fall darf dabei das
Auslegungsziel aus den Augen verloren werden, nämlich die Ermittlung des von
den Parteien wirklich Gewollten.

In der Praxis kommen häufig bei zwei-/mehrsprachigen Verträgen Diskrepanzen   **36**
zwischen den verschiedenen Sprachfassungen vor. Gemäß § 125 S. 2 VG ist in
diesem Fall die vertragszweckkonforme Auslegung heranzuziehen. Zu beachten
ist allerdings, dass diese Vorschrift erst dann anwendbar ist, wenn weder nach
gesetzlichen Vorgaben noch nach vertraglichen Vereinbarungen einer Sprachfas-
sung Vorrang zukommt. So ist z.B. bei Unterlagen, die bei Behörden in China

---

55 Zur Auslegung von Rechtsnormen siehe das 2. Kapitel unter B.I., Rn. 9 ff.
56 Frank MÜNZEL/Xiaoqing ZHENG, RIW 1999, 641, 642.
57 Vgl. §§ 52 Nr. 3, 60 Abs. 2, 62 Nr. 1, 94 Nr. 1 und 4, 231 VG.
58 Huixing LIANG, www.civillaw.com.cn/article/default.asp?id=7601 (Stand: 19.9.2014).

einzureichen und zur Akte zu nehmen sind, stets die chinesische Fassung maßgeblich. Das Gleiche gilt grundsätzlich auch für Arbeitsverträge.

37 § 125 VG stellt ferner die Grundlage der bei Vertragslücken ergänzenden Auslegung dar, welche in §§ 61, 62 VG bzw. in den Normen der einzelnen Vertragstypen näher geregelt ist. Gemäß § 61 VG sind bei fehlenden oder unklaren Vereinbarungen über Inhalte wie Qualität, Preis oder Erfüllungsort die einschlägigen
Klauseln des Vertrags oder die Verkehrssitte heranzuziehen. Lässt sich durch §
61 VG der Vertragsinhalt trotzdem nicht bestimmen, greift § 62 VG ein, der Son-
derregeln zur ergänzenden Vertragsauslegung bei unklaren Vereinbarungen über
die Qualität, den Preis oder das Entgelt, den Erfüllungsort, die Frist, die Art und
Weise der Erfüllung und das Tragen der Erfüllungskosten vorschreibt. Danach
sind z. B. bei unklaren Vereinbarungen über die Qualität die Staats- bzw. Branchennormen heranzuziehen; gibt es keine Staats- bzw. Branchennormen, gelten
die allgemeinen Standards oder dem Vertragszweck entsprechende Standards als
maßgeblich (§ 62 Nr. 1 VG). Bei undeutlichen Vereinbarungen über den Preis ist
dieser grundsätzlich nach dem Marktpreis am Erfüllungsort zur Zeit des Vertragsschlusses zu bestimmen (§ 62 Nr. 2 VG).

38 Darüber hinaus gelten bei der Auslegung Allgemeiner Geschäftsbedingungen
(AGB) Sonderregelungen, die im nachfolgenden Kapitel näher erörtert werden.

2.   Allgemeine Geschäftsbedingungen (AGB)

39 Auch in China werden zunehmend Klauseln im geschäftlichen Leben verwendet,
die von einer Partei vorformuliert und der anderen Partei vorgelegt werden. Die
Partei, die solche Klauseln stellt, ist oft wirtschaftlich stärker als die andere Partei. Um die andere Partei nicht unangemessen zu benachteiligen bzw. ihr Rechts-
interesse nicht zu beeinträchtigen, unterliegen solche vorformulierten Klauseln
nach dem chinesischen Recht einer Rechtskontrolle. In den Vorschriften der
§§ 39–41 VG und §§ 6–9 Verbraucherschutzgesetz (VSG) finden sich unter anderem Regelungen, die den Begriff solcher Formularklauseln definieren und deren
Einbeziehung in Verträge und Inhalte regeln.[59] Ferner haben manche Städte, wie
z. B. Wuhan[60] und Chongqing[61], im Rahmen des Verbraucherschutzes zusätzliche
Regelungen für die Rechtskontrolle solcher Klauseln erlassen, die örtlich Anwendung finden.

---

59 Hierzu Jörg BINDING/Long JIANG, ZChinR 2014, 63 ff.
60 Maßnahmen der Stadt Wuhan über die Überwachung von Formularklauseln [武汉市合同格式
    条款监督办法], erlassen von der Stadtregierung Wuhan am 19.11.2007 und in Kraft getreten am
    1.1.2008.
61 Verordnung der Stadt Chongqing über die Überwachung von Formularvertragsklauseln [重庆市
    合同格式条款监督条例], erlassen vom Volkskongress der Stadt Chongqing 29.7.2005 und in
    Kraft getreten am 1.1.2006.

a) Begriff „Allgemeine Geschäftsbedingungen"

Allgemeine Geschäftsbedingungen (AGB) oder Formularklauseln sind gemäß **40** § 39 Abs. 2 VG Klauseln, die von einer Partei zur wiederholten Verwendung vorformuliert und nicht bei der Entstehung des Vertrags mit der anderen Partei ausgehandelt werden. Da AGB besonderen Wirksamkeitsanforderungen unterliegen, ist die Beurteilung, ob eine Klausel als AGB zu qualifizieren ist, von ausschlaggebender Bedeutung. Nach der gesetzlichen Definition ist ein wichtiges Merkmal von AGB die einseitige Einbringung der Bedingungen in den Vertrag ohne individuelles Aushandeln mit der anderen Partei. Auch von öffentlicher Seite gibt es verbreitet Musterverträge, die u. a. von den Handelsbehörden veröffentlicht werden,[62] allerdings nicht von einer Partei stammen und damit gemäß § 39 Abs. 2 VG nicht als AGB gelten.[63] Ferner muss im Zeitpunkt des Vertragsschlusses die Absicht der wiederholten Verwendung bestehen. Wiederholung bedeutet: mindestens zweimal. Nicht erforderlich ist jedoch, dass die Klauseln tatsächlich wiederholt verwendet wurden.[64]

Im Vergleich zum deutschen Recht (§ 310 Abs. 3 Nr. 2 BGB) wird allerdings **41** nicht differenziert, ob der Empfänger der AGB ein Verbraucher oder ein Unternehmer ist. Auch das Verbraucherschutzgesetz, welches strengere Anforderungen an die Einbeziehung und Inhaltskontrolle der AGB stellt, sieht keine abweichende Definition für AGB vor. Daher finden die §§ 39 ff. VG auch auf Verbraucherverträge Anwendung.[65] Klauseln, die eine Partei zur einmaligen Nutzung gegenüber einem Verbraucher vorformuliert hat, fallen nicht unter den Begriff der AGB.

b) Einbeziehung in den Vertrag

Um Bestandteil eines Vertrags zu werden, müssen AGB zudem wirksam in den **42** Vertrag einbezogen werden. Das VG sieht allerdings keine allgemeinen Einbeziehungsanforderungen vor. Gemäß § 39 Abs. 1 VG muss der Verwender bei Vertragsschluss die andere Partei auf angemessene Art und Weise auf die Klauseln aufmerksam machen, die seine Haftung ausschließen oder einschränken. Auf Verlangen muss der Verwender zudem der anderen Partei diese Klauseln erklären.

AGB werden dann „auf angemessene Art und Weise" einbezogen, wenn der **43** Verwender die seine Haftung ausschließenden oder einschränkenden Klauseln durch besondere Hervorhebung, wie z. B. durch Schriftzeichen, Symbole oder die Schriftart, kennzeichnet (§ 6 Abs. 1 OVG-Interpretation II VG). Ein Schild im Restaurant, worauf der Hinweis „Für die Garderobe wird keine Haftung übernommen" in kleiner Schrift gedruckt ist, oder welches an nicht gut sichtba-

62 Z.B. der Sino-German Model Contract for Know-How and Patent License und die Sample clauses for Sino-German joint venture contracts; vgl. auch § 12 VG.
63 Liming WANG, Wesentlicher Teil des Vertragsrechts, 96.
64 Liming WANG, Fragestellungen im Vertragsrecht, 158.
65 Liufang FANG, Study on China Administration for Industry & Commerce 1995, 13, 13.

rer Stelle angebracht ist, stellt keinen Hinweis in „angemessener Art und Weise" dar.[66]

44 Nach dem Wortlaut der Vorschriften unterliegen jedoch nur solche Klauseln, die die Haftung des Verwenders ausschließen oder einschränken, der Hinweis- bzw. Erklärungspflicht. Unklar ist, ob andere Klauseln direkt wirksam in den Vertrag einbezogen werden können, ohne dass der Verwender besonders darauf hinweisen muss. Nach h.M. in der Literatur[67] muss auch auf die Klauseln, die keine Haftung des Verwenders ausschließen oder beschränken, hingewiesen werden; hinsichtlich der haftungsausschließenden und -beschränkenden Klauseln sei zudem eine erhöhte Anforderung an zu erteilende Hinweise zu stellen.[68] Diese Auslegung stützt sich auf den Verbraucherschutzgedanken, überschreitet allerdings den Gesetzeswortlaut deutlich. Die AGB-Vorschriften im Vertragsgesetz regeln allgemein die Rechtsbeziehungen zwischen dem AGB-Verwender und der Gegenpartei, ohne besondere Rücksicht auf den Verbraucherschutz zu nehmen. Dieser sollte im Verbraucherschutzgesetz (VSG) als lex specialis zum Zuge kommen, was im Rahmen der letzten Überarbeitung des VSG im Jahr 2013 in § 26 Abs. 1 VSG realisiert wurde. Danach muss nicht nur über Haftungsklauseln, sondern auch über wesentliche Vertragsinhalte wie Qualität, Preis, Sicherheitsanweisungen, Kundendienste usw. besonders hingewiesen werden. Bei AGB gegenüber Unternehmen sollten daher keine strengeren Anforderungen gestellt werden als gegenüber Verbrauchern, weil von einem Unternehmen eher erwartet werden kann, dass es die vorformulierten Vertragsklauseln der anderen Partei genau studiert. Jedoch gelten die AGB auch gegenüber Unternehmen nicht automatisch und unterliegen den allgemeinen rechtsgeschäftlichen Anforderungen an Angebot und Annahme. Insbesondere ist erforderlich, dass der Vertragspartner von der Existenz der AGB weiß oder wissen musste.[69]

45 Die Beweislast, dass die Hinweis- bzw. Erklärungspflicht ordnungsgemäß erfüllt wurde, trägt der Verwender (§ 6 Abs. 2 OVG-Interpretation II VG). Bei Verletzung dieser Pflicht sollen nach der h. M.[70] die betroffenen AGB als nicht in den Vertrag einbezogen bewertet werden. Diese Ansicht wird allerdings nicht vom Obersten Volksgericht geteilt. Wie bei der Anfechtung und Nichtigkeit von Vertragsklauseln will das Oberste Volksgericht die Wirksamkeitsbeurteilung der AGB nicht den Vertragsparteien einräumen. Nach § 9 OVG-Interpretation II VG werden folglich die AGB trotzdem Bestandteil des Vertrags, können allerdings auf Antrag der anderen Partei vor Gericht angefochten werden. Für die Ausübung

---

66 Vgl. Zhiqiang Yu, Yunnan Law Science 2000, 46, 50.
67 Liming Wang, Formularklauseln, 7; Shiyuan Han, Vertragsgesetz AT, 743.
68 Zu abweichenden Meinungen siehe: Peng Sun, 226.
69 Liming Wang, Formularklauseln, 8.
70 Jianyuan Cui, 135; Shiyuan Han, Haftungsausschließende Klauseln, 484 f.; Liming Wang, Das Vertragsrecht, 393 f.

und die Rechtsfolgen der Anfechtung gelten die allgemeinen Vorschriften über die Anfechtung einer Willenserklärung.[71]

c)   Inhaltskontrolle von AGB

Wirksam in den Vertrag einbezogene AGB unterliegen der Inhaltskontrolle. Konkret geht es um die Frage, ob die einbezogene AGB-Klausel inhaltlich angemessen ist und somit Rechtsverbindlichkeit für die Parteien entfaltet. Die Maßstäbe der Inhaltskontrolle richten sich zunächst nach den Regelungen im VG. Für AGB gegenüber Verbrauchern greifen ferner Sonderregelungen im VSG ein. VG und VSG enthalten viele unbestimmte Rechtsbegriffe, die erst allmählich durch die Volksgerichte ausgefüllt werden.   **46**

aa)   Vertragsgesetz

Gemäß § 39 Abs. 1 VG muss der Verwender bei der Erstellung von AGB die Rechte und Pflichten der Parteien unter Einhaltung des Grundsatzes der Gerechtigkeit festsetzen. Der Gerechtigkeitsgrundsatz dient somit als Generalklausel der Inhaltskontrolle. Die Rechtsfolge einer Verletzung des Gerechtigkeitsgrundsatzes ist gemäß § 54 Abs. 1 Nr. 2 VG nicht automatisch die Unwirksamkeit der fraglichen Vertragsklauseln, diese sind aber anfechtbar.   **47**

Neben dem Gerechtigkeitsgrundsatz wird die Inhaltskontrolle durch § 40 i.V.m. §§ 52, 53 VG ergänzt. Neben den allgemeinen Unwirksamkeitsmerkmalen gemäß §§ 52 und 53 VG[72] sind ferner AGB unwirksam, welche die Haftung des Verwenders ausschließen, die Haftung der anderen Vertragspartei erhöhen oder deren Hauptrechte ausschließen. Nach zutreffender Ansicht in der Literatur ist ein Haftungsausschluss nur dann unwirksam, wenn der Ausschluss die Hauptpflichten des Verwenders betrifft.[73] Denn nach §§ 39 Abs. 1 und 53 VG ist nicht jeder Haftungsausschluss gleich als unwirksam einzustufen, sondern nur, wenn damit gegen zwingende gesetzliche Vorschriften verstoßen wird. Zu beachten ist, dass die Unwirksamkeit der AGB ausschließlich auf Antrag der Parteien vom Volksgericht festzustellen ist.[74]   **48**

Hauptrechte und -pflichten sind solche, die nach der Natur des Vertrags für die Erreichung des Vertragszwecks unentbehrlich sind.[75] Ist in einem Aushang eines Kaufhauses der Hinweis enthalten, dass gekaufte Waren beim Verlassen des Kaufhauses nicht zurückgegeben oder umgetauscht werden können, stellt dies einen Ausschluss der Qualitätsgarantie des Verkäufers dar, welche zu dessen Haupt-   **49**

---

71 Siehe dazu 2. Kapitel unter B.V.1.c), Rn. 116.
72 Siehe dazu unter Rn. 29 f.
73 Huixing Liang, Kampf für ein Zivilgesetzbuch Chinas, 212; Shiyuan Han, Vertragsgesetz AT, 744.
74 § 10 OVG-Interpretation II VG.
75 Liming Wang, Formularklauseln, 9.

pflichten gehört.[76] Enthält ein Maklervertrag die Klausel, wonach der Kunde dem Makler eine Vertragsstrafe i. H. v. 3 % des Kaufpreises zu bezahlen hat, wenn der Immobilienkaufvertrag wegen eines in der Sphäre des Kunden liegenden Grundes nicht abgeschlossen wird, ist diese Klausel unwirksam. Denn sie schränkt das Hauptrecht des Kunden ein, den Immobilienkaufvertrag mit dem Vertragspartner frei weiter zu verhandeln. Ein damit befasstes Shanghaier Gericht stützte dieses Ergebnis auch auf den Gerechtigkeitsgrundsatz und sah eine Ungerechtigkeit der vertraglichen Rechte und Pflichten darin, dass der Makler seine Provision bekommt, gleichgültig, ob der Kaufvertrag geschlossen wird oder nicht.[77]

50   Die Haftung der anderen Partei wird erhöht, wenn ihr ein Risiko aufgebürdet wird, welches über das im dispositiven Recht verankerte Maß hinausgeht.[78] Sieht ein Versicherungsvertrag vor, dass die Kosten nur erstattet werden, wenn der Versicherte sich von einem öffentlichen Krankenhaus der mittleren oder unteren Stufe behandeln lässt, erhöht diese Klausel das Risiko des Versicherten, weil z. B. bei einem Unfall nicht vom Versicherten erwartet werden kann, dass er ein bestimmtes vorgegebenes Krankenhaus aussucht.[79]

bb)   Verbraucherschutzgesetz

51   Wie bei der Frage der wirksamen Einbeziehung der AGB in Verträge sieht das Verbraucherschutzgesetz zusätzlich strengere Regelungen für die Inhaltskontrolle von AGB gegenüber Verbrauchern vor. So sind gemäß § 26 Abs. 1 VSG in Form von Mitteilungen oder Hinweisen enthaltene unangemessene Bedingungen für den Verbraucher, welche seine Rechte ausschließen oder beschränken, seine Haftung erhöhen oder die Haftung des Unternehmens reduzieren oder ausschließen, unzulässig und gemäß § 26 Abs. 3 VSG unwirksam. Wie nach § 39 Abs. 1 VG basiert auch die Inhaltskontrolle in § 26 Abs. 1 VSG auf den allgemeinen Grundsätzen „Gerechtigkeit" und „Angemessenheit". Diese Grundsätze werden durch typische Fälle konkretisiert, die als ungerecht bzw. unangemessen gelten. Zugleich wird den Gerichten Ermessensspielraum gelassen, um auch nicht ausdrücklich genannte Fallkonstellationen nach den vorgenannten Grundsätzen und unter Berücksichtigung der Vorgaben des VG zu entscheiden. Das OVG hat in Einzelfällen bereits Stellung zu AGB bezogen und geurteilt, dass ausgehängte Hinweise im Restaurant unwirksam sind, die selbst mitgebrachte Getränke verbieten oder einen Mindestverbrauch für ein abgetrenntes Speisezimmer in einem Restaurant

---

76   Wenge LI, 15.
77   我院通过审判规范房地产中介公司经营行为维护二手房买卖当事人合法权利 [Unser Gericht hat durch Beurteilung die Geschäftstätigkeit von Immobilienmaklern reguliert und die legalen Interessen der Parteien beim Kauf von Bestandsimmobilien geschützt], Pressemitteilung des Gerichts der mittleren Ebene der Stadt Shanghai, www.a-court.com/platformData/infoplat/pub/no1court_2802/docs/200503/d_381509.html (Stand: 22.9.2014).
78   Jörg BINDING/Sophia KURZ, 428.
79   Shulin DONG/Tingting JIANG, www.chinacourt.org/article/detail/2014/06/id/1319585.shtml (Stand: 22.9.2014).

vorsehen.[80] Die im VSG enthaltenen sehr unbestimmten Prüfmaßstäbe werden zudem in lokalen Regelungen zur AGB-Kontrolle weiter konkretisiert. So haben z.B. die Städte Shanghai und Shenzhen sowie die Provinz Heilongjiang in ihren lokalen Regelungen über Formularklauseln bestimmte Klauseln für unwirksam erklärt. Dies gilt beispielsweise für Klauseln, die übermäßig hohe Vertragsstrafen oder Schadenersatzzahlungen zusprechen, dem Verbraucher ein Risiko oder eine Haftung auferlegen, welches der Unternehmer gemäß Gesetz tragen muss, oder dem Unternehmer das Recht einräumen, den Vertrag endgültig auszulegen oder den Vertrag innerhalb einer unbestimmten Frist zu erfüllen.[81] Im Sinne einer einheitlichen Rechtsanwendung wäre eine Leitlinie in Form von beispielsweise einer OVG-Interpretation wünschenswert.

d)   Auslegung von AGB

Abweichend von den allgemeinen Vertragsauslegungsmethoden, die oben unter den Rn. 36 ff. beschrieben wurden, gelten gemäß § 41 VG bei Streitigkeiten über die Bedeutung von AGB besondere Auslegungsregeln, die vorrangig anzuwenden sind. Danach sind die AGB zunächst im allgemein üblichen Sinn auszulegen, d.h. so, wie ein gewöhnlicher Vertragspartner die Klausel üblicherweise verstehen würde. Diese Auslegungsmethode beruht darauf, dass sich AGB nicht an einen bestimmten Vertragspartner, sondern an eine Vielzahl von potenziellen Vertragspartnern richten. Wenn es auch bei der Auslegung nach dem objektiven Empfängerhorizont mehrere Deutungsmöglichkeiten gibt, sind AGB gemäß § 41 S. 2 VG zulasten des Verwenders auszulegen.   **52**

Wird in einem vom Verkäufer vorformulierten Immobilienkaufvertrag als Übergabezeit „vor Ende des Jahres" vereinbart und behauptet der Verkäufer, dass auf den chinesischen traditionellen Mondkalender abzustellen ist (das Ende eines Mondkalenderjahres ist in der Regel ca. zwei Monate nach dem Ende eines Solarkalenderjahres), ergibt sich aus einer Auslegung nach allgemein üblichem Sinn, dass in China das „Jahr" gewöhnlich nach dem Solarkalender zu bestimmen ist. Auch wenn es zwei Auslegungen hinsichtlich des „   " gäbe, wäre dies zulasten des Verkäufers als Jahr nach dem Solarkalender zu interpretieren.   **53**

---

80   最高法：禁带酒水包间最低消费属霸王条款 [Das Oberste Volksgericht: Verbot von mitgebrachten Getränken und Mindestkonsum in Privaträumen sind unfaire und unangemess Formularklauseln], www.gov.cn/jrzg/2014-02/15/content_2602042.htm (Stand: 22.9.2014).

81   Verordnung über die Überwachung von Formularklauseln der Stadt Shanghai [上海市合同格式 条款监督条例], erlassen vom Volkskongress der Stadt Shanghai am 13.7.2000 und in Kraft getreten am 1.1.2001. Verordnung über Formularklauseln der Sonderhandelszone Shenzhen [深圳 经济特区合同格式条款条例], erlassen vom Volkskongress der Sonderhandelszone Shenzhen am 27.4.2012, in Kraft getreten am 1.8.2012. Verordnung über die Überwachung von Formularklauseln der Provinz Heilongjiang [黑龙江省合同格式条款监督条例], erlassen vom Volkskongress der Provinz Heilongjiang am 15.8.2003 und in Kraft getreten am 1.10.2003.

e)   Vorrang von Individualabsprachen

54   § 41 S. 3 VG sieht vor, dass bei inhaltlichem Widerspruch zwischen AGB und Individualabsprachen (sog. Nicht-AGB) Letztere maßgeblich sind. Nicht-AGB sind Klauseln, die die Tatbestandsmerkmale von AGB nicht erfüllen. Es fehlt entweder an der Verwendungsabsicht, die Klausel wiederholt zu gebrauchen, an der einseitigen Vorformulierung oder die Klausel wird mit der Vertragspartei im Einzelnen ausgehandelt. Das VG geht davon aus, dass solche Individualabsprachen eher den wirklichen Willen der Parteien widerspiegeln als AGB.

IV.   Vertragserfüllung

55   Nach § 60 VG richtet sich die Erfüllung nach den vertraglich vereinbarten Pflichten. Fehlen Regelungen, wie z.B. Preis oder Qualität oder ist eine Vereinbarung unklar, werden die Lücken durch ergänzende Vertragsauslegung gefüllt (§ 61 VG). Dabei bestehen nach Treu und Glauben, der Natur und dem Zweck des Vertrags sowie der Verkehrssitte gemäß § 60 S. 2 VG Nebenpflichten, wie etwa Unterstützungsleistungen oder die Pflicht zur Geheimhaltung, auch wenn dies nicht explizit vertraglich festgelegt wurde. Die Erfüllung stellt den praktischen Regelfall für das Erlöschen eines vertraglichen Schuldverhältnisses dar.

56   Weiter präzisiert wird die Erfüllung hinsichtlich der Erfüllungszeit in den §§ 66, 67 VG. Fehlt eine Parteivereinbarung, müssen die Parteien gleichzeitig erfüllen (Zug um Zug) und können die Leistung der anderen Partei nur fordern, wenn sie selbst die geschuldete Leistung ordnungsgemäß anbieten (§ 66 VG). Leistet eine vorrangig zur Leistung verpflichtete Partei nicht ordnungsgemäß, kann die andere Partei ihre Leistung ablehnen (§ 67 VG). Eine vorzeitige Erfüllung ist ausnahmsweise zulässig, wenn die Interessen des Gläubigers nicht geschädigt werden (§ 71 VG). §§ 68 ff. VG sehen zudem vor, dass der zur Vorleistung Verpflichtete die Vorleistung bei einer Vermögensverschlechterung der anderen Partei verweigern kann. Typische Fälle sind Zahlungsunfähigkeit und Entfallen der Kreditwürdigkeit, aber auch das Verschieben von Vermögensgütern mit dem Ziel, sich Zahlungsverpflichtungen zu entziehen.

57   Im VG nicht geregelt ist der Fall, dass die Zahlung des Schuldners nicht sämtliche Forderungen des Gläubigers befriedigt. Nach dem OVG erlischt bei mehreren ausstehenden Forderungen die zuerst begründete, bei mehreren fälligen Forderungen die zuerst fällige, bei ungesicherten Forderungen die unsicherste, bei gleichartig gesicherten Forderungen die höhere und bei gleichzeitig fällig werdenden Forderungen sollen diese anteilig beglichen werden (§ 20 OVG-Interpretation II VG). Diese Grundsätze gelten allerdings nur, wenn Gläubiger und Schuldner keine Vereinbarung über die Rückzahlung der Verbindlichkeiten getroffen haben.

58
      Es kann vertraglich vereinbart werden, dass ein Dritter die geschuldete Leistung erbringt, wobei der Schuldner im Falle einer Nicht- oder Schlechtleistung weiter

in Anspruch genommen werden kann (§ 65 VG). Oft existiert zwischen dem Dritten und einer Vertragspartei eine Vereinbarung, die die Leistungserbringung des Dritten begründet. Schließt der Verkäufer A einen Kaufvertrag mit dem Käufer B und ist vereinbart, dass der Produzent C die Produkte an B liefert, haftet A weiterhin als Vertragspartei für die Erfüllung der Leistung.

Die Parteien können nach § 64 VG ebenfalls vereinbaren, dass der Schuldner befreiend an einen Dritten leisten kann. Im Falle der Nicht- oder Schlechtleistung des Dritten haftet er jedoch gegenüber dem Gläubiger. **59**

§§ 73 ff. VG sichern Ansprüche des Gläubigers bei Gläubigerbenachteiligung. **60** Danach kann der Gläubiger zur Sicherung seinerForderung bestimmte Handlungen des Schuldners an dessen Stelle vornehmen[82] oder Handlungen des Schuldners gegenüber Dritten vor einem Volksgericht anfechten, wenn diese die Erfüllung seiner Schuld erschweren wie beispielsweise Schenkungen. Verzichtet beispielsweise der Schuldner auf ihm zustehende Forderungen gegenüber Dritten und kann deswegen seine Rechnung gegenüber dem Gläubiger nicht bezahlen, kann der Gläubiger den Widerruf dieses Forderungsverzichts vor dem Volksgericht beantragen. Umstritten ist, ob die Forderung des Gläubigers bereits fällig sein muss.[83] Einen offensichtlich unangemessenen Preis i.S.v. § 74 S. 2 VG sieht das OVG z.B. dann als gegeben, wenn sich der vertraglich festgelegte Preis 70 % unter oder 30 % über dem handelsüblichen lokalen Preis befindet (§ 19 OVG-Interpretation II VG). Der Widerruf ist dabei auf den Umfang der eigenen Forderungen des Gläubigers beschränkt. Die Widerrufsfrist beträgt nach § 75 VG ein Jahr ab Kenntnis oder Kennenmüssen der den Widerruf begründenden Umstände. Das Widerrufsrecht erlischt spätestens fünf Jahre nach der Handlung des Schuldners.

V. Änderung, Übertragung und Beendigung von Verträgen

1. Änderung von Verträgen

a) Einvernehmliche Vertragsänderung

Abgeschlossene Verträge können gemäß § 77 S. 1 VG von den Parteien einvernehmlich abgeändert werden, soweit gesetzlich keine Genehmigung oder Registrierung vorgeschrieben ist. Dies entspricht dem Grundsatz der Vertragsfreiheit, der auch die Freiheit zur Änderung eines Vertrags einschließt. Aus der Formulierung der Vorschrift ist zu entnehmen, dass sich eine Vertragsänderung im Sinne des VG auf Änderungen vertraglicher Inhalte wie Rechte, Pflichten und Dauer bezieht, ohne dass die Vertragsparteien sich ändern.[84] Die Änderung einer Vertragspartei fällt unter Vertragsübertragung (§§ 79 ff. VG). Ferner umfasst nach **61**

---

82 Zur Ersatzvornahme ausführlich Yuanshi Bu, 109 ff.
83 Vgl. Knut Benjamin Pissler, 60 f.
84 Pengsheng Sui, 188.

h. M.[85] die Vertragsänderung nicht Änderungen des Vertragsgegenstandes, wodurch die Natur des Vertrags derart abgeändert wird, dass ein neues Vertragsverhältnis entsteht. Haben die Parteien beispielsweise einen Finanzierungsleasingvertrag abgeschlossen und nachträglich den Vertrag einvernehmlich so weit abgeändert, dass ein Darlehen gewährt wird und der Leasingnehmer Eigentümer des Vermögensgegenstandes wird, haben die Parteien somit nicht den ursprünglichen Finanzierungsleasingvertrag abgeändert, sondern diesen aufgehoben und einen neuen Darlehensvertrag geschlossen.[86]

62 Bei Vertragsänderungen schließen die Parteien einen mündlichen oder schriftlichen Änderungsvertrag, je nachdem, ob der ursprüngliche Vertrag formbedürftig war oder ein bestimmtes Formerfordernis für Änderungen vorschreibt. § 77 S. 2 VG sieht ferner vor, dass bei Vertragsänderungen Genehmigungen oder Registrierungen vorzunehmen sind, wenn diese nach Gesetzen oder Verwaltungsvorschriften erforderlich sind. Zum Beispiel sieht § 14 Durchführungsverordnung des Gesetzes über Chinese-Foreign Equity Joint Ventures[87] vor, dass der Joint Venture-Vertrag und die Satzung erst nach der behördlichen Genehmigung wirksam werden. Dies gilt auch für spätere Änderungen. Allerdings gilt dies nach der Rechtsprechung des OVG nicht für unwesentliche Änderungen. Unwesentliche Änderungen sind auch wirksam, wenn diese nicht von den Behörden genehmigt wurden.[88] Ein Beispiel für nicht wesentliche Änderungen von Satzungen oder Joint Venture-Verträgen sind die nicht genehmigungsbedürftigen Regelungsgegenstände, wie etwa verhältnismäßige Änderungen der Höhe der Kapitaleinlage oder Änderungen der Einbringungsfrist.[89] Dabei ist bemerkenswert, dass das OVG der Vertragsfreiheit und der Übereinstimmung der Parteien eine entscheidende Bedeutung bei der Bestimmung des Parteiwillens einräumt und die behördliche Genehmigung als ein formelles Erfordernis und nicht als eine Wirksamkeitsvoraussetzung ansieht, wenn die einvernehmlichen Änderungen bei gerichtlicher Prüfung inhaltlich rechtmäßig und angemessen sind, also nicht wesentlich von dem ursprünglichen Vertragsgegenstand abweichen.

63 Bei der Registrierung ist zu differenzieren, ob diese nach den einschlägigen Gesetzen oder Verwaltungsvorschriften Wirksamkeitsvoraussetzung für die Vertragsänderung ist. Gemäß § 9 OVG-Interpretation I VG sind bei fehlender Re-

---

85 Shiyuan HAN, Vertragsgesetz AT, 451 f.; Pengsheng SUI, 189.

86 Pengsheng SUI, 189.

87 [中华人民共和国中外合资经营企业法实施条例], erlassen vom Staatsrat und in Kraft getreten am 20.9.1983, zuletzt geändert am 19.2.2014.

88 香港锦程投资有限公司与山西省心血管疾病医院、第三人山西寰能科贸有限公司中外合资经营企业合同纠纷案, 最高人民法院民事判决书 (2010) 民四终字第 3 号 [Rechtsstreit über einen Sino-ausländischen Equity Joint Venture-Vertrag zwischen Xianggang Jincheng Touzi Youxian Gongsi sowie Shanxi Sheng Xinxueguan Jibing Yiyuan und einem Dritten Shanxi Huanneng Kemao Youxian Gongsi, Zivilrechtliches Urteil des Oberstes Volksgerichts (2010) Min Si Zhong Zi Nr. 3].

89 Ebenda.

gistrierung, welche allerdings keine Wirksamkeitsvoraussetzung für Vertragsänderungen ist, die Änderungsverträge an sich wirksam; lediglich die Übertragung der dinglichen Rechte, wie z.B. des Eigentums, findet nicht statt. So muss die Patentübertragung gemäß § 10 Abs. 3 Patentgesetz[90] beim Patentamt eingetragen werden. Trotz fehlender Eintragung ist der Patentübertragungsvertrag wirksam. Das Eigentum am Patent wird jedoch nicht übertragen.

Ferner ist zu beachten, dass die wirksamkeitsvoraussetzenden Genehmigungen und Registrierungen gemäß § 9 Abs. 1 OVG-Interpretation I VG bis zum Ende der gerichtlichen Verhandlung der Erstinstanz nachgeholt werden können.   64

b)   Einseitige Vertragsänderung

Einseitige Vertragsänderungen sind auch im chinesischen Recht grundsätzlich nicht möglich. Bestimmte Gestaltungsrechte wie der Rücktritt oder die Kündigung, die durch einseitige Erklärung des Berechtigten Auswirkungen auf den Vertrag haben können, sind gesetzlich vorgegeben oder können vertraglich vereinbart werden. Da durch Ausübung dieser Rechte jedoch die Existenz des Vertrags betroffen wird, stellen sie keine Vertragsänderung, sondern eine Vertragsbeendigung dar.   65

In bestimmten Fällen wird einer Partei per Gesetz das Recht auf Vertragsänderung eingeräumt. Bei einem Güterbeförderungsvertrag kann der Absender vor Übergabe der Güter gemäß § 308 VG verlangen, dass der Beförderer die Beförderung unterbricht, die Güter zurückschickt, den Zielort ändert oder die Güter einem anderen Empfänger übergibt. Er muss aber den Schaden ersetzen, der dem Beförderer dadurch entsteht. Eine ähnliche Regelung findet man auch in § 258 VG beim Werkvertrag, wonach der Besteller die Anforderungen an das Werk während der Arbeiten ändern kann, aber ebenfalls dem Unternehmen gegenüber zum Schadenersatz verpflichtet ist. In anderen Fällen muss der Anspruch auf einseitige Vertragsänderung durch Richterspruch durchgesetzt werden. Beispielsweise kann eine Partei gemäß § 54 VG bei anfechtbaren Verträgen die Vertragsänderung vor Gericht verlangen. Inwieweit eine Änderung auf Verlangen des Anfechtungsberechtigten durch das Gericht vorgenommen werden darf, ist jedoch umstritten.[91]   66

Ferner kann bei einem Wegfall der Geschäftsgrundlage, die 2009 vor dem Hintergrund der Finanzkrise[92] vom OVG durch § 26 OVG-Interpretation II VG eingeführt wurde, eine Vertragsänderung verlangt werden. Eine Störung der Geschäftsgrundlage liegt vor, wenn sich die objektiven Umstände nach Vertragsschluss schwerwiegend verändert haben und die Parteien die Veränderungen, die weder durch höhere Gewalt verursacht wurden noch zu den kommerziellen Risiken gehören, beim Vertragsschluss nicht voraussehen konnten, so dass die Fortsetzung   67

---

90 [中华人民共和国专利法], erlassen am 12.3.1984 und in Kraft getreten am 1.4.1985, zuletzt geändert am 27.12.2008, deutsch in: Frank MÜNZEL, Chinas Recht, 27.12.08/1.
91 Yanman YU/Deqiao WU, 102 f.
92 Zhenhua ZHU, 72; Qiang HAN, 57.

des Vertrags für eine Partei offensichtlich ungerecht wäre oder der Vertragszweck bei Fortsetzung des Vertrags nicht erreicht werden kann. Objektive Umstände sind solche, die die Grundlage des Vertrags bilden.[93] In diesem Fall kann eine Partei bei Gericht die Änderung oder Aufhebung des Vertrags verlangen. Das Gericht hat nach dem Gerechtigkeitsprinzip und unter Berücksichtigung der Umstände des Einzelfalls zu entscheiden, ob der Vertrag geändert oder aufgehoben wird. Die Ähnlichkeit mit der deutschen Regelung des § 313 BGB ist nicht zufällig, denn das deutsche Recht diente bei Einführung des § 26 OVG-Interpretation II VG als Vorbild. Beim Kriterium Nicht-Erreichen des Vertragszwecks wurde das angloamerikanische Institut Frustration of Contract (Wegfall der Geschäftsgrundlage) herangezogen.[94] Die Regelung enthält damit viele unbestimmte bzw. schwer abgrenzbare Begriffe wie „objektive Umstände", „schwerwiegende Veränderungen", „kommerzielle Risiken" und „offensichtliche Ungerechtigkeit". Um einer missbräuchlichen Rechtsanwendung vorzubeugen, empfahl das OVG drei Tage nach Erlass der Interpretation II VG in einer Mitteilung[95], dass die Störung der Geschäftsgrundlage von Gerichten mit Vorsicht anzuwenden und dass die Anwendung der Regelungen im Einzelfall den Höheren Volksgerichten zur Überprüfung und Genehmigung vorzulegen ist. In der Praxis erkennen die Gerichte daher das Vorliegen der Störung der Geschäftsgrundlage selten an. Typische Anwendungsfälle sind z. B. unvorhersehbare ungewöhnliche Preisveränderungen aufgrund einer veränderten Marktsituation (Finanzkrise, Inflation, technische Entwicklung usw.) oder unvorhersehbare Änderungen der Politik.[96] Dabei ist es insbesondere wichtig, allgemeine Geschäftsrisiken von der Störung der Geschäftsgrundlage abzugrenzen und maßgeblich darauf abzustellen, ob die Änderungen vorhersehbar sind. Bei Rohstoffen wie Erdöl, Koks, Nichteisenmetallen oder bei Aktien, Futures und Finanzprodukten, bei denen Preisschwankungen zu erwarten sind, werden höhere Anforderungen an die „Unvorhersehbarkeit" gestellt.[97]

---

93 Das OVG hat bereits in einem Sitzungsprotokoll des OVG über nationale wirtschaftliche Gerichtsverfahren vom 6.5.1993 [最高人民法院关于印发《全国经济审判工作座谈会纪要》的通知 (法发[1993]8号)] die Störung der Geschäftsgrundlage als Institut anerkannt und setzte voraus, dass die dem Vertrag zugrunde liegenden objektiven Umstände sich im Wesentlichen verändert haben müssen.

94 Zhenhua ZHU, 71.

95 最高人民法院关于正确适用〈中华人民共和国合同法〉若干问题的解释(二)服务党和国家的工作大局的通知》(法 [2009] 165号) [Mitteilung des OVG zur Anwendung der Interpretation über das Vertragsgesetz der VR China zum Dienst der Partei und des Staates, Fa 2009 Nr. 165], deutsch in: Knut Benjamin PISSLER, ZChinR 2009, 294 ff.

96 Qiang HAN, 64 f.; 李某与黄晓玲房屋买卖合同纠纷上诉案, 浙江省宁波市中级人民法院民事判决书 (2011) 浙甬民二终字第 692 号 [Berufungsfall in einer Immobilienkaufvertragsstreitigkeit zwischen Li Mou und Huang Xiaoling, zivilrechtliches Urteil des Mittleren Volksgerichts der Stadt Ningbo der Provinz Zhejiang (2011) Zhe Yong Min Er Zhong Zi Nr. 692].

97 最高人民法院关于当前形势下审理民商事合同纠纷案件若干问题的指导意见[Leitansichten des OVG zu verschiedenen Themen bei Gerichtsverfahren von zivilen und kommerziellen Vertragsstreitigkeiten unter der aktuellen Situation], erlassen am 7.7.2009.

2.   Übertragung von Verträgen

Bei der Vertragsübertragung überträgt eine Partei ihre Rechte und Pflichten aus   **68**
dem Vertrag ganz oder teilweise auf einen Dritten (§§ 79 ff. VG). Anders als bei
der Vertragsänderung bleibt bei der Übertragung der Inhalt des bisherigen Vertragsverhältnisses unverändert und lediglich die Vertragspartei wechselt.

a)   Übertragung durch Vertrag

Bei Übertragung durch Vertrag differenziert das VG zwischen der Übertragung   **69**
von Forderungen und der Übernahme von Verbindlichkeiten.

Bei der Forderungsübertragung schließt der Gläubiger mit einem Dritten einen   **70**
Vertrag[98] und überträgt ihm seine Forderungen, soweit diese abtretbar sind. Eine
Forderung kann nicht übertragen werden, wenn die Übertragung nach der Natur
des Vertrags, aufgrund einer Vereinbarung der Parteien oder nach Gesetz ausgeschlossen ist (§ 79 VG). Forderungen mit persönlichen Eigenschaften, wie
z. B. Ansprüche aus einem Arbeitsverhältnis, Forderungen für einen bestimmten
Zweck oder aus einer Wettbewerbsabrede, können grundsätzlich nicht durch Vertrag übertragen werden.[99] In der Praxis spielt die Forderungsübertragung, insbesondere zur Erfüllung von Geldschulden, eine bedeutsame Rolle. Ferner kann
durch Vereinbarung die Übertragung der Forderung an eine bestimmte Person
oder für einen bestimmten Zeitraum ausgeschlossen werden.

Gemäß § 80 S. 1 VG hat der bisherige Gläubiger dem Schuldner die Übertragung   **71**
von Forderungen anzuzeigen. Die Mitteilung kann sowohl schriftlich als auch
mündlich erfolgen.[100] Ohne Mitteilung ist die Übertragung dem Schuldner gegenüber unwirksam (§ 80 S. 2 VG) und Leistungen des Schuldners an den bisherigen Gläubiger bleiben wirksam. Nach der Mitteilung kann der Schuldner dem
neuen Gläubiger die Einwendungen entgegensetzen, die ihm gegen den bisherigen Gläubiger zustanden, § 82 VG. Obwohl diese Vorschrift keinen Mitteilungs-
zeitpunkt vorsieht, ist nach h. M. eine Mitteilung vor dem Abschluss des Über-
tragungsvertrags ungültig.[101] Ohne Zustimmung des neuen Gläubigers darf der
bisherige Gläubiger eine bereits erfolgte Mitteilung nicht zurücknehmen (§ 80
S. 3 VG). Eine zusätzliche Anforderung sieht z. B. § 20 Abs. 1 Durchführungsverordnung des Gesetzes über chinesisch-ausländische Equity Joint Ventures vor,
wonach die Übertragung der Anteile eines Joint Venture-Partners der Zustimmung des anderen Partners und der behördlichen Genehmigung unterliegt. Ferner
entfällt eine Mitteilung bei verbrieften Forderungen, bei denen es genügt, wenn
der neue Gläubiger dem Schuldner das entsprechende Papier vorlegt, wie z. B. bei
der Übertragung eines Kinotickets.[102]

---

98 Pengsheng Sui, 195.
99 Pengsheng Sui, 195 f.
100 Shiyuan Han, Vertragsgesetz AT, 476.
101 Shiyuan Han, Vertragsgesetz AT, 476.
102 Pengsheng Sui, 198.

72   Neben Übertragungen von Forderungen wird die Schuldübernahme in der Pra-
        xis oft zur Erfüllung von Schuldverhältnissen genutzt. Bei der Übernahme ei-
        ner Schuld tritt ein neuer Schuldner an die Stelle des bisherigen Schuldners. Die
        Übernahme von Schulden durch Vertrag zwischen dem Schuldner und einem
        Dritten bedarf gemäß § 84 VG der Zustimmung des Gläubigers. Erfolgt die Zu-
        stimmung nicht, gilt die Übernahme der Schuld als unwirksam. Dies dient dem
        Gläubigerschutz, da der Gläubiger vor einem neuen, eventuell zahlungsunfähi-
        gen Schuldner bewahrt werden soll.[103] Die Schuldübernahme unterscheidet sich
        vom Schuldbeitritt dadurch, dass bei Letzterer der bisherige Schuldner nicht von
        der Verpflichtung befreit wird, sondern ein weiterer Schuldner zum bisherigen
        Schuldner kumulativ hinzutritt.[104] Einwendungen des bisherigen Schuldners kann
        der neue Schuldner dem Gläubiger entgegensetzen (§ 85 VG).

73   Eine Schuld kann auch durch Vertrag zwischen Gläubiger und einem Dritten,
        der dann als neuer Schuldner auftritt, übernommen werden. Da in diesem Fall
        die Zustimmung des Gläubigers bereits durch den Vertragsschluss erteilt ist, fällt
        diese Konstellation nicht unter den Anwendungsbereich des § 84 VG.[105] Umstrit-
        ten ist jedoch, ob der Schuldner einer solchen Schuldübernahme widersprechen
        kann. In der Literatur wird dem Schuldner nach h. M. ein Widerspruchsrecht ein-
        geräumt.[106]

74   Darüber hinaus ist es möglich, dass eine Partei alle ihre Rechte und Pflichten aus
        einem Vertrag auf einen Dritten überträgt. Man spricht in diesem Fall von einer
        Vertragsübernahme. Hier tritt die neue Partei in vollem Umfang in die Rechte
        und Pflichten der ausscheidenden Partei ein. Gemäß § 88 VG ist dafür die Zu-
        stimmung der verbleibenden Partei einzuholen. Es wird ein Übernahmevertrag
        zwischen drei Parteien oder zwischen zwei Parteien mit Zustimmung der verblei-
        benden Partei geschlossen.

b)   Übertragung kraft Gesetzes oder durch Hoheitsakt

75   Bei einer Verschmelzung werden alle vertraglichen Rechte und Pflichten einer
        Partei gemäß § 90 S. 1 VG von der durch die Verschmelzung entstandenen juris-
        tischen Person bzw. anderen Organisation übernommen. Bei der Spaltung einer
        Partei übernehmen die juristischen Personen oder die anderen Organisationen,
        die durch die Spaltung entstanden sind, als Gesamtgläubiger bzw. -schuldner die
        Rechte und Pflichten, soweit Gläubiger und Schuldner nichts anderes vereinbart
        haben. Für die Begriffe der Verschmelzung und Spaltung ist auf die Regelungen

---

103 Pengsheng SUI, 201 f.
104 Shiyuan HAN, Vertragsgesetz AT, 485.
105 Shiyuan HAN, Vertragsgesetz AT, 488.
106 Pengsheng SUI, 202; Shiyuan HAN, Vertragsgesetz AT, 488.

im Gesellschaftsrecht[107] abzustellen. § 52 OVG-Interpretation ZPG[108] stellt klar, welche Rechtssubjekte unter den Begriff „andere Organisationen" fallen.[109]

Sonstige gesetzlich geregelte Fälle sind u. a. § 229 VG, wonach der Erwerber eines Mietobjekts an die Stelle des ausgeschiedenen Vermieters tritt. Im Zwangsvollstreckungsverfahren kann das Volksgericht auf Antrag anordnen, dass der Schuldner des Vollstreckungsschuldners fällige Forderungen direkt an den Vollstreckungsgläubiger leistet (§ 501 OVG-Interpretation ZPG). Die Übernahme von Arbeitsverhältnissen bei „Betriebsübergang" ist ein Sonderthema und wird hier nicht behandelt.[110]

76

3. Beendigung von Verträgen

Vertragliche Rechte und Pflichten können gemäß § 91 VG auf verschiedene Weise enden: neben dem „Normalfall" der Erfüllung (dazu ausführlich oben unter Rn. 55 ff.) durch einvernehmliche oder einseitige Aufhebung, Aufrechnung, Hinterlegung, Erlass, Zusammenfallen von Forderung und Verbindlichkeit in einer Person (Konfusion) und aus sonstigen Gründen nach Gesetz oder Vereinbarung der Parteien (z. B. Fristablauf bei Dauerschuldverhältnissen). Erfasst werden sowohl das Erlöschen der einzelnen Forderung als auch des gesamten Vertragsverhältnisses. Die in § 91 VG aufgeführten Gründe wie Aufrechnung (§§ 99, 100 VG), einvernehmliche Aufhebung (§ 93 S. 1 VG) und Konfusion (§ 106 VG) sind dem deutschen Recht sehr ähnlich, weshalb nachfolgend nur auf einige besondere Erlöschensgründe nach chinesischem Vertragsrecht eingegangen wird.

77

a) Einseitige Aufhebung

Das Vertragsverhältnis als Ganzes kann durch einseitige Aufhebung beendet werden. Dieser Rechtsakt ist vergleichbar mit dem Rücktritt nach deutschem Recht (§§ 346 ff. BGB) und erfolgt durch Erklärung gegenüber der anderen Vertragspartei (§ 96 S. 1 VG). Das einseitige Aufhebungsrecht kann auf vertraglichen Vereinbarungen (§ 93 S. 2 VG) oder Gesetz (nicht zu vertretende Unmöglichkeit, § 94 VG) beruhen. Die wirksame Aufhebung hat zur Folge, dass der Vertrag rückwirkend (ex tunc) erlischt, d. h., die Vertragsparteien sind so zu stellen, als

78

---

107 § 3 und § 4 关于外商投资企业合并与分立的规定 [Regelung über Verschmelzung und Spaltung von ausländisch investierten Unternehmen] (erlassen am 23.9.1999 und in Kraft getreten am 1.11.1999, zuletzt geändert am 22.11.2001) sehen z. B. die jeweiligen Formen von Verschmelzung und Spaltung vor.

108 Ansichten des OVG zu einigen Fragen bei Anwendung des Zivilprozessgesetzes der VR China [最高人民法院关于适用〈中华人民共和国民事诉讼法〉的解释], erlassen am 14.7.1992, zuletzt geändert am 30.1.2015.

109 Hierzu zählen u. a. Einzelpersonenunternehmen, Partnerschaften, „verbundene Betriebe", Contractual Joint Ventures (CJV) sowie kommunale Einheiten.

110 Zum Thema „Arbeitsverhältnisse beim Betriebsübergang" siehe Yuan SHEN, Übernahme der Arbeitsverhältnisse beim Betriebsübergang – Ein Vergleich zwischen deutschem und chinesischem Recht, Hamburg 2014; Marie Luise BERNATZ, ZChinR 2014, 5, 5 ff.

hätten sie den Vertrag nicht abgeschlossen (Wiederherstellung des ursprünglichen Zustandes, § 97 VG). Noch nicht erfüllte Leistungen werden nicht mehr erfüllt (Befreiungswirkung). Bereits erfüllte Leistungen sind zurückzugewähren, z. B. durch Rückgabe des empfangenen Gegenstandes. Ist die Rückgewähr nach den Umständen des Einzelfalls und der Natur des Vertrags nicht möglich, wie etwa bei geleisteten Diensten oder der Benutzung einer Mietsache, sind anderweitige Abhilfemaßnahmen vorzunehmen, wie z. B. Leistung von Wertersatz. Neben der Aufhebung kann auch Schadenersatz verlangt werden (§ 97 HS 2 VG).

79   Wurde ein einseitiges Aufhebungsrecht vertraglich ausbedungen, kann der Aufhebungsberechtigte beim Eintritt der vereinbarten Voraussetzungen den Vertrag aufheben (§ 93 S. 2 VG). Ist eine Frist für die Ausübung des einseitigen Aufhebungsrechts vereinbart, erlischt dieses nach Ablauf der vereinbarten Frist (§ 95 S. 1 VG). Wenn keine Frist vereinbart ist, kann die andere Partei den Aufhebungsberechtigten abmahnen und eine angemessene Frist setzen, deren Verstreichen das Aufhebungsrecht ebenfalls erlöschen lässt (§ 95 S. 2 VG). Dies gilt auch für die gesetzlich vorgesehenen Aufhebungsgründe.

80   Bedeutsam ist das gesetzliche einseitige Aufhebungsrecht vor allem im Zusammenhang mit der Unmöglichkeit der vertraglichen Leistung und der Verletzung von wesentlichen Vertragspflichten (§ 94 VG). So steht den Vertragsparteien ein Aufhebungsrecht zu, wenn der Vertragszweck wegen höherer Gewalt nicht erreicht werden kann (§ 94 Nr. 1 VG). Richtigerweise sollte diese Klausel in Verbindung mit §§ 117 ff. VG (Ausschluss der Leistungspflicht wegen höherer Gewalt, siehe unten Rn. 90) gelesen werden.[111] Die Partei, die wegen höherer Gewalt ihre Leistungen ganz oder teilweise nicht erbringen kann, wird per Gesetz von ihren Leistungspflichten ganz oder teilweise befreit (§ 117 VG). Ein Aufhebungsrecht steht ihr und der Gegenpartei allerdings nur zu[112], wenn der Vertragszweck deshalb nicht mehr erreicht werden kann.[113] Verweigert eine Partei entweder durch ausdrückliche Erklärung oder Verhalten ihre Hauptleistungen vor deren Fälligkeit, kann die andere Partei den Vertrag ebenfalls aufheben (§ 94 Nr. 2 VG). Hierbei ist nach h. M. unerheblich, ob die verweigernde Partei die Verweigerung zu vertreten hat.[114] Das gilt auch für den Fall, dass die entsprechenden Leistungen fällig geworden sind oder die leistungspflichtige Partei die fälligen Hauptleistungen auch nach Abmahnung der anderen Partei und dem Verstreichen einer von dieser gesetzten angemessenen Frist nicht erbringt (§ 94 Nr. 3 VG). Ferner können auch sonstige Pflichtverletzungen die einseitige Aufhebung rechtfertigen, soweit der Vertragszweck dadurch nicht erreicht werden kann (§ 94 Nr. 4 VG). Dazu zählt insbesondere der Leistungsverzug, beispielsweise beim Fixgeschäft, bei welchem der Vertragszweck aufgrund der Nichteinhaltung eines festen Ter-

---

111 Pengsheng Sui, 210, 258 f.
112 Aufhebungsberechtigte sind alle Vertragsparteien, siehe Pengsheng Sui, 210.
113 Shiyuan Han, Vertragsgesetz AT, 514; der Begriff des Vertragszwecks richtet sich dabei nach
    § 125 S. 1 VG (zur Vertragsauslegung siehe unter Rn. 35 ff.).
114 Shiyuan Han, Vertragsgesetz AT, 514.

mins nicht erreicht wird. Im Vergleich zu § 94 Nr. 3 VG ist hier keine Fristsetzung erforderlich. Wie bereits erörtert, kann bei der Störung der Geschäftsgrundlage ebenfalls die Aufhebung des Vertrags verlangt werden. Die Aufhebung eines Vertrages ist ein Gestaltungsrecht, welches gemäß § 96 S. 2 VG ohne gerichtliches Verfahren ausgeübt werden kann.

b)   Hinterlegung

Der Schuldner kann den geschuldeten Gegenstand bei einer öffentlichen Stelle hinterlegen, wenn dieser hinterlegungsfähig ist und ein Hinterlegungsgrund gemäß § 101 Abs. 1 VG vorliegt. Durch Hinterlegung wird die Erfüllungswirkung herbeigeführt. Hinterlegungsfähig sind beispielsweise Geld, Wertpapiere, Frachtbriefe und sonstige Urkunden (§ 7 Regeln zur notariellen Hinterlegung[115]). Ein Hinterlegungsgrund liegt vor, wenn der Schuldner aus folgenden Umständen seine Verbindlichkeit nicht erfüllen kann: Der Gläubiger lehnt ohne berechtigten Grund die Annahme ab; der Verbleib des Gläubigers ist unklar; der Gläubiger ist gestorben und es ist kein Erbe bestimmt worden oder der Gläubiger hat seine Geschäftsfähigkeit verloren und es ist kein Vormund bestimmt worden. Ferner sieht § 70 VG vor, dass der Schuldner zur Hinterlegung berechtigt ist, wenn der Gläubiger den Schuldner nicht über eine Verschmelzung, Spaltung oder Sitzänderung informiert und dies die Leistung des Schuldners erschwert. In der Literatur ist nach h. M. der Annahmeverzug ebenfalls als ein Fall der Ablehnung der Annahme ohne berechtigten Grund zu sehen.[116] Ist der geschuldete Gegenstand zur Hinterlegung nicht geeignet oder sind die Hinterlegungskosten zu hoch, so kann der Schuldner ihn versteigern oder veräußern und den Erlös hinterlegen (§ 101 Abs. 2 VG). Als öffentliche Stelle für die Hinterlegung ist der Notar bestimmt (§ 12 Nr. 2 Beurkundungsgesetz[117]). Einzelheiten zur Hinterlegung findet man in den Regeln zur notariellen Hinterlegung.[118] Dort ist die Hinterlegung zur Erfüllung auch als Sicherheit vorgesehen.

c)   Erlass

Das vertragliche Schuldverhältnis kann auch dadurch ganz oder teilweise erlöschen, dass der Gläubiger dem Schuldner seine Schuld ganz oder teilweise erlässt (§ 105 VG). Anders als § 397 BGB, wonach beim Erlass ein Vertrag zwischen Gläubiger und Schuldner zu schließen ist, hat der Gläubiger nach § 105 VG ein Gestaltungsrecht und kann durch eine einseitige Verzichtserklärung ohne Mitwirken des Schuldners das Erlöschen bewirken.[119] So ist die Geschäftsfähigkeit

81

82

---

115 Erlassen vom Justizministerium und in Kraft getreten am 2.6.1995.
116 Shiyuan Han, Vertragsgesetz AT, 562; Jianyuan Cui, Das Vertragsrecht, 267.
117 [中华人民共和国公证法], erlassen am 28.8.2005 und in Kraft getreten am 1.3.2006, deutsch in: Simon Werthwein, ZChinR 2007, 211.
118 [提存公证规则], erlassen und in Kraft getreten am 2.6.1995.
119 Shiyuan Han, Vertragsgesetz AT, 574 f.

des Schuldners nach dem chinesischen Vertragsrecht belanglos. Auch möglich ist nach dem Grundsatz der Vertragsfreiheit der Abschluss eines Erlassvertrags.

VI. Haftung für Vertragsverletzungen

83   Die Haftung der Vertragsparteien ergibt sich aus den gesetzlichen oder vertraglichen Pflichten. Nach dem Wortlaut der zentralen Haftungsnorm des § 107 VG haftet der Schuldner verschuldensunabhängig für die Nicht- oder Schlechtleistung. Verschulden spielt jedoch bei einigen Vertragstypen eine Rolle, etwa bei der Schenkung (§ 189 VG), dem Werkvertrag (§ 265 VG), der Verwahrung (§ 374 VG) und der Geschäftsbesorgung (§ 406 VG).

1.   Vorvertragliche Pflichtverletzungen

84   Nach dem deutschen Vorbild, dem Rechtsinstitut der culpa in contrahendo, und den UNIDROIT-Grundregeln für Internationale Handelsverträge (Principles for international commercial contracts; PICC) enthält das VG in §§ 42 und 43 VG ebenfalls eine gesetzliche Regelung zur vorvertraglichen Pflichtverletzung. Danach haftet eine Partei der anderen auf Schadenersatz, wenn diese die Vertragserrichtung nur als Vorwand nutzt, um böswillig zu handeln (§ 42 Nr. 1 VG), wenn bei der Vertragsentstehung wichtige Tatsachen absichtlich verschwiegen oder falsch angegeben werden (§ 42 Nr. 2 VG) oder wenn gegen Treu und Glauben (§ 42 Nr. 3 VG) oder die Geheimhaltungspflicht von Geschäftsgeheimnissen (§ 43 VG) verstoßen wurde. Nach h.M. in der Literatur und Teilen der Rechtsprechung setzt der Schadenersatz wegen Verletzung vorvertraglicher Pflichten Verschulden und das Scheitern des Vertragsabschlusses voraus.[120] Letzteres liegt im Regelfall vor. Der ersatzpflichtige Schaden gehört zum Vertrauensschaden und der Geschädigte soll so gestellt werden, als wenn das schädigende Ereignis nicht eingetreten wäre.[121]

2.   Vertragliche Pflichtverletzungen

85   § 107 VG stellt klar, dass der Schuldner im Falle einer Nicht- oder Schlechtleistung auf Erfüllung, Abhilfemaßnahmen oder Schadenersatz haftet. Zu Abhilfemaßnahmen zählen z.B. bei Qualitätsmängeln Nacherfüllung in Form von Reparatur, Austausch und Neuanfertigung, sowie Minderung und Rücktritt, wobei dem Geschädigten das Wahlrecht zusteht, welches unter Berücksichtigung der Natur des Vertragsgegenstands und des Schadens angemessen auszuüben ist (§ 111 S. 2 VG). So ist die Nacherfüllung grundsätzlich vorrangig und das Recht

---

120 Pengsheng Sui, 93; 蓝涛与刘洪才缔约过失责任纠纷上诉案, 天津市第二中级人民法 (2014) 二中民四终字第 444 号 [Berufungsfall über eine Streitigkeit zur vorvertraglichen Haftung zwischen Lan Tao und Liu Hongcai, Zivilrechtliches Urteil des 2. Mittleren Volksgerichts der Stadt Tianjin (2014) Er Zhong Min Si Zhong Zi Nr. 444].

121 Pengsheng Sui, 81.

auf Rücktritt vom Vertrag ist grundsätzlich nur bei schwerwiegenden Verletzungen, Unmöglichkeit der Nacherfüllung oder nach erfolgloser Nacherfüllung zulässig (vgl. § 94 VG). Der Anspruch des Geschädigten auf Erfüllung oder Nacherfüllung kann jedoch wegen Unmöglichkeit oder Unverhältnismäßigkeit ausgeschlossen werden (§ 110 VG, § 117 VG). Eine nicht monetäre Leistungspflicht ist z. B. ausgeschlossen, wenn rechtlich oder tatsächlich nicht erfüllt werden kann, der Gegenstand der Verbindlichkeit nicht zur Zwangsvollstreckung geeignet ist, die Kosten zur Erfüllung zu hoch sind oder der Gläubiger nicht innerhalb einer angemessenen Frist Erfüllung verlangt. Typische Beispiele sind der Untergang von antiken Gegenständen und persönlich zu erbringende Leistungen (z. B. Aufführungsvertrag). In solchen Fällen kann der Gläubiger Minderung oder Rücktritt und/oder Schadenersatz (§ 112 VG) verlangen.

3. Schadenersatz

Schadenersatz wegen Nicht- oder Schlechterfüllung ist in § 112 VG und § 113 Abs. 1 VG geregelt. Neben der Wiederherstellung des ursprünglichen Zustandes ist auch Schadenersatz in Geld umfasst.[122] Wie im deutschen Recht gilt beim Schadenersatz das Prinzip der Totalrestitution.[123] Danach ist dem Geschädigten der tatsächlich erlittene Schaden zu ersetzen. Dies umfasst auch Folgeschäden, wie den Ersatz des entgangenen Gewinns. Das Erfüllungsinteresse ist jedoch auf einen Betrag begrenzt, den die vertragsverletzende Partei beim Vertragsschluss vorhergesehen hat oder vorhersehen musste (§ 113 Abs. 1 VG). Ob bei einer Vertragsverletzung auch ein Schmerzensgeld vom Schadenersatzanspruch erfasst ist, ist jedoch umstritten.[124] Ausnahmen von der Begrenzung des § 113 VG finden sich vor allem bei Verbraucherverträgen, bei denen der Unternehmer bei betrügerischem Verhalten Strafschadenersatz zu zahlen hat (bestrafender Schadenersatz). Dieser Strafschadenersatz ist unabhängig von der Höhe des tatsächlichen Schadens (§ 113 Abs. 2 VG, § 55 VSG). Ferner ist die andere Partei nach § 119 VG angehalten, dafür zu sorgen, dass sich der Schaden nicht ausweitet. Verletzt sie diese Schadensminderungspflicht, hat sie kein Recht auf Ersatz des vermeidbaren Schadens. Auch ist bei der Schadensberechnung das Mitverschulden des Geschädigten zu berücksichtigen (§ 120 VG und Nr. § 30 OVG-Interpretation zum Kaufrecht).[125] Erlangt der Geschädigte durch die Vertragsverletzung einen Vorteil, muss er sich diesen bei der Berechnung der Höhe des Schadenersatzes bei Kaufverträgen anrechnen lassen (§ 31 OVG-Interpretation zum Kaufrecht),

86

---

122 Shiyuan Han, Vertragsgesetz AT, 613.

123 Shiyuan Han, Vertragsgesetz AT, 631.

124 Die chinesischen Gerichte sind außerhalb des Deliktrechts bislang sehr zurückhaltend, was die Gewährung von Schmerzensgeld angeht, vgl. Shiyuan Han, Vertragsgesetz AT, 620 f.

125 最高人民法院关于审理买卖合同纠纷案件适用法律问题的解释 [Interpretation des Obersten Volksgerichts zu Fragen der Rechtsanwendung bei der Behandlung von Streitfällen bei Kaufverträgen], deutsch in: Knut Benjamin Pissler, ZChinR 2014, 373 ff.

bei anderen entgeltlichen Verträgen nur insoweit, wie speziellere Regelungen zu einem solchen Vertrag nicht etwas anderes vorsehen (§§ 124, 174 VG).[126]

4. Vertragsstrafe

87   Die Vereinbarung einer Vertragsstrafe für den Fall, dass eine Vertragspartei ihre vertraglichen Verpflichtungen verletzt, ist nach § 114 VG zulässig. Die Geltendmachung der Vertragsstrafe ist grundsätzlich unabhängig davon, ob ein Schaden entstanden und in welcher Höhe er ggf. tatsächlich angefallen ist. Selbst wenn die vertragtreue Partei ihr Vertragsaufhebungsrecht ausübt, kann sie bei einem Kaufvertrag weiterhin die Vertragsstrafe geltend machen (§ 26 OVG-Interpretation zum Kaufrecht), bei anderen entgeltlichen Verträgen nur insoweit, wie speziellere Regelungen zu einem solchen Vertrag nicht etwas anderes vorsehen (§§ 124, 174 VG).[127] Anders als bei gesetzlichen Schadenersatzansprüchen ist die vertragtreue Partei daher nicht für die Höhe des konkreten Schadens beweispflichtig. Jedoch kann die vereinbarte Vertragsstrafe auf Antrag durch Urteil vom Volksgericht erhöht werden, wenn sie niedriger als der entstandene Schaden ist, und herabgesetzt werden, wenn sie viel höher als der entstandene Schaden ist.[128] Eine Erhöhung darf allerdings nicht die Summe des tatsächlich angefallenen Schadens übersteigen (§ 28 S. 1 OVG-Interpretation II VG). Ferner ist nach der gerichtlichen Erhöhung der Vertragsstrafe eine Forderung auf Schadenersatz ausgeschlossen (§ 28 S. 2 OVG-Interpretation II VG). Ist die vereinbarte Vertragsstrafe 30 % höher als der angefallene Schaden, wird im Regelfall eine Forderung auf die gerichtliche Herabsetzung begründet (§ 29 Abs. 2 OVG-Interpretation II VG). Fordert eine Partei die angemessene Herabsetzung der Vertragsstrafe, muss das Volksgericht nach den Grundsätzen der Gerechtigkeit sowie Treu und Glauben entscheiden und dabei die Vertragserfüllung, das Verschulden der beteiligten Parteien und die erwarteten Gewinne berücksichtigen (§ 29 Abs. 1 OVG-Interpretation II VG).

5.   Festgeld

88   Zur Sicherung der Vertragserfüllung können die Parteien nach § 115 VG ein Festgeld[129] vereinbaren, welches detailliert im 6. Kapitel des SiG geregelt ist. Erfüllt derjenige nicht, der das Festgeld gezahlt hat, bekommt er das Festgeld nicht zurück. Scheitert die Erfüllung an der Partei, die das Festgeld erhalten hat, muss diese den doppelten Betrag zurückzahlen (§ 115 S. 3 VG). Bei erfolgreicher Vertragserfüllung wird das Festgeld auf die vom Festgeldgeber geschuldete Leistung

---

126 Jianyong ZHANG, 675 f.

127 Ebenda.

128 Nach § 27 Abs. 1 OVG-Interpretation zum Kaufrecht hat das Volksgericht unter bestimmten Umständen sogar die Pflicht, die betroffene Partei auf die Möglichkeit zur Anpassung der Vertragsstrafe hinzuweisen, siehe dazu Claus CAMMERER, RIW 2013, 225, 229 f.

129 Chinesisch: 定金.

angerechnet oder zurückgezahlt (§ 115 S. 2 VG). Die Ausübung der Festgeld-klausel setzt somit grundsätzlich die Vertragsverletzung voraus und stellt eine Art der Vertragshaftung dar. Es ist ebenfalls möglich, ein Festgeld zur Siche-rung des Vertragsschlusses zu vereinbaren,[130] was oft beim Immobilienkauf der Fall ist. Die schriftlich abzuschließende Vereinbarung wird erst mit der tatsächli-chen Zahlung des Festgeldes wirksam (§ 90 SiG). Weicht der tatsächlich gezahl-te und angenommene Festgeldbetrag von dem vereinbarten ab, gilt der erstere als maßgeblich und es wird eine Änderung der Festgeldvereinbarung angenom-men (§ 119 OVG-Interpretation SiG). Wenn sowohl Vertragsstrafe als auch ein Festgeld vereinbart sind, steht der Gegenseite bei einer Vertragsverletzung ein Wahlrecht zu (§ 116 VG). Jedoch darf das Festgeld nicht höher als 20 % des Ver-tragspreises (§ 91 SG) sein; der Betrag darüber hinaus wird nicht als Festgeld an-erkannt (§ 121 OVG-Interpretation SiG). Neben dem Festgeld kann bei entgelt-lichen Verträgen noch Schadenersatz für den Teil des Schadens verlangt werden, der die Höhe des Festgelds übersteigt.[131]

6. Haftungsausschluss

Bei Leistungsstörungen wegen höherer Gewalt entfällt die durch diese verursach-te Haftung ganz oder teilweise (§ 117 VG). Dies gilt jedoch nicht, wenn eine Partei sich bereits im Verzug befindet. Als höhere Gewalt definiert das Gesetz nicht vorhersehbare, nicht zu vermeidende und nicht zu bewältigende objekti-ve Umstände, wie etwa Naturkatastrophen jeder Art und Krieg.[132] Ist eine Partei aufgrund höherer Gewalt nicht zur Leistung verpflichtet, muss sie dies dem Ver-tragspartner nach § 118 VG rechtzeitig anzeigen, um diesen vor Folgeschäden zu schützen. Zudem muss sie darlegen, dass höhere Gewalt vorgelegen hat. Neben gesetzlichen Haftungsausschlüssen können die Parteien auch vertraglich Umstän-de für Haftungsausschlüsse vereinbaren, welche allerdings den Beschränkungen des § 53 VG (unzulässige Haftungsausschlüsse) unterliegen.

89

7. Anspruchskonkurrenz von Vertrags- und Deliktshaftung

Bei einer Vertragsverletzung verstößt eine Partei möglicherweise nicht nur ge-gen die Erfüllungspflicht aus dem Vertrag, sondern auch gleichzeitig gegen die

90

---

130 § 115 OVG-Interpretation zu einigen Fragen bei der Anwendung des Sicherheitengesetzes (OVG-Interpretation SiG), in Kraft getreten am 13.12.2000.
131 § 28 OVG-Interpretation zum Kaufrecht. Teilweise wurde dies auch schon vor Erlass der OVG-Interpretation zum Kaufrecht im Jahr 2012 von der Rechtsprechung so gehandhabt, siehe 上海市中级人民法院关于民商事审判中涉及当事人主张违约定金与损害赔偿若干问题的解答 [Antwort des Höheren Volksgerichts der Stadt Shanghai zu einigen Fragen bezüglich Ansprüchen der Parteien auf Festgeld wegen Vertragsverletzung und Schadenersatz in Zivil- und Handelsver-fahren], veröffentlicht in Min Er Ting Diao Yan Yu Zhi Dao (Forschung und Anleitung der zwei-ten Zivilkammer), 2006 (26).
132 Ling BING, 226.

gesetzliche Vorgabe, absolute Rechtsgüter und Rechte des anderen nicht zu verletzen;[133] ein Beispiel sind Körperverletzungen bei Personenbeförderungen. Wenn vertragliche und deliktische Schadenersatzansprüche zusammentreffen, hat der Geschädigte das Recht, nach dem VG oder dem Deliktsrecht vorzugehen (§ 122 VG). Die vertraglichen und deliktischen Ansprüche unterscheiden sich vor allem beim Umfang des Schadenersatzes, den Haftungsvoraussetzungen, der Beweislastverteilung, der Zulässigkeit von Haftungsbeschränkungen und der Verjährung.

C. Besonderer Teil

91 Wie in der Einführung erwähnt, werden im besonderen Teil des VG in 299 Paragraphen insgesamt 15 Vertragstypen geregelt, wobei deren Aufzählung nicht abschließend ist. Weitere Vertragstypen sind in speziellen Gesetzen, wie dem Verbraucherschutz-, Versicherungs-, Gesellschafts- oder SiG geregelt. Nachfolgend werden wir auf die Vertragstypen im besonderen Teil des VG eingehen, die im wirtschaftlichen Leben oft vorkommen.

I. Kaufvertrag

92 Rechtsgrundlage für das chinesische Kaufrecht ist im Wesentlichen das VG, vor allem das 9. Kapitel (§§ 130–175 VG), ergänzt durch die Justizinterpretation des OVG zum Kaufrecht[134] („OVG-Interpretation zum Kaufrecht") vom 31.3.2012. Als Vertragsstaat des UN-Kaufrechts[135] findet in der VR China grundsätzlich das UN-Kaufrecht bei Verträgen über den internationalen Warenkauf zwischen chinesischen und in einem anderen CISG-Vertragsstaat ansässigen Unternehmen Anwendung.[136]

---

133 Vgl. § 2 Gesetz der VR China über die deliktische Haftung.

134 最高人民法院关于审理买卖合同纠纷案件适用法律问题的解释 [Interpretation des Obersten Volksgerichts zu Fragen der Rechtsanwendung bei der Behandlung von Streitfällen bei Kaufverträgen], deutsch in: Knut Benjamin PISSLER, ZChinR 2014, 373 ff.

135 Die VR China ist seit 1986 Vertragsstaat des UN-Kaufrechts (United Nations Convention on Contracts for the International Sale of Goods, CISG). Am 1.1.1988 ist es in der VR China in Kraft getreten. Der Vorbehalt der VR China zu Art. 1 Abs. 1 lit. b) CISG ist weiterhin gültig, wohingegen der Vorbehalt zu Art. 11 CISG mit Wirkung zum 1.8.2013 zurückgenommen wurde.

136 Es findet nur dann keine Anwendung, wenn eine solche von den Parteien durch Vereinbarung ausgeschlossen wird (Art. 6 CISG). Dies wird auch nochmal in der Mitteilung des OVG über die Weiterleitung der vom Ministerium für Außenhandel und wirtschaftliche Zusammenarbeit erlassenen „Einige zu beachtende Probleme bei der Durchsetzung des UN-Kaufrechts" [最高人民法院转发对外经济贸易合作部《关于执行联合国国际货物贸易销售合同公约应注意的几个问题》的通知] wiedergegeben. Siehe dazu folgendes Urteil: 中华人民共和国最高人民法院民事判决书"美国联合企业有限公司诉中国山东省对外贸易总公司烟台公司购销合同纠纷案", 法公布 (2000) 第 52 号[Rechtsstreit um einen Kaufvertrag zwischen Meiguo Lianhe Qiye Youxian Gongsi und Zhongguo Shandong Sheng Duiwai Maoyi Zong Gongsi Yantai Gongsi. Zivilrechtliches Urteil des Obersten Volksgerichts, Fa Gong Bu (2002) Nr. 52].

Zentrale Norm des chinesischen Kaufrechts ist § 130 VG. Danach ist der Kaufver- **93**
trag ein Vertrag, bei dem der Verkäufer dem Käufer das Eigentum am Vertragsgegenstand überträgt und der Käufer den Kaufpreis zahlt. Nach § 133 VG geht das
Eigentum am Vertragsgegenstand mit Übergabe des Vertragsgegenstands über, es
sei denn, gesetzlich oder durch Parteivereinbarung ist etwas anderes bestimmt,
wie etwa der Eigentumsvorbehalt (§ 134 VG).

1. Abschluss und Wirksamkeit von Kaufverträgen

Es gibt keine besonderen Regelungen hinsichtlich des Abschlusses und der Wirk- **94**
samkeit von Kaufverträgen. Insoweit wird auf die Ausführungen im Allgemeinen
Teil zu Abschluss und Wirksamkeit von Verträgen verwiesen.[137] Nach § 132 Abs. 1
VG muss der Vertragsgegenstand dem Verkäufer gehören oder der Verkäufer muss
berechtigt sein, darüber zu verfügen. Sollte dies nicht der Fall sein, hat dies jedoch
keine Auswirkung auf die Wirksamkeit des Kaufvertrags (§ 3 OVG-Interpretation
zum Kaufrecht).

2. Eigentumsübertragung und Gefahrübergang

Nach § 133 VG erfolgt die Eigentumsübertragung am Vertragsgegenstand vom **95**
Verkäufer auf den Käufer grundsätzlich durch Übergabe des Vertragsgegenstandes. Hierbei wird zwar nicht zwischen beweglichen und unbeweglichen Sachen
differenziert, allerdings befinden sich zur Übergabe von unbeweglichen Sachen
Sondervorschriften in speziellen Gesetzen, insbesondere im Sachenrechtsgesetz (SRG).[138] So erfolgt die Übereignung von Immobilien durch Eintragung bei
der zuständigen Behörde (§ 9 SRG). Bei bestimmten besonderen beweglichen Sachen wie beispielsweise Schiffen, Flugzeugen und Kraftfahrzeugen geht hingegen
grundsätzlich das Eigentum auch mit der Übergabe über (§ 24 SRG, § 10 OVG-Interpretation zum Kaufrecht), selbst wenn die dafür vorgesehene Eintragung nicht[139]
oder auf den Namen eines Dritten (§ 10 Abs. 4 OVG-Interpretation zum Kaufrecht)
erfolgte.

Grundsätzlich trägt der Verkäufer vor Übergabe und der Käufer nach Übergabe **96**
der Kaufsache die Gefahr der Verschlechterung oder des Untergangs der Kaufsache (§ 142 VG). Abweichungen davon können sich aus einer anderslautenden
Parteivereinbarung oder anderen gesetzlichen Regelungen ergeben (§ 142 VG).

So muss der Käufer nach § 143 VG die Gefahr der Verschlechterung oder des Un- **97**
tergangs auch vor Übergabe übernehmen, wenn in seiner Person liegende Gründe
dazu führen, dass ihm die Kaufsache nicht zum vereinbarten Zeitpunkt übergeben
werden kann. Gleiches gilt nach § 146 VG, wenn der Verkäufer die Kaufsache am

---

137 Siehe Rn. 7 ff. und Rn. 23 ff.
138 中华人民共和国物权法 [Sachenrechtsgesetz der Volksrepublik China], deutsch in: Mei Zhou/
   Xiaokun Qi/Sebastian Lohsse/Qingwen Liu, ZChinR 2007, 78 ff.
139 Schreibgruppe des Obersten Volksgerichts, 92.

vereinbarten Übergabeort platziert hat und der Käufer die Kaufsache nicht wie vereinbart annimmt.

98 Wird eine auf dem Transport befindliche Sache verkauft, erfolgt der Gefahrübergang an den Käufer nach § 144 VG zum Zeitpunkt des Vertragsschlusses. Weiß der Verkäufer jedoch zum Zeitpunkt des Vertragsschlusses, dass sich die Sache verschlechtert hat oder untergegangen ist, oder hätte er dieses wissen müssen, so erfolgt nach § 13 OVG-Interpretation zum Kaufrecht kein Gefahrübergang an den Käufer.

99 Beim Versendungskauf geht die Gefahr der Verschlechterung oder des Untergangs nach § 145 VG mit Übergabe der Kaufsache an den ersten Beförderer auf den Käufer über, wenn die Parteien keinen Übergabeort vereinbart haben, oder wenn eine solche Vereinbarung unklar ist. Hierbei spielt es keine Rolle, wer das Transportunternehmen beauftragt, oder wer die Versandkosten trägt. Dies gilt – anders als im deutschen Recht – auch beim Verbrauchsgüterkauf.[140]

100 Allerdings setzt nach § 14 OVG-Interpretation zum Kaufrecht der Gefahrübergang auf den Käufer voraus, dass der Verkäufer, soweit es sich um eine Gattungsschuld handelt, die Kaufsache durch Beförderungsdokumente, Kennzeichnungen, eine Mitteilung an den Käufer oder eine andere Handlung eindeutig konkretisiert haben muss. Kommt er dem nicht nach, trägt er beispielsweise beim Versendungskauf, selbst wenn er die Kaufsache bereits an den ersten Beförderer übergeben hat, weiterhin die Gefahr der Verschlechterung und des Untergangs der Kaufsache. Diese Pflicht zur Konkretisierung kann jedoch durch Parteivereinbarung abbedungen werden (§ 14 OVG-Interpretation zum Kaufrecht).

101 Hat der Verkäufer Dokumente zur Kaufsache entgegen anderslautender Vereinbarung noch nicht übergeben, hat dies nach § 147 VG keine Auswirkungen auf den Gefahrübergang.

3. Gewährleistung

a) Qualitäts- und Rechtsmängel

102 Nach § 153 S. 1 VG muss der Verkäufer den Vertragsgegenstand entsprechend der vereinbarten Qualität übergeben. Als Vereinbarung gelten beispielsweise auch Ansichtsexemplare, Produktbeschreibungen aus der Werbung oder Gebrauchsanleitungen, welche der Verkäufer dem Käufer zur Verfügung gestellt hat (§ 153 S. 2 VG).[141] Haben die Parteien hinsichtlich der Qualität keine Vereinbarung getroffen oder ist eine solche unklar, verweist § 154 VG auf die ergänzende Vertragsauslegung in § 61 VG. Bleiben danach die Qualitätsanforderung immer noch unklar, findet § 62 Nr. 1 VG Anwendung, wonach die Qualitätsanforderungen an eine Sache nach Staats- bzw. Branchennormen bestimmt werden. Wurde

---

140 Das Verbraucherschutzgesetz („VSG") sieht keine Sondervorschriften zum Gefahrübergang vor.
141 Langliang TIAN, 23; Schreibgruppe des Obersten Volksgerichts, 145.

allerdings bei Vertragsschluss beispielsweise keine ausdrückliche Anforderung
an die Tenazität von Stahlerzeugnissen gestellt, gilt nur der Elementgehalt als
maßgebliches Kriterium für die Feststellung der Qualität, so dass kein Qualitätsmangel vorliegt, wenn der Elementgehalt den Staatsnormen entspricht.[142] Bei
fehlenden Staats- oder Branchennormen muss die Sache den allgemeinen Qualitätsnormen entsprechen oder für die Erfüllung des Vertragszwecks geeignet sein
(§ 62 Nr. 1 VG). So sieht beispielsweise § 26 Abs. 2 Produktqualitätsgesetz vor,
dass ein Produkt die Beschaffenheit aufweisen muss, die für die gewöhnliche
Verwendung geeignet ist und keine besondere Gefahr für Leib und Leben sowie
Vermögen besteht.

Ferner muss der Vertragsgegenstand frei von Rechtsmängeln sein, d.h., kein   **103**
Dritter kann irgendwelche Rechte in Bezug auf die Sache geltend machen
(§ 150 VG).[143] Relevant sind hierbei dingliche oder schuldrechtliche Rechte, beispielsweise wenn ein Dritter Eigentümer oder Miteigentümer des Vertragsgegenstandes ist oder eine Hypothek, ein Vorkaufs- oder ein Mietrecht an der Sache
hat.[144]

Wie im deutschen Recht muss ein vom Verkäufer zu vertretender Mangel auch
bereits zum Zeitpunkt des Gefahrenübergangs vorliegen.[145]

b)   Haftung bei Vertragsverletzung

Liegt ein Qualitätsmangel vor, kann der Käufer nach § 111 VG Haftungsansprü-   **104**
che wegen Vertragsverletzung gegen den Verkäufer geltend machen (§ 155 VG).
Danach haftet der Verkäufer zunächst nach Parteivereinbarung. Gibt es dazu keine Vereinbarung oder ist eine solche unklar, stehen dem Käufer Nacherfüllungs-
ansprüche auf Reparatur, Austausch und Neuanfertigung sowie Minderung und
Rücktritt zu (§ 111 S. 2 VG).[146]

Auf einen beschränkten oder gänzlichen Haftungsausschluss des Verkäufers, den   **105**
die Parteien vereinbart haben, kann sich der Verkäufer nach § 32 OVG-Interpretation zum Kaufrecht nicht berufen, wenn er vorsätzlich oder grob fahrlässig Mängel verschwieg. Gleichwohl ist der Verkäufer von einer Haftung freigestellt, wenn
der Käufer bei Vertragsschluss Qualitätsmängel am Vertragsgegenstand kannte
oder kennen musste, es sei denn, der Käufer wusste bei Vertragsschluss nicht,
dass diese Mängel offensichtlich die Funktionsweise des Vertragsgegenstands beeinträchtigen (§ 33 OVG-Interpretation zum Kaufrecht).

---

142 Langliang TIAN, 25.
143 Befreit von dieser Verpflichtung ist der Verkäufer nur, wenn der Käufer beim Vertragsschluss die
     Rechtsmängel kannte oder kennen musste (§ 151 VG).
144 Langliang TIAN, 21; Pengsheng SUI, 291 f.
145 Schreibgruppe des Obersten Volksgerichts, 128.
146 Mit Ausnahme der nachfolgenden Regelungen gibt es keine besonderen Regelungen hinsicht-
     lich der Haftung für Vertragsverletzungen, so dass auf die Ausführungen im Allgemeinen Teil zur
     Haftung bei Vertragsverletzungen verwiesen werden kann (siehe Rn. 83 ff.).

106   Bei der Höhe der Kaufpreisminderung wird auf die Differenz zwischen dem Marktwert einer mangelfreien Kaufsache und dem Marktwert der mangelhaften Kaufsache zum Zeitpunkt der Übergabe abgestellt (§ 23 Abs. 1 OVG-Interpretation zum Kaufrecht). Wurde der volle Kaufpreis bereits bezahlt, muss der Verkäufer an den Käufer den Teil des Kaufpreises zurückzahlen, um den der Kaufpreis gemindert wurde (§ 23 Abs. 2 OVG-Interpretation zum Kaufrecht).

c)   Überprüfungsfrist und Anzeigepflicht

107   Ob der Vertragsgegenstand den Anforderungen hinsichtlich Quantität und Qualität entspricht, muss der Käufer nach Erhalt der Kaufsache innerhalb der vereinbarten oder gesetzlichen Überprüfungsfrist feststellen und dem Verkäufer ggf. Mängel anzeigen (§§ 157 ff. VG). Wird die Überprüfungsfrist bzw. Anzeigepflicht nicht eingehalten, gilt die Quantität und Qualität der Sache grundsätzlich als vertragsgemäß bzw. mangelfrei (§ 158 S. 2 VG).[147] Hat der Käufer innerhalb einer angemessenen Frist gerügt, aber unter anderem bereits den Kaufpreis gezahlt, die Höhe der Außenstände bestätigt oder die Kaufsache benutzt, bedeutet dies nicht, dass der Käufer auf sein Rügerecht verzichtet, es sei denn, die Parteien haben etwas anderes vereinbart (§ 19 OVG-Interpretation zum Kaufrecht).

aa)   Vereinbarte Überprüfungsfrist

108   Haben die Parteien eine Überprüfungsfrist vereinbart, muss der Vertragsgegenstand innerhalb dieser untersucht und ggf. Mängel angezeigt werden. Wurde eine solche nicht festgelegt, muss der Vertragsgegenstand rechtzeitig überprüft werden (§ 157 S. 2 VG). Dies gilt grundsätzlich sowohl für offene als auch versteckte Mängel. Stellt sich jedoch heraus, dass die vereinbarte Überprüfungsfrist vor dem Hintergrund der Natur der Sache und der Verkehrssitte als zu kurz gewählt ist, müssen nach § 18 Abs. 1 OVG-Interpretation zum Kaufrecht innerhalb der vereinbarten Frist nur offene Qualitäts- und Quantitätsmängel angezeigt werden. Versteckte Mängel müssen hingegen innerhalb einer angemessenen Frist angezeigt werden, welche sich nach § 17 OVG-Interpretation zum Kaufrecht bestimmt und höchstens zwei Jahre ab Übergabe des Vertragsgegenstands beträgt.

109   Nach § 18 Abs. 2 OVG-Interpretation zum Kaufrecht ist es nicht zulässig, in Gesetzen und Verwaltungsrechtsbestimmungen (wie etwa der Bestimmung über die Qualitätsverwaltung von Bauprojekten[148]) festgelegte Überprüfungsfristen oder Garantiefristen durch eine vertragliche Abrede zu unterlaufen.

bb)   Gesetzliche Überprüfungsfrist

110   Haben die Parteien eine Überprüfungsfrist nicht vereinbart, muss der Käufer nach § 158 Abs. 2 VG innerhalb einer angemessenen Frist, wenn er feststellt oder feststellen müsste, dass Qualitäts- und Quantitätsmängel bei der Kaufsache vor-

---

147 Schreibgruppe des Obersten Volksgerichts, 160.
148 Chinesisch: 建设工程质量管理条例, erlassen vom Staatsrat und in Kraft getreten seit dem 10.1.2000.

liegen, oder innerhalb von zwei Jahren ab Übergabe des Vertragsgegenstandes, etwaige Qualitäts- und Quantitätsmängel beim Verkäufer anzeigen.[149] Nach der Klarstellung in § 17 Abs. 2 OVG-Interpretation zum Kaufrecht[150] gilt die Zweijahresfrist ab Übergabe als absolute Höchstgrenze für das Anzeigen von Mängeln, selbst wenn der Mangel erst nach zwei Jahren entdeckt wird.[151] Liegt für den Vertragsgegenstand eine kürzere oder längere Garantiefrist vor, so ist diese nach § 158 Abs. 2 VG jedoch maßgeblich.[152] Allerdings gilt die Garantiefrist nur für Qualitätsmängel und bezieht sich nicht auf die Quantität oder Verpackung.[153]

Bestimmt wird eine angemessene Frist nach Treu und Glauben und unter Berücksichtigung einer Reihe von Faktoren, wie beispielsweise des Geschäftsziels, der Art der Kaufsache oder des Schwierigkeitsgrades der Überprüfung (§ 17 Abs. 1 OVG-Interpretation zum Kaufrecht).   111

cc) Ansprüche trotz Fristablauf

Der Käufer verliert mit Ablauf der vereinbarten oder angemessenen Frist, in jedem Fall aber mit Ablauf von zwei Jahren ab Übergabe des Vertragsgegenstands, seine Gewährleistungsansprüche.   112

Weiß oder hätte der Verkäufer wissen müssen, dass der Vertragsgegenstand nicht den Vereinbarungen entspricht, ist der Käufer nach § 158 Abs. 3 VG weder an eine vereinbarte noch an die gesetzliche Überprüfungsfrist gebunden, so dass er auch nach Ablauf von zwei Jahren ab Übergabe immer noch Gewährleistungsansprüche geltend machen kann.   113

Hat der Verkäufer nach Fristablauf freiwillig die Haftung wegen Mängel übernommen, kann der Käufer weiterhin seine Gewährleistungsrechte in Anspruch nehmen (§ 20 Abs. 1 OVG-Interpretation zum Kaufrecht).   114

dd) Verbrauchsgüterkauf

Hinsichtlich der Überprüfungs- und Anzeigefrist unterscheidet das VG nicht zwischen Handelskauf und Verbrauchsgüterkauf. Nach dem OVG dienen diese Fristen allerdings im Wesentlichen dazu, den Handelsverkehr zu beschleunigen, so   115

---

149 Bei fehlender Fristvereinbarung wird nach § 15 OVG-Interpretation zum Kaufrecht vermutet, dass der Käufer Anzahl und äußere Mängel der Kaufsache überprüft hat und als vertragsgemäß ansieht, wenn er eine Lieferbestätigung oder ein Bestätigungsschreiben unterschreibt, welches Angaben zur Anzahl, zum Typ oder zur Ausführung der Kaufsache enthält.
150 In § 17 Abs. 2 OVG-Interpretation wird geregelt, dass die Zweijahresfrist nicht änderbar ist und auch nicht auf die Bestimmungen der Hemmung, Unterbrechung oder Verlängerung der Verjährung anwendbar ist.
151 Xiaoming SONG, 324.
152 Schreibgruppe des Obersten Volksgerichts, 156.
153 Schreibgruppe des Obersten Volksgerichts, 156 f.

dass hinsichtlich der Feststellung der Angemessenheit einer vereinbarten Überprüfungsfrist nicht die gleichen Anforderungen an Verbraucher gestellt werden.[154]

4. Besonderheiten im Kaufrecht

a) Vorvertrag

116 Wie im deutschen Recht ist auch im chinesischen Recht der Vorvertrag[155] nicht gesetzlich normiert. Gleichwohl liefert § 2 OVG-Interpretation zum Kaufrecht einen nicht unwichtigen Anhaltspunkt, ob es sich bei einer Parteivereinbarung um einen Vorvertrag oder beispielsweise eine Absichtserklärung handelt. Enthält die Parteivereinbarung eine bestimmte Frist, bis wann die Parteien den Kaufvertrag schließen möchten, liegt ein Vorvertrag vor, selbst wenn die Parteivereinbarung als Reservierung, Absichtserklärung oder Memorandum of Understanding bezeichnet wird.[156]

117 Der Vorvertrag als selbstständiger Vertrag ist genauso wie der Hauptvertrag rechtsverbindlich, so dass bei Pflichtverletzung[157] eine Haftung wegen Vertragsverletzung, Vertragsrücktritt oder Schadenersatz gefordert werden kann (§ 2 OVG-Interpretation zum Kaufrecht).[158] Ein Anspruch auf Abschluss des Hauptvertrags besteht jedoch nicht.[159]

b) Mehrlieferung

118 Liefert der Verkäufer mehr als vereinbart, ist der Käufer nach § 162 S. 1 VG berechtigt, die Mehrlieferung anzunehmen oder abzulehnen. Nimmt er sie an, muss

---

154 Schreibgruppe des Obersten Volksgerichts, 159 f.

155 Chinesisch: 预约合同.

156 Allerdings legen chinesische Gerichte vereinzelt unter Anwendung des § 62 Nr. 4 VG eine Absichtserklärung selbst dann als Vorvertrag aus, wenn sie eine solche Frist nicht enthält, siehe 张治与石嵘预约合同纠纷上诉案, 江苏省南京市中级人民法院民事判决书 (2014) 宁商终字第 821 号 [Berufungsfall im Rechtsstreit um einen Vorvertrag zwischen Zhang Zhi und Shi Rong, Zivilrechtliches Urteil des Mittleren Volksgerichts der Stadt Nanjing der Provinz Jiangsu (2014) Ning Shang Zhong Zi Nr. 821]. Daher kann es umso wichtiger sein, in einer Absichtserklärung zusätzlich noch die fehlende Bindungswirkung derselben mit Ausnahme von etwa Geheimhaltungsklauseln oder Schiedsklauseln niederzuschreiben, so auch Falk LICHTENSTEIN, IHR 2013, 98, 106.

157 Teilweise wird von der Rechtsprechung Verschulden verlangt, siehe dazu Langliang TIAN, 58 f. mit Verweis auf Gerichtsurteile; 欧颂康诉广东瑞安房地产开发有限公司商品房预约合同纠纷案, 广东省佛山市南海区人民法院民事判决书 (2014) 佛南法民三初字第 372 号 [Rechtsstreit um einen Immobilien-Vorvertrag zwischen Ou Songkang und Guangdong Ruian Fangdichan Kaifa Youxian Gongsi, Zivilrechtliches Urteil des Volksgerichts des Bezirks Nanhai der Stadt Foshan der Provinz Guangdong (2014) Fo Nan Fa Min San Chu Zi Nr. 372].

158 Die Schadenersatzpflicht umfasst nur den Vertrauensschaden, der entgangene Gewinn ist nicht ersatzfähig. Siehe dazu Chuang WANG, 62; Yu WANG, Economic Research Guide 2012, 157, 158; Liming WANG, Studies in Law and Business 2014, 54, 61.

159 Langliang TIAN, 55.

er nach § 162 S. 2 HS 1 VG den entsprechenden Kaufpreis zahlen. Im Falle der Ablehnung muss er dies dem Verkäufer nach § 162 S. 2 HS 2 VG rechtzeitig mitteilen.

Im Falle der Ablehnung der Mehrlieferung kann der Käufer die zu viel übergebenen Sachen für den Verkäufer aufbewahren (§ 6 Abs. 1 S. 1 OVG-Interpretation zum Kaufrecht). Gleichwohl handelt es sich bei der Aufbewahrung um eine Pflicht des Käufers, von der er nur befreit ist, wenn der Verkäufer die Möglichkeit hat, die Sachen rechtzeitig wieder an sich zu nehmen.[160] Angemessene Kosten für die Aufbewahrung kann sich der Käufer vom Verkäufer zurückerstatten lassen (§ 6 Abs. 1 S. 2 OVG-Interpretation zum Kaufrecht). Zudem haftet der Verkäufer dem Käufer für von diesem während der Aufbewahrungszeit nicht durch Vorsatz oder grobe Fahrlässigkeit verursachte Schäden, die im Zusammenhang mit der Aufbewahrung stehen (§ 6 Abs. 2 OVG-Interpretation zum Kaufrecht).   119

c)   Eigentumsvorbehalt

Wie das deutsche Recht erlaubt auch das chinesische Recht den Kaufvertragsparteien die Möglichkeit der Vereinbarung eines Eigentumsvorbehalts. Rechtsgrundlage dafür ist § 134 VG. Konkretisiert wird diese Regelung durch §§ 34 bis 37 OVG-Interpretation zum Kaufrecht.   120

Nach § 134 VG können die Parteien im Kaufvertrag vereinbaren, dass das Eigentum am Vertragsgegenstand beim Verkäufer verbleibt, wenn der Käufer seine Pflicht zur Kaufpreiszahlung oder eine andere Pflicht nicht erfüllt. Vertragsgegenstand kann dabei nach § 34 OVG-Interpretation zum Kaufrecht nur eine bewegliche Sache sein.[161] Die Vereinbarung über den Eigentumsvorbehalt muss nach Ansicht des OVG schriftlich erfolgen.[162]   121

Kommt der Käufer seiner Verpflichtung zur Kaufpreiszahlung oder der Erfüllung einer anderen Pflicht nicht nach, stehen dem Verkäufer zwei Möglichkeiten zur Verfügung. Er kann entweder nach § 94 VG vom Kaufvertrag zurücktreten mit der Folge, dass die empfangenen Leistungen jeweils zurückzugeben sind, oder er kann nach § 35 Abs. 1 OVG-Interpretation zum Kaufrecht ohne Rücktritt vom Vertrag und damit ohne Rückerstattung des geleisteten Kaufpreises die Aushändigung des Vertragsgegenstandes vom Käufer verlangen.[163] Mit dieser durch das OVG neu geschaffenen Möglichkeit reduziert sich, soweit der Käufer schon einen Teil des Kaufpreises gezahlt hat, das Zahlungsausfallrisiko des Verkäufers, das dieser trägt, wenn der Kaufvertrag nach § 97 i. V. m. § 94 VG rückabgewi-   122

---

160 Claus CAMMERER, RIW 2013, 225, 228.
161 Auch bei der Übertragung von Gesellschaftsanteilen ist eine Eigentumsvorbehaltsklausel nach der Rechtsprechung unwirksam, siehe Langliang TIAN, 126.
162 Schreibgruppe des Obersten Volksgerichts, 261.
163 Die Aushändigung nach § 35 Abs. 1 OVG-Interpretation zum Kaufrecht ist ebenfalls möglich, wenn der Käufer den Vertragsgegenstand weiterveräußert oder verpfändet.

ckelt wird und Schadenersatzansprüche des Verkäufers gegenüber dem Käufer an dessen fehlender Liquidität scheitern.[164]

123   Nicht geregelt ist allerdings, ob für die Aushändigung des Vertragsgegenstands eine Fristsetzung erforderlich ist, was zunächst darauf schließen lässt, dass eine Fristsetzung entbehrlich ist. Da dies aber gegenüber dem Käufer nicht interessengerecht ist, wird in der Literatur teilweise vertreten, dass eine Fristsetzung wie beim Rücktritt nach § 94 VG erforderlich ist.[165] Ebenso sollte nach Auffassung des OVG zunächst dem Käufer eine Frist gesetzt werden und nach Fristablauf kann der Verkäufer den Vertragsgegenstand verkaufen.[166] Der Verkäufer kann sich etwaige Wertminderungen am Vertragsgegenstand, die während der Zeit beim Käufer entstanden sind, von diesem ersetzen lassen (§ 35 Abs. 2 OVG-Interpretation zum Kaufrecht).

124   Hat der Verkäufer den Vertragsgegenstand zurückerhalten, muss er nach § 37 Abs. 1 OVG-Interpretation zum Kaufrecht, bevor er diesen weiterverkauft, dem Käufer zunächst die Möglichkeit einräumen, die zur Aushändigung geführten Gründe innerhalb einer von beiden Parteien vereinbarten oder vom Verkäufer bestimmten Frist zu beseitigen.[167] Gelingt dies dem Käufer, kann er seinerseits den Vertragsgegenstand gemäß § 37 Abs. 1 OVG-Interpretation zum Kaufrecht vom Verkäufer zurückverlangen.

125   Gelingt es ihm hingegen nicht, kann der Verkäufer nach § 37 Abs. 2 OVG-Interpretation zum Kaufrecht den Vertragsgegenstand anderweitig verkaufen.[168] Nach dem erfolgreichen Weiterverkauf kann der Verkäufer nach § 37 Abs. 3 HS 1 OVG-Interpretation zum Kaufrecht vom erzielten Kaufpreis zunächst die Kosten für die Aushändigung, Aufbewahrung und den Wiederverkauf, die Zinsen sowie den noch offenen Kaufpreis aus dem ersten Kaufvertrag abziehen. Bleibt danach vom Zweitkaufpreis noch ein Restbetrag übrig, muss der Verkäufer diesen an den Erstkäufer nach § 37 Abs. 3 HS 1 OVG-Interpretation zum Kaufrecht zahlen. Fällt der Zweitkaufpreis jedoch zu niedrig aus, kann der Verkäufer vom Erstkäufer den noch fehlenden Betrag verlangen (§ 37 Abs. 3 HS 2 OVG-Interpretation zum Kaufrecht).[169]

---

164 Siehe Langliang Tian, 127.

165 Liming Wang, Law Review 2014, 176, 181.

166 Schreibgruppe des Obersten Volksgerichts, 259.

167 Eine durch den Verkäufer einseitig festgelegte Frist muss angemessen sein. Dies kann auch bei einer sehr kurzen Frist gegeben sein, sofern der Vertragsgegenstand schnell erheblich an Wert verliert; Jun Du, 556.

168 Zum Verfahren für den Fall, dass der Verkäufer den Vertragsgegenstand nicht weiterverkauft, siehe Claus Cammerer, RIW 2013, 225, 231.

169 Kann der Erstkäufer beweisen, dass der Verkäufer unter Marktpreis weiterverkauft hat, ist er nicht zur Zahlung des Differenzbetrags verpflichtet. Vielmehr steht ihm ein Anspruch gegenüber dem Verkäufer auf Zahlung der Differenz zum Marktpreis zu, soweit nach Abzug aller Kosten des Verkäufers noch ein Restbetrag übriggeblieben wäre, Jun Du, 561.

Der Verkäufer hat nach § 36 OVG-Interpretation zum Kaufrecht keinen Anspruch   **126**
auf Aushändigung, wenn ein Dritter nach § 106 SRG gutgläubig Eigentum oder
ein anderes dingliches Recht an dem Vertragsgegenstand erworben hat oder der
Käufer mindestens 75 % des Kaufpreises bezahlt hat.

Regelungen zum verlängerten und erweiterten Eigentumsvorbehalt sind weder im   **127**
VG noch in der OVG-Interpretation zum Kaufrecht zu finden. Gleichwohl sollte
der verlängerte Eigentumsvorbehalt in Form der Abtretung der Rechte aus dem
Weiterverkauf[170] sowie der erweiterte Eigentumsvorbehalt zulässig sein. Frag-
würdiger ist dies bei der Vereinbarung eines verlängerten Eigentumsvorbehalts
in der Form, dass die durch Verbindung, Vermischung oder Verarbeitung entstandene neue Sache die ursprüngliche Kaufsache ersetzt, denn § 134 VG findet nur
auf die ursprüngliche Kaufsache Anwendung und nicht auf eine neu geschaffene
Sache.[171]

II. Werkvertrag

Der Werkvertrag[172] ist in den §§ 251–268 VG geregelt. Justizinterpretationen zum   **128**
Werkvertrag als solchen hat das OVG bisher noch nicht erlassen. Bei fehlenden
oder nur zum Teil geregelten Bereichen, wie etwa den Gewährleistungsrechten,
wird auf die Regelungen des Allgemeinen Teils des VG zurückgegriffen. Darüber
hinaus können auch noch die Regelungen der Justizinterpretation zum Vertragsgesetz Teil 1 und Teil 2 sowie die Justizinterpretation zum Kaufrecht Anwendung
finden.

1. Legaldefinition

§ 251 Abs. 1 VG enthält die Legaldefinition des Werkvertrags. Danach stellt beim   **129**
Werkvertrag ein Unternehmer nach den Anforderungen eines Bestellers ein Werk
her und übergibt es diesem, wobei der Besteller verpflichtet ist, dem Unternehmer ein Entgelt zu zahlen. Gegenstand des Werkvertrags kann unter anderem die
Bearbeitung, Herstellung, Reparatur, Nachbildung, Messung oder Prüfung sein
(§ 251 Abs. 2 VG).

---

170 Schreibgruppe des Obersten Volksgerichts, 259 f.; Yongjun Li, Legal Forum 2013, 11, 13; andere Ansicht Falk LICHTENSTEIN, IHR 2013, 98, 101.
171 Jun Du, 528, 541; 傅月祥诉宜兴市新芳铜厂有限公司买卖合同纠纷案, 江苏省宜兴市人民
法院民事判决书 (2014) 宜商初字第 0202 号 [Rechtsstreit um einen Kaufvertrag zwischen Fu
Yuexiang und Yixing Shi Xin Fang Tong Chang Youxian Gongsi. Zivilrechtliches Urteil des Unteren Gerichts der Stadt Yixing der Provinz Jiangsu (2014) Yi Shang Chu Zi Nr. 0202]; zudem
enthält das Sachenrechtsgesetz keine Regelungen über die Verbindung, Vermischung oder Verarbeitung von Sachen.
172 Chinesisch: 承揽合同. Technikverträge als eigenständiger Vertragstyp (§§ 322 ff. VG) werden
hier nicht behandelt. Inhalt solcher Verträge ist die Entwicklung und Übertragung von Techniken,
technische Beratungen und Dienstleistungen.

2. Abgrenzung zum Kauf-, Dienstleistungs- und Bauwerkerrichtungsvertrag

130 Auch im chinesischen Recht wird der Werkvertrag vom Kaufvertrag dahingehend abgegrenzt, dass die Herstellung des Werks auf Grundlage der Vorgaben des Bestellers im Vordergrund steht.[173] Beim (nicht im Vertragsgesetz geregelten) allgemeinen Dienstleistungsvertrag ist das entscheidende Unterscheidungsmerkmal, dass die Durchführung einer Tätigkeit und nicht die Vollendung eines Arbeitsergebnisses geschuldet wird.[174] Beim Bauwerkerrichtungsvertrag[175], der in §§ 269–287 VG geregelt ist, handelt es sich um einen Unterfall des Werkvertrags, welcher die Voruntersuchung von Bauland, Bauplanung und Bauausführung von Bauwerken beinhaltet.[176] Die Regelung des Werkvertrags findet nach § 287 VG subsidiär Anwendung.

3. Vertragsinhalt

131 Nach § 252 VG sollte ein Werkvertrag Regelungen zum Gegenstand des Vertrags, zur Menge und Qualität, zum Entgelt, zur Art und Weise der übernommenen Arbeit, zur Zurverfügungstellung von Material, zur Frist für die Ausführung und zu Normen und Verfahren der Abnahme enthalten. Gegenstand und Menge sind dabei zwingende Inhalte eines Werkvertrags.[177] Sollte anhand der ergänzenden Vertragsauslegung der Gegenstand und die Menge weiterhin unklar sein, ist der Vertrag nicht zustande gekommen.

132 Der Unternehmer muss nach § 253 Abs. 1 VG die Hauptarbeiten grundsätzlich selbst erledigen, soweit nichts anderes mit dem Besteller vereinbart ist. Hauptarbeiten sind solche Tätigkeiten, die entscheidenden Einfluss auf die Qualität des Werks haben.[178] Diese Arbeiten sind grundsätzlich mit hohen (technischen) Ansprüchen verbunden und sind maßgeblich für die Zufriedenheit des Bestellers mit dem Werk. Bei einer kundenspezifischen Kleidung ist z.B. das Messen, Schneiden und Gesamtnähen die Hauptarbeit.[179] Lässt der Unternehmer dennoch die Hauptarbeiten von einem Dritten ausführen, haftet er dem Besteller für das Ergebnis der vom Dritten erledigten Arbeiten (§ 253 Abs. 2 HS 1 VG). Außerdem steht dem Besteller gemäß § 253 Abs. 2 HS 2 VG für den Fall der nicht geneh-

---

173 Beatrix Joos, 159 f.

174 Beatrix Joos, 160 f.

175 Chinesisch: 建设工程合同.

176 Ziel der Ausgliederung des Bauwerkerrichtungsvertrags aus dem Abschnitt Werkvertrag ist einerseits die Möglichkeit der speziellen Normierung des Baugewerbemarktes und Sicherstellung der Qualität von Bauwerken sowie andererseits Probleme bei Bezahlung des Entgelts und der Vergütung von Bauarbeitern zu lösen; Jian Xin/Haifeng Min/Haojie Zhang, People's Judicature 2011, 42, 43.

177 Kangsheng Hu, 407 f.

178 Kangsheng Hu, 411; Ashley Howlett, 40.

179 Kangsheng Hu, 411.

migten Vornahme von Hauptarbeiten durch einen Dritten ein Kündigungsrecht zu, welches unabhängig von der Qualität des Werks ausgeübt werden kann.[180]

Nach § 254 S. 1 VG kann der Unternehmer ergänzende Arbeiten von einem Drit- **133** ten erledigen lassen, ohne dass der Besteller dies genehmigen muss. Ergänzende Arbeiten sind solche, die nicht zu den Hauptarbeiten gehören. Bei dem vorherigen Beispiel sind z. B. das Annähen der Knöpfe die ergänzenden Arbeiten.[181] Allerdings gilt die gesetzliche Regelung nur, wenn nicht vertraglich vereinbart wurde, dass der Unternehmer auch die ergänzenden Arbeiten ausführen soll.[182] Er haftet gemäß § 254 S. 2 VG dem Besteller dann zwar ebenfalls für die Ergebnisse der Arbeiten durch den Dritten, dem Besteller steht allerdings kein Kündigungsrecht zu. Der Vertrag zwischen dem Unternehmer und dem Dritten ist unabhängig von dem Werkvertrag und der Besteller hat grundsätzlich keinerlei Rechte gegenüber dem Dritten. Er muss sich an den Unternehmer halten. § 254 S. 2 VG ist jedoch zwingend und die Parteien können mit dem Dritten abweichende Regelungen vereinbaren, die z. B. eine gesamtschuldnerische Haftung des Unternehmers und des Dritten für die ergänzenden Arbeiten vorsieht.[183]

Das Material zur Herstellung des Werks kann entweder vom Besteller oder Un- **134** ternehmer gestellt werden. Wird im Vertrag vereinbart, dass der Unternehmer das Material beschafft, muss er nach § 255 VG das entsprechende Material verwenden und sich der Überprüfung durch den Besteller unterwerfen.[184] Ist der Besteller verpflichtet, das Material zu besorgen, muss er nach § 256 Abs. 1 S. 1 VG das entsprechende Material zur Verfügung stellen.[185] Hat der Unternehmer das Material erhalten, muss er dieses nach § 256 Abs. 1 S. 2 VG rechtzeitig untersuchen und dem Besteller mitteilen, dieses auszutauschen oder zu ergänzen, sofern es nicht der Vereinbarung entspricht. Verwendet der Unternehmer das Material, ohne den Besteller über die Mängel zu informieren, haftet der Unternehmer für Mängel am Werk, die auf die fehlende Vertragsmäßigkeit des Materials zurückzuführen sind.[186] Zusätzlich stellt § 256 Abs. 2 VG noch ausdrücklich fest, dass der Unternehmer das vom Besteller zur Verfügung gestellte Material nicht eigenmächtig austauschen darf. Haben die Parteien nicht vereinbart, wer das Material beschafft, wird vermutet, dass der Besteller die Pflicht hat, das Material zu stellen.[187]

---

180 Kangsheng Hu, 412.
181 Kangsheng Hu, 413.
182 Kangsheng Hu, 411; Ashley Howlett, 40 f.
183 Kangsheng Hu, 414 f.
184 Die Parteien sollten sich in diesem Fall bereits vor der Beschaffung des Materials über dessen Anzahl, Qualität und Preis geeinigt haben, Ashley Howlett, 39.
185 Die Parteien sollten sich in diesem Fall bereits vor der Beschaffung des Materials über den Zeitpunkt der Zurverfügungstellung durch den Besteller geeinigt haben, Ashley Howlett, 39.
186 Kangsheng Hu, 417; Hongli Ning, Law Science 2013, 132, 141.
187 Jie Guo, Tribune of Political Science and Law 2000, 45, 46.

135 Die Frist zur Ausführung beinhaltet die Frist zur Besorgung des Materials, Fertigstellung des Werks, Übergabe des fertiggestellten Werks an den Besteller sowie die Zahlung des Werklohns an den Unternehmer.[188]

4. Rechte und Pflichten der Vertragsparteien

a) Änderungen der Anforderungen an das Werk

136 Eine Besonderheit beim Werkvertrag ist, dass der Besteller das Recht hat, jederzeit einseitig die Anforderungen am Werk zu ändern, wie beispielsweise Änderungen des Designs, der technischen Spezifikationen, der Menge oder Qualitätsvorgaben.[189] Möchte der Besteller jedoch nach Beginn der Arbeiten Änderungen am Werk vornehmen lassen, muss er nach § 258 VG dem Unternehmer die dadurch anfallenden Verluste ersetzen. Stellt der Unternehmer hingegen fest, dass die vom Besteller gestellten Pläne oder dessen technische Anforderung unvernünftig sind, muss er ihn nach § 257 S. 1 VG rechtzeitig darüber informieren. Erleidet der Unternehmer wegen einer nicht rechtzeitig erfolgten Antwort durch den Besteller oder aus einem anderen Grund einen Schaden, muss der Besteller ihm diesen ersetzen (§ 257 S. 2 VG). Unterlässt es der Unternehmer hingegen, den Besteller zu informieren, haftet der Unternehmer für Mängel am Werk, die auf die Unvernünftigkeit der vom Besteller gestellten Pläne oder dessen technische Anforderung zurückführen sind.[190] Denn der Unternehmer als Fachexperte, im Gegensatz zum Besteller, hat die Pflicht, vom Besteller vorgelegte Pläne für das Werk hinsichtlich der Durchführbarkeit kritisch zu untersuchen und anschließend den Besteller darüber zu informieren.[191] Deshalb haftet der Unternehmer auch dann, wenn er eine Untersuchung überhaupt nicht durchführt. Ein Ausschluss der Haftung ist wie beim vom Besteller beschafften Material nur dann möglich, wenn der Besteller darauf besteht, dass seine vorgelegten Pläne nicht geändert werden sollen.

---

188 Ashley Howlett, 39.

189 Kangsheng Hu, 420.

190 浙江××家××有限公司诉绍兴市××和装潢工程有限公司承揽合同纠纷案，浙江省绍兴市越城区人民法院民事判决书 (2011) 绍越商初字第 1088 号 [Rechtsstreit über einen Werkvertrag zwischen Z Youxian Gongsi und S Youxian Gongsi, Zivilrechtliches Urteil des Volksgerichts des Bezirks Chaocheng der Stadt Shaoxing der Provinz Zhejiang (2011) Shao Yue Shang Chu Zi Nr. 1088]; Hongli Ning, Law Science 2013, 132, 141.

191 上海某木业有限公司与上海某大酒店有限公司承揽合同纠纷案，上海市普陀区人民法院民事判决书 (2011) 普民二(商)初字第 690 号 [Rechtsstreit über einen Werkvertrag zwischen Shanghai Mou Muye Youxian Gongsi und Shanghai Mou Da Jiudian Youxian Gongsi, Zivilrechtliches Urteil des Volksgerichts des Bezirks Putuo der Stadt Shanghai (2011) Pu Min Er (Shang) Chu Zi Nr. 690].

b) Unterstützung durch den Besteller

Die Mithilfe des Bestellers wird in § 259 S. 1 VG gefordert, wenn seine Hilfe zur **137** Erstellung des Werkes notwendig ist. Leistet der Besteller diese notwendige Hilfe nicht, kann der Unternehmer ihm eine angemessene Frist setzen, in der der Besteller die Hilfeleistung erbringen kann, und die Frist zur Erbringung des Werks verlängern (§ 259 S. 2 VG). Falls der Besteller innerhalb der gesetzten Frist dem Hilfeverlangen des Unternehmers nicht nachkommt, ist Letzterer zur Kündigung des Vertrags berechtigt. Zudem ist der Unternehmer berechtigt, nach § 97 VG vom Besteller Schadenersatz für die tatsächlich entstandenen Verluste zu verlangen.[192]

c) Aufsichtsrecht des Bestellers

Durch § 260 VG erhält der Besteller des Werks das Recht, notwendige Über- **138** prüfungen der Arbeiten des Unternehmers jederzeit während der Fertigstellung durchzuführen. Gleichwohl darf er dadurch nicht die Arbeiten des Unternehmers behindern. Die Überprüfung kann sich auf die Einhaltung des Zeitplans, die Verwendung von Materialien und die Einhaltung von Zeichnungen oder technischen Anforderungen beziehen.[193] Hat der Besteller bei der Überprüfung ein vertragswidriges Verhalten des Unternehmers entdeckt, kann er von diesem verlangen, dies zu korrigieren.[194]

d) Abnahme und Gewährleistung

Nach der Fertigstellung muss der Unternehmer nach § 261 S. 1 VG dem Besteller **139** das Werk, einschließlich der notwendigen technischen Unterlagen und der entsprechenden Qualitätsnachweise, übergeben. Der Besteller muss im Gegenzug das Werk überprüfen und, wenn der Unternehmer wie vereinbart geleistet hat, dies abnehmen (§ 261 S. 2 VG). Entspricht das Werk nicht den vertraglich vereinbarten Anforderungen, kann der Besteller nach § 262 VG vom Unternehmer unter anderem Reparatur, Neuanfertigung, Minderung oder Schadenersatz verlangen. Hinsichtlich der Überprüfungsfrist und Anzeigepflicht des Bestellers gelten die Vorschriften im Kaufrecht (siehe dazu Rn. 107 ff.) entsprechend.

e) Zahlung des Werklohns

In § 263 VG sind die Zahlungspflichten des Bestellers geregelt. Grundsätzlich **140** muss dieser den Werklohn in der vereinbarten Frist zahlen. Ist keine Frist vereinbart oder ist die Vereinbarung unklar und kann die Frist auch nicht nach § 61 VG bestimmt werden, muss der Besteller bei Übergabe des Werkes Zug um Zug zahlen. Wird nur ein Teil des Werkes übergeben, muss der Besteller auch nur diesen Teil bezahlen. Zahlt der Besteller den Werklohn oder etwa die Auslagen für das

---

192 Siehe Lihong CHEN, Journal of Panzhihua University 2008, 29, 32 für den Bauwerkerrichtungsvertrag als Unterfall des Werkvertrags.
193 Kangsheng HU, 425 f.
194 Jianyuan CUI, Das Vertragsrecht, 543.

Material nicht rechtzeitig, steht dem Unternehmer nach § 264 VG ein Zurückbehaltungsrecht zu, es sei denn, die Parteien haben etwas anderes vereinbart.

f)   Aufbewahrungspflicht und Geheimhaltungspflicht

141   Der Unternehmer ist verpflichtet, das vom Besteller gestellte Material und das vollendete Werk zweckmäßig aufzubewahren, da er ansonsten nach § 265 VG auf Schadenersatz haftet.

142   Der Unternehmer unterliegt ferner je nach Vereinbarung oder Anforderungen des Bestellers einer Verschwiegenheitspflicht und darf ohne dessen Genehmigung keine Kopien oder technischen Unterlagen behalten (§ 266 VG). Ferner hat der Besteller nach den allgemeinen vertragsrechtlichen Vorschriften (§ 43 und § 60 VG) Geschäftsgeheimnisse des Unternehmers, die er vor oder während der Durchführung der Arbeit erfährt, geheim zu halten.

5.   Kündigungsrecht

143   Neben dem Kündigungsrecht wegen nicht von ihm zugestimmter Übernahme der Hauptarbeiten durch einen Dritten, steht dem Besteller nach § 268 VG auch ein allgemeines Kündigungsrecht zu, das er jederzeit ausüben kann. Gleichwohl ist er in diesem Fall dem Unternehmer zum Schadenersatz für die entstandenen Verluste verpflichtet. Bis zu welchem Zeitpunkt eine solche Kündigung möglich ist, lässt das Gesetz offen. In der Rechtsprechung und der Literatur wird die Auffassung vertreten, dass eine Kündigung nicht mehr möglich ist, sobald der Unternehmer das Werk fertiggestellt hat.[195] Darüber hinaus muss dem Unternehmer die Kündigung auch zugegangen sein, damit sie wirksam wird.[196] Ob es sich bei dem

---

195 佛山市南海欧非亚五金制品有限公司与青岛雷德数控锻压机械制造有限公司承揽合同纠
    纷上诉案, 广东省佛山市中级人民法院民事判决书 (2013) 佛中法民二终字第 1161 号 [Berufungsfall eines Rechtsstreits über einen Werkvertrag zwischen Foshan Shi Nan Hai Ou Fei Ya Wujin Zhipin Youxian Gongsi und Qingdao Lei De Shu Kong Duanya Jixie Zhizao Youxian Gongsi, Zivilrechtliches Urteil des Mittleren Volksgerichts der Stadt Foshan der Provinz Guangdong (2013) Fo Zhong Fa Min Er Zhong Zi Nr. 1161]; 南通市宏大风机有限公司诉徐州金虹特钢有限公司承揽合同纠纷案, 江苏省徐州市中级人民法院民事判决书 (2013) 徐商初字第 0044 号 [Rechtsstreit über einen Werkvertrag zwischen Nantong Shi Hongda Fengji Youxian Gongsi und Xuzhou Jinhong Tegang Youxian Gongsi, Zivilrechtliches Urteil des Mittleren Volksgerichts der Stadt Xuzhou der Provinz Jiangsu (2013) Xu Shang Chu Zi Nr. 0044]; Liuqing CHEN, Theoretic Observation 2010, 83, 83; Shengli LIU, People's Tribune 2010, 88, 89. Teilweise wird in der Literatur und Rechtsprechung auch vertreten, dass eine Kündigung möglich ist, solange der Besteller die Ware noch nicht abgenommen und den Werklohn noch nicht bezahlt hat; siehe Ashley HOWLETT, 43; Wanglai CHEN, China Trial 2010, 94, 95.

196 南通市宏大风机有限公司诉徐州金虹特钢有限公司承揽合同纠纷案, 江苏省徐州市中级人
    民法院民事判决书 (2013) 徐商初字第 0044 号 [Rechtsstreit über einen Werkvertrag zwischen Nantong Shi Hongda Fengji Youxian Gongsi und Xuzhou Jinhong Tegang Youxian Gongsi, Zivilrechtliches Urteil des Mittleren Volksgerichts der Stadt Xuzhou der Provinz Jiangsu (2013) Xu Shang Chu Zi Nr. 0044]; Ashley HOWLETT, 43; Wanglai CHEN, China Trial 2010, 94, 95.

Kündigungsrecht nach § 268 VG um zwingendes Recht handelt oder dieses durch
Parteivereinbarung abgedungen werden kann, ist bisher noch nicht geklärt.[197]

III. Mietvertrag

Das chinesische Mietrecht ist in §§ 212 bis 236 VG geregelt. Vorschriften zum   **144**
Mietverhältnis über Wohn- und Gewerberaum befinden sich zudem in den Erläu-
terungen des Obersten Volksgerichts zu einigen Fragen der Rechtsanwendung bei
Streitfällen zu Mietverträgen über Räumlichkeiten in Städten und Kleinstädten
(OVG-Interpretation zum Mietrecht).[198] Nach § 212 VG ist der Mietvertrag ein
Vertrag, bei dem der Vermieter die Mietsache dem Mieter zum Gebrauch und zur
Erzielung von Nutzungen übergibt und der Mieter Mietzins bezahlt. Daher umfasst das chinesische Mietrecht nicht nur die Miete im traditionellen Sinne, also
die Gebrauchsüberlassung von Mietsachen, sondern auch die Ertragserzielung,
welche nach dem deutschen Recht Bestandteil eines Pachtvertrages ist. Nachfolgend ist der Begriff „Miete"[199] in beiden Bedeutungen zu verstehen.[200] Ohne ausdrückliche Vereinbarung, dass ein Vertrag nicht nur die Gebrauchsüberlassung,
sondern auch die Ertragserzielung als Gegenstand hat, stehen die Erträge aus der
Mietsache jedoch dem Mieter zu (§ 225 VG).

1. Grundzüge des Mietrechts

a) Befristete und unbefristete Mietverträge

Das chinesische Mietrecht unterscheidet zwischen befristeten und unbefristeten   **145**
Mietverträgen. Der wesentliche Unterschied ist, dass unbefristete Mietverträge
ohne Begründung gekündigt werden können (§ 232 S. 2 VG), während befristete
Mietverträge nur bei Vorliegen gesetzlicher oder vertraglicher Kündigungsgründe kündbar sind.

Nach § 214 Abs. 1 VG darf die Dauer eines Mietvertrages 20 Jahre nicht über-   **146**
schreiten. Hinsichtlich der über diesen Zeitraum hinausgehenden Dauer ist das
Mietverhältnis unwirksam. Der Mietvertrag gilt dann als für 20 Jahre geschlossen. Ein Mietvertrag kann jedoch verlängert werden. Dabei ist ebenfalls die maximale Laufzeit von 20 Jahren zu beachten, die auch die verlängerte Mietlauf-
zeit nicht überschreiten darf (§ 214 Abs. 2 VG). Aus der Sicht des Gesetzgebers
dienen diese Fristbeschränkungen dazu, die übermäßige Bindung an den Vertrag

---

197 Liuqing Chen, Theoretic Observation 2010, 83, 83, und Qingbao Wu, 272 sprechen sich gegen
    die Möglichkeit der Abbedingbarkeit aus, wohingegen Shengli Liu, People's Tribune, 2010, 88,
    89 sich dafür ausspricht.
198 Chinesisch: 最高人民法院关于审理城镇房屋租赁合同纠纷案件具体应用法律若干问题的解
    释, erlassen am 30.7.2009 und in Kraft getreten am 1.9.2009, deutsch in: Knut Benjamin Pissler,
    ZChinR 2010, 272.
199 Chinesisch: 租赁.
200 Vgl. Frank Münzel, Chinas Recht, 15.3.1999/1, Anmerkung 22.

zu vermeiden[201] und damit den Ausgleich von Interessen der jeweiligen Vertragsparteien zu erleichtern. Dies gilt jedoch nur für den befristeten Mietvertrag.[202]
Unbefristete Mietverträge unterliegen § 214 VG nicht. Ein Mietvertrag mit einer Dauer von über sechs Monaten muss gemäß § 215 S. 1 VG schriftlich geschlossen werden. Allerdings hat der Verstoß gegen dieses Schriftformerfordernis
nicht die Unwirksamkeit des Mietvertrages zur Folge, sondern das Mietverhältnis
gilt als unbefristet geschlossen (§ 215 S. 2 VG). Anders als im deutschen Recht
(§ 550 BGB, Form des Mietvertrags über Wohnraum) wird hierbei nicht zwischen beweglichen und unbeweglichen Sachen differenziert. Somit unterliegen
auch Mietverträge über bewegliche Sachen der Schriftform des § 215 VG.

147   Ein unbefristeter Mietvertrag kann durch ausdrückliche Parteivereinbarung geschlossen werden oder schlüssig zustande kommen (i) wenn die Mietdauer nicht
oder nicht klar vereinbart wurde und sich die Mietdauer auch nicht durch Auslegung nach § 61 VG ermitteln lässt; (ii) wenn das Schriftformerfordernis für ein
Mietverhältnis über eine Dauer von über sechs Monaten nicht eingehalten ist;
oder (iii) wenn der Mieter nach Ablauf der Mietdauer die Mietsachen weiter benutzt und der Vermieter keine Einwände erhebt (§ 236 VG).[203]

b)   Pflichten von Mieter und Vermieter

aa)   Pflichten des Vermieters

(1)   Übergabe der Mietsache

148   Nach § 216 VG muss der Vermieter die Mietsache dem Mieter vereinbarungsgemäß übergeben und diese während der Mietdauer in einem Zustand erhalten, der
dem vereinbarten Verwendungszweck entspricht.

(2)   Wartung bzw. Reparatur der Mietsache

149   Sofern nichts anderes vereinbart ist, ist der Vermieter verpflichtet, die Mietsache
zu warten und zu reparieren (§ 220 VG). Wenn die Beschädigung oder Abnutzung
allerdings durch vorsätzliche oder fahrlässige Handlungen des Mieters verursacht
wird, hat der Mieter auf eigene Kosten die Wartung und Reparatur vorzunehmen.[204] Insofern ist der Vermieter nur für durch normalen Gebrauch entstehende
Abnutzung und Beschädigung zur Wartung und Reparatur verpflichtet. Kommt
er einem diesbezüglichen Verlangen des Mieters nicht innerhalb einer angemessenen Frist nach, kann der Mieter die Arbeiten nach § 221 S. 2 VG selbst durch-
führen. Die dadurch entstandenen Kosten sind vom Vermieter zu tragen. Wenn
durch die Wartung und Reparatur der Mietsache deren Gebrauch beeinträchtigt

---

201 Yuanshi Bu, 125.
202 Pengsheng Sui, 334.
203 In diesem Fall bleibt der ursprüngliche Mietvertrag weiter wirksam, aber nun unbefristet.
204 Pengsheng Sui, 336.

wird, kann nach Wahl des Mieters die Miete entsprechend herabgesetzt oder die Mietdauer entsprechend verlängert werden (§ 221 S. 3 VG).

(3)   Sach- und Rechtsmängelhaftung

Der Vermieter trägt die Pflicht, dem Mieter die Mietsache frei von Mängeln zu verschaffen. Ein Mangel liegt dann vor, wenn er die vertragsgemäße Nutzung und Ertragsziehung der Mietsache beeinträchtigt.[205] Liegt z. B. kein Brandschutzabnahme-Zertifikat für ein Mietshaus vor, welches als Hotel vom Mieter genutzt wird, stellt dies einen schwerwiegenden Sachmangel dar und rechtfertigt die Kündigung durch den Mieter.[206]   **150**

Wenn Dritte Rechte geltend machen und der Mieter die Mietsache deshalb nicht nutzen oder keine Nutzungen daraus ziehen kann, so kann er gemäß § 228 VG eine Herabsetzung der Miete verlangen oder überhaupt keine Miete zahlen.   **151**

bb)   Pflichten des Mieters

Gemäß § 217 VG ist der Mieter verpflichtet, die Mietsache in der vereinbarten Art und Weise zu gebrauchen. Wenn die Art und Weise des Gebrauchs der Mietsachen nicht oder nicht klar vereinbart worden ist und sich auch nicht nach § 61 VG bestimmen lässt, müssen die Mietsachen entsprechend ihrer Natur gebraucht werden. Kommt der Mieter dieser Pflicht nicht nach und erleidet die Mietsache dadurch einen Schaden, kann der Vermieter den Mietvertrag kündigen und Schadenersatz verlangen (§ 219 VG).   **152**

Außerdem muss der Mieter die Mietsache zweckmäßig verwahren. Wird diese Pflicht nicht erfüllt und die Mietsache deshalb beschädigt oder zerstört oder geht sie verloren, haftet der Mieter auf Schadenersatz (§ 222 VG).   **153**

Ohne Einverständnis des Vermieters darf der Mieter die Mietsache zudem nicht verbessern oder andere Sachen hinzufügen (§ 223 VG). Verletzt er diese Pflicht, kann der Vermieter von ihm die Wiederherstellung des ursprünglichen Zustands oder Schadenersatz verlangen.   **154**

Darüber hinaus hat der Mieter die Miete zu den vereinbarten Terminen und in der vereinbarten Art und Weise zu zahlen (§ 226 S. 1 VG). Wenn die Zahlungstermine nicht oder nicht klar bestimmt worden sind und sich auch nicht nach § 61 VG bestimmen lassen, muss die Miete bei Ablauf der Mietdauer gezahlt werden, wenn die Mietdauer weniger als ein Jahr beträgt. Wenn die Mietdauer mindestens ein   **155**

---

205 Mingrui GUO, 494.
206 深圳市维也纳酒店有限公司与丽江七星房地产开发有限公司、丽江国际大酒店有限公司
租赁合同纠纷上诉案, 中华人民共和国最高人民法院民事判决书 (2011) 民一终字第 18 号
[Berufungsfall über eine Mietvertragsstreitigkeit zwischen Shenzhen Shi Weiyena Jiudian Youxian
Gongsi sowie Lijiang Qixing Fangdichan Kaifa Youxian Gongsi und Lijiang Guoji Dajiudian Youxian Gongsi, Urteil des Obersten Volksgerichts der Volksrepublik China (2011) Min Yi Zhong Zi Di
18].

Jahr beträgt, so muss die Miete zum Ende jedes Jahres gezahlt werden (§ 226 S. 2 VG).

156   Mit Ablauf der Mietdauer muss der Mieter gemäß § 235 VG die Mietsache zurückgeben. Die zurückgegebene Mietsache muss dem vereinbarungsgemäßen bzw. einem der Natur der Mietsache entsprechenden Zustand entsprechen.

2. Raummietverhältnisse

157   Mietverhältnisse über Räume sind die in der Praxis wohl bedeutsamste Mietform. Das VG sieht dazu jedoch nur wenige Sondervorschriften vor. Um das Mietverhältnis über Räume zu regeln, hat das OVG die Interpretation zum Mietrecht erlassen. Weil nicht zwischen Wohnräumen und Gewerberäumen unterschieden wird, findet die OVG-Interpretation zum Mietrecht auf beide Arten von Räumen gleichermaßen Anwendung.

a)   Wirksamkeit von Raummietverträgen

158   Fehlen beim Vertragsschluss verwaltungsrechtliche Genehmigungen, wie etwa die Baugenehmigung, führt dies nicht unbedingt zur Unwirksamkeit des Mietvertrags. Gemäß §§ 2, 3 OVG-Interpretation zum Mietrecht wird der Mietvertrag als wirksam geschlossen angesehen, wenn die entsprechenden Genehmigungen bis zum Ende der gerichtlichen Verhandlung der Erstinstanz erteilt werden. Gemäß § 54 des Gesetzes zur Verwaltung von städtischen Immobilien[207] muss ein Mietvertrag nach Abschluss bei der zuständigen Immobilienverwaltungsbehörde registriert werden. Dies hat jedoch grundsätzlich keine Auswirkung auf die Wirksamkeit des Mietvertrages, es sei denn, die Parteien haben etwas anderes vereinbart (§ 4 OVG-Interpretation zum Mietrecht). Jedoch spielt auch dann eine anderweitige Parteivereinbarung keine Rolle, wenn eine Partei bereits geleistet und die andere Partei dies angenommen hat.

b)   Kündigung von Raummietverträgen

159   Neben den im Allgemeinen Teil des VG geregelten Kündigungsgründen für Verträge (siehe dazu Rn. 78 ff.) sind für Mietverträge besondere Kündigungsgründe jeweils für Vermieter und Mieter vorgesehen.

aa)   Ordentliche Kündigung

160   Einen auf unbestimmte Zeit geschlossenen Mietvertrag (wozu auch ein schlüssig zustande gekommener Vertrag zählt) können beide Parteien analog § 232 VG ohne Begründung jederzeit kündigen. Der Vermieter muss jedoch eine angemessene Kündigungsfrist einhalten. Wann eine Frist angemessen ist, ist gesetzlich allerdings nicht geregelt. Anders als im deutschen Recht wird hierbei nicht zwi-

---

207 Chinesisch: 中华人民共和国城市房地产管理法, erlassen am 5.7.1994 und in Kraft getreten am 1.6.1995, zuletzt geändert am 27.8.2009.

schen Mietverträgen über Wohnraum und über gewerblichen Raum differenziert. Im Gegensatz zu § 573 Abs. 1 BGB bedarf somit auch die fristgemäße Kündigung von Wohnraummietverträgen durch den Vermieter in China keiner besonderen Begründung.[208] Ferner ist eine Kündigung ohne Begründung möglich, wenn dies vertraglich vereinbart ist.

bb)   Außerordentliche Kündigung durch den Vermieter

Nach § 219 VG kann der Vermieter kündigen, wenn der Mieter die Mietsache   **161** nicht in der vereinbarten Art und Weise bzw. nicht entsprechend ihrer Natur ge- braucht und die Mietsache dadurch Schaden erleidet. Unklar ist dabei, was ein Gebrauch der Mietsache entsprechend ihrer Natur ist und wann ein durch un- sachgemäßen Gebrauch entstehender Schaden der Mietsache vorliegt. Daher be- stimmt § 7 OVG-Interpretation zum Mietrecht, dass der Tatbestand des § 219 VG erfüllt ist, wenn der Mieter eigenmächtig den Hauptteil des Gebäudes und die tra- gende Konstruktion ändert oder den Bau erweitert hat, und nicht innerhalb einer vom Vermieter gesetzten angemessenen Frist den ursprünglichen Zustand wieder herstellt. Nach Ablauf der Frist gilt der Vertrag als gekündigt, ohne dass es einer weiteren Willenserklärung des Vermieters bedarf.[209]

Zudem kann der Vermieter kündigen, wenn der Mieter die Mietsache ohne das   **162** Einverständnis des Vermieters untervermietet, § 224 S. 3 VG.

Ein Mietvertrag kann außerdem gemäß § 227 VG vom Vermieter gekündigt wer-   **163** den, wenn der Mieter ohne ordentlichen Grund in Zahlungsverzug geraten ist und auch nicht innerhalb einer vom Vermieter gesetzten „angemessenen" Frist die fäl- ligen Mietzinsen zahlt. Ein unerheblicher Rückstand rechtfertigt eine Kündigung jedoch nicht. So hat das OVG den Anspruch eines Vermieters auf Kündigung und Schadenersatz wegen ausstehender Mietzinsen abgelehnt, die lediglich 9 % der insgesamt geschuldeten Miete beträgt.[210]

Schließlich ist ein „Kündigungsrecht wegen Eigenbedarfs" in § 119 Abs. 3 OVG-   **164** Interpretation AGZ[211] vorgesehen. Demnach kann der Hausherr, welcher in der Regel auch Vermieter ist, grundsätzlich die Rückgabe der Mietsache fordern, wenn keine Mietdauer bestimmt worden ist und er die Rückgabe fordert, um selbst darin zu wohnen.

---

208 Mingrui GUO, 499.
209 Knut Benjamin PISSLER, ZChinR 2010, 222, 226.
210 Xiaoming XI, Streitigkeiten über Wohnungskauf und -miete, 270 ff.
211 最高人民法院关于贯彻执行《中华人民共和国民法通则》若干问题的意见（试行）[Pro- beweise Anwendung der Ansichten des Obersten Volksgerichts zu einigen Fragen der Anwen- dung der Allgemeinen Grundsätze des Zivilrechts der VR China] vom 26.1.1988 (OVG-Interpre- tation AGZ), deutsch in: Frank MÜNZEL, Chinas Recht, 12.4.86/1.

cc)   Außerordentliche Kündigung durch den Mieter

165   Wenn sich der Vertragszweck nicht verwirklichen lässt, weil aus vom Vermieter
zu vertretenden Gründen die Mietsache ganz oder teilweise beschädigt oder zerstört wird oder verloren geht, kann der Mieter gemäß § 231 VG kündigen.

166   Weiterhin hat § 8 OVG-Interpretation zum Mietrecht drei Fälle geregelt, in welchen sich der Vertragszweck über die in § 231 VG hinausgehenden Situationen
nicht verwirklichen lässt, so dass dem Mieter wegen Nichtnutzbarkeit der Räumlichkeit ein Kündigungsrecht eingeräumt wird:

1. wenn der Mietraum von Justizbehörden oder Verwaltungsbehörden versiegelt
wurde;

2. wenn es Streit über das Eigentum am Mietraum gibt;

3. wenn bei dem Mietraum Umstände eines Verstoßes gegen zwingende gesetzliche Bestimmungen zur Nutzung von Räumen vorliegen.[212]

167   Hierbei ist allerdings zu beachten, dass das Vorliegen einer der drei genannten
Fälle für eine Kündigung durch den Mieter allein nicht ausreicht, sondern dieser
Umstand tatsächlich dazu führen muss, dass die Mietsache nicht genutzt werden
kann.[213]

168   Schließlich kann der Mieter kündigen, wenn die Mietsache die Sicherheit oder
Gesundheit des Mieters gefährdet, § 233 VG.

c)   *Untervermietung*

169   Nach dem chinesischen Mietrecht setzt die Untervermietung das Einverständnis
des Vermieters voraus. Liegt das Einverständnis nicht vor, kann der Vermieter
den Hauptmietvertrag kündigen. Gemäß § 16 OVG-Interpretation zum Mietrecht
muss der Vermieter den Vertrag allerdings innerhalb von sechs Monaten kündigen, nachdem er wusste oder hätte wissen müssen, dass der Mieter ohne seine
Zustimmung weitervermietet hat.

170   Im Fall der Untervermietung mit Zustimmung des Vermieters bleibt der Mietvertrag zwischen dem Mieter und dem Vermieter weiterhin wirksam. Der Mieter haftet dem Vermieter jedoch gemäß § 224 S. 2 VG auf Schadenersatz, wenn
der Untermieter Schäden an den Mietsachen verursacht. Die im Untermietvertrag
vereinbarte Mietdauer darf nicht die verbleibende Mietdauer des Hauptmietver-
trags überschreiten, es sei denn, dass die Parteien etwas anderes vereinbart haben.
Ansonsten ist das Mietverhältnis bzgl. des überschreitenden Zeitraums unwirksam, § 15 OVG-Interpretation zum Mietrecht.

171   Grundsätzlich bedarf die Schulderfüllung durch Dritte einer Parteivereinbarung
(§ 65 VG). Bei Untervermietung hat der Untermieter jedoch die Befugnis, an Stel-

---

212 Hier sind vor allem zwingende Bestimmungen im Baugesetz der VR China [中国人民共和国建
筑法] und im Gesetz der VR China zur Brandbekämpfung [中国人民共和国消防法] einschlägig.
213 Knut Benjamin Pissler, ZChinR 2010, 222, 227.

le des Mieters den ausstehenden Mietzins und etwaige Vertragsstrafen direkt an den Vermieter zu zahlen, wenn der Vermieter wegen Rückständen beim Mietzins des Mieters den Hauptmietvertrag kündigen will (§ 17 Abs. 1 OVG-Interpretation zum Mietrecht). Durch die Zahlung kann der Untermieter das Kündigungsrecht des Vermieters abwenden. Wenn der Mietzins oder die Vertragsstrafe, die der Untermieter an Stelle des Mieters zahlt, den Betrag der Miete übersteigt, zu dessen Zahlung er verpflichtet ist, kann der Untermieter nach § 17 Abs. 2 OVG-Interpretation zum Mietrecht den von ihm selbst geschuldeten Mietzins mindern oder einen Ersatz vom Mieter verlangen.

Ist der Mietvertrag unwirksam, gekündigt oder die Frist abgelaufen und zieht der Untermieter nicht rechtzeitig aus, muss er für die nicht fristgemäß freigemachte Räumlichkeit eine Besitzgebühr zahlen. In welcher Höhe diese Gebühr zu zahlen ist, ist sehr umstritten. Laut Ansicht des OVG basiert dieser Anspruch des Vermieters gegen den Untermieter auf ungerechtfertigter Bereicherung, wobei grundsätzlich auf den marktüblichen Mietzins abzustellen ist, wenn der Vermieter nicht beweiscn kann, dass der Untermieter darüber hinaus bereichert ist.[214] Letztlich sei die Entscheidung in das Ermessen des Gerichts zu stellen.[215]   **172**

d)   Wechsel der Vertragsparteien

aa)   Eintrittsrecht bei Tod des Mieters

Nach § 234 VG können Personen, die zu den Lebzeiten des Mieters mit ihm zusammengewohnt haben, den Mietraum gemäß dem alten Mietvertrag mieten, wenn der Mieter während der Mietdauer stirbt. § 19 OVG-Interpretation zum Mietrecht ergänzt weiterhin, dass nicht nur der tatsächliche Tod, sondern auch die Verschollenheits- oder Todeserklärung des Mieters zum Eintrittsrecht führt. Außerdem erklärt § 19 OVG-Interpretation zum Mietrecht das Eintrittsrecht gemäß § 234 VG für analog anwendbar auf Einzelgewerbetreibende[216] und Partnerschaften von Einzelpersonen, wenn der Mieter die gemietete Räumlichkeit für deren Geschäftstätigkeit nutzt. In diesem Fall können bei Einzelgewerbetreibenden diejenigen, die mit dem Mieter zusammen das Gewerbe betreiben, bzw. bei Partnerschaften von Einzelpersonen die anderen Partner des Mieters beim Tod, bei Verschollenheits- oder Todeserklärung des Mieters während der Mietdauer verlangen, dass diese Räumlichkeit gemäß dem ursprünglichen Mietvertrag weiter zu mieten ist.   **173**

bb)   Kauf bricht nicht Miete

Der Grundsatz „Kauf bricht nicht Miete" wird im chinesischen Recht auch anerkannt. So bestimmt § 229 VG, dass sich ein Eigentumswechsel an der Miet-   **174**

---

214 Xiaoming XI, 237 f.
215 Xiaoming XI, 237 f.
216 Gemäß § 2 Abs. 2 Verordnung über die Einzelgewerbetreibenden [个体工商户条例], erlassen am 30.3.2011 und in Kraft getreten am 1.11.2011, zuletzt geändert und gültig seit 1.3.2014) kann das Einzelgewerbe durch eine natürliche Person oder durch eine Familie betrieben werden.

sache während der Mietdauer nicht auf bestehende Mietverhältnisse auswirkt. Dieser Grundsatz ist allerdings nach § 20 S. 2 OVG-Interpretation zum Mietrecht dispositiv, kann also von den Parteien abbedungen werden. Ausnahmen gelten auch dann, wenn an der Räumlichkeit vor der Vermietung bereits eine Hypothek bestellt war und sich die Änderung des Eigentümers daraus ergibt, dass der Hypothekar die Hypothek realisiert. Eine ähnliche Regelung kann man auch im Sachenrechtsgesetz finden.[217] Der Grundsatz findet außerdem keine Anwendung, wenn die Räumlichkeit vor der Vermietung bereits vom Gericht versiegelt worden war. Da das VG seinen Anwendungsbereich auf Parteien als gleichberechtigte Rechtssubjekte beschränkt[218] und es sich bei der Versiegelung um eine staatliche Zwangsmaßnahme auf Grundlage des öffentlichen Rechts handelt, kommt dieser Grundsatz in diesem Fall nach herrschender Meinung nicht zur Anwendung.[219]

cc)   Vorkaufsrecht des Mieters

175   Nach § 230 VG hat der Mieter ein Vorkaufsrecht, wenn der Vermieter den vermieteten Raum verkauft. Der Mieter kann dann zu gleichen Bedingungen erwerben, was sich im Wesentlichen auf den Kaufpreis und Zahlungsbedingungen (z.B. die Frist) bezieht.[220] Der Vermieter muss den Mieter innerhalb einer angemessenen Frist (drei Monate gemäß § 118 S. 1 OVG-Interpretation AGZ) vor dem geplanten Verkauf von dem Verkauf unterrichten. Verletzt er diese Pflicht, kann der Mieter gemäß § 21 S. 1 OVG-Interpretation zum Mietrecht von ihm Schadenersatz verlangen. Allerdings bleibt die Wirksamkeit des Kaufvertrags mit dem Dritten von der Pflichtverletzung durch den Vermieter unberührt, § 21 S. 2 OVG-Interpretation zum Mietrecht.

176   Für den Fall, dass eine Hypothek realisiert wird, indem der Vermieter und der Hypothekar zur Befriedigung von Schulden die Anrechnung des Werts oder den freihändigen Verkauf der vermieteten Räumlichkeit vereinbaren, wird dem Mieter auch ein Vorkaufsrecht zu gleichen Bedingungen eingeräumt, § 22 OVG-Interpretation zum Mietrecht. Auch hier muss der Vermieter seine Mitteilungspflicht erfüllen.

177   Auch bei Versteigerung der Räumlichkeit hat der Mieter grundsätzlich ein Vorkaufsrecht. Die Versteigerung muss dem Mieter fünf Tage zuvor mitgeteilt werden. Nimmt der Mieter nicht an der Versteigerung teil, wird gemäß § 23 S. 2

---

217 § 190 Sachenrechtsgesetz lautet: „Das Mietverhältnis kann einer bereits registrierten Hypothek nicht entgegengehalten werden, wenn der Gegenstand der Hypothek nach Bestellung der Hypothek vermietet worden ist."

218 Vgl. § 2 VG.

219 Xiaoming Xi, 270 ff.

220 杨巧丽诉中州泵业公司优先购买权侵权纠纷案, 河南省郑州市中级人民法院判决书 2003.03. 14 [Rechtsstreit über die Rechtsverletzung bei einem Vorkaufsrecht zwischen Yang Qiaoli und Zhongzhou Bengye Gongsi, Urteil des Mittleren Volksgerichts der Stadt Zhengzhou der Provinz Henan vom 14.3.2003].

OVG-Interpretation zum Mietrecht angenommen, dass er auf das Vorkaufsrecht verzichtet.

Wie im deutschen Recht wird das Vorkaufsrecht des Mieters jedoch ausgeschlossen, wenn bestimmte Personen ein privilegiertes Erwerbsinteresse vor dem Mieter haben. So gilt das Vorkaufsrecht nicht, wenn Miteigentümer oder nahe Verwandte des Vermieters (z. B. Ehegatten, Eltern, Kinder, Geschwister, Großeltern und Enkelkinder) den Mietraum erwerben wollen (§ 24 Nr. 1 und Nr. 2 OVG-Interpretation zum Mietrecht). Der Mieter verwirkt sein Vorkaufsrecht, wenn er, nachdem der Vermieter seine Mitteilungspflicht erfüllt hat, den Kauf nicht innerhalb von 15 Tagen klar erklärt. Das Vorkaufsrecht ist jedoch kein dingliches Recht[221] und wird nicht im Grundbuch eingetragen. Somit kann der Mieter keinen gutgläubigen Erwerb durch einen Dritten ausschließen.

Sobald der durch das Vorkaufsrecht Verpflichtete (Verkäufer) mit einem Dritten einen Kaufvertrag über das Grundstück geschlossen hat, kann der Berechtigte (Vorkaufsberechtigte) durch einseitige Erklärung gegenüber dem Verpflichteten (Verkäufer) sein Recht ausüben mit der Wirkung, dass der Kauf zwischen dem Berechtigten und dem Verpflichteten zu den gleichen Bedingungen zustande kommt, wie sie der Verpflichtete mit dem Dritten vereinbart hat. Hat ein gutgläubiger Dritter die vermietete Räumlichkeit gekauft und ist die Übertragung bereits eingetragen, kann der Mieter sein Vorkaufsrecht nicht mehr ausüben und die Unwirksamkeit des Kaufvertrags zwischen dem Vermieter und dem gutgläubigen Dritten bewirken. Er kann lediglich gemäß § 21 S. 1 OVG-Interpretation zum Mietrecht einen Schadenersatzanspruch gegen den Vermieter geltend machen.

IV. Darlehensvertrag

Das 12. Kapitel des VG behandelt das Darlehen. Gemäß § 196 VG hat der Darlehensnehmer das Darlehen an den Darlehensgeber nebst Zinsen fristgemäß zurückzuzahlen. Grundsätzlich kommt der Darlehensvertrag durch Einigung der Vertragsparteien zustande und wird auch gleichzeitig wirksam. Eine Ausnahme gilt bei einem Darlehensvertrag zwischen natürlichen Personen, bei welchem Geldmittel oft ohne Gewinnerzielungsziel zinslos zur Verfügung gestellt werden.[222] Daher sieht § 210 VG vor, dass der Darlehensvertrag zwischen natürlichen Personen erst mit der Zurverfügungstellung des Darlehens durch den Darlehensgeber wirksam wird. Anders als im deutschen Recht, welches auch das Sachdarlehen (§§ 607 ff. BGB) kennt, erfasst der Darlehensbegriff des VG nur Gelddarlehen.[223]

178

179

180

---

221 Yi TANG, 12.
222 Pengsheng SUI, 327.
223 Pengsheng SUI, 326. Jianyuan CUI, Das Vertragsrecht, 476.

1. Parteien des Darlehensvertrags

181 Obwohl das VG keine Beschränkung für den Darlehensgeber vorsieht, war und ist die Gewährung von Darlehen grundsätzlich den Finanzinstitutionen (z. B. kommerziellen Banken, Kreditgenossenschaften) vorbehalten. Lange Zeit forderte das OVG bei einem Darlehen zwischen Unternehmen eine Finanzgewerbelizenz für den Darlehensgläubiger und sah ansonten den Darlehensvertrag als unwirksam an.[224] Inzwischen hat das OVG diese Auffassung teilweise revidiert und erkennt die Wirksamkeit eines Darlehens zwischen Unternehmen grundsätzlich an, vorausgesetzt, dass die Gewährung von Darlehen nicht das Tagesgeschäft des Darlehensgebers ausmacht, das Darlehen der unternehmerischen Tätigkeit dient und aus dem eigenen Kapital des Darlehensgebers stammt.[225] Da es bislang jedoch keine offizielle Interpretation des OVG gibt, beurteilen die lokalen Gerichte dies nach ihrer eigenen Auffassung unterschiedlich, was in der Praxis zur Rechtsunsicherheit führt.[226]

182 Darlehen zwischen Unternehmen und natürlichen Personen sind jedoch grundsätzlich zulässig, solange diese nicht zu illegalen Finanztätigkeiten erfolgen. Das

---

224 最高人民法院《关于对企业借贷合同借款方逾期不归还借款应如何处理问题的批复》 [Antwort des OVG zur Frage wie es zu behandeln ist, wenn beim Darlehensvertrag zwischen Unternehmen der Darlehensnehmer bei Fälligkeit des Darlehens dies nicht zurückzahlt] vom 23.9.1996; Jakob RIEMENSCHNEIDER, 90.

225 郑州广厦置业有限公司、毋尚梅与被上诉人郑州佳德物业服务有限公司、李振州借款担保纠纷, 最高人民法院民事判决 (2014) 民一终字第 39 号 [Darlehens- und Sicherheitsstreitigkeit zwischen Zhengzhou Guang Sha Zhi Ye Youxian Gongsi, Wu Shangmei und Berufungsgegner Zhengzhou Jia De Wu Ye Fuwu Youxian Zeren Gongsi, Zivilrechtliches Urteil des Obersten Volksgerichts (2014) Min Yi Zhong Zi Di 39]; 浙江大东吴集团有限责任公司与嘉兴市乍浦恒泰联运运输有限公司、 浙江海盛科技股份有限公司、汤季中、杨建建借款合同纠纷, 最高人民法院再审民事裁定书 (2013) 民申字第 02037 号 [Darlehensstreitigkeit zwischen Zhejiang Da Dong Wu Jituan Youxian Zeren Gongsi und Jiaxing Zha Pu Heng Tai Lianyun Yunshu Youxian Zeren Gongsi, Zhejiang Haisheng Keji Gufen Youxian Gongsi, Tang Jizhong, Yang Jianjian, Zivilrechtlicher Beschluss des Obersten Volksgerichts über ein Wiederaufnahmeverfahren (2013) Min Shen Zi Di 02037].

226 Für die Wirksamkeit des Vertrags: 北京市第三建筑工程有限公司与北京恒万里科贸有限责任公司企业借贷纠纷上诉案, 北京市第一中级人民法院民事判决书 (2014) 一中民终字第 01187 号 [Berufungsfall in der Unternehmensdarlehensstreitigkeit zwischen Beijing Shi Di San Jianzhu Gongcheng Youxian Gongsi und Beijing Hengwanli Kemao Youxian Zeren Gongsi, Zivilrechtliches Urteil der Ersten Mittleren Volksgerichts der Stadt Beijing (2014) Yi Zhong Min Zhong Zi Di 01187]; 重庆煌庆贸易有限公司诉忠县佳德刃具有限公司等企业借贷纠案, 重庆市第二中级人民法院民事判决书 (2013) 渝二中法民初字第 00125 号 [Rechtsstreit über ein Unternehmensdarlehen zwischen Chongqing Huangqing Maoyi Youxian Gongsi und Zhongxian Jiade Renju Youxian Gongsi u. A., Zivilrechtliches Urteil des Zweiten Mittleren Volksgerichts der Stadt Chongqing (2013) Yu Er Zhong Fa Min Chu Zi Di 00125]. Gegen die Wirksamkeit des Vertrags: 上海厚朴生物科技有限公司与百路登（上海）贸易有限公司企业借贷纠纷上诉案, 上海市第一中级人民法院民事判决书 (2014) 沪一中民四(商)终字第 703 号 [Berufungsfall in der Unternehmensdarlehensstreitigkeit zwischen Shanghai Houpu Shengwu Keji Youxian Gongsi und Bailudeng (Shanghai) Maoyi Youxian Gongsi, Zivilrechtliches Urteil des Ersten Mittleren Volksgerichts der Stadt Shanghai (2014) Hu Yi Zhong Min Si (Shang) Zhong Zi Di. 703].

ist z. B. der Fall, wenn ein Unternehmen unter dem Deckmantel eines Darlehensvertrags Geldmittel illegal von seinen Mitarbeitern oder Dritten sammeln will oder Darlehen an die Öffentlichkeit vergibt.[227]

2. Rechte und Pflichten der Vertragsparteien

Die Pflichten des Darlehensgebers sind nicht ausdrücklich in § 196 VG genannt, ergeben sich aber aus dieser Vorschrift[228] bzw. aus § 201 Abs. 1 VG. Der Darlehensgeber muss das Darlehen zum vereinbarten Datum und in der vereinbarten Höhe zur Verfügung stellen und dem Darlehensnehmer bis zum Fälligkeitszeitpunkt überlassen.[229] Gemäß § 200 S. 1 VG dürfen Darlehenszinsen nicht vorweg vom Darlehensbetrag abgezogen werden. Die Regelung dient damit dem Schutz des Darlehensnehmers, dem genau der vereinbarte Betrag zur Verfügung gestellt werden soll[230], und ist deshalb nicht abdingbar.[231] Im Falle einer Zuwiderhandlung müssen Rückzahlung und Zinsberechnung nach dem tatsächlich gewährten Darlehensbetrag erfolgen (§ 200 S. 2 VG). Der Darlehensgeber ist zum Schadenersatz verpflichtet, wenn er dem Darlehensnehmer das Darlehen nicht vertragsgemäß, und zwar zum vereinbarten Zeitpunkt und in vereinbarter Höhe, zur Verfügung stellt (§ 201 Abs. 1 VG). **183**

Der Darlehensnehmer unterliegt zunächst der Verpflichtung, das vom Darlehensgeber vertragsgemäß zur Verfügung gestellte Darlehen anzunehmen (§ 201 Abs. 2 VG). Verletzt er diese Annahmepflicht, hat er die dafür vereinbarten Zinsen zu zahlen. Ferner hat der Darlehensnehmer gemäß § 203 VG das Darlehen zweckgemäß zu verwenden, wenn ein bestimmter Zweck vereinbart wird, fristgemäß zurückzuzahlen (§ 206 S. 1 VG) sowie die vereinbarten Zinsen fristgemäß zu zahlen (§ 205 S. 1 VG). **184**

3. Vertragsinhalt

§ 197 Abs. 1 VG sieht den Grundsatz der Schriftform für den Darlehensvertrag vor, wobei die Parteien davon abweichen können, wenn es sich bei ihnen um natürliche Personen handelt. Weiter werden Regelbeispiele („insbesondere") genannt, die der Darlehensvertrag enthalten soll, so z. B. Art, Währung, Verwendung, Höhe, Zinssatz, Frist und Art und Weise der Rückzahlung des Darlehens (§ 197 Abs. 2 VG). Es geht nicht klar aus dem Gesetz hervor, ob ein Darlehensvertrag die genannten Punkte in jedem Fall enthalten muss. Aufgrund der nur beispielhaften Aufzählung von Regelbeispielen ist nicht davon auszugehen, dass **185**

227 最高人民法院关于如何确认公民与企业之间借贷行为效力问题的批复 [Antwort des Obersten Volksgerichts zur Frage der Feststellung der Wirksamkeit eines Darlehens zwischen Bürgern und Unternehmen] vom 26.1.1999.
228 Jakob RIEMENSCHNEIDER, 55.
229 Pengsheng SUI, 328.
230 Pengsheng SUI, 328.
231 Jakob RIEMENSCHNEIDER, 137.

die genannten Punkte alle zwingend Teil eines Darlehensvertrages sind. Für die Praxis ist jedoch zu empfehlen, nach Möglichkeit alle Punkte klar im Vertrag zu regeln, um spätere Unsicherheiten zu vermeiden.

4.   Vertragsdauer

186   Im Regelfall wird der Darlehensvertrag befristet geschlossen (§ 206 S. 1 VG). Das Gesetz setzt einen vereinbarten Rückzahlungstermin voraus. Dass auch ein unbefristeter Darlehensvertrag wirksam ist, ergibt sich aus § 206 S. 2 VG. Allerdings postuliert diese Klausel, dass bei einem unbefristeten Darlehensvertrag unter Berücksichtigung von § 61 VG ein Rückzahlungstermin gefunden werden soll. Kann kein Rückzahlungstermin festgestellt werden, ist der Darlehensnehmer jederzeit berechtigt, das Darlehen zurückzuzahlen. Der Darlehensgeber kann die Rückzahlung des Darlehens jederzeit fordern, muss dem Darlehensnehmer allerdings eine angemessene Frist setzen.

187   Das VG sieht einen unbefristeten Darlehensvertrag also als unvollständig an. Der Darlehensnehmer sollte sich in diesem Fall bewusst sein, dass er ggf. keine vertragliche Sicherheit hat und durch einseitige Forderung des Darlehensgebers in Verzug geraten kann. Auch an diesem Punkt ist in der Vertragspraxis auf eine genaue und eindeutige Formulierung zu achten.

188   Der Rückzahlungstermin kann im Interesse des Darlehensnehmers verschoben werden, wenn der Darlehensgeber damit einverstanden ist (§ 209 VG). Dabei müssen jedoch die zu Beginn des Vertrags geltenden Formvorschriften auch bei der Verlängerung eingehalten werden.

5.   Sicherung und vertragswidrige Verwendung des Darlehens

189   Der Darlehensgeber kann Sicherheiten für das Darlehen verlangen (§ 198 S. 1 VG). Dabei ist das SiG zu beachten (§ 198 S. 2 VG). Danach stehen dem Darlehensgeber Bürgschaften, Hypotheken und Pfandrechte zur Verfügung. Ein Zurückbehaltungsrecht hat der Darlehensgeber, wenn der Darlehensnehmer das Darlehen nicht zweckgemäß verwendet (§ 203 VG). Er ist dann berechtigt, die Auszahlung des verbleibenden Betrags einzustellen. Dies begründet ein Zurückbehaltungsrecht des Darlehensgebers hinsichtlich des noch ausstehenden Darlehensteils und gilt folglich nur für Darlehen, die in Raten auszuzahlen sind. Festgeld ist als Sicherheit beim Darlehensverhältnis nicht erlaubt.[232]

190   Der Darlehensgeber ist außerdem berechtigt, bei Vertragsschluss Einsicht in die mit dem Darlehen in Verbindung stehenden geschäftlichen Aktivitäten und finanziellen Verhältnisse zu verlangen (§ 199 VG). Dies bezweckt, dass sich der Dar-

---

232 Dies würde gegen § 200 VG verstoßen, wonach Darlehenszinsen nicht vorweg vom Darlehensbetrag abgezogen werden dürfen. § 9 Allgemeine Regelungen über Darlehen [贷款通则] (erlassen von der Chinesischen Volksbank und in Kraft getreten am 1.8.1996) sieht als Sicherheiten nur Bürgschaften, Hypotheken und Pfandrechte vor.

lehensgeber vor dem Vertragsschluss durch Feststellung der geschäftlichen und finanziellen Lage des Darlehensnehmers entscheiden kann, ob er dem Darlehensnehmer ein Darlehen gewährt bzw. wie die Konditionen des Darlehens zu gestalten sind.[233] Nach § 202 VG kann der Darlehensgeber mit dem Darlehensnehmer (während der Laufzeit des Darlehens) Vereinbarungen über die Überwachung treffen und sich zu vereinbarten Fristen Finanz- und Buchführungsberichte vorlegen lassen. Stellt er bei einer Prüfung fest, dass der Darlehensnehmer das Darlehen nicht zu dem vertraglich vereinbarten Zweck nutzt, kann er die Auszahlung des Darlehens stoppen, das Darlehen vorzeitig zurückfordern oder den Vertrag kündigen (§ 203 VG). Zu beachten ist, dass durch das Rückzahlungsverlangen des Darlehensgebers der Darlehensvertrag nicht gekündigt wird, sondern er durch die zweckwidrige Verwendung nur berechtigt wird, den Fälligkeitszeitpunkt zu ändern.[234] Die Ausübung dieses Rechts setzt freilich voraus, dass bei Vertragsschluss überhaupt ein Verwendungszweck vereinbart ist. Bei Bankdarlehen ist die Vereinbarung des Verwendungszwecks Pflicht.[235]

6.   Zinsen

Kreditunternehmen müssen die von der Chinesischen Volksbank festgesetzten Ober- und Untergrenzen für Darlehenszinsen einhalten, können die Zinssätze aber im Übrigen frei wählen (§ 204 VG). Bei privaten Darlehen[236] darf der vereinbarte Zinssatz nicht höher als das Vierfache des Leitzinssatzes für Bankkredite sein.[237] Ein höherer „Wucher-Zinssatz" wird auf das Vierfache des Leitzinssatzes von Bankkrediten reduziert.[238]   **191**

Zahlt der Darlehensgeber dem Darlehensnehmer das Darlehen nicht fristgemäß zum vereinbarten Zeitpunkt aus, muss er ihm die dadurch entstandenen Schäden ersetzen (§ 201 Abs. 1 VG). Nimmt der Darlehensnehmer das Darlehen nicht wie vereinbart an, muss er trotzdem wie vereinbart die Zinsen für das Darlehen zahlen (§ 201 Abs. 2 VG).   **192**

§ 205 VG enthält neben der Pflicht zur fristgemäßen Zinszahlung auch eine Regelung für den Fall, dass die Frist für die Rückzahlung des Darlehens nicht oder unklar geregelt ist. Zuerst soll eine Einigung bzw. Vertragsauslegung unter Berücksichtigung von § 61 VG erfolgen. Kann auch dadurch keine Frist bestimmt werden, richtet sich die Rückzahlung der Zinsen nach der Laufzeit des Darlehens.   **193**

---

233 Kangsheng Hu, 330 f.

234 Jakob RIEMENSCHNEIDER, 106.

235 § 37 Geschäftsbankengesetz [中华人民共和国商业银行法], erlassen am 10.5.1995 und in Kraft getreten am 1.7.1995, zuletzt geändert am 27.12.2003, deutsch in: Frank MÜNZEL, Chinas Recht, 27.12.03/2.

236 Darunter sind Darlehen zu verstehen, die nicht von Kreditinstituten vergeben worden sind.

237 Nr. 6 关于人民法院审理借贷案件的若干意见 [Einige Ansichten zur Verhandlung von Fällen bzgl. Darlehen durch Gerichte] vom 13.8.1991.

238 Einzelheiten siehe Jakob RIEMENSCHNEIDER, 136.

Liegt die Laufzeit oder Restlaufzeit eines Darlehens unter einem Jahr, sind die Zinsen bei Rückzahlung des Darlehens zu zahlen. Ist die Laufzeit länger als ein Jahr, sind die Zinsen jeweils am Jahresende zu zahlen.

194   Zahlt der Darlehensnehmer das Darlehen vor dem vereinbarten Fristende zurück, berechnen sich die Zinsen nach dem tatsächlichen Rückzahlungstermin und nicht nach dem vereinbarten, soweit die Parteien nichts anderes vereinbart haben (§ 208 VG). Dies kann für den Darlehensnehmer von Vorteil sein, wenn er plötzlich zu Geld kommt und das Darlehen schneller zurückzahlen kann als geplant. Der Darlehensgeber verliert hingegen seinen Anspruch auf die restlichen Zinszahlungen ersatzlos. Diese auf den ersten Blick unverständliche Regelung ist vor dem historischen Hintergrund von uneinbringlichen Darlehen durch die Staatsbanken zu sehen und soll Darlehensnehmern einen Anreiz zur Rückzahlung von Darlehen geben.[239] Bei der Gesetzgebung gab es jedoch unterschiedliche Auffassungen zur Gerechtigkeit dieser Regelung, so dass der Gesetzgeber diese nachträglich so auslegt, dass es auf die vertragliche Vereinbarung ankommen soll, ob bei Rückzahlung des Darlehens vor Fristende die Genehmigung des Darlehensgebers erforderlich ist. Bei fehlender Vereinbarung sollen sich Darlehensnehmer und Darlehensgeber einigen, wobei der Darlehensgeber die frühere Rückzahlung nur bei berechtigtem Interesse ablehnen darf.[240] Für den Darlehensgeber stellt diese Regelung in jedem Fall eine deutliche Verschlechterung im Vergleich zur deutschen Regelung dar (§ 488 Abs. 1 S. 2 BGB).

195   Auch bei Darlehensverträgen zwischen natürlichen Personen sind diese bei der Wahl des Zinssatzes frei, soweit er sich innerhalb der Grenzen der staatlichen Bestimmungen zur Begrenzung der Darlehenszinsen bewegt. Eine wichtige und insbesondere vom Darlehensgeber zu beachtende Regelung trifft § 211 VG für Zinsen von Darlehen zwischen natürlichen Personen. Einigen sich diese nicht oder in unklarer Art und Weise über die Zinszahlungen, gilt der Darlehensvertrag als zinsfrei. Zu beachten ist, dass hierbei keine Vertragsauslegung bzw. nachträgliche Vereinbarung über § 61 VG folgt. Der Darlehensgeber ist also angehalten, im eigenen Interesse eine klare Regelung zu treffen, da er sich in diesem Fall wohl nicht auf die Mitwirkung des Darlehensnehmers verlassen kann.

196   Zahlt der Darlehensnehmer das Darlehen verspätet zurück, richten sich die Verzugszinsen nach den vertraglichen Vereinbarungen oder nach den staatlichen Bestimmungen (§ 207 VG). Bei fehlender Vereinbarung kann der Darlehensgeber den vereinbarten Zinssatz für die Laufzeit des Darlehens als Verzugszinsen geltend machen.[241] Werden im Vertrag sowohl Verzugszinsen als auch eine Vertrags-

---

239 Jakob Riemenschneider, 142; Kangsheng Hu, 338.
240 Kangsheng Hu, 338.
241 Nr. 6 Satz 4 最高人民法院关于依法妥善审理民间借贷纠纷案件促进经济发展维护社会稳定的通知 [Mitteilung des OVG über die rechtmäßige Behandlung von Streitfällen von privaten Darlehen zur Förderung der Wirtschaftsentwicklung und Stabilität der Gesellschaft] vom 2.12.2011.

strafe für den Verzugsfall vereinbart, darf der gesamte Betrag allerdings die Obergrenze – das Vierfache des Zinssatzes für Bankkredite – nicht überschreiten.[242] Der Verzug tritt ein, ohne dass der Darlehensnehmer noch zusätzlich gemahnt werden muss.

V. Geschäftsbesorgungsvertrag

Der Geschäftsbesorgungsvertrag[243] ist im 21. Kapitel des VG (§§ 396–413 VG)   **197** geregelt. Nach § 396 VG ist der Geschäftsbesorgungsvertrag eine Vereinbarung zwischen Auftraggeber und Auftragnehmer über die Erledigung von Angelegenheiten des Auftraggebers durch den Auftragnehmer. Dem Auftraggeber steht es dabei frei, den Auftragnehmer mit der Erledigung einzelner oder sämtlicher Angelegenheiten zu beauftragen (§ 397 VG). Bei einer umfassenden Beauftragung sollten Angelegenheiten, die von besonderer Bedeutung für den Auftraggeber sind, wie etwa Schenkung, Vergleich oder Klageerhebung, explizit genannt werden.[244] Mit bestimmten Angelegenheiten, wie z.B. Heirat, Scheidung, Adoption, die persönlich zu erledigen sind, darf ein Dritter nicht beauftragt werden.[245]

1. Rechte und Pflichten der Vertragsparteien

Aufwendungen für die Erledigung des Auftrags müssen vom Auftraggeber im   **198** Voraus bezahlt werden, wobei vom Auftragnehmer geleistete notwendige Kosten vom Auftraggeber mit Zinsen erstattet werden müssen (§ 398 VG).

Bei der Ausführung des Auftrags muss sich der Auftragnehmer grundsätzlich an   **199** die Anweisungen des Auftraggebers halten (§ 399 S. 1 VG). Möchte er von diesen abweichen, muss er zunächst die Zustimmung vom Auftraggeber einholen (§ 399 S. 2 HS 1 VG). Nur in dringenden Fällen und wenn der Auftraggeber nicht zu erreichen ist, darf der Auftragnehmer ohne eine solche Zustimmung von den Anweisungen des Auftraggebers abweichen (§ 399 S. 2 HS 2 VG). Die Abweichungen müssen aber insoweit zweckmäßig sein, als dass die Angelegenheiten des Auftraggebers damit erledigt werden können (§ 399 S. 2 HS 2 VG). Über diese Umstände hat der Auftragnehmer die Pflicht, dem Auftraggeber zu berichten (§ 399 S. 2 HS 2 VG).

Im Regelfall muss der Auftragnehmer den Auftrag persönlich erledigen (§ 400   **200** S. 1 VG), es sei denn, der Auftraggeber stimmt einer Weitergabe des Auftrags zu (§ 400 S. 2 VG). In diesem Fall kann der Auftraggeber seine Anweisungen zum Auftrag direkt an den Dritten richten und der Auftragnehmer haftet nur für die Auswahl des Dritten und für seine an den Dritten gerichteten Anweisungen

---

242 Yanhao Liu, 509.
243 Chinesisch: 委托合同.
244 Pengsheng Sui, 405.
245 Kangsheng Hu, 615 f.

(§ 400 S. 3 VG). Liegt eine Zustimmung des Auftraggebers hingegen nicht vor, haftet der Auftragnehmer für Handlungen des Dritten, es sei denn, es lag ein dringender Fall vor und die Weitergabe an einen Dritten diente dem Schutze der Interessen des Auftraggebers (§ 400 S. 4 VG). Der Auftraggeber kann mit Zustimmung des Auftragnehmers ebenfalls einen Dritten beauftragen, allerdings muss er in diesem Fall dem Auftragnehmer den Schaden ersetzen, den dieser daraus erleidet (§ 408 VG).

201   Auf Verlangen des Auftraggebers muss der Auftragnehmer diesem über den Stand der Ausführung des Auftrags berichten (§ 401 S. 1 VG). Mit Beendigung des Geschäftsbesorgungsvertrags muss er diesem über das Ergebnis der Erledigung des Auftrags berichten (§ 401 VG). Das durch die Erledigung der Angelegenheit erlangte Vermögen muss der Auftragnehmer nach § 404 VG dem Auftraggeber weitergeben. Der Auftraggeber ist nach § 405 S. 1 VG verpflichtet, nach Erledigung der Angelegenheit dem Auftragnehmer ein Entgelt zu zahlen. Dies gilt selbst dann, wenn der Geschäftsbesorgungsvertrag beendet wird oder der Auftrag nicht ausgeführt werden kann und der Auftragnehmer gleichzeitig die Gründe dafür nicht zu vertreten hat, es sei denn, die Parteien haben etwas anderes vereinbart (§ 405 S. 2 VG).

2.   Mittelbare Geschäftsbesorgungsverhältnisse

202   Der Auftragnehmer schließt im Rahmen eines Geschäftsbesorgungsvertrags im Namen des Auftraggebers einen Vertrag mit einem Dritten. Das ist einer der wesentlichen Unterschiede zwischen Geschäftsbesorgung und Kommissionsvertrag, wobei der Kommissionär im eigenen Namen für den Auftraggeber Handelsgeschäfte tätigt (§§ 414 ff. VG). Schließt der Auftragnehmer jedoch im eigenen Namen mit einem Dritten einen Vertrag, so bindet dieser Vertrag nur unmittelbar den Auftraggeber, wenn der Auftragnehmer im Rahmen seiner Kompetenzen handelt und der Dritte den Geschäftsbesorgungsvertrag zwischen Auftraggeber und Auftragnehmer kennt oder keine eindeutigen Hinweise vorliegen, dass der Vertrag eigentlich nur den Auftragnehmer und Dritten binden soll (§ 402 VG).

203   Ist dem Dritten der Geschäftsbesorgungsvertrag nicht bekannt und kann der Auftragnehmer aus beim Dritten liegenden Gründen seine Pflichten gegenüber dem Auftraggeber nicht erfüllen, muss er die Geschäftsbesorgung dem Dritten offenbaren, so dass der Auftraggeber die Rechte des Auftragnehmers gegenüber dem Dritten geltend machen kann (§ 403 Abs. 1 VG). Dies ist nur dann ausgeschlossen, wenn der Dritte den Vertrag mit dem Auftragnehmer nicht geschlossen hätte, wenn er vom Geschäftsbesorgungsvertrag wusste (§ 403 Abs. 1 VG). Kann der Auftragnehmer aus beim Auftraggeber liegenden Gründen seine Pflichten gegenüber dem Dritten nicht erfüllen, muss er dem Dritten den Auftraggeber offenbaren, so dass dieser wählen kann, ob er seine Rechte gegenüber dem Auftragnehmer oder Auftraggeber geltend machen kann (§ 403 Abs. 2 VG). Eine einmal

getroffene Wahl ist nicht mehr änderbar (§ 403 Abs. 2 VG). Einreden, die dem Dritten gegenüber dem Auftragnehmer zustehen, kann der Dritte bei Ansprüchen des Auftraggebers ebenfalls geltend machen (§ 403 Abs. 3 VG). Einreden des Auftraggebers gegenüber dem Auftragnehmer sowie Einreden des Auftragnehmers gegenüber dem Dritten kann der Auftraggeber dann geltend machen, soweit der Dritte ihn in Haftung nimmt (§ 403 Abs. 3 VG).

3. Schadenersatzanspruch

Erleidet der Auftraggeber bei einem entgeltlichen Geschäftsbesorgungsvertrag   **204** durch Verschulden des Auftragnehmers einen Schaden, kann er nach § 406 Abs. 1 S. 1 VG von diesem Schadenersatz verlangen. Bei einem unentgeltlichen Geschäftsbesorgungsvertrag haftet der Auftragnehmer hingegen nach § 406 Abs. 1 S. 2 VG nur für Vorsatz und grobe Fahrlässigkeit. Überschreitet der Auftragnehmer seine Kompetenzen und erleidet der Auftraggeber dadurch einen Schaden, muss er ihm ebenfalls den Schaden ersetzen (§ 406 Abs. 2 VG).

Erleidet der Auftragnehmer bei Ausführung des Auftrags einen Schaden, den   **205** er nicht zu vertreten hat, kann er sich diesen vom Auftraggeber ersetzen lassen (§ 407 VG).

4. Kündigungsrecht

Nach § 410 S. 1 VG können sowohl der Auftraggeber als auch der Auftragnehmer   **206** jederzeit den Geschäftsbesorgungsvertrag kündigen. In diesem Fall muss die kündigende Partei grundsätzlich der anderen Partei deren durch die Kündigung entstandenen Schaden ersetzen (§ 410 S. 2 VG). Der entgangene Gewinn ist laut einem Urteil des OVG aus dem Jahr 2005 hingegen nicht ersatzfähig,[246] was ebenfalls die h. M. in der Literatur und Rechtsprechung darstellt.[247] Gleichwohl wird

---

246 上海盘起贸易有限公司与盘起工业（大连）有限公司委托合同纠纷案，中华人民共和国最高人民法院民事判决书 (2005) 民二终字第 143 号 [Rechtsstreit über einen Geschäftsbesorgungsvertrag zwischen Shanghai Panqi Maoyi Youxian Gongsi und Panqi Gongye (Dalian) Youxian Gongsi, Zivilrechtliches Urteil des Obersten Volksgerichts der Volksrepublik China (2005) Min Er Zhong Zi Di 143].

247 Zhongfa MA/Kai FENG, Oriental Law 2009, 102, 107; 长沙本日市场策略设计有限公司诉株洲嘉麒房地产开发有限责任公司一般委托合同纠纷案，株洲市中级人民法院民事判决书 (2009) 株中法民二初字第 23 号 [Rechtsstreit über einen Geschäftsbesorgungsvertrag zwischen Changshi Benri Shichang Celüe Sheji Youxian Gongsi und Zhuzhou Jiaqi Fangdichan Kaifa Youxian Gongsi, Zivilrechtliches Urteil des Mittleren Volksgerichts der Stadt Zhuzhou (2009) Zhu Zhong Fa Min Er Chu Zi Nr. 23].

in der Praxis unter bestimmten Umständen der entgangene Gewinn als Schaden von den Gerichten anerkannt.[248]

207 Das Recht auf Kündigung nach § 410 VG kann durch Parteivereinbarung ausgeschlossen werden.[249] Zum Teil wird in der Literatur aber vertreten, dass ein vereinbarter Ausschluss des Kündigungsrechts bei unentgeltlichen Geschäftsbesorgungsverträgen nicht zulässig ist.[250]

---

248 山特维克国际贸易(上海)有限公司等诉上海浩营贸易有限公司委托合同纠纷案，上海市第一中级人民法院民事判决书 (2008) 沪一中民五(商)终字第 3 号 [Rechtsstreit über einen Geschäftsbesorgungsvertrag zwischen Shan Te Wei Ke Guoji Maoyi (Shanghai) Youxian Gongsi und anderen sowie Shanghai Haoying Maoyi Youxian Gongsi, Zivilrechtliches Urteil des ersten Mittleren Volksgerichts der Stadt Shanghai (2008) Hu Yi Zhong Min Wu (Shang) Zhong Zi Nr. 3]. Ebenso fordern Teile der Literatur, dass der entgangene Gewinn ersatzfähig ist. Siehe dazu: Zhongfa MA/Kai FENG, Oriental Law 2009, 102, 109. Manche Stimmen in der Literatur fordern die Ersatzfähigkeit des entgangenen Gewinns allerdings einschränkend dahingehend, dass dies nur möglich ist, wenn die Vorteile aus dem Geschäftsbesorgungsvertrag nicht von der Wirksamkeit einer weiteren rechtlichen Beziehung abhängig sind. Siehe dazu: Jianyuan CUI/Jun LONG, Chinese Journal of Law 2008, 73, 84 f.

249 广东怡法律师事务所与通威股份有限公司一般委托合同纠纷上诉案，广东省佛山市中级人民法院民事判决书 (2004) 佛中法民二终字第 373 号 [Berufungsfall im Rechtsstreit über einen normalen Geschäftsbesorgungsvertrag zwischen Guangdong Yifa Lüshi Shiwusuo und Tongwei Gufen Youxian Gongsi, Zivilrechtliches Urteil des Mittleren Volksgerichts der Stadt Foshan der Provinz Guangdong (2004) Fo Zhong Fa Min Er Zhong Zi Nr. 373]; 北京捷成行房地产经纪有限责任公司诉北京嘉海房地产开发有限责任公司委托合同案，北京市第一中级人民法院判决书 (2007) 一中民终字第 08266 号 [Rechtsstreit über einen Geschäftsbesorgungsvertrag zwischen Beijing Jiechenghang Fangdichan Jingji Youxian Gongsi und Beijing Jiahai Fangdichan Kaifa Youxian Gongsi, Urteil des ersten Mittleren Volksgerichts der Stadt Beijing (2007) Yi Zhong Min Zhong Zi Nr. 08266]; Jianyuan CUI/Jun LONG, Chinese Journal of Law 2008, 73, 86.

250 Jianyuan CUI/Jun LONG, Chinese Journal of Law 2008, 73, 86.

4. Kapitel

Gesetzliche Schuldverhältnisse

Literatur: BINDING, Jörg, Das Gesetz der VR China über die deliktische Haftung, Göttingen 2012; BINDING, Jörg, VR China, in: KULLMANN, Hans Josef/PFISTER, Bernhard, Produzentenhaftung, Loseblattsammlung, 4620 (VR China), München 2012; BINDING, Jörg/EISENBERG, Claudius, Das neue Produkthaftungsrecht der VR China. Alter Wein in neuen Schläuchen?, RIW 2011, 511–518; BINDING, Jörg/EISENBERG, Claudius, Produkthaftung in der VR China, RIW, 2010, 1–13; CUI, Jianyuan [崔建远], Studie zur ungerechtfertigten Bereicherung [不当得利研究], Chinese Journal of Law [法学研究], August 1987, Nr. 4, 58–64; FEUERSTEIN, Mario, Grundlagen und Besonderheiten des außervertraglichen Haftungsrechts der VR China, Osnabrück 2001; HONG, Xuejun [洪学军]/ZHANG, Long [张龙], Studie zur Konkurrenz zwischen dem Anspruch auf Rückgabe wegen ungerechtfertigter Bereicherung und anderen Ansprüchen [不当得利返还请求权与其他请求权的竞合研究], Modern Law Science [现代法学], Band 25, Nr. 5, Oktober 2003, 42–46; JIA, Jiwei [贾继伟]/PAN, Jingsong [潘劲松]/JIA, Xiu [贾秀]/WANG, Wenjiao [王文佼], Analyse zu den Rechtsprinzipien der ungerechtfertigten Bereicherung [不当得利的法理分析], Trade Unions' Tribune [工会论坛], Band 16, Nr. 4, Juli 2010, 163–165; LIU, Yanhao [刘言浩]: Der Kausalzusammenhang bei der ungerechtfertigten Bereicherung [不当得利中的因果关系], Oriental Law [东方法学], Band 7, Nr. 1, Januar 2013, 52–63; REIM, Regine, Ersatz von Immateriellen Schäden infolge unerlaubter Handlungen, Newsletter der deutsch-chinesischen Juristenvereinigung e. V., 8. Jahrgang, Heft 4/2001, 182–184; SHEN, Weixing [申卫星], Zivilrechtslehre [民法学], 1. Aufl. [第一版], Beijing 2013; STAAKE, Marco, Gesetzliche Schuldverhältnisse, Berlin, Heidelberg 2014; SUN, Xianzhong [孙宪忠], Kritische Bemerkungen zu einigen schwierigen Problemen bei der gegenwärtigen Erstellung eines Rechts der deliktischen Handlungen in China, ZChinR 2004, 140–163; WANG, Liming [王利明], Zivilrecht [民法], 5. Aufl. [第五版], Beijing 2010; WANG, Liming [王利明]/YANG, Lixin [杨立新]/YAO, Hui [姚辉], Persönlichkeitsrecht [人格权法], Beijing 1997; WANG, Liming [王利明]/ZHOU, Youjun [周友军]/GAO, Shengping [高圣平], Lehrbuch des Gesetzes über die deliktische Haftung [中国侵权责任法教程], Beijing 2010; WANG, Shengming [王胜明], Auslegung und gesetzgeberischer Hintergrund des Gesetzes über die deliktische Haftung [《中华人民共和国侵权责任法》条文释解与司法适用], Beijing 2010; WANG, Yi [王轶], Ungerechtfertigte Bereicherung [不当得利] in: WANG, Liming (Hrsg.) [王利明 主编], Zivilrechtslehre [民法学], 1. Aufl. [第一版], Beijing 2005; YAN, Yimei [鄢一美], Pflichten aus deliktischer Handlung [侵权行为之债] in: JIANG, Ping (Hrsg.) [江平 主编], Zivilrechtslehre (2. Aufl.) [民法学 （第二版）], Beijing 2011, 463; YAN, Yimei [鄢一美], Pflichten aus ungerechtfertigter Bereicherung [因不当得利所生之债] in: JIANG, Ping (Hrsg.) [江平 主编],

Zivilrechtslehre (2. Aufl.) [民法学（第二版）], Beijing 2011, 558; YAN, Yimei [鄢一美], Pflichten aus Geschäftsführung ohne Auftrag [因无因管理所生之债] in: JIANG, Ping (Hrsg.) [江平 主编], Zivilrechtslehre (2. Aufl.) [民法学（第二版）], Beijing 2011, 566; YANG, Lixin [杨立新], Das Gesetz über die deliktische Haftung [侵权责任法], Beijing 2010; ZHANG, Xinbao [张新宝], Study on Legislation of Tort Liability Law [侵权责任法立法研究], (1. Ausgabe) [第一版], Beijing 2009; ZHENG, Shuji/TREMPEL, Eberhard, Das (neue) Deliktsrecht der VR China – Ein aktueller Blick auf das neue chinesische Deliktshaftungsgesetz (DhGCn) und die Rechtspraxis, RIW 2010, 511 ff.; ZOU, Hailin [邹海林], Die Konkurrenz zwischen dem Anspruch aus ungerechtfertigter Bereicherung und anderen Ansprüchen [不当得利请求权与其他请求权的竞合], Law and Business Study [法商研究], Band 75, Nr. 1, Januar 2000, 55–63.

Übersicht

A.   Einleitung

I.   Gesetzliches Schuldverhältnis

Der Begriff des „gesetzlichen Schuldverhältnisses"[1] wird in den grundlegenden zivilrechtlichen Normen und Rechtsvorschriften der VR China, d. h. in den „Allgemeinen Grundsätzen des Zivilrechts" vom 12.4.1986 (AGZ)[2] und im Vertragsgesetz vom 15.3.1999 (VG)[3], nicht gebraucht.

1

Selbst der Begriff des „Schuldverhältnisses" lässt sich nicht ohne Weiteres identifizieren. Teilweise ist von „Zivilverhältnissen"[4] die Rede, die durch Vertrag be-

2

---

1   Ein in der chinesischen Rechtsliteratur gebräuchlicher Begriff ist „法定之债".
2   [中华人民共和国民法通则], deutsch mit Quellenangabe in: Frank MÜNZEL, Chinas Recht,
    12.4.86/1.
3   [中华人民共和国合同法], deutsch mit Quellenangabe in: Frank MÜNZEL, Chinas Recht,
    15.3.1999/1.
4   Chinesisch „民事关系", bspw. in §§ 1 und 85 AGZ.

gründet, abgeändert oder beendet werden,[5] oder es wird vom „Forderungen-Verbindlichkeiten-Verhältnis"[6] gesprochen. § 54 AGZ besagt, dass natürliche oder juristische Personen durch zivile Rechtshandlungen[7] zivile Rechte und Pflichten begründen, abändern oder beenden.

3   § 84 AGZ kommt dem dt. Verständnis[8] des Schuldverhältnisses im Sinne von § 241 Abs. 1 S. 1[9] BGB am nächsten. Gemäß § 84 Abs. 1 S. 1 AGZ ist eine Schuld[10] ein durch die Vereinbarungen eines Vertrages oder durch gesetzliche Vorschriften begründetes „spezielles Rechts- und Pflichtenverhältnis"[11]. Der Gläubiger der Schuld kann vom Schuldner die Erfüllung der Pflichten gemäß Vertragsvereinbarungen oder gesetzlichen Vorschriften verlangen.[12]

4   Zusammenfassend lässt sich also sagen, dass eine gesetzliche zivile Schuld ein durch gesetzliche Vorschriften – und nicht durch Vertrag oder Rechtshandlung – begründetes spezielles (ziviles) Rechts- und Pflichtenverhältnis ist, aufgrund dessen der Gläubiger vom Schuldner die Erfüllung eines gesetzlichen Anspruchs verlangen kann.

5   Daneben gibt es keine Rechtsvorschriften, die ganz allgemein Pflichten der Parteien eines (rechtsgeschäftlichen oder gesetzlichen) Schuldverhältnisses normieren, bspw. Obhuts- oder Sorgfaltspflichten. Es gibt allerdings für bestimmte Situationen Sondernormen, bspw. die §§ 42, 43 VG.

6   Im Rahmen von Vertragsverhandlungen verlangt § 42 VG indirekt über eine bei Verstoß drohende Schadensersatzpflicht, dass sich die Parteien an den Grundsatz von Treu und Glauben halten müssen. Nach § 43 VG dürfen keine Geschäftsgeheimnisse der anderen Partei, die im Rahmen von Vertragsverhandlungen zugänglich werden, verraten oder auf unbillige Weise missbraucht werden. Es handelt sich hierbei also um den Spezialfall der culpa in contrahendo, die im Kapitel zu den vertraglichen Schuldverhältnissen behandelt wird.

---

5 Siehe § 85 AGZ. In § 1 VG ist demgegenüber davon die Rede, dass der Vertrag eine Vereinbarung zwischen natürlichen, juristischen Personen oder Organisationen mit ähnlichem Status ist, durch den ein ziviles Rechts- und Pflichtenverhältnis (民事权利义务关系) begründet, abgeändert oder beendet wird.

6 Chinesisch „债权债务关系". Vor allem das OVG verwendet diesen Begriff wiederholt in seinen Interpretationen, bspw. in Nr. 20 OVG-Interpretation I VG [最高人民法院关于适用《中华人民 共和国合同法》若干问题的解释 (一)] vom 29.12.1999, deutsch mit Quellenangabe in: Frank MÜNZEL, Chinas Recht, 15.3.1999/1.

7 Chinesisch „民事法律行为". Zivile Rechtshandlungen werden in den §§ 54–62 AGZ näher beschrieben.

8 Siehe zur Definition von Schuldverhältnis Marco STAAKE, 5.

9 Dieses Schuldverhältnis im engeren Sinne wird auch als Anspruch bezeichnet. Hierzu und zur Definition des Schuldverhältnisses im engeren Sinne siehe Marco STAAKE, 3.

10 Chinesisch „债".

11 Chinesisch „特定的权利和义务关系".

12 Siehe § 84 Abs. 2 AGZ.

II.   Typen gesetzlicher Schuldverhältnisse

Gesetzliche Schuldverhältnisse sind in verschiedensten Gesetzen und unterge-   7
setzlichen Rechtsvorschriften auf nationaler und lokaler Ebene geregelt. In diesem Kapitel soll nur auf die – der dt. Systematik folgend – in Literatur und Praxis
wichtigsten gesetzlichen Schuldverhältnisse eingegangen werden. Dies sind:

- ungerechtfertigte Bereicherung,
- unerlaubte Handlung[13] sowie
- Geschäftsführung ohne Auftrag.

Das Eigentümer-Besitzer-Verhältnis, Besitz und Besitzschutz sowie der Fund   8
sind im Sachenrechtsgesetz (SRG)[14] geregelt und werden im Kapitel zum Sachenrecht behandelt.

B.   Ungerechtfertigte Bereicherung

I.   Überblick

Ein Anspruch auf Rück- oder Herausgabe[15] ohne Rechtsgrund erlangter Vorteile[16]   9
ist in § 92 AGZ normiert. Voraussetzung für diesen Rück- oder Herausgabeanspruch ist, dass (a) der Anspruchsgegner ohne Rechtsgrund unangemessene Vorteile erlangt und (b) der Anspruchsinhaber einen Schaden erlitten hat. Eine Unterscheidung danach, ob die Vorteile durch Leistung oder auf andere Weise erlangt
wurden, trifft der Normwortlaut nicht.

Daneben gibt es zwei weitere schuldrechtliche Normen, die sich mit der Rückga-   10
be ohne Rechtsgrund beschäftigen:

- § 61 AGZ, der in Abs. 1 von einer Rück- oder Herausgabe der erlangten Vermögenswerte[17] spricht, wenn die Zivilhandlung[18], infolge derer die Vermögenswerte erlangt wurden, unwirksam ist oder widerrufen[19] wurde; und
- § 58 VG, der von einer Rück- oder Herausgabe der erlangten Vermögenswerte
  spricht, wenn der Vertrag, aufgrund dessen die Vermögenswerte erlangt wurden, unwirksam ist oder widerrufen wurde.

---

13   Zur Diskussion im Vorfeld der Verabschiedung des GdH betreffend der Frage, ob durch eine unerlaubte Handlung ein gesetzliches Schuldverhältnis begründet wird siehe Xianzhong SUN, ZChinR
2004, 140–163.
14   [中华人民共和国物权法], deutsch mit Quellenangabe in: Frank MÜNZEL, Chinas Recht,
16.3.07/1.
15   Chinesisch „返还“.
16   Chinesisch „利益“.
17   Chinesisch „财产“.
18   Chinesisch „民事行为“.
19   Chinesisch „撤销“.

11   Der Wortlaut von § 92 AGZ ist so weit gefasst, dass er prinzipiell auch die Tat-
      bestände von § 61 AGZ und § 58 VG umfasst. Demgegenüber ist der Anwen-
      dungsbereich dieser Normen beschränkt auf eine Erlangung von Vermögenswer-
      ten durch Zivilhandlung bzw. Vertrag, ähnlich der Leistungskondiktion.

12   Das Verhältnis zwischen § 92 AGZ und § 61 AGZ bzw. § 58 VG ist noch nicht
      geklärt. Eine strikte Trennung nach Vorteilserlangung durch Leistung bzw. auf
      sonstige Weise lässt sich dem weiten Wortlaut von § 92 AGZ nicht entnehmen.
      Bei § 61 AGZ und § 58 VG könnte es sich deshalb um speziellere Tatbestände
      handeln, die einer Anwendung von § 92 AGZ entgegenstehen.[20]

13   Bei § 58 VG und § 61 AGZ handelt es sich nach der herrschenden Auffassung
      in der chinesischen Literatur jedenfalls um sachenrechtliche Ansprüche.[21] Dafür
      spricht, dass bei Unwirksamkeit oder Widerruf des Vertrages bzw. der Rechts-
      handlung (des schuldrechtlichen Geschäftes) gleichzeitig auch das dingliche
      Rechtsgeschäft[22] im Sinne des dt. Rechts unwirksam wäre, weil es kein Abstrak-
      tionsprinzip wie im dt. Zivilrecht[23] gibt. Somit gibt es in der Regel bei Unwirk-
      samkeit oder Widerruf von Vertrag bzw. Rechtshandlung einen sachenrechtlichen
      Herausgabeanspruch, weshalb ein Anspruch aufgrund ungerechtfertigter Berei-
      cherung nach § 92 AGZ tatsächlich nicht erforderlich ist. Somit bleiben für die
      Anwendung von § 92 AGZ in erster Linie die Fälle der Nichtleistungskondiktion,
      insbesondere im Drei-Personen-Verhältnis, die Fallgestaltungen, die im dt. Recht
      unter den Begriff der „Eingriffskondiktion" subsumiert werden.[24]

14   In der chinesischen Rechtsliteratur wird allerdings auch von vielen vertreten, dass
      eine Anspruchskonkurrenz besteht, womit der Kläger wählen kann, auf welche
      Anspruchsgrundlage er seinen Anspruch stützt.[25] Dies spricht dafür, dass § 92
      AGZ auch Fälle der Leistungskondiktion umfassen soll.

---

20 So Jianyuan Cui, der dem Anspruch aufgrund ungerechtfertigter Bereicherung nur dann Berechti-
    gung zuspricht, wenn die sachenrechtlichen Ansprüche nicht durchgreifen, Jianyuan Cui, Chinese
    Journal of Law 1987, 58, 59 f.
21 Weixing Shen, 506, Hailin Zou, Law and Business Study 2000, 55, 60 f., Xuejun Hong, Long
    Zhang, Modern Law Science 2003, 42, 42 f. schreiben beispielsweise, dass bei Unwirksamkeit
    oder Widerruf von Vertrag bzw. Rechtshandlung ein sachenrechtlicher Anspruch besteht, der ne-
    ben dem Anspruch auf ungerechtfertigte Bereicherung geltend gemacht werden kann.
22 Mangels Trennungs- und Abstraktionsprinzip gibt es im chinesischen Recht gerade kein dingli-
    ches Rechtsgeschäft. Nur zum besseren Verständnis wird dieser Begriff hier benutzt.
23 Siehe zum Trennungs- und Abstraktionsprinzip im deutschen Recht: Marco Staake, 18.
24 In der chinesischen Rechtsliteratur wird häufig noch wie im deutschen Recht nach Bereicherung
    durch Leistung und Bereicherung in sonstiger Weise unterschieden. Dabei orientiert man sich of-
    fenbar sehr stark am deutschen BGB, was nach Auffassung des Verfassers wegen des Fehlens des
    Abstraktionsprinzips und eines dinglichen Rechtsgeschäfts an vielen Stellen unnötig erscheint, so
    bei Yi Mei Yan, 568–571, Yi Wang, 503–504, und Weixing Shen, 503–505.
25 So beispielsweise Weixing Shen, 506, Hailin Zou, Law and Business Study 2000, 55, 60 f.; Xue-
    jun Hong, Long Zhang, Modern Law Science 2003, 42, 42 f.

II. Ungerechtfertigte Bereicherung im Sinne von § 92 AGZ

1. Konzept und Bedeutung der ungerechtfertigten Bereicherung im Sinne von § 92 AGZ

Ungerechtfertigte Bereicherung bedeutet, dass eine Person auf Kosten und infol-   **15**
ge der Verluste einer anderen Person Vorteile erlangt, ohne dass es einen Rechtsgrund für die Übertragung der Bereicherung gibt. Gemäß § 92 AGZ wird zwischen
den beiden Parteien ein gesetzliches Schuldverhältnis begründet, wonach der bereicherte Schuldner verpflichtet ist, den erlangten Vorteil der Person heraus- bzw.
zurückzugeben, die entreichert wurde. Zweck der Regeln zur ungerechtfertigten
Bereicherung ist die Umkehr des Bereicherungsübergangs, der rechtsgrundlos erfolgt ist, um die richtige Ordnung der Vermögensverteilung wiederherzustellen.[26]

2. Grundbegriffe

a)   *Einführung*

Die ungerechtfertigte Bereicherung ist nur sehr skizzenhaft im chinesischen   **16**
Recht geregelt. Konkretisierungen und Interpretationen zu § 92 AGZ finden sich
allerdings in der chinesischen Rechtsprechung.

b)   *Anspruchsvoraussetzungen*

Da es verschiedene Gründe gibt, aufgrund derer eine ungerechtfertigte Bereiche-   **17**
rung entstehen kann, ist es in der chinesischen Literatur umstritten, ob es einheitliche Anspruchsvoraussetzungen für den Anspruch auf Rückgabe der Bereicherung gibt oder ob sich die Voraussetzungen von Fall zu Fall unterscheiden und
deshalb im Einzelfall bestimmt werden müssen. Die herrschende Lehre erkennt
einige wesentliche Voraussetzungen an, die in speziellen Fällen angepasst werden.[27]

aa)   Bereicherung

Eine Partei muss eine Bereicherung in Form unangemessener Vorteile erlangt   **18**
haben. Gemeint ist hiermit der tatsächliche Zuwachs des Vermögens der Partei.
Der bloße Verlust auf Seiten der anderen Partei genügt nicht. Der Zuwachs des
Vermögens der Partei umfasst jeden positiven oder negativen Zuwachs. Positiver
Zuwachs bedeutet den Erwerb eines Rechtes oder die Befreiung von einer Verbindlichkeit, die zu einer Erweiterung des Vermögens führt, bspw. Eigentumsrechte, geistige Eigentumsrechte, die Beseitigung von Eigentumsbelastungen etc.
Negativer Zuwachs des Vermögens bedeutet, dass eine Vermögensverminderung,
die ansonsten eingetreten wäre, nicht eingetreten ist, was letztlich wiederum zu

---

26 So Weixing SHEN, 505.
27 So Ping JIANG, 566–568, Weixing SHEN, 501–503, und Yi WANG, 501–503.

einem Vermögenszuwachs führt, bspw. die Ersparnis von Aufwendungen. Subjektive oder sentimentale Werte sind nicht umfasst.[28]

19 Die „Unangemessenheit der Vorteile"[29] wird offenbar durch den fehlenden Rechtsgrund indiziert und in der chinesischen Rechtsliteratur nicht weiter diskutiert.

bb) Entreicherung

20 Die andere Partei muss einen Vermögensverlust erlitten haben. Verlust meint die tatsächliche Minderung des Vermögens der Partei. Der reine Gewinn der anderen Partei ist nicht ausreichend. Umfasst sind positive oder direkte und negative oder indirekte Verluste. Positiver Verlust bedeutet die Minderung des existierenden Vermögens. Negativer Verlust bedeutet dagegen den Nichteintritt eines Vermögenszuwachses, der ansonsten tatsächlich eingetreten wäre.[30]

cc) Kausalzusammenhang

21 Zwischen der Bereicherung der einen Partei und der Entreicherung der anderen Partei muss eine Beziehung von Ursache und Wirkung bestehen. Beziehung von Ursache und Wirkung heißt, dass die Bereicherung der einen Partei durch die Entreicherung der anderen Partei verursacht sein muss. Irrelevant ist, ob Ausmaß oder Form von Be- und Entreicherung identisch sind oder nicht.[31]

22 Diskutiert wird, ob das Verhältnis von Ursache und Wirkung direkter Natur sein muss, d. h., ob Be- und Entreicherung auf demselben tatsächlichen Ereignis beruhen müssen oder nicht.[32] Der Teil der Literatur, der eine indirekte Verbindung zwischen Ursache und Wirkung als ausreichend erachtet, verlangt lediglich das Vorliegen einer – aus Sicht der Gesellschaft – impliziten Beziehung[33] im konkreten Fall. Implizite Beziehung bedeutet nach dieser Auffassung, dass es ohne Entreicherung keine Bereicherung gäbe und vice versa[34].[35]

23 Die verschiedenen Auffassungen führen bei Vermögensübertragungen im Mehrpersonenverhältnis (Person A überträgt Vermögen auf Person B, die das Vermögen auf Person C weiterüberträgt) zu unterschiedlichen Ergebnissen. Nach der Auffassung, die eine direkte Verbindung zwischen Ursache und Wirkung fordert, hat Person A keinen Anspruch gegen Person C, während nach der anderen Auffassung ein solcher Anspruch besteht.

24 Die Auffassung, die eine indirekte Beziehung zwischen Ursache und Wirkung für ausreichend erachtet, begründet dies mit dem Grundsatz der Fairness. Die

---

28 So Ping JIANG, 567.
29 Chinesisch „不当利益".
30 So Weixing SHEN, 502.
31 So Ping JIANG, 567 f.
32 So bei Ping JIANG, 567.
33 Chinesisch „牵连关系". So Yi WANG, 502.
34 Chinesisch „无受益则无损失".
35 So Ping JIANG, 568.

Gegenauffassung hält dem die Gefährdung der Sicherheit im Geschäftsverkehr entgegen, die durch eine derart weite und unbestimmte Ansicht verursacht würde, und argumentiert mit der Rechtssicherheit aufgrund der Einheitlichkeit der Gesetzesanwendung.[36]

dd) Keine Leistung

Nach der Ansicht, die eine indirekte Beziehung zwischen Ursache und Wirkung   **25**
für ausreichend erachtet, darf für das Vorliegen einer impliziten Beziehung die entreicherte Partei keinen Anspruch wegen ungerechtfertigter Bereicherung gegen eine dritte Partei aufgrund Leistung[37] an diese haben (die Problematik der Beziehung zwischen Ursache und Wirkung tritt nur im Mehrpersonenverhältnis auf). Begründet wird dies damit, dass in den Fällen der ungerechtfertigten Bereicherung durch Leistung die Übertragung von Vermögen innerhalb der Leistungsbeziehungen zu erfolgen habe.[38]

ee) Keine Bösgläubigkeit

Vertreten wird weiter, dass in den Fällen, in denen die bereicherte Partei Kenntnis   **26**
davon hat, dass die dritte Partei nicht zur Übertragung des einer anderen Person gehörenden Vermögens berechtigt war und es dennoch annimmt, die entreicherte Partei von der bereicherten Partei die Rückgabe aufgrund ungerechtfertigter Bereicherung verlangen darf.[39]

Zudem fordert diese Ansicht, dass der Bereicherte die Bereicherung unentgeltlich   **27**
erlangt haben muss.[40]

ff) Ohne Rechtsgrund

Es darf keinen Rechtsgrund für die Bereicherung geben. D. h., der Bereicherte   **28**
darf keinen Rechtsgrund anführen können, der ihn zum Besitz der Bereicherung berechtigt.

(1) Rechtsgrund

Als Rechtsgrund kommen sowohl gesetzliche als auch vertragliche Gründe in   **29**
Betracht.

---

36 So Ping JIANG, 568.
37 Wie oben dargestellt ist streitig, ob die Fälle der Leistungskondiktion überhaupt von § 92 AGZ erfasst werden. Das Vorliegen einer Leistungsbeziehung sollte demnach das vorrangige Kriterium sein, nicht das Vorliegen eines Anspruchs wegen ungerechtfertigter Bereicherung.
38 So Ping JIANG, 568.
39 So Ping JIANG, 566 f.
40 So Ping JIANG, 568.

(2)   Ohne Rechtsgrund

30   Der Rechtsgrund kann entweder von Anfang an inexistent gewesen oder nachträglich weggefallen sein.

(i)   Unwirksamkeit von Verträgen

31   Rechtsvorschriften der VR China enthalten viele Bestimmungen, die die Vertragsfreiheit der Parteien beschränken. Unter anderem im Banken- und Finanzsektor gibt es gesetzliche Vorgaben zur Höhe von Gebühren, Zinsen, Preisen etc. Diese Schranken der Vertragsfreiheit können dazu führen, dass Verträge ganz oder teilweise unwirksam sind.[41] Wird aufgrund eines teilweise unwirksamen Vertrages geleistet, kann ein bereicherungsrechtlicher Anspruch auf Rückgabe mangels vertraglichen Rechtsgrund entstehen.

(ii)   Nachträgliches Entfallen des Rechtsgrundes

32   In der „Antwort des OVG auf die Anfrage nach Instruktionen zum ungerechtfertigten Bereicherungsfall zwischen Guangzhou Zhonggu Investment Co., Ltd. und Maoming Branch der Bank of China Co., Ltd., Guangzhou Büro der China Orient Asset Management Corporation und Shunwei United Asset Management Co., Ltd.", vom 25.6.2010,[42] hat das OVG bspw. ausgeführt, dass der Empfänger einer Forderungsabtretung einen bereicherungsrechtlichen Anspruch gegen den Abtretenden haben kann, wenn der Schuldner der abgetretenen Forderung in Unkenntnis der Abtretung zur Forderungserfüllung an den Abtretenden leistet.

33   Ohne Mitteilung der Abtretung an den Schuldner der abgetretenen Forderung, entfaltet die Abtretung gegenüber dem Forderungsschuldner keine Wirkung gemäß § 80 Abs. 1 S. 2 VG. In diesem Fall darf der Forderungsschuldner weiterhin mit erfüllender Wirkung an den Abtretenden leisten. Der Abtretende ist allerdings infolge der wirksamen Forderungsabtretung nicht mehr Forderungsgläubiger und deshalb nicht mehr berechtigt, vom Forderungsschuldner Erfüllung zu verlangen. Somit ist der Rechtsgrund zum Besitz des erlangten Vorteils nicht mehr vorhanden und der neue Forderungsgläubiger hat einen Anspruch auf Herausgabe des illegitim erlangten Vorteils gegen den Abtretenden.

3.   Rechtsfolgen

34   Als Rechtsfolge sieht § 92 AGZ die Heraus- bzw. Rückgabe des illegal erlangten Vorteils vor. Nach Ziffer 131 „Ansichten des OVG zu mehreren Fragen betreffend der Einführung der AGZ (Versuchsweise Einführung)" (OVG-Interpretation

---

41   Ein Vertrag ist nach § 52 VG unter anderem unwirksam, wenn er öffentliche Interessen verletzt oder gegen zwingende Vorschriften in Gesetzen oder Verwaltungsvorschriften verstößt.

42   最高人民法院"关于广州中谷投资有限公司与中国银行股份有限公司茂名分行、中国东方资产管理公司广州办事处、顺威联合资产管理有限公司不当得利纠纷一案请示的答复" [2010] 民二他字第 11 号 Nr. 11 [2010], Zivilabteilung II.

AGZ) vom 2.4.1988[43], umfassen die zurückzugebenden Vorteile das ursprüngliche Objekt und dessen Früchte. Andere durch die ungerechtfertige Bereicherung erlangte Vorteile sollen nach Abzug der Verwaltungskosten für erbrachte Dienstleistungen herausgegeben werden.

Für die Rückgabe wird der Betrag der Bereicherung herangezogen, wenn die Bereicherung kleiner ist als die Entreicherung. Ist die Bereicherung größer als die Entreicherung, wird der Betrag der Entreicherung herangezogen. Ausnahmsweise soll die komplette Bereicherung herausgegeben werden, wenn diese die Entreicherung übersteigt, sofern der Bereicherte bösgläubig war.[44]   **35**

C. Unerlaubte Handlungen

I. Einführung

Das Recht der unerlaubten Handlungen der VR China ist in erster Linie im Gesetz   **36**
der VR China über die deliktische Haftung[45] vom 26.12.2009 (GdH)[46] geregelt. Gemäß § 1 dient das GdH dem Schutz individueller Rechtsinteressen (Kompensationsfunktion), hat aber auch Abschreckungs- und Straffunktion. Die Kompensationsfunktion bildet den Schwerpunkt des Gesetzes, wohingegen die Abschreckungs- und Straffunktion nur in Sondersituationen Anwendung findet.[47]

Das GdH ist Ausdruck eines gesellschaftlichen und wirtschaftlichen Wandels   **37**
Chinas, der verstärkt Regelungen im außervertraglichen Haftungsbereich erfordert. Zudem wird vertreten, dass das Gesetz auch der politisch-ideologischen Absicht Chinas Rechnung trage, durch einen verbesserten Rechtsschutz eine harmonische Gesellschaft zu schaffen und deshalb hohen politisch-gesellschaftlichen Erwartungen genügen müsse.[48]

Zwar lassen sich beim GdH wieder deutsch-rechtliche Einflüsse erkennen, insbe-   **38**
sondere in der Struktur des Gesetzes, in den Details kommen jedoch die bestehenden chinesischen Regelungen zum Tragen.

---

43 [最高人民法院关于贯彻执行《中华人民共和国民法通则》若干问题的意见 (试行)], Fa Ban Fa [1988] Nr. 6, deutsch mit Quellenangabe in: Frank MÜNZEL, Chinas Recht, 12.4.86/1.
44 So Ping JIANG, 567, und Weixing SHEN, 506.
45 Chinesisch „侵权责任". Der Begriff der unerlaubten Handlung (chinesisch „不法行为") wird im GdH nicht verwendet. Zum besseren Verständnis wird in der Folge allerdings anstelle von Rechtsverletzungen auch von unerlaubten Handlungen gesprochen.
46 [中华人民共和国侵权责任法], deutsch mit Quellenangabe in: Frank MÜNZEL, Chinas Recht, 26.12.09/1.
47 Vgl. Jörg BINDING, 5.
48 So Jörg BINDING, 1.

1. Anspruchskonkurrenz

39 Konkurrenzsituationen zwischen verschiedenen Rechtsvorschriften werden nach dem Gesetzgebungsgesetz der VR China (GGG)[49], verabschiedet am 15.3.2000, gelöst.

40 Das GdH selbst enthält keine speziellen Kollisionsbestimmungen. Insbesondere wurden seit Inkrafttreten des GdH weder die AGZ, die vorher maßgeblich die deliktische Haftung regelten, noch einschlägige OVG-Ansichten ganz oder teilweise aufgehoben, so dass diese weiterhin Anwendung finden.

41 Es gibt zahlreiche[50] Rechtsvorschriften, die Regelungen zur Haftung bei Verstößen gegen durch das GdH geschützte Rechte enthalten und bereits vor Inkrafttreten des GdH Anwendung fanden.[51] Diese Rechtsvorschriften stehen prinzipiell neben dem GdH, wenn sie nicht aufgehoben wurden.[52] Zwar gehen die jüngeren Vorschriften des GdH den älteren Vorschriften grundsätzlich gemäß § 83 Hs. 2 GGG (lex posterior derogat legi priori) vor. Problematisch wird eine Bewertung des Vorrangs aber immer dann, wenn Regelungen in Vorschriften aus der Zeit vor Inkrafttreten des GdH nach dem in § 83 Hs. 1 GGG und § 5 GdH geregelten Spezialitätsprinzip (lex specialis derogat legi generali) Vorrang haben könnten. Die Nichtaufhebung älterer deliktsrechtlicher Normen und das Fehlen von Kollisionsnormen im GdH erschweren darüber hinaus die Bewertung, ob die jüngeren Vorschriften ggf. Regelungslücken enthalten, die durch die älteren Normen geschlossen werden dürfen. Hier muss im Einzelfall ausgelegt werden, welche Rechtsvorschrift Vorrang hat.[53] Eventuell bestehende Wertungswidersprüche[54] sind ebenfalls auf diese Weise aufzulösen.[55] Dieses Vorgehen wird dem Charakter

---

49 [中华人民共和国立法法], deutsch mit Quellenangabe in: Frank MÜNZEL, Chinas Recht, 15.3.00/2.

50 Xianzhong SUN spricht von über einhundert Gesetzen, ZChinR 2004, 148.

51 Beispielhaft seien hier genannt das Sachenrechtsgesetz (SRG) [中华人民共和国物权法] vom 16.3.2007, Anweisung des Präsidenten der VR China [2007] Nr. 62, deutsch mit Quellenangabe in: Frank MÜNZEL, Chinas Recht, 16.3.07/1, das Markengesetz [中华人民共和国商标法 (2013 年修订)] vom 30.8.2013, Anweisung des Präsidenten der VR China [2013] Nr. 6, sowie das EheG [中华人民共和国婚姻法 (2001 年修订)] vom 28.4.2001, Anweisung des Präsidenten der VR China [2001] Nr. 51, deutsch mit Quellenangabe in: Frank MÜNZEL, Chinas Recht, 10.9.80/1.

52 Gut vertretbar ist auch die Ablehnung der Anwendung des Spezialitätsgrundsatzes bei solchen Rechten, die dem Schutzbereich des GdH unterfallen, mit weiteren Nachweisen: Jörg BINDING, 7.

53 So auch Jörg BINDING, 7.

54 Zu Wertungswidersprüchen zwischen GdH und SRG vgl. Jörg BINDING, 8 f.

55 Nach dem in § 83 Hs. 2 GGG verankerten Rechtsprinzip lex posterior derogat legi priori wird die Anwendung von § 5 GdH bei Inkrafttreten des GdH bereits anwendbaren Spezialgesetzen zum Teil derart teleologisch reduzieren, dass die Vorschriften des GdH vorrangig Anwendung finden, vgl. Jörg BINDING, 8. Dies soll aber offenbar nicht generell gelten, sondern nur wenn keine eigene Anspruchsgrundlage enthalten ist, das dort geregelte Haftungsrecht „überholt" ist oder das GdH ergänzend zur Auslegung herangezogen werden muss, weil das Spezialgesetz zu allgemein gehalten ist, Jörg BINDING, 8.

des GdH als Ergänzung der bestehenden deliktsrechtlichen Normen am besten gerecht.[56]

Unterschiedliche deliktsrechtliche Ansprüche stehen nebeneinander.[57]   **42**

Eindeutig geregelt ist auch das Nebeneinander von deliktsrechtlichen und ver-   **43**
traglichen Ansprüchen, sofern der Körper oder Vermögensrechte verletzt sind.
In den letztgenannten Fällen hat der Anspruchsinhaber nämlich gemäß § 122 VG
ein Wahlrecht, das gemäß Nr. 30 S. 1 „OVG-Interpretation I VG"[58] bis zur ersten mündlichen Verhandlung vor dem erstinstanzlichen Volksgericht verbindlich
ausgeübt werden muss.

Vertreten wird, dass sich § 122 VG auch auf andere Personenrechte bezieht und   **44**
die Nennung des Körpers nur beispielhaft sei.[59] Der Wortlaut von § 122 VG enthält keine beispielhafte Auflistung der geschützten Rechtsgüter, weshalb man
auch anderer Ansicht sein kann.

2.   Verhältnis vertraglicher Vereinbarungen zu deliktischen Ansprüchen

Fraglich ist, ob das Nebeneinander von deliktsrechtlichen und vertraglichen An-   **45**
sprüchen zur Folge hat, dass vertragliche Vereinbarungen nicht auf deliktische
Haftungstatbestände durchschlagen können.[60] Es ist weder eine generelle Anwendbarkeit vertraglicher Vereinbarungen auch auf außervertragliche Ansprüche
noch der Ausschluss der Anwendbarkeit ausdrücklich geregelt. Wenn vertragliche
Vereinbarungen nicht auf deliktische Haftungstatbestände durchschlagen würden, hätte dies zur Folge, dass der rechtsgeschäftliche Wille der den Haftungsausschluss vereinbarenden Parteien weitestgehend unbeachtet bliebe, weil die weit-
gehenden gesetzlichen Haftungsvorschriften weiterhin Anwendung fänden. Der
auch im chinesischen Recht geltende Grundsatz der Vertragsfreiheit wäre somit
in diesem Bereich mehr oder weniger ungültig. Gleichzeitig würde der Grundsatz
der Vertragsfreiheit zur Ausnahme deklariert.

Unstreitig gibt es Fälle, in denen das OVG vertragliche Vereinbarungen auch auf   **46**
deliktische Ansprüche für anwendbar erklärt hat.

Das OVG geht bspw. davon aus, dass vertragliche Vereinbarungen über die Wahl   **47**
eines Schiedsgerichtes zur Beilegung von Streitigkeiten aus oder in Verbindung

---

56 Ähnlich Shuji ZHENG/Eberhard TREMPEL, die im GdH ein „Ergänzungsrecht bestehender Rechts-
    normen" sehen, das einen „möglichst umfangreichen Rechtsschutz" gewähren soll, RIW 2010,
    511, 521 f. In der Sache gleich, wendet sich Jörg BINDING gegen die Annahme, dass das GdH eine
    Auffangnorm sei, unter Berufung auf den in § 83 Hs. 2 GGG verankerten Grundsatz lex posterior
    derogat legi priori, 6.
57 Siehe Jörg BINDING, 6.
58 [最高人民法院关于适用《中华人民共和国合同法》若干问题的解释 (一)], Fa Shi [1999]
    Nr. 19, deutsch mit Quellenangabe in: Frank MÜNZEL (Hrsg.), Chinas Recht, 15.3.1999/1.
59 So Jörg BINDING, 7.
60 Mit weiteren Nachweisen: Jörg BINDING, 7 und 65.

mit der Erfüllung eines Vertrages auch für deliktische Ansprüche gelten. Dies geschah vor dem Hintergrund, dass Vertragsparteien in der Vergangenheit immer wieder versucht haben, die Anwendbarkeit von Schiedsgerichten zu umgehen, indem sie ihre Ansprüche auf das Deliktsrecht und nicht auf einen Vertragsbruch stützten. In § 1 Ziffer 7 „Rundschreiben des OVG zur Veröffentlichung des Protokolls des 2ten nationalen Arbeitstreffens zu auslandsbezogenen Seehandelsgerichtsverfahren"[61] vom 26.12.2005 stellt das OVG klar, dass bei einer sich auf Streitigkeit aus oder in Verbindung mit dem Vertrag beziehenden Schiedsklausel das Volksgericht nicht für Streitigkeiten infolge von Rechtsverletzungen während Abschluss und Erfüllung des Vertrages zuständig sei. Die Klausel sei weit gefasst und beziehe sich auch auf deliktische Ansprüche.

48   Infolgedessen kann man davon ausgehen, dass vertragliche Abreden prinzipiell auch deliktische Tatbestände erfassen können.

49   Gestützt wird die Möglichkeit eines Durchgriffs vertraglicher Abreden über Haftungsausschlüsse auf die deliktische Haftung durch verschiedene Vorschriften.

50   Hilfreich ist hier ein Vergleich zwischen § 9 Nr. 1 und 2 und § 9 Nr. 4 „Maßnahmen zur Überwachung und Bestrafung rechtswidriger vertraglicher Handlungen"[62], vom 13.10.2010. § 9 der vorgenannten Maßnahmen untersagt die Aufnahme von in den Nr. 1–5 aufgelisteten Haftungsausschlüssen in Standardklauseln.

51   § 9 Nr. 2 erklärt den Haftungsausschluss für Vermögensschäden bei grob fahrlässigem oder vorsätzlichem Verhalten für unwirksam. § 9 Nr. 4 bezieht sich auf eine Haftung für Vertragsbruch, derer man sich nicht durch Standardklauseln entziehen darf. § 9 Nr. 5 bezieht sich auf alle anderen Haftungspflichten, die der Verwender der Standardklauseln nach dem Gesetz tragen muss. Wenn sich § 9 Nr. 2 nur auf die vertragliche Haftung beziehen würde, hätte die Vorschrift neben § 9 Nr. 4 und 5 keine eigenständige Bedeutung. Vielmehr legt das Verhältnis der Vorschriften zueinander nahe, dass § 9 Nr. 2 sich gerade auf außervertragliche Haftungstatbestände, insbesondere also auf deliktische Tatbestände, beziehen soll. In einem Umkehrschluss kann deshalb gefolgert werden, dass eine vertragliche Haftungsbefreiung für leicht fahrlässige deliktische Vermögensschädigungen in Standardklauseln zulässig ist.[63]

52   § 53 Nr. 2 VG ist quasi inhaltsgleich mit § 9 Nr. 2 der vorgenannten Maßnahmen. Dementsprechend kann auch hier davon ausgegangen werden, dass die Vorschrift sich auf außervertragliche Haftungstatbestände bezieht.

---

61 [最高人民法院关于印发《第二次全国涉外商事海事审判工作会议纪要》的通知], Fa Fa [2005] Nr. 26.

62 [合同违法行为监督处理办法], Anweisung der Staatsverwaltung für Industrie und Handel [2010] Nr. 51, chinesisch abgedruckt in: Amtsblatt des Staatsrats der VR China [中华人民共和国国务院公报] 2011, Nr. 2, 20 ff.

63 Liming WANG/Youjun ZHOU/Shengping GAO, 17, gehen allerdings davon aus, dass die deliktische Haftung nicht vorab vertraglich ganz oder teilweise ausgeschlossen werden kann.

Dies spricht dafür, dass die deliktische Haftung im Rahmen der gesetzlichen Vor-   **53**
gaben nach § 53 Nr. 2 VG und § 9 Nr. 2 Maßnahmen zur Überwachung und
Bestrafung rechtswidriger vertraglicher Handlungen durch vertragliche Abreden
wirksam beschränkt werden darf.

II. Anwendungsbereich des GdH

1. Sachlicher Anwendungsbereich

Das GdH schützt die legitimen Rechte und Interessen von Zivilsubjekten,[64] be-   **54**
stimmt die Haftung für Rechtsverletzungen, verhütet und bestraft Rechtsverlet-
zungshandlungen[65] und fördert die gesellschaftliche Harmonie und Stabilität[66].[67]

Bei den geschützten Rechten und Interessen muss es sich um zivile handeln.[68]   **55**
Hierunter fallen das Recht an Leben und Gesundheit, Namen, Ruf, Ehre, Abbildern, Privatsphäre, unabhängigen Entscheidungen über die Eheschließung,
Vormundschaft, Eigentum und Besitz, Nießbrauch, Pfand, Urheberschaft, Patent, Marke, Entdeckung, Aktien, Erbschaft und ähnliche persönliche und Vermögens-Rechtsgüter.[69] Die Aufzählung, die nach Personenrechten[70] und Vermögensrechten[71] unterscheidet, ist nicht abschließend.

Das Recht der Staatshaftung wird getrennt vom zivilen Recht der Deliktshaftung   **56**
geregelt.[72]

a) Personenrechte

Zu den im GdH aufgeführten Personenrechten gehören das Recht an Leben und   **57**
Gesundheit, Namen, Ruf, Ehre, Abbildern, Privatsphäre, unabhängigen Entscheidungen über die Eheschließung und Vormundschaft. Inhalt und Umfang
der Rechte sind nicht im GdH geregelt, weshalb ein Rückgriff auf die AGZ und
OVG-Ansichten notwendig ist.[73]

Verletzungen der Personenrechte im Internet werden neuerdings durch die „Be-   **58**
stimmungen des OVG zu mehreren Fragen betreffend der Anwendung des Gesetzes zu Prozessen mit Zivilstreitigkeiten über die Verletzung von Personenrech-

---

64 Chinesisch „民事主体的合法权益".
65 Chinesisch „预防并制裁侵权行为".
66 Chinesisch „促进社会和谐稳定".
67 § 1 GdH.
68 § 2 Abs. 1 GdH.
69 § 2 Abs. 2 GdH.
70 Chinesisch „人身权".
71 Chinesisch „财产权".
72 Näher hierzu siehe Jörg BINDING, 5 f.
73 So auch Jörg BINDING, 13.

ten mittels Informationsnetzwerken"[74] (OVG-Bestimmungen zur Verletzung von Personenrechten in Informationsnetzwerken) vom 21.8.2014 geregelt.

aa) Recht am Leben

59 Es fehlt eine Legaldefinition des Rechts am Leben.[75] Die rechtswissenschaftliche Lehre versteht hierunter das „Recht auf sichere Nutzung des Lebens".[76] Das Recht am Leben wird durch die Tötung eines Menschen verletzt.[77]

60 Das rechtsfähige Leben beginnt nach § 9 AGZ mit der Geburt. Der Fötus ist zwar nicht rechtsfähig, hat aber nach einer Literaturmeinung ein „rechtlich geschütztes Interesse auf Leben".[78] Da dieses Interesse in Form eines Schadensersatzanspruches nur nach der Lebendgeburt geltend gemacht werden kann, könnte es sich um ein rechtlich geschütztes Interesse auf Gesundheit des Fötus handeln.[79] Bei Tötung des Fötus steht lediglich der Frau ein Anspruch wegen Gesundheitsverletzung zu.[80]

61 Nach § 9 AGZ endet das Recht am Leben mit dem Tod. Die Bestimmung des Todeszeitpunktes ist umstritten. Die herrschenden Ansichten stellen auf das Aussetzen des Herzschlages und der Atmung oder auf den Hirntod ab.[81]

bb) Recht an Gesundheit

62 Auch das Recht an der Gesundheit[82] ist nicht legaldefiniert. Unstreitig ist, dass darunter das Recht an der physischen Gesundheit fällt.

63 In Nr. 1 Zf. 1 „Interpretation des Obersten Volksgerichtes zu mehreren Fragen betreffend der Feststellung der Haftung für seelische Schäden in Fällen ziviler Rechtsverletzungen", Fa Shi [2001] Nr. 7, vom 8.3.2001 (Interpretation zu seelischen Schäden),[83] wird zwischen dem Recht am Leben und an der Gesundheit einerseits und dem Recht am Körper andererseits unterschieden. Wenn auch nicht durch das GdH oder andere Gesetze anerkannt, so geht das Schrifttum entsprechend dem OVG von einem eigenständigen Recht aus.[84] Das Recht am Körper ist danach ein Recht, bei dem die „Unversehrtheit der körperlichen Integrität ohne

---

74 [最高人民法院关于审理利用信息网络侵害人身权益民事纠纷案件适用法律若干问题的规定], Fa Shi [2014] Nr. 11.
75 Chinesisch „生命权".
76 Vgl. Liming WANG/Lixin YANG/Hui YAO, 50.
77 So Liming WANG, 32.
78 Siehe Liming WANG, 336.
79 Siehe mit weiteren Nachweisen Jörg BINDING, 11 f.
80 Vgl. Liming WANG, 339.
81 Mit näheren Informationen zum Meinungsstand Lixin YANG, 387.
82 Chinesisch „健康权".
83 [最高人民法院关于确定民事侵权精神损害赔偿责任若干问题的解释], deutsch mit Quellenangabe in: Frank MÜNZEL (Hrsg.), Chinas Recht, 8.3.2001/1.
84 Siehe beispielsweise Liming WANG, 340, und Lixin YANG, 433.

Verletzung der Gesundheit, wie z. B. durch Abschneiden von Haaren" geschützt wird.[85]

Teilweise wird auch das Recht an der psychischen Gesundheit unter das Recht an Gesundheit subsumiert.[86] Allerdings gibt es bereits umfangreiche Regelungen zu den sogenannten seelischen Schäden.[87] Insbesondere die OVG-Interpretation zu seelischen Schäden legt Umfang und Inhalt eines Schadensersatzanspruches wegen seelischer Schäden detailliert fest. Das OVG hat dabei versucht, diesen immateriellen Schadensersatzanspruch zu beschränken. Nach Nr. 8 Abs. 1 OVG-Interpretation zu seelischen Schäden muss bspw. prinzipiell eine schwerwiegende Folge verursacht worden sein, um einen Schadensersatzanspruch zu gewähren. Einen inhaltlich bislang noch nicht bestimmten Anspruch auf Ersatz von Schäden wegen Verletzung der psychischen Gesundheit, der nicht bereits von der OVG-Interpretation zu seelischen Schäden erfasst ist, zuzulassen, erscheint deshalb nicht zwingend. **64**

Die seelischen Schäden im Sinne dieser Interpretation können auf unterschiedlichsten Personenrechtsverletzungen beruhen, bspw. auf einer Verletzung des Rechts an Leben, Gesundheit und Körper oder auf einer Verletzung von Rechten am Namen, Abbild, Ruf und der Ehre sowie auf der Verletzung der Rechte auf Achtung der Persönlichkeit und auf körperliche Freiheit. Die OVG-Interpretation zu seelischen Schäden adressiert seelische Schäden ausschließlich auf Rechtsfolgenseite, ohne ein zusätzlich geschütztes Recht der „seelischen Unverletzbarkeit" zu schaffen oder die bestehenden Rechte um die „seelische Unverletzbarkeit" zu erweitern. **65**

Das GdH hat diese Zuordnung seelischer Schäden zu verschiedenen Personenrechten beibehalten und die diesbezüglichen OVG-Ansichten gleichzeitig bestätigt. So ist in § 22 GdH die Rede vom Ersatz seelischer Schäden aufgrund einer Verletzung von Personenrechten. **66**

Die psychische Gesundheit ist somit zwar geschützt, allerdings nur indirekt über die vorgenannten Personenrechte und nicht als eigenständiges Recht an der Gesundheit. Somit hat sich die Rechtslage durch den Erlass des GdH nicht geändert. **67**

cc)   Namensrecht

Der Umfang des Namensrechts von Bürgern ist in § 99 Abs. 1 AGZ bestimmt und erfasst das Recht des Bürgers, den persönlichen Namen[88] festzulegen, zu nutzen oder in Übereinstimmung mit den einschlägigen Rechtsvorschriften[89] zu ändern. **68**

---

85   So mit weiteren Nachweisen Jörg BINDING, 14.
86   So Jörg BINDING, 14, Liming WANG, 369 ff., und Xinbao ZHANG, 188.
87   Chinesisch „精神痛苦".
88   Chinesisch „姓名权".
89   Bspw. den „Bestimmungen zur Haushaltsregistrierung" vom 9.1.1958, Anweisung des Präsidenten der VR China [1958].

Die Störung, der unbefugte Gebrauch sowie die Anmaßung des Namens durch eine andere Person sind verboten.[90]

69   Es wird vertreten, dass auch „Pseudonyme und Kennzeichen" vom Namensrecht geschützt werden, „soweit sie geeignet sind, die dahinterstehende Person zu bestimmen oder zu versinnbildlichen".[91]

70   Juristische Personen, Einzelgewerbetreibende und individuelle Partnerschaften genießen das Recht an ihren Bezeichnungen nach § 99 Abs. 2 AGZ, das ihnen die Befugnisse zur Nutzung[92] und rechtmäßigen Übertragung[93] der eigenen Bezeichnung gibt.

71   Das Namensrecht wird auch über den Tod des Inhabers hinaus geschützt. Nahe Angehörige[94] können bei Beleidigungen oder Verleumdungen des Verstorbenen einen Schadensersatzanspruch gemäß Nr. 3 Zf. 1 OVG-Interpretation zu seelischen Schäden geltend machen.

dd)   Recht am guten Ruf

72   Nach § 101 AGZ haben Bürger und juristische Personen ein Recht am guten Ruf.[95] Beleidigungen und Verleumdungen sind verboten. Die chinesische Lehre versteht unter dem Ruf „das Resultat der gesamten Beurteilung eines bestimmten Bürgers durch die Gesellschaft im Hinblick auf seine Moral, seine Befähigung, sein Ansehen, seine verdienten Leistungen und seine Qualifikation".[96] Der Per-

---

90   Mit weiteren Erläuterungen Mario FEUERSTEIN, 94.

91   Siehe Jörg BINDING, 15, mit weiteren Nachweisen.

92   Siehe „Verwaltungsbestimmungen zur Registrierung von Unternehmensbezeichnungen" [企业名称登记管理规定 (2012 年修订)] (Verwaltungsbestimmungen zur Registrierung von Unternehmensnamen) vom 9.11.2012, Anweisung des Staatsrates Nr. 628, „Verwaltungsmaßnahmen zur Registrierung von Partnerschaftsunternehmen", chinesisch abgedruckt in: Amtsblatt des Staatsrats der VR China [中华人民共和国国务院公报] 2012, Nr. 11, 20 ff. [中华人民共和国合伙企业登记管理办法 (2014 年修订)] vom 19.2.2014, Anweisung des Staatsrates Nr. 648, die in § 7 auf die Verwaltungsbestimmungen zur Registrierung von Unternehmensbezeichnungen verweisen, und „Verwaltungsbestimmungen zur Registrierung von Bezeichnungen der Einzelgewerbetreibenden", chinesisch abgedruckt in: Amtsblatt des Staatsrats der VR China [中华人民共和国国务院公报] 2014, Nr. 5, 15 ff. [个体工商户名称登记管理办法] vom 31.12.2008, Anweisung der Staatlichen Behörde für Industrie und Handel Nr. 38, chinesisch abgedruckt in: Amtsblatt des Staatsrats der VR China [中华人民共和国国务院公报] 2014, Nr. 5, 20 ff.

93   Zu den Anforderungen an eine Übertragung siehe § 23 Verwaltungsbestimmungen zur Registrierung von Unternehmensnamen.

94   Zur Legaldefinition des AGZ vgl. Nr. 12 OVG-Interpretation AGZ. Danach umfasst der Begriff „nahe Angehörige" Ehepartner, Eltern, Kinder, Geschwister, Großeltern und Enkelkinder. Sofern es Ehepartner, Eltern oder Kinder gibt, dürfen nur diese Verletzungen des Namensrechts des Verstorbenen geltend machen, Nr. 7 OVG-Interpretation zu seelischen Schäden.

95   Chinesisch „名誉权".

96   So Jörg BINDING, 17, mit weiteren Nachweisen.

sönlichkeitswert[97] wird mithilfe eines objektiven Maßstabes beurteilt, der sich an den gesellschaftlichen Vorstellungen orientiert.[98]

Das OVG führt in Nr. 140 Abs. 1 OVG-Interpretation AGZ verschiedene Fälle auf, die zu einer Verletzung des guten Rufs einer natürlichen Person führen: **73**

- schriftliche oder mündliche Veröffentlichung der Privatangelegenheiten einer anderen Person,
- Fälschung von Tatsachen, um eine andere Person zu verunglimpfen und
- Schädigung des guten Rufes einer anderen Person durch Beleidigung oder Verleumdung,

sofern diese Handlungen einen bestimmten Einfluss haben.

Da die Privatsphäre mittlerweile als eigenständiges Personenrecht im Sinne des GdH anerkannt ist, dürfte das erste Fallbeispiel keine Rolle mehr spielen.[99]   **74**

Die Verletzung des guten Rufes setzt nach teilweise vertretener Meinung voraus, dass ein Dritter davon Kenntnis erlangt.[100] Dagegen werden Rechtsschutzlücken eingewandt.[101] Für die erstgenannte Ansicht spricht aber auch Nr. 140 Abs. 1 OVG-Interpretation AGZ, da ein gewisser Einfluss auf den guten Ruf wohl nur bei Kenntnisnahme durch einen Dritten stattfinden kann. Ohne einen gewissen Einfluss der Rufschädigung fehlt es an einem Rechtsschutzbedürfnis, weshalb das Argument der Lücken im Rechtsschutz nicht greift.   **75**

Verletzungen des Rechts am guten Ruf können auch nach dem Tod des Betroffenen von dessen nahen Angehörigen geltend gemacht werden.[102]   **76**

ee)   Recht auf Ehre

Das Recht auf Ehre[103] steht allen Bürgern und juristischen Personen zu. Unter dem Begriff Ehre wird die Würdigung des Ehreninhabers für seine ausgezeichneten Leistungen oder Verdienste für die Regierung, für das Kollektiv oder für öffentliche Organisationen, die über eine gewisse Autorität gegenüber dem Gewürdigten verfügen, verstanden.[104] Nach § 102 AGZ ist es verboten, diesen ihre Ehrentitel rechtswidrig zu entziehen.   **77**

Der Unterschied zum Recht am guten Ruf ist, dass für dessen Vorliegen keine offizielle Verleihung erforderlich ist. Dementsprechend ist auch die bloße Möglichkeit zum Erwerb eines Ehrentitels nicht vom Recht auf Ehre geschützt.[105]   **78**

---

97 Chinesisch „人格评价".
98 So Jörg BINDING, 17, mit weiteren Nachweisen.
99 So auch Jörg BINDING, 17.
100 So Limin WANG/Lixin YANG/Hui YAO, 129.
101 Siehe Mario FEUERSTEIN, 100 f.
102 Siehe Nr. 3 Zf. 1 OVG-Interpretation zu seelischen Schäden.
103 Chinesisch „荣誉权".
104 Mit weiteren Nachweisen Jörg BINDING, 17 f.
105 Siehe hierzu auch Lixin YANG, 268 f., 642, und Liming WANG, 491.

79 Verletzungen des Rechts auf Ehre können auch nach dem Tod des Betroffenen von dessen nahen Angehörigen geltend gemacht werden.[106]

ff) Recht am Abbild

80 Nach § 100 S. 1 AGZ genießen nur Bürger das Recht am Abbild[107], nicht aber juristische Personen etc. Nach § 100 S. 2 AGZ ist die Verwendung des Abbilds mit Gewinnerzielungsabsicht aber ohne Einwilligung des Abgebildeten verboten. Spezifiziert wird die verbotene Nutzung durch Nr. 139 OVG-Interpretation AGZ, wonach die Verwendung des Abbilds für Werbung, Handelsmarken, Schaufensterdekoration etc. als Verletzung des Rechts am Abbild definiert wird. Vertreten wird, dass „jede Herstellung, Nutzung sowie auch bloßer Besitz eines Bildnisses" von § 100 AGZ erfasst sind.[108]

81 Eine Gewinnerzielungsabsicht wird vom OVG mittlerweile nicht mehr gefordert, um die Durchsetzbarkeit des Rechts zu vereinfachen.[109]

82 Auch nach dem Tod des Abgebildeten bleibt sein Abbild rechtlich geschützt. Verschandelungen[110] des Abbilds können die nahen Angehörigen entgegentreten.[111]

gg) Recht auf Privatsphäre

83 Das Recht auf Privatsphäre[112] wird in der chinesischen Literatur beschrieben als „das Recht einer natürlichen Person, die Herrschaft über seine privaten Daten, Tätigkeiten sowie Privaträume, die nicht dem öffentlichen Interesse dienen, auszuüben".[113]

(1) Private Daten

84 Mit den OVG-Bestimmungen zur Verletzung von Personenrechten in Informationsnetzwerken gibt es mittlerweile eine verbindliche Festlegung des OVG zur deliktischen Haftung im Zusammenhang mit der Verletzung der Privatsphäre durch das Internet.

85 Die Bestimmungen sind unter anderem in Verbindung mit dem GdH[114], den AGZ sowie der „Entscheidung des Ständigen Ausschusses des Nationalen Volkskon-

---

106 Siehe Nr. 3 Zf. 1 OVG-Interpretation zu seelischen Schäden.
107 Chinesisch „肖像权".
108 So Jörg BINDING, 16.
109 Siehe mit weiteren Nachweisen Jörg BINDING, 16.
110 Chinesisch „丑化", sieht Nr. 3 Zf. 1 OVG-Interpretation zu seelischen Schäden. Die anderen Verletzungsmöglichkeiten passen nicht für ein Abbild.
111 Siehe Nr. 3 Zf. 1 OVG-Interpretation zu seelischen Schäden.
112 Chinesisch „隐私权".
113 So mit weiteren Nachweisen Jörg BINDING, 18 f.
114 Insbesondere § 36 GdH.

gresses zur Stärkung des Schutzes von Netzwerkinformationen"[115] (Entscheidung zum Schutz von Netzwerkinformationen) vom 28.12.2012 zu sehen.[116] Mit dem Schutz der Privatsphäre in Informationsnetzwerken ist somit in erster Linie der Schutz privater Daten gemeint.

(i)   Legaldefinition

Der Ständige Ausschuss des Nationalen Volkskongresses legt in § 1 Abs. 1 Entscheidung zum Schutz von Netzwerkinformationen fest, dass der Staat die elektronischen Informationen, mithilfe derer die Identität von Bürgern[117] festgestellt werden kann und deren Privatsphäre[118] betreffen, schützt.   **86**

Unter private Daten fallen nach § 12 OVG-Bestimmungen zur Verletzung von Personenrechten in Informationsnetzwerken unter anderem genetische Informationen, Krankenakten, Daten von körperlichen Untersuchungen, strafrechtliche Verstöße, Wohnadresse und private Aktivitäten. Es handelt sich um eine nicht abschließende Auflistung.   **87**

Jüngere Vorschriften zum Datenschutz enthalten Legaldefinitionen des Begriffs der privaten Daten. Grundsätzlich gilt, dass es sich in Übereinstimmung mit der Entscheidung zum Schutz von Netzwerkinformationen um Informationen handeln muss, mithilfe derer selbstständig oder in Kombination mit weiteren Informationen ein Nutzer identifiziert werden kann. Es gibt allerdings leichte Abweichungen und besondere Ausprägungen, die im Folgenden im Überblick dargestellt werden: **88**

Bestimmungen zum Schutz von Internetnutzern

Das Ministerium für Industrie und Informationstechnologie hat am 16.7.2013 die „Bestimmungen zum Schutz privater Daten von Telekommunikations- und Internetnutzern"[119] (Bestimmungen zum Schutz von Internetnutzern) erlassen. § 1 Bestimmungen zum Schutz von Internetnutzern erklärt den Schutz der legitimen Rechte und Interessen von Telekommunikations- und Internetnutzern sowie die Aufrechterhaltung der Sicherheit von Onlineinformationen zum Normzweck.   **89**

Nach § 4 Bestimmungen zum Schutz von Internetnutzern werden private Daten[120] als Informationen definiert, mithilfe derer (entweder selbstständig oder in Kombi-   **90**

---

115 [全国人民代表大会常务委员会关于加强网络信息保护的决定], chinesisch abgedruckt in: Amtsblatt des Ständigen Ausschusses des Nationalen Volkskongresses der VR China [中华人民共和国全国人民代表大会常务委员会公报] 2013, Nr. 1, 62–63.
116 Präambel der OVG-Bestimmungen zur Verletzung von Personenrechten in Informationsnetzwerken.
117 Chinesisch „公民个人身份".
118 Chinesisch „公民个人隐私".
119 [电信和互联网用户个人信息保护规定], Anweisung des Ministeriums für Industrie und Informationstechnologie Nr. 24.
120 Chinesisch „个人信息".

nation mit weiteren Informationen) ein Nutzer identifiziert werden kann und die im Rahmen der Zuverfügungstellung von Dienstleistungen gesammelt werden.

91   Als Beispiele für private Daten werden Namen, Geburtsdatum, ID-Kartennummer, Adresse, Telefonnummer, Accountnummer und Nutzerpasswort sowie Informationen über Zeit und Ort der Dienstleistungsnutzung durch den Nutzer genannt.

Dienstleistungsinformationssystemrichtlinie

92   Das Nationale Komitee für Informationssicherheitsstandardisierungstechnologie hat am 15.11.2012 die „Informationssicherheitstechnologie – Richtlinie zum Schutz privater Daten in öffentlichen und gewerblichen Dienstleistungsinformationssystemen"[121] (Dienstleistungsinformationssystemrichtlinie) veröffentlicht. Es handelt sich um einen rechtlich unverbindlichen technischen Standard, der jedoch Aussagen über das Verständnis der erlassenden staatlichen Stelle über den Schutz privater Daten[122] gibt.

93   Zif. 1 der Dienstleistungsinformationssystemrichtlinie erläutert den Zweck der Richtlinie: Danach sollen einige oder alle Verfahren zur Bearbeitung privater Daten über ein Informationssystem[123] standardisiert werden und Anleitung zum Schutz privater Informationen in verschiedenen Phasen ihrer Bearbeitung im Informationssystem gegeben werden.

94   Ein Informationssystem wird als Computerinformationssystem, das sich aus einem Computer (einschließlich mobiler Kommunikationsterminals) und relevantem und unterstützendem Equipment und Einrichtungsgegenständen (einschließlich des Netzwerkes[124]) zusammensetzt und entsprechend den speziellen Anwendungszielen und -regeln Informationen sammeln, verarbeiten, speichern, übermitteln und recherchieren kann, definiert.[125]

95   Private Daten sind Computerdaten, die durch das Informationssystem verarbeitet werden können, die sich auf eine bestimmte natürliche Person beziehen und diese eigenständig oder in Kombination mit anderen Daten identifizieren können.[126]

96   Private Daten werden in normale und sensible unterteilt. Sensible private Daten[127] sind solche, deren Enthüllung oder Veränderung nachteilige Auswirkungen auf die betroffene Person haben können. Die Details der sensiblen privaten Daten sollen dabei von Industrie zu Industrie verschieden nach den Absichten der die Dienstleistungen empfangenden Person und den Besonderheiten des Geschäfts bestimmt werden. Beispielhaft und nicht abschließend werden ID-Kartennum-

---

121 [信息安全技术 公共及商用服务信息系统个人信息保护指南].
122 Chinesisch „个人信息".
123 Chinesisch „信息系统".
124 Chinesisch „网络".
125 Zif. 3.1 Dienstleistungsinformationssystemrichtlinie.
126 Zif. 3.2 Dienstleistungsinformationssystemrichtlinie.
127 Chinesisch „个人敏感信息".

mer, Rasse, politische Ansichten, Religion und Überzeugung, Gene und Finger-abdrücke genannt.[128] Normale private Daten[129] sind alle anderen privaten Daten.[130]

Entwurf zum Datenschutz von Postsendungen

Die Staatliche Postbehörde hat am 27.11.2013 einen Entwurf für die „Verwal-   97
tungsvorschriften zur Sicherheit privater Daten von Postsendungsnutzern"[131]
(Entwurf zum Datenschutz von Postsendungen) mit der Bitte um Kommentie-rung durch die Öffentlichkeit bis zum 27.12.2013 veröffentlicht.

Nach § 3 des Entwurfs schließen private Daten von Nutzern im Rahmen der Nut-   98
zung von Postsendungsdienstleistungen Namen, Adresse, ID-Kartennummer, Te-lefonnummer, Name des Arbeitgebers von Empfänger und Absender, Sendungs-nummer und Zeitpunkt und Details der versandten Artikel ein.

(ii)   Verletzungshandlung

§ 12 OVG-Bestimmungen zur Verletzung von Personenrechten in Informations-   99
netzwerken legt eine deliktsrechtliche Haftung von Netzwerknutzern und -dienst-leistern, welche private Daten[132] von natürlichen Personen öffentlich machen,
fest.

Eine Haftung scheidet nach § 12 dagegen aus, wenn   100
– die Information mit dem schriftlichen Einverständnis der natürlichen Person
   und innerhalb der Reichweite des Einverständnisses veröffentlicht wurde,
– die Information zum Zweck der Förderung öffentlicher sozialer Interessen und
   im dazu notwendigen Rahmen veröffentlicht wurde,
– die Information von Schulen, wissenschaftlichen Forschungsinstitutionen etc.
   zum Zweck akademischer Forschung oder Statistiken, im öffentlichen Interes-se, mit dem schriftlichen Einverständnis der natürlichen Person und in anony-misierter Weise veröffentlicht wurde,
– die Information von der natürlichen Person selbst veröffentlicht wurde oder es
   sich um andere legale öffentliche private Daten handelt,
– die privaten Daten legal erlangt wurden oder
– sich dies anderweitig aus Gesetzen oder Verwaltungsvorschriften ergibt.

Der deliktsrechtliche Schutz privater Daten ist somit offenbar auf ihre Veröffent-   101
lichung beschränkt, während die im Übrigen rechtswidrige Verwendung privater
Daten nur verwaltungs- oder strafrechtlich geahndet werden kann.[133]

---

128 Ziffer 3.7 Dienstleistungsinformationssystemrichtlinie.
129 Chinesisch „个人一般信息".
130 Ziffer 3.8 Dienstleistungsinformationssystemrichtlinie.
131 [《寄递服务用户个人信息安全管理规定》（征求意见稿）向社会公开征求意见].
132 Chinesisch „个人信息".
133 Siehe auch § 47 Entwurf zum Datenschutz von Postsendungen.

(2)   Privaträume

102   Die Privaträume sind nicht legaldefiniert. Als Beispiel für einen Privatraum wird die Wohnung genannt.[134]

(3)   Privatleben

103   Das Privatleben ist von der Privatsphäre umfasst und soll bspw. Krankheit, Liebe, Abtreibung, Briefgeheimnis beinhalten.[135]

(4)   Schutz der Privatsphäre nach dem Tod

104   Auch nach dem Tod bleibt die Privatsphäre rechtlich geschützt. Verletzungen können die nahen Angehörigen entgegentreten.

hh)   Recht auf unabhängige Entscheidung über die Eheschließung

105   § 103 AGZ regelt die Ehefreiheit[136] und verbietet Kaufehen, Zwangsehen und andere die Ehefreiheit störende Handlungen.[137] Vertreten wird zudem, dass auch das Recht auf Scheidung[138] von der Ehefreiheit umfasst ist.[139] Das Recht auf Scheidung ist beschränkt für den Ehepartner eines Soldaten, dieser darf sich ohne dessen Einwilligung nur in schwerwiegenden Fällen scheiden lassen.[140] Der Ehemann darf sich während der Schwangerschaft und bis ein Jahr nach der Entbindung grundsätzlich nicht scheiden lassen.[141]

106   Ansprüche gegen Dritte wegen Ehebruchs etc. sind nicht anerkannt.[142] In besonders schwerwiegenden Fällen kann jedoch ein Schadensersatzanspruch gegen den Ehepartner bestehen.[143]

ii)   Vormundschaftsrecht

107   In erster Linie wird das Vormundschaftsrecht[144] in den AGZ[145] und den OVG-Interpretation AGZ[146] geregelt. Bspw. darf nach einer Scheidung der Elternteil, bei dem das gemeinsame Kind lebt, dem anderen Elternteil nicht das Vormund-

---

134 Siehe Jörg BINDING, 19.
135 Siehe Jörg BINDING, 19.
136 Chinesisch „婚姻自由".
137 Siehe auch § 3 Abs. 1 EheG.
138 Geregelt in den § 31–42 EheG.
139 So Liming WANG, 345.
140 § 33 EheG.
141 § 34 EheG.
142 Siehe Lixin YANG, 735 ff.
143 § 46 EheG.
144 Chinesisch „监护权".
145 § 16–19 AGZ.
146 Nr. 10–23 OVG-Interpretation AGZ.

schaftsrecht entziehen.[147] Verstöße gegen das Vormundschaftsrecht können einen Schadensersatzanspruch nach Nr. 2 OVG-Interpretation zu seelischen Schäden zur Folge haben.

b) Vermögensrechte

Die Vermögensrechte sind bereits detailliert in eigenen Gesetzen geregelt und das GdH bietet keinen darüber hinausgehenden Schutz.[148]   **108**

Einzig das Recht an der Entdeckung[149] ist ausschließlich in den AGZ geregelt. Nach § 97 Abs. 1 AGZ steht einem Bürger, der eine Entdeckung macht, eine Urkunde, Prämie oder sonstige Belohnung zu. Nach § 118 AGZ kann der Inhaber des Entdeckungsrechts Unterlassung, Beseitigung und Schadensersatz bei Rechtsverletzungen fordern.[150]   **109**

c) Andere Rechte

Neben den im GdH ausdrücklich genannten, kommen auch andere Rechte in Betracht. Um den deliktischen Schutz nicht uferlos werden zu lassen, wird angenommen, dass nur gegenüber jedermann wirkende, absolute Rechte geschützt sind. Damit kommen bspw. keine vertraglichen Rechte in Betracht.[151]   **110**

In der chinesischen Literatur werden dabei vor allem das Recht auf Freiheit, das allgemeine Personenrecht, das Recht auf Keuschheit, Kreditwürdigkeit und Forderungsverletzungen diskutiert.[152]   **111**

d) Zivile Interessen

Ebenfalls wird – soweit ersichtlich – bisher ausschließlich in der chinesischen Literatur der gesonderte Schutz ziviler Interessen[153] diskutiert.[154] Das GdH spricht im Originalwortlaut[155] von „zivilen Rechtsinteressen" oder „zivilen Rechten und Interessen", weshalb nicht eindeutig ist, ob vom Gesetzgeber tatsächlich eine Unterscheidung nach Rechten und Interessen gewollt ist. Dass nur Rechte[156] aufgelistet werden, spricht gegen eine getrennte Behandlung.[157] Zudem droht bei   **112**

---

147 Nr. 21 OVG-Interpretation AGZ.
148 Siehe ausführlich hierzu Jörg BINDING, 20 ff.
149 Chinesisch „发现权".
150 Siehe mit weiteren Nachweisen Jörg BINDING, 28.
151 Zur Diskussion siehe Liming WANG/Youjun ZHOU/Shengping GAO, 62 f., und Jörg BINDING, 29 f.
152 Ein guter Überblick zur Diskussion findet sich bei Jörg BINDING, 30 ff.
153 Chinesisch „民事利益".
154 Zur Diskussion siehe Jörg BINDING, 32 ff.
155 Chinesisch „民事权益".
156 Chinesisch „权".
157 So auch Frank MÜNZEL, Chinas Recht, 26.12.2009/1, Anmerkung 1.

Annahme von geschützten Interessen eine grenzenlose Ausweitung des Anwendungsbereiches des GdH.[158]

113 Zudem ist fraglich, ob es überhaupt erforderlich ist, zivile Interessen dem Schutzbereich des Deliktsrechts zu unterwerfen. Lösungen könnten in vielen Fällen auch über „andere Rechte" gefunden werden.

2. Persönlicher Anwendungsbereich

114 Als Teil des chinesischen Zivilrechts findet das GdH auf alle natürlichen Personen, juristischen Personen,[159] soweit ihnen Rechte und Interessen zustehen, und andere Organisationen[160] Anwendung, unabhängig von der Nationalität der betroffenen Person oder Organisation.[161]

115 Das Gesetz findet demgegenüber keine Anwendung auf den Staat, da es nach § 1 dem Schutz von Zivilsubjekten dient.[162] Der deliktische Schutz des Staates ist im AGZ geregelt[163] bzw. in der Praxis wird in erster Linie auf verwaltungs- und strafrechtliche Vorschriften zurückgegriffen,[164] während sich seine Haftung aus dem Staatsentschädigungsgesetz[165] vom 26.10.2012 ergibt.[166]

III. Tatbestandsvoraussetzungen

1. Rechtsverletzung

116 Es ist derjenige einer Haftung wegen unerlaubten Handlungen ausgesetzt,
– der schuldhaft ein ziviles Rechtsgut verletzt[167] oder
– dessen Schuld sich aus Rechtsvorschriften ergibt, wenn das Gegenteil nicht bewiesen werden kann[168] oder

---

158 Das sieht auch Jörg BINDING, 33.

159 Siehe § 5 AGZ.

160 Chinesisch „其他组织". Zur Definition des Begriffs im Sinne des ZPG, der allgemein im Rahmen des Zivilrechts verwendet werden kann, siehe § 2 Nr. 40 „Ansichten des OVG zu mehreren Fragen betreffend der Anwendung des ZPG der VR China" [最高人民法院关于适用《中华人民共和国民事诉讼法》若干问题的意见], vom 14.7.1992, Fa Fa [1992] Nr. 22, chinesisch abgedruckt in: Amtsblatt des OVG [中华人民共和国最高人民法院公报] 1992, Nr. 3, 70 ff.

161 Vgl. Jörg BINDING, 11.

162 So auch Shengming WANG, 16, und Jörg BINDING, 11 f. Anderer Ansicht sind Shuji ZHENG/Eberhard TREMPEL, RIW 2010, 511, 512.

163 Siehe § 117 Abs. 1 AGZ.

164 So Jörg BINDING, 12.

165 [中华人民共和国国家赔偿法 (2012 年修订)], Anweisung des Präsidenten der VR China (2012) Nr. 68.

166 Vgl. Liming WANG/Youjun ZHOU/Shengping GAO, 102 f.

167 § 6 S. 1 GdH.

168 § 6 S. 2 GdH.

– der die zivilen Rechtsgüter einer anderen Person verletzt hat, aber aufgrund von Rechtsvorschriften unabhängig vom Verschulden haftet.[169]

Daraus ergeben sich mit der herrschenden Meinung[170] in der chinesischen Rechts- **117** literatur die folgenden vier Voraussetzungen für die Begründung der deliktischen Haftung:[171]

– eine rechtswidrige Verletzungshandlung,

– eine Rechtsgutverletzung,

– Kausalität zwischen rechtswidriger Verletzungshandlung und Rechtsgutverletzung und

– Verschulden.

Die letzte Voraussetzung ist nicht erforderlich, wenn die Haftung aufgrund von **118** Rechtsvorschriften ohne Verschulden entsteht.

a) Verletzungshandlung

Rechtsgutverletzung bedeutet eine Verletzung der Rechte an Leben und Gesund- **119** heit, Namen, Ruf, Ehre, Abbildern, Privatsphäre, unabhängigen Entscheidungen über die Eheschließung, Vormundschaft, Eigentum und Besitz, Nießbrauch, Pfand, Urheberschaft, Patent, Marke, Entdeckung, Aktien, Erbschaft und ähnliche persönliche und Vermögens-Rechtsgüter. Es muss ein tatsächlicher Schaden oder Verlust eingetreten sein, der entschädigt werden kann.

Die rechtswidrige Verletzungshandlung kann sowohl ein Handeln als auch ein **120** Unterlassen sein. Handeln bedeutet jedes bewusste und gewollte kontrollierte Verhalten einer Person.[172]

Besteht die Verletzungshandlung aus einem Unterlassen, muss eine Garanten- **121** pflicht vorliegen. Garantenpflichten sind solche, die erfüllt werden müssen und dem Handelnden durch seine Position (Garantenstellung) auferlegt sind, bspw. ein Feuerwehrmann, der Personen vor dem Feuer retten soll, ein Arzt, der Leben retten und Kranken helfen soll oder bei Bestehen eines besonderen Vertrauens- verhältnisses zwischen dem Schädiger und dem Geschädigten, z.B., wenn der Handelnde die andere Person erst in die Gefahrenlage gebracht hat und dann die Rettung unterlässt.[173]

---

169 § 7 GdH.
170 So Ping JIANG, 481. Eine Mindermeinung befürwortet drei Voraussetzungen: 1. ein Verschulden, 2. eine Rechtsgutverletzung und 3. eine Kausalität zwischen Verschulden und Rechtsgutverlet- zung. Die Rechtswidrigkeit der Verletzung wird nicht thematisiert. Diese Auffassung vermengt Verschulden (subjektive Voraussetzung) und Rechtswidrigkeit (objektive Voraussetzung) und behandelt die Fragen der Rechtswidrigkeit beim Verschulden. Sie stellt Verschulden und Rechts- widrigkeit gleich und ist deshalb abzulehnen, siehe Ping JIANG, 484, und Xinbao ZHANG, 100 f.
171 Siehe Ping JIANG, 484.
172 So Ping JIANG, 482. Vgl. auch die Ausführungen bei Jörg BINDING, 34 ff.
173 So Ping JIANG, 483.

122   Ähnlich dem dt. Recht werden Garantenpflichten aus Vertrag, Gesetz, freiwilliger Übernahme, Ingerenz, Gefahrengemeinschaft und Verkehrssicherungspflicht diskutiert.[174]

b)   *Rechtswidrigkeit*

123   Prinzipiell indiziert die Verletzung legitimer Rechtsgüter die Rechtswidrigkeit des Handelns.[175] Rechtswidrigkeit bedeutet hier, dass die Handlung gegen eine Bestimmung zum Schutz legitimer Rechtsgüter verstößt. Unterschieden werden die folgenden Fälle:

- nationale Gesetze zum Schutz anderer Personen, bspw. die Verfassung, Zivil-, Straf- und Verwaltungsgesetze oder gerichtliche Interpretationen, die die legitimen Rechtsgüter einer anderen Person schützen oder dem Handelnden eine Rechtspflicht auferlegen;
- die öffentliche Ordnung und Moral, wobei diese nicht so weit ausgelegt werden sollen, dass die moralischen Pflichten die rechtlichen ergänzen; und
- Pflichten aufgrund einer besonderen beruflichen Stellung.[176]

124   Das Verhalten ist trotz Verletzung legitimer Rechtsgüter rechtmäßig, wenn ein Rechtfertigungsgrund vorliegt. Dies kann unter anderem dann der Fall sein, wenn eine Rechtspflicht zur Handlung bestand, bei Selbsthilfe (einschließlich Selbstverteidigung,[177] Nothilfe in Notfällen[178] und die rechtlich zugelassenen Selbsthilferechte)[179], Einwilligung des Geschädigten und autonomer Selbstgefährdung des Geschädigten, bei rechtmäßiger Negotiorum Gestio, höherer Gewalt,[180] Mitverschulden des Geschädigten oder bei einem Verschuldensbeitrag einer dritten Partei.[181]

c)   *Kausalität*

125   Kausalität bedeutet, dass die Rechtsgutverletzung durch die Verletzungshandlung verursacht worden sein muss, ähnlich der dt. Äquivalenztheorie. Eine indirekte Kausalität kann hierzu genügen. Ausdrücklich geregelt ist dies für psychische Schäden. Nahe Verwandte des Geschädigten sind danach unter Umständen zum Schadensersatz wegen psychischer Schäden berechtigt.[182]

---

174 So Jörg BINDING, 35.
175 Ausführlich und mit weiteren Nachweisen zur Diskussion in der Literatur siehe Jörg BINDING, 38 f.
176 So Ping JIANG, 483.
177 § 30 GdH.
178 § 31 GdH.
179 § 128, 129 AGZ.
180 § 29 GdH.
181 So Ping JIANG, 498 f.
182 Nr. 3 OVG-Interpretation zu seelischen Schäden. Siehe auch weitere Ausführungen bei Jörg BINDING, 37.

Teilweise wird auch eine Einschränkung der Aquivalenztheorie über das Kriteri-   **126**
um der objektiven Vorhersehbarkeit – ähnlich der Adäquanztheorie – diskutiert.[183]

d)   Verschulden

Das Verschulden wird anhand subjektiver Kriterien beurteilt, im Sinne einer „in-   **127**
dividuellen Vorwerfbarkeit des Erfolges".[184] Allerdings werden zum Teil auch objektive Kriterien zur Bewertung des Verschuldens herbeigezogen.[185]

Verschulden kann in Form von Vorsatz oder Fahrlässigkeit vorliegen. Zur Bestim-   **128**
mung der Begriffe wird auf die Legaldefinitionen der §§ 14 und 15 Strafgesetz[186]
zurückgegriffen.

Als Besonderheit des chinesischen Rechts der unerlaubten Handlung kann gelten,   **129**
dass in Fällen, in denen weder der Schädiger noch der Geschädigte den Schaden
zu verschulden hat, die verursachten Schäden entsprechend der tatsächlichen Situation zwischen beiden Parteien geteilt werden sollen.[187] Hat der Schädiger ohne
Verschulden durch einen zeitweisen Verlust des Bewusstseins oder der Kontrolle
über sein Verhalten einen Schaden verursacht, dann haftet er dem Geschädigten
immerhin noch im Rahmen seiner finanziellen Möglichkeiten für eine angemessene Entschädigung.[188]

2.   Rechtsfolgen

Die Rechtsfolgen einer unerlaubten Handlung sind im Grundsatz in § 15 Abs. 1   **130**
GdH geregelt:

- Einstellung der Verletzungshandlung,
- die Beseitigung von Behinderungen oder Gefahren,
- die Rückgabe von Vermögenswerten,
- die Wiederherstellung des ursprünglichen Zustands,
- Entschädigung für Verluste,
- eine Entschuldigung sowie
- die Beseitigung von Folgen und Wiederherstellung des Rufes.[189]

---

183 So Liming WANG/Youjun ZHOU/Shengping GAO, 242.
184 So Jörg BINDING, 41.
185 So Liming WANG/Youjun ZHOU/Shengping GAO, 203 ff.
186 [中华人民共和国刑法 (2011 年修订)] vom 25.2.2011, Anweisung des Präsidenten der VR Chi-
    na Nr. 41, chinesisch abgedruckt in: Amtsblatt des Ständigen Ausschusses des Nationalen Volks-
    kongresses der VR China, 2012 Nr. 2, 15 ff.
187 § 24 GdH.
188 § 33 Abs. 1 GdH.
189 Die Einstellung der Verletzungshandlung sowie die Beseitigung von Behinderungen oder Gefah-
    ren kommt insbesondere bei einer Gefährdung der körperlichen Unversehrtheit und der Vermö-
    genswerte einer Person in Betracht, § 21 GdH.

131   Diese Sanktionen können einzeln oder kombiniert angewendet werden. Für be-
       sondere Fälle einer unerlaubten Handlung existieren gesonderte Bestimmungen
       zu den Rechtsfolgen, die in den §§ 16 ff. GdH geregelt sind.

132   Die zivile Haftung des Schädigers wird nicht von einer eventuell gleichzeitig be-
       stehenden verwaltungs- oder strafrechtlichen Haftung beeinflusst.[190] Verfügt der
       Schädiger nicht über ausreichende finanzielle Mittel, so hat die Entschädigung
       des Geschädigten Vorrang vor etwaigen verwaltungs- oder strafrechtlichen Geld-
       bußen.[191]

a)   Schadensersatz

133   Der Schadensersatzanspruch ist in der Praxis der wichtigste Haftungsanspruch.[192]
       Es gilt das Prinzip, dass der Geschädigte vollständig schadlos gestellt wird, als
       wäre nie ein Schaden eingetreten.[193] Deshalb werden sowohl unmittelbare als
       auch mittelbare Schäden – d.h. Gewinne, die der Geschädigte ohne die Rechts-
       verletzung erworben hätte – erstattet.[194]

aa)   Schäden an Leben und Gesundheit

134   Im Fall einer Körperverletzung muss der Schädiger den Geschädigten für die an-
       gemessenen Kosten und Ausgaben der Behandlung und Rehabilitationsmaßnah-
       men entschädigen. Dies umfasst medizinische Behandlungskosten, Pflege- und
       Reisekosten sowie entgangenes Gehalt. Trägt der Geschädigte eine Behinderung
       davon, ist der Schädiger zur Bezahlung der Kosten für Behinderungshilfsaus-
       rüstung, den Lebensunterhalt und einer Behinderungsentschädigung verpflichtet.

135   Verursacht der Schädiger den Tod des Geschädigten, so muss er auch die Bestat-
       tungskosten und eine Entschädigung für den Tod bezahlen.[195]

bb)   Vermögensschäden

136   Zudem ist der Geschädigte für etwaige Schäden an seinen Vermögenswerten zu
       entschädigen, sofern diese durch die Verletzungshandlung verursacht wurden.
       Kann dieser Schaden nicht bestimmt werden, ist er anhand des Vorteils zu bezif-
       fern, die der Schädiger ggf. erlangt hat. Ist der Wert dieser Vorteile nicht bestimm-
       bar und kommt es zu keiner Einigung zwischen den Parteien über die Entschädi-
       gung, legt das Volksgericht die Entschädigungshöhe im Einzelfall fest.[196]

---

190 § 4 Abs. 1 GdH.
191 § 4 Abs. 2 GdH.
192 Die anderen Haftungsformen werden hier nicht dargestellt. Stattdessen wird auf die Übersicht bei
    Jörg BINDING, 56 f., verwiesen.
193 Siehe Liming WANG, 12.
194 So mit weiteren Nachweisen Jörg BINDING, 47.
195 § 16 GdH. Sehr ausführlich hierzu auch Jörg BINDING, 50 ff.
196 § 20 GdH.

Der Vermögensschaden wird bei Verletzungen von Vermögensrechten und Perso-   137
nenrechten unterschiedlich berechnet.

Im Fall einer Verletzung von Vermögensrechten einer anderen Person, ist die Höhe   138
des Vermögensschadens zu entschädigen, der nach dem Marktpreis im Zeitpunkt
des Eintritts des Vermögensschadens oder auf andere Weise berechnet wird.[197]

Auch Personenrechte haben einen kommerzialisierbaren Wert, der sich nach der   139
Höhe des Schadens bemisst, § 20 Abs. 1 GdH. Lässt sich dieser nicht feststellen,
wird auf den vom Schädiger erlangten Gewinn abgestellt, § 20 Abs. 2 GdH.

Nach teilweise vertretener Ansicht besteht auch dann ein Schadensersatzanspruch   140
im Sinne von § 20 Abs. 2 GdH, wenn kein Vermögensschaden eingetreten ist.
Dies ist bspw. der Fall, wenn der Geschädigte selbst gar keine Gewinne aus seinen Personenrechten erzielen möchte oder kann. Der Schadensersatzanspruch auf
Gewinnabschöpfung soll aus generalpräventiven Gründen bestehen.[198]

Lassen sich weder Schaden noch Gewinn feststellen, sollen sich beide Parteien   141
über die Höhe des Schadensersatz einigen. Erst wenn dies fehlschlägt, schätzt das
Volksgericht die Höhe des Anspruches.[199]

cc)   Immaterielle Schäden[200]

(a)   Anspruchsvoraussetzung

Eine Entschädigung für immaterielle Schäden kann im Fall der Verursachung   142
psychischer Schädigung verlangt werden, wenn sie schwerwiegend ist.[201] Eine
Entschädigung schwerer seelischer Verletzungen ist nach der OVG-Interpretation zu seelischen Schäden auf die Verletzung der folgenden persönlichen Rechte
beschränkt:

– Leben, Gesundheit oder Körper;
– persönlicher Name, Abbild, Ruf oder Ehre und
– persönlicher Stolz oder persönliche Freiheit.

Wenn Verletzungen der Privatsphäre oder anderer persönlicher Rechte gleichzei-   143
tig einen Verstoß gegen das Gemeinwohl oder die öffentliche Moral darstellen,
können ebenfalls wegen seelischer Verletzungen Schadensersatzansprüche geltend gemacht werden.[202] Das Gleiche gilt bei seelischen Verletzungen durch die
Trennung von Schutzbefohlenem und Vormund im Eltern-Kind- bzw. engen Ver-

---

197 § 19 GdH.
198 So Jörg BINDING, 48 f., mit weiteren Nachweisen.
199 § 20 Abs. 3 GdH.
200 Überblicksartikel von Regine REIM, Newsletter der deutsch-chinesischen Juristenvereinigung
      e. V. 2001, 182–184.
201 § 22 GdH.
202 Nr. 1 OVG-Interpretation zu seelischen Schäden.

wandten-Verhältnis,[203] und bei dauerhafter Beschädigung oder Zerstörung von Gegenständen mit besonderem persönlichem Erinnerungswert.[204]

144 Dritte sind unter Umständen ebenfalls zum Schadensersatz wegen seelischer Schäden berechtigt.[205] Juristische Personen oder andere Organisationen sind dagegen von der Geltendmachung seelischer Schäden ausgeschlossen.[206]

(b) Anspruchsumfang

145 Selbst wenn der verursachte seelische Schaden nicht schwer ist, kann das Volksgericht im Einzelfall den Schädiger zur Einstellung der Verletzungshandlung, Wiederherstellung des Rufes, Beseitigung von negativen Folgen und/oder zu einer Entschuldigung verurteilen. Nur bei schweren seelischen Schäden gibt es jedoch einen Anspruch auf eine finanzielle Entschädigung.[207] Die finanzielle Entschädigung setzt sich zusammen aus: [208]

– Behinderungsentschädigung, wenn eine Behinderung verursacht wurde;
– Entschädigung für den Tod, wenn der Tod verursacht wurde und
– Entschädigungszahlungen für andere Schäden.

146 Zur Berechnung der konkreten Höhe der vorgenannten Entschädigungsbeträge stellt die OVG-Interpretation zu seelischen Schäden einige Leitlinien auf:
– Schwere der Verletzung, soweit sich nichts anderes aus dem Gesetz ergibt;
– spezielle Umstände betreffend Mittel, Gelegenheit und Art und Weise der Verletzung;
– Konsequenzen der Verletzung;
– Zahlungsfähigkeit des Schädigers, der die Haftung trägt und
– durchschnittlicher Lebensstandard in der Region, in der das urteilende Gericht sitzt.[209]

147 Ein Mitverschulden des Geschädigten ist bei der Festlegung der Haftung des Schädigers zu berücksichtigen.[210]

b) Anspruchsinhaber

148 Anspruchsinhaber ist prinzipiell der Geschädigte.[211] In besonderen Fällen können dritte Parteien alleine oder gemeinsam zur Geltendmachung von Ansprüchen ge-

---

203 Nr. 2 OVG-Interpretation zu seelischen Schäden.
204 Nr. 4 OVG-Interpretation zu seelischen Schäden.
205 Nr. 3 OVG-Interpretation zu seelischen Schäden.
206 Nr. 5 OVG-Interpretation zu seelischen Schäden.
207 Nr. 8 OVG-Interpretation zu seelischen Schäden.
208 Nr. 9 OVG-Interpretation zu seelischen Schäden.
209 Nr. 10 OVG-Interpretation zu seelischen Schäden.
210 Nr. 11 OVG-Interpretation zu seelischen Schäden.
211 § 3 GdH.

gen den Schädiger berechtigt sein. Dies gilt bspw. im Fall, dass der Geschädigte verstirbt. Dann können seine nahen Verwandten Entschädigung fordern.[212]

Soweit es um die Erstattung von medizinischen Behandlungskosten, Bestattungs-   **149** kosten und andere angemessene Kosten und Ausgaben geht, ist auch eine beliebige dritte Person berechtigt, vom Schädiger Erstattung dieser Kosten zu verlangen, sofern der Geschädigte verstorben ist.[213]

Der Rechtsnachfolger einer juristischen Person, die gespalten oder verschmolzen   **150** wurde, ist berechtigt, die Ansprüche der vormaligen juristischen Person wegen unerlaubter Handlung geltend zu machen.[214]

c)   *Anspruchsgegner*

Anspruchsgegner ist grundsätzlich der Schädiger.[215] Ausnahmsweise kann auch   **151** eine dritte Partei zum Schadensersatz verpflichtet sein, wenn der Schädiger nicht auffindbar oder nicht zur Entschädigungsleistung in der Lage ist. Dies ist möglich in den Fällen, in denen der Geschädigte eine Verletzung der Rechtsgüter der dritten Partei durch den Schädiger verhindert hat und infolgedessen selbst einen Schaden erlitten hat.[216]

Wurde die Verletzungshandlung von mehreren Parteien vorgenommen, so haften   **152** sie gemeinschuldnerisch.[217] Eine gemeinschuldnerische Haftung kann sich auch aus anderen Rechtsvorschriften ergeben.[218]

Anstifter und Gehilfen einer unerlaubten Handlung haften ebenfalls, selbst wenn   **153** der Schädiger nicht oder nur beschränkt geschäftsfähig ist. Eltern haften für ihre Kinder und der Vormund für den Schutzbefohlenen ohne oder mit beschränkter Geschäftsfähigkeit, wenn sie ihre Aufsichtspflichten vernachlässigt haben.[219] Hat der Vormund seine Aufsichtspflichten erfüllt, kann seine Haftung gemindert werden.[220]

Der Arbeitgeber haftet für unerlaubte Handlungen seiner Arbeitnehmer, wenn   **154** diese in Erfüllung der Arbeitspflichten begangen wurden. Hat sich der Arbeitnehmer dabei selbst geschädigt, haften beide Parteien entsprechend ihrem jeweiligen Verschuldensanteil. Bei Leiharbeitnehmern haften der Entleiher und auch der Verleiher, sofern Letzterem ein Verschulden vorgeworfen werden kann.[221]

---

212 § 18 Abs. 1 S. 1 GdH.
213 § 18 Abs. 2 GdH.
214 § 18 Abs. 1 S. 2 GdH.
215 § 3 GdH.
216 § 23 GdH.
217 § 8 GdH.
218 § 13 GdH.
219 §§ 9, 32 Abs. 1 S. 1 GdH. Allerdings haftet der Vormund nur dann mit seinem Vermögen, wenn das Vermögen des Schutzbefohlenen nicht zum Schadensersatz genügt, § 32 Abs. 2 GdH.
220 § 32 Abs. 1 S. 2 GdH.
221 §§ 34, 35 GdH.

155   Als Besonderheit kann gelten, dass, wenn bei mehreren handelnden Personen der tatsächliche Schädiger nicht festgestellt werden kann, alle handelnden Personen gesamtschuldnerisch haften.[222] Eine gesamtschuldnerische Haftung aller handelnden Personen existiert auch dann, wenn jeder Schädiger alleine den gesamten Schaden verursacht hätte.[223]

156   Im Innenverhältnis haften die Schädiger nach ihrem jeweiligen Haftungsbeitrag. Kann dieser nicht festgestellt werden, haften alle Schädiger zu gleichen Teilen.[224] Kriterien für die Feststellung des jeweiligen Haftungsbeitrags nennt das Gesetz nicht.

d)   *Mitverschulden*

157   Ein Mitverschulden des Geschädigten an der Verursachung des Schadens führt zur Minderung der Haftung des Schädigers.[225] Verursacht der Geschädigte den Schaden vorsätzlich, ist der unmittelbare Schädiger sogar vollständig von einer Haftung befreit.[226]

158   Hat eine dritte Partei zur Schadensverursachung beigetragen, haftet sie ebenfalls.[227]

IV. Produkthaftung

159   Der im chinesischen Recht am umfangreichsten geregelte Bereich der unerlaubten Handlungen ist die Produkthaftung.[228]

1. Einführung

160   Die Produkthaftung in China im engeren Sinne bedeutet die zivilrechtliche Haftung von Hersteller und/oder Verkäufer gegenüber einem Dritten aufgrund eines Produktfehlers. Bei der zivilrechtlichen Haftung des Herstellers handelt es sich dabei um eine deliktische Haftung.[229] Es sind im Wesentlichen drei Gesetze maßgeblich:

---

222 § 10 GdH.
223 § 11 GdH.
224 § 14 GdH.
225 § 26 GdH.
226 § 27 GdH.
227 § 28 GdH.
228 Das Produkthaftungsrecht der VR China erfuhr durch den Erlass des GdH im Jahr 2009 einige Veränderungen, vgl. eingehend hierzu Jörg BINDING/Claudius EISENBERG, RIW 2011, 511–518.
229 § 41 GdH.

- AGZ;
- Produktqualitätsgesetz der VR China (revidiert im Jahr 2009, im Folgenden „Produktqualitätsgesetz")[230]; und
- GdH.

Schließlich gibt es auch noch einzelne ministerielle und behördliche Verordnungen sowie offizielle Erläuterungen des OVG, die bei Produkthaftungsfällen relevant werden können.[231]   **161**

2. Wesentliche Voraussetzungen der Produkthaftung

Nach dem Produktqualitätsgesetz müssen für eine Produkthaftung die nachstehenden Voraussetzungen erfüllt sein: **162**

- Das Produkt ist auf dem Markt platziert;
- das Produkt weist einen Konstruktions- oder Herstellungsdefekt auf;
- ein Personen- oder Vermögensschaden ist eingetreten und
- der Produktfehler hat den Schaden verursacht.

Die Herstellerhaftung ist nach dem Recht der VR China eine Gefährdungshaftung, d. h., der Hersteller haftet verschuldensunabhängig für durch ein fehlerhaftes Produkt verursachte Schäden, unabhängig davon, wie der Fehler entstanden ist.   **163**

Nach § 46 Produktqualitätsgesetz ist ein Produkt fehlerhaft, wenn: **164**

- es eine unangemessene Gefahr für die persönliche Sicherheit oder das Vermögen eines anderen darstellt. Das ist der Fall, wenn der Sicherheitsstandard geringer ist, als eine vernünftige Person unter normalen Verhältnissen von dem betreffenden Produkt erwarten würde oder
- wenn es nicht den entsprechenden staatlichen Standards oder Branchenstandards entspricht.

Die Herstellerhaftung entfällt jedoch in den nachstehend genannten Fällen:[232]   **165**

- Das Produkt wurde nicht in den Verkehr gebracht;
- der Defekt lag zum Zeitpunkt des Inverkehrbringens noch nicht vor oder
- der Mangel war zum Zeitpunkt des Inverkehrbringens nach dem Stand der Wissenschaft und Technik noch nicht erkennbar.

---

230 [中华人民共和国产品质量法 (2009 年修订版)] vom 27.8.2009, chinesisch abgedruckt in: Amtsblatt des Ständigen Ausschusses des Nationalen Volkskongresses der VR China, 2009 Nr. 5, 4 ff.
231 Für einen Überblick über die rechtlichen Grundlagen der Produkthaftung vgl. Jörg BINDING/Claudius EISENBERG, RIW 2010, 1 ff.; Jörg BINDING, VR China, in: Hans Josef KULLMANN/Bernhard PFISTER, 7 f.
232 § 41 Abs. 2 Produktqualitätsgesetz.

3.   **Rechtsfolgen**[233]

a)   Schadensersatzansprüche

166   Schadensersatzansprüche der Geschädigten in Produkthaftungsfällen lassen sich in die folgenden Kategorien einteilen: Schadensersatz für Personenschäden, Schadensersatz für immaterielle Schäden, Schadensersatz für Sachschäden und Vermögensfolgeschäden.[234] Der Kläger muss beweisen, dass die Schäden tatsächlich vorliegen.

aa)   Schadensersatz für Personenschäden

167   Die bei Personenschäden ersatzpflichtigen Kosten betreffen in erster Linie die Kosten für eine Heilbehandlung, Pflege und die infolge der Arbeitsunfähigkeit erlittenen Einkommensverluste.[235]

bb)   Schadensersatz für immaterielle Schäden

168   Durch einen Produktfehler entstandene immaterielle Schäden sind nur eingeschränkt ersetzbar. Ein Anspruch auf Ersatz immaterieller Schäden steht nur demjenigen zu, der gesundheitlich oder körperlich schwerwiegend geschädigt wurde.[236] Verursacht der Produktfehler den Tod des Geschädigten, haben der Ehegatte, die Eltern und die Kinder des Verstorbenen Anspruch auf immateriellen Schadensersatz in Form eines Trostgeldes.[237]

cc)   Schadensersatz für Sachschäden und Vermögensfolgeschäden

169   Der Hersteller eines fehlerhaften Produkts haftet zunächst für körperliche Schäden und Schäden an Vermögensgegenständen, soweit es sich nicht um das Produkt selbst handelt.[238] Ferner kann der Geschädigte aufgrund dieses Schadens erlittene Vermögensfolgeschäden geltend machen. Zu diesen gehören typischerweise entgangene Gewinne. Dies setzt voraus, dass die den Schaden verursachende Person den Geschädigten für „sonstige schwerwiegende Verluste" entschädigen muss.[239]

---

233 Im Folgenden werden nur die zivilrechtlichen Rechtspflichten dargestellt, die infolge des gesetzlichen Schuldverhältnisses zwischen Hersteller und Geschädigtem entstehen. Für über den Schadensersatz hinausgehende Haftungsformen vgl. eingehend Jörg BINDING, VR China, in: Hans Josef KULLMANN/Bernhard PFISTER, 25 ff.

234 Für Einzelheiten vgl. Jörg BINDING/Claudius EISENBERG, RIW 2010, 8 f.

235 § 44 Abs. 1 Produktqualitätsgesetz.

236 Nr. 8 Abs. 2 OVG-Interpretation zu seelischen Schäden.

237 Nr. 7 OVG-Interpretation zu seelischen Schäden.

238 § 41 Produktqualitätsgesetz.

239 § 44 Abs. 2 S. 2 Produktqualitätsgesetz.

b)   Strafschadensersatz

§ 47 GdH schreibt vor, dass gegenüber einem Hersteller oder Verkäufer, der trotz   **170**
Kenntnis eines Fehlers des Produkts die Herstellung oder den Verkauf weiterbe-
treibt, und wenn dieser Fehler den Tod oder einen schwerwiegenden gesundheit-
lichen Schaden einer anderen Person verursacht, das Opfer einen Anspruch auf
einen entsprechenden Strafschadensersatz hat. Das Gesetz enthält keine näheren
Angaben zur Berechnung der Höhe des Strafschadensersatzes.[240]

c)   Gesamtschuldnerische Haftung des Herstellers und des Verkäufers

Nach dem Recht der VR China haften Hersteller und Verkäufer des fehlerhaften   **171**
Produkts gesamtschuldnerisch. Der Geschädigte kann also wählen, von nur einem oder von beiden Schadensersatz einzuklagen. Zahlt der Verkäufer den Schadensersatz, hat jedoch der Hersteller den Produktfehler zu verantworten, dann hat
der Verkäufer gegen den Hersteller einen Regressanspruch. Im umgekehrten Fall
hat der Hersteller einen Regressanspruch gegenüber dem Verkäufer, wenn der
Verkäufer den Produktfehler zu verantworten hat.[241]

D.   Geschäftsführung ohne Auftrag

I.   Einführung

Ähnlich wie bei den Bestimmungen zur ungerechtfertigten Bereicherung ist die   **172**
Geschäftsführung ohne Auftrag[242] im chinesischen Recht sehr skizzenhaft geregelt. Die einzige Rechtsvorschrift ist § 93 AGZ. Nach dieser Vorschrift ist eine
Person[243], die ohne gesetzliche oder vereinbarte Verpflichtung eine Verwaltung
oder Dienstleistung erbringt, um Schäden der Interessen[244] einer anderen Person[245] abzuwenden, berechtigt, von der begünstigten Partei Ersatz der hierfür notwendigen Aufwendungen zu verlangen.

Konkretisierungen und Interpretationen dieser Vorschrift finden sich in erster Li-   **173**
nie in der Rechtsprechung der Volksgerichte. Einige wenige OVG-Ansichten zur
Geschäftsführung ohne Auftrag existieren allerdings:
– Ziffern 84 und 151 „Ansichten des OVGs zu einigen Fragen bei der Einführung der Allgemeinen Grundsätze des Zivilrechts" vom 5.12.1990;[246]

---

240 Die Rechtsfolgenvariante des Strafschadensersatzes war dem Produktqualitätsgesetz noch un-
    bekannt und wurde erst mit Erlass des GdH in das Produkthaftungsrecht eingeführt, vgl. Jörg
    Binding/Claudius Eisenberg, RIW 2011, 517.
241 § 43 Produktqualitätsgesetz, § 43 GdH.
242 Chinesisch „无因管理".
243 Im Folgenden als „Geschäftsführer" bezeichnet.
244 Chinesisch „利益".
245 Im Folgenden als „Geschäftsherr" bezeichnet.
246 [最高人民法院关于贯彻执行《民法通则》若干问题的意见]. Hierbei handelt es sich aller-
    dings um eine rechtlich unverbindliche Veröffentlichung, die lediglich den Volksgerichten als
    Referenz dienen soll.

- Nr. 132 OVG-Interpretation AGZ;
- Nr. 15 OVG-Interpretation zu Körperverletzungen[247] sowie
- Nr. 9 „Ansichten des OVG zur Anwendung des Systems der Verjährung im Zivilprozess" (VerjV) vom 1.9.2008[248].

II. Grundbegriffe

174 Nach der chinesischen Rechtsliteratur gibt es drei Voraussetzungen, die den Tatbestand der Geschäftsführung ohne Auftrag begründen:[249]
- Es darf keine gesetzliche oder vertragliche Handlungspflicht geben;[250]
- die Handlung wird freiwillig zugunsten des Geschäftsherrn vorgenommen, um Schäden von den Interessen des Geschäftsherrn abzuwenden;[251]
- die Handlung soll rechtmäßig, d. h. angemessen, vernünftig und gesetzmäßig, vorgenommen worden und notwendig sein.

175 Rechtsfolge einer berechtigten Geschäftsführung ohne Auftrag ist, dass der Geschäftsführer vom Geschäftsherrn Ersatz der notwendigen Aufwendungen[252] verlangen kann. Nach der h. M. in der chinesischen Literatur ist die Geschäftsführung ohne Auftrag eine tatsächliche Handlung, deren Rechtsfolgen durch die bloße Handlungsvornahme eintreten. Der Wille, diese Rechtsfolgen herbeizuführen ist nicht erforderlich. Daher sollen auch Personen mit beschränkter Geschäftsfähigkeit ein Schuldverhältnis aufgrund Geschäftsführung ohne Auftrag zur Entstehung bringen können.[253]

III. Gesetzliche Tatbestandsvoraussetzungen

1. Fremdes Geschäft

176 Die verwaltete Angelegenheit muss das Geschäft eines anderen sein. Geschäft im Sinne von § 93 AGZ meint ein aktives Tun, bspw. sich um jemanden oder etwas kümmern, Gebrauch von etwas machen, etwas verbessern oder reparieren oder etwas bearbeiten. Es umfasst Rechtshandlungen, z. B. den Kauf eines Buches für jemand anderen, tatsächliche Handlungen, bspw. die Entgegennahme von Früchten für jemanden anderen oder Hilfe beim Verrücken von Möbeln,

---

247 [最高人民法院关于审理人身损害赔偿案件适用法律若干问题的解释], Fa Shi [2003] Nr. 20; chinesisch abgedruckt in: Amtsblatt des Obersten Volksgerichts [中华人民共和国最高人民法院公报] 2004, Nr. 2, 3 ff.
248 [最高人民法院关于审理民事案件适用诉讼时效制度若干问题的规定] Fa Shi [2008] Nr. 11, chinesisch abgedruckt in: Amtsblatt des OVG, 2008 Nr. 10, 10 ff.
249 Siehe Weixing SHEN, 508, und Ping JIANG, 558 ff.
250 Chinesisch „没有法定的或者约定的义务".
251 Chinesisch „为避免他人利益受损失".
252 Chinesisch „必要费用".
253 So Weixing SHEN, 509, und Ping JIANG, 559.

Handlungen mit Bezug zu Eigentum, z. B. die Wartung des Hauses einer anderen Person, Spontanhandlungen, bspw. die Rettung einer Person vor dem Ertrinken, einzelne Handlungen, bspw. die Rückgabe verlorenen Eigentums an den Eigentümer, oder auch komplexe Handlungen, z. B. die Anlage der Einnahmen aus dem Verkauf von Obst für einen anderen.[254]

Es gibt allerdings einige Beschränkungen betreffend der Definition des Geschäfts: **177**
- Das Verhalten muss prinzipiell geeignet sein, ein Schuldverhältnis zur Entstehung zu bringen. Handlungen aus religiösen oder ethischen Motiven, aus Freundschaft oder Gewohnheit begründen kein Geschäft, bspw. das Beten für die Gesundung eines Freundes.
- Das Verhalten muss rechtmäßig sein. Das Verstecken gestohlener Waren für den Dieb ist kein Geschäft im Sinne von § 93 AGZ.
- Das Geschäft darf nicht exklusiv bzw. höchstpersönlich für den Geschäftsherrn sein, Eheschließung, Scheidung und Adoption sind bspw. keine Geschäfte im Sinne von § 93 AGZ.
- Das Geschäft darf nicht vom Geschäftsherrn genehmigt sein.
- Das Geschäft muss notwendig sein. Notwendig bedeutet, dass – wenn nicht unverzüglich gehandelt wird – die Situation in einen unvermeidbaren Schaden für den Geschäftsherrn mündet.[255]

Wenn das Geschäft alleine das eigene Geschäft ist, ist § 93 AGZ nicht erfüllt. Es   **178** genügt allerdings, wenn das Geschäft zumindest teilweise das einer anderen Person ist. In der Rechtsliteratur werden zwei Typen von Geschäften eines anderen unterschieden: das Geschäft, das objektiv das Geschäft einer anderen Person ist, und das Geschäft, das subjektiv das Geschäft einer anderen Person ist.[256]

Ein Geschäft, das objektiv das eines anderen ist, ist eines, das offensichtlich auf-   **179** grund seiner Natur mit der anderen Person verbunden ist; dessen Interessen berührt. Beispiele hierfür sind die Reparatur des Hauses eines anderen, der Verkauf des Eigentums eines anderen, die Aufbewahrung des Eigentums eines anderen. Ein Geschäft, das subjektiv das eines anderen ist, ist eines, das von einem externen Standpunkt aus betrachtet neutral ist, das aber nach Ansicht des Geschäftsführers als Geschäft eines anderen geführt wird. Umstritten ist in der Rechtsliteratur, ob der Geschäftsführer seinen Vorsatz beweisen muss oder ob seine bloße Behauptung genügt.[257]

---

254 So Ping JIANG, 558, und Weixing SHEN, 510–512.
255 So Ping JIANG, 559.
256 So Ping JIANG, 560, und Weixing SHEN, 510.
257 Ping JIANG, 560.

2. Vorsätzliche Fremdgeschäftsführung

180   Der Geschäftsführer muss vorsätzlich das Geschäft eines anderen vornehmen. Dies bedeutet, dass der Geschäftsführer im Zeitpunkt der Vornahme versucht, den Interessen des anderen zu dienen. Nicht erforderlich ist, dass der Geschäftsführer konkret weiß, für wen er das Geschäft vornimmt. Die allgemeine Kenntnis, ein Geschäft für eine andere Person vorzunehmen, genügt. Der Irrtum über die Person, für die das Geschäft vorgenommen wird, spielt dementsprechend keine Rolle. Nimmt der Geschäftsführer allerdings ein Geschäft, das objektiv teilweise das eines anderen ist, mit der Vorstellung vor, dass es sich um ein eigenes Geschäft handelt, wird dennoch ein Schuldverhältnis im Sinne von § 93 AGZ begründet.[258]

3. Keine Pflicht zur Geschäftsführung

181   Der Geschäftsführer darf nicht rechtlich zur Vornahme des Geschäftes verpflichtet sein. Als Rechtsgrund für eine Geschäftsführungspflicht kommen privat- und öffentlich-rechtliche Vorschriften sowie vertragliche Vereinbarungen in Betracht.[259]

182   Beispielhaft ist dies für vertragliche Vereinbarungen in Nr. 15 OVG-Interpretation zu Körperverletzungen geregelt. Nach dieser Vorschrift führt die ausdrückliche oder stillschweigende Zustimmung des Verletzten in Rettungsmaßnahmen zu einem Entschädigungsanspruch des Retters aufgrund einer ausdrücklich bzw. stillschweigend geschlossenen Vereinbarung. Hat der Verletzte der Rettung nicht zugestimmt und davon keine Kenntnis, so soll § 93 AGZ Anwendung finden.

183   Erfüllt ein gesetzlicher Gesamtschuldner die Forderung mit einem Beitrag, der seinen Anteil im Innenverhältnis zwischen den Gesamtschuldnern überschreitet, so entsteht ebenfalls ein Schuldverhältnis im Sinne des § 93 AGZ. Dies gilt, obwohl eine gesetzliche Pflicht zur Erfüllung der gesamten Schuld gegenüber dem Gläubiger besteht, da die Vorschriften zur Gesamtschuld nur das Außenverhältnis zwischen Gläubiger und Gesamtschuldnern regeln, nicht aber das Innenverhältnis zwischen den Gesamtschuldnern. Im Innenverhältnis sind die einzelnen Gesamtschuldner sich gegenüber nicht zur Erfüllung der gesamten Schuld verpflichtet, sondern lediglich entsprechend ihrem Anteil.[260]

184   Abgegrenzt werden muss die Geschäftsführung ohne Auftrag von der Vertretung ohne Vollmacht im Sinne von § 66 AGZ. Gesetzlich geregelt wurde das Verhältnis zwischen § 66 AGZ und § 93 AGZ für den Fall des Todes eines Vertreters mit Vollmacht. Nach Ziffer 84 „Ansichten des OVGs zu einigen Fragen bei der Einführung der Allgemeinen Grundsätze des Zivilrechts" vom 5.12.1990[261] endet das

---

258 So Ping JIANG, 560.
259 So Ping JIANG, 561, und Weixing SHEN, 511–512.
260 Ping JIANG, 561.
261 [最高人民法院关于贯彻执行《民法通则》若干问题的意见]. Hierbei handelt es sich allerdings um eine rechtlich unverbindliche Veröffentlichung, die lediglich den Volksgerichten als Referenz dienen soll.

Vertretungsverhältnis mit dem Tod des Vertreters. Nimmt ein Erbe des Vertreters Vertretungshandlungen vor, gilt § 66 AGZ unter der Voraussetzung, dass der Vertretene nachträglich in die Vertretung einwilligt. Genehmigt der Vertretene die Vertretungshandlung nicht, gilt § 93 AGZ. Somit ist § 93 AGZ gegenüber § 66 AGZ nachrangig zu prüfen.[262]

Entscheidender Zeitpunkt für die Beurteilung, ob eine Pflicht zur Geschäftsführung besteht oder nicht, ist der Beginn der Vornahme des Geschäfts. Kommt die Pflicht erst später zur Entstehung oder erlischt in der Folge, wird die Geschäftsführung ohne Auftrag für den Zeitraum, in dem keine Pflicht besteht, begründet.[263]   185

Selbst wenn der Geschäftsführer fälschlicherweise an das Bestehen einer Rechtspflicht glaubt, entsteht ein Schuldverhältnis wegen Geschäftsführung ohne Auftrag. Im Gegenzug entsteht kein Schuldverhältnis, wenn der Geschäftsführer fälschlicherweise vom Fehlen einer Rechtspflicht ausgeht.   186

Nach einer Ansicht ist zusätzlich erforderlich, dass der ausdrückliche oder wahrscheinliche Wille des Geschäftsherrn nicht der Geschäftsführung entgegensteht. Nach teilweise vertretener Ansicht ist diese Voraussetzung allerdings nicht erforderlich. Es genügt, dass der Geschäftsführer das Geschäft vorsätzlich für einen anderen führt, solange es mit dem Sinn und Zweck des Gesetzes übereinstimmt. Ein typisches Beispiel hierfür ist die Rettung eines Selbstmörders.[264]   187

IV. Rechtsfolgen

Rechtsfolge der Entstehung eines Schuldverhältnisses infolge Geschäftsführung ohne Auftrag ist ein Anspruch des Geschäftsführers gegen den Geschäftsherrn auf Entschädigung für die Geschäftsführung notwendigen Aufwendungen. Gemäß Ziffer 151 „Ansichten des OVGs zu einigen Fragen bei der Einführung der Allgemeinen Grundsätze des Zivilrechts" vom 5.12.1990[265] umfassen die entschädigungsfähigen notwendigen Aufwendungen die unmittelbaren Ausgaben, die für die Verwaltung oder Dienstleistung getätigt wurden, sowie die tatsächlichen Schäden und Verluste, die im Rahmen der Geschäftsführung eingetreten sind.   188

---

262 So Weixing SHEN, 512, und Ping JIANG, 561.
263 Ping JIANG, 561.
264 Ping JIANG, 561.
265 [最高人民法院关于贯彻执行《民法通则》若干问题的意见]. Hierbei handelt es sich allerdings um eine rechtlich unverbindliche Veröffentlichung, die lediglich den Volksgerichten als Referenz dienen soll.

5. Kapitel

Sachenrecht:
Begrifflichkeiten, Prinzipien, Eigentum

Literatur: BAI, Yuting [白玉廷], Zur Beurteilung des Vertrages bei der Verfügung ohne Verfügungsbefugnis [略论无权处分合同的价值判断—从《最高人民法院关于适用〈中华人民共和国合同法〉若干问题的解释〈一〉》看无权处分的效力], Legal Forum [法学论坛] 2005, Heft 4, 134 ff.; BAUMANN, Xiaoyan, Das neue chinesische Sachenrecht, Baden-Baden 2006; BINDING, Jörg, Das Gesetz der VR China über die deliktische Haftung, Berlin 2012; BU, Yuanshi (Hrsg.), Chinesisches Zivil- und Wirtschaftsrecht aus deutscher Sicht, Tübingen 2008; DIES., Einführung in das Recht Chinas, München 2009; DIES., Der gutgläubige Erwerb im chinesischen Sachenrecht – ein Beispiel für die Rechtsrezeption in China, ZVglRWiss, Bd. 108 (2009), 307–331; DIES., Chinese Business Law, München 2010; DIES., Chinese Civil Law, München 2013; CHANG, Pengao [常鹏翱], Institutionelle Ausgestaltung der Eintragung eines Widerspruchs [异议登记的制度建构 — 法律移植的微观分析], China Legal Science [中国法学] 2006, Heft 6, 53 f.; CHEN, Huabin [陈华彬], Wohnungseigentum. Kommentar zu Teil 6 des Entwurfs des Sachenrechtsgesetzes [业主的建筑物区分所有权], Peking University Law Journal [中外法学] 2006, Heft 1, 63 ff.; DERS. [陈华彬], Das Sachenrecht im Zivilrecht [民法物权论], Beijing 2010; CHENG, Xiao [程啸], Erläuterungen zu § 106 Sachenrechtsgesetz: Die Tatbestände des gutgläubigen Erwerbs von Immobilien [论不动产善意取得之构成要件 —《中华人民共和国物权法》第106条释义], Studies in Law and Business [法商研究] 2010, Heft 5, 78 ff.; DERS. [程啸], Tatbestand und Rechtsfolgen der Eintragung eines Widerspruchs [论异议登记的法律效力与构成要件], Jurist [法学家] 2011, Heft 5, 67 ff.; CUI, Jianyuan [崔建远], Sachenrecht [物权法], Beijing 2009; DERS. [崔建远], Sachenrecht: Norm und Lehre [物权：规范与学说 — 以中国物权法的解释论为中心], Beijing 2011; DING, Qiang/JÄCKLE, Wolfgang, Das neue chinesische Sachenrechtsgesetz, RIW 2007, 807–819; HAN, Dayuan [韩大元], Verfassungsrechtliche Überlegungen zur Einbeziehung des Privatvermögens in der Verfassung [私有财产权入宪的宪法学思考], Legal Science [法学] 2004, Heft 4, 13 ff.; DERS. [韩大元], Verfassungsrechtliche Streitfragen zum Entwurf des Sachenrechtsgesetzes [由《物权法（草案）》的争论想到的若干宪法问题], Legal Science [法学] 2006, Heft 3, 29 ff.; HE, Miao [何淼], Die Verankerung des Instituts der Ersitzung im chinesischen Zivilrechtssystem [论取得时效制度在我国民法体系中的建立], Faxue Luntan [法学论坛] 2003, Heft 6, 107 ff.; HU, Kangsheng [胡康生] (Hrsg.), Erläuterungen zum chinesischen Sachenrechtsgesetz [中华人民共和国物权法释义], Beijing 2007; JIANG, Ping [江平], Lehrbuch zum chinesischen Sachenrecht [中国物权法教程], Beijing 2007, 145; DERS. [江平], Making an Open Style Civil Code [制定一部开放型的民法

典], Tribune of Political Science and Law [政法论坛] 1/2003, 5 ff.; JULIUS, Hinrich, Symposien zum Sachenrecht in Eschborn, 16./17.8.2004, und Wuxi, 15./16.11.2004, ZChinR, Bd. 12 (2005), 169–172; DERS., China auf dem Weg zu einem Zivilgesetzbuch: Zur Nichtverabschiedung des Sachenrechtsgesetzes, ZChinR, Bd. 13 (2006), 270–276; DERS. (Hrsg.), Chinesisches Sachenrecht im Werden. Materialien der Gesetzgebung, Peking 2010; JULIUS, Hinrich/REHM, Gebhard H., Das chinesische Sachenrechtsgesetz tritt in Kraft: Revolution oder Viel Lärm um Nichts?, ZVglRWiss, Bd. 106 (2007), 367–414; KLAGES, Nils, Einführung eines einheitlichen Grundbuchsystems in China, ZChinR, Bd. 22 (2015), 44–54; KRAUSS, Hans-Frieder, Gutgläubiger Erwerb gem. §§ 106 f. Sachenrechtsgesetz der Volksrepublik China, in: KANZLEITER, Rainer/KÖSSINGER, Winfried/GRZIWOTZ, Herbert (Hrsg.), Festschrift für Hans Wolfsteiner, Köln 2008, 85–97; LACKNER, Hendrik/LACKNER, Ying, Die neuen chinesischen Enteignungsvorschriften für Gebäude, RIW 2011, 437–446; LIANG, Huixing [梁慧星], Some Topics on the Formulation of the Law of Real Rights [制定中国物权法的若干问题], Chinese Journal of Law [法学研究] 4/2000, 7 ff.; DERS. [梁慧星], Entwurf eines Chinesischen Bürgerlichen Gesetzbuches mit Begründung, Band Sachenrecht [中国民法典草案建议稿附理由-物权编], Peking 2004; LIANG, Huixing/CHEN, Huabin [梁慧星/陈华彬], Sachenrecht [物权法], Beijing 2005, 61 ff.; LIU, Baoyu [刘保玉], Über einige Bestimmungen des Eigentumserwerbs im Entwurf zum Sachenrechtsgesetz und deren Verbesserung [刍议物权法草案中所有权取得的若干规定及其完善], Legal Forum [法学论坛] 2007, Heft 1, 17; MÜNZEL, Frank, Huainanzi und das Halbblutrecht – Zum Entwurf eines Sachenrechtsgesetzes der VR China, ZChinR 13 (2006), 1 ff.; PENG, Chengxin/LIU, Zhi [彭诚信/刘智], Der praktische Wert und der gesetzgeberische Entwurf der Ersitzung [取得时效的实践价值与立法设计], Sozialwissenschaftliche Forschung [社会科学研究] 2007, Heft 4, 75 ff.; PISSLER, Knut Benjamin, Wohnungseigentum in China, Tübingen 2012; DERS., Der Doppelverkauf im chinesischen Recht, ZChinR, Bd. 21 (2014), 352–358; RUHE, Bettina, Gewährleistung und Grenzen von Eigentum in der VR China, Berlin 2007; STADLER, Astrid, Gestaltungsfreiheit und Verkehrsschutz durch Abstraktion, Tübingen 1996; STÜRNER, Rolf, Das neue chinesische Sachenrecht aus deutscher Sicht, in: BU, Yuanshi (Hrsg.), Chinesisches Zivil- und Wirtschaftsrecht aus deutscher Sicht, Tübingen 2008, S. 3 ff.; SUN, Xianzhong [孙宪忠], Grundlegende Theorie des chinesischen Sachenrechts [中国物权法原理], Beijing 2004, 156 ff.; DERS., Zum Trennungsprinzip [物权变动的原因与结果的区分原则], Chinese Journal of Law [法学研究] 1999, 28 ff.; TAN, Qiping/JIANG, Zheng [谭启平/蒋拯], Studien zum Abhandenkommen [遗失物制度研究], Chinese Journal of Law [法学研究] 2004, Heft 4, 59 ff.; TIAN, Shiyong [田士永], Studien zur Theorie des dinglichen Rechtsgeschäfts, insbesondere im Vergleich des Eigentumserwerbs im chinesischen und deutschen Recht [物权行为理论研究—以中国法和德国法中所有权变动的比较为中心], Beijing 2002, 228 ff.; DERS., Study on Seller's Right of Disposing [出卖人处分权问题研究], Tribune of Political Science and Law [政法论坛] 2003,

Heft 6, 93 ff.; DERS., Die Rezeption der Theorie des dinglichen Rechtsgeschäfts in China, in: ALTMEPPEN, Holger u. a. (Hrsg.), Festschrift für Rolf Knütel zum 70. Geburtstag, Heidelberg 2009, 1281–1300; TU, Changfeng, Secured Transactions, in: BU, Yuanshi (Hrsg.), Chinese Business Law, München 2010, 183–219; WANG, Liming [王利明], Diskussion über einige Fragen bei der Gesetzgebung zum Sachenrechtsgesetz [物权立法的若干问题探讨], Tribune of Political Science and Law [政法论坛] 4/2001, 4 ff.; DERS. [王利明], Untersuchung zu den Tatbestandsmerkmalen des gutgläubigen Erwerbs von Immobilien [不动产善意取得的构成要件研究], Politik und Recht [政治与法律] 2008, Heft 10, 9 ff.; DERS., Studien zum Sachenrecht [物权法研究], Beijing 2013; WANG, Yi [王轶], Gesetzgebungsmodelle der dinglichen Rechtsänderung [物权变动制度三论], Journal of Law Application [法律适用] 2008, Heft 1, 39 ff.; WERTHWEIN, Simon, Property, in: BU, Yuanshi (Hrsg.), Chinese Civil Law, München 2013, 185–234; WOLF, Manfred, Kommentar zum dritten Diskussionsentwurf des Sachenrechtsgesetzes der VR China, in: JULIUS, Hinrich (Hrsg.), Chinesisches Sachenrecht im Werden, 676–715; XU, Hang, Entwicklung und Stand des chinesischen Grundstücksregisters, in: BU, Yuanshi (Hrsg.), Chinesisches Zivil- und Wirtschaftsrecht aus deutscher Sicht, Tübingen 2008, 19–36; YIN, Tian [尹田], Sachenrecht [物权法], Beijing 2013; ZHANG, Jiayong [张家勇], Regulierungsform über die Verfügung ohne Verfügungsmacht [无权处分的规制形式 — 以《合同法》第51条的解释为中心], Journal of Southwest University for Nationalities: Philosophy and Social Sciences [西南民族学院学报 (哲学社会科学版)] 2002, Heft 10, 17 ff.; ZHANG, Mo, From Public to Private: The Newly Enacted Chinese Property Law and the Protection of Property Rights in China, Berkeley Business Law Journal, 5.2 (2008), 317–363; ZHANG, Shuanggen [张双根], Das Publizitätsprinzip und der rechtsgeschäftliche Mobiliarerwerb, Berlin 2004; DERS. [张双根], Die Funktion des Rechtsinstituts des mittelbaren Besitzes [间接占有制度的功能], Journal of East China University of Political Science and Law [华东政法大学学报] 2006, Heft 2, 44 ff.; DERS. [张双根], Grundfragen des Besitzes: Kommentierung zu Teil 20 des Sachenrechtsentwurfs [占有的基本问题：评《物权法草案》第二十章], Peking University Law Journal [中外法学] 2006, Heft 1, 117 ff.; ZHU, Yan/GAO, Shengping/CHEN, Xin [朱岩/高圣平/陈鑫], Anmerkungen zum chinesischen Sachenrechtsgesetz [中国物权法评注], Beijing 2007; ZHUANG, Jiayuan [庄加园], Geheißerwerb in Dreiecksverhältnissen im deutschen Recht [德国法上三角关系的指令取得], in: CUI, Jianyuan [崔建远] (Hrsg.), Zivilrecht: Theorie und Falllösung [学理与判例-民法原理与案例分析], Beijing 2010, 98 ff.; ZINSER, Rebecka, Die Entstehung des chinesischen Sachenrechtsgesetzes, Frankfurt a. M. 2012.

Übersicht

A. Überblick

1   Auch dem chinesischen Zivilrecht liegt die grundsätzliche Unterscheidung zwischen relativen und absoluten Rechten zugrunde. Das chinesische Sachenrecht
ist dementsprechend mit einem Teil der absoluten Rechte, nämlich den absolu-

ten Rechten an Sachen befasst. Es regelt den Inhalt sowie die Zuordnung dieser Rechte, ferner – wenn auch nicht erschöpfend – ihren Schutz.

Entscheidende Prägung erfährt das chinesische Sachenrecht durch die verfassungsrechtliche Grundentscheidung für die sozialistische Eigentumsordnung in Art. 12, 13 der chinesischen Verfassung von 1982.[1] Während diese Regelung ursprünglich das Staats- und Kollektiveigentum in den Vordergrund gerückt und sich im Übrigen auf den staatlichen Auftrag beschränkt hatte, das „Recht der Bürger auf Eigentum zu schützen", ist seit der Verfassungsreform von 2004[2] neben dem Staats- und dem Kollektiveigentum auch ausdrücklich von Privateigentum die Rede. Zudem ist das Privateigentum seit dieser Verfassungsreform in Art. 13 Abs. 1 als „unverletzlich" garantiert (näher u. Rn. 36 f.).

2

Maßgebliche Ausgestaltung erfahren hat das Privateigentum im Sachenrechtsgesetz (SRG) vom 16.3.2007[3], das am 1.10.2007 in Kraft getreten ist und einen der wesentlichen Schritte auf dem Weg zu einem chinesischen Zivilgesetzbuch darstellt. Daneben gelten sachenrechtlich bedeutsame Bestimmungen aus anderen Gesetzen grundsätzlich fort, weil das SRG diese Bestimmungen nicht aufgehoben hat, ihnen also nur vorgehen kann (so zum Sicherheitengesetz (SiG) ausdrücklich § 178 SRG; vgl. Kap. 6 Rn. 1). Praktische Bedeutung hat das für einzelne Regelungen aus den Allgemeinen Grundsätzen des Zivilrechts von 1986 (AGZ)[4] und dem Vertragsgesetz (VG) von 1999[5], vor allem aber mit Blick auf das erwähnte SiG von 1995[6]. Für unbewegliche Sachen gelten zudem das Stadtimmobiliengesetz von 1994,[7] das Landverwaltungsgesetz von 1998[8] und das Gesetz zur Übernahme von Dorfland von 2002[9] fort.

3

Schließlich sind eine Reihe von Ausführungsverordnungen, insbesondere zur Registrierung von Rechten an Grundstücken und Gebäuden, ergangen. Für das Sachenrecht von Bedeutung sind insbesondere:

4

---

1 [中华人民共和国宪法], in Kraft seit 4.12.1982, chinesische Fassung abgedruckt in: Amtsblatt des Staatsrats der Volksrepublik China [中华人民共和国国务院公报] 1982, Nr. 20.

2 [中华人民共和国宪法 （2004 年修正）], in Kraft seit 14.3.2004, chinesische Fassung abgedruckt in: Amtsblatt des Staatsrats der Volksrepublik China [中华人民共和国国务院公报] 2004, Nr. 13.

3 [中华人民共和国物权法], chinesische Fassung abgedruckt in: Amtsblatt des Staatsrats der Volksrepublik China [中华人民共和国国务院公报] 2007, Nr. 14; deutsche Übersetzungen: Mei Zhou/Xiaokun Qi/Sebastian Lohsse/Qingwen Liu, ZChinR 14 (2007), 78 ff.; Frank Münzel, Chinas Recht, 16.3.07/1.

4 Deutsch mit Quellenangabe in: Frank Münzel, Chinas Recht, 12.4.86/1.

5 Deutsch mit Quellenangabe in: Frank Münzel, Chinas Recht, 15.3.99/1.

6 Deutsch mit Quellenangabe in: Frank Münzel, Chinas Recht, 30.6.95/2.

7 Deutsch mit Quellenangabe in: Frank Münzel, Chinas Recht, 5.7.94/1.

8 Deutsch mit Quellenangabe in: Frank Münzel, Chinas Recht, 29.8.98/1.

9 Deutsch mit Quellenangabe in: Frank Münzel, Chinas Recht, 29.8.02/1.

– die Grundstücksregisterverordnung vom 30.12.2007;[10]
– die Gebäuderegisterverordnung vom 15.2.2008.[11]
– nunmehr die Vorläufige Verordnung über die Eintragung von Immobilien vom 24.11.2014.[12]

B.   Entstehung des Sachenrechtsgesetzes

5   Nach den Beschlüssen verschiedener vom Nationalen Volkskongress (NVK) eingesetzter Kommissionen (1993/1998) sollte der Weg zur umfassenden Zivilrechtskodifikation, deren Erarbeitung man in den 1990er Jahren allmählich ins Auge gefasst hatte, von vornherein durch Erlass einzelner Kodifikationsteile beschritten werden.[13] Dazu gehörte alsbald das VG aus dem Jahr 1999, während für die Gesetzgebung zum Sachenrecht im Beschluss von 1998 ein Zeitfenster bis etwa 2003 eingeplant war.

6   Dem eigentlichen politischen Beratungsprozess konnten deswegen zunächst zwei Entwürfe von akademischer Seite vorausgehen: der unter Federführung von LIANG Huixing erstellte Entwurf der Chinesischen Akademie für Sozialwissenschaften (CASS) aus dem Jahr 1999[14] und der ein Jahr später erschienene, an der Renmin-Universität erarbeitete Entwurf von WANG Liming.[15]

7   Diese beiden wissenschaftlichen Entwürfe waren Ende 2001 Grundlage eines ersten politischen Entwurfs der Gesetzgebungskommission des NVK.[16] Über die Dauer von drei Legislaturperioden wurde er intensiv erörtert (unter umfassender Beteiligung deutscher Berater[17]) und zahlreichen Änderungen unterzogen. Be-

---

10 [土地登记管理办法], in Kraft seit 1.2.2008, chinesische Fassung abgedruckt in: Amtsblatt des Staatsrats der Volksrepublik China [中华人民共和国国务院公报] 2008, Nr. 21; deutsche Übersetzung: Frank MÜNZEL, Chinas Recht, 30.12.07/1.

11 [房屋登记管理办法], in Kraft seit 1.7.2008, chinesische Fassung abgedruckt in: Amtsblatt des Staatsrats der Volksrepublik China [中华人民共和国国务院公报] 2008, Nr. 28; deutsche Übersetzung: Frank MÜNZEL, Chinas Recht, 15.2.08/1.

12 [不动产登记暂行条例], in Kraft seit 1.3.2015, chinesische Fassung abgedruckt in: Amtsblatt des Staatsrats der Volksrepublik China [中华人民共和国国务院公报] 2015, Nr. 1, S. 8 ff.; deutsche Übersetzung: Nils KLAGES, ZChinR 22 (2015), 60 ff.

13 Zu den für das Sachenrecht bedeutsamen Schritten bis einschließlich zum 3. Entwurf 2005 im Überblick Frank MÜNZEL, ZChinR 13 (2006), 1 ff.

14 Huixing LIANG [梁慧星], Vorschlag eines Gesetzentwurfes für das Sachenrecht Chinas – Texte Erläuterungen, Begründungen und Gesetzgebungsbeispiele [中国物权法草案建议稿：条文、说明、理由与参考立法例], Beijing 2000; zu einzelnen Regelungen des Entwurfs ausführlich Xiaoyan BAUMANN, 92 ff.; im Überblick auch Rebecka ZINSER, 121 ff., 126 ff.

15 Liming WANG [王利明], Vorschlag eines Gesetzentwurfes für das chinesische Sachenrecht mit Erläuterungen [中国物权法草案建议稿及说明], Beijing 2001; zu den einzelnen Regelungen wiederum ausführlich Xiaoyan BAUMANN, 92 ff.; im Überblick Rebecka ZINSER, 125, 130 ff.

16 Zu dessen Regelungen ausführlich Xiaoyan BAUMANN, 52 ff. und passim.

17 Eine umfangreiche Sammlung an Beiträgen aus der Diskussion mit deutschen Beratern bietet Hinrich JULIUS (Hrsg.), Chinesisches Sachenrecht im Werden, 389 ff.

sondere Aufmerksamkeit erlangte der 3. Entwurf aus dem Jahr 2005[18], nicht zuletzt wegen der ausführlichen Einbeziehung der Öffentlichkeit,[19] vor allem aber mit Blick auf den im Spätsommer 2005 erhobenen Vorwurf, das geplante Gesetz sei wegen der Gleichstellung von Staats- und Privateigentum verfassungswidrig (dazu u. Rn. 37). Die Auseinandersetzung mit dieser Frage hat das weitere Gesetzgebungsverfahren maßgeblich verzögert,[20] so dass das Gesetz in seiner endgültigen Form erst im März 2007 veröffentlicht werden konnte.[21]

C.   Strukturen und Grundbegriffe

I.   Aufbau des SRG

Das SRG zieht zunächst in einem allgemeinen Teil eine Reihe „grundlegender Bestimmungen" vor die Klammer. Dieser allgemeine Teil setzt seinerseits mit der Regelung „allgemeiner Grundsätze" an und folgt insoweit dem Vorbild des Sachenrechts im republikanischen Zivilgesetzbuch von 1930.[22] Die allgemeinen Grundsätze betreffen Zweck und Anwendungsbereich des Sachenrechts und umfassen einige grundlegende Definitionen und Prinzipien; vor allem haben hier – im Vergleich zu den früheren Entwürfen und infolge der Diskussion um deren mögliche Verfassungswidrigkeit – das Staats- und das Kollektiveigentum eine herausgehobene Stellung erlangt (§ 3 SRG), ohne dass damit aber unmittelbare sachliche Konsequenzen für die weiteren Regelungen des Gesetzes verbunden wären.

8

Bei den übrigen grundlegenden Bestimmungen des 1. Teils handelt es sich um allgemeine Regelungen über die Bestellung, Inhaltsänderung, Übertragung und das Erlöschen dinglicher Rechte; hier ist insbesondere geregelt, dass Rechtsänderungen bei unbeweglichen Sachen im Grundsatz der Eintragung (§§ 9 ff. SRG), bei beweglichen im Grundsatz der Übergabe bedürfen (§§ 23 ff. SRG). Im Übrigen beinhaltet der allgemeine Teil die Vorschriften zum Schutz dinglicher Rechte (§§ 32–38 SRG).

9

Der 2. Teil des SRG (§§ 39 ff.) regelt zunächst die unterschiedlichen Formen des Eigentums. Sodann finden sich hier die Bestimmungen zum Erwerb vom Nichtberechtigten (§§ 106 ff.), die man eher im allgemeinen Teil erwartet hätte, zumal sie auf dingliche Nutzungs- und dingliche Sicherungsrechte entsprechend anzuwenden sind (§ 105).

10

Im 3. und 4. Teil des SRG sind die dinglichen Nutzungs- und die dinglichen Sicherungsrechte geregelt (§§ 117 ff., 170 ff.; zu den Nutzungsrechten s. u. Rn. 47,

11

---

18 Deutsch mit Quellenangabe in Frank MÜNZEL, Chinas Recht, 10.7.05/1; eine umfasende Analyse des Diskurses im Anschluss an diesen Entwurf unternimmt Rebecka ZINSER, 147 ff.

19 Näher Hinrich JULIUS/Gebhard REHM, ZVglRWiss 106 (2007), 370 f.

20 Dazu Hinrich JULIUS, ZChinR 13 (2006), 260 ff.

21 Zur Gesetzgebungsgeschichte aus chinesischer Sicht Jianyuan CUI, Sachenrecht (2009), 13 ff.

22 Zu möglichen Einflüssen des jap. Rechts und zu den allgemeinen Vorschriften der verschiedenen Sachenrechtsentwürfe näher Xiaoyan BAUMANN, 55 ff.

zu den Sicherungsrechten s. u. im 6. Kapitel). Der 5. Teil schließlich ist zwar mit „Besitz" überschrieben, regelt aber nicht die Arten des Besitzes, sondern das Verhältnis zwischen Berechtigtem und Besitzer (§§ 241 ff. SRG) sowie den Besitzschutz (§ 245 SRG).

II. Grundbegriffe

1. Sachen

12   Definitionen zu den beiden zentralen sachenrechtlichen Begriffen der Sache und des dinglichen Rechts enthält das SRG in den vorangestellten allgemeinen Grundsätzen. Definiert wird freilich nicht der Sachbegriff selbst; § 2 Abs. 2 S. 1 SRG stellt nur klar, dass „Sachen"[23] bewegliche wie unbewegliche Sachen sind. Aus den Regelungen des SRG ergibt sich aber, dass das Gesetz im Grundsatz dem engen Sachbegriff folgt, Forderungen und Immaterialgüterrechte aus dem Sachbegriff also ausnimmt. Teile des Schrifttums hatten demgegenüber im Gesetzgebungsverfahren vergeblich dafür plädiert, das SRG als Vermögensgesetz auszugestalten und insbesondere Immaterialgüterrechte in die Regelung einzubeziehen.[24]

13   Die Begriffe des Bestandteils sowie des Zubehörs einer Sache werden im SRG nicht definiert. Die Abwesenheit einer Definition zum Begriff des Bestandteils erklärt sich daraus, dass das Gesetz auch keine Regelungen zum Eigentumserwerb durch Verbindung aufgenommen hat (u. Rn. 108). Da Bauwerke, nicht aber Grundstücke im Privateigentum stehen können, ist insbesondere nicht davon auszugehen, dass Bauwerke wesentliche Bestandteile des jeweiligen Grundstücks wären und automatisch ins Eigentum des Grundeigentümers fielen; auch der Zusammenhang mit dem Landnutzungsrecht ist lockerer als er bei Anwendung des Grundsatzes superficies solo cedit ausfallen würde (u. Rn. 47). Dagegen kennt das SRG die Regelung, dass die Veräußerung der Sache im Zweifel auch den Eigentumsübergang am Zubehör zur Folge hat (§ 115 SRG); in Ermangelung einer Legaldefinition geht man insoweit davon aus, dass Zubehör wie im deutschen Recht (§ 97 BGB) bewegliche Sachen sind, die „dem wirtschaftlichen Zweck der Hauptsache zu dienen bestimmt sind und zu ihr in einem dieser Bestimmung entsprechenden räumlichen Verhältnis stehen".[25]

2. Dingliche Rechte

14   Dingliche Rechte (wörtlich: Sachenrechte)[26] werden in § 2 Abs. 3 SRG als Rechte definiert, die dem Berechtigten ermöglichen, über Sachen zu verfügen und andere von jeder Einwirkung auszuschließen. Die Sachbezogenheit des Begriffs

---

23 Chin. „物"; nähere Erläuterungen dieses Begriffs bei Kangsheng Hu, 24 ff.
24 Näher dazu Yuanshi Bu, Einführung, § 14 Rn. 6 ff.
25 Yan Zhu/Shengping Gao/Xin Chen, 342 f.
26 Chin. „物权"; Näheres zu diesem Begriff bei Liming Wang, Studien, 3 ff.

schließt nicht aus, dass auch dingliche Rechte an Rechten existieren können; das hält § 2 Abs. 2 S. 2 SRG ausdrücklich fest. Das Pfandrecht an einer Forderung (§ 226 Nr. 6 SRG) ist also auch im chinesischen Recht nicht etwa relativer, sondern absoluter Natur; sie kommt beispielsweise darin zum Ausdruck, dass das Pfandrecht auch gegenüber einem Erwerber der Forderung Bestand hat.

Die Definition der dinglichen Rechte orientiert sich im Übrigen ersichtlich am Eigentum, doch zählen, wie Abs. 3 ausdrücklich festhält, auch die dinglichen Nutzungs- und die dinglichen Sicherungsrechte zu den dinglichen Rechten. Dass das Gesetz von „Sicherungsrechten" spricht, stellt eine bewusste Abkehr von dem in Deutschland gebräuchlichen Begriff der Verwertungsrechte dar.[27]   **15**

3. Eigentum und Besitz

Während auch dem chinesischen Sachenrecht die grundlegende Unterscheidung zwischen Eigentum[28] und Besitz[29] selbstverständlich ist, fehlt es an einem einheitlichen Eigentumsbegriff. Eigentum tritt vielmehr in den Formen des Staats-[30], Kollektiv-[31] und Privateigentums[32] auf (näher u. Rn. 35 ff.), so dass also nach Zuordnungssubjekt zu unterscheiden ist. Nicht identisch ist zugleich der Kreis der möglichen Objekte der Zuordnung; namentlich ist an Grund und Boden kein Privateigentum möglich (u. Rn. 39).   **16**

Einer Regelung der verschiedenen Formen des Besitzes enthält sich das Gesetz. Das Schrifttum geht aber weitgehend von der Existenz der auch im deutschen Sachenrecht anerkannten Besitzformen aus (u. Rn. 63 ff.). Teilweise bestätigt das SRG die Anerkennung dieser Formen immerhin indirekt, so zum mittelbaren Besitz durch die Regelung eines entsprechenden Übergabesurrogates (u. Rn. 65).   **17**

D.   Prinzipien des Sachenrechts

I.   Unmittelbarkeit und Absolutheit

In Übereinstimmung mit der kontinentaleuropäischen Rechtstradition liegen auch dem chinesischen Sachenrecht die Prinzipien der Unmittelbarkeit[33] und der Absolutheit[34] dinglicher Rechte zugrunde. Danach regeln dingliche Rechte die unmittelbare Zuordnung von Sachen zu Personen mit Wirkung gegenüber jedermann.   **18**

---

27 S. schon Mei ZHOU/Xiaokun QI/Sebastian LOHSSE/Qingwen LIU, ZChinR 14 (2007), 79 A. 4.
28 Chin. „财产".
29 Chin. „占有"; Einzelheiten zum Begriff bei Liming WANG, Studien, 1445 ff.; Jianyuan CUI, Sachenrecht: Norm und Lehre, 327 ff.
30 Chin. „国家财产".
31 Chin. „集体财产".
32 Chin. „私有财产".
33 Chin. „物权的直接性".
34 Chin. „物权绝对原则"; dazu ausführlich Xianzhong SUN, Grundlegende Theorie, 149 ff.

Vor allem aber genießen dingliche Rechte als absolute Rechte gegenüber Eingriffen jedes beliebigen Dritten Schutz.

19 Dieser Schutz gegenüber Eingriffen Dritter ist für alle dinglichen Rechte in den allgemeinen Vorschriften der §§ 32 ff. SRG geregelt (dazu u. Rn. 115 ff.). Im Fall der Besitzentziehung kann der Berechtigte danach Herausgabe verlangen, § 34 SRG; gegen sonstige Beeinträchtigungen steht ihm ein negatorischer Anspruch zur Verfügung, § 35 SRG. Schließlich kann die Verletzung dinglicher Rechte Schadensersatzansprüche nach sich ziehen, §§ 36 f. SRG.

20 In einer Reihe von Fällen ist das Prinzip der Absolutheit allerdings eingeschränkt. Bestimmten dinglichen Rechtsänderungen, deren Wirksamkeit an sich vom Publizitätsakt der Eintragung abhängt, schreibt das SRG Wirkungen auch schon vor der Vornahme dieses Publizitätsaktes zu; die Bestellung, Übertragung oder Inhaltsänderung dieser dinglichen Rechte kann dann aber gutgläubigen Dritten nicht entgegengehalten werden (näher u. Rn. 28 f.).[35]

II. Numerus clausus und Typenzwang

21 Während des Gesetzgebungsverfahrens zum SRG sind verschiedentlich Stimmen laut geworden, die sich gegen eine Verankerung von Numerus clausus[36] und Typenzwang[37] dinglicher Rechte im SRG ausgesprochen haben; maßgeblich war vor allem die Erwägung, dass die Rechtsordnung für künftige Entwicklungen anpassungsfähig bleiben müsse.[38] Ungeachtet dessen haben aber schon die verschiedenen Sachenrechtsentwürfe an diesen Prinzipien festgehalten.

22 § 5 SRG normiert Numerus clausus und Typenzwang nunmehr ausdrücklich; die Arten der dinglichen Rechte werden danach allein gesetzlich bestimmt (Numerus clausus); Gleiches gilt für ihren Inhalt, der also privatautonom gestalteten Abweichungen vom gesetzlichen Muster nicht zugänglich ist (Typenzwang).

23 Vor dem Hintergrund der Einführung des Numerus clausus ist im Gesetzgebungsverfahren insbesondere erörtert worden, ob auch die Sicherungsübereignung[39] ins Gesetz aufgenommen werden sollte;[40] Gleiches gilt für das Dian[41], also das traditionelle Nutzungspfandrecht, bei dessen Nichtablöse das Eigentum dem Pfandgläubiger verfällt.[42] Der Gesetzgeber hat sich in beiden Fällen dagegen entschieden.

---

35 Vgl. schon Rolf STÜRNER, in: Yuanshi BU (Hrsg.), Chinesisches Zivil- und Wirtschaftsrecht, 8.
36 Chin. „物权法定原则"; ausführlich Xianzhong SUN, Grundlegende Theorie, 143 ff.; Liming WANG, Studien, 153 ff.
37 Chin. „类型强制".
38 Etwa Ping JIANG, Tribune of Political Science and Law 1/2003, 5; dazu ausführlich Xiaoyan BAUMANN, 61 f. m. w. N.
39 Chin „让与担保".
40 Vgl. Hinrich JULIUS, ZChinR 12 (2005), 170.
41 Chin. „典权".
42 Zur Diskussion um die Aufnahme des Dian ausführlich Xiaoyan BAUMANN, 134 ff.

Die Sicherungsübereignung bleibt gleichwohl theoretisch-konstruktiv möglich, weil § 27 SRG die Übereignung durch Besitzkonstitut zulässt (näher u. Rn. 101).

III. Einheits- oder Trennungsprinzip?

Die Konstruktion der Verfügung im SRG beruht nach überwiegender, aber nicht unbestrittener Auffassung (näher u. Rn. 58 ff.) auf dem Einheitsprinzip, demzufolge das schuldrechtliche Grundgeschäft zugleich auch die rechtsgeschäftliche Verfügung in sich trägt. Ergänzend ist freilich ein Publizitätsakt erforderlich; es handelt sich auf Basis der herrschenden Auffassung also um eine Kombination von Einheits- und Traditionsprinzip (bzw. Eintragungsprinzip, soweit es um unbewegliche Sachen geht).[43] Das Erfordernis des Publizitätsaktes bringt selbstredend mit sich, dass das schuldrechtliche Grundgeschäft und die dinglichen Wirkungen zeitlich auseinanderfallen können; mit Blick darauf ist bisweilen auch davon die Rede, das chinesische Recht erkenne das Trennungsprinzip an. Diese Feststellung sollte aber vermieden werden, um nicht die Existenz eines eigenständigen dinglichen Rechtsgeschäfts zu suggerieren.

24

Ein solches eigenständiges, und sei es auch kausal ausgestaltetes dingliches Rechtsgeschäft[44] (Trennungsprinzip[45] im eigentlichen Sinn) ist im chinesischen Recht, wenn man der herrschenden Auffassung folgt, nicht anerkannt. Nicht einheitlich beurteilt wird allerdings innerhalb dieser herrschenden Auffassung, ob von einem dinglichen Rechtsgeschäft nicht wenigstens als untrennbarem Teil des schuldrechtlichen Vertrages auszugehen ist. Für eine derartige gedankliche Aufspaltung des Verpflichtungsgeschäfts spricht insbesondere, dass man dann im Fall der Veräußerung fremder Sachen nicht gezwungen ist, den Vertrag insgesamt als unwirksam anzusehen; vielmehr verbleibt trotz grundsätzlicher Unwirksamkeit der dinglichen Rechtsänderung eine wirksame und schadensersatzbewehrte Verpflichtung (näher u. Rn. 79).

25

IV. Publizitätsprinzip

Aus Gründen der Rechtssicherheit und Rechtsklarheit sollen dingliche Rechte sowie dingliche Rechtsänderungen nach außen erkennbar sein. Dieses Bedürfnis war schon im Gesetzgebungsverfahren allgemein anerkannt; auch stand von vornherein fest, dass die Publizitätsmittel sowohl Übertragungswirkung als auch Vermutungs- und Rechtsscheinswirkung haben sollten.[46] Das Publizitätsprinzip[47]

26

---

43   Rolf STÜRNER, 7 f.; zu den verschiedenen Positionen im chinesischen Schrifttum zusammenfassend auch Yuanshi BU, Einführung, § 14 Rn. 23 ff.
44   Chin. „物权行为".
45   Chin. „区分原则".
46   Liming WANG, Tribune of Political Science and Law 4/2001, 20; vgl. Xiaoyan BAUMANN, 84; zu Übertragungs- und Rechtsscheinswirkung ausführlich Shuanggen ZHANG, 199 ff.
47   Chin. „公示原则".

hat dementsprechend im SRG Anerkennung gefunden; Publizitätsmittel sind dabei wie im deutschen Recht bei beweglichen Sachen der Besitz, bei unbeweglichen Sachen die Eintragung in einem Register.

1. Übertragungswirkung

27 Verwirklicht ist das Publizitätsprinzip im SRG allerdings nur mit Einschränkungen. Die Übertragungswirkung[48] der Publizitätsmittel ist zwar in § 6 SRG nahezu an die Spitze des Gesetzes gestellt. Nach dieser Vorschrift – und nach den sie wiederholenden §§ 9 Abs. 1 und 23 SRG – sind die Bestellung und Übertragung dinglicher Rechte bei unbeweglichen Sachen von der Eintragung, bei beweglichen von der Übergabe abhängig; bei unbeweglichen Sachen sind zudem auch Inhaltsänderungen und das Erlöschen eintragungsbedürftig.

28 Am Erfordernis der Übergabe hält das SRG im Grundsatz auch fest; Abschwächungen des Publizitätsprinzips sind hier nur insoweit zu verzeichnen, als dass die Verschaffung und Übertragung auch des mittelbaren Besitzes genügen (unten Rn. 65 f.). Soweit es um das Erfordernis der Eintragung geht, wird das Publizitätsprinzip allerdings mehrfach durchbrochen. In einer Reihe von Fällen entfalten dingliche Rechtsänderungen auch ohne die an sich erforderliche Eintragung bereits Wirkung; allerdings sind sie dann „gutgläubigen Dritten"[49] nicht entgegenzuhalten. Das gilt für die Bestellung, Übertragung oder Änderung eines dinglichen Rechts an Schiffen, Luft- und Kraftfahrzeugen (§ 29 SRG, dazu u. Rn. 67), für die Übertragung des Rechts zur Bewirtschaftung übernommenen Landes (§ 129 letzter Hs. SRG), die Bestellung einer Grunddienstbarkeit (§ 158 letzter Hs. SRG) und die Einräumung von Hypotheken an beweglichen Sachen und bestimmten im Bau befindlichen Sachen (§§ 188 letzter Hs., 180 Nr. 4, 6 SRG). In anderen Fällen, in denen das Eintragungserfordernis besteht, hält das Gesetz demgegenüber daran fest, dass Wirkungen generell erst mit dieser Eintragung entstehen, so insbesondere für die Bestellung und Übertragung des Rechts zur Nutzung von Bauland (§§ 139, 145 SRG) und für die Bestellung von Hypotheken an Immobilien (§§ 187, 180 Abs. 1 Nr. 1–3 SRG).[50]

29 Soweit die dinglichen Rechtsänderungen ohne Eintragung keine Wirkung gegenüber „gutgläubigen Dritten" erlangen, ist damit nicht gemeint, dass sie nur inter partes gelten würden. Als Dritte, denen die Rechtsänderung nicht entgegengehalten werden kann, sieht das chinesische Recht nur solche Personen an, die selbst ein dingliches Recht an der Sache beanspruchen. Die Abgrenzung dieses Kreises ist freilich nicht eindeutig; teils nimmt man an, es gehe nur um gutgläubige Erwerber im Sinne der §§ 106 ff. SRG, so dass die mangelnde Eintragung also bei-

---

48 Chin. „移转效力".
49 Chin. „善意第三人".
50 Eine instruktive graphische Übersicht (mit Hinweisen auf die Gründe für die abweichenden Regelungen) findet sich bei Yuanshi Bu, Einführung, § 14 Rn. 20.

spielsweise gutgläubigen lastenfreien Erwerb ermöglicht[51], teils nimmt man aber auch Mieter aus dem Kreis der Dritten nicht ausdrücklich aus.[52] Anderen Dritten jedenfalls, etwa gewöhnlichen Gläubigern, können die Parteien die dingliche Rechtsänderung auch ohne Eintragung entgegenhalten.

2.   Vermutungs- und Rechtsscheinswirkung

Neben der Übertragungswirkung kommt den Publizitätsmitteln auch Vermutungs-[53] und Rechtsscheinswirkung[54] zu. Für bewegliche Sachen fehlt es allerdings an einer Norm, in der eine Eigentumsvermutung zugunsten des Besitzers festgehalten wäre;[55] das Gesetz beschränkt sich insoweit auf die Regelung der Übergabe als Voraussetzung des Erwerbs vom Nichtberechtigten (§ 106 Abs. 1 Nr. 3 SRG, vgl. u. Rn. 81 ff.).   30

Für Rechte an Immobilien dagegen ergibt sich aus §§ 16, 17 SRG eine Vermutung für die Richtigkeit des Grundbuchs. Auf diese Regelung lässt sich zum einen eine widerlegliche Richtigkeitsvermutung (entsprechend § 891 BGB) stützen,[56] auf die sich der Eingetragene, aber auch Dritte berufen können; diese Funktion als Beweislastregelung ergibt sich aus § 17 SRG, der ausdrücklich vom Beweis spricht. Ob davon nur (positiv) die Richtigkeit bestehender Eintragungen erfasst ist oder ob auch (negativ) das Nichtbestehen eines gelöschten Rechts vermutet wird, ist allerdings unklar; im Gegensatz zum Entwurf etwa von LIANG Huixing[57] enthält das SRG keine entsprechende Differenzierung. Jedenfalls aber sind die §§ 16, 17 zum anderen und anerkanntermaßen Grundlage für die unwiderlegliche Vermutung der Richtigkeit und Vollständigkeit des Grundbuchs zugunsten eines gutgläubigen Erwerbers („öffentlicher Glaube des Grundbuchs").[58]   31

Um den Gefahren dieser Vermutung begegnen zu können, ermöglicht § 19 SRG Berechtigten und materiell Interessierten, eine Berichtigung des Registers zu beantragen. Sofern der Berechtigte mit der Berichtigung einverstanden ist oder Beweismittel vorliegen, aus denen sich die Unrichtigkeit der bestehenden Eintragung ergibt, muss die Registerbehörde die Eintragung berichtigen, § 19 Abs. 1 S. 2 SRG.   32

---

51   Simon WERTHWEIN, Kap. 14 Rn. 21 A. 36.
52   Yuanshi BU, Einführung, § 14 Rn. 20.
53   Chin. „推定效力".
54   Chin. „外观效力".
55   Teilweise wird eine derartige Eigentumsvermutung im Schrifttum befürwortet, teils nimmt man aber auch nur an, zugunsten des Besitzers werde vermutet, dass er berechtigter Besitzer sei; näher Liming WANG, Studien, 1466.
56   Yuanshi BU, Einführung, § 14 Rn. 21.
57   S. dazu Xiaoyan BAUMANN, 105 f.
58   Hang XU, 31.

33   Anderenfalls kann der Antragsteller die Eintragung eines Widerspruchs[59] beantragen. Damit dieser Widerspruch seine Wirkung (u. Rn. 88) nicht verliert, muss der Antragsteller sodann innerhalb von 15 Tagen Klage erheben, § 19 Abs. 2 S. 1, 2 SRG. Bei ungerechtfertigter Eintragung eines Widerspruchs kann der Berechtigte den Antragsteller auf Schadensersatz in Anspruch nehmen, § 19 Abs. 2 S. 3 SRG.

V.   Bestimmtheitsgrundsatz

34   Der Bestimmtheitsgrundsatz[60] erfährt im chinesischen Sachenrecht keine besondere Aufmerksamkeit. Die Rechtsträgerschaft kann sich zwar auch im chinesischen Recht nur auf bestimmte Sachen beziehen, § 2 Abs. 3 SRG. Die Frage nach dem Bezugspunkt von Verfügungsgeschäften erübrigt sich dagegen in Ermangelung einer Trennung von Verpflichtungs- und Verfügungsgeschäft weitgehend.[61] Zwar ist für die dingliche Rechtsänderung wiederum Bestimmtheit des Bezugsobjekts unentbehrlich, doch wird sie über die Erfordernisse der Übergabe bzw. Eintragung der betroffenen Sache sichergestellt.

E.   Arten des Eigentums

I.   Überblick

35   Als gewissermaßen übergeordnete Struktur liegt dem SRG eine Einteilung des Eigentums nach Rechtssubjekten zugrunde; danach sind Privateigentum[62], Staatseigentum[63] und Kollektiveigentum[64] zu unterscheiden. Diese Dreiteilung[65] wurzelt in der sozialistischen Eigentumsordnung, die in den Art. 12 und 13 der chin. Verfassung (von 1982) verankert ist.[66] Sie entspricht auch der Einteilung, die bereits in den AGZ zu verzeichnen war (§§ 73–75 AGZ).

36   Das bedeutet aber nicht, dass sich der Fortschritt des SRG im Vergleich zu den AGZ auf eine größere Regelungsdichte beschränken würde. Entscheidend ist vielmehr, dass das SRG die Verfassungsänderung von 2004 umsetzt, mit der dem Schutz des Privateigentums bedeutend größerer Stellenwert eingeräumt worden ist als zuvor. Hatte sich Art. 13 der Verfassung in der Ursprungsfassung von 1982 noch auf den staatlichen Auftrag beschränkt, das „Recht der Bürger auf Eigen-

---

59 Chin. „异议登记".
60 Chin. „物权确定原则".
61 Vgl. Rolf STÜRNER, 13.
62 Chin. „私有财产".
63 Chin. „国家财产".
64 Chin. „集体财产".
65 Chin. „三分法".
66 Zu den verfassungsrechtlichen Grundlagen der Eigentumsordnung im Überblick Xiaoyan BAU-MANN, 92 ff.

tum zu schützen",[67] so spricht Art. 13 seit der Verfassungsreform 2004 erstmals von „Privateigentum"[68] und garantiert das Privateigentum als „unverletzlich"[69] (Art. 13 Abs. 1 Verf.).[70] Allerdings beschränkt die Verfassung diese Unverletzlichkeit auf das „legale" Privateigentum[71]; das soll ausdrücklich klarstellen, dass der jeweils erworbene Wohlstand nicht „auf illegale und korrupte Machenschaften" zurückzuführen sein darf.[72]

Privateigentum genießt also nunmehr verfassungsrechtlich ein ähnliches, aber je nach Auffassung doch nicht ganz identisches[73] Schutzniveau wie Staats- und Kollektiveigentum, die in Art. 12 der Verfassung (und ebenso in § 73 AGZ) nämlich als „heilig und unverletzlich"[74] bezeichnet werden.[75] Im Laufe des Gesetzgebungsverfahrens hatte dieser Unterschied entschiedene Kritik am Entwurf des SRG aus dem Jahr 2005 mit sich gebracht. Wenn dieser Entwurf den Schutz von Staats-, Kollektiv- und Privateigentum einheitlich in ein und derselben Vorschrift regele,[76] verletze das die Verfassung, die für das Staatseigentum ein höheres Schutzniveau als für Privateigentum vorsehe.[77] Die Auseinandersetzung, die Ausdruck parteiinterner Kontroversen zwischen konservativen und liberaleren Kräften war,[78] hat immerhin zur Streichung der einheitlichen Schutzvorschrift hinsichtlich des Eigentums geführt (nicht aber hinsichtlich der dinglichen Rechte generell, s. § 4 SRG), im Übrigen allerdings nichts daran geändert, dass das Schutzniveau im Gesetz der Sache nach übereinstimmend ausgestaltet ist.[79] Die Dreiteilung von Privat-, Staats- und Kollektiveigentum führt also zu einer „weitgehend redundanten"[80] Verdreifachung der Schutzvorschriften (§§ 56, 63 Abs. 1, 66 SRG) und Regelungskomplexe, in der das grundlegende Modell der sozialis-

37

---

67 Chin. „公民财产的所有权".

68 Chin. „私有财产".

69 Chin. „不受侵犯".

70 Zur jüngeren Entwicklung der verfassungsrechtlichen Grundlagen der Eigentumsordnung ausführlich Xiaoyan Baumann, 92 ff.; Bettina Ruhe, 141 ff.; Mo Zhang, Berkeley Bus.L.J., 5.2 (2008), 323 ff., 337 ff.; zu den historischen Grundlagen umfassend Bettina Ruhe, 16 ff.

71 Chin. „合法的私有财产".

72 Bettina Ruhe, 142; Dayuan Han, Legal Science 2004, Heft 4, 14 f.

73 S. nur Bettina Ruhe, 155 f.; Mo Zhang, Berkeley Bus.L.J., 5.2 (2008), 338 f.

74 Chin. „神圣不可侵犯".

75 Freilich wird auch vertreten, dass die „Heiligkeit" des Staatseigentums nicht geeignet ist, unterschiedliche Schutzniveaus von Staats- und Privateigentum zu rechtfertigen, s. etwa Dayuan Han, Legal Science 2006, Heft 3, 29 f.

76 § 47 des Entwurfs vom 10.7.2005.

77 So die Kritik von Xiantian Gong [巩献田], 一部违背宪法的《物权法(草案)》— 为《宪法》第12条和86年的《民法通则》第73条的废除写的公开信, abrufbar unter www.jjfxy.com/News_View.asp?NewsID=73 (abgerufen am 23.11.2014); dazu Mo Zhang, Berkeley Bus.L.J., 5.2 (2008), 341 f.

78 Näher zum Ganzen Hinrich Julius, ZChinR 2006, 275 f.; Yuanshi Bu, Einführung, § 14 Rn. 12 ff.

79 So auch Yuanshi Bu, Einführung, § 14 Rn. 14; Mo Zhang, Berkeley Bus.L.J., 5.2 (2008), 343 ff.

80 Hinrich Julius/Gebhard Rehm, ZVglRWiss 106 (2007), 380; ähnlich Yuanshi Bu, Einführung, § 14 Rn. 15 („wenig ökonomisch").

tischen Eigentumsordnung konserviert ist. Stimmen, die sich im Gesetzgebungs-prozess schon früh für die Abschaffung auch dieser Dreiteilung ausgesprochen haben,[81] sind mithin erst recht erfolglos geblieben.

II.   Staatseigentum und Kollektiveigentum

38   Dem Staatseigentum widmen sich die §§ 45–57 SRG. In Übereinstimmung mit Art. 9 der Verf. zählen danach zum Staatseigentum zunächst Bodenschätze und Gewässer (Binnengewässer ebenso wie Meeresgebiete), § 46 SRG, ferner Wäl-der, Berge, Grasland, Ödland, Watten und natürliche Ressourcen, soweit sie nicht im Kollektiveigentum stehen, § 48 SRG.

39   Vor allem aber fällt in Übereinstimmung mit Art. 10 Abs. 1 der Verf. städtischer Boden ins Staatseigentum, § 47 SRG, während Boden auf dem Land und in den Vororten ins Kollektiveigentum fällt, Art. 10 Abs. 2 Verf., § 58 SRG. Diese auf den ersten Blick strikte Trennung zwischen ländlichen und städtischen Gebieten wird in der Praxis freilich dadurch relativiert, dass der Staat vielfach ländliche Gebiete in städtisches Bauland umwandelt – mit entsprechenden Schwierigkei-ten für die soziale Absicherung der Landbevölkerung und Auseinandersetzungen über die Frage, ob die jeweils gezahlte Entschädigung hinreichend ist.[82]

40   Staatseigentum sind schließlich wilde Tiere und Pflanzen, elektromagnetische Frequenzen, Kulturgut, die der Landesverteidigung dienenden Mittel sowie sämt-liche Infrastrukturanlagen wie Eisenbahnen, Straßen und Anlagen, die der Ver-sorgung mit Strom, Öl, Gas und Telekommunikationsdienstleistungen dienen, §§ 49–52 SRG.

41   Ins Kollektiveigentum fallen nach der Auflistung in § 58 SRG neben dem länd-lichen Grund und Boden vor allem die landwirtschaftlichen Produktionsanlagen und Gebäude, aber auch andere Einrichtungen des Kollektivs, die nicht unmittel-bar landwirtschaftlichen Zwecken, sondern der Erziehung, Wissenschaft, Kultur, Gesundheit oder dem Sport dienen. Da es um die Grundlagen vor allem der land-wirtschaftlichen Produktion geht, spricht § 59 SRG auch von „bäuerlichem Kol-lektiveigentum".[83] Die Aufzählung der im Kollektiveigentum stehenden Sachen ist auf den ersten Blick wenig zweckdienlich, weil sie das Kollektiveigentum an den genannten Sachen jeweils zirkulär auf diejenigen unter diesen Sachen ein-schränkt, die „im Kollektiveigentum stehen";[84] im chinesischen Schrifttum wird der Katalog aber ungeachtet dessen als verbindlich und deshalb hilfreich emp-funden.[85]

---

81   Huixing Liang, Chinese Journal of Law 4/2000, 7; Xianzhong Sun, Grundlegende Theorie, 107 f.; zum Ganzen näher Xiaoyan Baumann, 95.
82   Vgl. Hinrich Julius/Gebhard Rehm, ZVglRWiss 106 (2007), 380 f.
83   Chin. „农村集体所有权".
84   Vgl. Yuanshi Bu, Einführung, § 14 Rn. 35.
85   Yan Zhu/Shengping Gao/Xin Chen, 234; Kangsheng Hu, 139.

Das Rechtssubjekt des Kollektivs setzt sich aus seinen Mitgliedern zusammen, die § 59 SRG für bestimmte wesentliche Fragen, etwa die Übernahme von Land zur Bewirtschaftung durch einzelne Mitglieder des Kollektivs, zur gemeinsamen Entscheidungsfindung beruft. Mitglied eines Kollektivs kann die gesamte bäuerliche Bevölkerung eines Dorfes oder einer Gemeinde sein; denkbar sind aber auch mehrere Kollektive innerhalb desselben Dorfes, vgl. § 60 SRG.   **42**

III. Privateigentum

Mit der Erweiterung des Eigentumsschutzes auf die „Unverletzlichkeit des Privatvermögens" ist im Zuge der Verfassungsreform 2004 die ursprüngliche Beschränkung des verfassungsrechtlichen Schutzes auf „legal erworbenes Einkommen, Ersparnisse, Häuser und anderes legales Vermögen" (Art. 10 Verf. 1982) entfallen. Geschützt sind seitdem insbesondere auch Einkünfte aus Investitionen und das Eigentum an privaten Unternehmen.[86] Dass im Übrigen von „Privatvermögen"[87], nicht von „Privateigentum"[88] die Rede ist, erklärt sich aus der Bodenordnung: Da Grund und Boden zwangsläufig im Staats- oder Kollektiveigentum stehen, kann dem Einzelnen insoweit nur ein Nutzungsrecht zukommen; auch dieses Nutzungsrecht soll als vermögenswerte Position aber verfassungsrechtlichen Schutz genießen.[89]   **43**

Auch § 66 SRG sieht dementsprechend vor, dass das „legale Privatvermögen" unter dem Schutz des Gesetzes steht. Die Beschränkung auf das „legal" erworbene Vermögen nimmt die entsprechende Einschränkung aus Art. 13 Verf. auf (vgl. o. Rn. 36). § 65 SRG stellt zudem ausdrücklich klar, dass auch legale Spareinlagen, Investitionen und deren Erträge sowie das Erbrecht der Privatperson unter dem Schutz des Gesetzes stehen.   **44**

§ 64 SRG schließlich definiert den Umfang des Privateigentums. Möglich ist Privateigentum danach am legalen Einkommen, an Wohnhäusern, Gütern des täglichen Bedarfs, Produktionsmitteln (nicht landwirtschaftlicher, sondern individueller gewerblicher Tätigkeit), Rohstoffen und schließlich auch allgemein an anderen unbeweglichen und beweglichen Sachen.   **45**

IV. Grundeigentum und Gebäudeeigentum

Der sozialistischen Eigentumsordnung entsprechend ist Privateigentum an Grund und Boden nicht möglich; Grund und Boden fallen vielmehr schon von Verfas-   **46**

---

86   Hinrich Julius/Gebhard Rehm, ZVglRWiss 106 (2007), 374 A. 30; Bettina Ruhe, 141; Dayuan Han, Legal Science 2004, Heft 4, 13 ff.
87   Chin. „私有财产权".
88   Chin. „私有所有权".
89   Bettina Ruhe, 141 f.

sungs wegen zwingend ins Staats- oder Kollektiveigentum (o. Rn. 39). Umgekehrt ist Privateigentum an Gebäuden allerdings zulässig (o. Rn. 45).

47   Da Grund- und Gebäudeeigentum demnach auseinanderfallen können, kann der Satz superficies solo cedit in China zwangsläufig keine Geltung beanspruchen. Allerdings sieht das SRG verschiedene dingliche Nutzungsrechte (auch) an Land vor (§§ 117 ff. SRG).[90] Neben dem Recht zur Bewirtschaftung übernommenen Landes (§§ 124 ff. SRG), das einzelnen Mitgliedern eines Kollektivs die landwirtschaftliche Eigennutzung ermöglicht, zählen dazu das Hoflandrecht, das dem Kollektivmitglied ergänzend auch die Errichtung eines Wohnhauses erlaubt (§§ 152 ff. SRG), sowie das Recht zur Nutzung von Bauland, das an Grundstücken im Staatseigentum eingeräumt werden kann (§§ 135 ff. SRG). Nach dem Vorbild des Satzes superficies solo cedit sollen das Gebäudeeigentum und dieses Baulandnutzungsrecht in der Regel nicht auseinanderfallen können. Zu diesem Zweck ist zwar kein originärer Eigentumserwerb des Baulandnutzungsberechtigten am Gebäude vorgesehen; im Gegenteil: § 142 SRG beschränkt sich auf die Vermutung, dass Bauwerke, die der Nutzungsberechtigte selbst errichtet hat, ihm gehören. Wohl aber sehen §§ 146 f. SRG vor, dass die Verfügung über das Recht zur Nutzung von Bauland sich auf die mit dem Grundstück verbundenen Gebäude, Bauwerke und Anlagen erstreckt; gleichermaßen erstreckt sich umgekehrt die Verfügung über Gebäude usw. auf das Recht zur Nutzung des Baulandes. Für das Hoflandrecht ist eine solche Regelung nicht vorgesehen; §§ 146 f. SRG werden insoweit auch nicht entsprechend angewandt.

V.   Wohnungseigentum

48   Praktisch höchst bedeutend ist das Sondereigentum an Wohnungen, das auch schon vor Inkrafttreten des SRG anerkannt war. Seine Zulässigkeit ist nunmehr in §§ 70 ff. SRG verankert, die zugleich die wesentlichen Grundzüge des Wohnungseigentumsrechts regeln; die nähere Ausgestaltung ergibt sich aber erst in der Zusammenschau mit einer Vielzahl untergesetzlicher Rechtsquellen.[91]

49   Als Oberbegriff spricht das SRG wörtlich nicht von Wohnungseigentum, sondern von „unterschiedenem Eigentum an Gebäuden".[92] Dieser nach japanischem Vorbild gewählte Begriff[93] soll zum Ausdruck bringen, dass dem Wohnungseigentümer hinsichtlich der verschiedenen Teile des Gebäudes unterschiedliche Rechtspositionen und zudem mitgliedschaftliche Rechte in der Eigentümergemeinschaft zukommen. Den Wohnungseigentümer selbst bezeichnet das Gesetz nicht als Eigentümer, sondern als „Hausherrn"[94]; auch das soll sein Recht auf Mitverwal-

---

90 Dazu ausführlicher Yuanshi Bu, Einführung, § 14 Rn. 53 ff.; Simon Werthwein, Kap. 16.

91 Zum Ganzen umfassend Knut Benjamin Pissler, Wohnungseigentum, 1 ff.

92 Chin. „建筑物区分所有". – Frank Münzel, Chinas Recht, 16.3.07/1, übersetzt allerdings abweichend mit „Teileigentum".

93 Vgl. Huixing Liang, Entwurf, S. 102 f.

94 Chin. „业主".

tung klarstellen.[95] An Wohnraum, gewerblichen Räumen und sonstigen Teilen des Gebäudes, die sie gesondert innehaben, kommt den Hausherren Sondereigentum zu, § 71 SRG. An den gemeinschaftlich genutzten Teilen, insbesondere Wegen, Grünflächen, gemeinsam genutzten Anlagen, Räumen für die Hausverwaltung, Parkplätzen, die unter Inanspruchnahme von im gemeinschaftlichen Eigentum stehenden Plätzen errichtet worden sind, Aufzügen und Wasserspeichern sowie an der Instandhaltungsrücklage haben sie dagegen gemeinschaftliches Eigentum, §§ 73, 74 Abs. 3, 79 S. 1 und 2 SRG. Ergänzend ist die justizielle Interpretation des OVG zum Wohnungseigentum vom 14.5.2009 heranzuziehen, die weitere Details der Zuordnung regelt.[96]

Ob das gemeinschaftliche Eigentum als Bruchteilseigentum oder Miteigentum zur gesamten Hand (u. Rn. 52 ff.) anzusehen ist, wird im Schrifttum unterschiedlich beurteilt.[97] Das gemeinschaftliche Eigentum ist jedenfalls mit dem Sondereigentum an der Wohnung oder den Gewerberäumen untrennbar verbunden; mit Veräußerung des Sondereigentums geht auch der Anteil am gemeinschaftlichen Eigentum über, § 72 Abs. 2 SRG. **50**

Das Recht auf gemeinsame Verwaltung des gemeinschaftlichen Eigentums, das § 70 SRG den Hausherren einräumt, können sie entweder im Wege der Selbstverwaltung oder durch Beauftragung eines Hausverwaltungsunternehmens (§ 81 SRG) wahrnehmen. Das Gesetz räumt den Hausherren zudem die Möglichkeit ein, eine Hausherrenversammlung sowie einen Hausherrenausschuss zu wählen, § 75 SRG. Für bestimmte Angelegenheiten, insbesondere Beauftragung und Kündigung des Hausverwaltungsunternehmens, schreibt § 76 Abs. 1 SRG eine gemeinsame Beschlussfassung der Hausherren vor; in Abhängigkeit von der konkreten Fragestellung regelt Abs. 2 dazu verschiedene Mehrheitserfordernisse.[98] **51**

VI. Gemeinschaftliches Eigentum

§ 93 SRG unterscheidet nach dem Vorbild des deutschen Sachenrechts zwei Arten des gemeinschaftlichen Eigentums[99] an beweglichen wie unbeweglichen Sachen, das Miteigentum nach Bruchteilen[100] und das Gesamthandseigentum.[101] Während Miteigentümer nach Bruchteilen Eigentum an einem ideellen Bruchteil der gemeinschaftlichen Sache haben (§ 94 SRG), bringt das Gesamthandseigentum eine gemeinschaftliche Berechtigung an der gesamten Sache mit sich (§ 95 SRG). **52**

---

95 Vgl. Knut Benjamin PISSLER, Wohnungseigentum, 6 f. m. w. N.; kritisch zu dieser Begriffswahl etwa Huabin CHEN, Peking University Law Journal 2006, Heft 1, 64.

96 Einzelheiten bei Knut Benjamin PISSLER, Wohnungseigentum, 6 f.

97 Vgl. Knut Benjamin PISSLER, Wohnungseigentum, 6 f.

98 Zur Verwaltung umfassend Knut Benjamin PISSLER, Wohnungseigentum, 29 ff.

99 Chin. „共有"; ausführlich dazu Liming WANG, Studien, 691 ff.

100 Chin. „按份共有".

101 Chin. „共同共有".

53   Nach der Zweifelsregelung des § 103 SRG ist in Abwesenheit einer Vereinbarung über die Art des gemeinschaftlichen Eigentums von Miteigentum nach Bruchteilen auszugehen; das gilt nach S. 2 aber nicht bei familiären oder ähnlichen Beziehungen. Güter- und Erbengemeinschaft haben dementsprechend Eigentum zur gesamten Hand.[102]

54   Auch für die Verwaltung der gemeinschaftlichen Sache und für die Möglichkeit der Verfügung über sie sind nach den Vorschriften der §§ 96 ff. SRG vorrangig die vertraglichen Vereinbarungen zu beachten. Im Übrigen treffen die §§ 96 ff. für beide Arten des gemeinschaftlichen Eigentums weitgehend einheitliche Zweifelsregelungen.

55   Die Verwaltung obliegt danach jedem einzelnen der Eigentümer, § 96 SRG. Allerdings werden Kosten im Innenverhältnis von Bruchteilseigentümern nach ihren Bruchteilen, von Gesamthandseigentümern gesamthänderisch getragen, § 98 SRG. Entsprechendes gilt im Innenverhältnis für die Berechtigung und Verpflichtung aus Forderungen und Verbindlichkeiten, die im Zusammenhang mit der gemeinschaftlichen Sache entstanden sind; im Außenverhältnis sind die gemeinschaftlichen Eigentümer insoweit im Zweifel aber Gesamtgläubiger und -schuldner, § 102 SRG.

56   Verfügungsberechtigt ist jeder Bruchteilseigentümer hinsichtlich seines Bruchteils; die übrigen Miteigentümer haben ein Vorkaufsrecht, § 101 SRG. Verfügungen über die gesamte Sache bedürfen im Fall des Gesamthandseigentums der Zustimmung aller Gesamthänder, im Fall des Bruchteilseigentums aber nur der Zustimmung von Miteigentümern, die insgesamt mindestens zwei Drittel der Miteigentumsanteile auf sich vereinen, § 97 SRG; Letzteres wirft für die überstimmten Bruchteilseigentümer die Frage der Vereinbarkeit mit der Eigentumsgarantie aus Art. 13 Verf. auf.[103]

57   Die Auseinandersetzung der Miteigentümergemeinschaft kann von Bruchteilseigentümern im Zweifel jederzeit, von Gesamthandseigentümern nur aus wichtigem Grund oder bei Wegfall des Anlasses für das Gesamthandseigentum verlangt werden, § 99 SRG. Die Auseinandersetzung selbst erfolgt im Zweifel durch Teilung in Natur, bei Unteilbarkeit oder drohender Wertminderung durch Teilung des Erlöses, der durch Versteigerung oder freihändigen Verkauf erzielt wird, § 100 SRG.

---

102 Yuanshi Bu, Einführung, § 14 Rn. 43; Huabin Chen, Sachenrecht im Zivilrecht, 325.
103 Treffend Qiang Ding/Wolfgang Jäckle, RIW 2007, 810.

F.   Eigentumsübertragung

I.   Konstruktion des Erwerbstatbestandes

Die allgemeinen Bestimmungen über das Eigentum, mit denen der 2. Teil des   **58**
SRG beginnt (§§ 39 ff. SRG), statuieren zwar die Befugnis des Eigentümers, über
seine Sache zu verfügen (§ 39 SRG). Auch enthält der 2. Teil des SRG besondere
Bestimmungen über den Erwerb vom Nichtberechtigten (§§ 106 ff. SRG). Eine
zusammenhängende Vorschrift, aus denen sich die grundlegenden Erfordernisse
des derivativen Eigentumserwerbs ergäben, lässt das SRG allerdings vermissen;
das Gesetz beschränkt sich insoweit auf die Regelung des Publizitätserforder-
nisses in den grundlegenden Bestimmungen seines 1. Teils, verlangt also für die
Übereignung beweglicher Sachen die Übergabe (§ 23 SRG), für die Übereignung
von Immobilien die Eintragung (§ 9 SRG). Bei beweglichen Sachen kann aber die
Vornahme des geforderten Publizitätsaktes allein selbstredend nicht zur Übertragung des Eigentums führen, weil die Übergabe auch die bloße Besitzverschaffung
zum Ziel haben kann;[104] neben der Übergabe sind also zusätzliche Voraussetzungen zu fordern.

Nicht zu diesen Voraussetzungen zählt ein eigenständiger dinglicher Vertrag.[105]   **59**
In der chinesischen Rechtswissenschaft ist zwar schon vor dem Inkrafttreten des
SRG gelegentlich die Auffassung vertreten worden, das chinesische Recht habe
die Existenz des dinglichen Rechtsgeschäfts und mit diesem auch das Trennungs-
ebenso wie das Abstraktionsprinzip anerkannt.[106] Auch hat es im Zuge der Entstehung des SRG prominente Befürworter des Trennungs- und Abstraktionsprinzips
gegeben,[107] und gelegentlich nimmt man sogar an, Trennungs- wie Abstraktionsprinzip seien im SRG tatsächlich verwirklicht.[108] Mehrheitlich aber hat man sich
gegen ein eigenständiges dingliches Rechtsgeschäft ausgesprochen, und der herrschenden Auffassung zufolge ist es also auch dem SRG fremd.[109]

Umstritten ist innerhalb dieser herrschenden Auffassung allerdings, ob das ding-   **60**
liche Rechtsgeschäft nicht wenigstens als untrennbarer Bestandteil des schuldrechtlichen Rechtsgeschäfts anzuerkennen ist. Zum Teil lehnt man das ab, sieht
also bereits im schuldrechtlichen Rechtsgeschäft eine hinreichende Grundlage
der dinglichen Rechtsänderung, die sich im bloßen Zusammenwirken mit dem

---

104 Treffend Hinrich Julius/Gebhard Rehm, ZVglRWiss 106 (2007), 383.

105 Chin. „物权契约" – und entsprechend dingliches Rechtsgeschäft: chin. „物权行为"; dingliche
Einigung: chin. „物权合意".

106 Zu den verschiedenen Auffassungen und der historischen Entwicklung ausführlich Shiyong Tian,
FS Knütel, 1283 ff.; s. auch Xiaoyan Baumann, 70 ff.

107 Namentlich Xianzhong Sun, Sachenrecht, 156 ff.; ders., Chinese Journal of Law 1999, 28 ff., Shiyong Tian, Das dingliche Rechtsgeschäft, 228 f.

108 So Shiyong Tian, FS Knütel, 1294.

109 S. statt vieler nur Yuanshi Bu, Einführung, § 14 Rn. 23 (S. 134 f.).

Publizitätsakt ergibt.[110] Etwas weiter verbreitet ist die Gegenauffassung, nach der ein auf die dingliche Rechtsänderung gerichteter Geschäftswille der Parteien wenigstens als Teil des schuldrechtlichen Rechtsgeschäfts anzuerkennen sein soll, um dessen rechtsändernde Wirkung zu begründen.[111] Mit Blick auf die Fragen, die sich beim gutgläubigen Erwerb zum Umgang mit § 51 VG ergeben (u. Rn. 79 f.), ist dieser Auffassung der Vorzug zu geben.

61   Die Übereignung beweglicher Sachen erfolgt also im Zusammenspiel der Übergabe mit einem einheitlichen, auf Übereignung gerichteten schuldrechtlichen Vertrag (Erwerbstitel). In gleicher Weise setzt sich die Übereignung von Immobilien aus schuldrechtlichem Vertrag und Eintragung zusammen. Die chinesische Lösung steht damit gewissermaßen zwischen dem französischen und dem österreichischen Übereignungsmodell.[112] Wie in Österreich hängt die Wirksamkeit der Übereignung von der des schuldrechtlichen Vertrages ab. Auch genügt dieser Vertrag wie in Österreich nicht; hinzutreten muss ein Publizitätsakt (Traditionsprinzip). Anders als in Österreich erschöpft sich dieser Publizitätsakt aber in der Übergabe oder Eintragung; ein auch nur kausal ausgestalteter dinglicher Vertrag zählt nicht zu seinen Bestandteilen.[113] Vielmehr kommt – insoweit wie in Frankreich – schon dem schuldrechtlichen Vertrag selbst eigentumsübertragende Wirkung zu (Einheits- oder Konsensprinzip).[114]

II.   Erwerb vom Berechtigten

1.   Erwerbstitel

62   Voraussetzung des derivativen Eigentumserwerbs ist nach der aus Konsensprinzip und Publizitätsakt zusammengesetzten Konstruktion zunächst ein Erwerbstitel, also ein schuldrechtlicher Vertrag, der auf Eigentumsübertragung gerichtet ist (Kauf, Schenkung, Darlehen etc.). Da keine getrennte dingliche Einigung erforderlich ist, hat dieser Vertrag gleichzeitig verpflichtende und verfügende Wirkung. Im VG kommt dies dadurch zum Ausdruck, dass sowohl Kauf als auch Schenkung als Verträge definiert werden, in denen das Eigentum am Vertrags-

---

110 So namentlich Huixing Liang/Huabin Chen, 61 ff., Yi Wang, Journal of Law Application 2008, 39 ff.

111 In diesem Sinne vor allem Liming Wang, Studien, 273 f.; Jianyuan Cui, Sachenrecht: Norm und Lehre, 79 ff.; ders., Sachenrecht (2009), 45 ff.

112 Treffend spricht schon Xiaoyan Baumann, 70, für die verschiedenen Entwürfe von einem „Mittelweg", gekennzeichnet als „Konsensprinzip verbunden mit einem Kundgabeakt"; ähnlich auch Rolf Stürner, 7; ungenau hingegen Hinrich Julius/Gebhard Rehm, ZVglRWiss 106 (2007), 383.

113 Auch für das österreichische Recht ist dieses Erfordernis allerdings nicht unbestritten; einen Überblick bietet Astrid Stadler, 27 f.

114 Freilich wird in Frankreich inzwischen die Möglichkeit eines dinglichen Vertrages neben dem schuldrechtlichen Geschäft erwogen; dazu im Überblick wiederum Astrid Stadler, 29 ff., 34 f.

gegenstand „übertragen"[115] (§ 130 VG) bzw. Vermögensgegenstände „zugewen-
det"[116] (§ 185 VG) werden.[117]

2.   Publizitätsakt

a)   *Übereignung beweglicher Sachen*

Als Publizitätsakt erfordert die Übereignung beweglicher Sachen im Ausgangs-   **63**
punkt die Übergabe[118] der Sache (§ 23 SRG, Traditionsprinzip[119]). Inwieweit dieses Erfordernis auch ohne persönliche Beteiligung der Parteien erfüllt werden
kann, indem die Übergabe unter Einschaltung von Hilfspersonen, also Besitz-
dienern oder Besitzmittlern auf Erwerber- oder Veräußererseite, erfolgt, ist gesetzlich nicht geregelt und wird auch in der chinesischen Literatur kaum erörtert;
das Gleiche gilt für die Übergabe durch oder an Dritte, die nicht in einer besitz-
rechtlichen Beziehung zu einer der Parteien stehen (Geheißerwerb).[120] Praktisch
wird man die Zulässigkeit dieser Übergabeformen kaum in Abrede stellen können; entscheidend sein kann nicht die Übergabe durch den Veräußerer, sondern
nur die Tatsache, dass die Änderung der Besitzlage auf seine Veranlassung zu-
rückgeht. Entbehrlich ist die Übergabe, wenn der Erwerber bereits im Besitz
der Sache ist (Übereignung kurzer Hand, brevi manu traditio, chin. „einfache"
Übergabe,[121] § 25 SRG).

Mit der Regelung der gewöhnlichen Übergabe knüpft das SRG an entsprechende   **64**
Vorläufer in der älteren Gesetzgebung an (§ 72 S. 2 AGZ, § 133 VG). Darüber hinaus lässt das SRG nunmehr ausdrücklich auch Durchbrechungen des Traditions-
prinzips in Form von Übergabesurrogaten[122] zu (ohne freilich diese Terminologie
zu verwenden). Die Anerkennung dieser Surrogate, die in der wissenschaftlichen
Diskussion zuvor gemeinsam mit der Übereignung kurzer Hand unter dem Oberbegriff der „gedanklichen Übergabe"[123] zusammengefasst worden waren, soll vor
allem den Bedürfnissen der Verkehrserleichterung im Wirtschaftsleben Rechnung
tragen.[124]

Die Übergabe kann dementsprechend zum einen durch die Vereinbarung ersetzt   **65**
werden, dass der Veräußerer im Besitz der Sache bleibt (§ 27 SRG). Gemeint

---

115 Chin. „移转".
116 Chin. „给予".
117 So schon Hinrich JULIUS/Gebhard REHM, ZVglRWiss 106 (2007), 383.
118 Chin. „交付"; zu den verschiedenen Formen (sogl. im Text) s. aus dem chin. Schrifttum v.a. Li-
    ming WANG, Studien, 370 ff.
119 Chin. „交付原则".
120 S. aber immerhin Shuanggen ZHANG, Publizitätsprinzip, 216; Jiayuan ZHUANG, 98 ff.
121 Chin. „简易交付".
122 Chin. „交付替代".
123 Chin. „观念交付".
124 Shuanggen ZHANG, Publizitätsprinzip, 213, Tian YIN, 162 f.

ist die Vereinbarung eines Besitzmittlungsverhältnisses[125], also die Ersetzung der Übergabe durch Besitzkonstitut.[126] Das Gesetz verwendet diese Begriffe allerdings nicht[127] und spricht im Gegensatz etwa zum Entwurf von LIANG Huixing (§ 44) auch nicht davon, dass der Erwerber mittelbaren Besitz[128] erlangt; es trifft im Übrigen auch im Abschnitt zum Besitz keine Regelung des mittelbaren Besitzes.[129]

66   Zum anderen kann die Übergabe durch Abtretung des Herausgabeanspruchs ersetzt werden, den der Veräußerer gegen einen Dritten hat (§ 26 SRG). Das lässt an die Abtretung eines Herausgabeanspruchs aus einem Besitzmittlungsverhältnis denken, weil das Gesetz davon spricht, dass der Dritte im „rechtmäßigen" Besitz[130] der Sache sein muss. Im chinesischen Schrifttum geht man aber davon aus, dass es sich um die Vindikationszession[131] handelt.[132] Offen lässt die Regelung freilich auch bei diesem Verständnis, wie das Eigentum an einer im Besitz eines Diebes befindlichen Sache übertragen werden kann; stellt man auf die Vindikationszession ab, so muss man jedenfalls auf das Tatbestandsmerkmal des „rechtmäßigen" Besitzes des Dritten verzichten.[133]

67   Besondere Voraussetzungen stellt § 24 SRG für die Übereignung von Schiffen, Luft- und Kraftfahrzeugen auf. Zwar genügt zum Eigentumserwerb als solchem auch bei diesen Sachen die Übergabe, doch kann das so erworbene Eigentum gutgläubigen Dritten nicht entgegengehalten werden, wirkt also nur relativ (o. Rn. 28).[134] Die Konsequenzen dieser Regelung, etwa für die Fragen deliktischer Schädigung, sind bislang weitgehend ungeklärt.[135]

b)   Übereignung von Immobilien

aa)   Grundsätzliches

68   Mangels Privateigentums an Land (vgl. o. Rn. 39) beschränkt sich die Übereignung unbeweglicher Sachen auf die Übertragung des Eigentums an Bauwerken. Als Publizitätsakt erfordert sie die Registereintragung, § 9 Abs. 1 SRG (so wie das im Grundsatz allgemein für die Bestellung, Inhaltsänderung, Übertragung

---

125 Chin. „占有媒介关系".
126 Chin. „占有改定".
127 Im Schrifttum sind sie aber gebräuchlich, s. etwa Tian YIN, 162 f., Liming WANG, Studien, 376, Xianzhong SUN, Grundlegende Theorie, 252 ff.
128 Chin. „间接占有".
129 Der im Schrifttum aber wiederum anerkannt ist, s. etwa Xianzhong SUN, Grundlegende Theorie 253, Liming WANG, Studien, 1472 ff., Tian YIN, 266; Shuanggen ZHANG, Journal of East China University of Political Science and Law 2006, 44 ff.
130 Chin. „依法占有".
131 Chin. „返还请求权的让与".
132 Liming WANG, Studien, 376 ff., Tian YIN, 163.
133 Dazu Tian YIN, 377.
134 Dazu Liming WANG, Studien, 383 f.
135 Yuanshi BU, ZVglRWiss 108 (2009), 319.

und das Erlöschen aller dinglichen Rechte an unbeweglichen Sachen gilt, s. aber zu Einschränkungen o. Rn. 28).

Erfüllt wurde diese Voraussetzung bislang in der Regel durch Eintragung in das   69
spezielle Gebäuderegister. Nachdem China mit dem Erlass des Zivilgesetzbuchs
der Republik Anfang der 1930er Jahre ein Grundbuchwesen nach europäischem
Vorbild etabliert hatte, waren in der Zeit der Volksrepublik erst allmählich einzelne Register für verschiedene Zwecke eingeführt worden.[136] Die Disparität der
verschiedenen Registrierungsformen, Zuständigkeiten und Verfahrensweisen, die
daraus resultiert, hatte man im Zuge der Gesetzgebung zum SRG sodann allgemein als misslich empfunden.[137] Das SRG sieht deshalb in § 10 ein „System
einheitlicher Eintragungen" vor, das aber zunächst noch nicht der Rechtswirklichkeit entsprach, sondern als politisches Programm für ein zukünftiges einheitliches Register gedacht war. Am 1.3.2015 ist nunmehr die ImmobilieneintragungsVO (o. Rn. 4) in Kraft getreten, die die verschiedenen Zuständigkeiten in
der Hand des neuen Grundbuchamtes auf Kreisebene zusammenführt (§ 7 ImmobilieneintragungsVO); die landesweite Umsetzung dieser Neuerung soll bis
2016 erfolgen.[138] Bislang aber wurden also noch verschiedene Register insbesondere (aber keineswegs erschöpfend) für Gebäude einerseits und Land andererseits geführt. Grundlage waren die Landregisterverordnung vom 30.12.2007
und die Gebäuderegisterverordnung vom 15.2.2008 (o. Rn. 4). Bei beiden Verordnungen handelt es sich ebenso wie bei der Neuregelung um Ausführungsbestimmungen (§ 10 Abs. 2 S. 2 SRG) zu den einheitlichen Regelungen aus den
§§ 9–22 SRG.

bb)   Formelles Registerrecht

Für die Registrierung zuständig waren danach bislang die in den jeweiligen Re-   70
gisterverordnungen vorgesehenen Registerbehörden,[139] im Fall der Übereignung
von Gebäuden also die Gebäuderegisterbehörde. Tätig wurden diese Behörden
grundsätzlich auf Antrag, den die Beteiligten im Regelfall gemeinsam stellen
müssen (§§ 7 Nr. 1, 11 GebäuderegisterVO; entsprechend auch § 6 Landregis-
terVO und nunmehr § 14 ImmobilieneintragungsVO). Der Prüfungsumfang der
Registerbehörden beschränkt sich nicht auf die Voreintragung des Betroffenen,
sondern erstreckt sich im Interesse der Sicherheit des Rechtsverkehrs auf die materielle Rechtslage (§ 12 Nr. 1 SRG, § 18 GebäuderegisterVO, § 18 ImmobilieneintragungsVO).[140]

---

136 Einen umfassenden Überblick über die historische Entwicklung bietet Hang XU, 19 ff.
137 Zur Diskussion und den verschiedenen Vorschlägen eingehend Xiaoyan BAUMANN, 110 ff.
138 S. Nils KLAGES, ZChinR 22 (2015), 44, 45 f., mit umfassender Erläuterung der Neuregelung.
139 Chin. „登记机关".
140 Zum gesamten Verfahren ausführlich Hang XU, 25 ff.; zu den Hintergründen der materiell-recht-
    lichen Prüfung s. auch Hinrich JULIUS/Gebhard REHM, ZVglRWiss 106 (2007), 379.

71   Im Anschluss an die Eintragung stellt die Registerbehörde dem Eingetragenen ein Zertifikat[141] über die Rechtszuordnung aus. Bedeutung kommt diesem Zertifikat einerseits mit Blick auf weitere Übertragungsvorgänge,[142] andererseits deshalb zu, weil die Einsichtsmöglichkeiten in die Register beschränkt sind (sogl. Rn. 72). Ungeachtet dieser praktischen Bedeutung hat das Zertifikat aber keine materiell-rechtliche Wirkung. Insbesondere ist bei Abweichungen zwischen dem Inhalt des Zertifikats und dem Registereintrag allein der Registereintrag maßgeblich; nur diesem Eintrag kommt dann Vermutungswirkung zu (§ 17 S. 2 SRG, § 26 GebäuderegisterVO, § 16 S. 2 GrundregisterVO).

72   Einsichtsrechte in die Register gewährt § 18 SRG, allerdings nur für Berechtigte und „materiell Interessierte".[143] Mit dieser Einschränkung soll den schutzwürdigen Interessen der Berechtigten Rechnung getragen werden.[144]

cc)   Vormerkung

73   § 20 SRG ermöglicht den Käufern von Wohnraum und Erwerbern sonstiger dinglicher Rechte an unbeweglichen Sachen, ihren künftigen Rechtserwerb durch Eintragung einer Vormerkung[145] zu sichern. Diese Vormerkung ist akzessorisch, erlischt also mit dem Untergang der gesicherten Forderung, § 20 Abs. 2 SRG.

74   Verfügungen, die der Berechtigte nach Eintragung der Vormerkung trifft, sind mit Wirkung gegenüber jedermann unwirksam, § 20 Abs. 1 S. 2 SRG. Das gilt insbesondere unabhängig davon, ob solche Verfügungen die Verwirklichung des durch die Vormerkung gesicherten Anspruchs beeinträchtigen.[146] Zum Ausgleich für diese Einschränkungen erlischt die Vormerkung, wenn ein Antrag auf Eintragung der beabsichtigten Rechtsänderung nicht innerhalb von drei Monaten ab dem Tag gestellt wird, ab dem diese Eintragung erfolgen konnte.

3.   Verfügungsberechtigung

75   Neben Erwerbstitel und Publizitätsakt setzt der Eigentumserwerb vom Berechtigten selbstredend die Verfügungsberechtigung[147] des Veräußerers voraus. Dass der Eigentümer verfügungsberechtigt ist, hält § 39 SRG ausdrücklich fest. Der Eigentümer kann zudem die Verfügung eines Nichtberechtigten genehmigen (§ 51 Alt. 1 VG); ebenso ist Heilung durch Konvaleszenz möglich (§ 51 Alt. 2 VG). Nicht ausdrücklich geregelt, aber gleichwohl möglich ist auch die vorherige Zu-

---

141 Chin. „权属证书".
142 Dazu Hang Xu, 28 f.
143 Chin. „利害关系人"; zur Frage, wer dazu zu rechnen ist, vgl. Yan Zhu/Shengping Gao/Xin Chen, 129 f.
144 Yuanshi Bu, Einführung, § 14 Rn. 30.
145 Chin. „预告登记".
146 Hang Xu, 34; Liming Wang, Studien, 350 ff.
147 Chin. „处分权".

stimmung (Einwilligung) des Eigentümers in die Verfügung eines Nichtberechtigten.[148]

III. Erwerb vom Nichtberechtigten

1. Konstruktion; § 51 VG

Dass die Verfügung eines Nichtberechtigten im Ausgangspunkt grundsätzlich nicht zum Übergang des Eigentums führt, bestätigt § 106 Abs. 1 S. 1 SRG. Danach kann der Eigentümer einer Sache, wenn ein Nichtberechtigter über sie verfügt hat, Herausgabe seiner Sache verlangen. § 106 Abs. 1 S. 2 SRG lässt allerdings einen Erwerb auch vom Nichtberechtigten zu (wie er auch schon vor dem Inkrafttreten des SRG grundsätzlich anerkannt war).   **76**

Konstruiert ist die Regelung nach dem Vorbild des deutschen Sachenrechts im Grundsatz so, dass die mangelnde Verfügungsbefugnis durch einen Rechtsscheinsträger und das Vertrauen des Erwerbers auf das Eigentum des Veräußerers ersetzt wird. Das Vertrauen muss zudem schutzwürdig sein; daran fehlt es, wenn die Sache dem Eigentümer abhandengekommen ist (§ 107 SRG), ferner auch dann, wenn kein angemessener Preis vereinbart ist (§ 106 Abs. 1 Nr. 2 SRG) – insoweit also in Abweichung vom deutschen Recht, das den unentgeltlichen gutgläubigen Erwerb zulässt, nur nicht kondiktionsfest ausgestaltet. Im Übrigen bleibt es bei der oben Rn. 58 ff. beschriebenen Grundkonstruktion der Übereignung aus schuldrechtlichem Grundgeschäft (Erwerbstitel) und Publizitätsakt.   **77**

Verkompliziert wird die Rechtslage freilich dadurch, dass neben § 106 SRG auch § 51 VG die Rechtsfolgen der Verfügung eines Nichtberechtigten regelt. Danach wird der Vertrag zwischen Veräußerer und Erwerber bei mangelnder Berechtigung des Veräußerers erst dann wirksam, wenn der Verfügungsberechtigte ihn genehmigt oder es zur Konvaleszenz kommt. Wörtlich genommen wäre missliche Konsequenz dieser Regelung, dass es für den von § 106 Abs. 1 S. 2 SRG zugelassenen gutgläubigen Erwerb stets am Erwerbstitel fehlen würde. Die Schwierigkeit lässt sich allerdings umgehen – auch ohne dass man gezwungen wäre, entgegen dem oben (Rn. 59) Gesagten doch die Existenz eines dinglichen Vertrages und zugleich des Abstraktionsprinzips anzuerkennen.[149] Entweder reduziert man § 51 VG teleologisch um den Fall des gutgläubigen Erwerbs[150] oder – so der in der chinesischen Rechtswissenschaft am weitesten verbreitete Vorschlag – man be-   **78**

---

148 Vgl. Tian Yın, 284 f.

149 In diesem Sinne aber Shiyong Tıan, Journal of China University of Political Science and Law 2003, Heft 6, 93 ff.

150 So Hinrich Julius/Gebhard Rehm, ZVglRWiss 106 (2007), 387.

greift die Regelung des gutgläubigen Erwerbs in § 106 SRG als Spezialregelung, die die Anwendung von § 51 VG ausschließt.[151]

79 Da der Vertrag zwischen Veräußerer und Erwerber, den § 51 VG anspricht, nicht nur Tatbestandsmerkmal der Übereignung ist, sondern zugleich das schuldrechtliche Geschäft zwischen den Parteien darstellt, bringt § 51 VG allerdings noch eine weitere Schwierigkeit mit sich: Solange der Erwerber das Eigentum nicht erworben hat, scheint ein Nichtberechtigter gar nicht verpflichtet zu sein, es ihm zu verschaffen. Für den Sonderfall des Doppel- oder Mehrfachverkaufs derselben Sache[152] ist inzwischen durch justizielle Auslegung des OVG klargestellt, dass ungeachtet der Vorschrift des § 51 VG sämtliche über die Sache geschlossenen Kaufverträge wirksam sind.[153] Auch im Übrigen herrscht aber weitgehend Einigkeit, dass der Verkäufer einer fremden Sache nicht in der Lage sein darf, sich jeglicher Haftung zu entziehen (indem er etwa den Erwerber vor Übergabe bösgläubig macht, dessen gutgläubigen Erwerb so verhindert und sich sodann auf die Unwirksamkeit des Vertrages beruft); dieser Einsicht hat sich, wie das Gesetzgebungsverfahren zeigt, auch der Gesetzgeber nicht verschlossen.[154]

80 Zur Frage, wie die Wirksamkeit des schuldrechtlichen Vertrages dogmatisch zu erklären ist, findet sich im Schrifttum eine ganze Reihe von Lösungsansätzen. Dazu zählt etwa die vereinzelte Auffassung, den Parteien sei unbenommen, sich ausnahmsweise nicht auf Erwerbstitel und Übergabe zu beschränken, sondern einen dinglichen Vertrag zu vereinbaren; nur auf diesen dinglichen Vertrag sei § 51 VG zu beziehen, so dass das schuldrechtliche Grundgeschäft von der mangelnden Verfügungsbefugnis stets unbeeinträchtigt bleibe.[155] Überzeugen kann freilich allein die Auffassung, dass der schuldrechtliche Vertrag Doppelwirkung hat, nämlich sowohl die schuldrechtliche Verpflichtung zur Übereignung begründet als auch dinglich den Eigentumsübergang trägt; die Unwirksamkeit, die § 51 VG anordnet, lässt sich dann auf diese dingliche Wirkung beschränken.[156]

2. Rechtsschein und Publizitätsakt

81 Der zur Übereignung geforderte Publizitätsakt hat im Fall des Erwerbs vom Nichtberechtigten wie im deutschen Sachenrecht Doppelfunktion. Er ist zum einen Tatbestandsmerkmal der Übereignung, zum anderen hat er Rechtsscheins-

---

151 In diesem Sinne Liming WANG, Studien, 449 f. Noch anders Yuanshi BU, ZVglRWiss 108 (2009), 311: § 106 SRG als gesetzliche Genehmigung des Vertrages. Weitere Nachweise bei Shiyong TIAN, FS Knütel, 1288 A. 32.

152 Dazu jetzt Knut Benjamin PISSLER, ZChinR 21 (2014), 352 ff.

153 OVG-Interpretation II VG, verabschiedet am 24.9.2009, in Kraft seit 13.5.2009 [最高人民法院关于适用《中华人民共和国合同法》若干问题的解释(二)], chinesische Fassung in: Amtsblatt des Obersten Volksgerichts [中华人民共和国最高人民法院公报] 2009, Nr. 7, 13 ff.

154 Ausführlich Hans-Frieder KRAUSS, 89 f.

155 So Jiayong ZHANG, Journal of Southwest University for Nationalities: Philosophy and Social Sciences 2002, Heft 10, 17 ff.

156 So Yuting BAI, Legal Forum 2005, Heft 4, 134 f.

funktion. Träger des Rechtsscheins[157] ist dementsprechend bei beweglichen Sachen der Besitz des Veräußerers (oder auch nach chinesischem Recht richtiger: seine Besitzverschaffungsmacht), bei Immobilien die Eintragung des Veräußerers im Grundbuch.

a) *Bewegliche Sachen*

Die Rechtsscheinsfunktion des Besitzes wirft auch für das chinesische Recht die Frage auf, ob an den Publizitätsakt beim Erwerb vom Nichtberechtigten gesteigerte Anforderungen zu stellen sind. Einer Regelung solcher gesteigerter Anforderungen an die Übergabe enthält sich § 106 SRG; auf den ersten Blick sind die in den §§ 25–27 geregelten Formen der Übergabe und ihrer Surrogate daher auch beim Erwerb vom Nichtberechtigten anwendbar.

82

Die Zulässigkeit des Besitzkonstituts als Übergabesurrogat (§ 27 SRG) beim gutgläubigen Erwerb wird im chinesischen Schrifttum allerdings vielfach verneint.[158] Argumentiert wird in der Sache insbesondere damit, dass kein hinreichender Rechtsschein vorliege, solange der Veräußerer nicht bereit ist, seinen unmittelbaren Besitz aufzugeben.[159] Kaum erörtert wird demgegenüber, ob auch die Abtretung des Herausgabeanspruchs (§ 26 SRG) als Übergabesurrogat unzulässig sein soll. Die Zulassung der Abtretung als Übergabesurrogat würde jedenfalls, wenn man zugleich das Besitzkonstitut als Übergabesurrogat ablehnt, zu ähnlichen Wertungswidersprüchen führen, wie sie im deutschen Recht zwischen den §§ 933 und 934 BGB zu konstatieren sind. Auch diese Frage wird aber im chinesischen Schrifttum kaum problematisiert.

83

b) *Besonderheiten bei Schiffen, Luft- und Kraftfahrzeugen*

Nach der besonderen Regelung, die § 24 SRG für die Übereignung von Schiffen, Luft- und Kraftfahrzeugen trifft, hat die bloße Übergabe bei diesen Sachen nur einen relativen Eigentumserwerb zur Folge (vgl. o. Rn. 28 f., 67). Welche Auswirkungen diese Regelung im Rahmen des Erwerbs vom Nichtberechtigten hat, wird in der chinesischen Rechtswissenschaft nicht einheitlich beurteilt; bisweilen ist sogar vom „schwierigsten Fall des gutgläubigen Erwerbs im Sachenrechtsgesetz" die Rede.[160] Außer Frage steht lediglich, dass der vollwertige Eigentumserwerb auch beim Erwerb vom Nichtberechtigten die von § 24 SRG geforderte Eintragung voraussetzt. Dass auch ein relativer Eigentumserwerb möglich ist, wird für den Erwerb vom Nichtberechtigten allerdings teils bestritten.[161]

84

---

157 Chin. „表见人".
158 Yuanshi Bu, ZVglRWiss 108 (2009), 318; Liming Wang, Studien, 376 ff., Kangsheng Hu, 71 ff.
159 Kangsheng Hu, 71 ff.
160 So bei Yuanshi Bu, ZVglRWiss 108 (2009), 319.
161 Ablehnend etwa Liming Wang, Politik und Recht 2008, Heft 10, 9.

85 Soweit man einen relativen Eigentumserwerb auch im Fall des Erwerbs vom Nichtberechtigten für denkbar hält,[162] hat das den Vorzug, dass der Erwerber immerhin gegenüber bösgläubigen Dritten als Eigentümer anzusehen ist. Der entscheidende Wert eines solchen relativen Eigentumserwerbs zeigt sich aber erst im Verhältnis zum wahren Eigentümer. Ist der Eigentümer selbst eingetragen, so bleibt die Rechtsposition des Erwerbers stets schwächer als die des Eigentümers, weil er die Eintragung gegenüber dem wahren Eigentümer nicht durchsetzen kann; ein gutgläubiger Erwerb, der dem Erwerber eine bessere Rechtsposition als dem wahren Eigentümer verschaffen kann, ist also nur bei Voreintragung des nichtberechtigten Veräußerers denkbar.[163]

c) Immobilien

86 Ob auch der Erwerb eines Bauwerkes vom Nichtberechtigten zulässig sein sollte, war im Gesetzgebungsprozess zum SRG Gegenstand kontroverser Erörterung;[164] schon die verschiedenen Entwürfe haben die Frage aber bejaht.[165] Maßgebliche Grundlage ist der öffentliche Glaube des Grundstücksregisters, der in §§ 16, 17 SRG Anerkennung gefunden hat (vgl. o. Rn. 31).

87 Träger des Rechtsscheins beim Erwerb eines Bauwerkes vom Nichtberechtigten ist dementsprechend die Eintragung des Nichtberechtigten als Eigentümer im Gebäuderegister, nicht dagegen der Besitz – und auch nicht die Urkunde, die das Gebäuderegisteramt dem Eigentümer gemäß § 17 SRG als Nachweis seines Eigentums im Anschluss an die Eintragung ausstellt.[166] Voraussetzung des Erwerbs eines Bauwerkes vom Nichtberechtigten ist sodann wie beim Erwerb vom Berechtigten die Eintragung des Erwerbers im Gebäuderegister (künftig im Grundbuch, o. Rn. 69), § 106 Abs. 1 Nr. 3 und § 6 S. 1 SRG.

88 Nicht möglich ist der Erwerb von einem Nichtberechtigten, wenn ein Widerspruch (vgl. o. Rn. 33) gegen die Richtigkeit des Registers eingetragen ist. Teilweise geht man insoweit – wie zu § 892 Abs. 1 S. 1 2. Hs. BGB – davon aus, dass die Eintragung eines Widerspruchs den öffentlichen Glauben des Grundbuchs zerstört.[167] Anderer Ansicht nach führt die Eintragung eines Widerspruchs dagegen zu einem Verfügungsverbot;[168] diese Wirkung des Widerspruchs soll sich nicht aus dem SRG, sondern aus § 78 Abs. 1 GebäuderegisterVO ergeben – danach lehnt das Gebäuderegisterorgan die Bearbeitung eines Antrages auf Eintragung eines neuen Eigentümers ab, solange ein Widerspruch eingetragen ist. Das SRG beschränkt

---

162 So etwa Yuanshi Bu, ZVglRWiss 108 (2009), 322 f.
163 Yuanshi Bu, ZVglRWiss 108 (2009), 323.
164 Vgl. Yuanshi Bu, ZVglRWiss 108 (2009), 312 f. und Hang Xu, 30, je mit weiteren Nachweisen.
165 Ausführlich Xiaoyan Baumann, 107 ff.
166 Yuanshi Bu, ZVglRWiss 108 (2009), 314.
167 In diesem Sinne Xiao Cheng, Jurist 2011, Heft 5, 67 f., Liming Wang, Studien, 346 f.; Pengao Chang, China Legal Science 2006, Heft 6, 53 f.
168 Yuanshi Bu, Einführung, § 14 Rn. 31; Hang Xu, 34; Ping Jiang, Lehrbuch zum chinesischen Sachenrecht, 145; Tian Yin, 174.

sich darauf, die zeitliche Dauer dieser Wirkungen zu regeln; nach § 19 Abs. 2 SRG verliert die Eintragung des Widerspruchs ihre Wirkung, wenn der Antragsteller nicht innerhalb von 15 Tagen nach der Eintragung Klage (auf Berichtigung der seines Erachtens unrichtigen Eintragung) erhebt. Damit soll vermieden werden, dass der Eingetragene allzu lange an Verfügungen gehindert ist.[169]

3. Guter Glaube

Bezugspunkt des guten Glaubens soll, wie zumeist zu lesen ist, nicht allein das Eigentum des Veräußerers sein; geschützt sein soll vielmehr auch der gute Glaube an die bloße Verfügungsbefugnis des Veräußerers.[170] Diese Ansicht beruht auf der Formulierung des § 106 Abs. 1 S. 1 SRG, die auf die Verfügung eines „Nichtverfügungsbefugten"[171] abstellt, um den eingangs der Vorschrift geregelten Herausgabeanspruch des Eigentümers zu begründen. Für diesen Herausgabeanspruch war allerdings zwangsläufig auf die Verfügungsbefugnis abzustellen, weil schon ihr Fehlen zur Begründung des Herausgabeanspruchs ausreichen muss. Mit dieser Formulierung ist deshalb nicht automatisch festgelegt, dass die Verfügungsbefugnis auch Bezugspunkt des guten Glaubens in Abs. 1 S. 2 Nr. 1 sein müsste. Da dort – im Gegensatz etwa zur Fassung des Dritten Entwurfes – nur noch von „gutgläubig"[172] die Rede ist, spricht mehr dafür, den guten Glauben an das Eigentum des Veräußerers für erforderlich zu halten.[173]

Nicht ganz einstimmig äußert man sich auch zu der Frage, welche Anforderungen an die Gutgläubigkeit zu stellen sind. Gelegentlich weist man darauf hin, dass in § 111 Nr. 1 des Dritten Entwurfs noch von positiver Kenntnis und grobfahrlässiger Unkenntnis die Rede war, § 106 Abs. 1 S. 2 Nr. 1 SRG diese Differenzierung aber – im Gegensatz zur Regelung des lastenfreien Erwerbs in § 108 SRG – nicht bewahrt; Bösgläubigkeit soll deshalb nur bei positiver Kenntnis anzunehmen sein.[174] Überwiegend nimmt man aber – in Anknüpfung an die schon vor dem SRG herrschende Auffassung – an, dass auch derjenige bösgläubig ist, der die fehlende Berechtigung des Veräußerers grob fahrlässig verkannt hat.[175] Dem

89

90

---

169 Yuanshi Bu, Einführung, § 14 Rn. 31; Hang Xu, 34.
170 Qiang Ding/Wolfgang Jäckle, RIW 2007, 812; Liming Wang, Politik und Recht 2008, Heft 10, 6 ff.; Huabin Chen, Das Sachenrecht im Zivilrecht, 280 ff.; ferner wohl auch Yuanshi Bu, ZVglRWiss 108 (2009), 312; s. zu § 111 des Dritten Entwurfs des SRG auch schon Manfred Wolf, 694.
171 Chin. „无处分权人".
172 Chin. „善意".
173 Vgl. Xiaoyan Baumann, 149, die sich unter Hinweis auf die im chinesischen Schrifttum erörterten Fälle gutgläubigen Erwerbs schon zu den verschiedenen Entwürfen dafür ausgesprochen hat, „Verfügungsberechtigung" als „Eigentum" auszulegen.
174 Qiang Ding/Wolfgang Jäckle, RIW 2007, 812; Hans-Frieder Krauss, 90 f.; Huabin Chen, Das Sachenrecht im Zivilrecht, 287 ff.; Liming Wang, Politik und Recht 2008, Heft 10, 6 ff.
175 Yuanshi Bu, Einführung, § 14 Rn. 45; Yuanshi Bu, ZVglRWiss 108 (2009), 314 f.; Hinrich Julius/Gebhard Rehm, ZVglRWiss 106 (2007), 385.

ist zuzustimmen; nur so lassen sich Wertungswidersprüche zur Regelung des lastenfreien Erwerbs vermeiden.[176]

91   Der so bestimmte Maßstab der Gutgläubigkeit gilt grundsätzlich einheitlich sowohl für bewegliche Sachen als auch für Bauwerke, weil § 106 Abs. 1 S. 2 Nr. 1 SRG insoweit gerade keine Unterscheidung trifft. Der Erwägung, dass Eintragungen in einem Register ein verlässlicherer Träger des Rechtsscheins sein können als der bloße Besitz, trägt das chinesische Recht also (anders als § 892 Abs. 1 S. 1 2. Hs. BGB mit der Beschränkung der Bösgläubigkeit auf positive Kenntnis) keine Rechnung.[177] Mittelbar lässt sich dieser Gedanke aber dadurch umsetzen, dass man an die Annahme grober Fahrlässigkeit im Fall des Erwerbs von Bauwerken höhere Anforderungen stellt und den Erwerber nur bei „sehr konkreten Anhaltspunkten" für verpflichtet hält, die Richtigkeit der Registereintragung zu überprüfen.[178]

92   Maßgeblicher Zeitpunkt für die Gutgläubigkeit ist die Vollendung des Rechtserwerbs, § 106 Abs. 1 S. 2 Nr. 1 SRG. Der gute Glaube muss also beim Erwerb von Bauwerken noch bei der Registereintragung vorliegen;[179] eine Regelung, derzufolge guter Glaube bei Stellung des Antrages auf Eintragung genügen würde (vgl. § 892 Abs. 2 BGB), trifft das SRG nicht. Die Beweislast für die Gutgläubigkeit würde nach dem Wortlaut des § 106 Abs. 1 S. 2 Nr. 1 SRG beim Erwerber liegen, doch geht die herrschende Auffassung davon aus, dass das Vorliegen des erforderlichen Rechtsscheins eine Vermutung der Gutgläubigkeit mit sich bringt.[180]

4.   Entgeltlichkeit

93   Möglich ist ein Erwerb vom Nichtberechtigten nach § 106 Abs. 1 S. 2 Nr. 2 SRG nur, wenn die Veräußerung zusätzlich zu den bereits genannten Voraussetzungen auch zu einem angemessenen Preis erfolgt ist. Darin kommt zunächst die Schwäche unentgeltlichen Erwerbs zum Ausdruck, wie sie im deutschen Recht in § 816 Abs. 1 S. 2 BGB verankert ist. Im Gegensatz zum BGB hat die chinesische Regelung aber dingliche Wirkung; als Folge des Einheitsprinzips (o. Rn. 61) ist das konsequent.

94   Vom deutschen BGB unterscheidet sich die Regelung ferner allerdings auch dadurch, dass nicht allein der unentgeltliche, sondern auch der entgeltliche Erwerb erfasst ist, solange der Preis nicht angemessen ist. Bisweilen wird das so verstanden, als sei damit die Voraussetzung der Gutgläubigkeit präzisiert: Wer nicht zu

---

176 Hinrich JULIUS/Gebhard REHM, ZVglRWiss 106 (2007), 385.
177 Yuanshi BU, ZVglRWiss 108 (2009), 315.
178 Hinrich JULIUS/Gebhard REHM, ZVglRWiss 106 (2007), 385.
179 Liming WANG, Politik und Recht 2008, Heft 10, 6; entsprechend zur Bestellung von Sicherungsrechten Changfeng TU, Kap. 7 Rn. 56 A. 101.
180 Yuanshi BU, Einführung, § 14 Rn. 46; Huabin CHEN, Das Sachenrecht im Zivilrecht, 289; Xiao CHENG, Studies in Law and Business 2010, Heft 5, 78.

einem angemessenen Preis erwerbe, sei nicht gutgläubig.[181] Würde man das als widerleglich verstehen, so ließe man allerdings unbeachtet, dass das Erfordernis des angemessenen Preises in Nr. 2 gegenüber der Regelung der Gutgläubigkeit in Nr. 1 verselbstständigt ist. Ganz überwiegend wird es daher auch als eigenständiges Erfordernis begriffen.[182] Allerdings soll der Preis, wie man teilweise annimmt, nur dann als unangemessen anzusehen sein, wenn er so gering ist, dass der Erwerber nicht mehr gutgläubig sein kann.[183] Streitig ist sodann ferner, ob die Angemessenheit nach subjektiven oder objektiven Kriterien zu beurteilen ist; zumeist wird sie objektiv beurteilt.[184]

5.　Abhandenkommen

§ 107 SRG trägt der Überlegung Rechnung, dass der Erwerb vom Nichtberechtigten aufgrund eines Rechtsscheins nur dann gerechtfertigt ist, wenn der Berechtigte den Rechtsschein zurechenbar veranlasst hat. Der Erwerb abhanden gekommener[185] Sachen vom Nichtberechtigten unterliegt deshalb Einschränkungen. Allerdings spricht § 107 S. 2 SRG nur von „verlorenen"[186] Sachen; in Gegenüberstellung zum Dritten Entwurf, der auch noch gestohlene und geraubte Sachen erfasste, scheint der Anwendungsbereich dadurch deutlich eingeschränkt zu sein.[187] Die Beschränkung der Regelung auf verlorene Sachen im Gesetzgebungsverfahren sollte aber nur einen Verzicht auf die (notwendig unvollständige) Aufzählung bestimmter Einzeltatbestände und keine Einschränkung darstellen. „Verloren" wird daher ganz überwiegend im weiteren Sinne von „abhandengekommen" gedeutet.[188]

95

Unter Abhandenkommen versteht die überwiegende Auffassung die Fälle des Verlustes des Besitzes an einer beweglichen Sache ohne den Willen des Besitzers.[189] Nach wenigstens vereinzelt vertretener Ansicht soll sich das Abhandenkommen allerdings nicht auf den unfreiwilligen Besitzverlust beschränken, son-

96

---

181 Vgl. Hinrich Julius/Gebhard Rehm, ZVglRWiss 106 (2007), 386.

182 Yuanshi Bu, ZVglRWiss 108 (2009), 316; Hinrich Julius/Gebhard Rehm, ZVglRWiss 106 (2007), 386.

183 So Yuanshi Bu, ZVglRWiss 108 (2009), 316f.

184 Dafür etwa Xiao Cheng, Studies in Law and Business 2010, Heft 5, 82; Huabin Chen, Das Sachenrecht im Zivilrecht, 288; Liming Wang, Studien, 443 ff.

185 Chin. „遗失物".

186 Chin. „遗失".

187 Vgl. Yuanshi Bu, ZVglRWiss 108 (2009), 328, 329; Tian Yin, 210.

188 Ausführlich Hans-Frieder Krauss, 92; wie selbstverständlich auch Hinrich Julius/Gebhard Rehm, ZVglRWiss 106 (2007), 386; s. ferner Baoyu Liu, Legal Forum 2007, Heft 1, 17; Qiping Tan/Zheng Jiang, Chinese Journal of Law 2004, Heft 4, 59 ff.; Huabin Chen, Das Sachenrecht im Zivilrecht, 291 ff.

189 Huabin Chen, Das Sachenrecht im Zivilrecht, 291 ff.; Qiping Tan/Zheng Jiang, Chinese Journal of Law 2004, Heft 4, 59; Liming Wang, Studien, 457 f.

dern auch Fälle der Täuschung sowie den Fall der Veräußerung durch einen Besitzmittler (Mieter etc.) des Berechtigten erfassen.[190]

97 Als Folge des Abhandenkommens ist der gutgläubige Erwerb im Grundsatz ausgeschlossen.[191] Der Berechtigte hat sodann die Wahl, ob er den Veräußerer auf Schadensersatz in Anspruch nimmt (was als Genehmigung der Veräußerung zu verstehen sein muss) oder vom Erwerber Herausgabe verlangt, § 107 S. 2 SRG. Relativiert wird der Ausschluss gutgläubigen Erwerbs dadurch, dass der Herausgabeanspruch des Berechtigten gegen den Erwerber innerhalb von zwei Jahren ab dem Zeitpunkt verjährt, zu dem der Berechtigte Kenntnis von der Person des Erwerbers erlangt hat oder hätte erlangen müssen, § 107 S. 2 SRG. Das lässt sich als Bekräftigung der Regelung zur kurzen Verjährung des Herausgabeanspruchs in § 135 AGZ verstehen.[192] Um das dauerhafte Auseinanderfallen von Eigentum und Besitz zu vermeiden, lässt sich freilich auch argumentieren, § 107 S. 2 SRG lasse den gutgläubigen Erwerb verlorener Sachen letztlich zu, treffe also keine Verjährungsregelung, sondern ordne zum Schutz des ursprünglichen Eigentümers einen Rückübereignungsanspruch für die Dauer von zwei Jahren an.[193]

98 Gegenüber diesen grundsätzlichen Regelungen zum Abhandenkommen sieht § 107 S. 3 SRG Einschränkungen für den Fall vor, dass der Erwerber die Sache in öffentlicher Versteigerung oder aufgrund Verkaufs durch einen zum freihändigen Verkauf öffentlich Ermächtigten erworben hat. Auch in diesen Fällen tritt zwar kein Eigentumserwerb ein, doch kann der Berechtigte vom Erwerber Herausgabe nur gegen Erstattung des von diesem gezahlten Kaufpreises verlangen; der Berechtigte ist dann seinerseits auf den Regress gegen den Nichtberechtigten verwiesen.

6. Lastenfreier Erwerb

99 § 108 SRG sieht einen gutgläubig lastenfreien Erwerb beweglicher Sachen vor, soweit der Erwerber beschränkte dingliche Rechte, mit denen die Sache belastet war, im Zeitpunkt des Erwerbs nicht kannte oder kennen musste. Auch wenn die Regelung ausdrücklich nur bewegliche Sachen erfasst, ist ihr Rechtsgedanke auf unbewegliche Sachen entsprechend anzuwenden. In der Rechtsprechung ist das schon für Fälle vor dem Inkrafttreten des SRG anerkannt worden,[194] doch ist die Frage im chinesischen Schrifttum gleichwohl streitig.[195]

---

190 Vgl. Yuanshi Bu, ZVglRWiss 108 (2009), 328.
191 Liming Wang, Studien, 466 ff.
192 Vgl. Hinrich Julius/Gebhard Rehm, ZVglRWiss 106 (2007), 387.
193 In diesem Sinne Simon Werthwein, Kap. 14 Rn. 57 (S. 214).
194 Vgl. Hinrich Julius/Gebhard Rehm, ZVglRWiss 106 (2007), 388.
195 Für Anwendung auch auf unbewegliche Sachen Huabin Chen, Das Sachenrecht im Zivilrecht, 290; dagegen aber Liming Wang, Studien, 450 f.

7.   Haftung des Nichtberechtigten gegenüber dem Berechtigten

Hat der Eigentümer sein Eigentum infolge gutgläubigen Erwerbs nach § 106   **100**
Abs. 1 SRG eingebüßt, so kann er den Nichtberechtigten auf Schadensersatz in
Anspruch nehmen, § 106 Abs. 2 SRG. Die Regelung ist im Grundsatz ohne Weiteres einsichtig. Dass sie sich nicht auf einen Anspruch auf Herausgabe des Erlangten beschränkt, sondern weitergehend die Verpflichtung zur Leistung von
Schadensersatz vorsieht, kann aber Schwierigkeiten nach sich ziehen. Zu bedenken ist insoweit, dass es infolge des Einheitsprinzips vielfach deshalb zur Verfügung durch einen Nichtberechtigten kommen wird, weil das Grundgeschäft, das
dem Erwerb der Sache durch den Nichtberechtigten zugrunde lag, unwirksam
war. Ist diese Unwirksamkeit durch den Berechtigten selbst veranlasst (etwa infolge einer Anfechtung), so kann es unbillig sein, wenn der Berechtigte von dem
(hinsichtlich der Wirksamkeit des Grundgeschäfts gutgläubigen) Nichtberechtigten Schadensersatz wegen einer nachfolgenden Veräußerung verlangen könnte.
Die Haftung des Nichtberechtigten ist in diesem Fall nach § 58 VG auf Wertersatz
zu beschränken und Verschulden des Eigentümers anspruchsmindernd zu berücksichtigen.[196]

IV.   Eigentumsvorbehalt und Sicherungsübereignung

Das SRG selbst regelt weder den Eigentumsvorbehalt noch die Sicherungsüber-   **101**
eignung. Der Sicherungsübereignung scheint deshalb auf den ersten Blick das
Prinzip des Numerus clausus der dinglichen Rechte (§ 5 SRG) entgegenzuste-
hen;[197] zudem ist die ursprünglich vorgesehene Regelung dieses Instituts im Gesetzgebungsverfahren ersatzlos gestrichen worden, so dass die Sicherungsübereignung auch unter dem Blickwinkel der pfandrechtlichen Publizitätsvorschriften
und des Verfallverbots (§ 211 SRG) bedenklich erscheint.[198] Jedoch lässt § 27
SRG das Besitzkonstitut als Übergabesurrogat zu, so dass eine Sicherungsübereignung theoretisch ohne Weiteres möglich ist. Das praktische Bedürfnis nach
diesem Institut ist freilich dadurch relativiert, dass § 180 Abs. 1 Nr. 4–7 SRG für
alle wirtschaftlich bedeutenden beweglichen Sachen die Bestellung einer besitzlosen Hypothek zulässt.[199] Ob sich die Sicherungsübereignung daneben etabliert,
kann nur abgewartet werden. Praktisch ist mit Blick auf § 5 SRG vorsichtshalber
zur besitzlosen Hypothek zu raten.[200]

Der Eigentumsvorbehalt[201] hat demgegenüber bereits in § 134 VG ausdrücklich   **102**
Anerkennung gefunden; die Vorschrift gilt auch nach dem Inkrafttreten des SRG

---

196 Yuanshi Bu, ZVglRWiss 108 (2009), 329.
197 Das nehmen etwa Qiang Ding/Wolfgang Jäckle, RIW 2007, 818 an.
198 Hinrich Julius/Gebhard Rehm, ZVglRWiss 106 (2007), 408.
199 Auch darauf weisen bereits Qiang Ding/Wolfgang Jäckle, RIW 2007, 818 hin.
200 Im Ergebnis ähnlich Hinrich Julius/Gebhard Rehm, ZVglRWiss 106 (2007), 409.
201 Chin. „所有权保留".

weiter. Die Parteien eines Kaufvertrages können danach vereinbaren, dass das Eigentum an der Kaufsache bis zur vollständigen Kaufpreiszahlung beim Verkäufer verbleibt. Bedeutung hat das nur für bewegliche Sachen, die vor Kaufpreiszahlung übergeben werden sollen; der Verkäufer unbeweglicher Sachen ist auch nach Übergabe der Sache ohnehin dadurch geschützt, dass er der Eintragung des Käufers vor Kaufpreiszahlung nicht zuzustimmen braucht.[202]

103   Unter welchen Voraussetzungen der Verkäufer die Rückgabe der unter Eigentumsvorbehalt übergebenen Kaufsache verlangen kann, hat das Oberste Volksgericht in einer neuen justiziellen Interpretation zum VG, den „Erläuterungen des Obersten Volksgerichts zu Fragen der Rechtsanwendung bei der Behandlung von Streitfällen zu Kaufverträgen" (OVG-Interpretation Kaufrecht)[203] klargestellt. Nr. 35 dieser justiziellen Interpretation sieht – insoweit als lex specialis zur allgemeinen Regelung aus § 94 VG[204] – kein Erfordernis einer Kündigung nach Fristsetzung vor; vielmehr genügt es, wenn der Käufer den Kaufpreis nicht vereinbarungsgemäß gezahlt hat (§ 35 Abs. 1 Nr. 1), sonstigen besonderen Vereinbarungen zuwidergehandelt hat (Nr. 2) oder die Sache an einen Dritten übereignet oder verpfändet hat (Nr. 3). Selbstredend kann der Dritte dem Herausgabeverlangen aber einen etwaigen gutgläubigen Erwerb nach § 106 SRG entgegenhalten. Das hält § 36 Abs. 2 der Erläuterungen ausdrücklich fest. Ausgenommen bleiben muss nur, auch wenn Abs. 2 unterschiedslos vom Erwerb auch „anderer dinglicher Rechte" spricht, der gutgläubige Erwerb eines besitzlosen Sicherungsrechts, weil die Herausgabe dieses Recht nicht beeinträchtigt.[205] Grundsätzlich begrenzt ist die Rückgabeverpflichtung ferner durch § 36 Abs. 1 der Erläuterungen; sie erfasst danach nur Fälle, in denen der Käufer weniger als 75 % des Kaufpreises gezahlt hat. Zur Weiterveräußerung ist der Verkäufer nach Rückerhalt der Sache sodann erst berechtigt, wenn er dem Käufer fruchtlos eine Frist zur Vornahme der von diesem geschuldeten Handlung bestimmt hat, § 37 der Erläuterungen.

104   Zu den Wirkungen des Eigentumsvorbehalts im Insolvenzfall eines Unternehmens enthalten nunmehr die „Bestimmungen des Obersten Volksgerichts zu einigen Fragen der Anwendung des Unternehmenskonkursgesetzes (2)" von 2013[206]

---

202 Treffend Simon WERTHWEIN, Kap. 14 Rn. 27; zurückhaltender Yuanshi BU, Einführung, § 14 Rn. 52. S. im Übrigen Nr. 34 der Erläuterungen des Obersten Volksgerichts zu Kaufverträgen (sogl. Fn. 201); danach unterstützt das Oberste Volksgericht die Anwendung des § 134 VG auf unbewegliche Sachen nicht.
203 [最高人民法院关于审理买卖合同纠纷案件适用法律问题的解释], in Kraft seit 1.7.2012, chinesisch-deutsch (Übersetzung von Knut Benjamin PISSLER) mit Quellenangabe in ZChinR 21 (2014), 373 ff.
204 Simon WERTHWEIN, Kap. 14 Rn. 28 A. 48.
205 Treffend Simon WERTHWEIN, Kap. 14 Rn. 29.
206 [最高人民法院关于适用《中华人民共和国企业破产法》若干问题的规定(二)], in Kraft seit 16.9.2013; chinesisch-deutsch (Übersetzung von Knut Benjamin PISSLER) mit Quellenangabe in ZChinR 21 (2014), 359 ff.; chinesisch-englische Version in China Law and Practice, Vol. 27 (2013), No. 6, S. 73 ff.

detaillierte Regelungen. Solange die kaufvertraglichen Verpflichtungen nicht von beiden Parteien erfüllt sind, kann der Insolvenzverwalter wählen, ob der Vertrag erfüllt oder aufgelöst werden soll (§ 34). Dieses Wahlrecht besteht (anders als nach § 107 Abs. 1 der deutschen InsO) auch im Fall der Insolvenz des Vorbehalts-verkäufers. Dessen Insolvenzverwalter kann sich also dafür entscheiden, Heraus-gabe der unter Eigentumsvorbehalt gelieferten Sache zu verlangen (§ 36 Abs. 1); der Käufer kann nicht einwenden, dass er seinen vertraglichen Verpflichtungen bis dahin nachgekommen ist (§ 36 Abs. 2).

G. Originärer Eigentumserwerb

I. Ersitzung

Das chinesische Recht der letzten Jahrzehnte hatte sich zunächst auf Regelun-   **105**
gen der Klageverjährung[207] beschränkt (§§ 135 ff. AGZ). Im Zuge der Kodifikation des Sachenrechts ist demgegenüber intensiv erörtert worden, ob das Institut
der Ersitzung[208], wie es dem republikanischen Zivilgesetzbuch noch bekannt war,
wieder eingeführt werden sollte.[209] Überwiegend hat man das bejaht; maßgeblich
war insbesondere die Erwägung, dass sich nur mithilfe der Ersitzung ein dauer-
haftes Auseinanderfallen von Eigentum und Besitz vermeiden lässt, zu dem es ansonsten etwa dann kommt, wenn der gutgläubige Erwerb am Abhandenkommen
der Sache (aber s. o. Rn. 97) oder einem zu geringen Preis scheitert und die Klage
des Berechtigten gegen den Erwerber verjährt ist.[210] Die akademischen Sachenrechtsentwürfe und auch der ursprüngliche Entwurf des NVK sahen dementsprechend Regelungen zur Ersitzung (und zwar beweglicher ebenso wie unbeweglicher Sachen) vor.

Im Gegensatz zu diesen Entwürfen verzichtet das SRG auf das Institut der Ersit-   **106**
zung und beschränkt sich darauf, die kurze zweijährige Verjährung aus den AGZ
zu bestätigen (s. o. Rn. 97). Ausschlaggebend war für den Gesetzgeber die Erwägung, dass das Institut der Ersitzung seinen Platz nicht im Sachenrecht, sondern
im Allgemeinen Teil zu finden habe. An einer Neuregelung fehlt es dort bislang
aber noch.[211]

---

207 Chin. „诉讼时效“.
208 Chin. „取得时效“.
209 Zur Diskussion ausführlich Xiaoyan BAUMANN, 116 ff.
210 Für die Einführung der Ersitzung daher etwa Miao HE, Faxue Luntan 6/2003, 107 f.; Liming
    WANG, Studien, 234; Chengxin PENG/Zhi LIU, Sozialwissenschaftliche Forschung 2007, Heft 4,
    75 ff.; s. schon Xiaoyan BAUMANN, 117 Fn. 518.
211 Vgl. Tian YIN, 231 f.

II. Sonstige originäre Erwerbsgründe

107   Nur begrenzt berücksichtigt hat der Gesetzgeber auch die sonstigen originären Eigentumserwerbsgründe, die in den verschiedenen Entwürfen vorgesehen waren. So regelt das SRG zwar den Fruchterwerb: Natürliche Früchte[212] erwirbt, soweit keine besondere Vereinbarung getroffen ist, der Nutzungsberechtigte, in letzter Instanz der Eigentümer, § 116 Abs. 1 SRG; der Erwerb juristischer Früchte[213] bestimmt sich in Abwesenheit einer Vereinbarung nach der Verkehrssitte, § 116 Abs. 2 SRG. Einen Fruchterwerb des gutgläubigen Eigenbesitzers, der an sich sachgerecht wäre,[214] sieht das SRG nicht vor.

108   Auch Regelungen zum Erwerb durch Verarbeitung, Verbindung oder Vermischung, wie sie im Dritten Entwurf noch vorhanden waren, trifft das SRG nicht. Über ihre Erforderlichkeit hat man sich nicht einigen können; teils hatte man zwar um der Vollständigkeit willen für solche Regelungen plädiert, teils aber auch Zweifel an ihrer praktischen Bedeutung.[215]

H. Enteignung und Beschlagnahme

109   Die Regelungen der Enteignung[216] in § 42 SRG und der Beschlagnahme[217] in § 44 SRG sind zwar nicht privatrechtlicher Natur. Das Bedürfnis, die Voraussetzungen der dauernden und der zeitweiligen Sachentziehung gleichwohl im SRG zu regeln, erklärt sich aber aus der besonderen Aufmerksamkeit, die das Thema in der Öffentlichkeit erlangt hatte. Bereits die verschiedenen Entwürfe des SRG sahen also Regelungen zur Enteignung und Beschlagnahme vor, konkretisierten vor allem, wie das Allgemeininteresse als zentrale Voraussetzung der Enteignung zu verstehen sein sollte.[218] Ob eine derartige Legaldefinition erfolgen solle, wurde im Gesetzgebungsverfahren jedoch kontrovers erörtert;[219] im Ergebnis ist darauf im SRG ebenso verzichtet worden wie auf eine detaillierte Ausgestaltung des Enteignungsverfahrens und der Entschädigung. Während das SRG also nur Grundzüge regelt, sind für die Enteignung von Gebäuden auf staatseigenem Land mittlerweile präzisere Ausführungsvorschriften erlassen worden; maßgeblich ist

---

212 Chin. „天然孳息".
213 Chin. „法定孳息".
214 So auch Simon WERTHWEIN, Kap. 14 Rn. 62.
215 Zum Ganzen Liming WANG, Studien, 484 ff.
216 Chin. „征收".
217 Chin. „征用".
218 Zu den verschiedenen Vorschlägen Xiaoyan BAUMANN, 97 ff.
219 Ausführlich m. Nachw. Rebecka ZINSER, 166 ff.

insoweit die „Verordnung über die Enteignung und Entschädigung von Gebäuden auf staatseigenem Land" vom 19.1.2011.[220]

I. Voraussetzungen der Enteignung und Beschlagnahme

Nach § 42 SRG kann eine Entziehung des Eigentums erfolgen, „wenn es das Allgemeininteresse[221] erfordert" (Abs. 1); zugleich trifft die Vorschrift Regelungen zur Entschädigung. Für die Entziehung der verschiedenen Nutzungsrechte an beweglichen wie unbeweglichen Sachen ist in den §§ 121, 132 und 148 SRG auf diese Vorschrift verwiesen. Die Beschlagnahme wird in § 44 SRG an die Voraussetzungen einer Gefahr oder Naturkatastrophe geknüpft. Nach Nutzung der beschlagnahmten Sache ist sie an den Berechtigten zurückzugeben; Ausgleich ist nur bei Verschlechterung oder Untergang der beschlagnahmten Sache zu leisten. Im Ergebnis konkretisieren die §§ 42, 44 SRG damit – wenn auch nur in geringem Umfang – Art. 10 Abs. 3 der Verfassung, der seit der Verfassungsreform 2004 Enteignung und Beschlagnahme nur im Allgemeininteresse für zulässig erklärt und zugleich vorsieht, dass eine Entschädigung erfolgen soll. **110**

Offen lässt das SRG mit der unterbliebenen Präzisierung des Allgemeininteresses insbesondere, ob schon die bloße dörfliche oder städtebauliche Entwicklung eine Enteignung ermöglichen soll und wo die Grenze zur bloßen Verfolgung kommerzieller Interessen zu ziehen ist.[222] Formulierungen aus den Entwürfen, nach denen beispielsweise Straßenverkehr, Katastrophenschutz, Kultur und Erziehung, Umweltschutz und Schutz von Kulturdenkmälern zu den öffentlichen Interessen zählen sollten,[223] waren insoweit wesentlich enger gefasst.[224] **111**

Für die Enteignung von Gebäuden auf staatseigenem Land ist das Problem nunmehr durch die Enteignungsverordnung von 2011 (o. Rn. 109) abgemildert. § 8 der Verordnung listet fünf Regelbeispiele auf, die freilich umfangreich bleiben und überaus allgemein gehalten sind – erfasst sind etwa Bedürfnisse der Landesverteidigung und Außenpolitik (Nr. 1) oder Bedürfnisse von Technologie, Bildung, Kultur, Gesundheit, Sport, Umwelt- und Ressourcenschutz, Katastrophenschutz und -bekämpfung, Denkmalschutz, Sozialem, des städtischen Allgemeinwesens und weiterer öffentlicher, von der Regierung erfüllter Aufgaben (Nr. 3); zudem lässt § 8 Nr. 6 auch „weitere" in Gesetzen und Verordnungen bestimmte **112**

---

220 [国有土地上房屋征收与补偿条例], am selben Tag in Kraft getreten, chinesische Fassung abgedruckt in: Amtsblatt des Staatsrats der Volksrepublik China [中华人民共和国国务院公报] 2011, Nr. 3, S. 16 ff.; dazu ausführlich (einschließlich deutscher Übersetzung) Hendrik LACKNER/Ying LACKNER, RIW 2011, 437 ff.
221 Chin. „公共利益".
222 Vgl. Qiang DING/Wolfgang JÄCKLE, RIW 2007, 812 f.
223 Diese und andere Beispiele etwa in § 48 des Entwurfs von Huixing LIANG, vgl. Xiaoyan BAUMANN, 98 A. 421.
224 Mit Recht kritisch deshalb Hinrich JULIUS/Gebhard REHM, ZVglRWiss 106 (2007), 401 f.

Allgemeininteressen genügen.[225] Die Enteignungsverordnung regelt zudem auch Zuständigkeiten und Verfahren; zuständig sind die Gebäudeenteignungsabteilungen der Volksregierung auf Stadt- und Kreisebene (§ 4 EnteignungsVO).

II. Entschädigung

113   Zur Entschädigung nach Entziehung des Eigentums (oder eines der Nutzungsrechte) differenziert das SRG danach, ob es um die Entziehung von Kollektiveigentum an Land (§ 42 Abs. 2 SRG) oder um die Entziehung des Privateigentums an Häusern und anderen unbeweglichen Sachen geht (§ 42 Abs. 3 SRG). Die Entziehung des Kollektiveigentums an Land löst einen Entschädigungsanspruch aus, der den Lebensunterhalt der Personen, deren Kollektiv enteignet worden ist (typischerweise Angehörige der bäuerlichen Bevölkerung), sicherstellen soll. Ausgleich ist deshalb zunächst für die Entziehung des Grundbesitzes als solchem zu leisten; im Fall von Ackerland beträgt dieser Ausgleich nach § 47 Landverwaltungsgesetz[226] das Sechs- bis Zehnfache des durchschnittlichen Jahresproduktionswertes der letzten drei Jahre. § 42 Abs. 2 SRG beschränkt sich darauf aber nicht, sondern sieht zusätzlich Zahlungen auch für die Wiederansiedelung, für entzogenes Zubehör und verloren gegangene Fruchtziehungsmöglichkeiten vor. Mit Blick auf Bauern schreibt § 42 Abs. 2 SRG ferner vor, dass die Kosten sozialer Sicherung zu erstatten sind und der Lebensunterhalt zu gewährleisten ist; Einzelheiten dazu regeln die im Jahr 2006 erlassenen „Leitlinien des Arbeitsministeriums zur Arbeitsbeschaffung, Ausbildung und sozialen Sicherung der Bauern, deren Land eingezogen worden ist".[227] Für die Fälle der Entziehung des Privateigentums an Häusern und anderen unbeweglichen Sachen schreibt § 43 Abs. 3 SRG einen Ausgleich für Abriss und Umsiedlung vor; zudem sind für die Betroffenen entsprechende neue Wohnbedingungen zu gewährleisten.

114   Für den Anwendungsbereich der EnteignungsVO (o. Rn. 109) konkretisiert deren § 19 die Regelung des SRG insoweit, als dass die Entschädigung nicht hinter dem Marktwert des enteigneten Gebäudes zurückbleiben darf; zudem räumt § 21 der VO den Enteigneten ein Wahlrecht zwischen Entschädigung in Geld und der austauschweisen Einräumung des Eigentums an einem anderen Gebäude im Umbaugebiet ein. Zusätzlichen Schutz gewährt § 27; danach muss der Enteignete erst nach Leistung der Entschädigung aus dem Gebäude ausziehen.

J.   Schutz dinglicher Rechte

115   Im letzten Kapitel der allgemeinen Regelungen zieht das SRG eine Reihe von Bestimmungen zum Schutz der dinglichen Rechte vor die Klammer (§§ 32–38

---

225 Kritisch deshalb mit Recht Hendrik LACKNER/Ying LACKNER, RIW 2011, 437, 441 f.
226 Deutsch mit Quellenangabe in Frank MÜNZEL, Chinas Recht, 29.8.98/1.
227 Deutsch mit Quellenangabe in Frank MÜNZEL, Chinas Recht, 16.3.07/1 Anm. 3.

SRG). Das Kapitel vereint die bekannte Trias von Herausgabe-, Schadensersatz-
und negatorischen Ansprüchen. Falls mehrere dieser Ansprüche bestehen, kann
der Berechtigte sie selbstredend nebeneinander geltend machen, also etwa sowohl Herausgabe der Sache als auch Schadensersatz für ihre Beschädigung verlangen; das hält § 38 Abs. 1 SRG ausdrücklich fest.

Die Einordnung unter den allgemeinen Regelungen hat zur Folge, dass die Be-   **116**
stimmungen im Ausgangspunkt unterschiedslos für jeden „Berechtigten"[228] eines jeden dinglichen Rechts gelten. Je nach Art des dinglichen Rechts macht das
Einschränkungen erforderlich. Zudem ist zu beachten, dass die Haftung des Besitzers gegenüber dem Eigentümer eine Sonderregelung erfahren hat, aufgrund
derer die Anwendung der allgemeinen Bestimmungen ausgeschlossen ist (dazu
u. Rn. 126 ff.).

I. Herausgabeanspruch

§ 34 SRG räumt dem Berechtigten eines dinglichen Rechts einen Herausgabe-   **117**
anspruch[229] gegen denjenigen ein, der eine bewegliche oder unbewegliche Sache
unberechtigt in Besitz genommen hat. Handelt es sich um einen Fall geschei-
terten gutgläubigen Erwerbs, so besteht der Anspruch grundsätzlich neben dem Anspruch, den der Eigentümer gegen den Besitzer aus § 106 Abs. 1 S. 1 SRG hat.[230]

Der Anspruch besteht selbstredend nur, soweit das jeweilige dingliche Recht auch   **118**
ein Besitzrecht gewährt;[231] der Inhaber eines besitzlosen dinglichen Sicherungsrechts wie der Hypothek (§ 179 SRG) kann also vor dem Eintritt des Sicherungsfalles nicht Herausgabe verlangen. Für die Verjährung des Anspruchs gilt nach
überwiegender, aber nicht unbestrittener Auffassung die zweijährige Verjährungsfrist aus § 135 AGZ,[232] die mit Kenntnis von der Rechtsverletzung beginnt.[233] Für
den Fall des Abhandenkommens und die anschließende Veräußerung einer Sache
stellt § 107 Abs. 1 S. 2 SRG den Eigentümer allerdings besser, weil die Verjährung (des konkurrierenden Anspruchs aus § 107 Abs. 1 S. 1 SRG) in diesem Fall
erst mit Kenntnis von der Person des Anspruchsgegners beginnt; in analoger Anwendung dieser Vorschrift lässt man deshalb teils auch die Verjährung nach § 135
AGZ erst mit Kenntnis von der Person des Anspruchsgegners beginnen.[234]

---

228 Chin. „权利人".
229 Chin. „返还原物请求权".
230 Soweit zum Schutz des gutgläubigen Erwerbers Sonderregelungen getroffen sind, ist die Anwen-
     dung der allgemeinen Regelungen aber selbstredend ausgeschlossen, vgl. Tian YIN, 250 f.
231 Hinrich JULIUS/Gebhard REHM, ZVglRWiss 106 (2007), 411.
232 Teilweise wird die Beschränkung dieser Vorschrift auf die Verjährung schuldrechtlicher Ansprü-
     che erwogen, vgl. Liming WANG, Studien, 213 f.; Yan ZHU/Shengping GAO/Xin CHEN, 181 f.
233 Mit Blick auf die Herausgabe von Bauwerken ist diese kurze Verjährung kritisch zu sehen; tref-
     fend Hinrich JULIUS/Gebhard REHM, ZVglRWiss 106 (2007), 410.
234 Vgl. Simon WERTHWEIN, Kap. 13 Rn. 43.

II.   Negatorischer Anspruch

119   Gegen andere Beeinträchtigungen als die Besitzentziehung kann sich der Berechtigte mit einem Beseitigungs- und Unterlassungsanspruch zur Wehr setzen, der dem traditionellen negatorischen Anspruch der kontinentaleuropäischen Rechtsordnungen entspricht: § 35 SRG gewährt dem Berechtigten, dessen dingliches Recht beeinträchtigt worden ist, einen Anspruch auf Beseitigung der Beeinträchtigung. Droht eine Beeinträchtigung nur (und sei es auch erstmals), so hat er einen Anspruch auf Beseitigung der Gefahr der Beeinträchtigung.

120   Wie der Beseitigungsanspruch vom Anspruch auf Schadensersatz aus den §§ 36 und 37 SRG abzugrenzen ist, regelt das Gesetz nicht. Insoweit stellt sich dieselbe Problematik wie in der Abgrenzung von § 1004 BGB zum Schadensersatzanspruch aus § 823 Abs. 1 BGB. Um das Verschuldenserfordernis des Schadensersatzanspruchs nicht zu unterlaufen, ist der Beseitigungsanspruch aus § 35 SRG darauf zu begrenzen, dass die beeinträchtigende Handlung oder der beeinträchtigende Zustand selbst beseitigt wird; ein Ausgleich für negative Folgen, die nach Beseitigung der Beeinträchtigung verbleiben, etwa Schäden an der beeinträchtigten Sache, kann nur im Wege eines Schadensersatzanspruchs verlangt werden.[235]

III.   Schadensersatzansprüche

121   § 36 SRG gewährt dem Berechtigten eines dinglichen Rechts einen Schadensersatzanspruch bei Beschädigung einer Sache, und zwar in Form der Wiederherstellung in Natur, sei es durch Reparatur oder auch durch Austausch der Sache. § 37 SRG ergänzt diese Regelung um einen Anspruch auf Schadensersatz in Geld bei Verletzung eines dinglichen Rechts; zugleich lässt § 37 2. Hs. SRG die Möglichkeiten, Ersatz noch in anderen Formen als im Wege der Naturalrestitution nach § 36 SRG zu verlangen, ausdrücklich unberührt. Gemeint sind die Haftungsformen, die ursprünglich in §§ 120, 134 AGZ geregelt waren und nunmehr Aufnahme in § 15 GdH (besser: HaftpflichtG) gefunden haben.

122   Inwieweit auch der Berechtigte eines beschränkten dinglichen Rechts nicht nur die Wiederherstellung der Sache in Natur nach § 36, sondern auch Ersatz in Geld nach § 37 oder in anderen Formen fordern können soll, lässt das SRG offen. Richtigerweise ist sein Ersatzanspruch in Geld auf den Wert der Beeinträchtigung seines dinglichen Rechts zu beschränken.

123   Dem Wortlaut nach ist die Haftung aus den §§ 36, 37 SRG verschuldensunabhängig. Im GdH ist die deliktische Haftung allerdings grundsätzlich verschuldensabhängig ausgestaltet (§ 6 GdH); das wird man als allgemeinen Rechtsgedanken

---

235 Im chinesischen Schrifttum wird das kaum erörtert; allerdings wird gefordert, dass der zu beseitigende Schaden unmittelbar mit der Beeinträchtigung zusammenhängen muss, vgl. Yan Zhu/ Shengping Gao/Xin Chen, 174.

anzusehen haben, der auf §§ 36, 37 SRG zu übertragen ist.[236] §§ 36, 37 SRG sind also nicht etwa als Ausnahmefälle einer verschuldensunabhängigen Haftung im Sinne des § 7 GdH anzusehen.

IV. Konkurrenzen

Die Vorschriften der §§ 32 ff. SRG erwecken zwar den Eindruck, den Schutz dinglicher Rechte abschließend zu regeln. Umgekehrt erklärt auch § 5 GdH ausdrücklich, dass besondere Bestimmungen über die deliktische Haftung in anderen Gesetzen unberührt bleiben. Gleichwohl geht man im Schrifttum davon aus, dass das GdH neben den Schutzbestimmungen des SRG anwendbar ist. Teils stützt man das darauf, dass § 2 Abs. 2 GdH dingliche Rechte in den Schutzbereich des GdH einbezieht,[237] teils versteht man die §§ 37, 38 SRG als umfassende Verweisungsnormen auf andere Regelungen einschließlich des GdH.[238] Anwendung findet daher insbesondere der Grundtatbestand deliktischer Haftung, § 6 GdH. **124**

Die Vorschriften über die Haftung des unberechtigten Besitzers gegenüber dem Berechtigten (§§ 242, 244 SRG; dazu u. Rn. 135 f.) stellen dagegen abschließende Sonderregelungen dar. Sie schließen sowohl die Haftung aus §§ 36, 37 SRG als auch die Haftung nach § 6 GdH aus.[239] **125**

K. Besitz; Verhältnis von Berechtigtem und Besitzer

Der mit „Besitz" überschriebene Schlussteil des SRG lässt Regelungen zum Besitz selbst vermissen, trägt also insbesondere nicht zur Klärung der Frage bei, inwieweit Besitzdienerschaft und mittelbarer Besitz anerkannt sind (dazu bereits o. Rn. 63 ff.). Vielmehr beschränken sich die Bestimmungen dieses Teils auf die Regelung des Verhältnisses zwischen Berechtigtem und Besitzer (§§ 241–244 SRG) einerseits und des Besitzschutzes (§ 245 SRG) andererseits. **126**

I. Verhältnis von Berechtigtem und Besitzer

1. Anwendungsvoraussetzungen und Zweck der Regelung

Voraussetzung für die Anwendung der Regelungen des Verhältnisses von Berechtigtem und Besitzer ist zunächst – nicht anders als im deutschen Recht auch – das Auseinanderfallen von Berechtigung und Besitz an einer beweglichen oder unbeweglichen Sache derart, dass der Berechtigte vom Besitzer Herausgabe der Sache verlangen kann („Vindikationslage"). **127**

---

236 Jörg Binding, 8 f.; Kangsheng Hu, 518.
237 So Jörg Binding, 8.
238 So Yan Zhu/Shengping Gao/Xin Chen, 165.
239 Tian Yin, 253 f.

128 Dass das Gesetz vom „Berechtigten",[240] nicht aber vom Eigentümer spricht, erklärt sich aus der fehlenden Anerkennung des Grundeigentums; die Regelungen sollen also auch für das Verhältnis des Landnutzungsberechtigtem zum Besitzer gelten. Zugleich beschränken die Regelungen sich auf das Verhältnis zum unberechtigten Besitzer.[241] Das ergibt sich aus § 241 SRG, der für den vertraglich oder in ähnlicher Weise (also jedenfalls berechtigterweise) begründeten Besitz auf die vertraglichen Vereinbarungen verweist. Der in § 243 1. Hs. SRG geregelte Herausgabeanspruch des Berechtigten gegenüber dem Besitzer kann daher nur den unberechtigten Besitzer im Blick haben.[242] Ob die Regelungen der §§ 242 ff. SRG anwendbar sind, nachdem das vertraglich begründete Besitzrecht geendet hat („nicht mehr berechtigter Besitzer"), oder ob es auch insoweit bei den vertraglichen Abwicklungsvorschriften bleibt, lässt § 241 SRG dagegen offen.

129 Zweck der Regelungen zum Verhältnis von Berechtigtem und Besitzer ist es, den gutgläubigen unberechtigten Besitzer besser zu stellen, als er nach den Haftungsregeln aus dem allgemeinen Teil des SRG (o. Rn. 115 ff.) stünde; zugleich wird der bösgläubige Besitzer schlechter gestellt. Für den gutgläubigen unberechtigten Besitzer sind die Regelungen zum Verhältnis von Berechtigtem und Besitzer, soweit die Privilegierung reicht, deshalb als abschließend anzusehen; die Anwendung der allgemeinen Regeln ist insoweit ausgeschlossen.

130 Wann der Besitzer als bösgläubig anzusehen ist, regelt das SRG nicht und lässt damit insbesondere offen, ob nach Besitzerwerb möglicherweise nur noch positive Kenntnis schadet. Im Schrifttum geht man weithin undifferenziert davon aus, dass „bösgläubiger Besitz"[243] vorliegt, wenn der Besitzer weiß oder wissen muss, dass er nicht zum Besitz berechtigt ist; danach schadet unabhängig vom Zeitpunkt jede Fahrlässigkeit, nicht erst die grob fahrlässige Unkenntnis der mangelnden Besitzberechtigung.[244]

2. Herausgabe und Verwendungsersatz

131 § 243 SRG gewährt dem Berechtigten einen Herausgabeanspruch gegen den unberechtigten Besitzer, der sich zugleich auf die Verpflichtung zur Herausgabe der Früchte erstreckt. „Früchte"[245] meint dabei nicht nur Erzeugnisse der Sache, sondern auch Gebrauchsvorteile.[246]

---

240 Chin. „权利人".
241 Chin. „无权占有人".
242 Liming WANG, Studien, 1470 ff.; Yan ZHU/Shengping GAO/Xin CHEN, 780. – Als irritierend empfindet die Regelung des § 243 SRG dagegen Yuanshi BU, Einführung, § 14 Rn. 84; § 241 SRG stellt aber hinreichend klar, dass zwischen berechtigtem und unberechtigtem Besitzer zu unterscheiden ist.
243 Chin. „恶意占有".
244 Vgl. Liming WANG, Studien, 1470 ff.; Shuanggen ZHANG, Peking University Law Journal 2006, Heft 1, 117 f.
245 Chin. „孳息".
246 Liming WANG, Studien, 1472.

Die Verpflichtung zur Herausgabe auch der Früchte trifft den bösgläubigen eben- **132** so wie den gutgläubigen Besitzer. So wenig wie es einen gutgläubigen Frucht- erwerb gibt (vgl. § 116 SRG), so wenig darf also auch der gutgläubige Besitzer etwaige Früchte behalten. Im Gegensatz zum bösgläubigen Besitzer kann der gut- gläubige Besitzer dem Herausgabeverlangen des Berechtigten aber einen Ver- wendungsersatzanspruch entgegenhalten, § 243 2. Hs. SRG.

Dieser Verwendungsersatzanspruch ist auf die Erstattung solcher Verwendungen **133** beschränkt, die zur Erhaltung der Sache notwendig waren; nützliche Verwendun- gen erhält der gutgläubige Besitzer also nicht ersetzt, selbst wenn sie dem Berech- tigten noch zugutekommen.[247] Das mag auf den ersten Blick unbillig erscheinen, doch erhält der Bösgläubige nicht einmal Ersatz für die notwendigen Verwendun- gen, und zwar auch dann nicht, wenn auch der Berechtigte selbst sie vorgenom- men hätte.

Eigenständig geltend machen kann der gutgläubige Besitzer den Verwendungser- **134** satzanspruch nicht, solange er im Besitz der Sache ist; vielmehr sieht § 243 2. Hs. SRG nur die einredeweise Geltendmachung gegenüber dem Herausgabeverlan- gen vor. Wie die Regelung des § 1000 BGB lässt das dem Berechtigten die Mög- lichkeit, auf die Inanspruchnahme des Besitzers zu verzichten, um dem Verwen- dungsersatzbegehren zu entgehen. Hat der Berechtigte die Sache wiedererlangt, ohne die Verwendungen ersetzt zu haben, so wird man dem Besitzer allerdings zubilligen müssen, eigenständig Ersatz der notwendigen Verwendungen verlan- gen zu können.

3. Schadensersatzansprüche

Während für die Beschädigung oder Zerstörung einer Sache nach den allgemei- **135** nen Regeln bei Verschulden einzustehen ist (o. Rn. 123), ist der gutgläubige un- berechtigte Besitzer von der Haftung für Substanzverletzungen der Sache selbst bei Verschulden befreit; das ergibt sich im Umkehrschluss aus § 242 SRG, der die Anwendung der allgemeinen Vorschriften insoweit ausschließt. Nach dieser Vor- schrift haftet allein der bösgläubige Besitzer auf Schadensersatz für Beschädigun- gen der Sache und dies zudem verschärft, nämlich verschuldensunabhängig für jede Beschädigung der Sache, die durch den Gebrauch der Sache eingetreten ist.

Unabhängig von Gut- oder Bösgläubigkeit und Verschulden ist jeder unberech- **136** tigte Besitzer verpflichtet, dem Berechtigten ein für die Sache erlangtes Surrogat, etwa Versicherungsleistungen oder Schadensersatzzahlungen Dritter, herauszu- geben, § 244 1. Hs. SRG. Von der Verpflichtung zum Ersatz eines weitergehen- den Schadens befreit das den bösgläubigen Besitzer nicht; das stellt § 244 2. Hs. SRG ausdrücklich klar.

---

247 Liming WANG, Studien, 1472.

II. Besitzschutz

137   § 245 SRG trifft für den Schutz des Besitzers ähnliche Regelungen wie sie für den Schutz dinglicher Rechte in den §§ 32 ff. SRG vorgesehen sind. Der frühere Besitzer kann von demjenigen, der die (bewegliche oder unbewegliche) Sache widerrechtlich in Besitz genommen hat, Herausgabe verlangen (§ 245 1. Fall SRG). Wird der Besitz in anderer Weise als durch Entziehung beeinträchtigt, so kann der Besitzer die Beseitigung dieser Beeinträchtigung (oder ihrer Gefahr) verlangen (2. Fall); das folgt dem Vorbild des § 35 SRG (dazu o. Rn. 119). Schließlich kann der Besitzer Ersatz für Schäden verlangen, die ihm durch die Entziehung oder Beeinträchtigung seines Besitzes entstanden sind (3. Fall).

138   Widerrechtlicher Besitz[248] setzt eine rechtswidrige Handlung voraus; im Übrigen ist Verantwortlichkeit des Handelnden nicht erforderlich.[249] Gegenüber einer solchen Handlung muss der frühere Besitzer zur Durchsetzung seines Herausgabeanspruchs staatliche Hilfe in Anspruch nehmen. Selbsthilferechte (Besitzkehr, Besitzwehr) sieht das SRG nicht vor.

139   Inwieweit der Schadensersatzanspruch (§ 245 3. Fall SRG) Verschulden voraussetzt, lässt das Gesetz offen. Richtigerweise wird hier wie im Fall des § 37 SRG (vgl. o. Rn. 123) grundsätzlich das Verschuldenserfordernis aus dem GdH zu berücksichtigen sein.[250] Verschuldensunabhängig ersatzfähig sein müssen aber (nach dem Gedanken des § 242 SRG, o. Rn. 135) die Schäden, die nach einer Besitzentziehung durch einen bösgläubigen Besitzer entstanden sind.

---

248 Chin. „非法占有"; im Schrifttum teils auch „侵占占有".
249 Yan ZHU/Shengping GAO/Xin CHEN, 791 ff.
250 Ebenso Simon WERTHWEIN, Kap. 13 Rn. 48.

6. Kapitel

Dingliche Sicherungsrechte

Literatur: Bu, Yuanshi, Einführung in das Recht Chinas, München 2009; Bu, Yuanshi, Der gutgläubige Erwerb im chinesischen Sachenrecht – ein Beispiel für die Rechtsrezeption in China, Zeitschrift für Vergleichende Rechtswissenschaft 108 (2009), 307 ff.; Cui, Jianyuan, Sachenrecht: Regelungsumfang und Lehre – Die Auslegungstheorie zum chinesischen Sachenrecht als Zentrum [物权:规范与学说—以中国物权法的解释论为中心], Bd. 2, Beijing 2011; Li, Jing [李静], Sachenrecht – Zusammengehörige Erläuterungen und praktische Beispiele [物权法配套解读与实例], Beijing 2014; Luo, Jing, Die Hypothek – eine rechtsvergleichende Betrachtung im chinesischen und deutschen Recht, Berlin 2010; Wang, Hongliang, Kreditsicherheiten nach dem neuen chinesischen Sachenrechtsgesetz, in: Bu, Yuanshi (Hrsg.), Chinesisches Zivil- und Wirtschaftsrecht aus deutscher Sicht, Tübingen 2008, 56 ff.; Wang, Liming [王利明], Sachenrechtsforschung [物权法研究], Bd. 2, 3. Aufl., Beijing 2013; Wesiack, Max, The System of Land-use rights in Chinese Real Estate Law, Zeitschrift für Chinesisches Recht 2005, 177 ff.; Xu, Haiyan/Li, Li [徐海燕/李莉], Praxisanalyse und fortschrittliche Theorie der dinglichen Sicherheiten [物权担保前沿理论与实务探讨], Beijing 2012; Yang, Lixin [杨立新], Sachenrecht [物权法], Beijing 2013; Zhang, Mo, From Public to Private: The newly enacted Chinese Property Rights in China, Berkeley Business Saw Journal, 2008, 317 ff.

Übersicht

A. Überblick

1   Die gesetzlich geregelten dinglichen Sicherungsrechte sind in Kapitel 4 (§§ 170 bis 240) des Sachenrechtsgesetzes vom 16. März 2007 (SRG)[1] enthalten. Zu den dort statuierten Sicherungsrechten gehört die Hypothek[2], das Pfandrecht[3] sowie das Zurückbehaltungsrecht[4]. Auf diese Rechte finden nach § 178 SRG gleichzeitig auch noch die Vorschriften des Gesetzes der VR China über Sicherheiten vom 30.6.1995 (SiG)[5] Anwendung, wenn und soweit diese nicht mit den Regelungen im SRG im Widerspruch stehen.[6]

2   In der chinesischen Literatur werden darüber hinaus zum Teil noch weitere Rechte als dingliche Sicherungsrechte eingeordnet und dabei als atypische Sicherungsrechte bezeichnet.[7] Hierzu gehört das Prioritätsrecht[8], der Eigentumsvorbehalt[9],[10] die Sicherungsübertragung[11] bzw. -abtretung, die Nachübertragung[12],[13] und das

---

1   Deutsch mit Quellenangabe in: Frank MÜNZEL (Hrsg.), Chinas Recht, 16.3.07/1.
2   Chinesisch „抵押".
3   Chinesisch „质权".
4   Chinesisch „留置权".
5   Deutsch mit Quellenangabe in: Frank MÜNZEL (Hrsg.), Chinas Recht, 30.6.95/2.
6   Das SiG enthält Vorschriften für die Bürgschaft, die Hypothek, das Pfandrecht, das Zurückbehaltungsrecht und das Festgeld. Da also das SiG auch Personalsicherheiten erfasst und diese nicht im Vertragsgesetz oder anderen Gesetzen enthalten sind, konnte das SiG nicht mit Inkrafttreten des SRG außer Kraft gesetzt werden (vgl. Liming WANG, 1113 f.). Inwieweit die Vorschriften des SiG zu den dinglichen Sicherungsrechten überhaupt noch einen Regelungsgehalt haben, der nicht bereits durch die Vorschriften des SRG abgedeckt ist und gleichzeitig nicht im Widerspruch zu den Vorschriften im SRG stehen, ist unklar und muss jeweils im Einzelfall geprüft werden (s. z.B. Hongliang WANG, 58 f.; in den chinesischen Lehrbüchern zum Sachenrecht wird die Frage nicht zusammenhängend und systematisch beantwortet, vgl. z.B. die Darstellungen bei Liming WANG, a.a.O. und bei Haiyan XU/Li LI, 8 f.).
7   Siehe z.B. Lixin YANG, 454 ff.; Haiyan XU/Li LI, 365 ff.; Liming WANG, 1111 f.
8   Chinesisch „优先权".
9   Chinesisch „所有权保留".
10 Siehe zum Eigentumsvorbehalt oben 5. Kapitel, Rn. 101 ff.
11 Chinesisch „让与担保".
12 Chinesisch „后让与担保".
13 Siehe zu dieser Lixin YANG, 475 ff. Lixin YANG definiert die Nachübertragung als dinglich wirkende vertragliche Vereinbarung zwischen dem Gläubiger und dem Schuldner bzw. einem Dritten, wonach dann, wenn der Schuldner seine Schuld nicht vereinbarungsgemäß begleicht, das Eigentum an einer nicht beweglichen Sache auf den Gläubiger übergehen soll (ebd., 482). Er sieht dieses Recht als gewohnheitsrechtlich anerkannt und deshalb im Einklang mit dem in § 5 SRG statuierten sachenrechtlichen Typenzwang (ebd., 484).

Dian-Recht[14,15]. Die Einordnung bzw. Anerkennung dieser Rechte als dingliche Sicherungsrechte ist jedoch teilweise umstritten.[16] Die folgenden Ausführungen beschränken sich auf die Darstellung der gesetzlich geregelten dinglichen Sicherungsrechte. Die Darstellung will einen Überblick geben und verfolgt nicht das Ziel, alle im Zusammenhang mit den Sicherungsrechten bestehenden Fragestellungen und Probleme zu behandeln.

B.   Hypothek

Die Hypothek ist im SRG in den §§ 179 bis 201 geregelt.[17] Nach § 179 SRG gibt die Hypothek dem Hypothekengläubiger das Recht, sich beim Eintreten des Sicherungsfalles aus dem hypothekarisch belasteten Vermögensgegenstand bevorzugt zu befriedigen. Die Hypothek kann von dem Schuldner der gesicherten Forderung oder einem Dritten bestellt werden (§ 179 SRG). Eine wesentliche Besonderheit des chinesischen Rechts im Vergleich zum deutschen Recht besteht darin, dass das chinesische Recht auch die Hypothek an bestimmten Rechten sowie grundsätzlich an allen beweglichen Sachen einschließlich zukünftiger Sachen anerkennt.[18] Gesetzessystematisch unterscheidet das SRG zwischen der gewöhnlichen Hypothek (§§ 179 ff.) und der Höchstbetragshypothek (§§ 203 ff.).   3

I.   Belastbare Vermögensgegenstände

Die hypothekarisch belastbaren Rechte und Sachen sind in § 180 SRG aufgelistet. Demgegenüber zählt § 184 SRG die Vermögensgegenstände auf, an denen keine Hypothek bestellt werden kann. Die in diesen Vorschriften vorgenommene Einteilung beruht zum wesentlichen Teil auf den Besonderheiten der Eigentumsordnung in China, wonach das Eigentum an Grund und Boden in den Städten dem Staat (Art. 10 Verfassung, § 47 SRG) und auf dem Land und in den Vororten der   4

---

14 Chinesisch „典权".

15 Das Dian-Recht ist ein gewohnheitsrechtlich anerkanntes Rechtsinstitut (vgl. Lixin YANG, 341 ff.) Inhalt dieses Rechts ist verkürzt gesagt, dass der Dian-Geber auf der Grundlage einer vertraglichen Vereinbarung von dem Dian-Nehmer einen Geldbetrag erhält und dafür dem Dian-Nehmer für einen vereinbarten Zeitraum ein Nutzungsrecht an dem Grundstück und/oder Gebäude des Dian-Gebers einräumt. Nach Ablauf des vereinbarten Zeitraums erhält der Dian-Geber das Grundstück zurück, wenn er dem Dian-Nehmer einen Geldbetrag in der ursprünglichen Summe zurückzahlt. Zahlt hingegen der Dian-Geber das Geld nicht zurück, wird der Dian-Nehmer Eigentümer des Landnutzungsrechts bzw. des Gebäudes. In der chinesischen Literatur ist umstritten, ob das Dian-Recht als dingliches Sicherungs- oder Nutzungsrecht einzuordnen ist (vgl. Lixin YANG, 341 ff., der selber das Dian-Recht als Nutzungsrecht kategorisiert).

16 Vgl. die oben in Fn. 7 Genannten.

17 Das SiG enthält die Regelungen zur Hypothek in den §§ 33 bis 62. Vgl. zum Verhältnis zwischen SRG und SiG oben Fn. 6.

18 Siehe rechtsvergleichend zum deutschen und chinesischen Hypothekenrecht ausführlich Jing LUO.

Städte dem Kollektiv (Art. 10 Verfassung, § 58 SRG) gehört.[19] Nach § 180 Abs. 2 SRG können die in § 180 Abs. 1 SRG aufgelisteten Vermögensgegenstände zusammen zur Bestellung einer Hypothek verwendet werden.[20]

5 Im Einzelnen können die folgenden Sachen und Rechten mit einer Hypothek bestellt werden:

- Bauwerke und andere mit dem Land verbundene Sachen (§ 180 Nr. 1 SRG)[21]
- Baulandnutzungsrecht[22] (§ 180 Nr. 2 SRG)[23]
- Bodenbewirtschaftungsrecht[24] an Ödland usw., das durch Ausschreibung, Versteigerung oder öffentlich ausgehandelte Vereinbarung erworben worden ist (§ 180 Nr. 3 SRG)
- Produktionsanlagen, Rohmaterial, Halbfertig- und Fertigprodukte (§ 180 Nr. 4 SRG)
- im Bau befindliche Bauwerke, Schiffe und Flugzeuge (§ 180 Nr. 5 SRG)
- Verkehrs- und Transportmittel (§ 180 Nr. 6 SRG)
- anderes Vermögen, an dem nach Gesetz oder Verwaltungsnormen es nicht verboten ist, eine Hypothek zu bestellen (§ 180 Nr. 7 SRG).[25]

6 Nicht mit einer Hypothek belastbar sind demgegenüber nach § 184 SRG die folgenden Vermögensgegenstände:

- Grundstückseigentum (§ 184 Nr. 1 SRG)

---

19 Siehe allgemein zur Bodenordnung in China Max Wesiack, ZChinR 2005, 177 ff.

20 Die wohl h. L. geht davon aus, dass es sich dabei um nur eine einzige Hypothek und nicht – wie von manchen vertreten – um eine Mehrzahl von Hypotheken handelt, vgl. Liming Wang, 1250.

21 In der chinesischen Literatur wird nur selten versucht, diese beiden Vermögensgegenstände zu definieren. Nach Liming Wang, 1170, sind Bauwerke solche Konstruktionen oberhalb oder unterhalb des Bodens, die ein Dach, Stützen und Wände haben und von Menschen bewohnt oder genutzt werden können. Hierzu zählt Liming Wang neben Wohnungen und Gebäuden z. B. auch Kellerräume, Garagen, Brücken und Schornsteine (a. a. O.). Jing Li, 226 f., definiert „andere mit dem Land verbundene Sachen" als unbewegliche Sachen, die mit dem Boden verbunden sind, aber keine Gebäude sind und zählt hierzu beispielhaft sowohl Konstruktionen wie Brücken, Tunnel, Deiche und Straßen als auch Baumbestand und Getreide. M. E. ist zumindest zweifelhaft, ob wirklich alle in den Definitionen genannten Sachen isoliert vom Landnutzungsrecht oder Gebäude mit einer Hypothek belastet werden können.

22 Chinesisch „建设用地使用权".

23 Siehe zu Nutzungsrechten an Grundstücken Yuanshi Bu, 143 ff.; Mo Zhang, 317 ff.

24 Chinesisch „土地承包经营权".

25 Nach Liming Wang, 1176 ff., umfasst dies solche beweglichen und unbeweglichen Sachen sowie Rechte, die folgende Voraussetzungen erfüllen: (1) sie müssen übertragbar sein; (2) der Hypothekengeber muss das Verfügungsrecht über sie haben; (3) die Hypothekenbestellung an diesen Sachen oder Rechten muss dem Publizitätsprinzip entsprechen; und (4) die Hypothekenbestellung darf nicht gegen Treu und Glauben verstoßen.

- im Kollektiveigentum stehende Landnutzungsrechte an Ackerland, Hofland,[26] Ackerland und Berge für die Eigennutzung usw., es sei denn, dass gesetzliche Bestimmung die Hypothekenbestellung gestattet (§ 184 Nr. 2 SRG)
- Anlagen von öffentlichen Einrichtungen wie z. B. Schulen, Kindergärten, Krankenhäuser (vgl. § 184 Nr. 3 SRG)
- Vermögensgegenstände, an denen das Eigentum oder Nutzungsrecht unklar oder umstritten ist (vgl. § 184 Nr. 4 SRG)[27]
- Vermögensgegenstände, die unter Verschluss stehen, gepfändet sind oder unter Verwaltung stehen (§ 184 Nr. 5 SRG)
- andere Vermögensgegenstände, an denen nach dem Gesetz oder Verwaltungsbestimmungen keine Hypothek bestellt werden darf (§ 184 Nr. 6 SRG).[28]

1.   Entstehung der Hypothek

Für jede Hypothekenbestellung ist der Abschluss eines schriftlichen Hypothekenvertrages erforderlich (vgl. § 185 SRG). Ob für die Entstehung der Hypothek auch die Registrierung notwendig ist, hängt von dem Gegenstand der Hypothek ab (vgl. §§ 187, 188, 189). Die Hypothek ist gemäß dem nach § 177 Nr. 1 SRG für alle dinglichen Sicherungsrechte geltenden Akzessorietätsprinzip streng akzessorisch. Dies bedeutet u. a., dass im Fall der Unwirksamkeit der gesicherten Forderung grundsätzlich auch die Hypothek unwirksam ist.[29]   7

a)   Hypothekenvertrag

Nach § 185 SRG soll der Hypothekenvertrag einen bestimmten Mindestinhalt haben, nämlich (1) Art und Betrag der gesicherten Forderung, (2) die Frist für die Erfüllung der Schuld durch den Schuldner, (3) im Hinblick auf den Hypothekengegenstand die Angabe der Menge, der Qualität, des Zustandes, der Lage sowie Eigentümerstellung bzw. Nutzungsberechtigung, und (4) den Sicherungsumfang.   8

---

26   Umstritten ist, ob Gebäude, die auf Hofland gebaut worden sind, mit einer Hypothek belastet werden können; s. hierzu Liming WANG, 1180, der dies bejaht.

27   Dies schließt aber nicht den gutgläubigen Erwerb der Hypothek aus, s. Liming WANG, 1183 f.

28   Umstritten ist hier z. B., ob Vermögensgegenstände von Behörden hypothekarisch belastet werden können. Vgl. hierzu Liming WANG, 1185 f., der danach differenziert, ob diese Gegenstände zum täglichen Behördengebrauch gehören (z. B. Behördengebäude, Dienstwagen usw.) oder nicht (z. B. Hotels). Nur im letzteren Fall kann nach Liming WANG, a. a. O., eine Hypothek bestellt werden. Weitere Beispiele für nicht belastbare Gegenstände sind auch illegal errichtete Bauwerke und Vermögen von religiösen Einrichtungen, vgl. Liming WANG, 1186.

29   Dabei ist allerdings zu beachten, dass dann, wenn die Unwirksamkeit oder das Erlöschen der Hauptforderung Schadensersatzansprüche des Gläubigers begründen, die Hypothek diese Ansprüche gem. § 173 SRG sichert und damit wirksam ist bzw. wirksam bleibt; vgl. hierzu z. B. Liming WANG, 1082; Jianyuan CUI, 754.

9   Der Hypothekenvertrag muss kein separates Dokument sein, sondern kann in den Vertrag über die gesicherte Forderung integriert werden.[30] Nach § 56 der „Interpretation des Obersten Volksgerichts (OVG-Interpretation) zu einigen Fragen der Anwendung des SiG" vom 8.12.2000[31] ist eine Hypothek nicht begründet, wenn der Hypothekenvertrag nicht die Art der gesicherten Forderung sowie den Hypothekengegenstand angibt oder die Angaben unklar sind und diese Angaben nicht auf der Grundlage des Hauptvertrages und des Hypothekenvertrages ergänzt werden können. Diese OVG-Interpretation zu § 56 SiG wird in der Literatur auf die Anwendung des § 185 SRG übertragen.[32] Ob die in § 56 OVG-Interpretation angesprochene Ergänzung möglich ist, muss durch Auslegung ermittelt werden.[33]

10   Die Wirksamkeit des Hypothekenvertrages ist unabhängig von der Wirksamkeit der Hypothek zu beurteilen (vgl. § 15 SRG). Dies bedeutet z. B., dass im Fall einer unwirksamen Hypothek der Gläubiger des wirksamen Hypothekenvertrages gegebenenfalls vertragliche Schadensersatzansprüche gegen den Schuldner des Vertrages geltend machen kann.[34]

b)   *Registrierung*

11   Die Bestellung einer Hypothek an Bauwerken und anderen mit dem Land verbundenen Sachen, Baulandnutzungsrechten, Bewirtschaftungsrechten sowie im Bau befindlichen Bauwerken bedarf zur Wirksamkeit der Registrierung (§ 187 SRG). Demgegenüber hat die Registrierung der Hypothekenbestellung an anderen Vermögensgegenständen lediglich deklaratorische Wirkung und die Hypothek ist bereits mit dem Wirksamwerden des Hypothekenvertrages bestellt (§ 188 SRG). Die deklaratorische Wirkung zeigt sich daran, dass eine nicht registrierte Hypothek einem gutgläubigen Dritten nicht entgegengehalten werden kann (§ 188 SRG letzter Halbsatz).

12   Ein einheitliches Hypothekenregister existiert nicht. Für die Registrierung von Hypotheken sind unterschiedliche Behörden zuständig.[35] Es finden abhängig von dem Sicherungsgegenstand verschiedene Registrierungsvorschriften Anwendung. So ist z. B. nach den §§ 3, 36 der Landregistrierungsbestimmungen[36] die Landbehörde oberhalb der Kreisebene für die Registrierung der Hypothekenbestellung an einem Baulandnutzungsrechts zuständig und nach §§ 4, 44 Woh-

---

30 Liming Wᴀɴɢ, 1164; Jing Luo, 42.
31 Chinesisch   最高人民法院关于贯彻执行《中华人民共和国担保法》若干问题的解释, in Kraft getreten am 13.12.2000, chinesisch abgedruckt in: Amtsblatt des Obersten Volksgerichts [中华人民共和国最高人民法院公报] 2001, Nr.1, 16 ff.
32 Siehe z. B. Lixin Yᴀɴɢ, 371; Liming Wᴀɴɢ, 1163.
33 Vgl. Liming Wᴀɴɢ, 1164.
34 Siehe z. B. Liming Wᴀɴɢ, 1164.
35 Siehe hierzu ausführlich Jianyuan Cᴜɪ, 781 ff.
36 Bestimmungen für die Landregistrierung, chinesisch 土地登记办法, in Kraft getreten am 1.2.2008, abgedruckt in: Amtsblatt des Ministeriums für Land und Ressourcen [中华人民共和国国土资源部令] Anweisung Nr. 40 vom 30.12.2007.

nungsregistrierungsbestimmungen[37] hat die auf Stadt- bzw. Kreisebene für Gebäude (Wohnungen) zuständige Behörde die Registrierung von Hypotheken an Wohnungen durchzuführen. Die Registrierung von Hypotheken an beweglichen Sachen wird in den gleichnamigen Bestimmungen vom 17.10.2007 geregelt.[38] In diesen Bestimmungen sind jedoch keine Registerstellen genannt, so dass nach § 43 SiG die Notare für die Registrierung von beweglichen Sachen zuständig sind, ausgenommen für die Registrierung der Floating Charge an Mobilien von Unternehmen, die nach §§ 181, 189 SRG von der Industrie- und Handelsbehörde vorzunehmen ist.[39]

2. Einzelne Hypothekentypen

Im Folgenden werden einige Besonderheiten der wichtigsten gesetzlichen Hypothekentypen kurz dargestellt.   13

a) Hypothek an Land und Gebäuden

In § 182 Abs. 1 S. 2 SRG ist bestimmt, dass dann, wenn ein Baulandnutzungs-   14
recht mit einer Hypothek belastet wird, sich diese Hypothek auch auf Bauwerke erstreckt, die zum Zeitpunkt der Hypothekenbestellung bereits auf dem Land errichtet waren. Demgegenüber erfasst die Hypothek an einem Baulandnutzungsrecht keine Gebäude, die erst nach der Hypothekenbestellung errichtet worden sind.[40] Wird die Hypothek an einem Gebäude bestellt, dann erstreckt sich die Hypothek auch auf das Baulandnutzungsrecht für die Fläche unter dem Gebäude (§ 182 Abs. 1 S. 1 SRG).

b) Floating Charge

Die sog. Floating Charge ist die in den §§ 181, 189, 196 SRG geregelte Hypothek,   15
die Unternehmen, Einzelgewerbetreibende und dörfliche Pächter an Produktionsanlagen, Rohmaterial, Halbfertig- und Fertigprodukten bestellen, die sie gegenwärtig besitzen oder zukünftig besitzen werden.[41]

Die Floating Charge entsteht mit Wirksamwerden des Hypothekenvertrages   16
(§ 189 Abs. 1 S. 2 1. Hs. SRG). Sie muss zwar bei der für Industrie und Handel

---

37 Bestimmungen für die Wohnungsregistrierung, chinesisch 房屋登记办法, chinesisch abgedruckt in: Amtsblatt des Ministeriums für Bau und Stadtentwicklung [中华人民共和国建设部令] Anweisung Nr. 168 vom 15.2.2008.
38 Bestimmungen für die Registrierung von beweglichen Sachen [动产抵押登记办法], chinesisch abgedruckt in: Amtsblatt der Behörde für Industrie und Handel [中华人民共和国国家工商行政管理总局令] Anweisung Nr. 30 vom 12.10.2007.
39 So jedenfalls Liming WANG, 1194.
40 Dies ist explizit in § 52 der Verwaltungsbestimmungen für städtische Gebäude, chinesisch 城市房地产管理法 ausgesagt.
41 Siehe zum Ursprung der Floating Charge aus dem englischen und französischen Recht, Jing LUO, 76 u. Hongliang WANG, 68.

zuständigen Behörde am Sitz des Bestellers registriert werden, die Registrierung hat aber lediglich Drittwirkung, d. h., nur nach Eintragung kann sie einem gutgläubigen Dritten entgegengehalten werden (§ 189 Abs. 1 S. 2 2. Hs. SRG).

17   Der Besteller der Floating Charge darf die Gegenstände, auf die sich die Floating Charge erstreckt, veräußern. Einem Dritten darf die Hypothek nicht entgegen gehalten werden, wenn und soweit dieser den jeweiligen Gegenstand im Rahmen des normalen Geschäftsbetriebs bezahlt und erhalten hat (§ 189 Abs. 2 SRG).

18   Der konkrete Umfang der hypothekarisch belasteten Sachen ist nach § 196 SRG erst dann bestimmt, wenn einer der folgenden Umstände vorliegt:

–   Eintritt der Fälligkeit der gesicherten Forderung;
–   der Konkurs des Bestellers wird erklärt oder aufgehoben;
–   Eintritt der vertraglich vereinbarten Voraussetzungen für die Verwertung der Hypothek;
–   Eintritt von anderen Umständen, welche die Realisierung der gesicherten Forderung erheblich beeinträchtigen.[42]

c)   Höchstbetragshypothek

19   Bei der in den §§ 203 bis 207 SRG normierten Höchstbetragshypothek sichert ein Vermögensgegenstand bis zu einem von den Parteien vereinbarten Höchstbetrag Forderungen, die in einem bestimmten Zeitraum fortlaufend entstehen (vgl. § 203 Abs. 1 SRG). Dabei können zum Zeitpunkt der Hypothekenbestellung bereits entstandene Forderungen durch Parteivereinbarung ebenfalls in die Höchstbetragshypothek einbezogen werden (§ 203 Abs. 2 SRG). Das Wesen der Höchstbetragshypothek liegt also darin, dass zum Zeitpunkt der Hypothekenbestellung der Betrag der gesicherten Forderung nicht bestimmbar ist und lediglich durch den vereinbarten Sicherungshöchstbetrag eingegrenzt ist. Sollten die Parteien den Zeitraum für die konkrete Forderungsbestimmung im Hypothekenvertrag nicht oder nicht klar festgelegt haben, dann gilt nach § 206 Nr. 2 SRG eine Zweijahresfrist, die mit dem Tag der Hypothekenbestellung zu laufen beginnt. Ergänzend zu den speziellen Vorschriften für die Höchstbetragshypothek in den §§ 203 bis 206 SRG gelten nach § 207 SRG die Regelungen für die gewöhnliche Hypothek in den §§ 179 bis 202 SRG.

20   Die konkret gesicherten Forderungen werden nach den Regeln des § 206 SRG festgestellt. Danach werden die Forderungen konkret bestimmt (1) nach Ablauf des vereinbarten Zeitraums (§ 206 Nr. 1 SRG) bzw. (2) Ablauf der Zweijahresfrist im Fall einer fehlenden oder unklaren Bestimmung des Zeitraums (§ 206 Nr. 2 SRG), (3) wenn keine Forderungen mehr entstehen können,[43] (4) wenn der Hy-

---

42   Hierzu gehören nach Liming WANG, 1286 f. z. B. die Verschlechterung des Geschäftsbetriebs, die Übertragung von Vermögen, die Entwendung von Geldern und die Schädigung des Geschäftsrufs.

43   Z. B., wenn der Schuldner seine Geschäftstätigkeit einstellt oder seine Betriebstätigkeit so ändert, dass keine Geschäftsverbindung mit dem Gläubiger entstehen kann, vgl. Liming WANG, 1297.

pothekengegenstand versiegelt oder gepfändet worden ist, (5) wenn der Konkurs des Schuldners oder des Bestellers erklärt oder aufgehoben worden ist, (6) wenn andere Umstände eintreten, unter denen nach gesetzlichen Vorschriften die Forderungsfeststellung erfolgt.[44]

Mit der Feststellung der Forderungen nach § 206 SRG wandelt sich die Höchstbetragshypothek in eine gewöhnliche Hypothek um.[45] Streitig ist, ob Zinsansprüche, Vertragsstrafe und Schadensersatzansprüche nur dann von der Hypothek erfasst sind, wenn sie zum Zeitpunkt der Forderungsfeststellung nach § 206 SRG schon entstanden waren.[46]   **21**

3.   Übertragung einer Hypothek und gutgläubiger Erwerb

Nach § 192 S. 1 SRG kann eine Hypothek nur zusammen mit der gesicherten Forderung übertragen werden. Wird die gesicherte Forderung übertragen, so wird gemäß § 192 S. 2 SRG die Hypothek mit übertragen, es sei denn, dass das Gesetz etwas anderes bestimmt (z. B. nach § 189 Abs. 2 SRG in dem Fall, dass eine Floating Charge nach § 181 SRG bestellt worden ist) oder die Parteien etwas anderes vereinbaren. Ein praktisches Beispiel für den letztgenannten Fall ist die vertragliche Teilübertragung der Forderung ohne Hypothek.[47] Bei einer Höchstbetragshypothek wird vor der Forderungsfeststellung nach § 206 SRG die Hypothek nur dann zusammen mit der gesicherten Forderung übertragen, wenn die Parteien dies vereinbaren (§ 204 SRG).   **22**

Der gutgläubige Erwerb[48] einer Hypothek richtet sich gem. § 106 Abs. 3 SRG entsprechend den Bestimmungen in § 106 Abs. 1 und Abs. 2 SRG. Da der gutgläubige Erwerb einer Forderung in China nicht anerkannt ist,[49] ist von vornherein ein gutgläubiger Erwerb einer Hypothek ausgeschlossen, wenn und soweit keine gesicherte Forderung besteht. Der Erwerber der Hypothek ist gutgläubig, wenn er zum Zeitpunkt der Eintragung der Hypothek die Nichtberechtigung des Verfügenden nicht kannte und auch nicht hätte kennen müssen. Ob für Kennenmüssen bereits einfache Fahrlässigkeit ausreicht oder grobe Fahrlässigkeit notwendig ist, ist in der Literatur umstritten.[50] Ein gutgläubiger Erwerb setzt nach § 106 Abs. 1 Nr. 2 SRG auch voraus, dass für die Übertragung des Eigentums ein angemessener Preis gezahlt worden ist. Ob diese Voraussetzung auch analog auf den gutgläubigen Hypothekenerwerb Anwendung findet, ist in der Literatur umstritten, da für die Hypothekenbestellung üblicherweise kein gesondertes Entgelt bezahlt   **23**

---

44 Z. B. im Fall des § 197 SRG, vgl. Liming Wang, 1297.
45 Liming Wang, 1297, Jing Luo, 72.
46 Die beschränkende Auffassung vertritt z. B. Lixin Yang, 394, dagegen Liming Wang, 1297, Jianyuan Cui, 859, Jing Luo, 72 f.
47 Jing Li, 250.
48 Siehe allgemein zum gutgläubigen Erwerb in China oben 5. Kapitel Rn. 76 ff.
49 Siehe z. B. Yuanshi Bu, ZVglRWiss 108 (2009), 327.
50 Vgl. Yuanshi Bu, ZVglRWiss 108 (2009), 314 f.; siehe auch 5. Kapitel Rn. 90.

wird.[51] Vertreten wird u. a., dass die Bestellung der Sicherheit und das Grundgeschäft als eine Gesamtheit daraufhin zu prüfen sind, ob das Verhältnis zwischen
Leistung und Gegenleistung insgesamt angemessen ist.[52]

24   An einer unbeweglichen Sache setzt der gutgläubige Erwerb neben der Gutgläu-
      bigkeit auch die Registrierung der Hypothek voraus, da die Hypothek an unbe-
      weglichen Sachen nach § 187 SRG erst mit Registrierung wirksam wird.[53]

25   Ob, und wenn ja, unter welchen Voraussetzungen ein gutgläubiger Erwerb einer
      Hypothek an einer beweglichen Sache überhaupt in Frage kommt, ist umstritten.
      Eine wohl Mindermeinung verneint einen solchen Erwerb mit dem Argument,
      dass nach § 106 Abs. 1 Nr. 3 SRG bei Nichtregistrierung des Rechts die Sache
      übergeben werden muss, damit gutgläubiger Erwerb möglich ist, die Bestellung
      einer Hypothek an einer beweglichen Sache aber gerade keine Übergabe erfor-
      dert.[54] Nach anderer Auffassung ist demgegenüber weder die Übergabe der Sache
      noch die Registrierung der Hypothek erforderlich. Ausreichend ist nach dieser
      Auffassung allein die Gutgläubigkeit des Erwerbers.[55] Demgegenüber geht eine
      dritte Meinung davon aus, dass neben der Gutgläubigkeit auch die Registrierung
      der Hypothek erforderlich ist.[56]

4.   Verwertung der Hypothek

26   In § 195 Abs. 1 SRG ist bestimmt, dass der Hypothekar und der Besteller nach
      Eintritt des Sicherungsfalls eine Vereinbarung über die Verwertung des Hypothe-
      kengegenstandes treffen können.

27   Wie sich aus § 195 Abs. 1 SRG ergibt, ist der Sicherungsfall nicht allein auf die
      Nichterfüllung der fälligen Forderung beschränkt, sondern umfasst auch andere
      zwischen dem Hypothekar und der Besteller vereinbarte Fälle. So können die
      Parteien z. B. vereinbaren, dass der Sicherungsfall eintritt, wenn der Besteller kei-
      ne Versicherung für den Hypothekengegenstand erwirbt oder wenn der Besteller
      in schwerwiegende Zahlungsschwierigkeiten gerät.[57]

28   Die Vereinbarung nach Eintritt des Sicherungsfalles kann nach § 195 Abs. 1 S. 1
      SRG darauf gerichtet sein, dass der Hypothekar das Eigentum an der Hypothe-
      kensache erwirbt oder der Hypothekar durch den Erlös aus der Versteigerung oder
      dem freihändigen Verkauf der Sache befriedigt wird. Nach § 186 SRG können die
      Parteien den Eigentumsübergang auf den Hypothekar nicht schon vor dem Ein-

---

51   Vgl. Yuanshi Bu, ZVglRWiss 108 (2009), 326.
52   Ebenda.
53   Siehe z. B. Jing Luo, 48.
54   Jianyuan Cui, 768 m. w. N. in Fn. 5.
55   So z. B. Jing Luo, 49 m. w. N. Siehe zu dieser Meinung auch die Nachweise in Jianyuan Cui, 769
     Fn. 1.
56   Lixin Yang, 372.
57   Vgl. Liming Wang, 1258.

tritt des Sicherungsfalles vereinbaren. Bei dem Erwerb der Sache durch den Hypothekar und beim freihändigen Verkauf haben die Parteien den Kaufpreis nach dem Marktpreis der Sache zu bestimmen (§ 195 Abs. 3 SRG). Nach § 195 Abs.1 S. 2 SRG können Drittgläubiger, die durch die Vereinbarung geschädigt worden sind, innerhalb eines Jahres ab Kenntniserlangung oder Kennenmüssen von dem Schädigungsgrund bei dem Volksgericht die Aufhebung der Vereinbarung zwischen dem Hypothekar und dem Besteller verlangen.

Wenn der Hypothekar und der Besteller sich nicht auf die Art und Weise der   29
Verwertung einigen können, kann der Hypothekar gem. § 195 Abs. 2 SRG beim
Volksgericht beantragen, dass das Gericht den Gegenstand der Hypothek versteigert oder freihändig veräußert.

Sind an einem Vermögensgegenstand mehrere Hypotheken für verschiedene   30
Gläubiger bestellt, bestimmt sich die Reihenfolge der Gläubigerbefriedigung
nach § 199 SRG. Danach besteht folgende Reihenfolge:

– bei einer registrierten Hypothek gemäß der Rangfolge und bei gleichem Rang
  im Verhältnis der Forderungen zueinander (§ 199 Nr. 1 SRG)

– registrierte vor nicht registrierte Hypotheken (§ 199 Nr. 2 SRG)

– nicht registrierte Hypotheken im Verhältnis der Forderungen zueinander
  (§ 199 Nr. 3 SRG).

Der Hypothekar muss die Hypothek innerhalb der Klagefrist für die gesicherte   31
Forderung verwerten, anderenfalls verliert er seinen gerichtlichen Schutz (§ 202
SRG).

C. Pfandrecht

Das chinesische Recht unterscheidet zwischen dem Pfandrecht an beweglichen   32
Sachen (§§ 208 bis 222 SRG) und dem Pfandrecht an Rechten (§§ 223 bis 229
SRG).

I. Pfandrecht an beweglichen Sachen

1. Pfandrechtsbestellung

Die Bestellung eines Pfandrechts an beweglichen Sachen erfordert nach § 208   33
SRG in Verbindung mit den §§ 210 und 212 SRG den Abschluss eines schriftlichen Pfandvertrages und die Übergabe des Besitzes der Pfandsache an den Gläubiger.

a) Pfandvertrag

Nach § 210 Abs. 2 SRG enthält der Pfandvertrag in der Regel die in der Vorschrift   34
aufgelisteten Punkte, nämlich:

– Art und Betrag der gesicherten Forderung (§ 210 Abs. 2 Nr. 1 SRG)
– Fälligkeit der gesicherten Forderung (§ 210 Abs. 2 Nr. 2 SRG)
– Bezeichnung, Menge, Qualität und Zustand der Pfandsache (§ 210 Abs. 2 Nr. 3 SRG)
– Sicherungsumfang (§ 210 Abs. 2 Nr. 4 SRG)
– Zeitpunkt der Übergabe der Pfandsache (§ 210 Abs. 2 Nr. 5 SRG).

35 Für die Wirksamkeit des Pfandvertrages ist nicht erforderlich, dass der Vertrag tatsächlich alle diese Punkte enthält. Es gilt die Vertragsfreiheit.[58] Dies folgt aus dem Wortlaut der Vorschrift, die ausdrücklich sagt, dass der Vertrag „in der Regel" diesen Inhalt hat. Dies ist eine Lockerung der gesetzlichen Anforderungen im Vergleich zu § 65 SiG, der noch vorsah, dass die dort aufgelisteten Punkte Vertragsinhalt sein müssen.

b)   Besitzübergabe

36 Aufgrund der für die Entstehung des Pfandrechts erforderlichen Publizitätswirkung der Besitzübergabe geht die h. L. davon aus, dass dem Pfandnehmer der unmittelbare Besitz eingeräumt werden muss.[59]

c)   Gutgläubiger Erwerb

37 Auf den gutgläubigen Erwerb des Pfandrechts an einer beweglichen Sache sind gemäß § 106 Abs. 3 SRG die Vorschriften des § 106 Abs. 1 und Abs. 2 SRG analog heranzuziehen.[60] Voraussetzung für den gutgläubigen Erwerb ist, dass der Pfandvertrag wirksam ist und der Pfandnehmer zum Zeitpunkt der Besitzübertragung gutgläubig ist.[61]

2. Rechte und Pflichten des Pfandnehmers

38 Der Pfandnehmer hat nach § 213 Abs. 1 SRG das Recht, die Früchte aus der Sache zu ziehen, es sei denn, dass mit dem Pfandgeber etwas anderes vereinbart worden ist. Zu den Früchten der Pfandsache zählen sowohl die natürlichen als auch die rechtlichen Früchte.[62] Der Pfandnehmer wird jedoch nicht Eigentümer der gezogenen Früchte. Das Eigentum bleibt beim Pfandgeber.[63] Sofern es sich bei den gezogenen Früchten um Geld handelt, kann der Pfandnehmer das Geld direkt zur Tilgung der Forderung verwenden. Andere Früchte darf der Pfandnehmer nur gemäß der Regelung für die Pfandverwertung in § 219 Abs. 2 SRG durch Ver-

---

58 Liming WANG, 1313.
59 Siehe z. B. Liming WANG, 1315, Lixin YANG, 407.
60 Siehe hierzu bereits zum gutgläubigen Hypothekenerwerb oben unter Rn. 23.
61 Siehe z. B. Liming WANG, 1319.
62 Siehe z. B. Jianyuan CUI, 874.
63 Liming WANG, 1321.

steigerung oder freihändigen Verkauf verwerten.[64] Fraglich ist, ob er hierfür die Fälligkeit der Forderung bzw. den Eintritt der vereinbarten Verwertungsvoraussetzung für die Pfandsache abwarten muss. Dies ist z.B. dann, wenn es sich bei den Früchten um verderbliche Sachen handelt, nicht sachgemäß. Deshalb sollte hier § 216 SRG analog herangezogen werden.[65] Die Kosten für die Fruchtziehung sind nach § 213 Abs. 2 SRG vorab aus der Verwertung der gezogenen Frucht zu decken. Unklar ist wiederum, ob er die Früchte zur Kostendeckung zumindest teilweise verwerten darf, oder ob er auch insoweit die Verwertungsreife der Pfandsache abwarten muss. Da das Gesetz hierzu schweigt, sollte dies im Pfandvertrag geregelt werden.

Wenn der Pfandnehmer ohne Zustimmung des Pfandgebers die Pfandsache gebraucht, vermietet oder darüber verfügt, ist er dem Pfandgeber nach § 214 SRG schadensersatzpflichtig. Neben dem Schadensersatzanspruch hat m.E. der Pfandgeber auch einen Anspruch gegen den Pfandnehmer auf Herausgabe der rechtswidrig erlangten Vorteile aus der Verfügung bzw. Nutzung der Pfandsache.   **39**

§ 216 Hs. 1 SRG gewährt dem Pfandnehmer das Recht, von dem Pfandgeber die Bestellung von weiteren Sicherheiten zu verlangen, wenn die Pfandsache ohne Verschulden des Pfandnehmers beschädigt worden ist oder deutlich an Wert verloren hat und dadurch die Sicherungsinteressen des Pfandnehmers gefährdet sind.[66] Kommt der Pfandgeber der Aufforderung zur Bestellung zusätzlicher Sicherheiten nicht nach, dann hat der Pfandnehmer das Recht, die Sache durch Versteigerung oder freihändigen Verkauf zu verwerten (§ 216 2. Hs. SRG). Der Pfandnehmer und der Pfandgeber können dann nach § 216 2. Hs. SRG eine Vereinbarung darüber treffen, ob der Verwertungserlös zur vorzeitigen Tilgung der gesicherten Forderung verwendet oder hinterlegt werden soll. Die Vorschrift schweigt allerdings dazu, welche Rechtsfolge eintritt, falls sich die Parteien nicht einigen können. Der Verwertungserlös ist in einem solchen Fall m.E. dann zu hinterlegen. Die Hinterlegung erfolgt beim Notar.[67]   **40**

Wenn der Pfandnehmer auf das Pfand verzichtet, dann werden nach § 218 SRG andere Sicherungsgeber in der Höhe des Pfandwertes von der eigenen Haftung befreit, es sei denn, dass die Parteien etwas anderes vereinbart haben. Wenn also z.B. für eine Verbindlichkeit in Höhe von RMB 500.000,– der Schuldner ein Pfand an seinem Pkw, der RMB 200.000,– Wert ist, bestellt und zusätzlich ein Dritter eine Hypothek an einem Haus bestellt, das RMB 1 Millionen Wert ist, und   **41**

---

64 Vgl. Liming WANG, 1321.
65 Siehe zu § 216 SRG unter Rn. 40.
66 Ein Bagatellschaden oder aber eine zwar erhebliche Wertminderung, aber immer noch zur Sicherung der Verbindlichkeit ausreichender Restwert der Pfandsache, reichen also nicht aus, um dieses Recht zu begründen.
67 Vgl. Liming WANG, 1325.

der Pfandnehmer jetzt auf das Pfandrecht verzichtet, dann reduziert sich die hypothekarische Belastung des Hauses auf RMB 300.000,–.[68]

42   Der Pfandnehmer hat nach § 215 Abs. 1 SRG die Pflicht, das Pfand angemessen zu verwahren. Erfüllt er diese Pflicht nicht und die Sache wird dadurch beschädigt oder geht verloren, haftet er dem Pfandgeber auf Schadensersatz. Nach § 215 Abs. 2 SRG kann der Pfandgeber, wenn aufgrund des Verhaltens des Pfandnehmers eine Beschädigung oder das Verlorengehen der Pfandsache eintreten kann, von dem Pfandnehmer verlangen, dass die Sache hinterlegt wird oder die Schuld vorzeitig befriedigt und die Sache herausgegeben wird. Das heißt, wenn der Schuldner die Schuld aus persönlichen Gründen nicht vorzeitig erfüllen kann, bleibt ihm nur, die Hinterlegung zu verlangen.

3.   Verwertung der Pfandsache

43   Die Pfandreife tritt ein, wenn der Schuldner die fällige Schuld nicht erfüllt oder die anderen zwischen den Parteien vereinbarten Voraussetzungen für die Pfandreife eingetreten sind (§ 219 Abs. 2 SRG). Der Pfandgläubiger hat dann gemäß § 19 Abs. 2 SRG zwei Verwertungsoptionen. Einmal kann er mit dem Verpfänder vereinbaren, dass er die Pfandsache unter Anrechnung der offenen Forderung erwirbt, oder aber er wählt die bevorzugte Befriedigung aus dem Veräußerungserlös aus der Versteigerung oder dem freihändigen Verkauf der Sache. Beim freihändigen Verkauf und Anrechnung muss der Marktpreis der Pfandsache berücksichtigt werden (§ 219 Abs. 3 SRG).

44   Nach § 220 Abs. 1 Hs. 1 SRG kann der Pfandgeber nach Eintritt der Fälligkeit vom Pfandnehmer verlangen, dass dieser die Pfandsache verwertet. Verwertet der Pfandnehmer die Sache dann nicht, kann der Pfandgeber beim Volksgericht beantragen, dass das Gericht die Versteigerung oder den freihändigen Verkauf der Pfandsache vornimmt (§ 220 Abs. 1 2. Hs. SRG). Der Pfandnehmer haftet für Schäden, die dem Pfandgeber dadurch entstehen, dass der Pfandnehmer die Verwertung der Sache nicht unverzüglich nach Aufforderung durch den Pfandgeber nach § 220 Abs. 1 1. Hs. SRG durchführt.

II.   Pfandrecht an Rechten

45   Die Pfandrechtsbestellung an Rechten ist in den §§ 223–229 SRG geregelt. Zusätzlich sind nach § 229 SRG die Vorschriften über das Pfandrecht an beweglichen Sachen entsprechend anzuwenden.

---

68   Liming Wang, 1322.

1. Pfandrechtsbestellung

§ 223 SRG zählt die Rechte auf, an denen ein Pfandrecht bestellt werden kann.   **46**
Hierzu gehören:

- Wechsel und Schecks (§ 223 Nr. 1 SRG)
- Schuldverschreibungen, Guthabenschein (§ 223 Nr. 2 SRG)
- Lagerscheine, Konnossemente (§ 223 Nr. 3 SRG)
- übertragbare Fonds- und Gesellschafteranteile (§ 223 Nr. 4 SRG)
- Marken-, Patent- und Urheberrechte sowie andere gewerbliche Schutzrechte, die übertragbar und registriert sind (§ 223 Nr. 5 SRG)
- Forderungen aus Warenlieferung und Dienstleistungen (§ 223 Nr. 6 SRG)[69]
- andere nach Gesetz oder Verwaltungsvorschriften verpfändbare Vermögensrechte (§ 223 Nr. 7 SRG).[70]

Die Pfandrechtsbestellung an diesen Rechten setzt zunächst jeweils den Abschluss eines schriftlichen Pfandvertrages voraus.[71] Darüber hinaus bedarf es jeweils der Registrierung des Pfandrechts bei der zuständigen Stelle.[72] Etwas anderes gilt nach § 224 SRG grundsätzlich nur für Wechsel, Schecks, Schuldverschreibungen, Guthabenschein, Lagerscheine und Konnossemente. Sind diese Rechte in einem Beleg verbrieft, dann entsteht das Pfandrecht mit der Übergabe des Belegs und es bedarf keiner Registrierung (§ 224 S. 2 1. Hs. SRG). Fehlt es hingegen an einer Verbriefung des Rechts, entsteht das Pfandrecht erst nach Registrierung (§ 224 S. 2 2. Hs. SRG). So werden z. B. bestimmte Staatsanleihen nicht verbrieft und daher muss die Verpfändung bei der China Central Depository & Clearing Co., Ltd.[73] registriert werden.[74]   **47**

Eine einheitliche Registrierungsstelle existiert nicht. Abhängig von dem jeweiligen Recht sind unterschiedliche Stellen für die Registrierung zuständig. So ist für die Registrierung von an der Börse gelisteten Fonds- und Gesellschaftsanteilen die Börse und von nicht gelisteten Gesellschaftsanteilen die Behörde für Industrie und Handel[75] zuständig. Pfandrechte an Markenrechten sind beim Markenamt[76], an Patenten bei der Staatlichen Behörde für Geistiges Eigentum[77] und   **48**

---

69 Das Gesetz verwendet den Begriff 应收账款. Siehe zur Bedeutung Frank MÜNZEL (Hrsg.), Chinas Recht, 16.3.07/1, Anm. 15; Lixin YANG, 422.
70 Z. B. die Forderung aus einer Lebensversicherungspolice, vgl. Liming WANG, 1353.
71 Vgl. §§ 224, 226, 227 und 228 SRG.
72 Vgl. §§ 226, 227 und 228 SRG.
73 Chinesisch „中央国债登记结算有限责任公司".
74 Vgl. Liming WANG, 1358.
75 Chinesisch „工商管理局".
76 Chinesisch „商标局".
77 Chinesisch „中华人民共和国国家知识产权局".

an Urheberrechten bei der Nationalen Behörde für Urheberrechte[78] zu registrieren.[79]

2. Wirkung der Pfandrechtsbestellung

49   Sobald das Pfandrecht wirksam entstanden ist, dürfen ohne die Zustimmung des Pfandnehmers die verpfändeten Fonds- und Gesellschaftsanteile, gewerblichen Schutzrechte sowie Forderungen aus Warenlieferung und Dienstleistungen vom Pfandgeber nicht übertragen werden.[80] Unklar ist, ob es sich hierbei um ein gesetzliches Verfügungsverbot handelt, das eine Übertragung des Rechts ausschließt, oder ob zumindest ein gutgläubiger Erwerb möglich ist, bei dem dann lediglich eine Schadensersatzpflicht des Pfandgebers gegenüber dem Pfandnehmer ausgelöst wird. Jedenfalls sollte ein gutgläubiger lastenfreier Erwerb dieser Rechte ausgeschlossen sein, da aufgrund der Registrierung der Pfandrechte grundsätzlich kein guter Glaube hinsichtlich der Verfügungsbefugnis vorliegen kann.

3. Verwertung des Pfandrechts

50   Im Hinblick auf die Verwertung des Pfandrechts an Rechten enthalten lediglich die §§ 226 Abs. 2 S. 2, 227 Abs. 2 S. 2 und 228 Abs. 2 S. 2 SRG besondere Vorschriften für den Fall, dass das verpfändete Recht mit Zustimmung des Pfandnehmers übertragen worden ist. In diesem Fall sind die Erlöse aus der Übertragung bzw. aus der Einräumung der Nutzungsbefugnis entweder zur vorzeitigen Befriedigung der gesicherten Forderung zu verwenden oder der Erlös ist zu hinterlegen. Darüber hinaus gelten gem. § 229 SRG für die Verwertung des Pfandrechts die entsprechenden Vorschriften über das Pfandrecht an beweglichen Sachen.

D.   Zurückbehaltungsrecht

I.   Entstehungs- und Wirksamkeitsvoraussetzungen

51   Das in den §§ 230–240 SRG geregelte Zurückbehaltungsrecht gibt dem Gläubiger einer fälligen Forderung, die der Schuldner nicht erfüllt, das Recht, eine rechtmäßig im Besitz befindliche Sache des Schuldners zurückzubehalten und daraus die bevorzugte Befriedigung zu suchen (§ 230 SRG).

52   Wenn sowohl der Schuldner als auch der Gläubiger Unternehmen sind, dann ist es gleichgültig, ob die vom Gläubiger zurückbehaltene Sache aus demselben Rechtsverhältnis stammt wie die fällige Forderung. In allen anderen Fällen ist hingegen nach § 231 SRG eine solche Konnexität zwischen der Sache im Besitz des Schuldners und der fälligen Forderung für das Entstehen des Zurückbehal-

---

78   Chinesisch „中华人民共和国国家版权局".
79   Vgl. Liming WANG, 1369.
80   Vgl. §§ 226 Abs. 2 S. 1, 227 Abs. 2 S. 1, 228 Abs. 2 S. 1 SRG.

tungsrechts zwingend erforderlich. Wann eine solche Konnexität vorliegt, ist in der Literatur umstritten.[81] Die wohl h. L. fordert hierfür, dass zwischen der Besitzerlangung und der Forderung eine unmittelbare Verbindung besteht und schließt dabei Schadensersatz- und Bereicherungsansprüche mit ein.[82]

Nach § 233 SRG entsteht das Zurückbehaltungsrecht an teilbaren Sachen nur in dem Umfang des Wertes der fälligen Forderung. Eine Sache ist dann teilbar, wenn sie aufgeteilt oder ohne Schadenszufügung getrennt werden kann.[83]   **53**

Wenn der Zurückbehaltungsberechtigte den Besitz an der Sache verliert, geht auch das Zurückbehaltungsrecht unter. Das Gleiche gilt, wenn der Zurückbehaltungsberechtigte eine andere Sicherheit annimmt (vgl. § 240 SRG).   **54**

II. Fristsetzung

Obwohl die Schuld bereits fällig ist, hat der Zurückbehaltungsberechtigte nach Ausübung des Zurückbehaltungsrechts mit dem Schuldner eine – weitere – Frist für die Begleichung der Schuld zu vereinbaren (§ 236 Abs. 1 S. 1 Hs. 1 SRG). Fehlt es an einer solchen Vereinbarung oder ist die Vereinbarung unklar, dann muss der Berechtigte nach § 236 Abs. 1 S. 1 Hs. 2 SRG dem Schuldner mindestens eine Frist von zwei Monaten einräumen, es sei denn, dass es sich bei den zurückbehaltenen Sachen um leicht verderbliche Ware oder nicht leicht aufzubewahrende Sachen handelt. Erst nach Ablauf der Frist darf der Berechtigte die Sache nach § 236 Abs. 1 S. 2 SRG verwerten.   **55**

III. Rechte und Pflichten

Der Zurückbehaltungsberechtigte ist nach § 235 Abs. 1 SRG berechtigt, die Früchte aus der Sache zu ziehen. Wenn es sich, wie im Fall von Rechtsfrüchten, um Geldbeträge handelt, können diese direkt nur zur Begleichung der Forderung verwendet werden.[84] Andere Früchte sind unter entsprechender Anwendung des § 236 SRG zu verwerten. Die Kosten für die Fruchtziehung sind dabei mit dem Verwertungserlös vorrangig zu verrechnen (§ 235 Abs. 2 SRG).   **56**

Der Zurückbehaltungsberechtigte hat nach § 234 S. 1 SRG im Hinblick auf die zurückbehaltenen Sachen eine Obhutspflicht. Werden die Sachen aufgrund der Verletzung dieser Pflicht beschädigt oder gehen die Sachen verloren, dann haftet der Zurückbehaltungsberechtigte auf Schadensersatz (§ 234 S. 2 SRG).   **57**

---

81 Siehe dazu ausführlich Liming Wang, 1407 ff., Lixin Yang, 435, Jianyuan Cui, 948 ff.
82 So. z. B. Jianyuan Cui, 947 ff., und so wohl auch Liming Wang, 1411, Lixin Yang, 435.
83 Liming Wang, 1419.
84 Liming Wang, 1420.

IV. Verwertung

58   Die zurückbehaltenen Sachen werden nach den Bestimmungen in den §§ 236–
239 SRG verwertet. Nach Eintritt der Verwertungsreife hat der Zurückbehaltungsberechtigte entsprechende Optionen wie bei der Verwertung einer Hypothek
oder eines Pfands an beweglichen Sachen. Nach § 236 Abs. 1 S. 2 SRG kann er
nämlich unter Anrechnung der offenen Forderung die zurückbehaltene Sache erwerben, oder aber die bevorzugte Befriedigung aus dem Veräußerungserlös aus
der – von dem Zurückbehaltungsberechtigten selbst durchzuführenden – Versteigerung oder dem freihändigen Verkauf der Sache vornehmen. Beim freihändigen Verkauf und Anrechnung muss – wie z. B. bei der Verwertung einer Hypothek oder einer Pfandsache (vgl. § 195 Abs. 3 SRG und § 219 Abs. 3 SRG) – der
Marktpreis berücksichtigt werden (§ 236 Abs. 2 SRG). Der aus der Versteigerung
oder dem freihändigen Verkauf gegebenenfalls anfallende überschießende Betrag
fällt in das Eigentum des Schuldners. Soweit eine Restschuld verbleibt, hat der
Schuldner diese zu erfüllen (§ 238 SRG).

59   Ist an der zurückbehaltenen Sache vor der Ausübung des Zurückbehaltungsrechts
an der Sache bereits eine Hypothek oder ein Pfandrecht bestellt worden, dann hat
der Zurückbehaltungsberechtigte nach § 239 SRG das Recht, sich bevorzugt aus
der Sache zu befriedigen.

60   In dem Fall, dass der Zurückbehaltungsberechtigte die Sache nach Fristablauf
nicht verwertet, kann der Schuldner ihn zur Verwertung auffordern (§ 237 Hs. 1
SRG). Bei Nichtvornahme der Verwertung hat der Schuldner das Recht, beim
Volksgericht zu beantragen, dass das Gericht die Sachen versteigert oder freihändig verkauft (§ 237 Hs. 2 SRG).

7. Kapitel

Familienrecht

Literatur: ALFORD, William P./SHEN, Yuanyuan, Have you Eaten? Have You Divorced? Debating the Meaning of Freedom in Marriage in China, in: KIRBY, William C. (Hrsg.), Realms of Freedom in Modern China, Stanford 2004, S. 234 ff.; CHANG, Valerie L., No gold diggers: China's protection of individual property rights in the new marital property regime, George Washington International Law Review 2013, 149 ff.; HUANG, Songyou [黄松有] (Hrsg.), Verständnis und Anwendung der justiziellen Interpretation des obersten Volksgerichts zum Ehegesetz 2 [最高人民法院婚姻法司法解释(二)的理解与适用], Beijing 2004; MÜLLER-FREIENFELS, Wolfram, Zur revolutionären Familiengesetzgebung, insbesondere zum Ehegesetz der Volksrepublik China vom 1.5.1950, in: CAEMMERER, Ernst von/ZWEIGERT, Konrad, Ius privatum gentium – Festschrift für Max RHEINSTEIN zum 70. Geburtstag am 5. Juli 1969, Tübingen 1969, S. 845 ff.; PISSLER, Knut Benjamin/HIPPEL, Thomas von, Länderbericht China, in: BERGMANN, Alexander/FERID, Murad/HENRICH, Dieter, Internationales Ehe- und Kindschaftsrecht, Frankfurt am Main, 201. Lieferung (2014); WANG, Hong [王洪], Ehe- und Familienrecht [婚姻法], Beijing 2003; WU, Changzhen [巫昌祯], Ehe- und Erbrechtswissenschaft [婚姻与继承法学], Beijing, 4. Aufl. 2007; XI, Xiaoming [溪晓明] (Hrsg.), Verständnis und Anwendung der justiziellen Interpretation des Obersten Volksgerichts zum Ehegesetz 3 [最高人民法院婚姻法司法解释(三)理解与适用], Beijing 2011; YANG, Dawen [杨大文] (Hrsg.), Ehe- und Familienrecht [婚姻家庭法], Beijing, 4. Aufl. 2008; YU, Di, Marriage is between a man and a woman and …: Latest evolution of marital residence regime in contemporary China, Chicago-Kent Law Review 2013, 1013 ff.; YU, Yanman [余延满], Die ursprüngliche Theorie zum Familienrecht [亲属法原论], Beijing 2007; ZHU, Qingyu [朱庆育], Verwandtschaftsrecht [亲属法], in: Jiang Ping (Hrsg.) [江平 主编], Zivilrechtslehre [民法学], Beijing 2007, 739 ff.

Übersicht

A. Überblick

1   Rechtsquellen im Familienrecht finden sich in Gesetzen, Verwaltungsrechtsnormen und justiziellen Interpretationen. In der chinesischen Verfassung vom 4.12.1982, zuletzt revidiert am 14.3.2004, sind einige Grundsätze des Familienrechts normiert: der Schutz von Ehe, Familie, Mutter und Kind (Art. 49 Abs. 1 Verfassung), die Förderung der Kinder und Jugendlichen (Art. 46, Art. 49 Abs. 3 Verfassung), die Gleichberechtigung (Art. 48 Verfassung) sowie die Geburtenplanung (Art. 25, Art. 49 Abs. 2 Verfassung).

2   Im Gesetzesrecht zu nennen sind:
- das Ehegesetz vom 10.9.1980, das am 28.4.2001 revidiert worden ist (EheG)[1];
- die Allgemeinen Grundsätze des Zivilrechts vom 12.4.1986 (AGZ), dort finden sich z. B. allgemeine zivilrechtliche Bestimmungen über die Rechts- und Geschäftsfähigkeit[2] und über die Vormundschaft;
- das Adoptionsgesetz vom 29.12.1991 in der Fassung vom 4.11.1998 (AdoptionsG)[3].

3   Verfahrensrechtliche Bestimmungen finden sich in der Eheregisterverordnung vom 1.2.1994 in der Fassung vom 30.7.2003 (EheregisterVO)[4], die als Verwaltungsrechtsnorm vom Staatsrat (der chinesischen Regierung) erlassen wurde.

4   Wie in vielen anderen zivilrechtlichen Bereichen, sind justizielle Interpretationen des Obersten Volksgerichts (OVG-Interpretationen) auch im Familienrecht von Bedeutung, nämlich vor allem:
- die „Erläuterung des Obersten Volksgerichts zu einigen Fragen des Ehegesetzes der Volksrepublik China (1)" vom 24.12.2001 (OVG-Interpretation EheG 1)[5];
- die „Erläuterung des Obersten Volksgerichts zu einigen Fragen des Ehegesetzes der Volksrepublik China (2)" vom 4.12.2003 (OVG-Interpretation EheG 2)[6];

---

1   Deutsch mit Quellenangabe in: Frank MÜNZEL (Hrsg.), Chinas Recht, 10.9.80/1.
2   Siehe hierzu oben Kapitel 2 Rn. 53 ff.
3   Deutsch mit Quellenangabe in: Frank MÜNZEL (Hrsg.), Chinas Recht, 4.11.98/1.
4   Deutsch mit Quellenangabe in: Länderbericht China, in: Alexander BERGMANN/Murad FERID/Dieter HENRICH, Internationales Ehe- und Kindschaftsrecht, 128 ff.
5   Deutsch mit Quellenangabe in: Frank MÜNZEL (Hrsg.), Chinas Recht, 10.9.80/1.
6   Deutsch mit Quellenangabe in: Frank MÜNZEL (Hrsg.), Chinas Recht, 10.9.80/1.

– die „Erläuterung des Obersten Volksgerichts zu einigen Fragen der Anwendung des Ehegesetzes der Volksrepublik China (3)" vom 4.7.2011 (OVG-Interpretation EheG 3)[7].

Weitere justizielle Interpretationen beschäftigen sich mit einzelnen Fragen des Familienrechts, etwa mit der Zuordnung von Vermögensgegenständen im ehelichen Güterrecht[8] oder mit den Scheidungsgründen[9].　　　　5

In den autonomen Territorien der Volksgruppen gibt es eine Reihe von regionalen Sonderregelungen: § 50 EheG ermächtigt diese, in Verbindung mit den konkreten Verhältnissen in den Ehen und Familien der örtlichen Volksgruppen abweichende Bestimmungen festzusetzen.　　　　6

B.　Eherecht

Im chinesischen Eherecht haben sich in den vergangenen Jahrzehnten große Veränderungen vollzogen. Wenn auch angesichts der kulturellen Unterschiede für die Säkularisation der Ehe in China ganz andere Angriffspunkte als in Ländern christlicher Tradition bestanden (dort: Autorität des Familienverbandes, hier: Autorität der Kirche)[10], ist es wie kaum ein anderes Rechtsgebiet von gesellschaftlichen und sozialen Umbrüchen betroffen[11]: Erst seit den Bemühungen um eine Zivilrechtskodifikation am Ende der Qing-Dynastie (1644 bis 1911) gingen Reformer daran, das traditionelle Verständnis der Ehe und Familie in China auch vor dem Hintergrund der Benachteiligung der Frau neu zu überdenken. Nach Gründung der Volksrepublik China kam es zu sozialrevolutionären Umstürzen in China, welche die Familiengesetzgebung radikal neugestaltete, indem 1950 das erste Ehegesetz verabschiedet wurde.[12] Bis 1980 das heute noch (in seiner revidierten Fassung von 2001) geltende chinesische Ehegesetz verabschiedet wurde, und die　　　　7

7　Deutsch mit Quellenangabe in: Länderbericht China, in: Alexander Bergmann/Murad Ferid/Dieter Henrich, Internationales Ehe- und Kindschaftsrecht, 124 ff.

8　Einige konkrete Ansichten des Obersten Volksgerichts zur Behandlung von Rechtsstreitigkeiten über die Vermögensauseinandersetzung im Rahmen von Scheidungsfällen durch Volksgerichte [最高人民法院关于人民法院审理离婚案件处理财产分割问题的若干具体意见] vom 3.11.1993; abgedruckt in: Amtsblatt des Obersten Volksgerichts [中华人民共和国最高人民法院公报] 1993, Nr. 4, S. 154 ff.

9　Einige konkrete Ansichten, wie Volksgerichte bei der Behandlung von Scheidungsfällen feststellen, ob die Gefühle der Ehegatten füreinander tatsächlich zerrüttet sind [关于人民法院审理离婚案件如何认定夫妻感情确已破裂的若干具体意见] vom 21.11.1989; deutsch mit Quellenangabe in: Länderbericht China, in: Alexander Bergmann/Murad Ferid/Dieter Henrich, Internationales Ehe- und Kindschaftsrecht, 139 ff.

10　Siehe Wolfram Müller-Freienfels, 845 ff.

11　William P. Alford/Yuanyuan Shen, 238 („No institution has experienced the vicissitudes of the political, economic, and social changes that have marked the PRC's first half century more sharply than the family.").

12　Deutsche Übersetzung abgedruckt in: Rabels Zeitschrift für ausländisches und internationales Privatrecht, Band 16 (1951), 121 ff. Siehe hierzu auch die Einführung von Karl Bünger, ebenda, 112 ff.

Einleitung der Politik der „Reform und Öffnung"[13] seit Ende 1978 zu einem all-
mählichen Aufbau rechtsstaatlicher Strukturen (Gesetze, Gerichte, Anwaltschaft)
führte, war das Familienrecht jedoch politischen Vorgaben unterworfen. Mit der
wirtschaftlichen Entwicklung, dem seit 2002 erklärten Ziel, eine „Gesellschaft
des kleinen Wohlstandes"[14] zu erreichen, und den neu gewonnenen ökonomischen Freiheiten der chinesischen Bevölkerung (Auto, Wohnung) stellen sich in
China neue Fragen und Herausforderungen im Zusammenhang mit dem Eherecht
und insbesondere im Scheidungsrecht.

I.   Eheschließung

8   Wirksam ist eine neugeschlossene Ehe nach § 8 S. 1 EheG nur, wenn sie als Zivil-
ehe vor einer staatlichen Behörde registriert wird, nachdem geprüft worden ist,
dass keine Ehehindernisse (Ehefähigkeit, Eheverbote) eingreifen.[15]

1.   Eheschließungsverfahren und Registrierung

9   Sachlich zuständig ist als Eheregisterbehörde im Falle einer Ehe zwischen zwei
Festlandschinesen[16] grundsätzlich die Zivilverwaltungsbehörde auf der Kreisebene (§ 2 Abs. 1 1. Hs. EheregisterVO); die Volksregierung kann auf der Provinzebene zur Erleichterung in abgelegenen Gebieten eine andere Behörde für zuständig erklären (§ 2 Abs. 1 2. Hs. EheregisterVO). Bei einer Eheschließung eines
Festlandschinesen mit einem Ausländer, einem Taiwan-Chinesen, einem Chinesen, der in Hongkong oder Macao wohnt, oder einem Auslandschinesen[17] (d.h.
chinesische Staatsangehörige, die vorübergehend im Ausland leben) sind die Zi-
vilverwaltungsabteilungen der Volksregierungen auf Provinzebene sachlich zuständig, sofern diese nicht andere Behörde für zuständig erklärt haben (§ 2 Abs. 2
EheregisterVO).

10 Örtlich zuständig ist bei einer Eheschließung zwischen Festlandschinesen die
Eheregisterbehörde des Ortes der permanenten Haushaltsregistrierung zumindest
einer der beiden Parteien (§ 4 Abs. 1 EheregisterVO). Bei einer Eheschließung
eines Chinesen mit einem Ausländer, einem Taiwan-Chinesen, einem Chinesen,
der in Hongkong oder Macao wohnt, oder einem Auslandschinesen ist die Eheregisterbehörde des Ortes der permanenten Haushaltsregistrierung des Festlandschinesen allein örtlich zuständig (§ 4 Abs. 2 EheregisterVO).

---

13   Chinesisch „改革开放".

14   Chinesisch „小康社会".

15   Zum Problem der nicht registrierten Ehen (faktische Ehen) siehe Knut Benjamin PISSLER/Thomas
von HIPPEL, 46 ff.

16   Ohne Beteiligung eines Ausländers, eines Taiwan-Chinesen oder eines Chinesen aus Hongkong
oder Macao.

17   Chinesisch „华侨".

Der Mann und die Frau müssen beide höchstpersönlich bei der Behörde erscheinen (§ 8 S. 1 EheG bzw. § 4 EheregisterVO) und die in § 5 EheregisterVO festgelegten Dokumente vorlegen. Die Eheregisterbehörde prüft dann anhand dieser vorliegenden Dokumente, ob die materiellen Voraussetzungen zur Eheschließung erfüllt sind (§ 7 Abs. 1 EheregisterVO). Die Registrierung der Ehe ist abzulehnen, wenn das gesetzliche Heiratsalter nicht erreicht wird oder eines der anderen Eheverbote eingreift (keine Freiwilligkeit beider Seiten, Mehrfachehe, Verwandtschaft, Krankheit; § 6 EheregisterVO); die Ablehnung ist zu begründen (§ 7 S. 2 2. Hs. EheregisterVO). Sind die materiellen Voraussetzungen gegeben, so muss die Eheregisterbehörde vor Ort die Ehe registrieren und den Eheschließungsnachweis ausstellen (§ 8 S. 2 EheG bzw. § 7 S. 2 Hs. 1 EheregisterVO). Mit Erhalt der Eheschließungsurkunde wird die eheliche Lebensgemeinschaft begründet (§ 8 S. 3 EheG).   **11**

2. Ehefähigkeit

Nach § 6 S. 1 EheG muss der Mann bei der Eheschließung mindestens 22 Jahre alt sein und die Frau mindestens 20 Jahre alt[18].   **12**

Für die Angehörigen bestimmter ethnischer Minderheiten gelten aufgrund der Ermächtigungsgrundlage in § 50 EheG zum Teil abweichende Regelungen im Hinblick auf das Mindestheiratsalter, nach denen dieses um zwei Jahre für Männer und Frauen gesenkt wird.   **13**

Sonderregelungen zum Heiratsalter gelten für bestimmte Berufsgruppen (Hochschulstudenten, Angestellte in der Zivilluftfahrt und Profisportler).[19]   **14**

3. Eheverbote

Das Ehegesetz schreibt eine Reihe von Eheverboten fest, bei denen die Ehe nicht eingegangen werden darf, und die im Falle einer gleichwohl erfolgten Registrierung zu einer fehlerhaften Ehe führen[20]:   **15**

Verboten ist gemäß § 7 Nr. 1 EheG die Eheschließung zwischen Blutsverwandten in gerader Linie und bis zum dritten Grad in der Seitenlinie.[21] Ein weiteres Ehe-   **16**

---

18 Dieses aus rechtsvergleichender Sicht außergewöhnlich hohe Heiratsalter steht im Zusammenhang mit der chinesischen restriktiven Bevölkerungspolitik. § 6 S. 2 EheG betont dementsprechend, es werde gefördert, dass man spät heirate und spät Kinder bekomme. Als Spätheirat gilt es, wenn der Mann bei der Eheschließung mindestens 25 und die Frau mindestens 23 Jahre alt ist; als späte Geburt von Kindern gilt, wenn die Frau das Kind erst mit mindestens 24 Jahren zur Welt bringt. Siehe etwa Changzhen Wu, 91.

19 Ausführlicher hierzu Knut Benjamin Pissler/Thomas von Hippel, 44.

20 Zu nichtigen und anfechtbaren Ehen nach den §§ 10 bis 12 EheG siehe Knut Benjamin Pissler/ Thomas von Hippel, 48 ff.

21 Unter anderem also auch zwischen Geschwistern (einschließlich Halbgeschwistern mit nur einem gemeinsamen Elternteil) sowie zwischen Cousins und Cousinen. Ausführlicher hierzu Knut Benjamin Pissler/Thomas von Hippel, 44 ff.

verbot gilt nach § 7 Nr. 2 EheG für Personen, die an einer Krankheit leiden, bei der man nach medizinischer Auffassung nicht heiraten soll. Regelbeispiele nennt das Gesetz seit der Revision in 2001 nicht mehr. Ebenfalls seit der Neuregelung der EheregisterVO im Jahr 2003 gelten keine besonderen Eheverbote für die Eheschließung mit Ausländern mehr.

17   Verboten ist ferner nach § 3 EheG die Mehrfachehe, die von Dritten arrangierte Ehe, die „Kaufehe" und andere die Freiheit der Ehe beeinträchtigende Handlungen.

4.   Ehewirkungen

18   Im Ehegesetz finden sich einige allgemeine Vorschriften über die Ehewirkungen: so haben Ehemann und Ehefrau in der Familie die gleiche Stellung (§ 13 EheG) und sind beide frei, zu produzieren, zu arbeiten, zu studieren und gesellschaftlich aktiv zu werden, ohne dass der eine Ehegatte den anderen Ehegatten insoweit beschränken oder sich bei ihm einmischen darf (§ 15 EheG). Zudem sind beide Ehegatten zur Geburtenplanung verpflichtet (§ 16 EheG). Konsequenzen hat die Heirat auch im Erbrecht, der Ehegatte wird erbberechtigt (§ 24 Abs. 1 EheG).

19   Außerdem bestimmt § 4 EheG unter anderem, dass die Ehegatten „einander treu sein und einander achten" müssen. Allerdings handelt es sich insoweit nur um einen Programmsatz ohne rechtliche Verbindlichkeit, wie sich auch aus der OVG-Interpretation zum EheG von 2001 ergibt, wonach eine Klage nicht angenommen wird, die nur auf § 4 EheG gestützt wird (§ 3 OVG-Interpretation EheG 1).[22]

20   Gemäß § 20 Abs. 1 EheG sind die Ehegatten verpflichtet, einander zu unterhalten. Der unterhaltsberechtigte Ehegatte hat gegen den anderen Ehegatten einen entsprechenden Anspruch auf den Unterhaltsbedarf (§ 20 Abs. 2 EheG). Nähere Einzelheiten sind gesetzlich oder durch Interpretationen des OVG nicht festgelegt.

21   Der gesetzliche Güterstand im chinesischen Recht ist die Errungenschaftsgemeinschaft. Es handelt sich dabei um eine beschränkte Gütergemeinschaft im Sinne einer Zwischenform von allgemeiner Gütergemeinschaft und Gütertrennung, bei der eine Gemeinschaft des Vermögens nicht hinsichtlich der Gesamtmasse, sondern nur hinsichtlich gewisser Vermögensteile eintritt. Es gibt somit drei Vermögensmassen: das gemeinsame Vermögen der Ehegatten und das jeweilige Einzelvermögen jedes Ehegatten. Die Unterscheidung der Vermögensmassen hat Auswirkungen für die Verfügungsbefugnis der Ehegatten: Während jeder Ehegatte über sein Einzelvermögen unbeschränkt selbstständig verfügen kann, haben die

---

22   Siehe aber Qingyu Zhu, 753. Zhu betont, dass eine Verletzung der ehelichen Treuepflicht zu verwaltungs- und strafrechtlichen Sanktionen und auch zivilrechtlich zu Schadenersatzansprüchen führen könne. Zu Schadenersatzansprüchen wegen familiärer Pflichtverletzung nach § 46 EheG siehe Knut Benjamin Pissler/Thomas von Hippel, 74 ff.

beiden Ehegatten für das gemeinsame Vermögen gemäß § 17 EheG „das gleiche Recht [...] zu verfügen".[23]

§ 17 Abs. 1 EheG enthält einen Regelbeispielskatalog derjenigen Vermögenswerte, die in das gemeinsame Vermögen der Ehegatten fallen, sofern sie während des Bestehens der Ehe erlangt worden sind. Ergänzt wird der Katalog durch die Interpretationen des OVG.[24] Welche Vermögenswerte in das Einzelvermögen eines Ehegatten fallen, ist im Regelbeispielskatalog des § 18 EheG bestimmt. Auch hier findet sich in den Interpretationen des OVG eine Reihe von weiteren dort ausdrücklich geregelten Sonderfällen zur Frage der Vermögenszuordnung.[25]

22

In der Praxis besonders relevant ist die Zuordnung von Zuwendungen der Eltern eines Ehegatten im Rahmen der Eheschließung. Hier unterscheidet das OVG zunächst in § 22 OVG-Interpretation EheG 2, ob die Eltern zum Ausdruck gebracht haben, ob sich ihre Schenkung nur an einen Ehegatten oder an beide Ehegatten richtet. Soweit es an einer derartigen Widmung fehlt, kommt es darauf an, ob die Zuwendung vor der Ehe (dann im Zweifel nur Zuwendung für das eigene Kind – vgl. auch § 18 Nr. 1 EhcG) oder während der Ehe (dann im Zweifel Zuwendung an beide Ehegatten – vgl. auch § 17 Abs. 1 Nr. 4 i.V.m. § 18 Nr. 3 EheG) vorgenommen wurde. § 7 OVG-Interpretation EheG 3 weist für den Sonderfall der Zuwendung von Immobilien[26] ergänzend darauf hin, dass sich eine entsprechende Widmung auch aus den Umständen ergeben kann[27]: Wenn die Eltern ihrem Kind eine Immobilie zuwenden oder finanzieren und das Kind als Eigentümer der Immobilie registriert wird, so wird nach Abs. 1 insoweit eine Schenkung an dieses Kind vermutet. Eine andere Vermutung gilt nach Abs. 2 in dem Fall, dass die Eltern beider Ehegatten eine Immobilie zuwenden bzw. finanzieren, für die nur einer der Ehegatten als Berechtigter registriert worden ist: Hier wird Miteigentum beider Ehegatten im Verhältnis der jeweiligen Zuwendungsanteile der Eltern vermutet; die Registrierung auf einen der Ehegatten wird insoweit also nicht als entsprechende Widmung der Schwiegereltern angesehen, sondern als ein bloßes Zugeständnis an die Tradition. Es gilt die Vermutung, dass jeder Elternteil seinen Beitrag nur seinem Kind zuwenden möchte.

23

---

23 § 17 OVG-Interpretation EheG 1 konkretisiert diese Bestimmung. Für den Sonderfall der unberechtigten Veräußerung einer im gemeinsamen Vermögen der Ehegatten stehenden Immobilie findet sich außerdem eine entsprechende ausdrückliche Regelung in § 11 OVG-Interpretation EheG 3.

24 Siehe § 11 OVG-Interpretation EheG 2 und § 5 OVG-Interpretation EheG 3.

25 Ausführlich siehe Knut Benjamin PISSLER/Thomas von HIPPEL, 56 ff.

26 Zur Auseinandersetzung dieses Immobilienvermögens nach einer Scheidung siehe unten Rn. 40 ff.

27 Die Vorschrift ist laut Literatur eine Reaktion des OVG auf eine „Goldgräber-Epidemie" (gold digger epidemic), bei der Ehen nur dazu eingegangen würden, um Eigentum an einer Immobilie zu erwerben, wobei sich der eine Ehegatte (typischerweise die Frau) kurz nach dem Eigentumserwerb wieder scheiden lässt. Siehe Valerie L. CHANG, George Washington International Law Review 2013, 171 f.

24 Nach § 4 OVG-Interpretation EheG 3 kann ein Ehegatte vom anderen Ehegatten die (vorzeitige) Aufteilung des gemeinsamen Vermögens verlangen, sofern einer der beiden dort aufgeführten „erheblichen Gründe" vorliegt (erhebliche Schädigung der Interessen des gemeinsamen Vermögens oder schwere Erkrankung einer Person, gegenüber welcher der eine Ehegatte unterhaltspflichtig ist, soweit der andere Ehegatte nicht mit der Zahlung der medizinischen Behandlungskosten einverstanden ist).

25 Die Frage, ob und inwieweit ein Ehegatte mit seinem Privatvermögen für Verbindlichkeiten mithaftet, die ein anderer Ehegatte in seinem eigenen Namen begründet, ist nicht abschließend geklärt.[28]

26 Nach § 19 EheG dürfen die Ehegatten anstelle des gesetzlichen Güterstands auch einen vertraglichen Güterstand festlegen: Das Gesetz erlaubt insoweit ausdrücklich eine Modifikation der im Gesetz vorgesehenen Zuordnung der Vermögensmassen bis hin zu den Extremfällen der Vereinbarung der Gütertrennung (Zuordnung des während der Ehe erworbenen Vermögens sowie des eingebrachten Vermögens in das Einzelvermögen des jeweils erwerbenden Ehegatten) bzw. der Vereinbarung der Gütergemeinschaft (Ausweitung des Umfangs des gemeinschaftlichen Vermögens). Eine solche Vereinbarung unterliegt der Schriftform (§ 19 Abs. 1 S. 2 EheG). Laut Literatur ist die vertragliche Festlegung des Güterstandes in der Praxis allerdings sehr selten.[29] Zu beachten ist, dass die Vereinbarung einer Gütertrennung im Außenverhältnis gegenüber Dritten nicht ohne Weiteres durchschlägt. Aus § 19 Abs. 3 EheG ergibt sich vielmehr ein Vertrauensschutz des Gläubigers eines Ehegatten darauf, dass die Ehegatten im gesetzlichen Güterstand leben, so dass ihm das gemeinsame Vermögen der Ehegatten zur Befriedigung seines Anspruchs haftet: Der Ehegatte darf sich gegenüber einem Gläubiger des anderen Ehegatten nur dann auf die Vereinbarung der Gütertrennung berufen, wenn der Gläubiger von der Gütervereinbarung Kenntnis hat.

II. Scheidung

27 Das chinesische Scheidungsrecht kennt die einvernehmliche Scheidung und die nur von einer Seite betriebene Scheidung.

1. Einvernehmliche Scheidung vor der Registerbehörde

28 Im Falle der einvernehmlichen Scheidung ist ein behördliches Verfahren vorgesehen (§ 31 EheG i.V.m. §§ 10 bis 13 EheregisterVO). Als einvernehmlich wird eine Scheidung angesehen, die von beiden Ehegatten freiwillig beantragt wird

---

28 Allerdings beschäftigen sich §§ 23 bis 25 OVG-Interpretation EheG 2 im Rahmen der Scheidungsfolgen mit der Frage, ob ein Ehegatte nach der Scheidung für Verbindlichkeiten haften muss, die der andere Ehegatte während der Ehe eingegangen ist. Siehe hierzu Knut Benjamin PISSLER/Thomas von HIPPEL, 54 ff.

29 Songyou HUANG, 218.

und bei der beide Ehegatten „angemessene" Vereinbarungen über Kindesunter-
halt[30] und die Behandlung des Vermögens und der Verbindlichkeiten getroffen
haben (§ 31 S. 3 EheG). Für die einvernehmliche Scheidung sachlich zuständig ist die Eheregisterbehörde nach den Regeln, die bereits im Rahmen der Eheschließung dargestellt wurden (§ 2 EheregisterVO). Örtlich zuständig ist bei einer
Scheidung von Festlandchinesen die Eheregisterbehörde des Ortes der permanenten Haushaltsregistrierung zumindest einer der beiden Parteien (§ 10 Abs. 1 EheregisterVO). Bei der Scheidung eines Festlandchinesen von einem Ausländer,
einem Taiwan-Chinesen, einem Chinesen, der in Hongkong oder Macao wohnt,
oder einem im Ausland ansässigen Chinesen ist die Eheregisterbehörde des Ortes
der permanenten Haushaltsregistrierung des Festlandchinesen allein örtlich zuständig (§ 10 Abs. 2 EheregisterVO).

Beide Ehegatten müssen höchstpersönlich bei der Registerbehörde erscheinen,   29
jeweils die Scheidung beantragen und die in § 11 Abs. 1 EheregisterVO bestimmten Dokumente vorlegen. Die Eheregisterbehörde prüft dann anhand der vorliegenden Dokumente, ob die materiellen Voraussetzungen zur Scheidung erfüllt
sind (siehe die Ablehnungsgründe in § 12 EheregisterVO). Sind diese Voraussetzungen gegeben, so muss die Registerbehörde die Scheidung registrieren und einen Scheidungsnachweis ausstellen. Mit Ausstellung des Scheidungsnachweises
ist die Ehe geschieden.

2. Einseitige Scheidung (streitige Scheidung)

Auf Antrag eines der Ehegatten kann die Ehe durch gerichtliches Urteil geschie-   30
den werden, § 32 Abs. 1 EheG.

a) Gerichtliche Zuständigkeit

Für die streitige Scheidung sachlich zuständig ist das Volksgericht (§ 32 Abs. 1   31
EheG, §§ 22 f. ZPG). Örtlich zuständig ist nach § 21 ZPG grundsätzlich das
Volksgericht am Wohnsitz des Beklagten.[31]

b) Scheidungsverfahren

Im Scheidungsverfahren ist zunächst eine obligatorische Schlichtung durch das   32
Gericht vorgesehen (§ 32 Abs. 2 EheG). Das Gericht hat von Amts wegen zu untersuchen, ob die materiellen Scheidungsvoraussetzungen gegeben sind, nämlich
– so der Wortlaut der Generalklausel des § 32 Abs. 3 Nr. 5 EheG – ob „Umstände

---

30 Maßstab für die Angemessenheit der Vereinbarung ist der Grundgedanke, dass die Vereinbarung
dazu dienen soll, die Versorgung der Kinder und des Ehegatten sicherzustellen, der sich bei der
Scheidung in finanziellen Schwierigkeiten befindet. Siehe Changzhen WU, 119.
31 Weitere örtliche Zuständigkeiten können sich aus § 22 ZPG und (etwa für im Ausland geschlosse-
ne Ehen) aus den Nr. 11 bis 16 der justiziellen Interpretation des OVG zum ZPG vom 30.1.2015
ergeben.

vorliegen, die zur Zerrüttung der [gegenseitigen] Gefühle der Ehegatten geführt haben".

c)   Scheidungsgründe

33   Das chinesische Scheidungsrecht geht vom Zerrüttungsprinzip aus, so dass die Ehe gemäß § 32 Abs. 2 EheG zu scheiden ist, wenn sie zerrüttet ist. In § 32 EheG werden sechs Fälle aufgezählt, in denen das Gesetz davon ausgeht, dass die Ehe zerrüttet und deshalb zu scheiden ist (etwa wenn einer der Ehegatten mit jemand anderem zusammenlebt oder wenn die Ehegatten wegen Unverträglichkeit der Gefühle mindestens zwei Jahre getrennt gelebt haben).[32] § 9 OVG-Interpretation EheG 3 führt als weiteren Scheidungsgrund den Fall ein, wenn zwischen den Ehegatten Streit darüber entsteht, ob Kinder gezeugt werden sollen.

34   Sofern einer dieser Scheidungsgründe vorliegt, kann der Antragsgegner nach § 22 OVG-Interpretation EheG 1 dem Scheidungsbegehren gegenüber grundsätzlich nicht einwenden, dass (auch) dem anderen Ehegatten ein Verschulden vorzuwerfen ist.

35   Nur ausnahmsweise muss das Einverständnis des anderen Ehegatten eingeholt werden (siehe §§ 33 und 34 EheG: Ehegatte eines aktiven Militärangehörigen und bei Schwangerschaft und Geburt eines Kindes).

3.   Scheidungsfolgen

a)   „Wirtschaftliche Hilfe" (Nachehelicher Unterhalt)

36   § 42 EheG enthält einen Anspruch, der nach deutschem Verständnis als nachehelicher Unterhalt anzusehen ist. Der Gesetzestext spricht allerdings von einer „wirtschaftlichen Hilfe"[33] und die chinesische Literatur betont, dass diese „wirtschaftliche Hilfe" dogmatisch vom Ehegattenunterhalt abzugrenzen sei.[34] Der Anspruch nach § 42 EheG ist nur höchst rudimentär geregelt: Demnach kann ein Ehegatte von dem anderen Ehegatten aus dessen persönlichem Vermögen oder dessen Wohnung eine angemessene finanzielle Hilfe verlangen, wenn er sich zum Zeitpunkt der Scheidung in Existenzschwierigkeiten befindet. Wie diese angemessene Hilfe konkret gestaltet ist, soll das Volksgericht durch Urteil entscheiden, sofern sich die Beteiligten nicht hierüber einigen konnten.[35]

b)   Güterrechtliche Scheidungsfolgen

37   Die güterrechtlichen Scheidungsfolgen hängen von dem Güterstand der Ehegatten ab. Haben die Ehegatten Gütertrennung vereinbart, so findet grundsätz-

---

32   Die in § 32 EheG normierten Fälle einer unwiderlegbaren Vermutung der Zerrüttung der Ehe werden durch eine Interpretation des OVG aus dem Jahr 1989 (siehe Fn. 9).

33   Chinesisch „适当帮助".

34   Changzhen WU, 156: „Unterhalt" setze eine bestehende Ehe voraus.

35   Ausführlicher siehe Knut Benjamin PISSLER/Thomas von HIPPEL, 62 f.

lich kein güterrechtlicher Ausgleich statt. Eine Ausnahme hiervon ist nur in § 40 EheG vorgesehen, wonach ein Ehegatte von dem anderen einen Billigkeitsausgleich verlangen kann, wenn er „die Kinder aufgezogen, für die alten Leute gesorgt, die Arbeit des anderen Ehegatten unterstützt, usw." und alles in allem „relativ viele Pflichten erfüllt hat". Befinden sich die Ehegatten hingegen im gesetzlichen Güterstand der Errungenschaftsgemeinschaft, so verbleibt im Rahmen der güterrechtlichen Auseinandersetzung das jeweilige Einzelvermögen eines Ehegatten regelmäßig bei diesem, während das gemeinschaftliche Vermögen nach den folgenden Grundsätzen auseinanderzusetzen ist.

Nach § 41 EheG ist das gemeinschaftliche Vermögen zunächst vorrangig dazu zu verwenden, um etwaige (fällige) gemeinsame Verbindlichkeiten der Ehegatten zu begleichen. Reicht das gemeinsame Vermögen nicht aus, um die gemeinsamen Schulden zu begleichen, so sind die Ehegatten zunächst dazu aufgerufen, sich über die Tilgung der verbleibenden Schulden zu einigen, sonst entscheidet das Volksgericht hierüber durch Urteil.   **38**

Für den Fall, dass nach Tilgung der gemeinsamen Schulden noch gemeinschaftliches Vermögen verbleibt, das auseinanderzusetzen ist, finden sich in § 39 Abs. 1 EheG Leitlinien für die Vermögensauseinandersetzung. Die Ehegatten sollten sich vorrangig darum bemühen, die Vermögensauseinandersetzung durch eine Vereinbarung zu regeln; falls eine solche Vereinbarung nicht zustandekomme, entscheide das Volksgericht „nach den konkreten Umständen des Vermögens und nach dem Grundsatz besonderer Berücksichtigung der Rechtsinteressen von Kind und Frau durch Urteil".   **39**

c)   Auseinandersetzung des Vermögens

Neben zwei im EheG geregelten Spezialfällen[36] hat das OVG in mehreren Interpretationen die Vorgaben für die Vermögensauseinandersetzung präzisiert.[37] Nach Berichten aus der Praxis ist die Auseinandersetzung von Immobilienvermögen der Ehegatten nach Scheidung derzeit in China von großer Bedeutung, da die Immobilie meistens den größten Vermögenswert darstellt.[38] Es verwundert daher   **40**

---

36   Gemäß § 39 Abs. 2 EheG müssen die Rechtsinteressen des Mannes oder der Frau bei der Übernahme der Bewirtschaftung von Land durch die Familie nach dem Recht geschützt werden. Und § 47 Abs. 1 S. 1 EheG bestimmt, dass einem Ehegatten bei der Teilung des gemeinsamen Vermögens weniger oder nichts zugeteilt werden kann, wenn dieser Ehegatte „bei der Scheidung gemeinsames Vermögen der Ehegatten verbirgt, verschiebt, verkauft, beschädigt oder zerstört oder sich mit fingierten Schulden bemüht, Vermögen der anderen Seite mit Beschlag zu belegen".

37   Siehe zu einer ausführlichen Darstellung anhand der jeweiligen Vermögensgegenstände Knut Benjamin PISSLER/Thomas von HIPPEL, 65 ff.

38   Xiaoming XI, 160 ff.

wenig, dass es mittlerweile eine Reihe von konkreten Anweisungen für spezielle Einzelfälle dieser Problematik gibt.[39]

41   Für besondere Aufmerksamkeit gesorgt hat auch außerhalb Chinas § 10 OVG-Interpretation EheG 3, der sich mit dem in der Praxis offenbar besonders relevanten Fall der Vermögensauseinandersetzung bei unbeweglichem Vermögen beschäftigt, das ein Ehegatte vor der Eheschließung als Alleineigentum erworben hat und für das während der Ehe Darlehensraten gezahlt worden sind[40]: Sofern die Ehegatten die Auseinandersetzung hier nicht einvernehmlich regeln können, „kann" das Volksgericht demnach bestimmen, dass derjenige, der als Alleineigentümer registriert ist, das restliche Darlehen als persönliche Verbindlichkeit allein tragen muss und dem anderen Ehegatten einen Wertausgleich für die geleisteten Darlehensraten und den Wertzuwachs leisten muss. Eine Kommentierung des OVG zu dieser Vorschrift weist darauf hin, dass die Behandlung derartiger Fälle bislang umstritten war und dass von den Gerichten unterschiedliche Entscheidungen ergingen.[41] Aufgrund der chinesischen Tradition komme es häufig vor, dass der Mann vor der Eheschließung (zum Teil mit finanzieller Unterstützung seiner Eltern) eine Immobilie als Alleinberechtigter erwerbe und diese durch ein Darlehen bei einer Bank oder einem Bauträger (teilweise) fremdfinanziere. Die Darlehensraten würden dann typischerweise durch Vermögensmittel gezahlt, die dem gemeinsamen Vermögen der Eheleute zuzuordnen seien und das Darlehen sei als gemeinsame Verbindlichkeit beider Eheleute anzusehen[42]. Zur Lösung dieses Konflikts habe sich das OVG entschlossen, zwar das Alleineigentum des Ehemanns zu beachten (da keine Vereinbarung zwischen den Eheleuten besteht, dass die Immobilie – entgegen der Registrierung – in das gemeinsame Vermögen fallen soll), aber den Ehemann zu einem Wertausgleich für die gezahlten Darlehensraten und die Wertsteigerung zu verpflichten.[43] Die Bewertung der Immobilie müsse notfalls durch externe Sachverständige erfolgen[44] und in der Regel stehe

---

39 Die justiziellen Interpretationen des OVG sind in dieser Hinsicht zum Teil auch widersprüchlich. § 19 OVG-Interpretation EheG 1 aus 2001 unterstreicht auf der einen Seite den bereits dargestellten Grundsatz des § 18 Nr. 1 EheG, dass voreheliches Vermögen, das nur „einer Seite, dem Mann oder der Frau, zusteht, […] durch die Fortdauer der ehelichen Beziehung nicht zu gemeinsamem Vermögen der Ehegatten [wird], soweit die Beteiligten nichts anderes vereinbaren". Auf der anderen Seite bestimmte das OVG in einer Interpretation aus dem Jahr 1993 (siehe Fn. 8), dass das voreheliche Vermögen eines Ehegatten ausnahmsweise doch dem gemeinsamen Vermögen der Ehegatten zugeordnet werden kann, sofern dieses Vermögen „nach der Eheschließung von beiden Seiten gemeinsam genutzt, betrieben und verwaltet wird" und eine gewisse Zeitspanne verstrichen ist, nämlich „im Falle von Räumlichkeiten und anderen relativ kostspieligen Vermögensgütern nach über acht Jahren, bei wertvollen Materialien des Lebens nach über vier Jahren". Siehe zur Entwicklung dieser Regelungen Di Yu, Chicago-Kent Law Review 2013, 1023 ff.
40 Sehr kritisch zu dieser Bestimmung Valerie L. Chang, George Washington International Law Review 2013, 172 ff.
41 Xiaoming Xi, 162 f.
42 Xiaoming Xi, 161 f.
43 Xiaoming Xi, 161 f.
44 Xiaoming Xi, 169.

der Ehefrau die Hälfte des Wertes der Immobilie abzüglich des restlichen Darlehens zu (ggf. abzüglich der Anfangszahlung vor der Ehe); ein anderer Aufteilungsmaßstab biete sich an, wenn unterhaltspflichtige Kinder vorhanden seien.[45] Es gelte eine Vermutung, dass die gezahlten Darlehensraten aus dem gemeinsamen Vermögen der Eheleute entrichtet worden seien.[46] Die Vorschrift sei aber eine bloße Kann-Vorschrift, die dem Gericht ein Ermessen einräume, im konkreten Fall auch eine andere Lösung, z. B. unter Berücksichtigung des Schutzes der Frau, der Kinder und des Schwächeren, zu finden.[47] „Unter besonderen Umständen" könne das Gericht das Eigentum auch dem nicht als Eigentümer registrierten Ehegatten zuordnen, wobei dann auch über die Frage der Rückzahlung des restlichen Darlehens zu entscheiden sei. Eigentum und Rückzahlungspflicht dürften jedoch nicht auseinanderfallen.[48] Die beste Lösung sei es, wenn sich die Parteien einvernehmlich auf eine Lösung einigten und – aus Sicht der Ehefrau – wenn die Ehegatten finanziell unabhängig voneinander seien.[49]

C. Kindschaftsrecht

Im Ehegesetz wird der Begriff „Kinder"[50] nicht definiert. Für uneheliche Kinder   **42**
bestimmt § 25 S. 1 EheG: „Die unehelichen Kinder genießen die gleichen Rechte
wie eheliche Kinder."

I. Abstammung

Im chinesischen Recht ist das Abstammungsrecht nicht ausdrücklich gesetzlich   **43**
geregelt. Die Praxis und die Literatur erkennen jedoch an, dass eine Anfechtung
bzw. Feststellung der Elternschaft unter gewissen Voraussetzungen möglich ist.
Dies geht nunmehr auch eindeutig aus § 2 OVG-Interpretation EheG 3 hervor, der
ein entsprechendes Anfechtungsrecht bzw. Feststellungsrecht voraussetzt.

Es fehlt eine rechtliche Definition, wann ein Kind als eheliches Kind anzusehen   **44**
ist. Ein während des Bestehens der Ehe gezeugtes und geborenes Kind ist jedoch
nach der Rechtsprechung und Literatur als ehelich anzusehen. Der Ehemann wird
diesem Kind als Vater zugeordnet. Wie sich aus einer Auskunft des OVG vom
20.12.2013 ergibt, gilt dies auch dann, wenn das Kind vor der Eheschließung gezeugt, aber nach der Heirat geboren worden ist.[51] Ist das Kind hingegen während
der Ehe gezeugt, aber erst nach Auflösung der Ehe geboren worden, handelt es

---

45   Xiaoming Xi, 168.
46   Xiaoming Xi, 164.
47   Xiaoming Xi, 167: „keine mechanische Anwendung der Vorschrift".
48   Xiaoming Xi, 167.
49   Xiaoming Xi, 167.
50   Chin.: „子女", wörtlich: Sohn/Söhne und/oder Tochter/Töchter.
51   Auskunft des OVG vom 22.12.2013 gegenüber der Botschaft der Bundesrepublik Deutschland in China.

sich nach dem OVG um ein nichteheliches Kind. Erwägungen in der Literatur, ein solches Kind als eheliches Kind anzusehen[52], haben sich in der chinesischen Praxis nicht durchgesetzt.

45   In § 2 OVG-Interpretation EheG 3 hat das OVG ein Verfahren zur Feststellung der Elternschaft durch einen Ehegatten normiert. Absatz 1 sieht eine Klage auf Feststellung der Nichtexistenz der Elternschaft vor. Demnach „kann" das Gericht eine Nichtexistenz „vermuten", wenn der klagende Ehegatte „die zum Beweis notwendigen Nachweise vorgelegt hat" und der andere Ehegatte keinen Gegenbeweis vorlegt und auch die „Begutachtung der Elternschaft verweigert". Absatz 2 sieht eine Klage auf Feststellung der Elternschaft vor, wobei das Gericht die Elternschaft wiederum „vermuten kann", wenn der Kläger „die zum Beweis notwendigen Nachweise vorgelegt hat" und der andere Ehegatte keinen Gegenbeweis vorlegt und auch die „Begutachtung der Elternschaft verweigert".

II.   Elterliche Sorge

46   Das chinesische Recht kennt den Begriff der elterlichen Sorge nicht. Allerdings entspricht die in den Allgemeinen Grundsätzen des Zivilrechts geregelte Vormundschaft (§§ 16 ff. AGZ) funktional der elterlichen Sorge im deutschen Recht.[53]

47   § 16 AGZ bestimmt, dass beide Eltern als gesetzlicher Vormund des Kindes anzusehen sind, was sowohl eheliche Kinder als auch nichteheliche Kinder betrifft, deren Vater festgestellt worden ist.[54] Der Vormund ist nach § 18 Abs. 1 AGZ befugt, die „personellen, Vermögens- und sonstigen legalen Rechte und Interessen des Mündels zu schützen". Nach der Konkretisierung der Nr. 10 OVG-Interpretation AGZ bestehen folgende vormundschaftliche Amtsaufgaben: „Der Schutz der Gesundheit des Mündels, die Sorge für das Leben des Mündels, die Verwaltung und der Schutz des Vermögens des Mündels, die Vertretung des Mündels bei der Durchführung von Zivilgeschäften, die Lenkung und Erziehung des Mündels, die Prozessführung in Vertretung des Mündels, sofern dessen legale Rechte und Interessen verletzt werden oder ein Streit zwischen ihm und anderen entsteht." Beide Eltern haben folglich die Personensorge mit ihren Unterpunkten Aufenthaltsbestimmungsrecht, Erziehungsrecht und

---

52 Yanman Yu, 383 mit Hinweis auf ein altes „Antwortschreiben" des OVG „zur Frage, wie der leibliche Vater des durch Xu Xiumei geborenen Kindes festzustellen ist" vom 25.9.1956 [关于徐秀梅所生的小孩应如何断定生父问题的复函]; das besagte Antwortschreiben behandelt die Frage allerdings nicht explizit.

53 Im Übrigen finden sich auch im Ehegesetz vereinzelt Vorschriften, die elterliche Befugnisse und Pflichten statuieren. So etwa in § 23 S. 1 EheG, wonach die Eltern „das Recht und die Pflicht haben, minderjährige Kinder zu schützen und zu erziehen" oder in § 21 Abs. 1 EheG, der neben der Unterhaltspflicht auch die „Erziehungspflicht" der Eltern nennt.

54 Yanman Yu, 455.

Gesundheitsvorsorge sowie die Vermögenssorge inne und sind die gemeinsamen gesetzlichen Vertreter des Kindes.

Das chinesische Recht geht davon aus, dass die gemeinsame elterliche Sorge   **48**
(bzw. die gemeinsame gesetzliche Vormundschaft) beider Eltern auch im Falle
einer Scheidung bestehen bleibt. Dies folgt zum einen aus § 36 Abs. 1 EheG, der
betont, dass sich durch die Scheidung die (rechtliche) Eltern-Kind-Beziehung
nicht ändert, und zum anderen aus Nr. 21 OVG-Interpretation AGZ, wonach
derjenige Elternteil, bei dem das Kind nach der Scheidung lebt, grundsätzlich
nicht berechtigt ist, die vormundschaftlichen Rechte des anderen Elternteils gegenüber dem Kind aufzuheben. Ein entsprechender Antrag auf Aufhebung der
Vormundschaft des anderen Elternteils bei dem Volksgericht hat nur dann Erfolg, wenn der andere Elternteil durch sein Verhalten das Kindeswohl massiv
gefährdet.[55]

III. Adoption

Das chinesische Adoptionsrecht ist im Adoptionsgesetz geregelt. Aufgrund der   **49**
Ermächtigung in § 33 AdoptionsG hat das Ministerium für Zivilangelegenheiten
mit Genehmigung des Staatsrats am 25.5.1999 Vorschriften über die Registrierung von Adoptionen (1) durch chinesische Bürger[56] und (2) durch Ausländer in
der Volksrepublik China[57] bekannt gemacht.

Ausländer, die in China Kinder adoptieren möchten, müssen über die Regierung   **50**
des Landes, in dem sie sich befinden, oder eine von dieser Regierung beauftragte „Adoptionsorganisation" bei der von der chinesischen Regierung beauftragten Adoptionsorganisation (dem Chinesischen Zentrum für Adoptionsange-
legenheiten, China Center for Adoption Affairs, CCAA) den Adoptionsantrag
einreichen und „einen Bericht über die häuslichen Verhältnisse des Adoptierenden und Nachweise" vorlegen (§ 21 Abs. 2 AdoptionsG i.V.m. § 4 der Vor-

---

55 Nr. 21 OVG-Interpretation AGZ spricht von strafbaren Handlungen oder Misshandlungen des El-
    ternteils gegenüber dem Kind oder davon, dass (durch die Ausübung der Rechte durch den Eltern-
    teil) für das Kind deutliche Nachteile entstehen.
56 Verfahrensvorschrift für die Registrierung von Adoptionen durch chinesische Bürger [中国公
    民收养子女登记办法] vom 25.5.1999; deutsch mit Quellenangabe in: Frank MÜNZEL (Hrsg.),
    Chinas Recht, 25.5.99/1.
57 Verfahrensvorschrift für die Registrierung von Adoptionen durch Ausländer in der Volksrepublik
    China [外国人在中华人民共和国收养子女登记办法] vom 25.5.1999; deutsch mit Quellenan-
    gabe in: Frank MÜNZEL (Hrsg.), Chinas Recht, 25.5.99/2.

schriften über die Registrierung von Adoptionen durch Ausländer in der Volksrepublik China).[58]

51 Die Adoption erfolgt in China in Form der sogenannten starken Adoption, bei der auf die Rechte und Pflichten zwischen Adoptiveltern und Adoptivkind die Rechtsvorschriften über die Beziehungen zwischen Eltern und Kindern und zwischen Adoptivkind und nahen Verwandten der Adoptiveltern die Rechtsvorschriften über die Beziehungen zwischen Kindern und nahen Verwandten der Eltern angewendet werden (§ 23 Abs. 1 AdoptionsG).[59] Zugleich erlöschen mit der Entstehung der Adoptionsbeziehung die Rechte und Pflichten zwischen dem Adoptivkind und seinen leiblichen Eltern und anderen nahen Verwandten (§ 23 Abs. 2 AdoptionsG).

52 Adoptivkinder müssen nicht den Namen des Adoptivvaters oder den der Adoptivmutter annehmen, soweit sich die Beteiligten darüber einigen, dass sie den ursprünglichen Namen behalten (§ 24 AdoptionsG).

---

58 Deutschland hat keine solche von der Regierung beauftragte „Adoptionsorganisation", so dass Adoptionen chinesischer Kinder derzeit nicht möglich sind (es sei denn, der oder die deutschen Adoptierenden „befinden sich" – d. h. haben ihren ständigen Aufenthalt – weder in Deutschland noch in China, sondern in einem dritten Land, in dem die hier verlangten Voraussetzungen gegeben sind).

59 Die chinesische Literatur betont jedoch, dass das Adoptivkind durch die Adoption nicht die rechtliche Stellung eines leiblichen Kindes erlange und spricht insoweit von einem „System der Nachbildung" (chinesisch: „拟制") der Eltern-Kind-Beziehung, siehe etwa Hong WANG, S. 284; Dawen YANG, S. 254.

8. Kapitel

Erbrecht

Literatur: Brown, Justin T., Dodging the draft (tax): How China's draft inheritance tax law turns a blind eye to the rich, a good eye to the masses, and how a reorientation can be realized, Washington University Global Studies Law Review 2013, 161 ff.; Bu, Yuanshi, Einführung in das Recht Chinas, München 2009; Bünger, Karl, Zivil- und Handelsgesetzbuch sowie Wechsel- und Scheckgesetz von China, Marburg 1934; Corinth, Bernard, Das Erbrecht der Volksrepublik China, Rabels Zeitschrift für ausländisches und internationales Privatrecht, Bd. 24 (1959), 719 ff.; Eberl-Borges, Christina, Erbrecht in China, ErbR – Zeitschrift für die gesamte erbrechtliche Praxis, 2013, 15 ff.; Foster, Frances H., Towards a behavior-based model of inheritance?: The Chinese Experiment, U.C. Davis Law Review 1988, 77 ff.; Guo, Mingrui/Zhang, Pinghua [郭明瑞/张平华], Comparative Study on the Succession Law of the Two Coast of the Strait [海峡两岸继承法比较研究], Moderne Rechtswissenschaft [当代法学] 2004, 3 ff.; Jia, Bangjun [贾邦俊], Combing and Expanding the Concept of the Autonomy of Private Law in the Modification of the Law of Succession [《继承法》修改中 „私法自治" 理念的梳理与拓展], Rechtswissenschaft in Tianjin [天津法学] 2013, 5 ff.; Johnston, Graeme/Han, Yun, China, in: Garb, Louis (Hrsg.), International succession, The Hague 2010, 189 ff.; Ma, Yi'nan [马忆南], Ehe-, Familien- und Erbrechtswissenschaft [婚姻家庭继承法学], Beijing 2011; Mäding, Klaus, Chinesisches traditionelles Erbrecht unter besonderer Berücksichtigung südostchinesischen Gewohnheitsrechts vom Ende des 19. Jahrhunderts, Berlin 1966; Shi, Haoming [史浩明], Tradition und Innovation des chinesischen Zivilrechts [中国民事法律制度继承与创新], Beijing 2006; Wu, Changzhen [巫昌祯], Ehe- und Erbrechtswissenschaft [婚姻与继承法学], Beijing 2007; Xue, Ninglan/Jin, Yuzhen [薛宁兰/金玉珍], Verwandtschafts- und Erbrecht [亲属与继承法], Beijing 2009; Zhang, Shuhan [张抒涵], Das Testament in China. Geschichte, Gesetz und Gewohnheit, Zeitschrift für Chinesisches Recht 2013, 75 ff.; Zhang, Yumin [张玉敏], Untersuchung des Erbrechtssystems [继承法律制度研究], Beijing 1999; Zhu, Qingyu [朱庆育], Erbrecht [继承法] in: Jiang, Ping (Hrsg.) [江平 主编], Zivilrechtslehre [民法学], Beijing 2007, 790 ff.

A. Überblick

1 Das chinesische Erbrecht gewährleistet, dass Privateigentum nicht auf die Lebenszeit eines Menschen begrenzt ist, es also wiederum in das Privateigentum einer Person und nicht auf die öffentliche Hand übergeht. Diese sozialpolitische Funktion des Erbrechts wird in Art. 13 Abs. 2 der chinesischen Verfassung vom 4.12.1982 verankert, wonach „der Staat das Erbrecht am privaten Vermögen der Bürger[1] gemäß den gesetzlichen Bestimmungen schützt".

2 Als gesetzliche Bestimmungen gelten insofern:
   – das Erbgesetz vom 10.4.1985 (ErbG)[2];
   – die Allgemeinen Grundsätzen des Zivilrechts vom 12.4.1986 (AGZ), dort finden sich z.B. allgemeine zivilrechtliche Bestimmungen über die Rechts- und Geschäftsfähigkeit[3]; und
   – Interpretation des Obersten Volksgerichts (OVG-Interpretation), vor allem die „Ansichten des Obersten Volksgerichts zu einigen Fragen der Implementierung des Erbgesetzes der Volksrepublik China" vom 11.9.1985 (OVG-Interpretation ErbG)[4].

3 Für die notarielle Beglaubigung von Testamenten hat das Justizministerium am 24.3.2000 außerdem „detaillierte Regeln" (Beurkundungsregeln) erlassen.[5]

---

1 Siehe zu diesem Begriff unten Fn. 20.
2 Deutsch mit Quellenangabe in: Frank MÜNZEL, Chinas Recht, 10.4.85/1.
3 Siehe hierzu oben Kapitel 2 Rn. 53 ff.
4 [最高人民法院关于贯彻执行《中华人民共和国继承法》若干问题的意见], chinesisch abgedruckt in: Amtsblatt des Obersten Volksgerichts [中华人民共和国最高人民法院公报] 1985, Nr. 4, 9 ff.
5 Detaillierte Regeln zur Beglaubigung von Testamenten [遗嘱公证细则] des Justizministeriums vom 24.3.2000, chinesisch abgedruckt in: Amtsblatt des Staatsrats der Volksrepublik China [中华人民共和国国务院公报] 2001, Nr. 7, 21 ff.

Im Hinblick auf die Vielzahl von ethnischen Volksgruppen innerhalb der Volks- 4
republik China sieht § 35 ErbG außerdem vor, dass die Volkskongresse der autonomen Volksgruppengebiete „aufgrund der Prinzipien" des Erbgesetzes „in Verbindung mit den konkreten Verhältnissen" bei der Erbfolge für die lokalen Volksgruppen abweichende oder ergänzende Bestimmungen festsetzen können.[6]

Eine Erbschaftssteuer wird gegenwärtig nicht erhoben.[7]	5

B. Grundbegriffe

Das chinesische Erbrecht kennt die Universalsukzession, so dass auf den oder 6
die Erben das Vermögen und die Verpflichtungen des Erblassers als Ganzes
von Rechts wegen übergehen.[8] Es kennt also keinen zwischengeschalteten Erb-
schaftsverwalter. Allerdings ist die Erbenhaftung beschränkt[9] und das chinesische
Erbrecht trennt nicht scharf zwischen Erben und Vermächtnisnehmern.

Auch das Prinzip der Familienerbfolge, dass also nach der gesetzlichen Erbfolge 7
das Vermögen des Verstorbenen seinen nächsten Blutsverwandten bzw. seinem
Ehegatten zufällt, und die Testierfreiheit sind im chinesischen Erbrecht verankert.
Letztere ist jedoch nicht absolut, da sie durch Regelungen eingeschränkt wird,
die bestimmten gesetzlichen Erben eine unentziehbare Beteiligung am Nachlass
sichern[10].

I. Erblasser und Erbfall

Das chinesische Erbrecht bezeichnet den Erblasser als die Person, die beerbt 8
wird[11]. Ihr Tod, der Erbfall, eröffnet die Beerbung, § 2 ErbG.[12]

---

6 Solche Autonomieverordnungen [自治条例] gelten etwa für den Autonomen Kreis Mabian und
   Ebian der Yi in der Provinz Sichuan und den Autonomen Bezirk Ngawa der Tibeter und Qiang
   ebenfalls in der Provinz Sichuan.
7 Graeme JOHNSTON/Yun HAN, 195; Christine EBERL-BORGES, ErbR 2013, 15, 18; ausführlich zu einem Entwurf eines Gesetzes zur Einführung einer Erbschaftssteuer Justin T. BROWN, Washington
   University Global Studies Law Review 2013, 161 ff.
8 Siehe nur Qingyu ZHU, 803. So auch zum traditionellen chinesischen Erbrecht im Hinblick auf
   „Familienvermögen" Klaus MÄDING, 66 f., 69: „[…] Erbfolge kommt der römischen Universalsukzession sehr nahe".
9 Siehe unten unter Rn. 53 f.
10 Siehe zu den Regelungen über den „vorzubehaltenden Nachlass" [必留份] unten unter Rn. 37 ff.
11 Chinesisch „被继承人".
12 Die Nr. 1 und 2 OVG-Interpretation ErbG enthalten Bestimmungen zum Zeitpunkt des Todes und
   zu der Erbfolge, wenn sich bei Personen, die wechselseitig Erblasser und Erben sind, die Reihenfolge der Todesfälle nicht feststellen lässt.

II.   Erbe und Vermächtnisnehmer

9   Das chinesische Recht unterscheidet Erben bzw. das (subjektive) „Erbrecht"[13] und Vermächtnisnehmer bzw. das „Recht auf den Empfang von Vermächtnissen"[14] nur begrifflich, setzt ihre rechtliche Stellung im Hinblick auf den Nachlass jedoch gleich.[15] Dies folgt auch aus § 29 Sachenrechtsgesetz (SRG): Der Vermächtnisnehmer erwirbt durch Annahme des Vermächtnisses dingliche Rechte aufgrund des Vermächtnisses (Vindikationslegat); er hat also nicht etwa (nur) einen schuldrechtlichen Anspruch gegen die Erben (Damnationslegat).[16]

10   Bei Geschäftsunfähigen und beschränkt Geschäftsfähigen[17] wird das Erbrecht und das Recht auf den Empfang von Vermächtnissen gemäß § 6 ErbG von seinem gesetzlich bestimmten Vertreter ausgeübt.[18]

III.   Erbschaft (Nachlass)

11   Das vom Erblasser nach seinem Tod hinterlassene Vermögen wird als Nachlass[19] bezeichnet. Es umfasst gemäß § 3 ErbG: (1) Einkommen[20], (2) Immobilien, Ersparnisse und Gegenstände des täglichen Bedarfs, (3) Wald, Vieh und Geflügel, (4) Kulturgüter und Druckerzeugnisse, (5) Produktionsgüter, an denen das Gesetz Privatpersonen Eigentum zu haben gestattet, (6) Verwertungsrechte[21] an Urheber- und Patentrechten und (7) anderes legales Vermögen.[22] § 4 ErbG sieht außerdem vor, dass auch Gewinne aus der Pacht von Staats- und Genossenschaftsunternehmen zum Nachlass gehören.[23] Diese (nicht abschließende) Aufzählung der Gegenstände, die zum Nachlass gehören, wird von chinesischen Rechtswissen-

---

13   Chinesisch „继承人" bzw. „继承权".
14   Chinesisch „受遗赠人" bzw. „受遗赠权".
15   So ausdrücklich Changzhen WU, 285. Anders jedoch Yumin ZHANG, 278, die davon ausgeht, dass der Nachlass bei Eintritt des Erbfalls nur auf die Erben übergeht, während Vermächtnisnehmer nur einen Anspruch gegen die Erben oder den Testamentsvollstrecker auf Übergabe des Vermächtnisses hätten. So (Vermächtnisnehmer nur Gläubiger des Erben) auch Bernard CORINTH, RabelsZ, Bd. 24 (1959), 725 f., zur Rechtslage vor Verabschiedung des Erbgesetzes.
16   Siehe hierzu kritisch Qingyu ZHU, 822; vgl. auch Christine EBERL-BORGES, ErbR 2013, 19.
17   Bei einem beschränkt Geschäftsfähigen kann nach § 6 Abs. 2 ErbG auch noch (nachträglich) das Einverständnis des gesetzlichen Vertreters eingeholt werden.
18   Nr. 8 OVG-Interpretation ErbG enthält eine Regelung, die Interessenkonflikte des gesetzlichen Vertreters verhindern soll.
19   Chinesisch „遗产".
20   Hier und bei den folgenden Regelungen zum Nachlass steht im chinesischen Text jeweils „der Bürger" (hier also „Einkommen der Bürger"). Dies ist jedoch offensichtlich nicht als Einschränkung des Erbrechts auf chinesische Staatsangehörige gemeint, siehe Shuhan ZHANG, 83 (dort Fn. 96).
21   Chinesisch „财产权利", wörtlich „Vermögensrechte".
22   Anderes legales Vermögen umfasst nach Nr. 3 OVG-Interpretation ErbG etwa Wertpapiere und Forderungen, bei denen der Gegenstand der Erfüllung ein Vermögensgut ist.
23   Siehe hierzu außerdem Nr. 4 OVG-Interpretation ErbG.

schaftlern kritisch gesehen, da für dort nicht genannte Gegenstände unklar ist, ob es als Nachlass anzusehen ist. Insofern ist im Einzelfall auslegungsbedürftig, was unter „legalem Vermögen" nach § 3 Nr. 7 ErbG zu verstehen ist.[24]

Nicht zum Nachlass gehört Vermögen, das nicht allein dem Erblasser gehört. Dies betrifft Vermögen im gemeinsamen Eigentum von Eheleuten, das diese während der Ehe erworben haben: Hier sieht § 26 Abs. 1 ErbG vor, dass vor der Teilung des Nachlasses eine Hälfte als Eigentum des anderen Ehegatten ausgeschieden werden muss; die andere Hälfte ist dem Nachlass des Erblassers zuzuschlagen.[25] Außerdem ist vor der Teilung § 26 Abs. 2 ErbG Vermögen anderer Familienmitglieder auszuscheiden, wenn sich der Nachlass unter „gemeinsamem Vermögen in der Familie"[26] befindet.   **12**

C. Die Berufung zum Erben

Aus § 5 ErbG folgt ein Vorrang der gewillkürten vor der gesetzlichen Erbfolge. Außerdem wird dort in Verbindung mit Nr. 5 OVG-Interpretation ErbG bestimmt, dass eine „Vereinbarung über Vermächtnisse und Unterhalt"[27] einem Testament vorgeht.[28]   **13**

Ein testamentarischer Erbe ist nach Nr. 6 OVG-Interpretation ErbG weiterhin berechtigt, als gesetzlicher Erbe gemäß § 13 ErbG den Teil des Nachlasses zu erwerben, über den im Testament nicht verfügt worden ist.   **14**

§ 27 ErbG stellt fünf Tatbestände auf, bei deren Vorliegen trotz gewillkürter Erbfolge mit dem betreffenden Teil des Nachlasses nach der gesetzlichen Erbfolge verfahren wird: (1) Ein testamentarischer Erbe schlägt das Erbe oder ein „Vermächtnisnehmer" schlägt das „Vermächtnis" aus; (2) ein testamentarischer Erbe verliert das Erbrecht wegen Erbunwürdigkeit; (3) ein testamentarischer Erbe oder Vermächtnisnehmer stirbt vor dem Erblasser; (4) bei Nachlass oder einem Teil eines Nachlasses, über den in einem unwirksamen Testament verfügt wurde; und (5) bei Nachlass oder einem Teil eines Nachlasses, über den im Testament nicht verfügt wurde.   **15**

---

24 Siehe Shuhan ZHANG, 82 m. w. N.
25 Dies gilt allerdings nur, wenn zwischen den Ehegatten nicht etwas anderes vereinbart worden ist.
26 Chinesisch „家庭共有财产", abgekürzt auch „家产". Zu diesem Begriff siehe Klaus MÄDING, 55 ff.; Shuhan ZHANG, 76 (dort Fn. 22).
27 Siehe hierzu unten unter Rn. 33 ff.
28 Nach Nr. 5 OVG-Interpretation ErbG ist das der Vereinbarung widersprechende Testament ganz oder teilweise ungültig. Siehe auch Frances H. FOSTER, U.C. Davis Law Review 1998, 113 f. („China's behavior-based model of inheritance gives them [i. e. the agreements] the highest legal status and protection").

I.   Gesetzliche Erbfolge

1.   Gesetzliches Erbrecht der Verwandten und des Ehegatten

16   Das traditionelle chinesische Erbrecht setzte das Sakralerbrecht (die Nachfolge in der Ahnenverehrung) an die erste Stelle, bei dem nach dem Prinzip der Primogenitur nur der erstgeborene Sohn erbte. Auch das Vermögenserbrecht war den Söhnen vorbehalten, wenn hier auch grundsätzlich Gleichheit herrschte.[29] Erst mit dem Zivilgesetz der Republik China erfolgte eine Gleichstellung der Geschlechter.[30] Dementsprechend betont § 9 ErbG, dass Männer und Frauen in ihren (subjektiven) Erbrechten gleich sind.

17   Das Erbrecht der Volksrepublik China unterscheidet nicht zwischen dem gesetzlichen Erbrecht der Verwandten und des Ehegatten. Es sieht in § 10 ErbG nur ein zweistufiges Ordnungssystem von Erben vor: Erben 1. Ordnung sind der Ehegatte, die Kinder und die Eltern des Erblassers. Verwitwete Schwiegertöchter oder Schwiegersöhne gehören gemäß § 12 ErbG zu den Erben 1. Ordnung, wenn sie für den hauptsächlichen Unterhalt der Schwiegereltern gesorgt haben.[31]Erben 2. Ordnung sind die Geschwister und die Großeltern väter- und mütterlicherseits.

18   Kinder sind gemäß § 10 Abs. 3 ErbG eheliche Kinder, uneheliche Kinder, Adoptivkinder und diejenigen Stiefkinder, zu denen eine Unterhaltsbeziehung besteht.[32] Im Hinblick auf die Kinder des Erblassers gilt ein Eintrittsrecht (in der chinesischen Terminologie ein „Subrogaterbrecht"[33]): § 11 ErbG sieht vor, dass die Blutsverwandten der nächsten Generation in gerader Linie (Enkel und Enkelinnen, Urenkel und Urenkelinnen etc. des Erblassers[34]) in die Erbfolge eintreten, wenn die Kinder des Erblassers vor dem Erblasser gestorben sind.[35] Dabei erben diese eintretenden Erben nach Stämmen, können also nur den Teil des Nachlasses erben, den zu erben ihr Vater oder ihre Mutter berechtigt war, § 11 Satz 2 ErbG.

19   Als Eltern gelten nach § 10 Abs. 4 ErbG leibliche Eltern, Adoptiveltern und diejenigen Stiefeltern, zu denen eine Unterhaltsbeziehung besteht.

---

29   Klaus Mäding, 29 ff.

30   Karl Bünger, 89.

31   Wann es sich um den hauptsächlichen Unterhalt gehandelt hat, regelt Nr. 30 OVG-Interpretation ErbG; zur Rechtsprechung siehe Frances H. Foster, U.C. Davis Law Review 1998, 106 ff. Dass Schwiegertöchter oder Schwiegersöhne Erben 1. Ordnung werden, schränkt gemäß Nr. 29 OVG-Interpretation ErbG das Eintrittsrecht ihrer Kinder nach § 11 ErbG nicht ein.

32   Zur Rechtsprechung siehe Frances H. Foster, U.C. Davis Law Review 1998, 108 ff. Dass Schwiegertöchter oder Schwiegersöhne Erben 1. Ordnung werden, schränkt gemäß Nr. 29 OVG-Interpretation ErbG das Eintrittsrecht ihrer Kinder nach § 11 ErbG nicht ein.

33   Chinesisch „代位继承".

34   Nr. 25 OVG-Interpretation ErbG.

35   Ein entsprechendes Eintrittsrecht gilt gemäß Nr. 26 OVG-Interpretation ErbG für (1) die leiblichen Kinder eines Adoptivkindes des Erblassers, (2) die leiblichen Kinder eines Stiefkindes des Erblassers, zu dem eine Unterhaltsbeziehung bestand, (3) die Adoptivkinder eines leiblichen Kindes des Erblassers, (4) das Adoptivkind eines Adoptivkindes des Erblassers (5) das Adoptivkind eines Stiefkindes des Erblassers, zu dem eine Unterhaltsbeziehung bestand.

Geschwister sind gemäß § 10 Abs. 5 ErbG Geschwister mit gleichen Eltern, Ge-   **20**
schwister mit gleichem Vater und anderer Mutter oder gleicher Mutter und anderem Vater, Adoptivgeschwister[36] und diejenigen Stiefgeschwister, zu denen eine
Unterhaltsbeziehung besteht.

Die Erben der 1. Ordnung schließen Erben der 2. Ordnung aus, so dass Letztere   **21**
nur erben, wenn es keine Erben der 1. Ordnung gibt, § 10 Abs. 2 ErbG.

Erben derselben Ordnung erben gemäß § 13 ErbG grundsätzlich zu gleichen Tei-   **22**
len. Von diesem Grundsatz werden jedoch nach dem „Gebot sozialer Gerechtigkeit" und dem „Gedanken der Gegenseitigkeit" bestimmte Ausnahmen gemacht[37],
auf die bei der Auseinandersetzung des Nachlasses einzugehen sein wird.[38]

2.   Gesetzliches Erbrecht des Staates oder des Kollektivs

Nach § 32 ErbG erbt der Staat, wenn bei gesetzlicher und testamentarischer Erb-   **23**
folge kein Erbe vorhanden ist. War der Erblasser Mitglied einer Organisation kollektiver Eigentumsordnung, so fällt der Nachlass in das Eigentum der Organisation, bei welcher der Nachlass belegen ist.[39] Auch hier sind jedoch nach dem
Gebot sozialer Gerechtigkeit zugunsten bestimmter Nichterben Ausnahmen vorgesehen.[40]

II.   Gewillkürte Erbfolge

Die gewillkürte Erbfolge spielt in der Praxis in China nur eine geringe Rolle.[41]   **24**
Dies ist empirischen Untersuchungen zufolge einerseits auf traditionelle Ge-
wohnheiten und Vorstellungen zurückzuführen, wonach die Errichtung von Testamenten ein Zeichen schlechter Familienbeziehungen sei und Unglück herauf-
beschwöre.[42] Andererseits fänden wesentliche Vermögensverfügungen noch zu

---

36   Gemäß Nr. 23 OVG-Interpretation ErbG besteht zwischen Adoptivkind und leiblichem Kind und
     zwischen Adoptivkindern das Verhältnis von Adoptivgeschwistern, so dass sie wechselseitige Er-
     ben der 2. Ordnung sein können. Die Rechts- und Pflichtbeziehung zwischen der adoptierten Per-
     son und deren leiblichen Geschwistern gehen infolge der Errichtung der Adoptivbeziehungen
     hingegen unter, so dass die adoptierte Person und deren leibliche Geschwister nicht wechselsei-
     tige Erben der 2. Ordnung sein können.
37   Yuanshi Bu, 99 f.; siehe zu diesem „behavior-based model of inheritance" ausführlich (auch mit
     Blick auf die sich seit Verabschiedung des Erbgesetzes geänderten wirtschaftlichen und gesell-
     schaftlichen Umstände) Frances H. Foster, U.C. Davis Law Review 1998, 77 ff. (117 ff.).
38   Siehe unten unter Rn. 50 ff.
39   Dies ist laut Christine Eberl-Borges, ErbR 2013, 17, in ländlichen Gebieten die Regel.
40   Nr. 57 OVG-Interpretation ErbG sieht vor, dass Nichterben unter den Voraussetzungen des § 14
     ErbG (siehe hierzu unten unter Rn. 50 ff.) „je nach Umständen angemessen Nachlass zugeteilt
     werden kann".
41   Christina Eberl-Borges, 19.
42   Shuhan Zhang, 86 m. w. N.

Lebzeiten statt (sogenannte „Teilung des Familienvermögens"[43]), die damit funktional ein Substitut zur erbrechtlichen Auseinandersetzung bilden.[44] Schließlich führe auch die seit Beginn der achtziger Jahre verfolgte Ein-Kind-Politik und die finanzielle Unterstützung der Kinder beim Erwerb von Wohnungseigentum vor der Eheschließung zu einer geringeren Bedeutung von Testamenten.[45]

1. Testamente und Vermächtnisse

25   Testamente[46] können „Bürger"[47] gemäß § 16 ErbG errichten, um über „Vermögen des Einzelnen"[48] zu verfügen. In seinem Testament kann der Testator[49] gemäß § 16 Abs. 2 ErbG einen oder mehrere der gesetzlichen Erben als Erben bestimmen oder sein Vermögen gemäß § 16 Abs. 3 ErbG dritten Personen (oder dem Staat oder Kollektiven) vermachen[50]. Zusammen mit dem Erbvertrag bilden sie die Verfügungen von Todes wegen im chinesischen Erbrecht.[51]

26   Testamente können gemäß § 17 ErbG in folgenden Formen errichtet werden[52]:
–   Notariell beurkundetes Testament
     Die notarielle Beurkundung eines Testaments wird gemäß § 17 Abs. 1 ErbG vom Testator bei den Notariaten[53] durchgeführt. Das Verfahren richtet sich nach den Beurkundungsregeln.[54] Notariell beurkundete Testamente können

---

43   Chinesisch „分家析产". Diesem traditionellen Rechtsinstitut, das etwa noch während der Qing-Dynastie unter Strafe gestellt wurde, um den Zusammenhalt des Familienverbandes zu fördern, das aber wegen wirtschaftlichen Notwendigkeiten vor allem in den weniger vermögenden Schichten dennoch vorkam, kann eine ähnliche Wirkung wie ein Erbfall zugesprochen werden, da hierdurch Vermögen auf die nächste Generation übertragen wird; Klaus MÄDING, 57 ff.
44   Shuhan ZHANG, 86 f. m. w. N.
45   Shuhan ZHANG, 87 m. w. N.
46   Chinesisch „遗嘱". Eine Definition des Begriffs enthält § 2 Beurkundungsregeln. Zu anderen im traditionellen Erbrecht gebräuchlichen Begriffen für das Testament siehe Klaus MÄDING, 98 (dort Fn. 634).
47   Siehe oben Fn. 20.
48   Chinesisch „个人财产". Gemäß Nr. 38 OVG-Interpretation ErbG ist hiervon Vermögen abzugrenzen, das dem Staat, einem Kollektiv oder einer anderen Person gehört. Verfügt der Testator hierüber, ist der diesbezügliche Teil des Testaments unwirksam.
49   Chinesisch „遗嘱人".
50   Chinesisch „赠" bzw. „遗赠".
51   Qingyu ZHU, 820 f.
52   Nr. 35 OVG-Interpretation ErbG sieht eine Übergangsregelung für Testamente vor, die vor Inkrafttreten des Erbgesetzes (am 1.10.1985) errichtet wurden: Diese sind ungeachtet „leichter formeller Fehler" [形式上稍有欠缺] wirksam, falls ihr Inhalt rechtmäßig ist und falls hinreichende Beweismittel nachweisen, dass sie den wahren Willen des Testators zum Ausdruck bringen.
53   Chinesisch „公证机关", wörtlich „Beurkundungsbehörden". Nach den Beurkundungsregeln handelt es sich dabei um „Stellen der öffentlichen Beurkundung" [公证处], die im „Gesetz der Volksrepublik China über die öffentliche Beurkundung" vom 28.8.2005 (chinesisch-deutsch in: ZChinR 2007, 211 ff.) auch als „Organe für öffentliche Beurkundung" [公证机构] bezeichnet werden.
54   Ausführlicher zum Verfahren nach den Beurkundungsregeln bei Shuhan ZHANG, 83 f.

gemäß § 20 Abs. 3 ErbG nicht durch in anderen Formen errichtete Testamente aufgehoben oder geändert werden.

– Eigenhändig geschriebenes Testament

Eigenhändig geschriebene Testamente müssen nach § 17 Abs. 2 ErbG vom Testator unterzeichnet werden und es muss das Datum (Jahr, Monat und Tag) vermerkt sein. Auch ein nicht als solches bezeichnetes Schreiben des Testators kann als ein eigenhändig geschriebenes Testament angesehen werden, wenn der Testator darin Verfügungen über sein eigenes Vermögen vornimmt, es sich um eine „wahre Willenserklärung" des Testators handelt, und „keine gegenteiligen Beweise" vorliegen.[55]

– In Vertretung geschriebenes Testament

Ein in Vertretung geschriebenes Testament muss gemäß § 17 Abs. 3 ErbG von mindestens zwei Zeugen an Ort und Stelle bezeugt werden. Einer der Zeugen muss es in Vertretung schreiben und das Datum (Jahr, Monat und Tag) vermerken. Außerdem muss es von den Zeugen und dem Testator unterzeichnet werden.

– Mit Hilfe eines Tonträgers errichtetes Testament

Ein in Form eines Tonträgers errichtetes Testament muss nach § 17 Abs. 4 ErbG ebenfalls von mindestens zwei Zeugen an Ort und Stelle bezeugt werden.

– Mündlich errichtetes Testament

In dringender Gefahr kann der Testator gemäß § 17 Abs. 5 ErbG ein mündliches Testament errichten. Es muss von mindestens zwei Zeugen an Ort und Stelle bezeugt werden. Dieses Nottestament verliert seine Wirksamkeit, sobald sich die Gefahr gegeben hat und der Testator die Schrift- oder Tonträgerform zur Testamentserrichtung benutzen kann.

Nach einer empirischen Untersuchung aus dem Jahr 2005 wird die Form des mündlich errichteten Testaments (auch ohne Vorliegen einer „dringenden Gefahr") in der Praxis von allen Testamentsformen am häufigsten gewählt und von den Erben des Erblassers trotz formeller Unwirksamkeit anerkannt, während das notariell beurkundete Testament in Städten im Vergleich zu ländlichen Gebieten häufiger vorkomme.[56]

Testierfähig sind nur voll geschäftsfähige Personen, § 22 Abs. 1 ErbG. Der Testator muss nach Nr. 41 OVG-Interpretation ErbG im Zeitpunkt der Errichtung des Testaments geschäftsfähig sein. Das von einer geschäftsunfähigen Person errichtete Testament gilt immer als ungültig, selbst wenn die betroffene Person später (wieder) geschäftsfähig geworden ist.[57]

27

---

55 Nr. 40 OVG-Interpretation ErbG.
56 Shuhan ZHANG, 87 m. w. N.
57 Umgekehrt ist nach Nr. 41 Satz 3 OVG-Interpretation ErbG ein Testament auch dann wirksam, wenn der Testator zwar im Zeitpunkt der Errichtung des Testaments geschäftsfähig war, hiernach aber seine Geschäftsfähigkeit verliert.

28 Testamentszeugen können gemäß § 18 ErbG keine Personen sein, die geschäftsunfähig oder beschränkt geschäftsfähig sind, die Erben oder Vermächtnisnehmer sind, oder die zu Erben oder Vermächtnisnehmern „in ihnen nützlicher oder schädlicher Verbindung stehen"[58]. Als Beispiel für letztere Personengruppe führt Nr. 36 OVG-Interpretation ErbG Gläubiger und Schuldner eines Erben oder Vermächtnisnehmers und Personen an, die mit dem Erben oder Vermächtnisnehmern gemeinsam als Partner ein Geschäft führen.

29 Die vom Testator nach § 17 ErbG errichteten Testamente können von ihm gemäß § 20 Abs. 1 ErbG ohne jeden Grund jederzeit widerrufen und geändert werden. Als Widerruf des Testaments gilt nach Nr. 39 OVG-Interpretation ErbG auch, wenn Handlungen, die der Testator zu seinen Lebzeiten vorgenommen hat, seiner testamentarischen Willenserklärung widersprechen, indem sie dazu führen, dass Vermögensgüter, über die testamentarisch verfügt worden ist, vor Beginn des Erbgangs ganz oder teilweise verloren gehen, oder dass das Eigentum an ihnen ganz oder teilweise übertragen worden ist.

30 Gibt es mehrere Testamente, die sich widersprechen, so gilt das Testament, das zuletzt errichtet worden ist.[59]

31 Die testamentarische Erbfolge und das Vermächtnis können gemäß § 21 ErbG mit Auflagen[60] verbunden werden. Kommt der Erbe oder Vermächtnisnehmer den Auflagen ohne berechtigten Grund nicht nach, so kann sein Recht auf den Empfang des Nachlasses gerichtlich aufgehoben werden. Klagebefugt sind nach Nr. 43 OVG-Interpretation ErbG die durch die Auflage begünstigte Person und andere Erben.[61]

32 Ein Testament ist gemäß § 22 Abs. 2 ErbG unwirksam, wenn es unter Drohung oder Täuschung errichtet worden ist. Ist ein Testament verfälscht worden, so ist der verfälschte Inhalt unwirksam, § 22 Abs. 4 ErbG.

---

58 Chinesisch „有利害关系".

59 Nr. 42 OVG-Interpretation ErbG stellt klar, dass ein notariell beurkundetes Testament bei Widersprüchen zu in anderer Form errichteten Testamenten unabhängig vom Zeitpunkt der Errichtung vorgeht.

60 Chinesisch „附有义务", wörtlich: „mit [der testamentarischen Erbfolge oder dem Vermächtnis] verbundene Pflichten". Nach der Literatur sind auch Bedingungen und Befristungen zulässig, siehe Qingyu Zʜᴜ, 823 f.

61 Nach Nr. 43 OVG-Interpretation ErbG obliegt dem klagenden Erben oder Begünstigten dann die Erfüllung der Pflicht gemäß dem Wunsch des Testators, und er erhält den betreffenden Nachlassteil.

2.   Erbvertrag und gemeinschaftliches Testament

Das chinesische Erbgesetz kennt keine Erbverträge[62].[63] Zum Teil wird angenommen, dass die „Vereinbarung über Vermächtnisse und Unterhalt"[64] ein ähnliches Rechtsinstitut sei.[65] Eine solche Vereinbarung hat nach § 31 Abs. 1 ErbG zum Inhalt, dass sich der Vertragspartner des Erblassers[66] zum Unterhalt und zur Beerdigung des Erblassers verpflichtet und im Gegenzug das Recht auf den Empfang eines Vermächtnisses erhält.[67] Erfüllt der Vertragspartner des Erblassers seine Verpflichtung nicht, kann der Erblasser den Vertrag kündigen; bereits erbrachte Leistungen braucht er nicht zu vergüten.[68]

Gegen die Zulässigkeit von Erbverträgen wird vorgebracht, dass das Testament im chinesischen Erbrecht als ein einseitiges Rechtsgeschäft konzipiert sei und der Erbvertrag die im chinesischen Recht gewährte Testierfreiheit unzulässig einschränke.[69]

Die h. M. in der chinesischen Literatur hält zumindest das gemeinschaftliche Testament[70] für Ehegatten für zulässig, wobei die Ausführungen teilweise auf rechtsvergleichenden Erkenntnissen beruhen oder auch die Rechtslage de lege ferenda referieren.[71] Bedenken werden teilweise im Hinblick auf die Zulässigkeit einer Änderung und eines Widerrufs des gemeinschaftlichen Testaments geltend gemacht, da das gemeinschaftliche Testament durch seine insofern bestehende Bindungswirkung die Testierfreiheit im chinesischen Erbrecht einschränke. So wird in einem

33

34

35

---

62 Chinesisch „遗嘱契约" oder auch „继承契约".

63 So auch bereits zur Rechtslage vor dem Erbgesetz Bernhard CORINTH, RabelsZ, Bd. 24 (1959), 723. Die Privatautonomie des Vertragsrechts gilt im chinesischen Erbrecht nicht; siehe § 2 Satz 2 Vertragsgesetz, der die Anwendung des Vertragsgesetzes und damit der in § 4 Vertragsgesetz vorgesehenen Privatautonomie für „Vereinbarungen über persönliche Statusbeziehungen" [身份关系的协议] ausschließt.

64 Chinesisch „遗赠扶养协议".

65 Yuanshi BU, 100 mit Hinweis auf Junju MA/Yanman YU, 970 f. Vgl. auch Frances H. FOSTER, U.C. Davis Law Review 1998, 112 ff. („quasi-contractual mechanism"). Christine EBERL-BORGES, ErbR 2013, 18, sieht in diesem Institut außerdem Ähnlichkeit zur „Verpfründung" des schweizerischen Rechts (Art. 521 ff. Obligationenrecht).

66 Gemäß § 31 Abs. 2 ErbG kann der Vertragspartner des Erblassers auch eine Organisation der kollektiven Eigentumsordnung sein.

67 Zur Bedeutung und Rechtspraxis im Hinblick auf Form und Inhalt solcher Vereinbarungen siehe Frances H. FOSTER, U.C. Davis Law Review 1998, 112 ff.

68 Nr. 56 OVG-Interpretation ErbG. Im umgekehrten Fall, dass der Vermächtnisgeber die Vereinbarung ohne hinreichenden Grund nicht erfüllt, kann sein Vertragspartner kündigen; der Vermächtnisgeber muss dann die bereits erbrachten Leistungen erstatten.

69 Qingyu ZHU, 817.

70 Chinesisch „共同遗嘱".

71 Haoming SHI, 490 (stellt das gemeinschaftliche Testament rechtsvergleichend und rechtshistorisch dar und befürwortet eine Zulässigkeit in China); Yi'nan MA, 363 (geht von einer Zulässigkeit des gemeinschaftlichen Testaments angesichts der fortschreitenden Entwicklung des chinesischen Erbrechts aus); Yumin ZHANG, 256 (zitiert eine Literaturmeinung, die von der Zulässigkeit des gemeinschaftlichen Testaments ausgeht).

Lehrbuch auf das gemeinschaftliche Testament im Rahmen der Einschränkung der Testierfreiheit eingegangen: Rechtsvergleichend wird das gemeinschaftliche Testament in § 2265 BGB erwähnt und es wird darauf verwiesen, dass zwar das chinesische Erbrecht keine Regelungen zum gemeinschaftlichen Testament vorsähe. Die Beurkundungsregeln, in deren § 15 ein solches gemeinschaftliches Testament erwähnt ist, zeigten jedoch, dass es in China jedenfalls nicht verboten sei.[72]

36   Die chinesische Rechtsprechung hat zur Zulässigkeit gemeinschaftlicher Testamente bislang – soweit ersichtlich – nur in einem veröffentlichten Urteil Stellung genommen, in dem es um den Widerruf ging. Ohne explizit auf die Wirksamkeit des von den Ehegatten geschlossenen und notariell beurkundeten gemeinschaftlichen Testaments einzugehen, ging das Gericht davon aus, dass der überlebende Ehegatte nicht befugt sei, nach dem Tod des erstverstorbenen Ehegatten das gemeinschaftliche Testament im Hinblick auf die Wirkungen zu widerrufen, die laut dieses Testaments in diesem Zeitpunkt eingetreten sind.[73]

III. Ausschluss von der Erbfolge

1. Enterbung (kein Pflichtteilsrecht)

37   Wie bei der Unzulässigkeit von Erbverträgen gesehen, betont das chinesische Erbrecht die Testierfreiheit stark. Dementsprechend kann der Erblasser grundsätzlich frei über seinen Nachlass verfügen und seine gesetzlichen Erben ohne Einschränkung enterben. Diese weitestgehend uneingeschränkte Testierfreiheit führt offenbar zu keinem unerträglichen Spannungsverhältnis zur Familienerbfolge, da das Testament – wie oben unter Rn. 24 dargestellt – in der Praxis aus traditionellen Gründen keine bedeutende Rolle spielt. Letztlich bieten auch das „Gebot sozialer Gerechtigkeit" und der „Gedanke der Gegenseitigkeit", die bei der Aufteilung des Vermögens zu berücksichtigen sind[74], dem Richter ausreichend

---

72 Qingyu ZHU, 818. Auch von anderen Rechtswissenschaftlern wird aus der angeführten Regelung des § 15 geschlossen, dass jedenfalls ein notariell beurkundetes gemeinschaftliches Testament als wirksam zu gelten habe, Mingrui GUO/Pinghua ZHANG, 3 ff. Ablehnend im Hinblick auf die Rechtslage de lege ferenda jedoch Bangjun JIA, 5 ff.

73 Urteil des Mittleren Gerichts der Stadt Rizhao in der Provinz Shandong im Rechtsstreit um die gewillkürte Erbfolge MOU Naifen gegen LU Zhenlin und andere [山东日照中院判决牟乃分与卢振林等遗嘱继承纠纷案], Erstinstanzliches Urteil: Aktenzeichen (2011) Lanmin Yichuzi Nr. 242 [(2011) 岚民一初字第 242 号], Endurteil: Aktenzeichen (2011) Rimin Yizhongzi Nr. 553 [(2011) 日民一终字第 553 号]. In der Kommentierung zu dem Urteil kommen die berichterstattenden Richter (ZHANG Baohua/MA Dejian, Forschungsbüro des Mittleren Volksgerichts der Stadt Rizhao in der Provinz Shandong [山东省日照市中级人民法院研究室 张宝华 马德健]) zu der Schlussfolgerung, dass das gemeinschaftliche Testament anzuerkennen war, da es den Voraussetzungen für die Wirksamkeit von Rechtsgeschäften im allgemeinen Zivilrecht (nach § 55 AGZ) entsprochen habe.

74 Siehe unten unter Rn. 50 ff.

Spielraum, um eine Fürsorgepflicht des Erblassers (oder auch allgemeine gesellschaftliche Interessen) stärker zu akzentuieren.

Ein unentziehbarer Pflichtteil steht gemäß § 28 ErbG nur dem ungeborenen Kind   38
des Erblassers zu, wenn dieses nach dem Erbfall lebend geboren wird.[75]

§ 19 ErbG sieht außerdem vor, dass einem unter besonderen Schwierigkeiten   39
lebenden arbeitsunfähigen Erben der „notwendige Teil des Nachlasses" vorbehalten wird.[76] Dieser „Quasi-Pflichtteil"[77] steht dem betreffenden Erben gemäß
Nr. 61 OVG-Interpretation ErbG auch dann zu, wenn der Nachlass zur Begleichung der Schulden des Erblassers nicht ausreicht.

Die Wiederheirat eines Ehegatten nach dem Tod des anderen Ehegatten bewirkt   40
gemäß § 30 ErbG nicht die Enterbung des überlebenden Ehegatten.

2. Erbunwürdigkeit

§ 7 ErbG sieht in Verbindung mit den Nr. 9 bis 14 OVG-Interpretation ErbG Tat   41
bestände vor, unter denen ein Erbe sein Erbrecht verliert:

(1) Gemäß § 7 Nr. 1 ErbG bei vorsätzlicher Tötung des Erblassers, wobei auch
eine versuchte Tötung zum Verlust des Erbrechts führt[78];

(2) gemäß § 7 Nr. 2 ErbG bei Tötung anderer Erben, um Nachlass zu erlangen;

(3) gemäß § 7 Nr. 3 ErbG bei einem Imstichlassen des Erblassers oder einer
grausamen Misshandlung des Erblassers, soweit „die Umstände schwerwiegend sind"[79]; der Verlust des Erbrechts tritt nicht ein, wenn der Erbe später unzweideutig seine Reue zum Ausdruck bringt und der betreffende Erblasser zu
Lebzeiten Vergebung kundtut[80];

---

75 Gemäß Nr. 45 OVG-Interpretation ErbG besteht ein entsprechender Anspruch gegen die anderen
    Erben.
76 Nach Nr. 37 OVG-Interpretation ErbG ist für die Feststellung, ob ein Erbe arbeitsunfähig ist und
    „über keine Existenzgrundlage" verfügt, auf den Zeitpunkt des Wirksamwerdens des Testaments
    abzustellen.
77 So Yuanshi Bu, 100.
78 Nr. 11 OVG-Interpretation ErbG.
79 Gemäß Nr. 10 OVG-Interpretation ErbG kann bei der Feststellung, ob „die Umstände einer Misshandlung schwerwiegend sind", auf Faktoren wie etwa die Dauer und Art der Misshandlung, die
    dadurch bewirkten Folgen und die dadurch verursachten Auswirkungen auf die Allgemeinheit abgestellt werden. Ob es sich bei der Misshandlung um ein strafrechtlich relevantes Verhalten handelt, ist hingegen nicht ausschlaggebend. Zur Rechtsprechung siehe Frances H. Foster, U.C. Davis Law Review 1998, 95 ff.
80 Nr. 13 OVG-Interpretation ErbG.

(4) gemäß § 7 Nr. 4 ErbG bei Fälschungen, eigenmächtige Änderungen oder Löschungen in Testamenten, wenn „die Umstände schwerwiegend sind"[81].

42   Über den Verlust des Erbrechts entscheiden die Volksgerichte auf Antrag der Erben durch Urteil.[82] Das OVG wendet die Tatbestände in § 7 Nr. 1 und Nr. 2 ErbG auch auf die testamentarischen Erben an mit der Folge, dass das betreffende Testament insoweit als unwirksam gilt.[83] Die Literatur berichtet, dass die Untergerichte auch in den Fällen des § 7 Nr. 3 und 4 ErbG testamentarische Erben und Begünstigte einer „Vereinbarung über Vermächtnisse und Unterhalt" ausgeschlossen hätten.[84]

43   Bei Verlust des Erbrechts wegen Erbunwürdigkeit erstreckt sich die Wirkung gemäß Nr. 28 OVG-Interpretation ErbG auch auf Abkömmlinge des ausgeschlossenen Erben. Eine Ausnahme gilt allerdings, wenn der betreffende Abkömmling arbeitsunfähig ist und über keine Existenzgrundlage verfügt, oder wenn er dem Erblasser gegenüber Unterhaltspflichten „vergleichsweise umfangreich" erfüllt hat.[85]

3.   Erbverzicht, Ausschlagung sowie Annahme der Erbschaft

44   Das chinesische Erbrecht kennt keinen Erbverzicht im Sinne eines zwischen dem Erblasser und einem gesetzlichen oder testamentarisch berufenen Erben geschlossenen Vertrags, durch den der Anfall des Erbrechts ganz oder teilweise ausgeschlossen wird.[86]

45   Geregelt wird in § 25 ErbG die Ausschlagung und Annahme der Erbschaft. Nach § 25 Abs. 1 ErbG in Verbindung mit Nr. 49 OVG-Interpretation ErbG muss der Erbe, wenn er das Erbe ausschlägt[87], eine entsprechende Willenserklärung nach Eintritt des Erbfalls und vor der Auseinandersetzung des Nachlasses abgeben; ansonsten gilt die Erbschaft als angenommen.[88] Diese Willenserklärung muss den

---

81 Gemäß Nr. 14 OVG-Interpretation ErbG liegen „schwerwiegende Umstände" vor, wenn durch die Fälschungen, eigenmächtige Änderungen oder Löschungen in Testamenten die Interessen eines arbeitsunfähigen und zudem über keine Existenzgrundlage verfügenden Erben verletzt werden und ihm Schwierigkeiten beim Bestreiten des Lebensunterhalts bereitet werden.

82 Nr. 9 OVG-Interpretation ErbG.

83 Nr. 12 OVG-Interpretation ErbG.

84 Frances H. Foster, U.C. Davis Law Review 1998, 88. Siehe dort auch allgemein zu der weiten Auslegung der Tatbestände einer Erbunwürdigkeit in § 7 ErbG durch die Literatur und Rechtsprechung.

85 Nr. 28 Satz 2 OVG-Interpretation ErbG.

86 So bereits im Recht der Republik China, siehe Karl Bünger, 92; ebenso zur Rechtslage vor dem ErbG Bernard Corinth, RabelsZ, Bd. 24 (1959), 727.

87 Chinesisch „放弃". Der Begriff wird zum Teil auch als Verzicht übersetzt.

88 Dementsprechend sieht Nr. 52 OVG-Interpretation ErbG für den Fall des Versterbens eines Erben nach Eintritt des Erbfalls, aber vor Auseinandersetzung des Nachlasses vor, dass sein Recht auf das Erben von Nachlass auf seine rechtmäßigen Erben übergeht, sofern er die Erbschaft noch nicht ausgeschlagen hat.

anderen Erben gegenüber grundsätzlich in schriftlicher Form mitgeteilt werden.[89] Die Ausschlagung kann nur bis zur Auseinandersetzung des Nachlasses zurückgenommen werden und steht – soweit die Rücknahme in einem Prozess erfolgt – unter der Bedingung, dass das Gericht die von dem betreffenden Erben angeführten Gründe für die Rücknahme anerkennt.[90]

§ 25 Abs. 2 ErbG betrifft die testamentarischen „Vermächtnisnehmer" (außerhalb der gesetzlichen Erben) nach § 16 Abs. 3 ErbG: Diese müssen innerhalb von zwei Monaten, nachdem sie vom Anfall des „Vermächtnisses" erfahren haben, erklären, ob sie dieses annehmen oder ausschlagen. Wird keine fristgemäße Erklärung abgegeben, gilt dies als Ausschlagung.[91]   **46**

Die Erbschaft darf nicht ausgeschlagen werden, wenn dies dazu führt, dass der betreffende Erbe gesetzlich vorgeschriebene Pflichten nicht erfüllen kann.[92]   **47**

Eine wirksam erklärte Ausschlagung wirkt bis zum Eintritt des Erbfalls zurück.[93]   **48**

Wer bei einer Ausschlagung der Erbschaft der Nächstberufene ist, wird in den erbrechtlichen Regelungen nicht gesagt. Die Literatur geht davon aus, dass bei der Ausschlagung der Erbschaft die übrigen Erben derselben Ordnung den Nachlass erben.[94] Bei Ausschlagung durch testamentarische Erben, erben gemäß § 27 Nr. 1 ErbG die gesetzlichen Erben den Nachlass. Für die Frage, wer Nächstberufener ist, kommt es daher auf die gesetzliche Erbfolge an.   **49**

D.   Erbengemeinschaft und Auseinandersetzung

I.   Erbengemeinschaft

Das Verhältnis der Erben (und „Vermächtnisnehmer") zueinander wird im Erbgesetz nicht geregelt und nur selten thematisiert. Soweit sich hierzu Ausführungen finden, geht die Literatur davon aus, dass es sich um eine Gesamthandsgemein-   **50**

---

89   Nr. 47 OVG-Interpretation ErbG. Eine mündlich erklärte Erbausschlagung wird von den Gerichten nur dann als wirksam angesehen, wenn der die Erbschaft ausschlagende Erbe die Ausschlagung vor Gericht „anerkennt" oder wenn sonstige Beweismittel vorgelegt werden, welche die mündliche Ausschlagung „hinreichend beweisen". Erklärt ein Erbe im Verlaufe eines Prozesses gegenüber dem Volksgericht mündlich, er schlage das Erbe aus, ist davon eine schriftliche Aufzeichnung anzufertigen, die von dem betreffenden Erben unterzeichnet wird, Nr. 48 OVG-Interpretation ErbG.
90   Nr. 50 OVG-Interpretation ErbG.
91   Dementsprechend sieht Nr. 53 OVG-Interpretation ErbG für den Fall des Versterbens eines „Vermächtnisnehmers" nach Eintritt des Erbfalls, aber vor Auseinandersetzung des Nachlasses vor, dass sein Recht auf den Empfang des „Vermächtnisses" nur dann an seine Erben übergeht, wenn er die Annahme des „Vermächtnisses" erklärt hat.
92   Nr. 46 OVG-Interpretation ErbG.
93   Nr. 51 OVG-Interpretation ErbG.
94   Changzhen Wu, 245; Yumin Zhang, 120 ff.; Ninglan Xue/Yuzhen Jin, 288.

schaft[95] handelt.[96] Insofern finden die Regelungen in den §§ 93 ff. SRG über die Verwaltung von und die Verfügung über Miteigentum Anwendung.

51 § 23 ErbG bestimmt, dass ein Erbe, der vom Tode des Erblassers erfährt, unverzüglich die anderen Erben und Testamentsvollstrecker unterrichten muss.[97] Gemäß § 24 ErbG sind Personen, bei denen sich Nachlass befindet, verpflichtet, diesen Nachlass zu sichern.

II. Auseinandersetzung

52 Das chinesische Erbrecht sieht für die Frage, in welcher Weise die Auseinandersetzung des Nachlasses stattfinden soll, verschiedene Möglichkeiten vor. Hat der Erblasser einen Testamentsvollstrecker bestimmt, so obliegt ihm die Auseinandersetzung des Nachlasses.[98] Das Erbgesetz sieht in § 15 Abs. 1 vor, dass die Erben „im Geiste gegenseitigen Nachgebens" und „friedlicher Eintracht" Regelungen für die Erbfragen aushandeln. Kommt es zu keiner Einigung, sieht § 15 Abs. 2 ErbG vor, dass die Sache vor einem Volksschlichtungskomitee geschlichtet oder beim Volksgericht Klage erhoben wird.[99] Die Frist für die Erhebung von Klagen in Erbstreitigkeiten beträgt gemäß § 8 ErbG zwei Jahre, gerechnet von dem Tag an, an dem der Erbe erfährt oder erfahren muss, dass sein Recht verletzt wird; unabhängig von der Kenntnis tritt die Verjährung nach zwanzig Jahren ein.[100]

---

95 Chinesisch „共同共有".

96 Yi'nan MA, 397 f.; Ninglan XUE/Yuzhen JIN, 377; Yumin ZHANG, 136. ZHANG weist insoweit auf die Regelung in Nr. 177 der „versuchsweise durchgeführten Ansichten des OVG zu einigen Fragen der Anwendung der Allgemeinen Grundsätze des Zivilrechts der Volksrepublik China [最高人民法院关于贯彻执行《中华人民共和国民法通则》若干问题的意见 (试行)] hin (deutsch mit Quellenangabe in: Frank MÜNZEL, Chinas Recht, 12.4.86/1). Diese hat das OVG allerdings in 2008 mit dem Hinweis aufgehoben, dass die Vorschrift im Widerspruch zum Sachenrechtsgesetz stehe. Auch im traditionellen chinesischen Erbrecht (und im Recht der Republik China, § 1151 Zivilgesetz) bildeten mehrere Erben eine Gesamthand, siehe Klaus MÄDING, 83, 109.

97 Erfährt keiner der Erben vom Tod des Erblassers, oder erfährt ein Erbe vom Tod des Erblassers, kann das aber den anderen Erben nicht mitteilen, so ist gemäß § 23 Satz 2 ErbG die Einheit, in der sich der Erblasser zu Lebzeiten befunden hat bzw. der Wohnbevölkerungsausschuss bzw. Ortsteilbevölkerungsausschuss des Wohnorts für die Unterrichtung verantwortlich. Hat ein Volksgericht bei der Behandlung eines Erbfalls Kenntnis, dass noch Erben vorhanden sind, ist es aber außerstande, sie von dem Erbfall zu benachrichtigen, so muss es gemäß Nr. 44 OVG-Interpretation ErbG bei der Auseinandersetzung des Nachlasses den von diesen Erben zu erbenden Nachlassteil zurückbehalten und feststellen, welche Person oder Einheit den betreffenden Nachlassteil aufbewahren soll.

98 Zu den Rechten und Pflichten des Testamentsvollstreckers finden sich keine weiteren Vorgaben. Zur Praxis siehe Yi'nan MA, 384 ff.

99 Dabei gelten alle Erben und Vermächtnisnehmer gemäß Nr. 60 OVG-Interpretation ErbG so lange als gemeinsame Kläger, bis sie ausdrücklich die Erbschaft bzw. das Vermächtnis ausschlagen.

100 Zur Hemmung und Unterbrechung dieser Verjährungsfrist siehe Nr. 15 bis 18 OVG-Interpretation ErbG.

Der Nachlass dient gemäß § 33 ErbG zunächst der Begleichung von Steuern und   **53**
Schulden.[101] Dies gilt nach § 34 ErbG auch für „Vermächtnisse". Die Erbenhaftung ist allerdings nach § 33 Abs. 1 Satz 1, 2. Hs. ErbG auf den tatsächlichen Wert
des Nachlasses begrenzt.[102] Diese (nicht im traditionellen chinesischen Erbrecht
verwurzelte[103]) erbenfreundliche Regelung, die Gläubiger des Erblassers benach-
teiligt, wird von der Literatur durchaus kritisch gesehen.[104]

Die Auseinandersetzung des Nachlasses muss nach § 29 ErbG für die Bedürfnis-   **54**
se der Produktion und des Lebens von Nutzen sein und darf die effektive Nutzung des Nachlasses nicht beeinträchtigen.[105] Können bestimmte Nachlassgüter
nicht sinnvoll in Natur geteilt werden, sieht § 29 Abs. 2 ErbG bestimmte Methoden (wie etwa den Verkauf mit anschließender Teilung des Erlöses) vor, um den
Nachlass in anderer Form aufzuteilen.[106]

Das Nachlassvermögen ist – wie oben bereits erwähnt[107] – unter Erben derselben   **55**
Ordnung grundsätzlich zu gleichen Teilen aufzuteilen, wobei folgende Ausnah-
men bestehen: Zunächst können sich die Erben auf eine ungleiche Aufteilung des
Nachlasses einigen, § 13 Abs. 5 ErbG.

Außerdem wirken sich eine Reihe von Tatbeständen nach dem „Gebot sozialer   **56**
Gerechtigkeit" und dem „Gedanken der Gegenseitigkeit" entweder zugunsten
oder aber zulasten der jeweiligen Erben aus:

---

101 Dies gilt nach § 33 Abs. 2 ErbG nicht, wenn ein Erbe die Erbschaft ausschlägt. Zur Ausnahme in
    Nr. 61 OVG-Interpretation ErbG siehe oben unter Rn. 39.
102 Gemäß Nr. 62 OVG-Interpretation ErbG haften gesetzliche und testamentarische Erben sowie
    „Vermächtnisnehmer" auch nach Auseinandersetzung des Nachlasses für Schulden, wo-
    bei die Vorschrift insofern eine Rangordnung vorsieht, so dass zunächst gesetzliche Erben, dann
    testamentarische Erben und zuletzt „Vermächtnisnehmer" für Schulden des Erblassers haften.
103 Nach Klaus MÄDING, 68 f. galt im traditionellen chinesischen Erbrecht, dass die Erbengemein-
    schaft unbeschränkt für Schulden des Erblassers haftet: „Der Vater schert sich nicht um die Schul-
    den des Sohnes, der Sohn haftet für die Schulden des Vaters" [子債父不知父債子還]. Dies hatte
    laut Bernard CORINTH, RabelsZ, Bd. 24 (1959), 720, im Laufe der Generationen zu einer wachsen-
    den Schuldknechtschaft und Verarmung wirtschaftlich schwacher Bevölkerungskreise geführt.
104 Siehe etwa Yi'nan MA, 403 f. Zu Reformvorschlägen siehe Yumin ZHANG, 339 ff.
105 Nr. 58 OVG-Interpretation ErbG nennt als Beispiel Häuser, Produktionsmittel und für bestimm-
    te Berufe notwendige Vermögensgüter, deren Auseinandersetzung unter Berücksichtigung der In-
    teressen sämtlicher Erben so durchzuführen ist, dass sie „die Entfaltung des praktischen Nutzef-
    fektes" der betreffenden Vermögensgüter und die Befriedigung „der wirklichen Bedürfnisse der
    Erben" fördert.
106 Wörtlich heißt es in § 29 Abs. 2 ErbG, dass „Methoden wie die Umrechnung des Wertes in Geld
    [折价], eine angemessene Abgeltung [适当补偿] oder das gemeinsame Eigentum [共有] ange-
    wendet werden können". Vgl. Changzhen WU, 298. WU geht davon aus, dass es sich um drei un-
    terschiedliche Formen der Nachlassteilung handelt: (1) Verkauf des Nachlasses mit anschließen-
    der anteiliger Verteilung des Erlöses, (2) Feststellung des Eigentums an dem Nachlass, wobei die
    Erben, deren Eigentum festgestellt wurde, den anderen Erben eine entsprechende Abgeltung zah-
    len müssen, und (3) weiter bestehendes Gesamthandseigentum aller Erben.
107 Siehe oben unter Rn. 22.

57   Zunächst müssen nicht arbeitsfähige Erben, die unter besonderen Schwierigkeiten leben, gemäß § 13 Abs. 2 ErbG bei der Aufteilung des Nachlasses „besonders berücksichtigt" werden.[108]

58   Erben, die dem Erblasser „hauptsächlich Unterhalt geleistet" oder „mit dem Erblasser zusammengelebt" haben, „kann" nach § 13 Abs. 3 ErbG bei der Aufteilung des Nachlasses „mehr zugeteilt" werden. „Hauptsächlichen Unterhalt" hat gemäß Nr. 30 OVG-Interpretation ErbG jemand geleistet, wenn er dem Erblasser für dessen Lebensunterhalt die „hauptsächliche Einkommensquelle" zur Verfügung gestellt hat oder ihm bei der Arbeit oder in anderer Hinsicht eine „hauptsächliche Stütze" gewesen ist.[109]

59   Nichts oder weniger wird Erben bei der Aufteilung des Nachlasses gemäß § 13 Abs. 4 ErbG zugeteilt, welche die Fähigkeit und die Voraussetzungen gehabt hätten, den Erblasser zu unterhalten, die ihre Unterhaltspflichten aber nicht erfüllt haben.[110]

60   Verkleinert werden „kann" der zugeteilte Nachlass zudem nach Nr. 59 OVG-Interpretation ErbG bei Erben, die vorsätzlich Nachlass versteckt, sich eigenmächtig angeeignet oder gewaltsam in Beschlag genommen haben.

61   Schließlich „können" gemäß § 14 ErbG auch bestimmte Personen, die ansonsten nicht erbberechtigt wären, einen angemessenen Anteil am Nachlass[111] erhalten: (1) Wer bei fehlender Arbeitsfähigkeit keine Lebensunterhaltsquelle hat und sich auf vom Erblasser geleisteten Unterhalt gestützt hat und (2) wer für den Erblasser „in größerem Umfang" Unterhalt geleistet hat[112].[113]

---

108 Dies bedeutet nach Nr. 27 OVG-Interpretation ErbG, dass ihnen ein bei der Aufteilung des Nachlasses „mehr zugeteilt werden kann" [可以多分].

109 Zur Rechtsprechung siehe Frances H. Foster, U.C. Davis Law Review 1998, 103 ff.

110 Nach Nr. 33 OVG-Interpretation ErbG findet § 13 Abs. 4 ErbG keine Anwendung, wenn ein Erbe seine Unterhaltspflichten erfüllen wollte, der Erblasser aber wegen fester Einnahmen und seiner Arbeitsfähigkeit ausdrücklich geäußert hat, dass er dessen Unterhalt nicht fordere. Unbeachtlich ist gemäß Nr. 34 OVG-Interpretation ErbG hingegen, ob ein Erbe „mit dem Erblasser zusammengelebt" hat: Hat der Erbe seine Unterhaltspflicht in diesem Fall nicht erfüllt, gilt § 13 Abs. 4 ErbG. Zur Rechtsprechung siehe Frances H. Foster, U.C. Davis Law Review 1998, 99 ff.

111 Gemäß Nr. 31 OVG-Interpretation ErbG kann dieser Anteil „je nach den konkreten Umständen" [按具体情况] kleiner, aber auch größer sein als der Anteil, der dem oder den Erben zugeteilt wird.

112 Gemäß Nr. 19 OVG-Interpretation ErbG ist hierbei beispielsweise an den Fall gedacht, dass eine adoptierte Person ihren leiblichen Eltern gegenüber Unterhalt leistet.

113 Zur Geltendmachung und Verjährung dieses Anspruches auf Beteiligung an der Aufteilung des Nachlasses siehe Nr. 32 OVG-Interpretation ErbG. Zur Rechtsprechung siehe Frances H. Foster, U.C. Davis Law Review 1998, 109 ff.

9. Kapitel

Internationales Privatrecht

Literatur: CHEN, Weizuo, Chinese Private International Law Statute of 28 October 2010, Yearbook of Private International Law 2010, 27 ff.; CHEN, Weizuo, La nouvelle codification du droit international privé chinois, in: Recueil des Cours, tome 359 (2012), 87 ff.; CHEN, Weizuo, Selected Problems of General Provisions in Private International Law: The PRC Perspective, in: BASEDOW, Jürgen/PISSLER, Knut Benjamin (Hrsg.), International Private Law in Europe and China, Tübingen 2014, 51 ff.; CHEN, Weizuo [陈卫佐], The Relationship between Conflict Rules of the Forum State's Domestic Law and International Treaties [法院地国家国内法的冲突规则与国际条约的关系], in: Chinese Journal of Law [法学研究] 2013, Nr. 2, 173 ff.; DU, Huanfang, The Choice of Law for Property Rights in Mainland China: Progress and Imperfection, in: BASEDOW, Jürgen/PISSLER, Knut Benjamin (Hrsg.), International Private Law in Europe and China, Tübingen 2014, 101 ff.; GUO, Yujun, Personal Status in Chinese Private International Law Reform, in: BASEDOW, Jürgen/PISSLER, Knut Benjamin (Hrsg.), International Private Law in Europe and China, Tübingen 2014, 265 ff.; HE, Qisheng, Recent Developments of New Chinese Private International Law in Contracts, in: BASEDOW, Jürgen/ PISSLER, Knut Benjamin (Hrsg.), International Private Law in Europe and China, Tübingen 2014, 157 ff.; HE, Qisheng, The Recognition and Enforcement of Foreign Judgments between the United States and China: A Study of Sanlian v. Robinson, Tsinghua China Law Review 2013, 23 ff.; HUANG, Jin/JIANG, Rujiao [黄进/姜茹娇] (Hrsg.), Gesetz der Volksrepublik China über die Rechtsanwendung auf Zivilverhältnisse mit Auslandsberührung, Interpretation und Analyse [《中华人民共和国涉外民事关系法律适用法》释义与分析] 2011; LEIBKÜCHLER, Peter, Erste Interpretation des Obersten Volksgerichts zum neuen Gesetz über das Internationale Privatrecht der VR China, Zeitschrift für Chinesisches Recht 2013, 89 ff.; LEIBKÜCHLER, Peter, Erste Verlautbarung des Obersten Volksgerichts zum neuen Gesetz über das Internationale Privatrecht der Volksrepublik China. Vorbote umfassender justizieller Interpretation?!, Zeitschrift für Chinesisches Recht 2012, 17 ff.; LU, Song, China–A Developing Country in the Field of International Arbitration, in: BASEDOW, Jürgen/PISSLER, Knut Benjamin (Hrsg.), International Private Law in Europe and China, 383 ff.; NEELMEIER, Axel, Verbürgung der Gegenseitigkeit zwischen Deutschland und China?, Zeitschrift für Chinesisches Recht 2007, 287 ff.; PISSLER, Knut Benjamin, Das neue Internationale Privatrecht der Volksrepublik China: Nach den Steinen tastend den Fluss überqueren, Rabels Zeitschrift für ausländisches und internationales Privatrecht 76 (2012), 1 ff.; PISSLER, Knut Benjamin, Neue Regeln des Obersten Volksgerichts zum Internationalen Vertragsrecht der Volksrepublik China, Zeitschrift für Chinesisches Recht 2007, 337 ff.; QI, Xiangquan [齐湘泉], Gesetz der Volksrepublik China über die

Rechtsanwendung auf Zivilverhältnisse mit Auslandsberührung, Prinzipien und Essenz [《涉外民事关系法律适用法》原理与精要] 2011; SCHÜTZE, Rolf A., Zur Verbürgung der Gegenseitigkeit im deutsch-chinesischen Verhältnis, Zeitschrift für Chinesisches Recht 2008, 244 ff.

A. Überblick

1   Das Internationale Privatrecht der Volksrepublik China ist seit dem 1.4.2011 im Gesetz der Volksrepublik China über die Rechtsanwendung auf Zivilverhältnisse mit Auslandsberührung[1] (IPR-Gesetz) geregelt.[2]

2   Daneben bestehen insbesondere folgende Rechtsquellen im internationalen Privatrecht:

- §§ 142 bis 150 Allgemeine Grundsätze des Zivilrechts vom 12.4.1986 (AGZ);
- § 36 Erbgesetz der Volksrepublik China vom 10.4.1985 (ErbG);
- Interpretationen des Obersten Volksgerichts (OVG-Interpretationen), vor allem:

---

1   Am 28.10.2010 vom Ständigen Ausschuss des Nationalen Volkskongresses verabschiedet, deutsche Übersetzung in: RabelsZ 2012, 161–169.

2   Zur Gesetzgebungsgeschichte siehe Weizuo CHEN, Yearbook of Private International Law 2010, 27, 28; Knut Benjamin PISSLER, RabelsZ 2012, 1, 3.

- Nr. 178 bis 195 Versuchsweise durchgeführte Interpretation des Obersten Volksgerichts zu einigen Fragen der Anwendung der „Allgemeinen Grundsätze des Zivilrechts der Volksrepublik China" vom 26.1.1988 (OVG-Interpretation AGZ);

- Interpretation des Obersten Volksgerichts zu einigen Fragen des „Gesetzes der Volksrepublik China über die Rechtsanwendung auf Zivilverhältnisse mit Auslandsberührung" (Teil 1) vom 10.12.2012 (OVG-Interpretation IPR-Gesetz).

Als weitere Rechtsakte mit kollisionsrechtlichen Regelungen zu nennen sind das Seehandelsgesetz (vom 7.11.1992, dort: §§ 268 bis 276), das Scheck- und Wechselgesetz (vom 10.5.1995 in der Fassung vom 28.8.2004, dort: §§ 94 bis 101) und das Gesetz zur zivilen Luftfahrt (vom 30.10.1995, dort: §§ 184 bis 190). 3

Das Verhältnis des IPR-Gesetzes zu diesen älteren Vorschriften versucht § 51 IPR-Gesetz zu regeln: Dort wird angeordnet, dass es jedenfalls Vorrang vor den §§ 146, 147 AGZ und § 36 ErbG hat. Ob diese Norm den Zweck verfolgt, den Grundsatz lex posterior derogat legi priori im Hinblick auf dort genanntes „höherrangiges Recht"[3] für anwendbar zu erklären (den Grundsatz im Übrigen aber unberührt lässt) oder aber den Grundsatz (auf die dort genannten Vorschriften) beschränkt, ist umstritten.[4] Außerdem steht der Grundsatz lex posterior derogat legi priori in beiden zu § 51 IPR-Gesetz vertretenen Ansichten in einem gewissen Spannungsverhältnis zu § 2 Abs. 1 S. 2 IPR-Gesetz, der bestimmt, dass speziellere „Gesetze" gelten, sofern diese „besondere Bestimmungen" enthalten. Es ist zu erkennen, dass hier auf den Grundsatz lex specialis derogat legi generali Bezug genommen wird. Allerdings ist es unklar, wann von solchen „besonderen Bestimmungen" auszugehen ist: Können alle älteren Normen als „besondere Bestimmungen" gelten (und lassen damit den ggf. nach § 51 IPR-Gesetz ohnehin eingeschränkten Grundsatz lex posterior derogat legi priori leerlaufen) oder kann von „besonderen Bestimmungen" nur dann gesprochen werden, wenn diese Bereiche regeln, für die das IPR-Gesetz keine Regelung enthält? § 3 OVG-Interpretation IPR-Gesetz hat hier für etwas mehr Klarheit gesorgt: Grundsätzlich setzt sich das IPR-Gesetz gegenüber anderen Gesetzen (also etwa den AGZ) durch; nur bei „besonderen Bestimmungen" des Handelsrechts[5] und des Immaterialgüterrechts kommen diese weiter zur Anwendung.[6] 4

---

3 Die AGZ und das ErbG wurden vom Nationalen Volkskongress verabschiedet (es handelt sich daher gemäß § 7 Abs. 2 Gesetzgebungsgesetz um „grundlegende Gesetze"), während das IPR-Gesetz von seinem Ständigen Ausschuss verabschiedet wurde (so dass dieses nach § 7 Abs. 3 Gesetzgebungsgesetz nur ein einfaches „Gesetz" ist).
4 Zum Streit siehe Peter Leibküchler, ZChinR 2012, 17, 20 m. w. N.
5 Explizit genannt werden das Seehandelsgesetz, das Scheck- und Wechselgesetz und das Gesetz zur zivilen Luftfahrt.
6 Siehe Peter Leibküchler, ZChinR 2013, 89, 91, und Qisheng He, Recent Developments of New Chinese Private International Law, in Contracts, in: Jürgen Basedow/Knut Benjamin Pissler (Hrsg.), International Private Law in Europe and China, 162.

B. Allgemeines

5   Gemäß § 2 Abs. 1 S. 1 IPR-Gesetz findet das chinesische Internationale Privatrecht (nur) auf Zivilverhältnisse mit Auslandsberührung Anwendung. Gerichte haben also das Internationale Privatrecht vom Amts wegen anzuwenden, soweit eine Auslandsberührung vorliegt.[7] Wann eine Auslandsberührung vorliegt, sagt das Gesetz nicht. Allerdings gibt die OVG-Interpretation IPR-Gesetz den Gerichten Hinweise zur Feststellung einer Auslandsberührung. Eine Auslandsberührung „kann" das Gericht demnach feststellen, wenn (1) eine oder beide Parteien ausländische Bürger, ausländische juristische Personen oder andere ausländische Organisationen oder staatenlos sind; (2) der gewöhnliche Aufenthaltsort einer oder beider Parteien außerhalb des Hoheitsgebiets der Volksrepublik China liegt; (3) der Gegenstand der Zivilverhältnisse außerhalb des Staatsgebiets der Volksrepublik China liegt; oder (4) Rechtstatsachen, welche die Entstehung, Änderung oder die Aufhebung der Zivilverhältnisse bewirken, sich außerhalb des Hoheitsgebiets der Volksrepublik China vollziehen. Es handelt sich hierbei nicht um eine abschließende Aufzählung, so dass Gerichte auch bei Vorliegen anderer Umstände eine Auslandsberührung feststellen und damit zur Anwendung des Internationalen Privatrechts kommen können.[8]

6   Der Grundsatz der engsten Verbindung ist in § 2 Abs. 2 IPR-Gesetz in Form einer Auffangklausel festgelegt. Danach wird das Recht angewendet, das die engste Verbindung zu dem in Frage stehenden Zivilverhältnis mit Auslandsberührung hat, soweit das IPR-Gesetz und andere Gesetze keine Bestimmung zu dem Recht enthalten, das auf dieses Zivilverhältnis mit Auslandsberührung anwendbar ist.

7   Zur Rechtswahl bestimmt § 3 IPR-Gesetz, dass die Parteien gemäß den gesetzlichen Bestimmungen das Recht ausdrücklich[9] wählen können, das auf ein Zivilverhältnis mit Auslandsberührung angewendet wird. Dies ist so zu verstehen, dass eine Rechtswahl nur bei Sachverhalten mit Auslandsberührung[10] und nur dann zulässig ist, wenn eine solche gesetzlich explizit erlaubt ist[11]. Eine tatsächliche Verbindung zwischen dem gewählten Recht und dem fraglichen Zivilverhältnis ist nicht erforderlich.[12] Die Parteien können die Rechtswahl noch bis zum Schluss der Verhandlung erster Instanz vornehmen.[13] Die Wahl ist laut Teilen der Literatur nicht auf ausländisches Gesetzesrecht beschränkt. Gewählt

---

7 Eines entsprechenden Vortrags einer Partei bedarf es hierzu nicht.
8 Peter LEIBKÜCHLER, ZChinR 2013, 89, 90.
9 Gemäß § 8 Abs. 2 OVG-Interpretation IPR-Gesetz „können" die Volksgerichte gleichwohl eine Rechtswahl der Parteien feststellen, wenn sie Bezug auf das Recht desselben Landes nehmen und auch keinen Einwand bezüglich der Anwendung dieses Rechts erheben.
10 Zu dieser Einschränkung der Rechtswahl ausführlicher Knut Benjamin PISSLER, ZChinR 2007, 337, 338.
11 § 6 OVG-Interpretation IPR-Gesetz.
12 § 7 OVG-Interpretation IPR-Gesetz.
13 § 8 Abs. 1 OVG-Interpretation IPR-Gesetz.

werden könnten demnach auch internationale Vereinbarungen oder internationale Gebräuche.[14] Dies ist jedoch im Hinblick auf internationale Vereinbarungen, bei denen China Vertragsstaat ist, fraglich, da diese internationalen Vereinbarungen dem chinesischen Recht und damit dem IPR-Gesetz gemäß § 142 Abs. 2 AGZ vorgehen; eine Rechtswahl nach § 3 IPR-Gesetz ist demnach nicht möglich.[15] Im Hinblick auf internationale Gebräuche ist eine Rechtswahlmöglichkeit nach § 3 IPR-Gesetz ebenfalls zweifelhaft, da der dort verwendete Terminus für „Recht"[16] nur geltendes (Gesetzes-)Recht umfasst.

Auf die Qualifikation eines Rechtsverhältnisses mit Auslandsberührung wird nach § 8 IPR-Gesetz die lex fori angewendet.   **8**

Das IPR-Gesetz verwendet den gewöhnlichen Aufenthaltsort[17] als einen der häu-   **9**
figsten Anknüpfungspunkte.[18] § 15 OVG-Interpretation IPR-Gesetz gibt den Gerichten eine Hilfestellung bei der Definition, was unter dem gewöhnlichen Aufenthalt zu verstehen ist. Demnach „können" die Gerichte dann vom gewöhnlichen Aufenthalt einer Person ausgehen, wenn diese zum Zeitpunkt der Entstehung, Änderung oder Aufhebung der Zivilverhältnisse mit Auslandsberührung bereits seit mindestens einem Jahr fortlaufend an diesem Ort lebt und dieser ihren Lebensmittelpunkt darstellt.[19] Diese wohl als Vermutungsregel zu verstehende Vorschrift gilt beispielsweise bei Umständen wie Krankenhausaufenthalten, einer Arbeitsüberlassung und im öffentlichen Dienst als widerlegt.

Bei einer natürlichen Person mit mehrfacher Staatsangehörigkeit ist gemäß § 19   **10**
S. 1 IPR-Gesetz das Recht desjenigen dieser Heimatstaaten anzuwenden, in dem sie ihren gewöhnlichen Aufenthalt hat. Hat sie in keinem dieser Heimatstaaten ihren gewöhnlichen Aufenthalt, wird das Recht desjenigen dieser Heimatstaaten angewendet, mit dem die natürliche Person die engste Verbindung aufweist. Ist eine natürliche Person staatenlos oder ist ihre Staatsangehörigkeit nicht feststellbar, ist nach § 19 S. 2 IPR-Gesetz das Recht ihres gewöhnlichen Aufenthaltsortes anzuwenden.

---

14 Qisheng HE, Recent Developments of New Chinese Private International Law in Contracts, in: Jürgen BASEDOW/Knut Benjamin PISSLER (Hrsg.), International Private Law in Europe and China, 164; differenzierend Peter LEIBKÜCHLER, ZChinR 2013, 89, 92 f.

15 Siehe ausführlich zu dieser Frage Weizuo CHEN, Chinese Journal of Law 2013, Nr. 2, 185 f.

16 Chinesisch „法律".

17 Oder, soweit der gewöhnliche Aufenthaltsort nicht feststellbar ist, den gegenwärtigen Aufenthaltsort, § 20 IPR-Gesetz. § 15 OVG-Interpretation IPR-Gesetz versucht eine Hilfestellung bei der Definition zu geben, was unter dem gewöhnlichen Aufenthalt zu verstehen ist; zu Einzelheiten Peter LEIBKÜCHLER, ZChinR 2013, 89, 97.

18 Peter LEIBKÜCHLER, ZChinR 2013, 89, 90. Zu allen im IPR-Gesetz verwendeten Anknüpfungspunkten siehe Weizuo CHEN, Selected Problems of General Provisions in Private International Law: The PRC Perspective, in: Jürgen BASEDOW/Knut Benjamin PISSLER (Hrsg.), International Private Law in Europe and China, 55 f.

19 Kritisch insbesondere zu dem Ein-Jahres-Kriterium Peter LEIBKÜCHLER, ZChinR 2013, 89, 97.

11   § 6 IPR-Gesetz enthält eine Regelung zum interlokalen Recht. Verweist das chinesische Kollisionsrecht auf das Recht eines Staates, in dem in unterschiedlichen Regionen unterschiedliches Recht gilt, so ist das Recht derjenigen Regionen anzuwenden, mit der das Zivilverhältnis mit Auslandsberührung die engste Verbindung ausweist.[20]

12   Rück- und Weiterverweisungen werden gemäß § 9 IPR-Gesetz abgelehnt.[21]

13   Die Anwendung ausländischen Rechts steht unter der ordre public-Vorbehaltsklausel des § 5 IPR-Gesetz. Mithin wird das Recht der Volksrepublik China angewendet, wenn die Anwendung ausländischen Rechts soziale und öffentliche Interessen[22] der Volksrepublik China schädigen würde. Für die Frage, ob Rechtsnormen des ausländischen Rechts soziale und öffentliche Interessen der Volksrepublik China schädigen, wird auf deren Anwendungsfolge und nicht bloß auf deren Inhalt abgestellt.

14   § 4 IPR-Gesetz betrifft die Anwendung zwingender Bestimmungen des chinesischen Rechts. Zwingende Bestimmungen zu Zivilverhältnissen mit Auslandsberührung, die in Gesetzen (und Verwaltungsrechtsnormen[23]) der Volksrepublik China enthalten sind, werden hiernach direkt angewendet. Da dem IPR-Gesetz nicht zu entnehmen ist, welche Bestimmungen zwingend sind oder anhand welcher Merkmale festgestellt werden kann, ob eine Vorschrift zwingend ist, hat das OVG den Untergerichten entsprechende Leitlinien vorgegeben.[24]

15   Die Ermittlung des auf ein Zivilverhältnis anzuwendenden ausländischen Rechts obliegt gemäß § 10 Abs. 1 S. 1 IPR-Gesetz grundsätzlich den Gerichten.[25] Eine Ausnahme gilt, wenn die Parteien die Anwendung ausländischen Rechts wählen: Dann müssen sie nach § 10 Abs. 1 S. 2 IPR-Gesetz das Recht dieses fremden Staates „zur Verfügung stellen".[26] Kann das Recht eines fremden Staates nicht ermittelt werden oder enthält das Recht dieses Staates keine (einschlägigen) Be-

---

20   Das interpersonelle Recht (d. h. kollisionsrechtliche Regelungen, wenn in dem betreffenden Staat für Angehörige verschiedener Religionen, Stämme oder Stände unterschiedliches Recht gilt) ist nicht Gegenstand des § 6 IPR-Gesetz. Jin HUANG/Rujiao JIANG 38 f. wollen bei einer interpersonellen Rechtsspaltung primär auf das interpersonale Privatrecht dieses Staates abstellen und sekundär an die engste Verbindung anknüpfen.

21   Zur Begründung dieser gesetzgeberischen Entscheidung siehe Weizuo CHEN, Selected Problems of General Provisions in Private International Law: The PRC Perspective, in: Jürgen BASEDOW/ Knut Benjamin PISSLER (Hrsg.), International Private Law in Europe and China, 58 f.

22   Chinesisch „社会公共利益".

23   Siehe § 10 OVG-Interpretation IPR-Gesetz.

24   § 11 OVG-Interpretation IPR-Gesetz. Zu Einzelheiten (und zum § 11 OVG-Interpretation IPR-Gesetz geregelten Umgehungsverbot) Peter LEIBKÜCHLER, ZChinR 2013, 89, 95.

25   Dies gilt auch für Schiedsinstitutionen und Verwaltungsbehörden. Den Gerichten stehen hierzu die in § 17 Abs. 1 OVG-Interpretation IPR-Gesetz genannten Ermittlungsweisen zur Verfügung, die allerdings nicht abschließend angeführt werden.

26   Stellen die Parteien ohne triftigen Grund das ausländische Recht nicht innerhalb einer vom Gericht gesetzten angemessenen Frist zur Verfügung, kann das Gericht nach § 17 Abs. 2 OVG-Interpretation IPR-Gesetz feststellen, dass das Recht nicht ermittelt werden konnte.

stimmungen, so ist gemäß § 10 Abs. 2 IPR-Gesetz das Recht der Volksrepublik China anzuwenden. Bei der Anwendung des ausländischen Rechts ist das Gericht nicht an die Ansichten der Parteien über dessen Inhalt, Verständnis und Anwendung gebunden.[27]

C. Personenrecht und Rechtsgeschäfte

Das Recht der natürlichen und juristischen Personen und der Rechtsgeschäfte ist in den §§ 11 bis 18 IPR-Gesetz geregelt.   **16**

I. Rechts- und Geschäftsfähigkeit

Gemäß § 11 IPR-Gesetz wird auf die Rechtsfähigkeit einer natürlichen Person   **17**
das Recht ihres gewöhnlichen Aufenthaltsortes angewendet. Auch auf die Verschollenheits- und Todeserklärung einer natürlichen Person ist nach § 13 IPR-Gesetz das Recht des gewöhnlichen Aufenthaltsortes der betreffenden natürlichen Person anzuwenden. Ebenfalls grundsätzlich nach dem Recht des gewöhnlichen Aufenthaltsortes richtet sich gemäß § 12 Abs. 1 IPR-Gesetz die Geschäftsfähigkeit einer natürlichen Person. Allerdings findet das Recht des Handlungsortes nach § 12 Abs. 2 IPR-Gesetz Anwendung, wenn eine natürliche Person bei der Vornahme von Handlungen nach dem Recht ihres gewöhnlichen Aufenthaltsortes nicht geschäftsfähig, nach dem Recht des Handlungsortes aber geschäftsfähig ist. Diese Regelung gilt allerdings nicht für Ehe-, Familien- oder Erbfolgesachen.

II. Juristische Personen

Für juristische Personen und deren Zweigstellen knüpft § 14 IPR-Gesetz an   **18**
den Ort ihrer Registrierung[28] an, soweit dieser mit dem Ort der Hauptniederlassung der juristischen Person übereinstimmt. Ansonsten „kann" nach § 14 Abs. 2 IPR-Gesetz das am Ort der Hauptniederlassung geltende Recht angewendet werden, wobei der gewöhnliche Aufenthalt einer juristischen Person deren Ort der Hauptniederlassung ist.

III. Stellvertretung

§ 16 IPR-Gesetz regelt das auf die Stellvertretung anzuwendende Recht. Abs. 1   **19**
betrifft alle Formen der Stellvertretung (die gesetzliche, die „beauftragte" und die „bestimmte" Stellvertretung[29]). § 16 Abs. 1 1. Hs. IPR-Gesetz knüpft für das

---

27 § 18 OVG-Interpretation IPR-Gesetz.
28 Als Registrierungsort gilt gemäß § 16 OVG-Interpretation IPR-Gesetz der Ort der Registrierung der Errichtung der juristischen Person.
29 Siehe oben Kapitel 2 Rn. 118 ff.

Vollmachtsstatut an den Ort der Vertretungshandlung (lex loci actus) an.[30] Das Innenverhältnis zwischen Vertretenem und Vertreter wird nach § 16 Abs. 1 Hs. 2 IPR-Gesetz gesondert angeknüpft. Insoweit ist das Recht des Ortes anzuwenden, an dem das „Vertretungsverhältnis entstanden ist".

20   In Abs. 2 ist eine Rechtswahl für eine dem Auftrag zugrundeliegende rechtsgeschäftliche Stellvertretung vorgesehen.[31]

D. Schuldrecht

21   Das internationale Schuldrecht ist in den §§ 41 bis 47 IPR-Gesetz geregelt. Das OVG hatte zum internationalen Vertragsrecht im Jahre 2007 eine eigene justizielle Interpretation erlassen[32], die jedoch durch das OVG mit Wirkung zum 8.4.2013 aufgehoben worden ist.[33]

I.   Internationales Vertragsrecht

22   § 41 S. 1 IPR-Gesetz enthält den Grundsatz der Parteiautonomie für das internationale Vertragsrecht.[34] Eine Rechtswahl ist für Verträge ausgeschlossen, wenn eine zwingende Anwendung des chinesischen Rechts angeordnet wird, also insbesondere bei einer Beteiligung von Ausländern an Unternehmen in China.[35]

23   Bei Fehlen einer Rechtswahl knüpft § 41 S. 2 IPR-Gesetz an den Ort an, an dem die Partei ihren gewöhnlichen Aufenthalt hat, deren Pflichterfüllung das Kennzeichen des Vertrags am besten darstellen kann; alternativ wird das Recht des Staates angewendet, mit dem der Vertrag die engste Verbindung aufweist. Zunächst wird also an den Ort angeknüpft, an dem die Vertragspartei ihren gewöhnlichen Aufenthalt hat, welche die charakteristische Leistung erbringt. Diese Regelanknüpfung wird nur verdrängt, wenn der Vertrag eine offensichtlich engere Verbindung mit einem anderen Staat aufweist.[36]

---

30 Diesem Statut unterliegen Fragen im Hinblick auf die Vollmacht einschließlich ihres Umfangs.
31 Unklar ist dabei, ob sich diese Rechtswahl nur auf das Innenverhältnis zwischen Vertretenem und Vertreter oder auch auf das Vollmachtsstatut bezieht.
32 Bestimmungen des OVG zu einigen Fragen der Rechtsanwendung bei der Behandlung von zivil- und handelsrechtlichen Vertragsstreitigkeiten mit Auslandsberührung vom 11.6.2007 (OVG-Bestimmungen 2007); chinesisch-deutsch in: ZChinR 2007, 359–362.
33 Nr. 76 des Beschlusses des OVG eines Teils der zwischen 1.7.1997 und 31.12.2011 bekanntgemachten justiziellen Interpretationen und Dokumente, die dem Wesen nach justizielle Interpretationen sind (10. Gruppe), vom 26.2.2013.
34 Zur Rechtswahl siehe auch oben unter Rn. 7.
35 Siehe § 126 VG.
36 Siehe Qisheng HE, Recent Developments of New Chinese Private International Law in Contracts, in: Jürgen BASEDOW/Knut Benjamin PISSLER (Hrsg.), International Private Law in Europe and China, 170 f.; Knut Benjamin PISSLER, RabelsZ 2012, 1, 32 m. w. N. In seiner (inzwischen aufgehobenen) justiziellen Interpretation aus dem Jahr 2007 (Fn. 32) hatte das OVG Regelanknüpfungen für eine Reihe von Vertragstypen aufgestellt.

Die §§ 42 und 43 IPR-Gesetz sehen besondere Vorschriften zu Verbraucher- und   **24**
Arbeitsverträgen vor, die dem Schutz der Verbraucher und Arbeitnehmer dienen.
Für Verbraucherverträge wird grundsätzlich das Recht des gewöhnlichen Aufenthaltsortes des Verbrauchers angewendet. Das Recht des Ortes, an dem die Waren
bereitgestellt oder die Dienstleistungen erbracht werden sollen, wird angewendet,
wenn (1) der Verbraucher eine entsprechende Rechtswahl vornimmt, oder (2) der
Unternehmer am gewöhnlichen Aufenthaltsort des Verbrauchers keine relevanten
geschäftlichen Aktivitäten getätigt hat.[37]

Bei Arbeitsverträgen – eine Rechtswahl ist hier unzulässig – knüpft § 43 S. 1   **25**
IPR-Gesetz primär an den Ort an, an dem der Arbeitnehmer seine Arbeit verrichtet. Das Recht des Orts, an dem der Arbeitgeber seine Hauptniederlassung hat,
findet subsidiär dann Anwendung, wenn der Ort, an dem der Arbeitnehmer seine
Arbeit verrichtet, schwer festzustellen ist. Eine Sonderregelung für Arbeitsent-
sendungsverträge[38] enthält § 43 S. 2 IPR-Gesetz: Hier „kann" (neben dem Ort, an
dem der Arbeitnehmer seine Arbeit verrichtet, bzw. Ort, an dem der Arbeitgeber
seine Hauptniederlassung hat, § 43 S. 1 IPR-Gesetz) das Recht des Ortes der Ent-
sendung angewendet werden.[39]

Der Anwendungsbereich des Vertragsstatuts umfasst Zustandekommen, Wirk-   **26**
samkeit, Erfüllung, Änderung, Übertragung und Beendung von Verträgen sowie
die Haftung wegen Vertragsverletzung.[40]

II.   Außervertragliche Schuldverhältnisse

Im internationalen Deliktsrecht knüpft § 44 S. 1 IPR-Gesetz an den Tatort („Ort   **27**
der rechtsverletzenden Handlung") an.[41] Haben die Parteien einen gemeinsamen
gewöhnlichen Aufenthaltsort, so findet nach § 44 S. 1, 2. Hs. IPR-Gesetz das
Recht dieses Ortes Anwendung. Die Parteien können gemäß § 44 S. 2 IPR-Gesetz
nach Begehen der unerlaubten Handlung das anwendbare Recht wählen.

---

37 Für die Tatsache, dass der Unternehmer am gewöhnlichen Aufenthaltsort des Verbrauchers keine
    betreffenden Geschäftsaktivitäten tätigt, trägt der Unternehmer die Beweislast. Jin HUANG/Rujiao
    JIANG, 230.

38 Der im IPR-Gesetz verwendete Begriff („劳务派遣") wird im chinesischen Arbeitsvertragsrecht
    für die Arbeitsüberlassung (Leiharbeit) verwendet. Im IPR-Gesetz wird der Gesetzgeber aber pri-
    mär an grenzüberschreitende Sachverhalte im Auge gehabt haben, in denen ein inländisches Un-
    ternehmen einen Arbeitnehmer ins Ausland entsendet.

39 Welches Recht im konkreten Fall Anwendung findet, richtet sich danach, wo dem Arbeitnehmer
    ein möglichst hohes Schutzniveau zugutekommt. Jin HUANG/Rujiao JIANG, 242. An der Zweckmä-
    ßigkeit dieser Regelung zweifelnd Weizuo CHEN, Recueil des Cours, tome 359 (2012), 233. CHEN
    führt aus, dass die Regelung vor allem darauf abziele, ausländisches Recht zur Anwendung zu ver-
    helfen, wenn chinesische Arbeitnehmer in das außerchinesische Ausland entsendet werden.

40 Nicht erfasst sind die Geschäftsfähigkeit (dazu § 12 IPR-Gesetz) und die Formgültigkeit des Ver-
    trags, die nach dem Grundsatz des *favor negotii* alternativ an den Abschlussort oder den Erfül-
    lungsort angeknüpft werden, Jin HUANG/Rujiao JIANG, 224.

41 Umstritten ist, ob vom Tatort sowohl Handlungs- als auch Erfolgsort umfasst sind. Siehe Knut
    Benjamin PISSLER, RabelsZ 2012, 1, 34.

28   Eine Sonderregelung sieht § 45 IPR-Gesetz zur Produkthaftung vor: Grundsätz-
lich wird an den gewöhnlichen Aufenthaltsort des Geschädigten angeknüpft. Der
Geschädigte kann jedoch auch das Recht des Orts, an dem der Schädiger seine
Hauptniederlassung hat, oder das Recht des Erfolgsortes wählen. Das Recht des
Orts, an dem der Schädiger seine Hauptniederlassung hat, oder das Recht des Er-
folgsortes findet auch dann Anwendung, wenn der Schädiger am gewöhnlichen
Aufenthaltsort des Geschädigten keine relevanten geschäftlichen Aktivitäten tä-
tigt.[42]

29   Eine weitere deliktische Sonderregelung enthält § 46 IPR-Gesetz für die Verletzung von Persönlichkeitsrechten durch das Internet oder auf anderen Wegen[43]:
In diesem Fall wird an den gewöhnlichen Aufenthaltsort des Geschädigten angeknüpft.

30   Die ungerechtfertigte Bereicherung und die Geschäftsführung ohne Auftrag sind
einheitlich in § 47 IPR-Gesetz geregelt, indem den Parteien dort zunächst eine
Rechtswahlmöglichkeit eingeräumt wird. Liegt keine Rechtswahl vor, so knüpft
§ 47 S. 2 IPR-Gesetz an den gemeinsamen gewöhnlichen Aufenthalt der Partei-
en und hilfsweise an den Ort an, an dem sich die ungerechtfertigte Bereicherung
bzw. die Geschäftsführung ohne Auftrag ereignet hat.

E.   Sachenrecht

31   Die §§ 36 bis 40 IPR-Gesetz regeln das internationale Sachenrecht.

I.   Rechte an einer Sache

32   § 36 IPR-Gesetz knüpft für dingliche Rechte an unbeweglichen Sachen an den
Belegenheitsort an. Für bewegliche Sachen sieht § 37 S. 1 IPR-Gesetz eine
Rechtswahlmöglichkeit vor, die nach dem Wortlaut des Gesetzes unbeschränkt
ist.[44] Haben die Parteien keine Rechtswahl getroffen, wird nach § 37 S. 2 IPR-Gesetz an den Belegenheitsort der beweglichen Sache im Zeitpunkt des Geschehens
der juristischen Tatsache[45] angeknüpft.

---

42   Bei der Entscheidung, welche dieser beiden in Betracht kommenden Rechtsordnungen im kon-
     kreten Fall angewendet wird, soll auf die engste Verbindung und auf den Schutz der Interessen
     der schwächeren Partei abgestellt werden, Jin HUANG/Rujiao JIANG, 254.

43   Genannt werden als Beispiele für Persönlichkeitsrechte das Recht am eigenen Namen, das Recht
     am eigenen Bild, das Recht an der Reputation und das Recht auf Privatsphäre.

44   Kritisch hierzu Huanfang DU, The Choice of Law for Property Rights in Mainland China: Prog-
     ress and Imperfection, in: Jürgen BASEDOW/Knut Benjamin PISSLER (Hrsg.), International Private
     Law in Europe and China, 107. Siehe auch Weizuo CHEN, Recueil des Cours, tome 359 (2012),
     244 f.

45   Chinesisch „法律事实". Juristische Tatsache meint die dingliche Rechtsänderung, also etwa den
     Erwerb oder Verlust dinglicher Rechte, Jin HUANG/Rujiao JIANG, 210.

Bewegliche Sachen im Transit werden nach § 38 IPR-Gesetz einer Sonderan-   33
knüpfung unterworfen. Bei Fehlen einer Rechtswahl ordnet die Vorschrift die Anwendung des Rechts des Bestimmungsortes an.[46]

Dem nach den §§ 36 bis 38 IPR-Gesetz ermittelten Recht unterliegen die Arten   34
der dinglichen Rechte, jede Änderung der Zuordnung dinglicher Rechte sowie
der Inhalt und die Wirkungen dinglicher Rechte (wie etwa der öffentliche Glaube
eines Immobilienregisters).[47]

II. Wertpapiere

§ 39 IPR-Gesetz enthält eine kollisionsrechtliche Regelung über Wertpapiere.   35
Dort heißt es, dass auf Wertpapiere das Recht „des Ortes, an dem die Wertpapier-
rechte realisiert werden"[48], oder ein anderes Recht angewendet wird, mit dem die
Wertpapiere die engste Verbindung aufweisen. Wie zwischen den beiden in § 39
IPR-Gesetz genannten Anknüpfungspunkten auszuwählen ist, lässt die Literatur
offen.

Ungeachtet der Stellung dieser Vorschrift im internationalen Sachenrecht des   36
IPR-Gesetzes wird hierin eine Regelung zum Wertpapierrechtsstatut (zu Rechten
aus Wertpapieren) getroffen, während das Wertpapierstatut (das Recht an Wertpapieren) dem Sachstatut (nach § 37 IPR-Gesetz) unterliegt.[49]

Dem Wertpapierstatut unterliegen Fragen des Eigentums und der Sicherungsrech-   37
te an Wertpapieren sowie die Voraussetzungen und Wirkungen einer Übertragung
von Wertpapieren. Das in § 39 IPR-Gesetz geregelte Wertpapierrechtsstatut wird
hingegen auf die aus Wertpapieren folgenden Rechte (Forderungen oder Mit-
gliedschaftsrechte) angewendet.[50]

III. Pfandrechte an Rechten

Für Pfandrechte an Rechten knüpft § 40 IPR-Gesetz an den Ort der Errichtung   38
der Pfandrechte an. Dieses Statut regelt die Voraussetzungen der Errichtung, also
etwa die Übergabe des Belegs über das Recht oder die Registrierung der Verpfändung des Rechts.[51]

---

46 Diesem Recht unterliegt auch die Frage, ob über Ware, für die Dokumente ausgestellt sind, ohne
     diese Urkunden verfügt werden kann, Jin HUANG/Rujiao JIANG, 214. Nicht diesem Statut unter-
     stellt sind Transportmittel, für die an anderer Stelle das Sachstatut festgelegt wird wie etwa für
     Wasserfahrzeuge (nach § 270 Seehandelsgesetz: das Flaggenrecht des Schiffs) und für Luftfahr-
     zeuge (nach § 185 Gesetz zur zivilen Luftfahrt das Recht des Staates der Registereintragung).
47 Jin HUANG/Rujiao JIANG, 202 (zu § 36 IPR-Gesetz), 207 (zu § 37 IPR-Gesetz), 211 (zu § 38 IPR-
     Gesetz).
48 Chinesisch „有价证券权利实现地".
49 Vgl. Jin HUANG/Rujiao JIANG, 215 ff.
50 Vgl. Jin HUANG/Rujiao JIANG, 216 ff.
51 Jin HUANG/Rujiao JIANG, 220.

F.   Treuhand (Trust)

39   Die Treuhand wird kollisionsrechtlich in § 17 IPR-Gesetz geregelt. Demnach wird primär auf die Rechtswahl der Treuhandparteien abgestellt, § 17 S. 1 IPR-Gesetz. Haben die Parteien keine Rechtswahl vorgenommen, wird gemäß § 17 S. 2 IPR-Gesetz das Recht des Belegenheitsortes des Treugutes oder das Recht des Ortes angewendet, an dem das Treuhandverhältnis entstanden ist. Welcher dieser beiden alternativen Anknüpfungspunkte im konkreten Fall anzuwenden ist, soll gemäß § 2 Abs. 2 IPR-Gesetz nach dem Grundsatz der engsten Verbindung festgestellt werden.[52]

40   Offen ist auch die Reichweite des Statuts: Die Stellung der Vorschrift (im zweiten Kapitel über „Subjekte in Zivilsachen") spricht zwar dafür, dem Statut nach § 17 IPR-Gesetz nur die Frage zu unterstellen, ob eine Treuhand Rechtspersönlichkeit besitzt, im Hinblick auf den Treuhandvertrag aber auf das Vertragsstatut und im Hinblick auf sachenrechtliche Fragen auf das Sachstatut zurückzugreifen. Es ist jedoch ungewiss, ob der Gesetzgeber der Stellung der Vorschrift eine solche Bedeutung zumessen wollte.

G.   Immaterialgüterrecht

41   Die §§ 48 bis 50 IPR-Gesetz enthalten Vorschriften zum internationalen Immaterialgüterrecht. Nach § 48 IPR-Gesetz wird auf die Zuordnung und den Inhalt geistiger Eigentumsrechte das Recht des Ortes angewendet, für den der Schutz beansprucht wird (sogenanntes Schutzlandprinzip, lex loci protectionis). Diesem Statut unterliegen der Inhalt des Rechts, die Voraussetzungen für das Entstehen des Rechts, Anmeldeprinzipien, die Nutzung und die Schutzdauer.[53]

42   § 49 IPR-Gesetz sieht eine Rechtswahl für die (vertragliche) Übertragung und lizenzierte Benutzung von geistigen Eigentumsrechten vor und verweist mangels einer solchen Rechtswahl auf die Bestimmungen zum internationalen Vertragsrecht im IPR-Gesetz.

43   Gemäß § 50 IPR-Gesetz wird das Recht des Schutzlandes auch auf die Haftung für die Verletzung von Immaterialgüterrechten angewendet. Hier räumt das Gesetz den Parteien jedoch das Recht ein, nach dem Begehen der unerlaubten Handlung die lex fori zu wählen.

---

52 So Jin Huang/Rujiao Jiang, 12. Bei der Kommentierung zu § 17 IPR-Gesetz erwähnen Jin Huang/Rujiao Jiang, 88, § 2 Abs. 2 IPR-Gesetz allerdings nicht. Sie stellen vielmehr fest, dass zwischen den alternativen Anknüpfungspunkten in § 17 Satz 2 IPR-Gesetz keine Rangordnung bestehe. Als bei der Entscheidung zu berücksichtigende Kriterien nennen sie (auf S. 90 f.) vielmehr „die Ergebnisgerechtigkeit, den Grad der Verbindung der Rechtsverhältnisse und die mühelose Anwendung".

53 Jin Huang/Rujiao Jiang, 272 ff.

H. Familienrecht

Die §§ 21 bis 30 IPR-Gesetz regeln das internationale Familienrecht.   **44**

I. Eheschließung

§ 21 IPR-Gesetz enthält eine Regelung über die Voraussetzungen der Eheschlie-   **45**
ßung. Angeknüpft wird zunächst an den gemeinsamen gewöhnlichen Aufenthaltsort der Parteien. Mangels eines solchen Ortes wird das Recht des Staates
angewendet, dessen Staatsangehörigkeit sie gemeinsam besitzen. Bei unterschiedlichen Staatsangehörigkeiten wird schließlich auf das Recht des Ortes der
Eheschließung verwiesen, jedoch nur, wenn die Ehe in dem Staat geschlossen
wird, in dem eine der Parteien ihren gewöhnlichen Aufenthalt hat oder dessen
Staatsangehörigkeit eine der Parteien besitzt. Liegt diese Voraussetzung nicht vor,
wird gemäß § 2 Abs. 2 IPR-Gesetz an die engste Verbindung der ehelichen Beziehung angeknüpft.[54]

Bei der Formanknüpfung in § 22 IPR-Gesetz wird nicht nach dem Eheschlie-   **46**
ßungsort zwischen Auslandseheschließungen und Inlandstrauungen unterschieden. Für beide gilt, dass die Eheschließung formgültig ist, wenn die Form dem
Recht des Orts der Eheschließung, dem Recht des gewöhnlichen Aufenthaltsortes
einer der Parteien oder dem Recht des Staates entspricht, deren Staatsangehörigkeit eine der Parteien besitzt.

II. Allgemeine Ehewirkungen

Das Statut der allgemeinen Ehewirkungen bestimmt § 23 IPR-Gesetz, indem   **47**
auch hier zunächst an den gemeinsamen gewöhnlichen Aufenthaltsort angeknüpft
wird, bei Fehlen eines solchen an die gemeinsame Staatsangehörigkeit. Hilfsweise ist wiederum nach § 2 Abs. 2 IPR-Gesetz das Recht anwendbar, mit dem die
Ehegatten am engsten verbunden sind.[55] Eine Rechtswahl ist nicht vorgesehen
und damit unzulässig.

Den allgemeinen Ehewirkungen unterfallen Treuepflichten, Pflichten zur eheli-   **48**
chen Lebensgemeinschaft und die Pflicht zur gegenseitigen Unterstützung, aber
auch das Namensrecht, das Recht zur Bestimmung des ehelichen Aufenthaltsortes und der beruflichen und außerberuflichen Tätigkeiten, das körperliche Frei-

---

54 Yujun Guo, Personal Status in Chinese Private International Law Reform, in: Jürgen Basedow/
    Knut Benjamin Pissler (Hrsg.), International Private Law in Europe and China, 274; Jin Huang/
    Rujiao Jiang, 112.
55 Yujun Guo, Personal Status in Chinese Private International Law Reform, in: Jürgen Basedow/
    Knut Benjamin Pissler (Hrsg.), International Private Law in Europe and China, 274; Jin Huang/
    Rujiao Jiang, 121.

heitsrecht, die Vertretung bei Geschäften zur Deckung des Lebensbedarfs und schließlich – laut Literatur – das „Recht, Kinder zu gebären".[56]

III. Güterstand

49 Den ehelichen Güterstand regelt § 24 IPR-Gesetz. Demnach richtet sich dieser primär nach der Rechtswahl der Eheleute, wobei sie (1) das Recht am gewöhnlichen Aufenthalt eines Ehegatten, (2) das Heimatrecht eines Ehegatten oder (3) das Recht des Orts, an dem sich der Hauptteil des Vermögens befindet, wählen können. Haben die Parteien keine Rechtswahl getroffen, so ist nach § 24 S. 2 IPR-Gesetz das Recht des Ortes ihres gemeinsamen gewöhnlichen Aufenthaltsortes anzuwenden. Ist kein gemeinsamer gewöhnlicher Aufenthaltsort vorhanden, so ist das gemeinsame Heimatrecht anzuwenden. Hilfsweise ist abermals das Recht anwendbar, mit dem die Ehegatten am engsten verbunden sind, § 2 Abs. 2 IPR-Gesetz.[57]

50 Dem Güterrechtsstatut unterliegen die Zugehörigkeit, die Verwaltung von und die Verfügung über Vermögen der Ehegatten vor und während der Ehe, die Verteilung der Kosten für die Lebenshaltung und die Befriedigung von Verbindlichkeiten der Ehegatten.[58]

IV. Wirkungen des Eltern-Kind-Verhältnisses

51 § 25 IPR-Gesetz bestimmt, welches Recht auf die persönlichen Verhältnisse und die Vermögensverhältnisse zwischen einem Kind und seinen Eltern anwendbar ist.[59] Primärer Anknüpfungspunkt ist der gemeinsame Aufenthalt. Liegt ein solcher nicht vor, ist das Recht des gewöhnlichen Aufenthaltsorts oder das Heimatrecht einer der Parteien anzuwenden, sofern dieses dasjenige Recht darstellt, welches für den Schutz der Rechte und Interessen der schwächeren Partei (Kind oder Eltern) günstig ist.

52 Die Vorschrift umfasst alle „persönlichen Verhältnisse und die Vermögensverhältnisse zwischen Eltern und Kindern", soweit nicht die Abstammung (die „Feststellung des Eltern-Kind-Verhältnisses"), der Unterhalt[60] und die Vormundschaft[61] betroffen sind.

---

56 Jin HUANG/Rujiao JIANG, 121.
57 Yujun GUO, Personal Status in Chinese Private International Law Reform, in: Jürgen BASEDOW/ Knut Benjamin PISSLER (Hrsg.), International Private Law in Europe and China, 274.
58 Jin HUANG/Rujiao JIANG, 124.
59 Die Regelung verzichtet auf eine Unterscheidung zwischen ehelichen und nichtehelichen Kindern.
60 Siehe unten Rn. 56.
61 Siehe unten Rn. 58.

V. Scheidung

Da das chinesische Eherecht die einvernehmliche Scheidung und die streitige   53
Scheidung auf Antrag eines Ehegatten durch gerichtliches Urteil kennt[62], sieht
das IPR-Gesetz kollisionsrechtliche Regelungen für beide Rechtsinstitute vor.
§ 26 S. 1 IPR-Gesetz bestimmt für die einvernehmliche Scheidung zunächst eine
eingeschränkte Rechtswahlmöglichkeit. Demnach können die Ehegatten für die
Scheidung das Recht des gewöhnlichen Aufenthaltsortes oder das Heimatrecht
eines Ehegatten wählen. Mangels Rechtswahl wird objektiv gemäß § 26 S. 2
IPR-Gesetz nach einer dreistufigen Leiter angeknüpft: (1) an den gemeinsamen
gewöhnlichen Aufenthaltsort, (2) an die gemeinsame Staatsangehörigkeit oder
(3) an den Ort des Organs, das die Formalitäten der Scheidung erledigt. Hierbei
handelt es sich nicht um eine alternative Anknüpfung, sondern um eine gestaffelte
subsidiäre Anknüpfung.[63]

VI. Adoption

Das internationale Adoptionsrecht ist in § 28 IPR-Gesetz geregelt. Es spaltet das   54
Adoptionsstatut auf: S. 1 knüpft für die Voraussetzungen und Formalitäten der
Adoption kumulativ an den gewöhnlichen Aufenthaltsort des Adoptierenden und
des Adoptierten an.[64] Die diesbezüglichen Bedingungen in beiden (bei einer Adoption durch Verheiratete ggf. in drei) Rechtsordnungen müssen also erfüllt werden.[65] Auf die Wirkungen der Adoption wird nach S. 2 das Recht des gewöhnlichen Aufenthaltsortes des Adoptierenden im Zeitpunkt der Adoption angewendet.
Dieses Statut regelt die Rechte und Pflichten des Adoptierenden gegenüber dem
Adoptierten.

Auf die Auflösung der Adoption wird schließlich gemäß S. 3 das Recht des ge-   55
wöhnlichen Aufenthaltsortes des Adoptierten im Zeitpunkt der Adoption oder die
lex fori angewendet. Die in das Ermessen des Richters gestellte Wahl muss dabei
dem Zweck des Schutzes der Interessen des Adoptierten dienen.[66]

---

62 Siehe unter Kapitel 7 Rn. 27 ff.
63 An welchen Zeitpunkt hierbei anzuknüpfen ist, sagt das Gesetz nicht. Da bei einer einvernehmlichen Scheidung nach dem chinesischen materiellen Eherecht bei der Registerbehörde ein Antrag
   auf Scheidung zu stellen ist, ist wohl auf den Zeitpunkt dieser Antragstellung abzustellen.
64 Hierbei ist auf den Zeitpunkt der Adoption abzustellen, Yujun GUO, Personal Status in Chinese
   Private International Law Reform, in: Jürgen BASEDOW/Knut Benjamin PISSLER (Hrsg.), International Private Law in Europe and China, 275.
65 Yujun GUO, Personal Status in Chinese Private International Law Reform, in: Jürgen BASEDOW/
   Knut Benjamin PISSLER (Hrsg.), International Private Law in Europe and China, 276.
66 Yujun GUO, Personal Status in Chinese Private International Law Reform, in: Jürgen BASEDOW/
   Knut Benjamin PISSLER (Hrsg.), International Private Law in Europe and China, 276; Jin HUANG/
   Rujiao JIANG, 157.

VII. Unterhalt

56 Der Unterhalt ist in § 29 IPR-Gesetz geregelt: Anzuwenden ist demnach das Recht des gewöhnlichen Aufenthaltsorts einer der Parteien, das Heimatrecht einer der Parteien oder das Recht des Orts, an dem sich der Hauptteil des Vermögens befindet, sofern dieses Recht dasjenige Recht darstellt, welches für den Schutz der Rechte und Interessen des Unterhaltsberechtigten günstig ist.[67]

57 Das Unterhaltsstatut umfasst „Unterhalt zwischen Eltern und Kindern, zwischen Ehegatten und in anderen Unterhaltsverhältnissen".[68] Umstritten ist, ob auch der nacheheliche Unterhalt im Sinne des § 42 EheG[69] sich nach § 29 IPR-Gesetz richtet.[70]

VIII. Vormundschaft

58 Nach § 30 IPR-Gesetz wird auf die Vormundschaft das für den Schutz der Rechte und Interessen des Mündels günstigere Recht des gewöhnlichen Aufenthaltsortes einer Partei oder des Staates, dessen Staatsangehörigkeit eine der Parteien besitzt, angewendet.[71]

I. Erbrecht

59 In den §§ 31 bis 35 IPR-Gesetz finden sich Regelungen zum internationalen Erbrecht.

I. Rechtsnachfolge von Todes wegen

60 § 31 IPR-Gesetz unterscheidet im Hinblick auf die Rechtsnachfolge von Todes wegen zwischen beweglichem und unbeweglichem Vermögen: Bei beweglichem Vermögen gilt das Recht des gewöhnlichen Aufenthaltsortes des Erblassers im

---

67 Dies führt zu dem Folgeproblem, dass chinesische Gerichte damit überfordert sein könnten, die Regelungen mehrerer Rechtsordnungen darauf zu vergleichen, welche im konkreten Fall für die zu schützende Partei die günstigste ist; kritisch daher Yujun Guo, Personal Status in Chinese Private International Law Reform, in: Jürgen Basedow/Knut Benjamin Pissler (Hrsg.), International Private Law in Europe and China, 278.

68 Nr. 189 OVG-Interpretation AGZ.

69 Siehe oben Kapitel 7 Rn. 36.

70 Zweifelhaft ist dies, weil der Wortlaut des § 42 EheG nicht (wie in den anderen Unterhaltstatbeständen) von „Unterhalt" spricht, sondern von einer „angemessenen Hilfe". Dementsprechend gehen Jin Huang/Rujiao Jiang, 162, davon aus, dass § 29 IPR-Gesetz den Unterhalt zwischen Ehegatten nach Scheidung nicht umfasse.

71 Wie im Unterhaltsrecht (siehe oben unter Rn. 56 f.) dürfte es in der Praxis schwierig sein, die Regelungen mehrerer Rechtsordnungen darauf zu vergleichen, welche im konkreten Fall für die zu schützende Partei die günstigste ist; kritisch wiederum Yujun Guo, Personal Status in Chinese Private International Law Reform, in: Jürgen Basedow/Knut Benjamin Pissler (Hrsg.), International Private Law in Europe and China, 278.

Zeitpunkt des Todes, bei unbeweglichem Vermögen das Recht des Belegenheitsortes.

Das Erbstatut umfasst den Eintritt des Erbfalls, den Kreis der Erben, den Umfang   61
des Nachlasses, den Erbschaftserwerb, die Erbquoten sowie die Annahme und
das Ausschlagen der Erbschaft.[72]

II. Verfügung von Todes wegen

Die §§ 32 und 33 IPR-Gesetz regeln das auf die Form und die Wirkungen der Ver   62
fügung von Todes wegen anwendbare Recht. Hinsichtlich der Formerfordernisse
ist eine letztwillige Verfügung gemäß § 32 IPR-Gesetz gültig, wenn sie (1) dem
Recht des gewöhnlichen Aufenthaltsortes des Testators zur Zeit der Errichtung
der letztwilligen Verfügung oder des Todes, (2) dem Recht des Staates, dessen
Staatsangehörigkeit der Testator zur Zeit der Errichtung der letztwilligen Verfügung oder des Todes besaß, oder (3) dem Recht des Ortes, an dem der Testator
die letztwillige Verfügung vornahm, entspricht. Dieses Statut entscheidet über die
Form der Errichtung, der Änderung und des Widerrufs der Verfügung von Todes
wegen.[73]

Für die „Wirkungen" einer Verfügung von Todes wegen erklärt § 33 IPR-Ge   63
setz alternativ für anwendbar (1) das Recht des gewöhnlichen Aufenthaltsortes
des Testators zur Zeit der Errichtung der letztwilligen Verfügung oder des Todes,
oder (2) das Recht des Staates, dessen Staatsangehörigkeit der Testator zur Zeit
der Errichtung der letztwilligen Verfügung oder des Todes besaß. Dieses Statut
entscheidet über die Testierfähigkeit, den zulässigen Inhalt und die Wirkung der
Verfügung von Todes wegen, die Statthaftigkeit eines Widerrufs durch den Testator sowie deren Auslegung.[74]

J. Internationales Verfahrensrecht

Für Zivilprozesse mit Auslandsbezug finden sich in den §§ 259 bis 283 ZPG ei   64
nige Regelungen. Ansonsten gelten gemäß § 259 S. 2 ZPG die allgemeinen Vorschriften.

I. Internationale Zuständigkeit

Regelungen über die internationale Zuständigkeit chinesischer Gerichte in inter   65
nationalen Übereinkommen liegen nicht vor.

---

72 Jin HUANG/Rujiao JIANG, 179.
73 Xiangquan QI, 253 f., 260.
74 Jin HUANG/Rujiao, JIANG 191 f.

66 Das chinesische Zivilprozessgesetz erklärt die Volksgerichte der Volksrepublik China für ausschließlich zuständig für Klagen, die wegen Streitigkeiten erhoben werden, die aus Verträgen über chinesisch-ausländische Gemeinschaftsunternehmen entstehen (§ 266 ZPG).

II. Inländische Zuständigkeit

67 Instanziell zuständig sind für „große Fälle mit Auslandsberührung" nach dem Zivilprozessgesetz die Volksgerichte der Mittelstufe, ansonsten die Volksgerichte der Grundstufe (§§ 17, 18). Allerdings hat das OVG in einer justiziellen Interpretation aus dem Jahr 2002 festgelegt, dass nur bestimmte mittlere Volksgerichte (etwa in Provinzhauptstädten und Sonderwirtschaftszonen), ansonsten aber die Oberen Volksgerichte für Fälle mit Auslandsberührung zuständig sind.[75]

68 Örtlich zuständig sind nach § 21 ZPG grundsätzlich die Gerichte des Wohnsitzes des Beklagten. Stimmt der Wohnsitz mit dem gewöhnlichen Aufenthaltsort[76] des Beklagten nicht überein, so ist das Volksgericht des gewöhnlichen Aufenthaltsorts zuständig. Für Personenverhältnisse (eheliche Verhältnisse, Eltern-Kind-Verhältnisse, Scheidung, Vormundschaft usw.) betreffende Klagen ist gemäß § 22 Nr. 1 ZPG auch das Volksgericht des Wohnsitzes (bzw. des ständigen Aufenthaltsorts) des Klägers zuständig, sofern die Klagen gegen Personen erhoben werden, die sich nicht im Gebiet der Volksrepublik China aufhalten.

69 Für Klagen wegen Vertragsstreitigkeiten ist gemäß § 23 ZPG grundsätzlich das Volksgericht des Wohnsitzes des Beklagten oder das Volksgericht des Erfüllungsorts des Vertrages zuständig.

70 Für gesellschaftsrechtliche Klagen[77] ist nach § 26 ZPG das Volksgericht am Sitz der Gesellschaft zuständig.

71 Für Klagen wegen unerlaubter Handlungen ist nach § 28 ZPG das Volksgericht des Ortes der ein Recht verletzenden Handlung oder des Wohnsitzes des Beklagten zuständig.

72 Eine Sonderregelung enthält § 265 ZPG für Beklagte, die im Gebiet der Volksrepublik China keinen Wohnsitz haben. In diesem Fall „kann" für eine wegen Vertragsstreitigkeiten oder Streitigkeiten um andere Vermögensrechte und -interessen erhobene Klage die Zuständigkeit des Volksgerichts (1) des Ortes des Ver-

---

75 Bestimmungen des Obersten Volksgerichts zu einigen Fragen der prozessualen Zuständigkeit bei Fällen mit Auslandsberührung in Zivil- und Handelssachen [最高人民法院关于涉外民商事案件诉讼管辖若干问题的规定] vom 25.2.2002. Die §§ 3, 4 dieser Bestimmungen beschränken ihren Anwendungsbereich allerdings auf bestimmte Streitigkeiten und schließen etwa Klagen wegen Immaterialgüterrechten oder Immobilienstreitigkeiten aus.

76 Das ZPG spricht abweichend vom IPR-Gesetz (dort: 经常居所地) von „经常居住地". Gemeint ist jedoch in beiden Fällen der gewöhnliche Aufenthaltsort.

77 Beispielhaft angeführt werden Streitigkeiten über die Errichtung von Gesellschaften, die Bestätigung der Gesellschaftereigenschaft, die Gewinnausschüttung und die Auflösung der Gesellschaft.

tragsschlusses oder der Vertragserfüllung oder (2) des Ortes, an dem sich der Prozessgegenstand oder pfändbares Vermögen befindet oder (3) des Ortes der rechtsverletzenden Handlung oder des Wohnsitzes der Vertretungsstelle übernommen
werden, wenn (1) der Vertrag im Gebiet der Volksrepublik China geschlossen
wurde oder erfüllt wird oder (2) wenn der Prozessgegenstand sich im Gebiet der
Volksrepublik China befindet oder (3) wenn der Beklagte im Gebiet der Volksrepublik China pfändbares Vermögen hat oder (4) wenn der Beklagte im Gebiet der
Volksrepublik China eine Vertretungsstelle errichtet hat.

Eine ausschließliche Zuständigkeit besteht bei Streitigkeiten um unbewegliche   73
Sachen für das Volksgericht des Ortes der unbeweglichen Sachen (§ 33 Nr. 1
ZPG) und bei Streitigkeiten um die Erbfolge in Nachlassgut für das Volksgericht
des Wohnsitzes des Erblassers zur Zeit seines Todes oder für das Volksgericht des
Ortes, an dem sich der hauptsächliche Nachlass befindet (§ 33 Nr. 3 ZPG).

III. Anerkennung und Vollstreckung ausländischer Entscheidungen

Da Deutschland keine Rechtshilfeabkommen mit der Volksrepublik China abge-   74
schlossen hat[78], gelten insoweit die allgemeinen Vorschriften. Zur Anerkennung
ausländischer Urteile in der Volksrepublik China muss ein Anerkennungsverfah-
ren durchgeführt werden. Zuständig sind gemäß § 281 ZPG die Volksgerichte der
Mittelstufe.

Allgemein sind die Voraussetzungen für eine Anerkennung und Vollstreckung   75
ausländischer Urteile in § 282 ZPG geregelt. Voraussetzung für eine Anerkennung und Vollstreckung ausländischer Urteile ist demnach, (1) dass es sich um
rechtskräftige Urteile und Verfügungen ausländischer Gerichte handelt, (2) dass
ein (bilaterales oder multilaterales) Abkommen über die Anerkennung und Vollstreckung von Urteilen vorliegt, welches die Volksrepublik China abgeschlossen
hat oder an denen sie sich beteiligt, oder dass das Prinzip der Gegenseitigkeit
verbürgt ist. Außerdem ist eine Anerkennung nur zu gewähren, wenn die betreffende ausländische Entscheidung nicht (1) gegen Grundprinzipien des Rechts der
Volksrepublik China, (2) gegen die Souveränität, (3) gegen die staatliche Sicherheit und (4) gegen soziale und öffentliche Interessen verstößt.

Mangels eines Abkommens im Verhältnis zu China kommt es für die Anerkennung   76
und Vollstreckung auf die Verbürgung der Gegenseitigkeit zwischen Deutschland
und China an, die jedoch weiterhin umstritten ist.[79] Durch die Entscheidung des
United States Court of Appeals for the Ninth Circuit vom 29.3.2011, ein Urteil

---

78 Die Volksrepublik China hat bilaterale Abkommen über die Anerkennung und Vollstreckung
    von Urteilen mit derzeit 27 Ländern abgeschlossen, siehe Qisheng He, Tsinghua China Law Re-
    view 2013, 23, 32.
79 Aus deutscher Sicht ablehnend Axel Neelmeier, ZChinR 2007, 287; befürwortend Rolf A. Schüt-
    ze, ZChinR 2008, 244 jeweils m. w. N.

des Oberen Volksgerichts der Provinz Hubei anzuerkennen[80], könnte diese Diskussion erneut in Schwung kommen.

77   Eine spezielle Regelung für die Anerkennung ausländischer Scheidungsurteile findet sich in einer OVG-Interpretation mit dem Titel „Bestimmungen zur Frage des Verfahrens bei Anträgen chinesischer Bürger auf Anerkennung ausländischer Scheidungsurteile" vom 5.7.1991.[81] Es überrascht daher nicht, dass es sich bei den meisten ausländischen Urteilen, die in China anerkannt worden sind, um Scheidungsurteile ausländischer Gerichte handelt.[82]

IV. Internationales Schiedsverfahrensrecht

78   Das IPR-Gesetz enthält eine Regelung zum internationalen Schiedsverfahrensrecht. § 18 S. 1 bestimmt, dass die Parteien das auf Schiedsvereinbarungen anwendbare Recht wählen können. Liegt keine Rechtswahl vor, wird nach § 18 S. 2 IPR-Gesetz das Recht des Orts, an dem die Schiedsstelle ihren Sitz hat, oder das Recht des Schiedsortes angewendet. Wie zwischen dem einen oder dem anderen Anknüpfungspunkt zu entscheiden ist, bleibt offen.[83] Haben die Parteien zwar eine Schiedsabrede geschlossen, jedoch keine Schiedsstelle und keinen Schiedsort bestimmt, wird für die Frage der Wirksamkeit der Schiedsvereinbarung auf die lex fori zurückgegriffen.[84]

79   Die Reichweite des Statuts nach § 18 IPR-Gesetz ist unklar. Als gesichert kann gelten, dass das gemäß § 18 IPR-Gesetz anwendbare Recht die materielle Wirksamkeit der Schiedsabrede regelt. Die chinesische Literatur will jedoch auch andere Fragen diesem Statut unterstellen, nämlich, ob eine Streitigkeit durch eine Schiedsinstitution entschieden werden kann, und die Vollstreckbarkeit von Schiedssprüchen.[85]

---

80   Siehe hierzu und der Frage der Verbürgung der Gegenseitigkeit im chinesisch-US-amerikanischen Verhältnis ausführlich Qisheng HE, Tsinghua China Law Review 2013, 23.

81   Nicht anwendbar ist diese justizielle Interpretation allerdings nach ihrem § 2 auf die Anerkennung und Vollstreckung ausländischer Urteile im Hinblick auf die Vermögensteilung und die Unterhaltsleistung zwischen den Ehegatten sowie die Unterhaltsleistungen für Kinder.

82   Qisheng HE, Tsinghua China Law Review 2013, 23, 34 (dort auch mit konkreten Beispielen für entsprechende Urteile).

83   Song LU, China – A Developing Country in the Field of International Arbitration, in: Jürgen BASEDOW/Knut Benjamin PISSLER (Hrsg.), International Private Law in Europe and China, 397.

84   § 14 OVG-Interpretation IPR-Gesetz.

85   Übereinstimmend Jin HUANG/Rujiao JIANG, 100, und Xiangquan QI, 178, die jeweils SUTTON/KENDALL/GILL, Russell on Arbitration, 21. Aufl. 1997, 72 (bzw. eine chinesische Übersetzung der betreffenden Passage) zitieren.

Sachregister

Fettgedruckte Zahlen verweisen auf die Kapitel, magere kennzeichnen die Randnummern.

Bewährter Klassiker

INHALT

- Umfassende Kommentierung der neuen EuGVO (in Kraft seit 10.1.2015)
- Eingehende Revision der EuGVO; Neuerungen: Recht der Gerichtsstandsvereinbarungen und der parallelen Rechtshängigkeit, Anerkennung und Vollstreckung ausländischer Entscheidungen
- Berücksichtigung grundlegender Urteile zur Auslegung der EuGVO sowie einschlägiger Literatur
- Eingehende Kommentierung des Lugano-Übereinkommens, der EuVTVO, der EuMVVO sowie der EuGFVO

AUTOREN

- Prof. Dr. **Jan von Hein** hat den Lehrstuhl für Zivilrecht, Internationales Privatrecht und Rechtsvergleichung an der Universität Freiburg i. Br. inne und ist dort Direktor am Institut für ausländisches und internationales Privatrecht (Abt. III).
  Er ist ein Schüler von Prof. Dr. **Jan Kropholler** †, der dieses Werk begründet hat.

ZIELGRUPPEN

- Rechtsanwälte, Notare, Richter, Rechtspfleger, Leiter und Berater von international tätigen Unternehmen, Versicherungen und Banken sowie rechtswissenschaftliche Bibliotheken, Hochschullehrer

*10., neu bearbeitete und erweiterte Auflage, ca. September 2015,
Recht Wirtschaft Steuern, Kommentar, ca. 1.350 Seiten, Geb., ca. € 218,-
ISBN: 978-3-8005-1590-5*

Deutscher Fachverlag GmbH
Fachmedien Recht und Wirtschaft
www.ruw.de
buchverlag@ruw.de